Ob er auch ein sicheres Einkommen hat?

Risiko-Management: Moderne Systeme zur intelligenten Bonitätsprognose

Viele Geschäfte laufen heute über Vorleistung. Dabei gehen die betroffenen Lieferanten Risiken ein. Kennen sie ihre Kunden gut genug? Wie steht es um ihre Bonität? Halten sie Zahlungsfristen ein?

Modernste Steuerungssysteme helfen, Kunden näher zu kommen. Risiken werden kalkulierbar und somit steuerbar. Potenziale werden erkannt. Kreditpolitische Entscheidungen werden erleichtert.

Dabei ist heute die Geschwindigkeit der ausschlaggebende Erfolgsfaktor. Risiko-Management, Marketing und Verkauf können über Kreditanträge sofort entscheiden. Der Absatz wird beschleunigt.

Experian ist seit Jahren kompetent im Risiko-Management. Zu den Dienstleistungen gehören intelligente Scoringsysteme und voll integrierbare Software. Dabei steht für uns die individuelle Beratung an erster Stelle.

Sie wollen mehr wissen? Rufen Sie uns an!
Telefon 040 / 899 50 - 0.

www.experian.de

Handbuch
Risikomanagement

Lutz Johanning / Bernd Rudolph

Handbuch Risikomanagement

Risikomanagement in Banken,
Asset Management-Gesellschaften,
Versicherungs- und Industrieunternehmen

• UHLENBRUCH Verlag, Bad Soden/Ts.

Die Deutsche Bibliothek – CIP Einheitsaufnahme

Handbuch Risikomanagement / Lutz Johanning/Bernd Rudolph. – Bad Soden/Ts.: Uhlenbruch-Verl.
  ISBN 3-933207-15-0

Bd. 2. Risikomanagement in Banken, Asset-Management-Gesellschaften, Versicherungs- und Industrieunternehmen. – 2000
  ISBN 3-93307-14-2

Dieses Werk einschließlich aller seiner Teile ist urheberrechtlich geschützt. Jede Verwertung außerhalb der engen Grenzen des Urhebergesetzes ist ohne schriftliche Zustimmung des Verlages unzulässig und strafbar. Dies gilt insbesondere für Vervielfältigungen, Übersetzungen, Mikroverfilmungen und die Einspeicherung und Verarbeitung in elektronischen Systemen.

ISBN 3-933207-14-2

© UHLENBRUCH Verlag, Bad Soden / Ts., 2000
Printed in Germany

Inhalt

Band 1: „Risikomanagement für Markt-, Kredit- und operative Risiken"

I. Grundlagen des Risikomanagements

Risikomanagement für Kreditwirtschaft und Finanzmärkte 5
Franz-Christoph Zeitler

Entwicklungslinien im Risikomanagement 15
Bernd Rudolph / Lutz Johanning

Gefahren kurzsichtigen Risikomanagements durch Value-at-Risk 53
Günter Franke

Armutsmaße als Downside-Risikomaße: Ein Weg zu Risikomaßen,
die dem Value-at-Risk überlegen sind 85
*Andreas Pfingsten / Carsten Breitmeyer / Frank Eggers / Hendrik Hakenes /
Christoph Rechtien / Sven Rieso*

II. Risikomanagement für Marktrisiken

Finanzinstrumente und ihre Bewertung: Eine Darstellung der wichtigsten
Finanz-instrumente des Marktrisikobereiches und ihrer theoretischen
Bewertungsverfahren 111
Maximilian Hogger / Christoph Kesy

LIBOR-Marktmodelle 151
Morten Bjerregaard Pedersen / Alexandra Schumacher

Verfahren zur Value-at-Risk-Berechnung im Marktrisikobereich 181
Stefan Huschens

Extremwerttheorie für Finanzzeitreihen – ein unverzichtbares Werkzeug
im Risikomanagement 219
Milan Borkovec / Claudia Klüppelberg

Spezifisches Risiko für Unternehmensanleihen 245
Ulrich Anders / Ludger Overbeck

Flexibles oder starres Cashflow-Mapping ? 269
Thomas Ridder / Gerhard Stahl

Backtesting: Allgemeine Theorie, Praxis und Perspektiven 289
Ludger Overbeck / Gerhard Stahl

Risikomanagement und Bilanzierung von Financial Instruments:
Anmerkungen zu einem gespannten Verhältnis 321
Thomas K. Naumann

III. Risikomanagement für Kreditrisiken

Perspektiven des Einsatzes von Produkten des Kreditrisikomanagements
auf Bankkredite 351
Hans-Peter Burghof / Sabine Henke

Trends im Kreditrisikomanagement 377
Thomas C. Wilson

Credit Risk Management & Trading: Motivation und Zielsetzung mit Blick
auf die Bewertung von Kreditrisiken aus Handelsgeschäften 407
Hans-Jürgen Brasch / Dirk Jens F. Nonnenmacher

Quantitative Verfahren zur Unternehmensklassifikation –
eine vergleichende Analyse 433
Thomas Dittmar / Manfred Steiner

Statistische Modelle im Kreditgeschäft der Banken 459
Alfred Hamerle

Portfolioeffekte bei der Kreditrisikomodellierung 491
Mark Wahrenburg / Susanne Niethen

Integration von Rückzahlungsquoten in die Bepreisung von Krediten 525
Bernd Rolfes / Frank Bröker

Modellierung von Sicherheiten im Kreditrisikomanagement 551
Martin Gonzenbach / Gert-Jan Huisman / Axel Müller-Groeling / Ralf Goebel

Die Quantifizierung von Länderrisiken mit Hilfe von Kapitalmarktspreads 579
Tanja Dresel

Kapitalmarktbasierte Portfolioanalyse von Länderrisiken –
Ein struktureller No-Arbitrage Ansatz 611
Frank Lehrbass

IV. Risikomanagement für operative Risiken

Quantifizierung von Operational Risk mit Value-at-Risk 633
Helmut Beeck / Thomas Kaiser

Management operationeller Risiken bei Finanzdienstleistern 655
Andreas Peter / Hans-Jürgen Vogt / Volker Kraß

Stichwortverzeichnis XV

Band 2: "Risikomanagement in Banken, Asset Management-Gesellschaften, Versicherungs- und Industrieunternehmen"

V. Risikomanagement in Banken

Zur strategischen Bedeutung des Risikomanagements
für die Kreditinstitute 683
Jürgen Krumnow

Risikomanagement im derivativen Geschäft 701
Wolfgang F. Walther

Modellrisiko bei der Value-at-Risk-Berechnung für DAX-Optionen 729
Lutz Johanning / Franziska Ernst

Internationale bankaufsichtliche Eigenkapitalstandards für Kreditinstitute 755
Edgar Meister / Reinhold Vollbracht / Jürgen Baum

Bankaufsichtliche Prüfung und Zulassung interner Marktrisikomodelle 775
Uwe Traber

Die Hyperfläche© – Dynamische Risikobetrachtung mittels
mehrdimensionaler Sensitivitätsanalyse 797
Matthias Bode / Michael Mohr

Dynamische Limitsetzung 833
Hermann Locarek-Junge / Mario Straßberger / Henning Vollbehr

Shareholder-Value-gerechte Abbildung von Risiken im Wertebereich
bei Banken als Basis eines Risk-Return-Controlling 851
Carsten Prussog / Thomas Günther

Konzepte zur Risiko-Ertragssteuerung in Kreditinstituten 879
Neal Stoughton / Josef Zechner

Risikomanagement und Ressourcensteuerung 903
Reinhard Kutscher / Albrecht Hartmann

Implementierung der Risikomessung und -steuerung in einer
divisional strukturierten Bank 919
Michael Brockmann / Rainer Danschke / Thomas M. Dewner

VI.   Risikomanagement im Asset Management

Portfoliosteuerung bei beschränktem Verlustrisiko 941
Gerhard Scheuenstuhl / Rudi Zagst

Value-at-Risk im Asset Management 973
Jochen M. Kleeberg / Christian Schlenger

Dynamische Asset Allocation mit langfristigem Value-at-Risk 1015
Herold C. Rohweder

VII.   Risikomanagement im Versicherungsbereich

Risikocontrolling im Bereich der Kapitalanlagen einer
globalen Versicherungsgruppe 1051
Alfred Baldes / Volker Deville

Integriertes Risikomanagement für die Versicherungsbranche –
Ein gesamtheitlicher Ansatz zur effizienteren Deckung von Risiken 1073
Andreas Müller

Value-at-Risk für Versicherungsunternehmen: Konzeptionelle Grundlagen
und Anwendungen 1105
Peter Albrecht / Sven Koryciorz

Risikomanagement und Unternehmenswert von Versicherungen:
Die Wertrelevanz der Kapitalanlage 1131
Frank-Christian Corell

VIII. Risikomanagement in Industrieunternehmen

Rollierende Absicherung langfristiger Lieferverpflichtungen –
Hat die Metallgesellschaft ihre Positionen zu früh aufgelöst? 1175
Wolfgang Bühler / Olaf Korn

Preisbildung auf liberalisierten Strommärkten 1213
Ralf Wagner / Michael Schroeder / Niels Ellwanger

Value-at-Risk für Rohstoffpreisrisiken 1239
Matthias Kropp / Dirk Schubert

Verfahren zur Schätzung finanzwirtschaftlicher Exposures von Nichtbanken 1267
Söhnke M. Bartram

Shareholder Value durch unternehmensweites Risikomanagement 1295
Michael Pfennig

Berücksichtigung von Risikoaspekten im EVA® Management- und
Vergütungssystem 1335
Matthias-Wilbur Weber / Maximilian Koch

Autorenverzeichnis XV

Stichwortverzeichnis XLV

Vorwort

Die Idee für die Herausgabe dieses „Handbuchs Risikomanagement" entstand im Anschluss an die Tagung „Risikomanagement – vom Marktrisiko zum Gesamtbankansatz" am 2. Dezember 1998 in der IHK München. Damals gab es gute Gründe, das Tagungsprogramm zunächst auf das Risikomanagement der Banken und damit insbesondere auf das Management von Markt- und Kreditrisiken sowie perspektivisch auf Verfahren der Gesamtbanksteuerung zu konzentrieren, denn die Banken und Investmenthäuser waren – veranlasst durch hohe Handelsverluste und bankaufsichtliche Vorgaben – zweifelsohne die Antreiber zur Entwicklung moderner Risikomanagementverfahren.

Seitdem hat sich einiges im Bereich Risikomanagement getan. Heute arbeitet man bereits an Verfahren für die schwer zu messenden operativen Risiken, und der Kreis der Unternehmen, die ein aktives Risikomanagement betreiben, hat sich auf Asset-Management-Gesellschaften, Versicherungs- und Industrieunternehmen ausgeweitet. Treiber dieser Entwicklungen sind dabei nicht nur gesetzgeberische Anforderungen wie z.B. das Gesetz zur Kontrolle und Transparenz im Unternehmensbereich (KonTraG), sondern insbesondere die zunehmende Ausrichtung auf eine wertorientierte Unternehmensführung.

Ein professionelles Risikomanagement erfordert die Zusammenarbeit von Wissenschaftlern und Praktikern unterschiedlicher Disziplinen. Dazu zählen insbesondere Ökonomen, Mathematiker, Ökonometriker und Naturwissenschaftler, aber auch Informatiker. Allein die fachliche Mischung der Autoren, die zu diesem Handbuch beigetragen haben, kann die Methoden- und Ansatzvielfalt im Risikomanagement belegen. Die größte Herausforderung des Risikomanagements besteht darin, das heterogene Spezialwissen zu vernetzen und auf die Unternehmensziele auszurichten.

Das vorliegende Handbuch Risikomanagement will einen Beitrag zur Weiterentwicklung und Vernetzung der Methoden und Ansätze im Risikomanagement leisten und bietet eine Gesamtschau eines strukturierten Risikomanagements aus praktischer und wissenschaftlicher Sicht. Die Spanne der Aufsätze reicht von technischen Arbeiten, die sich mit neuen Verfahren der Produktbewertung und Risikomessung befassen, bis zu Beiträgen, die besondere Probleme bei der Praxisimplementierung und -anwendung diskutieren. Das Handbuch ist in zwei Bände und insgesamt acht Teile untergliedert. Band 1 beschäftigt sich mit dem Risikomanagement für Markt-, Kredit- und operative Risiken, Band 2 mit der Anwendung des Risikomanagements in Banken, Asset-Management-Gesellschaften, Versicherungs- und Industrieunternehmen.

Der erste Teil des Handbuchs „Grundlagen des Risikomanagements" setzt sich aus vier Beiträgen zusammen, die die Bedeutung des Risikomanagements aus Sicht der Finanzmärkte und Aufsichtsbehörden erörtern, Entwicklungslinien im Risikomanagement der Banken und Gefahren eines kurzsichtigen Risikomanagements beschreiben sowie alternative Risikomaße diskutieren. Die ersten beiden Aufsätze im zweiten Teil „Risikomanagement für Marktrisiken" befassen sich zunächst mit Methoden der Produktbewertung, während die folgenden drei Beiträge alternative Value-at-Risk-Berechnungsverfahren für Markt- und spezifische Risiken vorstellen. Verfahren und Probleme des Cashflow-Mappings und des Backtestings sowie der Risikosteuerung und Bilanzierung von Financial Instruments werden anschließend diskutiert. Zehn Aufsätze tragen zum dritten Teil des Handbuchs bei und sind dem Themenbereich „Risikomanagement für Kreditrisiken" gewidmet. Die ersten drei Beiträge dieses Kapitels befassen sich mit den Produkten und den Märkten für Kreditrisiken sowie mit der Bewertung von Krediten. Die folgenden drei Arbeiten geben einen Überblick über quantitative Verfahren zur Unternehmensklassifikation, zu den statistischen Modellen im Kreditgeschäft der Banken und über Portfolioeffekte bei der Kreditrisikomodellierung. Weitere Arbeiten befassen sich mit der Integration von Rückzahlungsquoten und der Modellierung von Sicherheiten im Kreditrisikomanagement. Verfahren zur Quantifizierung von Länderrisiken werden in zwei weiteren Aufsätzen vorgestellt. Im vierten Teil „Risikomanagement für operative Risiken" werden Ansätze zur Quantifizierung und zum Management dieser Risiken behandelt.

Elf Aufsätze bilden den fünften Teil „Risikomanagement in Banken". Der Teil beginnt mit zwei Studien über die strategische Bedeutung des Risikomanagements für Kreditinstitute und über das Risikomanagement im derivativen Geschäft. Die folgende empirische Studie zeigt das Modellrisiko bei der Value-at-Risk-Berechnung für DAX-Optionen auf. Anschließend werden internationale bankaufsichtliche Regelungen diskutiert und das Vorgehen der Bankenaufsicht bei der Prüfung interner Modelle beschrieben. Vier Beiträge sind dem wichtigen Gebiet der Risikosteuerung gewidmet, wobei zunächst ein Approximationsverfahren zur Risikoberechnung komplexer Portefeuilles vorgestellt wird, welches ein sachgerechtes Steuern ermöglicht. Die folgenden Aufsätze beschreiben Verfahren der Limitsetzung, der shareholder-value-gerechten Abbildung von Risiken und der Risiko-Ertragssteuerung. Die Themen Ressourcensteuerung und Implementierung von Risikomanagementverfahren werden in den letzten beiden Arbeiten dieses Kapitels abgehandelt. Gegenstand der drei Beiträge des sechsten Teils „Risikomanagement im Asset Management" sind die Portfoliosteuerung bei beschränktem Verlustrisiko, Einsatzgebiete des Value-at-Risk bei langfristigen Kapitalanlagen und die dynamische Asset Allokation. Der siebte Teil „Risikomanagement im Versicherungsbereich" umfasst vier Beiträge, die sich insbesondere mit Ansätzen des integrierten Risikocontrollings, dem Value-at-Risk-Ansatz und dem Value Based Management für Versicherungen beschäftigen. Mit einer Arbeit über rollierende Absicherungsstrategien langfristiger Lieferverpflichtungen beginnt der achte und letzte Teil „Risikomanagement in Industrieunternehmen". Die anschließenden Beiträge befassen sich mit der Preisbildung auf liberalisierten Strommärkten, der Quantifizierung von Rohstoffpreisrisiken und Verfahren zur Schätzung finanzwirtschaftlicher Exposures von Nichtbanken. Der Integration eines unternehmensweiten Risikomanagements bei der Shareholder-Value- und EVA-Steuerung widmen sich die beiden letzten Aufsätze des Handbuchs.

Als Herausgeber des Handbuchs möchten wir allen mitwirkenden Autoren für Ihre spontane und bleibende Bereitschaft zur Mitarbeit danken. Besonderer Dank gebührt Herrn Jan-Philipp Johanning und Frau Christiane Schweitzer für formale Korrekturen, die Feinabstimmung und Formatierung der Beiträge. Ebenso danken wir dem Uhlenbruch Verlag, insbesondere Frau Anke Oefner, für die ausgezeichnete Zusammenarbeit.

In beiden Bänden des Handbuchs Risikomanagements werden Methoden des professionellen Risikomanagements abgehandelt. Wir wünschen und hoffen, dass Praxis und Wissenschaft bei ihrer täglichen Arbeit von diesen Methoden profitieren können.

München, im Juni 2000   Dr. Lutz Johanning   Prof. Dr. Bernd Rudolph

Band II

Risikomanagement in Banken, Asset Management-Gesellschaften, Versicherungs- und Industrieunternehmen

Teil V

Risikomanagement in Banken

Zur strategischen Bedeutung des Risikomanagements für die Kreditinstitute

von Jürgen Krumnow

1. Einleitung
2. Risikomanagement als Kernkompetenz
3. Risikoarten und –ketten
4. Risikomanagementprozess
5. Risikomessgrößen
6. Kapitalallokation und Kapitalbegriff
7. Risikokosten
8. RAROC-Zielfunktion
9. Ausblick

1. Einleitung

Mit der Einführung des *KonTraG* ist vom Gesetzgeber u.a. die Anforderung an die Unternehmen gestellt worden, Risikoüberwachungssysteme einzurichten, damit den Fortbestand der Gesellschaft gefährdende Entwicklungen frühzeitig erkannt werden.[1] Seitens der Unternehmen bestehen noch eine Vielzahl offener Einzelfragen hinsichtlich der systematischen Erfassung der Risiken und der hieraus gewonnen Erkenntnisse für die Umsetzung eines expliziten Management-Prozesses. Die Banken könnten hier in einer Vorbildsituation gesehen werden, da sie bereits seit Jahrzehnten nicht nur interne Risikoüberwachungssysteme erstellen, sondern auch regulatorischen Anforderungen der Bankenaufsicht unterliegen. Banken haben im Kreditwesengesetz und in den Verlautbarungen zu den Grundsätzen I bis III detaillierte Anhaltspunkte für die Definition und Begrenzung von Risiken erhalten. Darüber hinaus sind nach dem Untergang des Bankhauses Herstatt bereits mit den Mindestanforderungen an das Betreiben von Devisen- und Wertpapierhandelsgeschäften organisatorische Anweisungen der Bankenaufsicht mit der Auflage ergangen, dass der Handel, die Verbuchung und die Kontrolle von unterschiedlichen Abteilungen (einschließlich der Geschäftsleitungsebene) wahrzunehmen sind. Zuletzt ist dies 1995 in den Mindestanforderungen über das Betreiben von Handelsgeschäften der Kreditinstitute für das gesamte Handelsgeschäft kodifiziert worden.[2] Hierin sind spezielle Regeln zur Trennung von Risikocontrolling und -management, der Organisation der Handelstätigkeit und der Revision sowie der jeweiligen Verantwortlichkeiten enthalten. Die Abschlussprüfer der Banken sind verpflichtet, in ihren Prüfungsberichten über die Einhaltung der vorstehenden regulatorischen Auflagen zu berichten. Darüber hinaus nimmt das Bundesaufsichtsamt für das Kreditwesen eine wichtige Kontrollfunktion war und trägt zu einer einheitlichen Umsetzung bei.

Die seit langem bestehende Regulierung der Banken, die in allen Industrienationen recht ausgeprägt ist, spiegelt die große volkswirtschaftliche Bedeutung des Finanzgewerbes und seine Risikoanfälligkeit wider. Dieses Regulierungsbedürfnis findet seine Bestätigung auch darin, dass erhebliche volkswirtschaftliche Krisen vom Bankensystem ausgehen können. Historische Beispiele hierfür sind die Savings and Loans Krise in den USA und die Krise der skandinavischen Banken in den 80er Jahren sowie die andauernden Schwierigkeiten im japanischen und in anderen ostasiati-

---

[1] § 91 Abs. 2 AktG. In der Begründung zum Regierungsentwurf heißt es, die Neuregelung habe Ausstrahlungswirkung auf den Pflichtenrahmen der Geschäftsführer auch anderer Gesellschaftsformen.
[2] Vgl. BAKred (1995).

schen Finanzdienstleistungssektoren. Der Zusammenbruch des Long Term Capital Market Fonds mit den Unsicherheiten an den Kapitalmärkten im Herbst 1998 belegt, dass sich auch in bankennahen Branchen große systemische Risikopotenziale bilden können.

2. Risikomanagement als Kernkompetenz

Risikomanagement in Banken ist zum einen eine Auflage, die aufgrund von bankaufsichtsrechtlichen Normen und Verordnungen zu erfüllen ist, und zum anderen – und dies in erster Linie – eine unverzichtbare Kernkompetenz. Risikomanagement ist erfolgskritischer Inhalt allen bankbetrieblichen Handelns. Dies wird auch dadurch unterstrichen[3], dass sich die volkswirtschaftliche Funktion der Banken in den vergangenen Jahren von der traditionellen Rolle als *Finanzintermediär* (u.a. Losgrößen- und Fristentransferfunktion) zu der eines *Risikointermediärs* gewandelt hat.

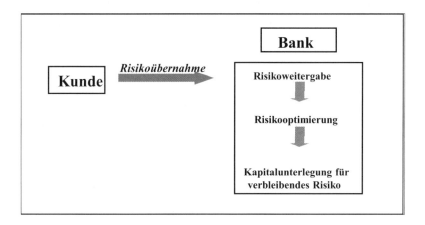

Abb. 1: Banken als Risikointermediäre

In dieser Funktion übernehmen Banken verschiedenste Risiken (z.B. Zins- und Währungsrisiken oder Kreditrisiken) von Ihren Kunden mit dem Ziel diese entweder an Dritte weiterzuveräußern oder zu behalten und zu optimieren. Bei der *Risikooptimierung* sind vornehmlich drei Entscheidungsebenen zu berücksichtigen:

---

[3] Vgl. Büschgen (1998), S. 271 ff.

- Zunächst sollte die Bank nur solche Risiken übernehmen, bei denen der Ertrag und das Risiko in einem angemessenen Verhältnis zueinander stehen (Risikonahme) und in anderen Fällen eine Risikoübernahme ablehnen (Risikovermeidung).
- Sodann sollten Risiken, die die Bank in der Höhe nicht bereit ist zu halten, durch das Eingehen von entsprechenden Hedge-Transaktionen (z.B. mittels Derivate) abgebaut werden (Risikoreduzierung).
- Schließlich ist eine solche Portfoliostruktur anzustreben, die durch Diversifikationseffekte im Portfolio das Risikoprofil insgesamt mindert (Risikodiversifikation).

Bei aller Risikoptimierung kann es jedoch nicht Ziel bankbetrieblichen Handelns sein, sich sämtlicher Risiken zu entledigen; vielmehr müssen zur Erwirtschaftung einer angemessenen unternehmerischen Rendite Risiken in den Büchern der Bank verbleiben. Der Wettbewerbsvorteil der einzelnen Bank besteht mithin darin, Einzelrisiken besser einschätzen und bewerten zu können, als dies den übrigen Marktteilnehmern möglich ist und darüber hinaus Portfolioeffekte bei der Risikonahme und der Preissetzung der einzelnen Transaktionen nutzen zu können.

Die in den Büchern der Bank verbleibenden Risiken sind mit *Eigenkapital* zu unterlegen. Dies ist gleichermaßen eine betriebswirtschaftliche und regulatorische Notwendigkeit. Hierin kommt die Haftungs- und Geschäftsbegrenzungsfunktion des Eigenkapitals zum Ausdruck.

Das Eigenkapital – gleichweder Definition – stellt im bankbetrieblichen Wachstumsprozess einen Knappheitsfaktor dar, auf dem die gesamte bankbetriebliche Führungssystematik aufbauen sollte. Das Risikomanagementsystem ist daher ein integraler Bestandteil jedes Führungssystems. Dies gilt sowohl für den strategischen als auch für den operativen Management- und Planungsprozess. Nur so findet das Risikobewusstsein Eingang in die Beurteilung von Ergebnispotenzialen, die bei ausschließlicher Betrachtung von Erlösen und Kosten verzerrt wäre.

3. Risikoarten und -ketten

Grundlage eines aktiven Risikomanagements ist zunächst die Identifikation der einzelnen Risikoarten, die häufig nicht isoliert auftreten, sondern zumeist interdependent sind.

Das größte Risiko der Banken ist das Kreditrisiko in der Form des *Bonitäts- oder Ausfallrisikos*.[4] Dies gilt sowohl für Universalbanken als auch für Investment- und Commercial Banks. Die Beherrschbarkeit des Bonitätsrisikos wird u.a. dadurch erschwert, dass der Informationsstand über die Bonitätsbeurteilung von Kreditnehmern ohne Rating durch den Markt gering ist, in Zeitreihenanalysen nur gröbere Zeitintervalle berücksichtigt werden können und Daten über Bonitätsverschlechterungen und Kreditausfälle nur mit zeitlicher Verzögerung zur Verfügung stehen. Die Wertberichtigungen in den Bilanzen der Kreditinstitute geben nur eine Stichtagsbetrachtung wider und können unter dem Einfluss der Abschlussgestaltung stehen. Ein weiterer Grund für die mangelnde Transparenz ist, dass die Märkte für Kreditrisiken, einschließlich der Derivatemärkte, erst in der Entwicklung begriffen sind.[5]

Das *Marktrisiko*, das sich aus den Preisveränderungen auf den Zins-, Aktien-, Rohwaren- und Devisenmärkten ergibt, hat durch den Einsatz von Derivaten eine noch größere Bedeutung erfahren.[6] Mit den derivaten Instrumenten besteht nicht nur die Möglichkeit, Risiken aus den Basisinstrumenten zu hedgen, vielmehr können auch neue Risikopositionen aufgebaut werden. Aufgrund der Handelbarkeit der Derivate und der Tiefe der Derivatemärkte sind Marktrisiken durch die Derivate-Produkte leichter quantifizierbar geworden, und die Preise sind jederzeit ablesbar.

Die am schwierigsten zu quantifizierende Risikoart ist das *operationale oder operative Risiko*, das z.B. in der Gefahr einer Betriebsunterbrechung (z.B. Jahr 2000 Problem), in Bearbeitungsfehlern oder in Haftungsmöglichkeiten besteht. Ein Grund hierfür ist das Fehlen statistischer Erfahrungswerte. Außerdem sind die funktionalen Zusammenhänge zwischen Ereignis und Verlust nicht immer offensichtlich. Erschwerend kommt hinzu, dass operative Risiken sehr erratisch auftreten und größere Ereignisse zu hohen Ausfällen führen.

---

[4] Vgl. Krumnow (1999).
[5] Vgl. zu den Kreditrisikomärkten die Beiträge von Burghof / Henke und Wilson.
[6] Vgl. Groß / Knippschild (1996).

Die Interdependenzen zwischen Kredit-, Markt- und operativen Risiken sind vielfältig. So beinhaltet ein marktrisikobegrenzendes Hedgeprodukt immer auch ein Bonitätsrisiko, denn die Bank ist auf die Erfüllung aus dem Handelskontrakt angewiesen, sog. Kontrahentenrisiko. Fällt andererseits im klassischen Kreditgeschäft ein Kreditnehmer aus, bei dem die Zinsrisiken aus der Kreditvergabe vollkommen gehedgt waren, so zerbricht der Hedge, und die Bank ist entsprechenden Marktrisiken ausgesetzt, denn sie muss den Hedge zu möglicherweise unvorteilhaften Konditionen eindecken.

Die Wechselwirkungen, die sich zwischen Kredit- und Marktrisiko entfalten können, sind auch in der Asien-Krise offensichtlich geworden:

Die verschlechterte „Bonitätseinschätzung" (erhöhtes Kreditrisiko) von Thailand und Indonesien führte zu einem Kapitalabzug aus diesen Ländern und damit zur Schwächung der jeweiligen nationalen Währungen. Dies erhöhte wiederum die Devisenmarktrisiken in diesen Währungen (erhöhtes Marktrisiko). Im Falle Thailands führte es zu einer Transferkrise (eine Form des Kreditrisikos), d.h. einer Einschränkung des grenzüberschreitenden Zahlungsverkehrs. Im Falle Indonesiens haben die Währungsabwertungen zu einem starken Anwachsen der Schuldposten vieler indonesischer Unternehmen und mithin zu deren Überschuldung geführt (erhöhtes Kreditrisiko).

Die Asiatische Grippe mit ihren negativen Auswirkungen auf andere Emerging Markets und der letztlich folgenden „Flight to Quality" in allen Märkten hat das Bonitätrisiko betont, aber auch dazu geführt, dass schlechter geratete Adressen Refinanzierungsprobleme erfuhren. Bei den Banken erhöhte es in der Folge das Kreditrisiko, denn die Kunden, die über kein Top-Rating verfügten, mussten u.a. aufgrund des teilweisen Austrocknens der Anleiheprimärmärkte verstärkt ihre Bankenlinien in Anspruch nehmen.

Diese Beispiele belegen, dass Banken nicht nur verschiedenen Risikoarten ausgesetzt sind, sondern dass diese auch in Risikoketten miteinander verknüpft sein können. Die Durchdringung solcher Risikoketten muss Aufgabe von „Frühwarnsystemen" und damit des Risikomanagements sein.

4. Risikomanagementprozess

Der Risikomanagementprozess bezieht drei bankbetriebliche Verantwortungseinheiten ein:

Das *Controlling* hat die Aufgabe der Risikomessung und der -berichterstattung, da das Controlling eine neutrale von den Geschäftsbereichen unabhängige Darstellung der Risikosituation gewährleistet und nur durch eine einheitliche Datenquelle eine konsistente Abbildung von Erlösen, Kosten und Risiken sowie der Interdependenzen zwischen den Risikoarten ermöglicht werden kann. Im Rahmen der Risikokommunikation ist auch darauf zu achten, dass Verluste (Risikoeintritte) ab einer gewissen Größenordnung sofort an die Geschäftsleitung gemeldet werden.

Das Risikomanagement schlägt für das Institut insgesamt sowie für die einzelnen Unternehmensbereiche die *Risikolimit-Strukturen* vor. Die letzte Entscheidung über das gesamte Risikolimit muss jedoch durch die Geschäftsleitung insgesamt erfolgen, da mit dem Risikolimit die Aussage über den Risikoappetit der Gesamtbank verbunden ist. Im Fall von Limitüberschreitungen ist es die Aufgabe des Risikomanagements, risikoreduzierende Maßnahmen vorzunehmen (Exposure Management).

Die Risikoübernahme erfolgt in den Unternehmensbereichen innerhalb der gesetzten Risikolimite. Die letztliche Verantwortung für das Risikoprofil sollte jedoch im Risikomanagement liegen und nicht in den Unternehmensbereichen. Ansonsten wäre die Effektivität und der Sinn von anspruchsvollen Risikomanagementsystemen in Frage gestellt.

5. Risikomessgrößen

Für alle Risikoarten finden drei Kategorien von Risikomessgrößen Anwendung:

- *Sensitivitätskennzahlen* (z.B. Delta, Gamma, Vega), die angeben, wie sich der Preis eines Finanzinstrumentes in Abhängigkeit einer anderen Größe verändert.[7]
- Wahrscheinlichkeitsgewichtete *Verlustpotenziale* (z.B. Value-at-Risk), die als Standardmessgröße besagen, welches maximale Risiko bei einem bestimmten Wahrscheinlichkeitsniveau eintreten kann.[8]

---

[7] Vgl. Rolfes (1999), S. 110

– *Stresstests*, die extreme Verlustpotenziale angeben (Event Risk), wobei historische Extremsituationen auf die aktuellen Risikopositionen übertragen werden.[9]

Diese drei Kategorien von Risikomessgrößen müssen weltweit und für alle Produkte täglich ermittelt werden und dem Management in unterschiedlichem Detaillierungsgrad zur Verfügung gestellt werden. Bei Universalbanken ist der Komplexitätsgrad aufgrund der Vielfalt und Vielzahl der Produkte sowie der breiten geographischen Präsenz besonders hoch. Dies zeigt, dass ein erfolgreiches Risikomanagement auch eine hohe Systemkompetenz (Design und Produktion) voraussetzt.

Bei aller systematischen Vorgehensweise in gut organisierten Risikomanagementprozessen sind fünf Aspekte für ein effektives Risikomanagement besonders hervorzuheben.

– Trotz aller Messbarkeit von Risiken, die die Stochastik unter Nutzung moderner Informations-Technologie ermöglicht, dürfen die bei der Berechnung der Verlustpotenziale zugrunde gelegten Konfidenzniveaus kein falsches Sicherheitsgefühl suggerieren. Das Konfidenzniveau, auf dem die Rechnungen basieren, ist immer kleiner als 100 Prozent. Mit dem verbleibenden Anteil Unsicherheit muss sich das Senior Management befassen. Es dürfen also keine Entscheidungsautomatismen ausgelöst werden. Die Stochastik ermöglicht die Berechnung von „objektivierten" wahrscheinlichkeitsgewichteten Verlustpotenzialen. Diese müssen um die „subjektiven" Erwartungshaltungen des im Risikomanagement-Prozess involvierten Senior Managements ergänzt werden. Vor allem bei der Beurteilung von Event Risiken kommt der langjährigen Geschäftserfahrung eine große Bedeutung zu. Zukünftige Risikopotenziale können sich insbesondere im Zuge der Globalisierung aus den weltweiten Verschiebungen von Portfolien und dadurch ausgelösten Zahlungsströmen ergeben. Hierbei erhalten politische und makroökonomische Einschätzungen, die Kenntnis von einzelnen Branchen sowie Länderstrukturen eine wichtige Rolle.

– Im Rahmen der Stresstest-Analyse sollten nicht nur historische Extremsituationen berücksichtigt werden. Vielmehr gilt es zu untersuchen, welche Extremsituationen den Fortbestand der Bank gefährden könnten.

---

[8] Vgl. Rolfes (1999), S. 104 ff.
[9] Vgl. hierzu Benchmarkszenarien Rolfes (1999), S. 132 ff.

– Zum Erreichen einer hohen Transparenz im Risikomanagementprozess und der Umsetzung der aus den Risikoberichten gewonnenen Erkenntnissen ist es notwendig, dass die Risikomessverfahren von allen am Risikomanagementprozess Beteiligten, einschließlich der gesamten Unternehmensleitung, verstanden und akzeptiert werden.

– Die Verantwortung für Erlöse und Risiken muss entsprechend dem dargestellten Prozess (siehe „4. Risikomanagementprozess") wahrgenommen werden. Dies erfordert eine hohe Disziplin aller Beteiligten, bis hin zur Ebene der Geschäftsleitung.

– Bei allen Interpretationen von stochastischen Rechenergebnissen sollte der gesunde Menschenverstand genutzt werden. Schließlich beruhen die Messverfahren auf Modellen, die immer nur unvollkommene Abbildungen der Wirklichkeit sein können.

6. Kapitalallokation und Kapitalbegriff

Die von der Bank eingegangenen Risikopositionen sowie die für zukünftige Geschäfte vorgesehenen Risikolimitstrukturen sind mit Eigenkapital zu unterlegen. Mit der Risiko- und Eigenkapitalallokation wird auch eine Entscheidung darüber getroffen, in welchen Geschäftsfeldern Eigenmittel eingesetzt werden, mithin in welchen Bereichen mehr oder weniger Wachstum angestrebt wird. Die Kapitalallokation kann nicht alleine aufgrund Erlös- und Kostenerwartungen für die einzelnen Geschäftsfelder entschieden werden. Vielmehr muss der Allokationsprozess auf einem risikoadjustierten Kapitalbegriff aufbauen. Ziel ist eine effiziente Ressourcenallokation zur Steigerung der Rentabilität, d.h. ein Einsatz der Eigenmittel in den Geschäftsfeldern, durch die der Unternehmenswert gesteigert werden kann.

Zunächst stehen drei Definitionen des Eigenkapitals zur Verfügung: das Buchkapital nach International Accounting Standards (IAS), das regulatorische Kapital und das risikoadjustierte Ökonomische Kapital.

Das *Eigenkapital nach IAS* hat in einer Universalbank, die nicht als rechtliche Holding geführt wird, den Nachteil, dass es sich nicht eindeutig bestimmbar auf die Unternehmensbereiche und Geschäftsfelder aufteilen lässt, solange keine rechtlichen Strukturen in einer divisionalen Organisation vorliegen. Es gibt also keinen absolut definierten Verteilungsschlüssel. Darüber hinaus ist der Bezug des IAS-Eigenkapitals zum Risiko nicht quantifizierbar und die Frage, wie viel Eigenkapital eine Bank benötigt, kann und soll auch nicht mit dem IAS-Eigenkapital beantwortet werden.

Die bankaufsichtsrechtlichen Bestimmungen geben zur Ermittlung der Mindestkapitalausstattung nur grobe Berechnungsmethoden (bei Marktrisiken etwas verfeinerter als bei Kreditrisiken), indem sie einen einzuhaltenden Kapitalkoeffizienten, sei es auf nationaler oder internationaler Ebene, festlegen.[10]

Als Steuerungsgröße hat das *regulatorische Kapital* keine primäre Bedeutung, sondern es stellt vielmehr eine Begrenzungsfunktion im Sinne einer einzuhaltenden Nebenbedingung dar. In einer Zielfunktion kann das regulatorische Kapital wegen seiner Pauschalierung nicht berücksichtigt werden, es sei denn, es wäre selbst Knappheitsfaktor. Im Gegensatz zum Marktrisikobereich, für den die Voraussetzungen für die Anerkennung von internen Modellen geschaffen worden sind, führen die regulatorischen Ansätze im Kreditrisikobereich unverändert zu Fehlallokationen. So wird weder zwischen den Adressenkategorien noch den Bonitäten von Adressen einer Kategorie mit ausreichender Feinheit unterschieden. Ohne den Hinweis auf konkrete Kreditnehmer leuchtet ein, dass eine gute deutsche Industrieadresse kreditmateriell besser einzustufen ist als eine Bank aus manchem OECD-Land der Zone A. Ebenfalls völlig unberücksichtigt bleiben z.Zt. unterschiedliche Laufzeiten. Dabei sind es nicht nur Lehrbuchmeinung und Geschäftserfahrung, die für längere Laufzeiten eine zusätzliche Risikoprämie verlangen. Vielmehr wird der laufzeitenabhängigen Bonitätsbeurteilung von den Rating-Agenturen bereits seit Jahren durch die Unterscheidung von kurz- und langfristigen Ratings Rechnung getragen. Es wäre wünschenswert, wenn die Bankenaufsicht eines Tages wie bei den internen Modellen für Marktrisiken sich auch bei der Entwicklung von Kreditrisikomodellen von den groben Rastern lösen würde. Vielleicht werden eines Tages sogar interne Kreditrisikomodelle anerkannt, sobald die Voraussetzungen hierfür erfüllt sind.

Das *Ökonomische Kapital* ist zur Messung und zum Vergleich von risikoadjustierten Renditen sowie zur Kapitalallokation besser geeignet. Über die Verzinsung des Ökonomischen Kapitals[11] kann auch die Zielverzinsung des aktienrechtlichen Kapitals abgeleitet werden. Eine weiterer Vorteil des Ökonomischen Kapitals ist, dass es im

---

[10] Vgl. BAKred (1997).
[11] Zur Erläuterung des Ökonomischen Kapitals siehe Kapitel 8 dieses Beitrags.

Hinblick auf die operativen Risiken bereits die Berücksichtigung vorsichtiger Berechnungsansätze ermöglicht.

7. Risikokosten

Für die längerfristige Quantifizierung und Beurteilung des Risikos werden Risikokostenbegriffe benötigt. Während zwischen der Bildung von bilanziellen *Wertberichtigungen* und der Veränderung des *Kreditvolumens* kein Gleichlauf zu erkennen ist, besteht eine Korrelation zwischen den Konjunkturzyklen und den Risikokosten.

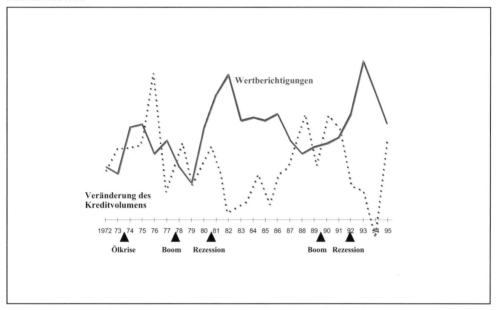

Abb. 2: Wertberichtigungsbildungen vs. Veränderungen des Kreditvolumens

In den Zeiten der Rezession wie z.B. Anfang der 80er Jahre oder Anfang der 90er Jahre steigen die Wertberichtigungen stark an, während in den Zeiten des wirtschaftlichen Booms die Risikovorsorge besonders niedrig war. Hätte eine Bank ihre strategische Ausrichtung nach diesen Kennziffern vorgenommen, dann hätte sie entweder das Kreditvolumen unvernünftig ausgeweitet oder andererseits sogar gutes Geschäft aus ihrem Portfolio genommen. Für die Berücksichtigung von Risikokosten in einer Zielfunktion müssen also für das Kreditrisiko andere Begriffe herangezogen werden, die sich aus der betriebswirtschaftlichen Analyse ableiten und längerfristige Sachverhalte wiedergeben.

Gleichwohl ist die bilanzielle Wertberichtigungsbildung für die Stabilität des Finanzsystems und der Finanzmärkte wichtig. Die deutschen Banken können einerseits sehr frühzeitig anfangen, Risikovorsorgen zu bilden, andererseits werden die Wertabschläge der Forderungen bei Verbesserung der Risikolage zeitgerecht aufgelöst. Hier spielt sich ein aktives Atmen in der Gewinn- und Verlustrechnung ab.

8. RAROC-Zielfunktion

Die Rendite *RAROC* (Risk Adjusted Return On Capital)[12] ist eine Zielfunktion mit der folgenden Formel:

$$RAROC = \frac{\text{Erlöse} - \text{Kosten} - \text{Erwarteter Verlust}}{\text{Ökonomisches Kapital}}$$

Abb. 3: Formel für den Risk Adjusted Return On Capital

Im Zähler werden von den Erlösen die Kosten (dies ist der klassische Teil der Funktion) und der erwartete Verlust – die Standardrisikokosten – subtrahiert. Dieser Term wird durch das Ökonomische Kapital dividiert, also das Kapital, das zur Verfügung gestellt oder gehalten werden muss, um die unerwarteten Verluste zu decken.

Für die Berechnung des RAROC sind die erwarteten von den unerwarteten Verlusten zu unterscheiden. In der Graphik sind an der Abszisse die absoluten Verluste und an der Ordinate die Eintrittswahrscheinlichkeiten der jeweiligen Verlusthöhe abgetragen. Der Mittelwert dieser Wahrscheinlichkeitsfunktion lässt sich statistisch ermitteln. Dies ist der so genannte *Erwartete Verlust* (EV). Die Risikokosten für die erwarteten Verluste müssen durch die Erlöse abgedeckt sein, d.h. sie fließen direkt in die Preissetzung in Form von Standardrisikokosten ein.

---

[12] Siehe z. B. Bessis (1998), S. 261 ff.

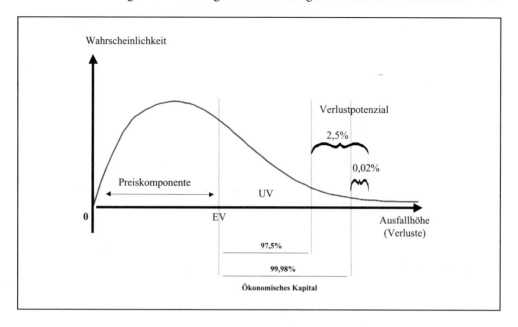

Abb. 4: Illustrative Darstellung des erwarteten und unerwarteten Verlustes

Bei einem Kreditgeschäft bspw. unterliegt der erwartete Verlust den folgenden Einflussfaktoren:

- Der *Ausfallswahrscheinlichkeit*, die sich nach der Kundenbonität richtet. Hier gibt es verschiedene Risiko-Rasterungen, die immer wieder verfeinert und mit den Rasterungen der Rating-Agenturen verglichen werden, so dass intern und extern vergleichbare Definitionen verwendet werden.

- Der *Verlustquote*, die abhängig ist von den Sicherheiten, den Haftungsübernahmen, der Qualität der Dokumentation und der Rangstellung der Forderung beim Schuldner.

- Das *Kreditäquivalent* ist schließlich u.a. abhängig vom zugrunde liegenden Kreditprodukt, dem eingeräumten Limit und der Limitinanspruchnahme.

Anhand dieser Einflussfaktoren kann der erwartete Verlust pro Kunde oder pro Kreditportfolio insgesamt errechnet werden und dann in die RAROC-Formel eingehen.

Das Risiko besteht hiernach darin, dass der tatsächlich eintretende Verlust vom Erwarteten Verlust abweicht. Der Betrag, um den der tatsächliche Verlust den Erwarteten Verlust übersteigt, nennt man den *Unerwarteten Verlust* (UV). Der Unerwartete Verlust verändert sich entsprechend der Schwankungsbreite des tatsächlichen Verlustes um den Erwarteten Verlust. Der Unerwartete Verlust muss durch Risikokapital bzw. Eigenkapital, abgedeckt werden. Dieser Kapitalbegriff wird als Ökonomisches Kapital bezeichnet. Die Höhe des Ökonomischen Kapitals hängt von dem seiner Berechnung zugrunde liegenden Konfidenzniveau ab, also der Fläche unter dem rechten Ausläufer der Wahrscheinlichkeitsfunktion. Diese Fläche bildet die Verluste ab, die durch das Ökonomische Kapital abgedeckt sind. Die unterschiedlichen Anforderungen an die Höhe des Ökonomischen Kapitals sind in der Graphik beispielhaft für ein Konfidenzniveau von 97,5 % und 99,98 % dargestellt. Der restliche Teil von 2,5 % bzw. 0,02 % ist nicht durch Kapital gedeckt. Ein Verlusteintritt in dieser Höhe würde zum Konkurs der Bank führen. Ein Konfidenzniveau von 99,98 % ist für ein Triple-A-Rating erforderlich.[13]

Zur Ausrichtung auf künftige Geschäftsfelder sind die Prozentanteile der Risikokategorien am Ökonomischen Kapital von Relevanz: Im Deutsche Bank Konzern entfielen Ende 1998 74 % auf die Kreditrisiken, 3 % auf die Marktrisiken und 23 % auf die operativen Risiken (die Prozentsätze verändern sich natürlich im Zeitablauf). Mithin müssen fast 3/4 des Ökonomischen Kapitals zur Abdeckung des Kreditrisikos bereitgehalten werden. Dies gilt in der grundsätzlichen Gewichtung im Übrigen – trotz der großen Handelsbücher – auch für die Investment-Banking-Aktivitäten. Die Marktrisiken haben deshalb einen so geringen Anteil, weil sie weiterveräußert, gehedgt oder diversifiziert werden können. Dies ist bei Kreditrisiken nunmehr durch den Einsatz von Kreditderivaten und Verbriefungsprogrammen möglich geworden.

9. Ausblick

Die Globalisierung in der Finanzdienstleistungsbranche und der mit dem Konzentrationsprozess einhergehende Renditedruck auf die Banken werden in den nächsten Jahren tendenziell zu steigenden Ergebnisvolatilitäten führen. Hierbei wird sich die Rolle der Banken als Risikointermediär und Risikonehmer gegenüber ihrer traditionellen volkswirtschaftlichen Funktion als Finanzintermediär noch stärker ausprägen.

---

[13] 100 % entsprächen einer risikofreien Anlage. Der Spread über dem risikofreien Zins für AAA-Adressen beträgt 2 Basispunkte. Subtrahiert man diesen Spread von 100 %, ergibt sich 99,98 %.

Sowohl intern als auch extern muss die Transparenz der Risikopotenziale branchenweit erhöht werden. Dies sollte erheblich zur Verbesserung einer gelebten Risikokultur beitragen.

Die Quantifizierung operativer Risiken hat noch den größten Entwicklungsbedarf, es ist aber auch am schwierigsten zu erfassen. Dieser Risikoart ist jedoch hohe Beachtung beizumessen, weil ein systemisches Risiko auch durch operative Risiken ausgelöst werden kann. Die Gefahr besteht nämlich darin, dass in einer Bank gerade immer solche Risiken eingegangen werden, die nicht durch entsprechende Messverfahren transparent gemacht worden sind bzw. ignoriert werden.

Dem Eigenkapital kommt zur Risikounterlegung im Expansionsprozess der einzelnen Institute eine entscheidende Bedeutung als Wettbewerbsfaktor zu. Das RAROC-Konzept bietet eine Erlöse, Risiken und Kapital integrierende Methode, um einen optimalen Einsatz der knappen Ressource Eigenkapital zu ermöglichen.

Zur Erzielung eines ökonomischen Mehrwertes der Bank ist es notwendig, dass die bankinterne risikoadjustierte Kapitalrendite größer als die Renditeanforderung des Kapitalmarktes an die Bank ist. Ein weiterer Aspekt ist die risikoorientierte Preisgestaltung, denn hinter der Risikonahme steht der Bedarf nach Kapital, das den Investorenanforderungen entsprechend verzinst werden muss. Dies ist auch ein wesentlicher Ansatz des RAROC-Systems.

Insbesondere im Kreditgeschäft hat sich herausgestellt, dass die Risikoberücksichtigung und die Preisgestaltung nicht besonders miteinander korrelieren. D.h. die schlechten Kunden erhalten zu gute Konditionen, und die guten Kunden erhalten zu schlechte Konditionen. Auf diesem Gebiet werden in Zukunft noch Veränderungen erfolgen müssen. Sollten eines Tages alle Financial Instruments Mark-to-Market bilanziert werden, dann wird der Wert eines Kredit-Portfolio offensichtlich. Diejenigen Banken, die heute zu geringen Margen langfristige Kredite ausreichen, werden erkennen, dass ihr Portfolio unverkäuflich ist. Der Marktwert solcher Kreditportfolien wird im Vergleich zu alternativen Anlagemöglichkeiten so niedrig sein, dass die Banken ihre Kosten weiter senken müssen, und die Preise, insbesondere im Hinblick auf das Rating des Kunden oder des Kredit-Portfolios, anders gestaltet werden müssen. Die Risikopolitik kann für den geschäftspolitischen Steuerungsprozess gerade in diesem Bereich wichtige Impulse und Unterstützung geben.

Ein Grund dafür, dass aus den genannten Erkenntnissen in den Banken noch zu geringe Konsequenzen gezogen worden sind, liegt darin, dass das Wettbewerbsumfeld der deutschen Kreditinstitute verzerrt ist. Während die aktienrechtlichen Banken, die im internationalen Wettbewerb um Kapitalgeber stehen, sich mit dem Kapitalbegriff und der Kapitalrentabilität auseinandersetzen müssen, brauchen das andere Institute weniger zu tun. Hier gilt es auf Dauer ein level playing field zu schaffen. Nur diejenige Bank wird national und international erfolgreich bleiben, die die Kernkompetenz „Risikomanagement" weiter verfeinert und den dynamischen Produktentwicklungen Rechnung trägt. Eine weitgehende Beherrschung eingegangener Risiken verbunden mit der Ausschöpfung von Kundenpotenzialen ist Erfolgskriterium der Gegenwart und Zukunft.

Literaturverzeichnis

Baetge, J. (Baetge, 1998): Stabilität des Bilanzbonitätsindikators bei internationalen Abschlüssen und Möglichkeit zur Bepreisung von Bonitätsrisiken auf der Basis von A-posteriori-Wahrscheinlichkeiten, in: Oehler, A. (Hrsg.), Credit Risk und Value-at-Risk Alternativen, 1998.

Baseler Ausschuss für Bankenaufsicht (Baseler Ausschuss für Bankenaufsicht, 1999): No. 49, Credit Risk Modelling: Current Practices and Applications, (E), April 1999.

Baseler Ausschuss für Bankenaufsicht (Baseler Ausschuss für Bankenaufsicht, 1999): No. 50, A new capital adequacy framework, (E), June 1999.

Bessis, J. (Bessis, 1998): Risk Management in Banking, Chichester, 1998.

Büschgen, H. E. (Büschgen, 1998): Bankbetriebslehre, 5. Aufl., 1998.

Bundesaufsichtsamt für das Kreditwesen (BAKred, 1995): Verlautbarung über Mindestanforderungen an das Betreiben von Handelsgeschäften der Kreditinstitute, 1995.

Bundesaufsichtsamt für das Kreditwesen (BAKred, 1997): Bekanntmachung über die Änderung und Ergänzung der Grundsätze über das Eigenkapital und die Liquidität der Kreditinstitute (Grundsatz I), 1997.

Burghof, H.-P. / Rudolph, B. (Burghof / Rudolph, 1996): Bankenaufsicht: Theorie und Praxis der Regulierung, Wiesbaden, 1996.

Deutsche Bank AG (Deutsche Bank AG, 1999), Geschäftsbericht 1999, Risikobericht, S. 123-139.

Euromoney Publications (Euromoney Publications, 1998): The Practice of Risk Management, Euromoney Books, 1998.

Global Derivatives Study Group (Group of Thirty) (Global Derivatives Study Group, 1993): Derivatives: Practices and Principles, Washington 1993.

Krumnow, J. (Krumnow, 1993): Derivative Instrumente als Herausforderung für Bankkontrolling und Bankorganisation, ZBB, 1993, S. 133 – 138.

Krumnow, J. (Krumnow, 1996): Risikosteuerung von Derivaten (Hrsg.), 1996.

Krumnow, J. (Krumnow, 1998): Die Absicherung von Zins- und Währungsrisiken bei Kreditinstituten, in: Lutter, M. / Scheffler, E. / Schneider, U. H. (Hrsg.), Handbuch der Konzernfinanzierung, 1998.

Krumnow, J. (Krumnow, 1999): Kreditrisikomanagement bei der Deutschen Bank, Zeitschrift für das gesamte Kreditwesen, 1999, Nr. 3.

Matten, C. (Matten, 1996): Managing Bank Capital, 1996.

Rolfes, B. (Rolfes, 1999): Gesamtbanksteuerung, Stuttgart, 1999.

Rudolph, B. (Hrsg.) (Rudolph, 1995): Derivative Finanzinstrumente, Stuttgart, 1995.

Schierenbeck, H. (Schierenbeck, 1997): Ertragsorientiertes Bankmanagement, 5. Aufl., 1997.

Risikomanagement im derivativen Geschäft

von Wolfgang F. Walther

1. Derivate im Finanzwesen und Risikoidentifikation
2. Portfolio Betrachtung im Risikomanagement
3. Marking-to-Market – Grundlage für Risikomanagement
4. Preisbestimmende Marktfaktoren – Ausgangspunkt für Risikoanalysen
5. Sensitivitätsanalysen und Simulationen zur Messung von Preisrisiken
6. Risikolimite – Begrenzung der Preisrisiken
7. Risikoberichte – Risiken darstellen und überwachen
8. Risikomanagement als Bestandteil der Ergebnissteuerung
9. Kontrahentenrisiken – Einbeziehung in das Risikomanagement
10. Qualitätskontrolle – Abwicklungsrisiken und Kundenzufriedenheit
11. Organisatorische Trennung von Handel und Kontrolle
12. Schlussbemerkungen

1. Derivate im Finanzwesen und Risikoidentifikation

Derivative Finanzinstrumente haben in den letzten Jahren einen festen Platz im Finanzwesen eingenommen. Diese Instrumente werden heute in immer breiterem Umfang im aktiven Zins-, Währungs-, und Asset-Management eingesetzt. Nicht nur Banken, sondern auch Industrie- und Handelsunternehmen sowie Versicherungen und Anlagefonds setzen derivative Finanzinstrumente in ihrem Risikomanagement ein.

Derivative Finanzinstrumente dienen sowohl zur Absicherung von Währungs-, Zins- und sonstigen Preisrisiken als auch zur Verbesserung von Erträgen. Im einen Fall vermindert sich durch den Einsatz der derivativen Finanzinstrumente das Gesamtrisiko des Unternehmens, im anderen Fall wird eine Position gezielt aufgebaut, um aus der antizipierten Marktveränderung einen Gewinn zu erzielen.

Erwartet man beispielsweise eine vorübergehende Kursschwäche am Rentenmarkt, könnte der Verkauf eines Futures dazu dienen, eine bestehende Wertpapierposition gegen Kursverluste abzusichern. Falls man diese Kursschwäche als länger anhaltend betrachtet, würde man eher die Wertpapiere verkaufen. Zusätzlich könnte man aber auch eine spekulative Short-Future-Position eingehen. Dies wäre einfacher und kostengünstiger, als die Papiere zu leihen und dann zu verkaufen.

Charakteristisch für die derivativen Finanzinstrumente ist es nun, dass mit ihnen aus Veränderungen auf den Finanzmärkten Gewinne erzielt werden können, ohne die zugrunde liegenden Finanzinstrumente, die so genannten Underlyings, zu erwerben.

Derivative Finanzinstrumente werden mit Hilfe von mathematischen Formeln aus den Underlyings abgeleitet und weisen demzufolge einen hohen Abstraktionsgrad auf. So dient beispielsweise der Nominalbetrag eines derivativen Geschäfts lediglich als Basisgröße für weitere Berechnungen und sagt über den Wert des Geschäfts unmittelbar nichts aus.

Der aktive Einsatz von Derivaten erfordert ein systematisch aufgebautes Konzept, das gewährleistet, dass alle Geschäfte im Risikomanagement, Rechnungswesen und Controlling richtig abgebildet werden. Ein solches Konzept erstreckt sich vom Abschluss der Geschäfte bis zur endgültigen Erfüllung aller damit verbundenen Verpflichtungen der Vertragspartner und beinhaltet Kontrollen, die eine korrekte Erfassung in Rechnungswesen und Controlling, zeitnahe und korrekte Bewertung, sowie richtige Erfassung der Marktpreis-, Kontrahenten- und Liquiditätsrisiken gewährleistet. Viele Probleme bei Finanzderivaten ergeben sich daraus, dass der Zeitpunkt zu dem Gewinne oder Verluste entstehen, nicht richtig erkannt wird, da er bei den meisten Instrumenten weder mit dem Geschäftsabschluss noch mit den Rechnungslegungszyklen zusammenfällt. Anders als bei Geschäften an organisierten Terminbörsen, wo die Kontrakte täglich neu bewertet und die Wertveränderung mit Zahlungen ausgeglichen werden, schlägt sich bei so genannten OTC-Geschäften (over-the-counter, also zwischen zwei Vertragspartnern frei vereinbarten Kontrakten) ein Verlust nicht notwendigerweise sofort in der Ergebnisrechnung der Beteiligten nieder. Hat also eine Bank oder ein Unternehmen beispielsweise eine offene Devisenposition und nimmt nicht regelmäßig eine Neubewertung der zugrunde liegenden Kontrakte vor, so können daraus erhebliche Ertragsrisiken entstehen. Dies ist nur ein Beispiel für die Gefahren, die sich aus einem inadäquaten internen Kontrollsystem bei Finanzderivaten ergeben.

Einhergehend mit dem Einsatz derivativer Finanzinstrumente werden ausgefeilte Verfahren und Techniken erforderlich, die die Risiken transparent machen und sie in übersichtlicher Form darstellen. Beim näheren Hinsehen zeigt es sich, dass Derivate Risikostrukturen aufweisen, die mit denen der traditionellen Finanzinstrumente vergleichbar sind. Der Einsatz von Derivaten erfordert jedoch nicht nur Erfahrung und Sachkenntnis, sondern vor allen Dingen eine umfassende Konzeption und ein ausgeprägtes Instrumentarium für das Risikomanagement, mit dem die Risiken der derivativen als auch traditioneller Finanzinstrumente konsistent erfasst und gesteuert werden. Ein solches Konzept erstreckt sich von der Beschreibung des Geschäfts und der Identifizierung der damit verbundenen Risiken, über die Quantifizierung der Risiken und die Analyse der Auswirkungen, bis hin zur Limitierung und Überwachung der Handelsaktivitäten (Abb.1).

Voraussetzung für ein effektives Risikomanagement mit dem Ziel, die Auswirkung von Markttendenzen auf die Geschäftsentwicklung zu optimieren, ist ein durchlässiger und für alle verständlicher Informationsfluss. Risikomanagement muss daher die gemeinsame Aufgabe von allen Beteiligten sein und ist nicht alleine dem Handel (Risk Taking) und der Risikoüberwachung (Risk Controlling) zuzuordnen.

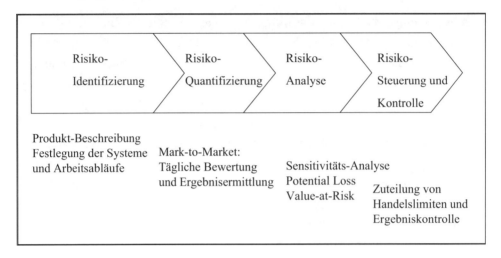

Abb. 1: Risikomanagement Prozess und Hilfsmittel

Die Risiken, die beim Einsatz von Derivaten auftreten sind in ihrer Art nicht neu – es sind die gleichen Risiken, die auch im traditionellen Bankgeschäft anfallen: Marktpreisänderungs-, Kredit-, Liquiditäts-, operationale und rechtliche Risiken. Die Dynamik der derivativen Instrumente und die unzureichende Aussagekraft der Nominalbeträge erfordern ein modernes, aussagefähiges und zeitnahes Risikomanagement. Vor dem Einsatz neuer Instrumente muss man sich grundsätzlich über deren Auswirkungen auf Kundenverhalten und Abwicklung, sowie die Wirkungen derartiger Transaktionen auf Bilanz und Ergebnis im Klaren sein: Wie verändert sich der Wert bei veränderten Marktverhältnissen, welche Auswirkung hat eine Nichterfüllung des Vertrages und wie wirkt das Instrument auf die gesamte Risikoposition? Um diese Fragen beantworten zu können, sind fundierte Produktkenntnisse notwendig. Die Ergebnisse dieser Überlegungen und Analysen werden in detaillierten Beschreibungen durch alle betroffenen Abteilungen zusammengefasst. Dies beinhaltet auch die Festlegung auf Systeme zur Abwicklung, Verbuchung und Bewertung sowie die Gewährleistung, dass diese Systeme auch die erforderlichen Ergebnisse liefern. Dass diese Beschreibungen und Analysen regelmäßig überprüft werden müssen, ob die getroffenen Annahmen noch ihre Gültigkeit haben, sollte selbstverständlich sein.

2. Portfolio Betrachtung im Risikomanagement

Eine Aufgabe des Risikomanagements ist, sich kompensierende Effekte zu erkennen und korrekt zuzuordnen. Hierbei dürfen einzelne Geschäfte nicht isoliert betrachtet werden; man muss alle Finanzinstrumente und Geschäfte im Zusammenhang berücksichtigen.

In der Finanzpraxis wird meistens eine Kombination von *derivativen und traditionellen Instrumenten* eingesetzt, die eine gleiche oder zumindest für einen bestimmten Zeitraum eine ähnliche Dynamik der Marktpreisrisiken erwarten lassen. So werden beispielsweise zur Sicherung von Optionen auf Bundesanleihen die Anleihen selbst (Delta Hedges), deren Futures, Optionen auf Futures, Zinsswaps und Forward Rate Agreements eingesetzt. Bei einer derartig komplexen Zusammensetzung von Instrumenten ist eine unmittelbare Zuordnung von ursprünglichem Geschäft und zugehörigem Sicherungsgeschäft nicht mehr erkennbar. Hier ist die Portfolio-Betrachtung für das Risikomanagement unabdingbar (Abb.2).

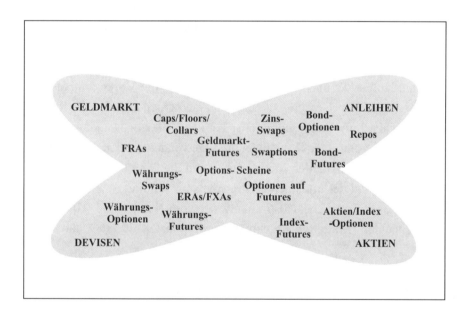

Abb. 2: Derivate und traditionelle Instrumente im Handelsportfolio

Bei der Portfolio-Betrachtung wird das Risiko nicht mehr aus der Veränderung der Marktpreise der einzelnen Instrumente ermittelt, sondern über die Faktoren, die dem Marktwert zugrunde liegen und damit das Risiko des Portfolios bestimmen (in diesem Beispiel die entsprechenden Zinsstruktur-Kurven).

Klare Zuordnung von Verantwortung für einzelne Portfolien und Handelsgruppen ist bei einem Portfolio-Ansatz zwingend.

3. Marking-to-Market – Grundlage für Risikomanagement

Derivative Finanzinstrumente erlauben über Vereinheitlichung und Hebelwirkung innerhalb kürzester Zeit Risikopositionen zu verändern. Die Preise der eingesetzten Instrumente verändern sich innerhalb von Sekunden und weltweit über einen Zeitraum von 24 Stunden am Tag. Aufgrund der Komplexität und immanenter Preisdynamik derivativer Instrumente ist für eine effiziente Kontrolle eine laufende Bewertung aller Transaktionen zu aktuellen Marktpreisen unumgänglich. Ein Händler muss die Auswirkungen veränderter Marktpreise auf den Wert seiner Handelsposition sofort ablesen können. Hierzu werden teils sehr aufwendige Rechenmodelle verwendet; sie laufen auf Großrechnern oder sind zumindest PC gestützt. Aber nicht nur der Händler (Risk Taker) muss in der Lage sein, "seine" Instrumente zu bewerten und Preise zu ermitteln, sondern es ist auch sicherzustellen, dass die Abwicklung, die Buchhaltung, die Risikoüberwachung und nicht zuletzt die Geschäftsleitung Informationen erhalten, die eine von der Handelsabteilung unabhängige Betrachtung der Risikopositionen erlauben. Es muss gewährleistet sein, dass die Marktparameter, die zur Bewertung herangezogen werden, aus unabhängigen Quellen (wie z.B. Reuters, Telerate oder ähnlichen Informationsanbietern) stammen, die angewandten Modelle verifiziert wurden und vom Handel unabhängig angewendet werden. Eine Bewertung aller Transaktionen zu aktuellen Marktpreisen und die Ermittlung des Handelsergebnisses muss aufgrund der immanenten Preisdynamik zumindest auf einer täglichen Basis erfolgen. Die tägliche Abstimmung der vom Handel und Abwicklung unabhängig voneinander ermittelten Ergebnisse gewährleistet die Integrität der Informationen.

Die Erfassung der Handelsergebnisse im externen Rechnungswesen ist abhängig von den entsprechenden nationalen Rechnungslegungs-Vorschriften: Während die US-amerikanischen Accounting Rules die Bewertung von Handelsinstrumenten zu Marktpreisen vorschreiben, einschließlich der Erfassung unrealisierter Verluste und Gewinne, besteht in Deutschland das Imparitätsprinzip – die ungleiche Behandlung von unrealisierten Gewinnen und Verlusten. Die strengen Regeln der Bilanzierung erlauben es nur in sehr engen Grenzen, Positionen unterschiedlicher Instrumente, deren Risiken sich neutralisieren, zusammenzufassen. Das externe Rechnungswesen orientiert sich an den gesetzlichen Vorschriften und liefert daher nicht zwingend ausreichende Information für ein zeitnahes Risikomanagement.[1]

Unabhängig von den Rechnungslegungs-Vorschriften ist für das Risikomanagement die zeitnahe Betrachtung des wirtschaftlichen Ergebnisses eine unverzichtbare Voraussetzung für das Betreiben des Geschäfts. Eine solche Erfassung bildet die Basis von Frühwarnsystemen, die Überschreitungen tolerierbarer Verluste anzeigen und ein unverzügliches Eingreifen der Geschäftsleitung ermöglichen.

Aufbauend auf den derzeitigen Marktwert – *mark-to-market* – aller schwebenden Geschäfte eines Handelsportfolios, kann sich nun das Risikomanagement in einer Serie von aufeinander aufbauenden Schritten der Quantifizierung des Risikos dieses Portfolios nähern. Diese Analyse führt unter Einbeziehung von Volatilitäten und Korrelationen der Marktfaktoren letztendlich zu einer Aussage über den Risikogehalt eines Portfolios, dem Value-at-Risk (Abb.3).

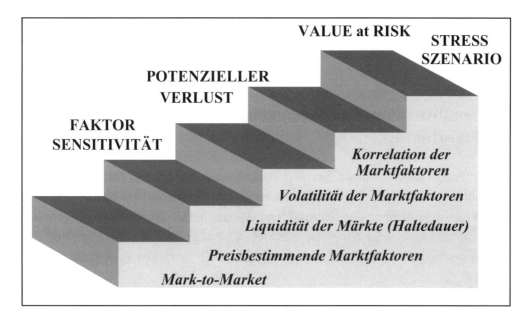

Abb. 3: Stufenweiser Aufbau der Risikobestimmung

---

[1] Vgl. Naumann in diesem Handbuch.

4. Preisbestimmende Marktfaktoren – Ausgangspunkt für Risikoanalysen

Das Gesamtrisiko eines Portfolios hängt häufig von verschiedenen Faktoren ab. So zeichnet sich insbesondere der außerbörsliche Handel, das so genannte *Over-the-Counter-Geschäft*, durch eine große Flexibilität bei der Gestaltung der Kontraktspezifikationen aus. Da hier die Preise nicht für jeden Kontrakt direkt am Markt ablesbar sind, werden zur Preisermittlung Rechenmodelle benutzt. Diese Modelle leiten den Preis einer Transaktion aus den entsprechenden Marktfaktoren ab. Die preisbestimmenden Faktoren derivativer Finanzinstrumente lassen sich in drei Haupt-Kategorien einteilen:

- Kassapreise (Devisen- und Aktien-Kassakurse, Wert von Indizes, Rohstoffpreise)
- Zinsstruktur-Kurven (der entsprechenden Währungen und Märkte)
- Volatilitäten (von Devisen, Zinsen, Aktien, Indizes).

Je nach Instrument wirken einzelne oder mehrere Marktfaktoren auf den Wert eines Kontraktes.

5. Sensitivitätsanalysen und Simulationen zur Messung von Preisrisiken

In der Praxis haben sich die Sensitivitätsanalysen und Simulationen als geeignete Verfahren zur Messung und Beurteilung von Marktpreisrisiken bewährt. Kennt man die Wirkungsstrukturen der Marktfaktoren (Kassapreise, Zinsstruktur-Kurven und Volatilitäten) kann man ermitteln, wie sich Veränderungen der Faktoren auf den Wert einer einzelnen Transaktion und eines gesamten Portfolios auswirken (Sensitivität).

Die Messung der Marktpreisänderungsrisiken kann in einem dreistufigen Ansatz erfolgen:

Faktor Sensitivität

In der *ersten Stufe* werden alle Transaktionen des Handelsbestandes einer Faktor-Sensitivitäts-Analyse unterzogen. Hierbei wird die Marktwertveränderung jeder Transaktion bei Veränderung eines Marktfaktors um eine bestimmte Messgröße ermittelt. Diese Analyse wird pro Transaktion für jeden preisbestimmenden Marktfaktor getrennt durchgeführt, wobei alle anderen Marktfaktoren als konstant unterstellt werden.

Die Citibank verwendet als Messgröße eine Veränderung

- der Kassakurse um 1%,
- der Zinsstruktur-Kurven um 1 Basispunkt und
- der Volatilitäten um 10 Basispunkte

Es ist hierbei unerheblich, wie man diese Messgrößen festlegt. Einmal definiert, müssen sie jedoch konsistent und durchgängig für alle Instrumente angewandt werden. So könnte ebenso eine Veränderung der Zinskurven um 100 Basispunkte oder der Volatilitäten um 100 Basispunkte als Messgröße für die Bestimmung der Sensitivität angenommen werden.

Die ermittelten Wertveränderungen können nun für alle Transaktionen aggregiert werden, die von dem gleichen Marktfaktor bestimmt werden. Man erhält bei einer solchen Sensitivitäts-Analyse eine Serie von Informationen über die Risikostruktur eines Portfolios, die weitergehende Analysen ermöglichen.

Die Analyse des Zinsänderungsrisikos bedarf einer weiter detaillierten Untersuchung. Eine Berechnung der Sensitivität bei einer parallelen Verschiebung der Zinskurve oder der Renditeveränderung ist nicht ausreichend, wenn ein Portfolio mehrere Zinsinstrumente mit verschiedenen Laufzeiten und Risikoprofilen beinhaltet. Um das Verhalten des Portfolios bei einer Veränderung der kurzfristigen oder langfristigen Zinsen offenzulegen, sind Analysen der Wertveränderung jeder Transaktion mit Veränderungen eines jeden Punktes entlang der gesamten Zinsstruktur-Kurve erforderlich.

Sensitivitätsanalysen dieser Art bedienen sich der Diskontierung aller zukünftigen Zahlungsströme auf ihren Gegenwartswert (Barwert) unter Anwendung von Zero-

Kupon-Diskontfaktoren. Finanzinstrumente lassen sich in der Regel auf Zahlungsströme (Cash-flows) als dem kleinsten gemeinsamen Nenner herunterbrechen. Die Zahlungsströme sind vom jeweiligen Instrument abhängig. So werden für das Risikomanagement beispielsweise bei Futures oder Forward Rate Agreements nicht die tatsächlichen, sondern die fiktiven Zahlungsströme zugrunde gelegt. Dagegen werden bei Anleihen die tatsächlichen Zahlungsströme (Zinsen und Kapital) verwendet. Der Vergleich der Gegenwartswerte auf Basis des derzeitigen Marktsatzes und des um einen bestimmten Faktor (z.B. 1 Basispunkt) veränderten Zinssatzes liefert einen Sensitivitätswert, der die Laufzeit des entsprechenden Instruments widerspiegelt. So ist die Sensitivität einer 10-Jahres Staatsanleihe etwa 7 mal so groß wie die eines 1-Jahres Geldmarkt Instruments mit gleichem Anlagebetrag.[2]

Nicht nur die *Zinsstruktur* für eine Währung ist Veränderungen ausgesetzt, oft reagieren auch die Märkte für verschiedene Finanzinstrumente nicht im absoluten Einklang. So schlagen sich z.B. Veränderungen der Renditen von Staatsanleihen nicht unmittelbar oder in direktem Verhältnis in Veränderungen der Swap-Sätze nieder. Ist ein Handelsportfolio aus mehreren Instrumenten aufgebaut, sind diese so genannten Spread Risiken (Differenzen zwischen direkten bzw. implizierten Zinskurven) in entsprechenden Sensitivitätsanalysen zu berücksichtigen. Um diese Sensitivitäten festzustellen, werden die Faktor-Sensitivitäten für die verschiedenen Finanzmärkte (Staatsanleihen – Swap – Geldmarkt) entlang der Zinskurve separat ermittelt und getrennt weiter analysiert.

Eine derartige Faktor-Sensitivitäts-Analyse liefert für jeden einzelnen Marktfaktor (in diesem Zusammenhang ist jede Währung, jede Aktie, jeder Punkt der definierten Zinskurve – z.B. der 3-Monats euro Geldmarktsatz – als ein Marktfaktor anzusehen) wertvolle Informationen über das Risikoprofil und Risikokonzentrationen.

Verlustpotenziale

Die *zweite Stufe* der Analyse bezieht sich auf die Quantifizierung der potenziellen Verluste, die durch die Veränderungen eines jeden Marktfaktors im Portfolio entstehen können. Die Bestimmung des *Verlustpotenzials* wird durch zwei wesentliche Annahmen geprägt: Mit welcher Wahrscheinlichkeit soll eine Aussage getroffen werden und welchen Zeitraum soll diese Analyse abdecken.

---

[2] Vgl. zum Zinsrisikomanagement Riehl (1999), S. 23 ff.

Der potenzielle Verlust hängt zum einen vom Grad der Veränderung (Volatilität) eines jeden Marktfaktors ab. Zur Bestimmung der Volatilität jedes Marktfaktors wird seine tägliche Veränderung über einen längeren Beobachtungszeitraum mittels statistischer Methoden auf seine Normalverteilung analysiert. In der Praxis wird üblicherweise mit Wahrscheinlichkeiten (Konfidenzintervallen) gearbeitet. Man untersucht die negativen Auswirkungen, die sich aus der Veränderung eines Marktfaktors gegenüber dem aktuellen Marktwert mit einer Wahrscheinlichkeit von beispielsweise 97,5% (2 Standardabweichungen) oder 99% (2,33 Standardabweichungen) ergeben. Die Festlegung des Konfidenzniveaus für solche Aussagen ist ein wichtiger Faktor für die Aussage über den "worst case.

Zum anderen hängt der potenzielle Verlust von der Einschätzung über den Zeitraum ab, den man glaubt zu benötigen, um eine Position am Markt zu schließen (Halteperiode). Bei dieser Analyse spielt die Liquidität der entsprechenden Märkte sowie die Größe der Position im Verhältnis zu der Markttiefe eine besondere Rolle. Bei der Wahl von längeren Halteperioden als einem Tag ist zu berücksichtigen, dass in dieser Zeit sich die Zusammensetzung eines Portfolios (zumindest durch fällig werdende Kontrakte, die je nach Art und Umfang des Geschäfts erheblichen Umfang haben können) verändern wird. Die Berechnung des potenziellen Verlusts über solche Zeiträume kann daher nur mit aufwendigen Simulationsmodellen erreicht werden.

Bei Handelspositionen in liquiden Instrumenten wird in der Praxis eine Halteperiode von einem Tag unterstellt. Dies geht auf die Überlegung zurück, dass die Handelsposition "über Nacht" nicht beaufsichtigt ist und in dieser Zeit eine Marktbewegung eintritt, auf die der Händler nicht reagieren kann. Andererseits wird in der Regel die Volatilität aus Beobachtungen der Veränderung eines Marktfaktors in 24-Stunden Abschnitten errechnet. Geht man nun davon aus, dass eine Position mindestens während 8 dieses 24-Stunden Intervalls beaufsichtigt ist und der Händler innerhalb von Sekunden auf Marktveränderungen reagieren kann (Liquidität des Marktes unterstellt), erhält eine solche Aussage einen noch höheren Sicherheitsgrad.

Die in dieser Stufe der Analyse erhaltenen potenziellen Verlustbeträge pro Marktfaktor, übersichtlich in Matrizen aufbereitet, liefern wichtige Informationen über den Risikogehalt jeder Position und zeigen Risikokonzentrationen auf. Sie bieten die Basis für Berechnungen von Marktbewegungen über die normalerweise angewandte Standardabweichungen hinaus.

Value-at-Risk

Die einzelnen Marktfaktoren, z. B. verschiedene Währungen, verhalten sich in der Regel nicht unabhängig voneinander. Vielmehr stehen sie in Beziehung zueinander und beeinflussen sich gegenseitig. Gleichzeitig weisen unterschiedliche Instrumente und Geschäfte auch unterschiedliche Risikoprofile auf. Um eine Aussage über das Gesamtrisiko in einem Portfolio zu treffen, wird daher zusätzlich zur Sensitivität und Volatilität des einzelnen Marktfaktors die Abhängigkeit der einzelnen Marktfaktoren untereinander in einer Korrelations-Analyse untersucht und deren Varianzen ermittelt. Die Korrelationen werden auf das Risikoprofil des Portfolios angewandt und damit in der *dritten Stufe* der Analyse das Gesamtrisiko eines Portfolios ermittelt (*Value-at-Risk*).

Die Ermittlung des Value-at-Risk kann mittels historischer Simulation, Varianz-/Kovarianzanalyse oder einer Monte-Carlo Simulation erfolgen. Bei der historischen Simulation werden die derzeitigen Positionen eines Portfolios mit den bekannten Marktpreisen aus einem längeren Zeitraum der Vergangenheit bewertet und daraus der höchste Verlust (mit dem festgelegten Konfidenzniveau und Halteperiode) ermittelt. Diese Analyse eignet sich nur für ein Portfolio, das homogen in der Art der Instrumente und auf wenige Marktfaktoren bezogen ist (z.B. einem Devisenkassa- oder Aktienportfolio); für die meisten Derivate, insbesondere Optionen, ist diese Methode aufgrund des hohen Rechenaufwands durch die notwendige Einbindung der Bewertungsmodelle sowie der einzelnen historische Datenreihen aller Marktfaktoren (insbesondere der Volatilitätsstrukturen) jedes Instrumentes nur schwer umsetzbar. Die Berechnung des Value-at-Risk mittels der Matrixkalkulation der Faktor-Sensitivitäten mit einer Varianz-/Kovarianzmatrix ist die in der Praxis meist angewandte Methode. Sie liefert eine zuverlässige Aussage über das Verlustpotenzial, solange das Portfolio keine Optionen beinhaltet. Eine Varianz-/Kovarianzkalkulation setzt lineare Wertveränderungen der Instrumente bei einer konstanten Veränderung der Marktpreise voraus; bei Optionen verläuft die Wertveränderung konvex. Für ein diversifiziertes Handelsportfolio, das eine Vielzahl von Finanzinstrumenten, einschließlich Optionen, in verschiedenen Märkten beinhaltet, hat sich in der Praxis die Anwendung einer Monte-Carlo Simulation durchgesetzt. Hierbei werden die Preise der in dem Portfolio enthaltenen Instrumente in einer Vielzahl von Simulationen (in der Regel mindestens 5000 einzelne Simulationen) willkürlich bestimmt und daraus die jeweilige Wertveränderung des Portfolios ermittelt. Die Auswertung der erhaltenen Wertveränderungen kann mit verschiedenen Konfidenzintervallen erfolgen und erlaubt eine Analyse der Werte, die außerhalb der festgelegten Wahrscheinlichkeit liegen.

Das Value-at-Risk Konzept verdichtet somit eine Vielzahl von Annahmen und Informationen über Risikoziffern zu einem einzigen Betrag. Mit diesem Wert erhält die Geschäftsführung eine Aussage über die Höhe des für den Betrachtungszeitraum geschätzten Verlustpotenzials. Dieses Verlustpotenzial lässt sich in direkte Verbindung mit dem erwirtschafteten Ergebnis setzen und ist damit eine entscheidende Messgröße für Risk/Return Analysen beim Vergleich verschiedener Handelsportfolios.

Bei einer derartigen Betrachtung des Risikopotenzials eines Portfolios muss man sich jedoch bewusst sein, dass allein aus statistischen Gründen z.B. bei einer Berechnung mit 2 Standardabweichungen dieser "maximale" Verlust innerhalb von 40 Tagen ein Mal überschritten werden kann, bei einer 99% Wahrscheinlichkeit immer noch mehr als zwei Mal im Jahr.[3]

Stress-Test – Risiko bei außergewöhnlichem Marktverhalten

Zusätzlich zur Value-at-Risk Ermittlung sollten die Auswirkungen eines über die statistische Wahrscheinlichkeit hinausgehenden Verlustes periodisch in verschiedenen Szenarien (*Crash- oder Worst-Case Szenario*) simuliert und analysiert werden. Hierzu liefern die im ersten und zweiten Analyse-Schritt ermittelten Faktor-Sensitivitäts Daten und potenziellen Verluste pro Markfaktor wertvolle Informationen über Risikogehalt und Risikokonzentrationen. Insbesondere Auswirkungen eines plötzlichen Auseinanderbrechens der bei der Value-at-Risk Berechnung unterstellten Korrelationen sind hier leicht ablesbar. Sind in einem Portfolio auch Optionen enthalten, sind aufgrund des nicht linearen Verhaltens des Optionswertes Analysen bei Veränderungen der Volatilitäten und der Preise des entsprechenden Underlyings erforderlich. Hierbei ist die Wertveränderung des Optionsportfolios in Schritten von höchstens einer Standardabweichung bis hin zu 6 bis 10 Standardabweichungen zur Bestimmung des Risikoprofils unumgänglich. Weitergehende Analysen von Strike-Preisen und Fälligkeiten und deren Konzentrationen sind bei einem Optionsportfolio notwendig, da durch die Konvexität dieser Instrumente sich das Risikoprofil nicht

---

[3] Vgl. zu den Value-at-Risk-Berechnungsverfahren Johanning (1998) und Huschens in diesem Handbuch.

nur bei Marktveränderungen, sondern auch im Zeitverlauf drastisch verändern können. Hier liefern die neueren Risikomanagement Systeme eine Vielzahl von Werkzeugen, die solche Risikoprofile transparent in Grafiken darstellen.

6. Risikolimite – Begrenzung der Preisrisiken

Es ist für eine Bank selbstverständlich, Risiken einzugehen, diese aber auch einzugrenzen. Entscheidend ist jedoch, dass nicht nur die Einzelrisiken begrenzt werden, da sich internationale Märkte unterschiedlich verhalten, sondern auch das Gesamtrisiko, da der Schutz des Kapitals oberste Priorität ist.[4]

Aus den vorangegangenen Beschreibungen der Risiko-Bemessungsgrößen zeigt sich die Vielfalt der Komponenten, die für ein mit derivativen Instrumenten bestücktes Handelsbuch bezeichnend sind. Entsprechend müssen auch Limitstrukturen aufgebaut sein. Grundlage bildet eine klare Zuteilung von Verantwortung und Limiten für Einzelne und Gruppen von Portfolien, bis hin zur Betrachtung der Risikostruktur des gesamten Unternehmens. Die Diversifizierung der Risiken, die Erfahrung der Händler, die Ertragskraft sowie der erforderliche Kapitaleinsatz sind wichtige Komponenten bei der Festlegung des "Value-at-Risk" als Risikolimitierung. Da der Value-at-Risk als Risikomessgröße nur einen Rahmen für ein Gesamt-Controlling liefern kann, sind weitere Limite erforderlich, die die entsprechenden Einzelaktivitäten genauer adressieren, Risikokonzentrationen vermeiden, und Diversifizierung in einem Portfolio fördern. Limitierung des Verlustpotenziales aus Bewegungen einzelner Marktfaktoren, der Veränderung der Konvexität der Zinskurve, des Basis-Risikos zwischen Derivat und dem zugrunde liegenden Instrument, der Volatilitäts-Struktur, sind einige der Risiko-Begrenzungs-Maßstäbe. Zur weiteren Beschränkung der Risiken sind für Handelsaktivitäten, die erhebliche Marktschwankungen im Laufe eines Handelstages verzeichnen (z.B. der Devisenkassa- und Terminhandel), zusätzlich zu Overnight-Limiten so genannte "Daylight" Limite festgelegt, deren Einhaltung laufend überwacht werden. Jedes Limit ist nur dann sinnvoll, wenn eine regelmäßige Messung des entsprechenden Risikos und eine Überwachung der Einhaltung der Limite vorgenommen werden kann. Um diese Anforderungen alle abzudecken, sind EDV-Systeme erforderlich, die alle Risikoparameter auf allen Limitebenen regelmäßig, übersichtlich und verständlich darstellen.

---

[4] Vgl. zu VaR-Limiten Beeck / Johanning / Rudolph (1999) sowie den Beitrag von Locarek-Junge / Straßberger / Vollbehr.

Bei der Zuteilung der Limite ist die Komplexität des entsprechenden Portfolios maßgebend. Die Limite für einen Handelstisch, der ausschließlich ein bestimmtes Marktsegment betreut, z.B. EUR-USD Devisen, werden in erster Linie mit Faktorsensitivitätslimiten belegt. Sind Handelspositionen eines Bereiches märkteübergreifend, z.B. OECD Devisenhandel, und damit Positionen in vielen miteinander mehr oder weniger korrelierenden Währungen verbunden, dienen Faktorsensitätslimite der Vermeidung von Risikokonzentrationen und der Bestimmung der zugelassenen Währungen, aber das wesentliche Limit ist Value-at-Risk. Die Citibank arbeitet in einem breiten Umfang mit Faktorsensitivitätslimiten. Diese gewährleisten, dass Positionen nur in vorgegebenen Märkten und mit genehmigten Laufzeiten eingegangen werden können. So kann z.B. der STIRT Zinshändler keine T-Bond Futures Position eingehen, wenn sich seine Faktorsensitivitätslimite auf EUR und Zinslaufzeiten bis zu 2 Jahren beschränken (ein T-Bond Future würde eine Faktor-Sensitivität in der USD-Zinskurve bis zu 30 Jahren aufweisen). Value-at-Risk Limite sind großen Handelsbereichen zusätzlich zu den Faktorsensitivitätslimiten zugeteilt, um das Gesamtrisiko für die Bank zu begrenzen.

7. Risikoberichte – Risiken darstellen und überwachen

Aufgrund der Komplexität der umfangreichen derivativen Handelsaktivitäten hat die Citibank schon sehr früh ein eigenes Risiko-Überwachungs-System geschaffen, das alle Risiken der Handelsaktivitäten produkt-, währungs- und märkteübergreifend vom Handel unabhängig darstellt und die Risikopositionen auf verschiedenen Ebenen den entsprechenden Limiten gegenüberstellt. Die von dem System täglich erstellten Berichte (die gegebenenfalls auch Limitüberschreitungen spezifisch hervorheben) werden allen am Entscheidungsprozess beteiligten Personen (selbstverständlich auch der Geschäftsleitung) regelmäßig morgens zur Verfügung gestellt, die damit über die Risikopositionen der Bank aus unabhängiger Sicht informiert sind.

Die Darstellung der Faktor Sensitivitäten aller Marktfaktoren auf der ersten Seite des täglichen *Risikoberichts* sowie der entsprechenden Verlustpotenziale auf der zweiten Seite fassen die wichtigsten Risikoinformationen zusammen (Abb. 4).

```
Factor Sensitivity Exposure : All Market Factors                                    Report for  Friday    January   28 2000
                                                                                    Produced on Saturday  January   29 2000

Unit :                      ABC Trading Desk

Currency    -- FXSP --   -- FXVO --  ----------- TSIR (1bp) -----------  ----------  IRVO (10bp) ----------   -- IXSP --  -- IXVO --
/ Market       (1%)         (10bp)        GOV         SWP        NET         GOV         SWP        NET          (1%)       (10bp)

CHF           500,000                               (20,330)  (20,330)                                        (100,000)
EUR          (988,068)    (250,000)    (53,047)      21,517   (31,530)     (8,400)                 (8,400)     250,000     (25,000)
GBP          (300,000)                               (1,125)   (1,125)
JPY           600,000                                (9,725)   (9,725)                                          25,000
USD           200,000                               (30,400)  (30,400)                                          30,000

Sum:           11,932     (250,000)    (53,047)     (40,063)  (93,110)     (8,400)        0        (8,400)     205,000     (25,000)
TPL:        1,294,034      250,000                             93,110                              8,403       405,000      25,000


VAR Summary : All Market Factors - 99% VAR                                          Report for  Friday    January   28 2000
                                                                                    Produced on Saturday  January   29 2000

Unit :                      ABC Trading Desk

Currency    -- FXSP --   -- FXVO --  ----------- TSIR -------------  --------------  IRVO --------------   -- IXSP --  -- IXVO --
/ Market                                  GOV         SWP        NET         GOV         SWP        NET

CHF         2.093,023                               202,055                                                   525,000
EUR           909,190      840,000                  399,990                             94,240                660,000     665,250
GBP           799,850                                10,245
JPY           349,778                                79,010                                                    56,000
USD                                                 311,725                                                   124,500

Sum:        4 151,842      840,000                1,003,025                             94,240              1,365,500     665,250
Group VAR:    974,642      840,000                  615,485                             94,240                985,400     665,250

Business:   1,859,247   (all market factors)
```

Abb. 4: Risikobericht – Faktor Sensitivität und Verlustpotenziale

In der Zusammenfassung der Faktor Sensitivitäten wird für jede Währung die Auswirkung einer Aufwärtsbewegung der für das Portfolio relevanten Marktfaktoren in einer Zeile dargestellt. Hierbei werden die Marktfaktorengruppen (horizontal) und die einzelnen Währungen in diesen Gruppen (vertikal) dargestellt. Die einzelnen Spalten des Berichtes stellen die Marktfaktorengruppen dar:

Devisenkursrisiko (FXSP): Veränderung des Portfoliowertes bei einer Aufwärtsbewegung der entsprechenden Währung um 1%. Eine Devisenkaufposition (long) resultiert in einer positiven, eine Devisenverkaufsposition (short) in einer negativen Faktor Sensitivität.

Devisenvolatilitätsrisiko (FXVO): Veränderung des Devisenoptions-Portfoliowertes bei einer um 10 Basispunkte höheren Volatilität der entsprechenden Währung.

Zinsänderungsrisiko (TSIR): Veränderung des Portfoliowertes bei einer parallelen Aufwärtsbewegung der Zinsstrukturkurve um 1 Basispunkt. Die Faktor Sensitivität gegenüber der Zinsstrukturkurve von Staatspapieren (GOV) und der Geldmarkt-/Zinsswapkurve (SWP) werden separat ausgewiesen, um das Basisrisiko, das sich aus der Veränderung des Spreads zwischen den beiden Zinskurven ergibt, auszuweisen. Positive Faktor Sensitivität resultiert aus Passiv-Positionen (Einlagen), negative aus Aktiv-Positionen (Kredite). Für weitere Analysen der Zinsänderungsrisiken stehen zusätzliche Detailberichte zur Verfügung (siehe Abb. 6).

Zinsvolatilitätsrisiko (IRVO): Veränderung des Portfoliowertes bei einer parallelen Aufwärtsbewegung der Yield-Volatilitätsstrukturkurve (Preisvolatilität verschiedener Optionsgegenstände muss in Yield-Volatilität umgerechnet werden, um vergleichbar zu sein).

Aktienkursrisiko (IXSP): Veränderung des Portfoliowertes bei einem Anstieg des allgemeinen Aktien/Indexpreises um 1%. Positive Faktor Sensitivität entsteht aus Kaufpositionen, negative aus Verkaufspositionen.

Aktienvolatilitätsrisiko (IXVO): Veränderung des Aktienoptions-Portfoliowertes durch einen Anstieg der aktuellen Aktienvolatilität um 10 Basispunkte. Zur weiteren Analyse des Aktienkursrisikos stehen weiter Detailberichte zur Verfügung, die sowohl die einzelnen Aktienpositionen als auch die entsprechenden Aktienvolatilitätspositionen nach Fristigkeit aufzeigen.

Die Summe der Faktor Sensitivitäten sowie die Bruttoposition (TPL – Total Position Limit) jeder Marktfaktorengruppe werden ausgewiesen um weitere Risikomesszahlen zu liefern. Mit diesem Bericht ist die Grundlage für eine Risikoanalyse gegeben: Das Risikoprofil eines Portfolios (welche Risiken in welchen Währungen) ist auf einen Blick erkennbar; ebenso sind Risikokonzentrationen auf einzelne Marktfaktoren ersichtlich.

Entsprechend den Faktor Sensitivitäten werden auf der zweiten Seite des Berichts die mit jedem Markfaktor verbundenen Verlustpotenziale (mit 99% Konfidenz) ausgewiesen. Diese Verlustbeträge beinhalten alle in diesem Marktfaktor enthaltenen Risiken, insbesondere Konvexität und spezifisches Aktienkursrisiko. Unter Berücksichtigung der entsprechenden Korrelationen wird für jede Marktfaktorengruppe der Value-at-Risk Betrag ermittelt. Letztendlich wird der Value-at-Risk des gesamten Portfolios (Business VaR) ausgewiesen.

Nachdem sich der Leser des Berichtes an die systematische Darstellung von Faktor Sensitivität und Verlustpotenzialen gewöhnt hat, folgt die Darstellung der Limite und der Limitauslastung im weiteren Teil des Berichts konsequent in gleicher Form (Abb. 5).

```
Factor Sensitivity Limits : All Market Factors                                    Report for  Friday   January  28 2000
==============================================                                    Produced on Saturday January  29 2000

Unit :                      ABC Trading Desk

Currency  -- FXSP --  -- FXVO --  ----------- TSIR (1bp) -----------  ----------- IRVO (10bp) -----------  -- IXSP --  -- IXVO --
/ Market      (1%)      (10bp)          GOV         SWP         NET        GOV         SWP         NET        (1%)       (10bp)

CHF       2,500,000                                50,000      50,000                                        200,000
EUR       5,000,000    500,000     150,000        500,000     500,000    25,000      25,000      25,000     500,000      50,000
GBP       1,000,000                                50,000      50,000
JPY       1,000,000                                50,000      50,000                                                     50,000
USD       5,000,000                               100,000     100,000                                                     50,000

Sum:     14,500,000    500,000     150,000        750,000     750,000    25,000      25,000      25,000     800,000      50,000
TPL:      5,000,000    500,000     150,000        600,000     500,000    25,000      25,000      25,000     500,000      50,000

Grp VAR:  2,500,000  2,500,000                              2,500,000                             500,000  2,500,000   2,500,000

Business: 5,000,000


Factor Sensitivity / VAR Limit Usage : All Market Factors                         Report for  Friday   January  28 2000
=========================================================                         Produced on Saturday January  29 2000

Unit :                      ABC Trading Desk

Currency  -- FXSP --  -- FXVO --  ----------- TSIR (1bp) -----------  ----------- IRVO (10bp) -----------  -- IXSP --  -- IXVO --
/ Market      (1%)      (10bp)          GOV         SWP         NET        GOV         SWP         NET        (1%)       (10bp)

CHF           20                                      41          41                                             50
EUR           20          50          35               4           6                     34                      50          50
GBP           30                                                   2
JPY           60                                      19          19                                             50
USD            4                                      30          30                                             60

TPL:          26          50                                      19                                 34          81          50

Grp VAR:      39          34                                      25                                 19          39          27

Business:     37
```

Abb. 5: Risikobericht – Limite und Limitauslastung

Als letzte (vielleicht wichtigste) Seite des Berichts werden eventuelle Limitüberschreitungen aus allen Limitkategorien aufgelistet. Hierbei werden nicht nur die in den vorher beschriebenen Seiten aufgeführten Limite überprüft, sondern auch weitergehende Limite (z.B. Zinslaufzeiten, Volatilitätslaufzeiten), für deren Überwachung weitere Berichte zur Verfügung stehen.

Zur weiteren Analyse des Zinsänderungsrisikos sowie des Volatilitätsrisikos, insbesondere der Fristigkeitsstruktur, stehen zusätzliche Detailberichte zur Verfügung (Abb. 6).

Dieser Detailbericht für das EUR-Zinsrisiko zeigt die Faktor Sensitivität jedes Instrumentes im Portfolio entlang der definierten Punkte der Zinsstrukturkurve. Die Citibank hat die Zinsstrukturkurve in 16 Laufzeitbänder eingeteilt, deren Zinssätze unabhängig voneinander jeweils um 1 Basispunkt erhöht werden, um die entsprechende Faktor Sensitivität (Veränderung des Present Values) zu erhalten. Jedem Laufzeitband ist ein entsprechendes Yield Curve Sensitivitätslimit zugeordnet. Ferner wird jedes Instrument einer bestimmten Zinskurve zugeordnet (GOV oder SWP) und die Sensitivität gegenüber dieser Kurve gemessen (die entsprechenden Zinskurven werden in den ersten Spalten des Berichts angezeigt). Alle Finanzinstrumente, bei denen Zinsen ein preisbestimmender Marktfaktor ist, werden in diesem Bericht separat aufgelistet. In diesem Beispiel handelt es sich um Bundesanleihen, Bund-Futures, Zinsswaps, und Devisentermingeschäfte gegen EUR. Die Zinskomponente von Devisen- und Aktienoptionen (Rho) sowie von allen Termingeschäften gehen ebenso in diese Darstellung ein wie traditionelle Einlagen und Kredite.

```
Factor Sensitivity Detail :                              Report for  Friday    January   28 2000
=================================                        Produced on Saturday  January   29 2000
Unit :                       xxxxxxxxxxxxxxxxxxxxxxxxx

Reported Currency :          EUR at     1.0000 per      0.9798 USD

Risk Type : TSIR             Types of Instrument
                             BONDS GOV      FUTURE GOV        FX          SWAP INT         NET          LIMIT
Present Value                114.560.677    -9.445.564    -98.806.766    4.164.165      10.472.511

Revaluation  + 1 bp              GOV            GOV           SWP           SWP
Month   GOV   SWP
1       3.299 3.299                0              0           -196          -504          -700         500.000
2       3.391 3.391                0              0          1.113           438         1.551         500.000
3       3.484 3.484                0           -461          2.519           278         2.336         500.000
6       3.690 3.690                0         -1.394         -4.805        -1.708        -7.907         500.000
9       3.882 3.882                0              0         -5.981        -1.039        -7.020         500.000
12      4.071 4.071             -105           -167          9.881          -368         9.241         500.000
18      3.170 4.395              -24            367              0        14.364        14.707         250.000
24      3.230 4.640             -232           -100              0        17.152        16.820         150.000
36      3.320 4.990             -378            222              0       -13.100       -13.256         150.000
48      3.400 5.250             -513            300              0        -5.758        -5.971         150.000
60      3.550 5.440           -1.048            614              0         9.232         8.798         150.000
84      3.810 5.730           -2.489         19.770              0             0        17.281         150.000
120     4.150 6.000          -85.459         18.051              0             0       -67.408         150.000
180     4.150 6.230                0              0              0             0             0               0
240     4.150 6.290                0              0              0             0             0               0
360     4.150 6.290                0              0              0             0             0               0

Whole yield curve + 1 bp     -90.249        37.202          2.530        18.987       -31.529         500.000

Summary
=======
                            Exposure         Limit
TSIR   GOV    Sensitivity    -53.047       150.000
       SWP    Sensitivity     21.517       500.000
```

Abb. 6: Risikobericht – Detailbericht zum Zinsänderungsrisiko

Da das System alle Risiko-Positionen der Bank aus allen Handelszentren umfasst, ist jederzeit eine konsolidierte weltweite Betrachtung der Risiken möglich. Die Berechnungen, insbesondere die Berechnung des Value-at-Risk, erfolgen zentral für alle Länder mit einer einheitlichen Monte-Carlo Simulation, die auf regelmäßig aktualisierten Marktdaten, Volatilitäten und Korrelationen basiert.

Eine wichtige Kontrolle für die Zuverlässigkeit des Berichtswesens stellen die Händler dar, denen diese Berichte keine „Neuigkeit" bringen – sie kennen ihre Position und erkennen mit einem Blick, dass ihre Positionen entsprechend im Berichtswesen reflektiert sind.

Dieses System wird auf der Handelsseite durch verschiedene Online Systeme unterstützt, die den einzelnen Händler über seine Risikopositionen im Vergleich zu seinen Limiten informieren

8. Risikomanagement als Bestandteil der Ergebnissteuerung

Ausgewogen gestaltete Risikolimite tragen dazu bei, negative Auswirkungen von Marktschwankungen auf das Handelsergebnis in überschaubaren Grenzen zu halten. Sie vermeiden jedoch nicht, dass Handelsverluste über die errechnete Größenordnung hinaus entstehen können. Die Quantifizierung des Risikopotenzials bezieht sich auf einen festgelegten Zeitraum (z.B. einen Tag). Wird eine Handelsposition trotz einer eingetretenen negativen Marktbewegung weiterhin offen gehalten, besteht das Risikopotenzial weiter; eine weitere negative Marktentwicklung kann den quantifizierten Verlust nochmals entstehen lassen. Um die damit verbundene negative Auswirkung auf das Ergebnis zu begrenzen, ist eine ständige Überwachung der täglichen Handelsergebnisse und der Ertragslage innerhalb einer Rechnungsperiode (z.B. innerhalb eines Monats) unabdingbar. Da Verluste in Handelsaktivitäten von Zeit zu Zeit hingenommen werden müssen, sollte die Geschäftsleitung tolerierbare Verlustgrenzen festlegen. Diese tolerierbaren Verlustgrenzen dienen als Leitlinie für das Ergebnismanagement des Handels. Wird die Toleranzgrenze erreicht, ist eine formelle Abstimmung der Handelsstrategie mit der Geschäftsleitung erforderlich. Diese Abstimmung (sie erzwingt nicht unbedingt ein Schließen der Position, sondern kann auch darin bestehen, eine Position weiter beizubehalten und ein Verlustlimit zu bestimmen) erwirkt eine gemeinsame und von allen am Risikomanagementprozess Beteiligten getragene Verantwortung für die Handelsaktivitäten.

9. Kontrahentenrisiken – Einbeziehung in das Risikomanagement

Neben den Marktpreisrisiken, die sich aus offenen Handelspositionen ergeben, sind Kontrahenten bei der Ermittlung und Steuerung des Gesamtrisikos zu berücksichtigen. Wie bei traditionellen Bankprodukten entsteht auch bei derivativen Instrumenten das Risiko, dass ein Kontrahent seinen Verpflichtungen aus einem Vertrag nicht nachkommt. Bei der Bestimmung des mit einer Transaktion verbundenen Kreditrisikos wird zwischen dem Erfüllungs-Risiko (*Settlement Risk*) und dem Eindeckungs-Risiko (Pre-Settlement Exposure) unterschieden.[5]

Tritt die Zahlungsunfähigkeit am Erfüllungstag einer Transaktion (Settlement Date) ein, kann der Verlust den Gesamtbetrag des Kontraktes ausmachen (Erfüllungs-Risiko). Zahlt z.B. die Bank den Euro-Betrag aus einem EUR/USD Devisengeschäft am Vormittag in Frankfurt, besteht bis zur festgestellten Anschaffung des Dollar-Betrages am Nachmittag in New York ein Erfüllungs-Risiko in Höhe des gesamten gezahlten Betrages.

Bei einer Zahlungsunfähigkeit während des Vertrages muss die Bank den nicht mehr erfüllbaren Vertrag durch einen neuen Vertrag zu den zu diesem Zeitpunkt am Markt gehandelten, möglicherweise ungünstigeren Konditionen und Preisen, eindecken (Eindeckungs-Risiko). Zum Zeitpunkt der Eindeckung wird dann möglicherweise ein Verlust realisiert, der der Differenz zwischen ursprünglichem und neuem Vertragswert entspricht. Wird zum Beispiel ein vor einiger Zeit abgeschlossenes EUR/USD Devisentermingeschäft zum Kurs von USD 1,10 pro Euro notleidend, muss die Bank, um eine offene Devisenposition zu vermeiden, diesen Vertrag zum aktuellen Terminkurs von USD 1,05 pro Euro eindecken, realisiert also den Verlust von USD 0,05 pro Euro. Diese Komponente des Kreditrisikos (Mark-to-Market) wird durch den Marktpreis bestimmt. Insoweit entspricht die Mark-to-Market Komponente der entsprechenden Bewertung für das Marktrisiko aus offenen Handelspositionen. Vor Abschluss einer Transaktion ist die Bestimmung zukünftig erwarteter Wertveränderung des entsprechenden Vertrages erforderlich (Maximum Likely Increase in Value). Auch hier, wie für die Berechnungen des Marktpreisänderungsrisikos, bedient man sich statistischer Modelle oder Simulationsrechnungen, die aufgrund der Volatilitäten der auf das Instrument wirkenden Marktfaktoren einen zukünftigen Wertverlauf simulieren. Das Kontrahentenrisiko während der Laufzeit des Vertrages (*Pre-Settlement Exposure*) setzt sich somit aus zwei Komponenten zusammen:

- dem derzeitigen Eindeckungs-Risiko (Mark-to-Market) und
- der während der Restlaufzeit wahrscheinlich möglichen Wertveränderung (Maximum Likely Increase in Value).

---

[5] Vgl. Rudolph (1999).

Da die Marktwerte von derivativen Instrumenten sich von Tag zu Tag erheblich verändern können, ist, wie auch für die Überwachung der Marktpreisrisiken, eine tägliche Feststellung aller Kontrahentenrisiken und deren Vergleich mit den eingeräumten Kreditlinien unerlässlich.

Sofern die Verrechnung der Zahlungseingänge mit den Zahlungsausgängen (Netting) rechtlich zulässig ist, können die Kreditrisiken je Kontrahent saldiert werden. Die rechtliche Anerkennung des Nettings ist von Land zu Land unterschiedlich und im Einzelfall für das abgeschlossene Geschäft im Bestätigungsschreiben oder generell in einem Rahmenabkommen mit dem Kontrahenten zu vereinbaren (rechtliches Risiko).

Da mit aktiven Handelspartnern in beiden Richtungen gehandelt, d.h. gekauft und verkauft wird, führt eine Berechnung der wahrscheinlich möglichen Wertveränderung auf Transaktionsebene und eine Aggregation der erhaltenen Risikobeträge nicht zu wirtschaftlich gerechtfertigten Ergebnissen. Eine solche Berechnung geht von negativen Marktentwicklungen für jede einzelne Transaktion aus; der gleiche Marktfaktor kann sich jedoch nicht für gegenläufige Positionen gleichzeitig auf- und abwärts bewegen. Ferner erlauben Rahmenverträge meist die Aufrechnung positiver und negativer Marktwerte (Close-out Netting). Eine Berechnung des Eindeckungs-Risikos muss also die Gesamtheit aller mit einem Partner abgeschlossenen Transaktionen auf der Basis des gegenwärtigen Portfoliowertes sowie des zukünftig erwarteten Verlaufes des Marktwertes umfassen. In der Praxis wird das gesamte Portfolio eines Kontrahenten einer Monte-Carlo Simulation unterworfen und ein potenzieller Verlauf des Eindeckungs-Risikos während der Laufzeit aller Transaktionen (Exposure-Vektor) ermittelt, der den wahrscheinlichen Verlauf des Marktwertes des Portfolios widerspiegelt. Dieser Risikovektor wird dem genehmigten Kreditprofil (Beträge laufzeitabhängig) zugeordnet und bestimmt den für weitere Transaktionen zur Verfügung stehenden Kreditrahmen.

Die Quantifizierung des Kontrahentenrisikos entspricht somit der Vorgehensweise für die Quantifizierung des Marktpreisänderungsrisikos. Für beide Risikokategorien ist die Entwicklung des Marktpreises bestimmend, die Kalkulationen folgen den gleichen Vorgehensweisen, die den Simulationen unterliegenden Marktpreis-Annahmen sind identisch. Der einzige Unterschied ist der Zeitraum, für den die mögliche Wertveränderung berechnet wird: Bei dem Marktpreisrisiko in der Regel ein Tag, bei dem Kontrahentenrisiko die Restlaufzeit der Kontrakte. In beide Kalkulationen fließen auch die gleichen Kontrakte ein: Sie bilden einerseits eine Handelsposition, andererseits beinhalten sie Forderungen und Verbindlichkeiten gegenüber den Kontrahenten.

10. Qualitätskontrolle – Abwicklungsrisiken und Kundenzufriedenheit

Am Anfang des Artikels wurden die Gefahren angesprochen, die sich bei Derivaten aus dem Zeitraum zwischen Geschäftsabschluss und endgültiger Erfüllung ergeben. Bei traditionellen Finanzinstrumenten findet jede Transaktion alleine durch die damit verbundenen Zahlungen sofort ihren Eingang auf Bilanz und Ergebnisrechnung; Fehler bei der Erfassung eines Kontraktes machen sich daher sehr schnell in Unstimmigkeiten auf einem Geldkonto bemerkbar. Anders bei Derivaten: Bei den meisten Instrumenten erfolgen bei Geschäftsabschluss keinerlei Zahlungen. Um diesen operationalen Risiken gerecht zu werden,[6] sind systematische Kontrollen in der Abwicklung aller schwebenden Geschäfte über ihren gesamten Lebenszyklus hinweg erforderlich. Diese reichen von der Gewährleistung der zeitnahen Erfassung, der Prüfung marktgerechter Preise, dem schnellen Abgleich der Kundenbestätigungen, der regelmäßigen Bewertung, die Kontenabstimmungen der unrealisierten Ergebnisse, der Ergebnisabstimmung zwischen Handel und Abwicklung, bis zu der Abstimmung der Zahlungen auf Kundenkonten. Besonders die Kontrollen des Geschäftsabschlusses sollen eine möglichst fehlerfreie Erfassung und frühe Erkennung von Fehlern gewährleisten und damit zwangsläufig zu einer hohen Qualität führen. Nur wenn ein Kontrakt richtig in den Systemen der Bank erfasst ist, können nachfolgende Prozesse, insbesondere das Risiko-Controlling, angemessene Analysen erstellen und die richtigen Aussagen treffen.

Um die zeitnahe und korrekte Erfassung von Geschäftsabschlüssen zu gewährleisten, hat die Citibank gerade um diesen Prozess umfangreiche Kontrollen installiert. Bereits in den Handelserfassungssystemen sind Kontrollschritte eingearbeitet. So kann nur mit autorisierten Maklern und Kunden gehandelt werden; die Zahlungswege und Kundenkonten zur Erfüllung des Kontraktes werden unabhängig in Abstimmung mit dem Kunden festgelegt. Die zeitnahe Erfassung der Handelsabschlüsse wird durch den Abgleich der entsprechenden Unterlagen mit dem (System)-Zeitstempel über-

---

[6] Vgl. zu den operativen Risiken die Beiträge von Beeck / Kaiser und Peter / Vogt / Kraß.

prüft; Abweichungen von vorgegebenen Zeitstandards werden verfolgt. Die Marktgerechtigkeit der Kurse wird durch einen direkten Vergleich des Kontraktpreises mit dem Marktpreis bei Geschäftsabschluss sichergestellt; Abweichungen über vorgegebene Toleranzgrenzen hinaus werden in täglichen Berichten aufgelistet und mit dem Händler besprochen und begründet. Die Geschäftsbestätigungen werden Kunden bevorzugt auf elektronischem Weg zugestellt und somit innerhalb sehr kurzer Zeit abgestimmt. Auch in der täglichen Ergebnisermittlung ist eine wesentliche Kontrolle begründet: Die Abstimmung zwischen Handel und Abwicklung, die beide ihr Ergebnis über verschiedene Wege feststellen, ist ein sehr wichtiger Faktor. Da Händler in erster Linie vom Ertrag motiviert sind, kennen sie ihr Tagesergebnis (einschließlich der Wertveränderungen bestehender Positionen) sehr genau. Abweichungen vom Ergebnis aus der Abwicklung deuten im Allgemeinen auf falsche Kontraktinformationen oder falsche Bewertungspreise bei einer Seite hin. Diese Fehler müssen schnell erkannt und aufgeklärt werden, um auf falsche Informationen basierende Fehlentscheidungen zu verhindern. Die Übereinstimmung der Ergebnisermittlung wird täglich dokumentiert (Abb.7).

Die Citibank hat sich weltweit für ihre Produkte einen „6-Sigma" Qualitätsstandard gesetzt (ein Fehler bei 1.000.000 Transaktionen). Entsprechend wird dem Begriff „Qualität" in allen Abwicklungsprozessen große Bedeutung beigemessen und spiegelt sich auch in den Kontrollen wider, die den Lebenszyklus eines Handelskontraktes umgeben. Das Ziel einer möglichst fehlerfreien Abwicklung ist bei der Citibank systematisch in das Operations Management eingebunden. In einer Matrixverantwortung mit dem Produktmanagement wird ein qualitativ hochwertiger „end-to-end" Prozessablauf gewährleistet. Eine systematische Bestimmung der Qualität der Abwicklungsprozesse baut auf der Messung der Abweichungen von vorgegebenen Standards bei jedem Kontrollschritt auf. So werden die oben in Beispielen beschriebenen Abweichungen von Standards systematisch erfasst. Eine regelmäßige statistische Auswertung jeder Fehlerkategorie bei einem der Kontrollschritte ermöglicht, Abwicklungsprozesses zu überwachen, Schwachstellen und wiederkehrende Fehlerquellen aufzuzeigen und damit die Qualität zu verbessern. Das Ziel eines jeden Dienstleistungsunternehmens ist, seine Kunden zufrieden zu stellen. Ein mit Fehlern behafteter Abwicklungsprozess führt zu Unzufriedenheit beim Kunden und erhöht das Risiko, das sich aus solchen Geschäften ergibt.

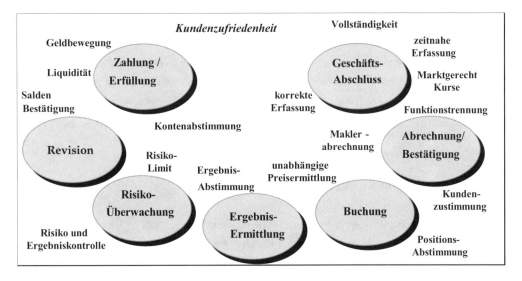

Abb. 7: Kontrollen im Lebenszyklus eines Handelsgeschäfts

11. Organisatorische Trennung von Handel und Kontrolle

Organisatorisch ist der Handel von der Abwicklung und Kontrolle zu trennen. Risiko und Chance stehen in unmittelbarem Zusammenhang; aus jedem Risiko ergibt sich eine Chance und umgekehrt. Der Handel arbeitet primär ergebnisorientiert (Performance). Durch ein unabhängiges *Risiko-Controlling*, bei dem das Risiko des Unternehmens durch eine neutrale Stelle ermittelt wird, kann sichergestellt werden, dass keine unzulässigen (nicht genehmigten), kurzfristigen Risiken eingegangen werden, die das Gesamtunternehmen gefährden. Gleichzeitig wird hierdurch die langfristige Sicherung von antizipierten Erträgen überwacht. Hiermit wird gewährleistet, dass das Kapital zur Deckung der Risiken nicht unvorhergesehen in Anspruch genommen und das Eigenkapital des Unternehmens nicht gefährdet wird.[7]

Ein wirksames internes Kontrollsystem muss gewährleisten, dass Arbeitsabläufe und Kompetenzen eindeutig geregelt werden, und dass deren Einhaltung regelmäßig überprüft wird. Eine wesentliche Rolle spielt dabei der Grundsatz der Funktionstrennung von ausführenden, verwaltenden, und verbuchenden Funktionen. Die in der neueren Zeit entwickelten EDV-Systeme ermöglichen, dass ein von einem Händler erfasster Kontrakt alle abwicklungstechnischen Schritte, einschließlich der Verbuchung, der Bewertung und Ergebnisermittlung, bis hin zur endgültigen Zahlungsabwicklung ohne weitere manuelle Bearbeitung durchläuft. Besonders bei solchen Systemen muss gewährleistet werden, dass effektive Plausibilitätskontrollen vorgesehen werden, und die Kontrollparameter, die Bewertung und Verbuchung beeinflussen, vom Händler unabhängig gesetzt und kontrolliert werden. Ferner ist gerade bei solchen Systemen sicherzustellen, dass die Zugriffsberechtigung sehr strikt geregelt ist, um nicht autorisierte Veränderungen der Kontrakte und Parameter auszuschließen.

12. Schlussbemerkungen

Derivative Finanzinstrumente sind aus dem Risikomanagement in Banken, Versicherungen, Industrie und Handel nicht mehr wegzudenken. Sie ermöglichen eine effiziente Absicherung gegen Zins- und Wechselkursschwankungen und erlauben, das Risikoprofil der aus der Geschäftstätigkeit entstehenden Zahlungsströme zu steuern. Mit derivativen Finanzinstrumenten können diese Risikostrukturen innerhalb relativ kurzer Zeit maßgeblich verändert und den Marktbedingungen angepasst werden. Ein optimales Risikomanagement mit derivativen Finanzinstrumenten hat zum Ziel, die Ertragslage zu verbessern, ohne unüberschaubare Risiken einzugehen. Vor dem Einsatz derivativer Finanzinstrumente sollte man grundsätzlich die zu verfolgende Risikopolitik und die entsprechenden internen Kontrollen definieren. In diesem Zusammenhang sind rechtliche Aspekte, die administrative Abwicklung und klare Zuordnung von Verantwortung (Bestimmung von Handlungsberechtigten und Kontrollorganen), Limite sowie das zur Anwendung kommende Steuerungs- und Überwachungsinstrumentarium festzulegen. Die Ergebnisse dieser Überlegungen sollten ausführlich dokumentiert und auch für nicht unmittelbar an den Geschäften beteiligte Mitarbeiter transparent und nachvollziehbar sein.

Der Aufbau und die Umsetzung eines Risikomanagements erfordern

- umfassende Produktkenntnisse,
- integrierte Systeme und
- ausgebildete Mitarbeiter.

Im Mittelpunkt des Risikomanagements stehen Führungskräfte und deren Verantwortlichkeiten. Marktteilnehmer sollten sich eingehend mit den Möglichkeiten und Risiken derivativer Finanzinstrumente befassen. Ein effizientes Risikomanagement,

---

[7] Vgl. zu internen Kontrollaspekten Riehl (1999), S. 273 ff.

das die Risiken in angemessener Form jederzeit quantifizieren und überwachen kann, ist eine entscheidende Voraussetzung für die Teilnahme am Markt.

Literaturverzeichnis

Beeck, H. / Johanning, L. / Rudolph, B. (Beeck / Johanning / Rudolph, 1999): Value-at-Risk-Limitstrukturen zur Steuerung und Begrenzung von Marktrisiken im Aktienbereich, in: OR Spektrum, 21. Jg., 1999, S. 259-286.

Johanning, L. (Johanning, 1998): Value-at-Risk zur Marktrisikosteuerung und Eigenkapitalallokation, Bad Soden / Ts. 1998.

Rudolph, B. (Rudolph, 1993): Risikomanagement in Kreditinstituten, Betriebswirtschaftliche Konzepte und Lösungen, in: Zeitschrift Interne Revision, 28. Jg., 1993, S. 117-134.

Riehl, H. (Riehl, 1999): Managing Risk in the Foreign Exchange, Money, and Derivative Markets, New York u.a., 1999.

Rudolph, B. (Rudolph, 1999): Ansätze zur Kreditnehmerbeurteilung: Theorethische Analyse und Würdigung, in: Zeitschrift für das gesamte Kreditwesen, 52. Jg., 1999, S. 112-117.

Modellrisiko bei der Value-at-Risk-Berechnung für DAX-Optionen

von Lutz Johanning / Franziska Ernst

1. Einleitung
2. VaR-Berechnung und Untersuchungsdesign
3. Modellrisiken bei der VaR-Berechnung für Optionen
4. Empirische Ergebnisse für Call-Optionen
5. Empirische Ergebnisse für Put-Optionen
6. Fazit

1. Einleitung

Die Popularität des Value-at-Risk (VaR) geht insbesondere auf die Empfehlung der Global Derivatives Study Group von 1993, Marktrisiken des derivativen Geschäfts mit dem VaR zu messen, sowie die bankaufsichtliche Anerkennung der internen VaR-Modelle durch den Basler Ausschuss für Bankenaufsicht keine drei Jahre später zurück.[1] Seit Bekanntwerden der beiden Empfehlungen hat sich das Marktrisikomanagement der Banken erheblich weiterentwickelt, und es wurden zahlreiche Beiträge zum Value-at-Risk und Risikomanagement veröffentlicht. Zumindest bei den empirisch geprägten Veröffentlichungen ist festzustellen, dass das ursprüngliche Ziel der Global Derivatives Study Group etwas in den Hintergrund getreten ist, nämlich den VaR im Risikomanagement für derivative Geschäfte einzusetzen, also im Geschäft mit Swaps, Terminkontrakten und Optionen.

Die VaR-Berechnung für Termingeschäfte ist besonders problematisch, da für die Produkte durch den Zeitverfall keine Kurshistorien vorliegen, wie beispielsweise bei Optionen. In einem solchen Fall sind die Preise zunächst mit einem anerkannten Bewertungsmodell zu simulieren, wozu Marktrisikofaktoren wie der Kurs und die Volatilität des Underlying sowie der risikofreie Zins benötigt werden („marking to the model"). Ein solches anerkanntes Bewertungsmodell ist beispielsweise das Modell von Black und Scholes für europäische Aktienoptionen, das auch vom Basler Ausschuss für die VaR-Berechnung im Rahmen der Anerkennung interner Modelle empfohlen wird.

In der Literatur zur Optionsbewertung wurde gezeigt, dass bei der Modellbewertung häufig systematische Ungenauigkeiten auftreten.[2] Darauf aufbauend stellt Johanning (2000) dar, dass solche Ungenauigkeiten bei der Bewertung von DAX-Optionen auch bei der VaR-Berechnung durchschlagen und zu einer erheblichen Fehleinschätzung des Risikos führen können, wenn diesem Modellrisiko nicht gesondert Rechnung getragen wird. Gibson et al. (1999) zerlegen das Modellrisiko in die Unsicherheiten, dass richtige Modell auszuwählen und die Modellparameter geeignet zu schätzen.[3]

---

[1] Vgl. Global Derivatives Study Group (1993), Basler Ausschuss für Bankenaufsicht (1996a) und (1996b), BAKred (1997a) und (1997b) sowie die Beiträge von Traber und Meister et al. in diesem Handbuch.

[2] Vgl. beispielsweise Trautmann (1989), Geske / Trautmann (1986), Rubinstein (1985) und Eberlein / Keller / Prause (1998).

[3] Vgl. Gibson et al. (1999), S. 40.

In der Literatur zum Value-at-Risk ist das *Modellrisiko* bislang nur peripher berücksichtigt worden. Eine grundsätzliche Diskussion des Modellrisikos für den Zinsbereich befindet sich bei Gibson et al. (1999), die die nach den Basler Regelungen erhobenen Zuschlagsfaktoren zum Mindestmultiplikator von drei als „...ad hoc safety procedures to account for the impact of model risk" ansehen.[4] Auch in empirischen Arbeiten zum VaR ist das Modellrisiko bislang nicht gesondert untersucht worden. So berechnen beispielsweise Bühler / Korn / Schmidt (1997), Pritsker (1997) und Duffie / Pan (1997) VaR-Werte für Portfolios mit fiktiven Black/Scholes-Optionen, so dass gerade nicht das Modellrisiko evident wird. Grundsätzlich ist davon auszugehen, dass in großen Portfolios das Bewertungsrisiko von Optionen kaum feststellbar ist, da sich Fehlbewertungen „diversifizieren" können oder aufgrund des i.d.R. geringen Portfolioanteils von Optionen gar nicht ins Gewicht fallen.

Aus diesem Grund werden in dieser Untersuchung VaR-Werte für einzelne – an der DTB notierte – DAX-Optionen für den Zeitraum von Januar 1994 bis April 1996 nach der Historischen Simulation und nach der Monte-Carlo-Simulation berechnet. Die empirische Untersuchung hat zum Ziel, erste Ergebnisse zum Modellrisiko bei Verwendung des Black/Scholes-Modells für Aktienoptionen zu liefern.

Im nachfolgenden Abschnitt wird kurz die VaR-Berechnung nach der Historischen Simulation und nach der Monte-Carlo-Simulation sowie das Untersuchungsdesign beschrieben. Im dritten Abschnitt werden drei Ausprägungen des Modellrisikos vorgestellt, die bei der Black/Scholes-Bewertung auftreten können. Die empirischen Ergebnisse für Call-Optionen werden im vierten Abschnitt, die Ergebnisse für Put-Optionen im fünften Abschnitt gesondert nach Long- und Short-Positionen ausgewertet. Der Beitrag endet mit einem Fazit im sechsten Abschnitt.

2. VaR-Berechnung und Untersuchungsdesign

Datenbasis und Bestimmung der impliziten Volatilitäten

Für die Untersuchung liegen die Schlusskurse, Restlaufzeiten und Basispreise von DAX-Optionen für den Zeitraum Januar 1994 bis April 1996 mit Verfallsdaten Januar 1994 bis Dezember 1996 vor. Die VaR-Werte werden nach der *Historischen Simulation* und nach der *Monte-Carlo-Simulation* für einen historischen Betrachtungs-

---

[4] Gibson et al. (1999), S. 56.

zeitraum von 500 Tagen berechnet. Für die Simulation werden also DAX-Werte und Zinssätze für eine Vorlaufzeit von etwa zwei Jahren benötigt.[5] Die VaR-Werte werden nicht wie von der Bankenaufsicht vorgegeben für ein 99 %iges Konfidenzniveau und eine zehntägige Haltedauer, sondern für ein 95 %iges Konfidenzniveau und eine eintägige Haltedauer berechnet. Für ein Konfidenzniveau von 95 % spricht, dass mehr VaR-Überschreitungen beobachtet und somit genauere Ergebnisse beim Backtesting erzielt werden können. Durch die Verwendung der eintägigen Haltedauer kann eine Verkleinerung des Stichprobenumfangs auf Einzehntel, also auf 50 Tage, vermieden werden.

Bei *DAX-Optionen* handelt es sich um europäische Optionen, die also nur am Verfallstag ausgeübt werden können. Diese Eigenschaft gestattet es, den fiktiven Wert der DAX-Option über die Black/Scholes-Formel zu ermitteln:[6]

$$(1) \quad C = SN(d_1) - Br^{-Lfz} N(d_2),$$

mit $d_1 = \dfrac{\ln\left(\dfrac{S}{B}\right) + \left(\ln r + \dfrac{\sigma^2}{2}\right)Lfz}{\sigma\sqrt{Lfz}}$, $d_2 = d_1 - \sigma\sqrt{Lfz}$, S dem DAX-Kurs in $t+1$, B dem Basispreis, r dem risikolosen Zins für die Optionslaufzeit Lfz, σ der Momentanvolatilität p.a. und $N(.)$ der kumulierten Standardnormalverteilung.[7]

Die Bewertung von Puts erfolgt über die Put-Call-Parität:

$$(2) \quad P = C - S + Br^{-Lfz}.$$

Bis auf die Volatilität können alle Daten am Kapitalmarkt beobachtet werden. In dieser Untersuchung wird für jeden Tag des Untersuchungszeitraumes die Volatilität implizit über die Black/Scholes-Formel für die nächste „am Geld" liegende Option

---

[5] Die DAX- und Optionsdaten wurden freundlicherweise von der Karlsruher Kapitalmarktdatenbank (KKMDB) und die Zinsdaten von der Datenbank des Lehrstuhls für ABWL und Finanzierung, Prof. Bühler, Universität Mannheim, zur Verfügung gestellt. Bei den Zinsen sind der Tageszinssatz sowie der ein-, zwei-, drei-, sechs- und zwölf-Monatszinssatz für jeden Börsentag vorhanden. Da die Zinsdaten für unterschiedliche Restlaufzeiten benötigt werden, werden die fehlenden Daten mittels linearer Interpolation ermittelt.

[6] Vgl. Franke / Hax (1999), S. 369-375.

[7] Zu den Annahmen des Black/Scholes-Modells vgl. Schäfer (1995), S. 45-130.

bestimmt. Die *implizite Volatilität* für eine Call-Option σ_C ergibt sich nach der Approximationsgleichung von Corrado / Miller (1996) nach

$$(3) \quad \sigma_C = \frac{\sqrt{2\pi}}{(S + Br^{-Lfz})\sqrt{Lfz}} \left(C - \frac{S - Br^{-Lfz}}{2} + \sqrt{\left(C - \frac{S - Br^{-Lfz}}{2}\right) - \frac{(S - Br^{-Lfz})^2}{\pi}} \right).$$

Zur Ermittlung der impliziten Volatilität einer Put-Option muss (2) in (3) eingesetzt werden.[8]

Programmablauf und VaR-Berechnung

Bei der in VBA programmierten Berechnung wird zunächst geprüft, ob für den folgenden Börsentag in $t+1$ ein Optionspreis vorliegt. Nur für diesen Fall wird die implizite Volatilität nach dem oben beschriebenem Verfahren ermittelt und anschließend der VaR nach der Historischen Simulation und nach der Monte-Carlo-Simulation in fünf Schritten bestimmt:[9]

1. Simulation des DAX-Kurses in $t+1$: Bei der Historischen Simulation wird dieser Kurs auf Basis des DAX-Kurses in t und der ln-Rendite einer der 500 zurückliegenden Börsentage ermittelt. Bei der Monte-Carlo-Simulation ist dazu eine standardnormalverteilte Zufallszahl zu ziehen und über die geometrisch Brown´sche Bewegung der Kurs in $t+1$ zu ermitteln.[10]

---

[8] Nach Corrado / Miller (1996) arbeitet die Approximation hinreichend genau für Optionen mit Restlaufzeiten von über zwei Monaten, die im Bereich +/− 10 % „am Geld" liegen. Für kürzere Restlaufzeiten liefert die Schätzungen nur noch für Optionen im Bereich +/− 5 % „am Geld" genaue Ergebnisse.

[9] Zu den Verfahren der VaR-Berechnung vgl. den Beitrag von Huschens in diesem Handbuch.

[10] Der Drift und die Momentanvolatilität werden bei der Monte-Carlo-Simulation aus den Renditen der 500 zurückliegenden Börsentage geschätzt. Die Volatilität könnte alternativ – wie oben diskutiert – implizit bestimmt werden. Die Tagesvolatilitäten werden durch Skalierung mit √250 in Jahresvolatilitäten umgerechnet. Dabei wird davon ausgegangen, dass ein Jahr 250 Börsentage aufweist. Die Black/Scholes-Formel verwendet im Gegensatz dazu 365 Kalendertage, da die Restlaufzeit und der Zins auf echter Zeitbasis angegeben werden. Vgl. zum „Calendar"- und „Trading Time"-Modell French (1984) und Uhlir / Sièvi (1990), S. 398.

2. Berechnung eines zukünftigen, potenziellen Optionspreises für *t*+1 durch Einsetzen des in 1. ermittelten DAX-Kurses in das Black/Scholes-Modell.
3. Ermittlung der Optionspreisänderung, indem vom in 2. berechneten zukünftigen Optionspreis der tatsächliche Optionspreis in *t* abgezogen wird.
4. Bei der Historischen Simulation werden die Schritte 1-3 fünfhundert Mal für die fünfhundert zurückliegenden Börsentage; bei der Monte-Carlo-Simulation fünftausend Mal wiederholt. Es resultiert eine Häufigkeitsverteilung der Optionspreisänderungen.
5. Der VaR ergibt sich als *p*-Quantil der Häufigkeitsverteilung der Optionspreisänderungen.

Die VaR-Werte werden für eine Long- und eine Short-Position, aber immer nur für jeweils eine einzige Option und nicht für Options-Portefeuilles berechnet. Für jede Option werden also vier VaR-Werte bestimmt. Da nur für die Optionen die Berechnung durchgeführt wird, für die am folgenden Tag ein DTB-Preis vorliegt, ist sichergestellt, dass ein Backtesting der VaR-Werte vorgenommen werden kann.[11] Neben den VaR-Werten werden zusätzlich die Black/Scholes-Optionspreise in *t* ermittelt und die tatsächlichen Optionspreise sowie alle Inputparameter in eine Ausgabedatei für spätere Analysen ausgegeben.

Nach den bankaufsichtlichen Vorgaben sind auch die implizite Volatilität und der Zins als Risikofaktoren, also als Risikoquellen, bei der VaR-Ermittlung für Optionen zu erfassen.[12] Insofern müssten diese Variablen wie der Aktienkurs ebenfalls stochastisch modelliert werden. Sowohl die Basler Regelungen als auch der Grundsatz I des Bundesaufsichtsamtes für das Kreditwesen (BAKred) sind in diesem Punkt nicht eindeutig. Denn neben der Erfassung der Volatilität und des Zinses als Risikofaktoren wird empfohlen, das Black/Scholes-Modell bei der VaR-Berechnung für Aktienoptionen zu verwenden. Bekanntlich ist in diesem Modell aber nur der Aktienkurs stochastisch. Bei zusätzlich stochastischen Zinsen und Volatilitäten müssten folglich andere Optionspreismodelle verwendet werden.[13] Zudem wäre zunächst zu klären, welche Verteilung diese Variablen aufweisen und wie die Korrelationen zwischen diesen Risikofaktoren zu bestimmen sind. Empirische Untersuchungen zeigen hier, dass insbesondere Volatilitäten nicht normalverteilt sind. Zur Vereinfachung und

---

[11] Vgl. zu Verfahren des Backtesting den Beitrag von Overbeck / Stahl in diesem Handbuch.
[12] Vgl. Basler Ausschuss für Bankenaufsicht (1996a) und BAKred (1997a).
[13] Vgl. dazu Duffie / Pan (1997) und die dort angegebene Literatur.

Erhöhung der Berechnungsgeschwindigkeit wird deshalb in dieser Untersuchung nur der Aktienkurs stochastisch modelliert.

3. Modellrisiken bei der VaR-Berechnung für Optionen

Beim dritten Schritt der Simulation besteht die Gefahr, dass Modellrisiken in die VaR-Berechnung einfließen. Zur Ermittlung des Optionspreisänderung wird nämlich vom theoretischen Black/Scholes-Wert in $t+1$ der tatsächliche Optionswert in t abgezogen. Es gibt grundsätzlich drei Möglichkeiten, den Optionspreis in t zu bestimmen. Je nachdem welcher Optionspreis angesetzt wird, ergibt sich ein unterschiedliches *Modellrisiko*.

- Das geringste Modellrisiko sollte auftreten, wenn jeder durch das Modell ermittelte Optionswert mit den Marktpreisen kalibriert wird, also für jede Option eine implizite Volatilität berechnet wird. Das Modellrisiko besteht dann darin, dass die Änderung des Optionswertes über den Modellpreis in $t+1$ nicht genau abgebildet werden kann. Ob dieser Ansatz praktikabel ist, hängt davon ab, wie viele Risikofaktoren pro Laufzeitreihe verwendet werden können bzw. wie stabil der Zusammenhang zwischen den impliziten Volatilitäten der Optionen einer Laufzeitreihe ist. Unterschiedliche implizite Volatilitäten einzusetzen, würde insbesondere bei großen Optionsbüchern zu einer erheblichen Erhöhung der Anzahl der Risikofaktoren führen. Schon jetzt sind die Banken aufgrund der Größe der Korrelationsmatrix mit Problemen konfrontiert, diese genau zu schätzen. Die Verwendung von statischen Add-Ons wäre nur dann praktikabel, wenn die impliziten Volatilitäten von out-of-the-money und in-the-money-Optionen immer um denselben Betrag von der impliziten Volatilität der at-the-money-Option abweicht. Ob solche Zusammenhänge existieren, müsste zuerst geklärt werden.
- Ein zweiter, praktikabler Ansatz kann darin bestehen, vom Modellwert in $t+1$ den Modellwert der Option in t abzuziehen, selbst wenn dieser Wert nicht dem beobachteten entspricht. Tatsächlich interessiert im Rahmen der VaR-Berechnung nicht der absolute Optionswert, sondern die Differenz der Marktwerte. Der Vorteil dieses Ansatzes ist, dass pro Laufzeitreihe nur eine implizite Volatilität benötigt wird, die Anzahl der Risikofaktoren also klein bleibt. Allerdings sollte das Modellrisiko größer als beim ersten Ansatz sein, da Optionspreisänderungen für in- und out-the-money-Optionen nicht genau abgebildet werden können.

– Das größte Modellrisiko besteht, wenn vom Modellwert in $t+1$ der tatsächliche Marktpreis in t abgezogen und pro Tag nur eine einzige implizite Volatilität ermittelt wird. Eine ungenaue Black/Scholes-Bewertung schlägt dann voll auf die VaR-Berechnung durch. Dieser Ansatz wird in dieser Untersuchung gewählt, ohne aber damit zu unterstellen, dass dieses Verfahren im Risikocontrolling der Banken oder gar für bankaufsichtliche Zwecke eingesetzt wird. Die in diesem Beitrag dargestellten Ergebnisse sollen lediglich die potenziellen Ausmaße des Modellrisikos aufzeigen und sind als erster Schritt einer umfangreicheren Untersuchung anzusehen, in dessen Verlauf auch die beiden ersten Ansätze getestet werden sollen.

Das Ausmaß des Modellrisikos beim dritten Ansatz lässt sich an einem einfachen Beispiel veranschaulichen. In Abbildung 1 sind die mit einer Monte-Carlo-Simulation generierten Häufigkeitsverteilungen der Marktwertänderungen eines Calls dargestellt. Die linke Verteilung entsteht bei korrekter Bewertung durch das Black/Scholes-Modell, die rechte Verteilung dagegen bei einer 30 %igen Überbewertung. Die Rechtsverschiebung der Verteilung hat zur Folge, dass der VaR für ein 99 %iges Konfidenzniveau von 132,5 bei genauer Bewertung auf einen Wert von –1,16 fällt.[14] Dieses einfache Beispiel zeigt, dass systematische Fehlbewertungen zu einer erheblichen Fehleinschätzung des Risikos führen können.

Wie die Tabelle 1 und Abbildung 2 verdeutlichen, lassen sich auch für den in dieser Studie verwendeten Datensatz der DAX-Optionen systematische Fehlbewertungen durch das Black/Scholes.Modell feststellen.[15] Dieses Ergebnis ist nicht überraschend, da alle Optionen einer Laufzeitreihe nur mit einer einzigen („at-the-money") impliziten Volatilität bewertet werden. Die im Zeitraum Januar 1994 bis April 1996

---

[14] Vgl. ausführlicher zu diesem Beispiel, in dem der VaR für eine zehntägige Haltedauer berechnet wird, Johanning (2000), S. 262-263. An der Verteilung bei Überbewertung ist zu erkennen, dass diese fast vollständig im positiven Bereich liegt und der VaR, das 99 %-Quantil, aufgrund seiner Definition somit sogar einen negativen Wert annimmt.

[15] Vgl. zu systematischen Über- und Unterbewertungen beispielsweise Geske / Trautmann (1985), Trautmann (1989), Rubinstein (1985) und Eberlein / Keller / Prause (1998). Systematische Fehlbewertungen werden in der Literatur häufig auch unter dem bekannten Phänomen des „Volatility Smile" diskutiert. Der „Volatility Smile" beschreibt die Beobachtung, dass bei gleicher Laufzeit out-of-the-money und in-the-money Optionen häufig eine höhere implizite Volatilität aufweisen als at-the-money Optionen, wobei eine längere Restlaufzeit eine Abflachung des Smile-Effektes bewirkt. Der Smile-Effekt konnte insbesondere bis zum Börsencrash 1987 beobachtet werden, danach dagegen ein Abfallen der impliziten Volatilität mit ansteigendem Basispreis. Vgl. Dumas / Fleming / Whaley (1996) und Beinert / Trautmann (1992).

bewerteten 22.168[16] DAX-Calls werden durchschnittlich zu 7,39 % überbewertet. Die größten Überbewertungen ergeben sich bei out-of-the-money Calls mit durchschnittlich 32,68 % und bei einer Restlaufzeit von 12 bis 16 Wochen mit 10,72 %. Die maximale Überbewertung einer Klasse beträgt 41,96 %. In-the-money-Optionen werden in der Tendenz leicht unter- bzw. genau bewertet. Für denselben Zeitraum wird dagegen eine durchschnittliche Unterbewertung der 21.161 bewerteten Puts von −16,22 % festgestellt, wobei diese bei out-of-the-money-Puts durchschnittlich −66,96 % und bei Optionen mit einer Restlaufzeit unter 4 Wochen durchschnittlich −22,10 % beträgt. Die maximale Unterbewertung einer Klasse liegt bei −88,35 %.

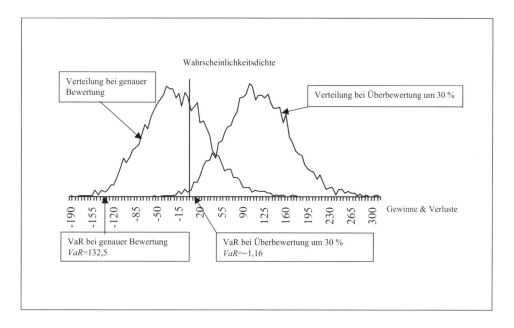

Abb. 1: VaR-Reduktion bei der 30 %igen Überbewertung eines Calls durch das Black/Scholes-Modell

Zusammenfassend lassen die Ergebnisse der Voruntersuchung erhebliche Defizite bei der VaR-Berechnung vermuten. Die Resultate dieser Analyse und des Backtesting werden in den folgenden Abschnitten vorgestellt.

---

[16] Insgesamt werden 22.679 Calls und 21.594 Puts bewertet. Da aber die Klassen mit Beobachtungen kleiner als 50 nicht ausgewertet werden, reduziert sich die Anzahl der Beobachtungen bei Calls auf 22.168 und bei Puts auf 21.161.

a) Black/Scholes-Bewertung für Calls

Rlz**	DAX/B*										⌀***
	0,85	0,90	0,95	1,00	1,05	1,10	1,15	1,20	1,25	1,30	
4	--	--	0,0284	0,0489	-0,0004	0,0038	0,0042	-0,0014	--	--	0,0207
8	--	0,1305	0,2544	0,0885	-0,0114	0,0130	0,0042	--	--	--	0,0845
12	--	0,4065	0,2908	0,0642	-0,0075	-0,0068	0,0006	--	--	--	0,1054
16	--	0,4196	0,2350	0,0463	-0,0006	-0,0151	-0,0061	--	--	--	0,1072
20	--	0,3171	0,1925	0,0384	-0,0003	-0,0108	--	--	--	--	0,0905
24	--	0,2934	0,1405	0,0316	-0,0086	-0,0163	--	--	--	--	0,0831
28	--	0,3081	0,1285	0,0223	0,0011	--	--	--	--	--	0,0989
32	--	--	0,1180	0,0200	-0,0030	--	--	--	--	--	0,0550
36	--	--	0,0837	0,0123	-0,0052	--	--	--	--	--	0,0399
40	--	--	0,0621	0,0030	--	--	--	--	--	--	0,0316
⌀***	--	0,3268	0,1912	0,0580	-0,0052	0,0023	0,0025	-0,0014	--	--	0,0739

b) Black/Scholes-Bewertung für Puts

Rlz**	DAX/B*										⌀***
	0,85	0,9	0,95	1	1,05	1,1	1,15	1,2	1,25	1,3	
4	--	--	-0,0014	0,0034	-0,2164	-0,6643	-0,8713	--	--	--	-0,2210
8	--	--	0,0131	0,0186	-0,0893	-0,4055	-0,6992	-0,8835	--	--	-0,1837
12	--	--	0,0236	0,0191	-0,0569	-0,2616	-0,5333	-0,7590	--	--	-0,1290
16	--	--	0,0240	0,0203	-0,0478	-0,2078	-0,4447	-0,6273	--	--	-0,1353
20	--	--	--	0,0234	-0,0368	-0,1712	-0,3343	-0,5636	--	--	-0,1432
24	--	--	0,0512	0,0151	-0,0373	-0,1609	-0,3098	-0,5529	--	--	-0,1268
28	--	--	--	0,0136	-0,0356	-0,1500	-0,2944	--	--	--	-0,0950
32	--	--	--	0,0114	-0,0291	-0,1414	-0,2720	--	--	--	-0,0902
36	--	--	0,0906	0,0106	-0,0209	-0,1235	-0,2567	--	--	--	-0,0555
40	--	--	--	-0,0007	-0,0325	--	--	--	--	--	-0,0208
⌀***	--	--	0,0162	0,0133	-0,0986	-0,3455	-0,4895	-0,6696	--	--	-0,1622

Untersuchungszeitraum 01/1994 bis 04/1996; Gesamtanzahl der Beobachtungen bei Calls 22.679 und bei Puts 21.594, keine Darstellung der Klassen mit einer Anzahl der Beobachtungen < 50, wodurch sich die Anzahl der Beobachtungen bei Calls auf 22.168 und bei Puts auf 21.161 reduziert, * DAX/B = DAX-Kurs geteilt durch Basispreis, ** Rlz = Restlaufzeit in Wochen, *** gewichtete Durchschnittswerte

Tab. 1: Durchschnittliche Options-Fehlbewertung nach Black/Scholes

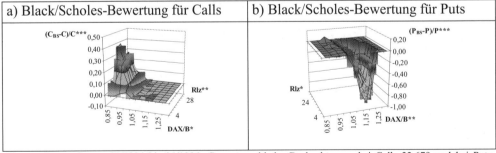

Untersuchungszeitraum 01/1994 bis 04/1996; Gesamtanzahl der Beobachtungen bei Calls 22.679 und bei Puts 21.594, Darstellung der Klassen mit einer Anzahl der Beobachtungen < 50 als korrekte Bewertung (Fehlbewertung = 0), wodurch sich die Anzahl der Beobachtungen bei Calls auf 22.168 und bei Puts auf 21.161 reduziert, * DAX/B = DAX-Kurs geteilt durch Basispreis, ** Rlz = Restlaufzeit in Wochen, *** C_{BS} = Call-Preis nach Black/Scholes; C = tatsächlicher Call-Preis, P_{BS} = Put-Preis nach Black/Scholes; P = tatsächlicher Put-Preis

Abb. 2: Durchschnittliche Options-Fehlbewertung nach Black/Scholes

4. Empirische Ergebnisse für Call-Optionen

Ergebnisse für Long-Calls

Zunächst wird geprüft, wie häufig der VaR für Long-Calls von den tatsächlichen Optionspreisänderungen in $t+1$ überschritten wird. Da der VaR für ein 95 %iges Konfidenzniveau berechnet wird, sollte das historisch zu beobachtende Erfassungsniveau ebenfalls in dieser Größenordnung liegen. Die für die Historische Simulation und und Monte-Carlo-Simulation vergleichbaren Ergebnisse werden in der Tabelle 2 sowie in der Abbildung 3 dargestellt. Das durchschnittliche Erfassungsniveau über alle 22.168 ausgewerteten Optionen liegt bei 88,76 % für die Historische Simulation und bei 89,62 % für die Monte-Carlo-Simulation. Erwartungsgemäß liegt das Erfassungsniveau bei out-of-the-money-Calls teilweise in einer Klasse unter 50 %. Im Durchschnitt wird bei diesen Optionen ein Erfassungsniveau von 62,21 % bzw. 64,37 % erzielt. Durch die starke Überbewertung von out-of-the-money-Calls treten bei der Historischen Simulation 787 und bei der Monte-Carlo-Simulation 721 negative VaR-Werte auf (siehe dazu auch Abbildung 1). Überraschend ist zudem, dass das durchschnittliche Erfassungsniveau mit zunehmender Restlaufzeit abnimmt und bei einer Restlaufzeit von 36 bis 40 Wochen für beide Simulationen nur noch 88,24 % beträgt.

Neben der Häufigkeit der VaR-Überschreitungen ist insbesondere – auch aus Sicht der Bankenaufsicht – die Höhe der VaR-Überschreitung von Interesse. Die Tabelle 3 gibt die durchschnittliche Überschreitungshöhe für die 2.029 bzw. 1.877 VaR-Überschreitungen bei der Historischen bzw. Monte-Carlo-Simulation an, bei denen keine positiven VaR-Werte vorliegen.[17] Bei der Interpretation der Tabelle ist zu beachten, dass nur solche Klassen ausgewertet werden, die mit mindestens zwanzig Beobachtungen besetzt sind. Dadurch verringert sich die Anzahl der VaR-Überschreitungen bei der Historischen Simulation um 212 auf 1.817 und bei der Monte-Carlo-Simulation um 235 auf 1.642. Die durchschnittliche Überschreitungshöhe liegt bei der Historischen Simulation bei 2,87 und bei der Monte-Carlo-Simulation bei 3,93, wobei diese insbesondere bei out-of-the-money-Calls hoch ist.

---

[17] Die Überschreitungshöhe errechnet sich aus $\Delta V_{t+1} / VaR_t$, mit ΔV_{t+1} als Optionspreisänderung in $t+1$.

740 Lutz Johanning / Franziska Ernst

a) Historische Simulation

Rlz**	0,85	0,90	0,95	1,00	1,05	1,10	1,15	1,20	1,25	1,30	∅***
					DAX/B*						
4	--	--	0,9492	0,9457	0,9603	0,9562	0,9500	0,9412	--	--	0,9527
8	--	0,9263	0,8324	0,9112	0,9487	0,9582	0,9541	--	--	--	0,9119
12	--	0,6220	0,7343	0,8884	0,9191	0,9406	0,9211	--	--	--	0,8549
16	--	0,5037	0,7011	0,8890	0,9380	0,9292	0,9455	--	--	--	0,8269
20	--	0,6087	0,7400	0,8855	0,9317	0,9351	--	--	--	--	0,8376
24	--	0,6489	0,7812	0,9175	0,9247	0,9710	--	--	--	--	0,8508
28	--	0,4706	0,7437	0,9199	0,9386	--	--	--	--	--	0,7936
32	--	--	0,7617	0,8980	0,9608	--	--	--	--	--	0,8547
36	--	--	0,8254	0,9243	0,9571	--	--	--	--	--	0,8874
40	--	--	0,8411	0,9211	--	--	--	--	--	--	0,8824
∅***	--	0,6221	0,7877	0,9108	0,9450	0,9526	0,9460	0,9412	--	--	0,8876

b) Monte-Carlo-Simulation

Rlz**	0,85	0,9	0,95	1	1,05	1,1	1,15	1,2	1,25	1,3	∅***
					DAX/B*						
4	--	--	0,9551	0,9515	0,9652	0,9605	0,9500	0,9412	--	--	0,9576
8	--	0,9368	0,8484	0,9221	0,9531	0,9665	0,9633	--	--	--	0,9217
12	--	0,6585	0,7464	0,8963	0,9305	0,9455	0,9211	--	--	--	0,8654
16	--	0,5259	0,7206	0,8926	0,9355	0,9292	0,9455	--	--	--	0,8345
20	--	0,6087	0,7550	0,9036	0,9478	0,9351	--	--	--	--	0,8523
24	--	0,6718	0,8031	0,9216	0,9247	0,9855	--	--	--	--	0,8624
28	--	0,4902	0,7588	0,9303	0,9386	--	--	--	--	--	0,8058
32	--	--	0,7660	0,8980	0,9510	--	--	--	--	--	0,8547
36	--	--	0,8360	0,9351	0,9571	--	--	--	--	--	0,8964
40	--	--	0,8411	0,9211	--	--	--	--	--	--	0,8824
∅***	--	0,6437	0,8016	0,9189	0,9502	0,9581	0,9480	0,9412	--	--	0,8962

Untersuchungszeitraum 01/1994 bis 04/1996; Gesamtanzahl der Beobachtungen 22.679, keine Darstellung der Klassen mit einer Anzahl der Beobachtungen < 50, wodurch sich die Anzahl der Beobachtungen auf 22.168 reduziert, * DAX/B = DAX-Kurs geteilt durch Basispreis, ** Rlz = Restlaufzeit in Wochen, *** gewichtete Durchschnittswerte

Tab. 2: Beobachtetes Erfassungsniveau bei einem VaR(95%) für Long-Calls

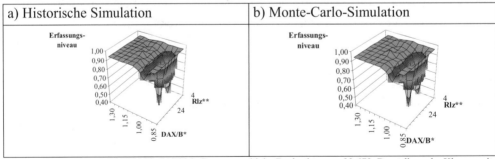

Untersuchungszeitraum 01/1994 bis 04/1996; Gesamtanzahl der Beobachtungen 22.679, Darstellung der Klassen mit einer Anzahl der Beobachtungen < 50 mit Erfassungsniveau von 95 %, wodurch sich die Anzahl der Beobachtungen auf 22.168 reduziert, * DAX/B = DAX-Kurs geteilt durch Basispreis, ** Rlz = Restlaufzeit in Wochen

Abb. 3: Beobachtetes Erfassungsniveau bei einem VaR(95%) für Long-Calls

Bei der Historischen Simulation kommt es damit in 50, bei der Monte-Carlo-Simulation in 31 Fällen zu einer Überschreitung des hypothetischen Mindesteigenkapitals von $EK_t = VaR_t \cdot 4{,}24 \cdot \sqrt{10}$,[18] wobei nur die Fälle gezählt werden, in denen keine negativen VaR-Werte vorliegen.

a) Historische Simulation

Rlz**	DAX/B*										∅***
	0,85	0,90	0,95	1,00	1,05	1,10	1,15	1,20	1,25	1,30	
4	--	--	1,4933	1,2125	1,2799	1,3669	--	--	--	--	1,2840
8	--	--	2,2382	1,6086	1,3440	1,2737	--	--	--	--	1,7451
12	--	7,7651	4,0001	1,9863	1,3173	--	--	--	--	--	2,9245
16	--	7,1656	9,0151	2,0309	1,4917	--	--	--	--	--	5,4870
20	--	--	3,1136	1,4798	--	--	--	--	--	--	2,4189
24	--	2,8092	2,7164	1,8255	--	--	--	--	--	--	2,4504
28	--	--	6,5406	1,9391	--	--	--	--	--	--	5,4927
32	--	--	4,3485	3,4050	--	--	--	--	--	--	3,9947
36	--	--	2,1755	--	--	--	--	--	--	--	2,1755
40	--	--	--	--	--	--	--	--	--	--	--
∅***	--	6,1068	4,3370	1,7779	1,3318	1,3303	--	--	--	--	2,8691

b) Monte-Carlo-Simulation

Rlz**	DAX/B*										∅***
	0,85	0,9	0,95	1	1,05	1,1	1,15	1,2	1,25	1,3	
4	--	--	1,3683	1,1914	1,2528	1,3436	--	--	--	--	1,2498
8	--	--	2,2644	2,9789	33,6039	--	--	--	--	--	8,7005
12	--	9,8102	2,7201	1,7131	1,3072	--	--	--	--	--	2,4888
16	--	5,0272	4,2421	1,6351	1,4365	--	--	--	--	--	3,0350
20	--	--	4,2263	1,4839	--	--	--	--	--	--	3,1572
24	--	--	3,2225	1,6126	--	--	--	--	--	--	2,6227
28	--	--	3,5888	2,0189	--	--	--	--	--	--	3,2548
32	--	--	2,9268	2,3554	--	--	--	--	--	--	2,7125
36	--	--	2,1044	--	--	--	--	--	--	--	2,1044
40	--	--	--	--	--	--	--	--	--	--	--
∅***	--	7,6844	3,1130	1,9791	11,5128	1,3436	--	--	--	--	3,9334

Untersuchungszeitraum 01/1994 bis 04/1996; Gesamtanzahl der VaR-Überschreitungen bei der Historischen Simulation 2.029, bei der Monte-Carlo-Simulation 1.877, keine Darstellung der Klassen mit einer Anzahl der Beobachtungen < 20, wodurch sich die Anzahl der Beobachtungen bei der Historischen Simulation auf 1.817 und bei der Monte-Carlo-Simulation auf 1.642 reduziert, * DAX/B = DAX-Kurs geteilt durch Basispreis, ** Rlz = Restlaufzeit in Wochen, *** gewichtete Durchschnittswerte

Tab. 3: Durchschnittliche VaR-Überschreitung für Long-Calls

---

[18] Nach den bankaufsichtlichen Vorgaben wird das Mindesteigenkapital errechnet, indem der VaR für ein Konfidenzniveau von 99 % und eine zehntägige Haltedauer mit dem Mindestmultiplikator von drei multipliziert wird. Vgl. Basler Ausschuss für Bankenaufsicht (1996a), S. 39-50. Bei einem 95 %igen Konfidenzniveau ist deshalb ein Multiplikator von 4,24 zu verwenden. Die Multiplikation mit √10 erfolgt, da in dieser Untersuchung mit einer eintägigen Haltedauer gearbeitet wird. Vgl. zu diesem Ansatz Johanning (1998), S. 203 ff.

Als Zwischenfazit ist festzuhalten, dass durch die systematische Überbewertung von out-of-the-money-Long-Calls der VaR erheblich unterschätzt wird, wobei das tatsächliche Erfassungsniveau bei der Monte-Carlo-Simulation geringfügig höher liegt als bei der Historischen Simulation. Allerdings ist die durchschnittliche Überschreitungshöhe bei der Monte-Carlo-Simulation deutlich größer. Die bankaufsichtliche Multiplikatorregelung kann nur sehr unzureichend das Modellrisiko kompensieren, da immerhin 50 bzw. 31 Eigenkapitalaufzehrungen auftreten.

Ergebnisse für Short-Calls

Sind Long-Calls überbewertet, so sind die Short-Positionen entsprechend unterbewertet. Da eine Unterbewertung eine Linksverschiebung der Häufigkeitsverteilung der Marktwertänderungen und somit auch des 95 %-Quantils bewirkt, ist zu vermuten, dass der VaR für Short-Calls erheblich überschätzt wird. Die Ergebnisse in Tabelle 4 und Abbildung 4 bestätigen diese Vermutung. Das durchschnittliche Erfassungsniveau liegt bei 96,37 % für die Historische Simulation und bei 97,05 % für die Monte-Carlo-Simulation. Nur bei in-the-money-Short-Calls mit kurzer Restlaufzeit liegen die beobachteten Erfassungsniveaus mit Werten von minimal 84,18 % bzw. 85,55 % deutlich unter der 95 % Marke. Mit wenigen Ausnahmen werden ansonsten in fast allen Klassen Erfassungsniveaus von über 95 % beobachtet. Die Anzahl der negativen VaR-Werte beträgt bei der Historischen Simulation 171 und bei der Monte-Carlo-Simulation 145.

Tabelle 5 zeigt die durchschnittliche Überschreitungshöhe für die 729 bzw. 596 VaR-Überschreitungen bei der Historischen bzw. Monte-Carlo-Simulation, bei denen keine negativen VaR-Werte vorliegen. Da wieder nur solche Klassen ausgewertet werden, die mit mindestens zwanzig Beobachtungen besetzt sind, verringert sich die Anzahl der VaR-Überschreitungen bei der Historischen Simulation auf 509 und bei der Monte-Carlo-Simulation auf 378. Die durchschnittliche Überschreitungshöhe liegt bei der Historischen Simulation bei 2,08 und bei der Monte-Carlo-Simulation bei 2,07. Auffallend ist, dass bei at-the-money-Short-Calls mit einer Restlaufzeit von 12 bis 16 Wochen die durchschnittliche Überschreitungshöhe bei der Historischen Simulation 9,63 beträgt. Bei der Historischen Simulation wird 5 Mal, bei der Monte-Carlo-Simulation 4 Mal das hypothetische Mindesteigenkapital überschritten, wobei nur die Fälle gezählt werden, in denen keine negativen VaR-Werte vorliegen.

a) Historische Simulation

Rlz**	\multicolumn{9}{c}{DAX/B*}	Ø***
	0,85	0,90	0,95	1,00	1,05	1,10	1,15	1,20	1,25	1,30	
4	--	--	0,8418	0,9494	0,9464	0,9760	0,9731	0,9529	--	--	0,9428
8	--	0,8737	0,9689	0,9718	0,9620	0,9540	0,9450	--	--	--	0,9649
12	--	0,9451	0,9846	0,9758	0,9637	0,9851	1,0000	--	--	--	0,9746
16	--	0,9778	0,9804	0,9626	0,9702	0,9558	0,9818	--	--	--	0,9700
20	--	0,9855	0,9875	0,9779	0,9598	0,9870	--	--	--	--	0,9783
24	--	0,9618	0,9869	0,9567	0,9331	0,9710	--	--	--	--	0,9638
28	--	1,0000	0,9950	0,9861	0,9737	--	--	--	--	--	0,9900
32	--	--	0,9745	0,9451	0,9706	--	--	--	--	--	0,9611
36	--	--	0,9683	0,9838	0,9714	--	--	--	--	--	0,9752
40	--	--	0,9533	0,9737	--	--	--	--	--	--	0,9638
Ø***	--	0,9569	0,9650	0,9665	0,9568	0,9696	0,9720	0,9529	--	--	0,9637

b) Monte-Carlo-Simulation

Rlz**	\multicolumn{9}{c}{DAX/B*}	Ø***
	0,85	0,9	0,95	1	1,05	1,1	1,15	1,2	1,25	1,3	
4	--	--	0,8555	0,9600	0,9603	0,9845	0,9769	0,9529	--	--	0,9540
8	--	0,8947	0,9699	0,9760	0,9683	0,9644	0,9633	--	--	--	0,9702
12	--	0,9573	0,9879	0,9826	0,9730	0,9851	1,0000	--	--	--	0,9810
16	--	0,9926	0,9840	0,9686	0,9777	0,9558	0,9818	--	--	--	0,9757
20	--	0,9855	0,9875	0,9819	0,9679	0,9870	--	--	--	--	0,9814
24	--	0,9695	0,9891	0,9670	0,9414	1,0000	--	--	--	--	0,9718
28	--	1,0000	0,9950	0,9895	0,9825	--	--	--	--	--	0,9922
32	--	--	0,9787	0,9490	0,9902	--	--	--	--	--	0,9679
36	--	--	0,9683	0,9838	0,9714	--	--	--	--	--	0,9752
40	--	--	0,9533	0,9825	--	--	--	--	--	--	0,9683
Ø***	--	0,9670	0,9681	0,9730	0,9667	0,9775	0,9780	0,9529	--	--	0,9705

Untersuchungszeitraum 01/1994 bis 04/1996; Gesamtanzahl der Beobachtungen 22.679, keine Darstellung der Klassen mit einer Anzahl der Beobachtungen < 50, wodurch sich die Anzahl der Beobachtungen auf 22.168 reduziert, * DAX/B = DAX-Kurs geteilt durch Basispreis, ** Rlz = Restlaufzeit in Wochen, *** gewichtete Durchschnittswerte

Tab. 4: Beobachtetes Erfassungsniveau bei einem VaR(95%) für Short-Calls

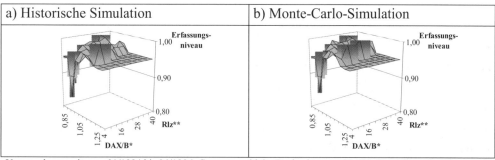

a) Historische Simulation   b) Monte-Carlo-Simulation

Untersuchungszeitraum 01/1994 bis 04/1996; Gesamtanzahl der Beobachtungen 22.679, Darstellung der Klassen mit einer Anzahl der Beobachtungen < 50 mit Erfassungsniveau von 95 %, wodurch sich die Anzahl der Beobachtungen auf 22.168 reduziert, * DAX/B = DAX-Kurs geteilt durch Basispreis, ** Rlz = Restlaufzeit in Wochen

Abb. 4: Beobachtetes Erfassungsniveau bei einem VaR(95%) für Short-Calls

a) Historische Simulation

Rlz**	DAX/B*										Ø***
	0,85	0,90	0,95	1,00	1,05	1,10	1,15	1,20	1,25	1,30	
4	--	--	6,0431	1,6280	1,2695	--	--	--	--	--	2,0346
8	--	--	2,0097	1,4227	1,2740	1,2265	--	--	--	--	1,4343
12	--	--	--	1,3402	1,2129	--	--	--	--	--	1,2852
16	--	--	--	9,6303	--	--	--	--	--	--	9,6303
20	--	--	--	--	--	--	--	--	--	--	--
24	--	--	--	1,3251	--	--	--	--	--	--	1,3251
28	--	--	--	--	--	--	--	--	--	--	--
32	--	--	--	--	--	--	--	--	--	--	--
36	--	--	--	--	--	--	--	--	--	--	--
40	--	--	--	--	--	--	--	--	--	--	--
Ø***	--	--	4,0645	2,3924	1,2607	1,2265	--	--	--	--	2,0826

b) Monte-Carlo-Simulation

Rlz**	DAX/B*										Ø***
	0,85	0,9	0,95	1	1,05	1,1	1,15	1,2	1,25	1,3	
4	--	--	9,1210	1,5894	1,2681	--	--	--	--	--	2,6979
8	--	--	1,7234	1,3963	1,2502	--	--	--	--	--	1,4053
12	--	--	--	1,3672	1,2049	--	--	--	--	--	1,2957
16	--	--	--	3,3904	--	--	--	--	--	--	3,3904
20	--	--	--	--	--	--	--	--	--	--	--
24	--	--	--	--	--	--	--	--	--	--	--
28	--	--	--	--	--	--	--	--	--	--	--
32	--	--	--	--	--	--	--	--	--	--	--
36	--	--	--	--	--	--	--	--	--	--	--
40	--	--	--	--	--	--	--	--	--	--	--
Ø***	--	--	5,4920	1,7316	1,2512	--	--	--	--	--	2,0682

Untersuchungszeitraum 01/1994 bis 04/1996; Gesamtanzahl der VaR-Überschreitungen bei der Historischen Simulation 729 und bei der Monte-Carlo-Simulation 596, keine Darstellung der Klassen mit einer Anzahl der Beobachtungen < 20, wodurch sich die Anzahl der Beobachtungen bei der Historischen Simulation auf 509 und bei der Monte-Carlo-Simulation auf 378 reduziert, * DAX/B = DAX-Kurs geteilt durch Basispreis, ** Rlz = Restlaufzeit in Wochen, *** gewichtete Durchschnittswerte

Tab. 5: Durchschnittliche VaR-Überschreitung für Short-Calls

Insgesamt zeigen diese Ergebnisse, dass der VaR für Short-Calls durch die Black/Scholes-Fehlbewertung systematisch überschätzt wird, wobei die Überschätzung bei der Monte-Carlo-Simulation stärker ausfällt als bei der Historischen Simulation. Intuitiv wird eine Überschätzung des Risikos häufig weniger kritisch betrachtet als eine Unterschätzung, weil man damit „auf der sicheren Seite liegt". Tatsächlich ist aber eine Überschätzung des Risikos ebenso problematisch wie eine Unterschätzung. Bei der VaR-Berechnung würde eine Überschätzung beispielsweise zu einer zu hohen Eigenkapitalhaltung führen.

5. Empirische Ergebnisse für Put-Optionen

Ergebnisse für Long-Puts

Aufgrund der in Tabelle 1 und Abbildung 2 aufgezeigten systematischen Unterbewertung von out-of-the-money-Long-Puts ist bei der Auswertung der VaR-Berechnung für Put-Optionen ein Spiegelbild der Ergebnisse für Calls zu erwarten. Die Ergebnisse in Tabelle 6 und Abbildung 5 bestätigen diese Vermutung. Das durchschnittliche Erfassungsniveau liegt bei 95,55 % für die Historische Simulation und bei 96,27 % für die Monte-Carlo-Simulation. Bei in-the-money-Puts liegen die beobachteten Erfassungsniveaus aber mit Werten von minimal 70,59 % deutlich unter der 95 % Marke. Auch bei at-the-money-Puts ist mit 91,42 % und 92,83 % ein deutlich zu geringes Erfassungsniveau zu beobachten, was auf die leichte Überbewertung dieser Puts zurückgeführt werden kann. Bei out-of-the-money-Puts werden dagegen aufgrund der starken Unterbewertung der Optionen hohe Überschätzungen des Risikos beobachtet. Das durchschnittliche Erfassungsniveau liegt teilweise über 99 %. Die Anzahl der negativen VaR-Werte beträgt bei der Historischen Simulation 41 und bei der Monte-Carlo-Simulation 34.

Bei der Historischen bzw. Monte-Carlo-Simulation treten 964 bzw. 812 VaR-Überschreitungen auf, bei denen keine positiven VaR-Werte vorliegen. Die durchschnittliche Überschreitungshöhe wird in Tabelle 7 angegeben.[19] Sie liegt bei der Historischen Simulation bei 1,31 und bei der Monte-Carlo-Simulation bei 1,29. Bei der Historischen Simulation wird 2 Mal, bei der Monte-Carlo-Simulation 1 Mal das hypothetische Mindesteigenkapital überschritten, wobei nur die Fälle gezählt werden, in denen keine negativen VaR-Werte vorliegen.

---

[19] Da wieder nur solche Klassen ausgewertet werden, die mit mindestens zwanzig Beobachtungen besetzt sind, verringert sich die Anzahl der VaR-Überschreitungen bei der Historischen Simulation auf 778 und bei der Monte-Carlo-Simulation auf 595.

a) Historische Simulation

Rlz**	\DAX/B* 0,85	0,90	0,95	1,00	1,05	1,10	1,15	1,20	1,25	1,30	⌀***
4	--	--	0,8990	0,9262	0,9696	0,9979	1,0000	--	--	--	**0,9548**
8	--	--	0,8674	0,9168	0,9613	0,9896	0,9923	1,0000	--	--	**0,9541**
12	--	--	0,8435	0,8886	0,9589	0,9950	1,0000	1,0000	--	--	**0,9504**
16	--	--	0,9099	0,9384	0,9674	0,9848	1,0000	1,0000	--	--	**0,9671**
20	--	--	--	0,9083	0,9661	0,9872	0,9959	1,0000	--	--	**0,9693**
24	--	--	0,7778	0,8516	0,9531	0,9864	0,9955	1,0000	--	--	**0,9460**
28	--	--	--	0,9471	0,9764	0,9912	1,0000	--	--	--	**0,9770**
32	--	--	--	0,8667	0,9516	1,0000	0,9857	--	--	--	**0,9558**
36	--	--	0,7059	0,8941	0,9404	1,0000	0,9808	--	--	--	**0,9251**
40	--	--	--	0,9808	0,9326	--	--	--	--	--	**0,9504**
⌀* **	--	--	**0,8677**	**0,9142**	**0,9627**	**0,9920**	**0,9960**	**1,0000**	--	--	**0,9555**

b) Monte-Carlo-Simulation

Rlz**	\DAX/B* 0,85	0,9	0,95	1	1,05	1,1	1,15	1,2	1,25	1,3	⌀***
4	--	--	0,9197	0,9389	0,9734	0,9979	1,0000	--	--	--	**0,9623**
8	--	--	0,8864	0,9326	0,9681	0,9911	0,9923	1,0000	--	--	**0,9621**
12	--	--	0,8707	0,9059	0,9666	0,9950	1,0000	1,0000	--	--	**0,9586**
16	--	--	0,9099	0,9455	0,9705	0,9870	1,0000	1,0000	--	--	**0,9702**
20	--	--	--	0,9083	0,9758	0,9974	0,9959	1,0000	--	--	**0,9753**
24	--	--	0,7778	0,8789	0,9643	0,9864	0,9955	1,0000	--	--	**0,9544**
28	--	--	--	0,9567	0,9797	0,9912	1,0000	--	--	--	**0,9804**
32	--	--	--	0,8800	0,9570	1,0000	0,9857	--	--	--	**0,9603**
36	--	--	0,7059	0,9176	0,9536	1,0000	0,9808	--	--	--	**0,9339**
40	--	--	--	1,0000	0,9438	--	--	--	--	--	**0,9645**
⌀* **	--	--	**0,8845**	**0,9283**	**0,9691**	**0,9934**	**0,9960**	**1,0000**	--	--	**0,9627**

Untersuchungszeitraum 01/1994 bis 04/1996; Gesamtanzahl der Beobachtungen 21.594, keine Darstellung der Klassen mit einer Anzahl der Beobachtungen < 50, wodurch sich die Anzahl der Beobachtungen auf 21.161 reduziert, * DAX/B = DAX-Kurs geteilt durch Basispreis, ** Rlz = Restlaufzeit in Wochen, *** gewichtete Durchschnittswerte

Tab. 6: Beobachtetes Erfassungsniveau bei einem VaR(95%) für Long-Puts

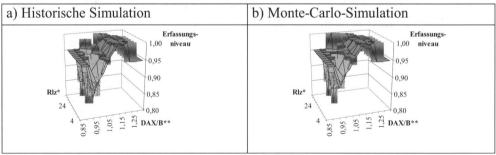

a) Historische Simulation   b) Monte-Carlo-Simulation

Untersuchungszeitraum 01/1994 bis 04/1996; Gesamtanzahl der Beobachtungen 21.594, Darstellung der Klassen mit einer Anzahl der Beobachtungen < 50 mit Erfassungsniveau von 95 %, wodurch sich die Anzahl der Beobachtungen auf 21.161 reduziert, * DAX/B = DAX-Kurs geteilt durch Basispreis, ** Rlz = Restlaufzeit in Wochen

Abb. 5: Beobachtetes Erfassungsniveau bei einem VaR(95%) für Long-Puts

a) Historische Simulation

Rlz**	DAX/B*										Ø***
	0,85	0,90	0,95	1,00	1,05	1,10	1,15	1,20	1,25	1,30	
4	--	--	1,2883	1,2423	1,1701	--	--	--	--	--	1,2325
8	--	--	1,4146	1,2885	1,3484	--	--	--	--	--	1,3258
12	--	--	1,5936	1,3515	1,2955	--	--	--	--	--	1,3619
16	--	--	--	1,2715	1,2605	--	--	--	--	--	1,2666
20	--	--	--	1,4607	--	--	--	--	--	--	1,4607
24	--	--	--	1,4514	1,1930	--	--	--	--	--	1,3594
28	--	--	--	--	--	--	--	--	--	--	--
32	--	--	--	--	--	--	--	--	--	--	--
36	--	--	--	--	--	--	--	--	--	--	--
40	--	--	--	--	--	--	--	--	--	--	--
Ø***	--	--	1,4062	1,3100	1,2691	--	--	--	--	--	1,3098

b) Monte-Carlo-Simulation

Rlz**	DAX/B*										Ø***
	0,85	0,9	0,95	1	1,05	1,1	1,15	1,2	1,25	1,3	
4	--	--	1,2963	1,2239	1,1551	--	--	--	--	--	1,2180
8	--	--	1,4021	1,2846	1,3448	--	--	--	--	--	1,3215
12	--	--	--	1,3277	1,2922	--	--	--	--	--	1,3144
16	--	--	--	1,2063	--	--	--	--	--	--	1,2063
20	--	--	--	1,3809	--	--	--	--	--	--	1,3809
24	--	--	--	1,4300	--	--	--	--	--	--	1,4300
28	--	--	--	--	--	--	--	--	--	--	--
32	--	--	--	--	--	--	--	--	--	--	--
36	--	--	--	--	--	--	--	--	--	--	--
40	--	--	--	--	--	--	--	--	--	--	--
Ø***	--	--	1,3483	1,2892	1,2691	--	--	--	--	--	1,2899

Untersuchungszeitraum 01/1994 bis 04/1996; Gesamtanzahl der VaR-Überschreitungen bei der Historischen Simulation 964, bei der Monte-Carlo-Simulation 812, keine Darstellung der Klassen mit einer Anzahl der Beobachtungen < 20, wodurch sich die Anzahl der Beobachtungen bei der Historischen Simulation auf 778 und bei der Monte-Carlo-Simulation auf 595 reduziert, * DAX/B = DAX-Kurs geteilt durch Basispreis, ** Rlz = Restlaufzeit in Wochen, *** gewichtete Durchschnittswerte

Tab. 7: Durchschnittliche VaR-Überschreitung für Long-Puts

Zwar liefert die VaR-Berechnung für Long-Puts insgesamt befriedigende Ergebnisse, allerdings sind innerhalb der Klassen hohe Unter- und Überschätzungen zu beobachten.

Ergebnisse für Short-Puts

In Tabelle 8 und Abbildung 6 werden die Ergebnisse für Short-Puts angegeben. Das durchschnittliche Erfassungsniveau liegt bei nur 75,11 % für die Historische Simulation und bei 76,13 % für die Monte-Carlo-Simulation. Aufgrund der hohen Überbewertung von in-the-money-Short-Puts liegt das durchschnittliche Erfassungsniveau insbesondere für weit im Geld liegende Optionen nur bei 2,85 % bzw. 3,16 %. Das durchschnittliche Erfassungsniveau nimmt mit abnehmender Restlaufzeit ab. Die

Anzahl der negativen VaR-Werte beträgt bei der Historischen Simulation 4.352 und bei der Monte-Carlo-Simulation 5.199.

Die Tabelle 9 zeigt die durchschnittliche Überschreitungshöhe für die 1.981 bzw. 1.903 VaR-Überschreitungen bei der Historischen bzw. Monte-Carlo-Simulation, bei denen keine negativen VaR-Werte vorliegen.[20] Die durchschnittliche Überschreitungshöhe liegt bei der Historischen Simulation bei 38,14 und bei der Monte-Carlo-Simulation bei 4,27. Der hohe Wert für die Historische Simulation ist durch Ausreißer in der Klasse mit der Restlaufzeit von 4 bis 8 Wochen und einem Verhältnis aus DAX und Basispreis (DAX/B) in der Klasse 1,05 bis 1,10 zu erklären. Bei der Historischen Simulation wird 88 Mal, bei der Monte-Carlo-Simulation 81 Mal das hypothetische Mindesteigenkapital überschritten, wobei nur die Fälle gezählt werden, in denen keine negativen VaR-Werte vorliegen. Es zeigt sich also, dass die Multiplikatorregelung der Bankenaufsicht für diesen Fall keine ausreichende Verlustdeckung bietet und das Modellrisiko nicht hinreichend erfasst.

---

[20] Da nur solche Klassen ausgewertet werden, die mit mindestens zwanzig Beobachtungen besetzt sind, verringert sich die Anzahl der VaR-Überschreitungen bei der Historischen Simulation auf 1.777 und bei der Monte-Carlo-Simulation auf 1.703.

a) Historische Simulation

Rlz**	DAX/B*										Ø***
	0,85	0,90	0,95	1,00	1,05	1,10	1,15	1,20	1,25	1,30	
4	--	--	0,9223	0,9427	0,8693	0,3323	0,0299	--	--	--	0,7794
8	--	--	0,9015	0,9326	0,8934	0,5296	0,0925	0,0182	--	--	0,7495
12	--	--	0,8912	0,9200	0,8760	0,6140	0,1701	0,0000	--	--	0,7624
16	--	--	0,9189	0,9289	0,8929	0,6529	0,2056	0,0500	--	--	0,7318
20	--	--	--	0,9083	0,8886	0,7015	0,3058	0,0508	--	--	0,6944
24	--	--	0,8889	0,9375	0,9085	0,6477	0,2946	0,0263	--	--	0,7022
28	--	--	--	0,8846	0,8446	0,6416	0,2374	--	--	--	0,7043
32	--	--	--	0,8800	0,9086	0,7295	0,3286	--	--	--	0,7660
36	--	--	0,9608	0,9176	0,9205	0,6522	0,2500	--	--	--	0,7797
40	--	--	--	0,9423	0,8989	--	--	--	--	--	0,9149
Ø*	--	--	**0,9121**	**0,9301**	**0,8836**	**0,5561**	**0,1961**	**0,0285**	--	--	**0,7511**

b) Monte-Carlo-Simulation

Rlz**	DAX/B*										Ø***
	0,85	0,9	0,95	1	1,05	1,1	1,15	1,2	1,25	1,3	
4	--	--	0,9275	0,9460	0,8780	0,3462	0,0373	--	--	--	0,7868
8	--	--	0,9167	0,9406	0,9049	0,5510	0,0977	0,0182	--	--	0,7620
12	--	--	0,9184	0,9265	0,8843	0,6310	0,1743	0,0000	--	--	0,7728
16	--	--	0,9279	0,9265	0,8960	0,6790	0,2016	0,0500	--	--	0,7384
20	--	--	--	0,9127	0,8935	0,7296	0,3058	0,0508	--	--	0,7049
24	--	--	0,9074	0,9414	0,9152	0,6667	0,3080	0,0395	--	--	0,7134
28	--	--	--	0,9038	0,8514	0,6726	0,2446	--	--	--	0,7204
32	--	--	--	0,9067	0,9086	0,7295	0,3571	--	--	--	0,7748
36	--	--	0,9804	0,9176	0,9272	0,6696	0,2500	--	--	--	0,7885
40	--	--	--	0,9615	0,9213	--	--	--	--	--	0,9362
Ø*	--	--	**0,9250**	**0,9359**	**0,8919**	**0,5759**	**0,2013**	**0,0316**	--	--	**0,7613**

Untersuchungszeitraum 01/1994 bis 04/1996; Gesamtanzahl der Beobachtungen 21.594, keine Darstellung der Klassen mit einer Anzahl der Beobachtungen < 50, wodurch sich die Anzahl der Beobachtungen auf 21.161 reduziert, * DAX/B = DAX-Kurs geteilt durch Basispreis, ** Rlz = Restlaufzeit in Wochen, *** gewichtete Durchschnittswerte

Tab. 8: Beobachtetes Erfassungsniveau bei einem VaR(95%) für Short-Puts

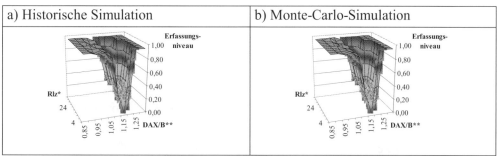

| a) Historische Simulation | b) Monte-Carlo-Simulation |

Untersuchungszeitraum 01/1994 bis 04/1996; Gesamtanzahl der Beobachtungen 21.594, Darstellung der Klassen mit einer Anzahl der Beobachtungen < 50 mit Erfassungsniveau von 95 %, wodurch sich die Anzahl der Beobachtungen auf 21.161 reduziert, * DAX/B = DAX-Kurs geteilt durch Basispreis, ** Rlz = Restlaufzeit in Wochen

Abb. 6: Beobachtetes Erfassungsniveau bei einem VaR(95%) für Short-Puts

a) Historische Simulation

Rlz**	DAX/B*										Ø***
	0,85	0,90	0,95	1,00	1,05	1,10	1,15	1,20	1,25	1,30	
4	--	--	1,3632	1,4569	2,5636	11,9129	--	--	--	--	3,5608
8	--	--	1,4638	1,5058	2,3710	408,239	--	--	--	--	129,18
12	--	--	--	1,4968	1,9800	7,1939	--	--	--	--	3,9234
16	--	--	--	1,6900	2,4309	23,1847	--	--	--	--	11,355
20	--	--	--	1,4728	2,7663	5,0951	--	--	--	--	3,5879
24	--	--	--	--	2,2754	5,5481	--	--	--	--	4,2520
28	--	--	--	1,5723	1,8059	6,6964	--	--	--	--	3,9260
32	--	--	--	--	--	--	--	--	--	--	--
36	--	--	--	--	--	5,4325	--	--	--	--	5,4325
40	--	--	--	--	--	--	--	--	--	--	--
Ø***	--	--	1,4099	1,5072	2,3019	103,438	--	--	--	--	38,142

b) Monte-Carlo-Simulation

Rlz**	DAX/B*										Ø***
	0,85	0,9	0,95	1	1,05	1,1	1,15	1,2	1,25	1,3	
4	--	--	1,3221	1,4116	8,0000	7,8260	--	--	--	--	5,4473
8	--	--	1,4838	1,4991	2,1411	8,7310	--	--	--	--	4,2029
12	--	--	--	1,4664	1,7964	5,7127	--	--	--	--	3,3617
16	--	--	--	1,6216	2,0411	5,4181	--	--	--	--	3,4714
20	--	--	--	1,4179	2,3690	14,0607	--	--	--	--	7,6574
24	--	--	--	--	1,8119	4,4649	--	--	--	--	3,4633
28	--	--	--	1,6110	1,7575	4,1498	--	--	--	--	2,7875
32	--	--	--	--	--	--	--	--	--	--	--
36	--	--	--	--	--	4,3360	--	--	--	--	4,3360
40	--	--	--	--	--	--	--	--	--	--	--
Ø***	--	--	1,3932	1,4791	3,2759	7,0051	--	--	--	--	4,2738

Untersuchungszeitraum 01/1994 bis 04/1996; Gesamtanzahl der VaR-Überschreitungen bei der Historischen Simulation 1.981 und bei der Monte-Carlo-Simulation 1.903, keine Darstellung der Klassen mit einer Anzahl der Beobachtungen < 20, wodurch sich die Anzahl der Beobachtungen bei der Historischen Simulation auf 1.777 und bei der Monte-Carlo-Simulation auf 1.703 reduziert, * DAX/B = DAX-Kurs geteilt durch Basispreis, ** Rlz = Restlaufzeit in Wochen, *** gewichtete Durchschnittswerte

Tab. 9: Durchschnittliche VaR-Überschreitung für Short-Puts

6. Fazit

Die empirischen Ergebnisse der Untersuchung haben gezeigt, dass das Modellrisiko eine erhebliche Unsicherheit bei der VaR-Berechnung für Optionen verursachen kann. Überbewertungen der Optionen, die sich für Long-Calls und Short-Puts festgestellt werden, führen zu einer starken Unterschätzung der VaR-Werte. Als Folge werden zu geringe, teilweise sogar negative VaR-Werte beobachtet. Die beobachteten Erfassungsniveaus liegen weit unter den erwarteten Werten. Die Anzahl der Eigenkapitalaufzehrungen ist für diese Optionen hoch. Die bankaufsichtliche Multiplikatorregelung kann keinen genügenden Puffer für das Modellrisiko liefern.

Für Short-Calls und Long-Puts wird das Risiko im Durchschnitt überschätzt, wobei sich in bestimmten Klassen auch hohe Unterbewertungen feststellen lassen. Auch wenn eine Überschätzung des Risikos nicht mit negativen Folgen wie Eigenkapitalaufzehrungen verbunden ist, so ist auch dieses Ergebnis unbefriedigend. Denn überschätzte VaR-Werte würden unmittelbar zu einer zu hohen Eigenkapitalhaltung führen.

Auch wenn wir nicht unterstellen, dass im Risikomanagement der Banken die VaR-Werte mit unserem Ansatz berechnet werden, so stellt das *Modellrisiko* im Risikomanagement derivativer Geschäfte eine erhebliche Unsicherheit dar. Wenn - wie in dieser Untersuchung – nur eine einzige implizite („at-the-money") Volatilität für Optionen einer Laufzeitreihe, aber mit unterschiedlichen Basispreisen verwendet wird, muss das Bewertungsrisiko voll auf die VaR-Berechnung durchschlagen. Im Rahmen weiterer Arbeiten sollen deshalb die im 3. Abschnitt vorgestellten anderen beiden Ansätze untersucht werden. Dabei sollen dann verschiedene implizite Volatilitäten für Optionen einer Laufzeitreihe verwendet bzw. die Optionspreisänderung in $t+1$ aus der Differenz der Modellwerte in $t+1$ und t ermittelt werden. Erste Ergebnisse für diesen Ansatz zeigen eine deutliche Verbesserung der Messgenauigkeit. Schließlich könnte auch untersucht werden, ob sich die VaR-Berechnung durch den Einbezug stochastischer Volatilitäten und Zinsen sowie anderer Optionspreismodelle verbessern lässt. Zudem wäre es aus Sicht einer Bank interessant zu ermitteln, welche Ergebnisse für Options-Portefeuilles erzielt werden.

Literaturverzeichnis

Basler Ausschuss für Bankenaufsicht (Basler Ausschuss für Bankenaufsicht, 1996a): Änderung der Eigenkapitalvereinbarung zur Einbeziehung der Marktrisiken, Basel 1996.

Basler Ausschuss für Bankenaufsicht (Basler Ausschuss für Bankenaufsicht, 1996b): Aufsichtliches Rahmenkonzept für Backtesting (Rückvergleiche) bei der Berechnung des Eigenkapitalbedarfs zur Unterlegung des Marktrisikos mit bankeigenen Modellen, Basel 1996.

Beinert M. / Trautmann, S. (Beinert / Trautmann, 1992): Verlaufsmuster der impliziten Aktienvolatilität, Arbeitspapier, Lehrstuhl für Finanzwirtschaft, Johannes-Gutenberg-Universität Mainz, 1992.

Bühler, W. / Korn, O. / Schmidt, A. (Bühler / Korn / Schmidt, 1998): Ermittlung von Eigenkapitalanforderungen mit „Internen Modellen", in: Die Betriebswirtschaft, 58. Jg., 1998, Nr. 1, S. 64-85.

Bundesaufsichtsamt für das Kreditwesen (BAKred, 1997a): Bekanntmachung über die Änderung und Ergänzung der Grundsätze über das Eigenkapital und die Liquidität der Kreditinstitute vom 29.10.1997.

Bundesaufsichtsamt für das Kreditwesen (BAKred, 1997b): Erläuterungen zur Bekanntmachung über die Änderung und Ergänzung der Grundsätze über das Eigenkapital und die Liquidität der Kreditinstitute vom 29.10.1997.

Corrado, J. / Miller , T. W. (Corrado / Miller, 1996): A Note on a Simple, Accurate Formula to Compute Implied Standard Deviations, in: Journal of Banking and Finance, Vol. 20, 1996, S. 595-603.

Duffie, D. / Pan, J. (Duffie / Pan 1997): An Overview of Value at Risk, in: Journal of Derivatives, Vol. 4, 1997, No. 3, S. 7-49.

Dumas, B. / Fleming, J. / Whaley, R. E. (Dumas / Fleming / Whaley, 1996): Implied Volatility Functions: Empirical Tests, Working Paper, Fuqua School of Business, Duke University, Durham, North Carolina, 1996.

Eberlein, E. / Keller, U. / Prause, K. (Eberlein / Keller / Prause, 1998): New Insight into Smile, Mispricing, and Value at Risk: The Hyperbolic Model, in: Journal of Business, Vol. 71, 1998, No. 1, S. 371-405,

Franke, G. / Hax, H. (Franke / Hax, 1999): Finanzwirtschaft des Unternehmens und Kapitalmarkt, Berlin u.a. 1999.

French, D. (French, 1984): The Weekend Effect on the Distribution of Stock Prices, Implication for Option Pricing, in: Journal of Financial Economics, Vol. 13, 1984, S. 547-559.

Geske, R. / Trautmann, S. (Geske / Trautmann, 1985): Option Valuation: Theory and Empirical Evidence, in: Bamberg, G. / Spremann, K. (Hrsg.), Capital Market Equilibria, Berlin u.a., 1985, S. 80-133.

Gibson, R. / Lhabitant, F.-S. / Pistre, N. / Talay, D. (Gibson et al., 1999): Interest rate model Risk: an overview, in: Journal of Risk, Vol. 1, 1999, No. 3, S. 37-62.

Global Derivatives Study Group (1993): Derivatives: Practices and Principles, Group of Thirty (Hrsg.), Washington D. C.

Johanning, L. (Johanning, 1998): Value-at-Risk zur Marktrisikosteuerung und Eigenkapitalallokation, Bad Soden 1998.

Johanning, L. (Johanning, 2000): Gefahren einer VaR-basierten Eigenkapitalregulierung bei Optionen, in: Conrad, A. C. / Stahl, M. (Hrsg.), Risikomanagement an internationalen Finanzmärkten, Stuttgart 2000.

Pritsker, Matthew (1997): Evaluating Value-at-Risk Methodologies: Accuracy versus Computational Time, in: Journal of Financial Services Research, Vol. 13, 1997, No. 2/3, S. 201-242.

Rubinstein, M. (Rubinstein, 1985): Nonparametric Tests of Alternative Option Pricing Models Using All Reported Trades and Quotes on the 30 Most Active CBOE Option Classes from August 23, 1976 through August 31, 1978, in: Journal of Finance, Vol. 40, 1985, No. 2, S. 455-480.

Schäfer, K. (Schäfer, 1995): Einsatz und Bewertung von Optionen und Futures, in: Rudolph, B. (Hrsg.), Derivative Finanzinstrumente, Stuttgart, 1995, S. 45-130.

Trautmann, S. (Trautmann, 1989): Aktienoptionspreise an der Frankfurter Optionsbörse im Lichte der Optionsbewertungstheorie, in: Finanzmarkt und Portfolio Management, 3. Jg., 1989, Nr. 3, S. 210-225.

Uhlir, H. / Sièvi, F. (Uhlir / Sièvi, 1990): Ermittlung der Eingabeparameter für die Optionspreisberechnung, in: Die Bank, 1990, Nr. 7, S. 396-399.

Internationale bankaufsichtliche Eigenkapitalstandards für Kreditinstitute

von Edgar Meister / Reinhold Vollbracht / Jürgen Baum

1. Konzeptioneller Rahmen für bankaufsichtliche Eigenkapitalanforderungen
2. Notwendigkeit der Weiterentwicklung des bestehenden Kapital-Akkords
3. Mindestkapitalanforderungen
4. Supervisory Review Process (SRP)
5. Stärkung der Marktdisziplin durch mehr Transparenz
6. Kritische Würdigung und Ausblick

1. Konzeptioneller Rahmen für bankaufsichtliche Eigenkapitalanforderungen

In einer modernen Volkswirtschaft ist die Rolle der Kreditinstitute seit jeher eine besondere: sie sind die Drehscheibe für das volkswirtschaftliche Geldkapital. Die Kreditinstitute verwalten den größten Teil des Geldvermögens und sind dadurch in der Lage, Unternehmen, Private und die öffentliche Hand mit Krediten zu versorgen. Im Rahmen des baren und unbaren Zahlungsverkehrs fließt ein großer Teil aller Zahlungsströme über sie. Durch ihre Möglichkeiten zur Geld- und Kreditschöpfung beeinflussen sie den Geldumlauf und die Güternachfrage, was sie zu den Hauptadressaten der Geldpolitik der Zentralbank macht. Die Stabilität und das reibungslose Funktionieren des Finanzsektors sind essenziell für gesamtwirtschaftliche Größen wie Wachstum und Beschäftigung. Diese insgesamt herausragende Rolle der Kreditwirtschaft hat schon frühzeitig zu einer besonderen Gesetzgebung für diesen Wirtschaftszweig geführt.[1]

In den speziell für Kreditinstitute erlassenen Vorschriften sind als Mindesterfordernisse regelmäßig quantitative Risikobegrenzungsnormen, die auf ausreichendes Eigenkapital und Liquidität zielen, sowie Verhaltensregeln für die Führung von Kreditinstituten, z. B. hinsichtlich eines adäquaten Risikocontrollings und -managements aufgeführt. Deren Missachtung löst zumindest nähere Untersuchungen und meist auch Maßnahmen der zuständigen Bankenaufsichtsinstanzen aus.

Als *eine* entscheidende Größe für die Risikotragfähigkeit und die Bestandsfestigkeit einer Bank hat sich in der Vergangenheit die Eigenkapitalausstattung herauskristallisiert. Ziel des bankaufsichtlichen Normgebers ist es konsequenterweise, diese Erkenntnis in risikoadäquate Eigenkapitalregeln umzusetzen.

Einen Meilenstein in der internationalen Harmonisierung der Bankenaufsichtsregulierung stellt die Eigenmittelempfehlung[2] des Baseler Ausschusses für Bankenaufsicht[3] von 1988 dar. Mit diesem Aufsichtsregelwerk wurde der *Mindestkapitalkoeffi-*

---

[1] Vgl. Szagunn / Wohlschieß (1993), S. 194.
[2] Vgl. Baseler Ausschuss für Bankenaufsicht (1988).
[3] Der Baseler Ausschuss für Bankenaufsicht ist ein Ausschuss von Bankenaufsichtsbehörden, der 1975 von den Präsidenten der Zentralbanken der Länder der Zehnergruppe gegründet wurde. Er setzt sich aus hochrangigen Vertretern der Bankenaufsichtsbehörden und der Zentralbanken von Belgien, Kanada, Frankreich, Deutschland, Italien, Japan, Luxemburg, den Niederlanden, Schweden, der Schweiz, den USA und dem Vereinigten Königreich zusammen. Er tritt in der Regel bei der Bank

zient von 8 %, bezogen auf die adressengewichteten Kreditrisiken einer Bank, eingeführt, wobei der am Kreditrisiko gemessene Kapitalkoeffizient implizit auch andere, nicht quantifizierte Risiken abdecken soll.

Obwohl sich der *Kapital-Akkord* zunächst nur an die international tätigen Banken richtete, hat er sich mittlerweile zum weltweit allgemein anerkannten Kapitalstandard für Banken entwickelt und findet in über 100 Ländern Anwendung. Auch die entsprechenden Richtlinien auf EU-Ebene sind maßgeblich von dem Baseler Kapitalakkord beeinflusst. Deshalb ist die Baseler Eigenmittelvereinbarung zugleich Basis für den deutschen Grundsatz I. Wichtigste Änderung seit ihrem Inkrafttreten war das sogenannte Baseler Marktrisikopapier[4] im Jahr 1996, mit dem eine Kapitalunterlegungspflicht auch für Marktpreisrisiken (Zins- und Aktienkursrisiken des Handelsbuches, Währungsrisiken, Risiken aus Warengeschäften) begründet wurde.

2. Notwendigkeit der Weiterentwicklung des bestehenden Kapital-Akkords

Der Baseler Akkord wurde in den letzten Jahren zunehmend kritisiert, weil insbesondere neue Instrumente und Methoden der Kreditrisikosteuerung (Kreditderivate, Nettingvereinbarungen für Bilanzpositionen, globaler Einsatz von Sicherheiten, Verbriefung von Aktiva, Kreditrisikomodelle) nicht berücksichtigt werden. Außerdem entspreche die grobe Einteilung der Kreditrisiken mit den Standardgewichtungssätzen von 0 %, 20 %, 50 % und 100 % nicht dem tatsächlichen Risikogehalt der Positionen. Der Baseler Ausschuss hat diese Hinweise aufgenommen und sich zum Ziel gesetzt, die genannten Schwächen in einem revidierten Kapitalakkord – soweit wie möglich – zu beseitigen und die Messung der Kreditrisiken in den Eigenkapitalregelungen den Risikosteuerungsmethoden der Banken anzunähern.

Dabei zeigt sich jedoch, dass eine zunehmend genauere bankaufsichtliche Erfassung des Kredit- und des Marktpreisrisikos als alleiniger Ansatzpunkt für die aufsichtlichen Kapitalanforderungen an eine Bank nicht ausreicht. Denn die bisher über das gemessene Kreditrisiko hinaus implizit mit Kapital abgedeckten Risiken werden

---

für Internationalen Zahlungsausgleich (BIZ) in Basel zusammen, wo das ständige Sekretariat des Ausschusses seinen Sitz hat.

[4] Vgl. Baseler Ausschuss für Bankenaufsicht (1996).

dabei zu wenig berücksichtigt mit der Gefahr, dass die in der Vergangenheit vorhandenen Kapitalpuffer sinken und zu niedrig ausfallen.

Nach Auffassung des Ausschusses sollen deshalb wichtige andere Risiken, z. B. das Zinsänderungsrisiko des Anlagebuchs und das operationale Risiko, künftig explizit mit Kapital unterlegt werden. Insbesondere das operationale Risiko hat aufgrund des zunehmenden Wettbewerbs, dem die Banken ausgesetzt sind, und der rasanten Entwicklungen in der Informations- und Kommunikationstechnologie erheblich an Bedeutung gewonnen.

Da Eigenkapital sicher kein bankaufsichtliches Allheilmittel zur Vorbeugung und Vermeidung von Krisen darstellen kann, will der Baseler Ausschuss darauf hinwirken, dass die Eigenkapitalnormen durch angemessene bankeigene Risikosteuerungssysteme ergänzt und durch die Aufsicht überprüft werden (supervisory review process). Mit diesem neuen Element der Kapitalvorschriften wird, besonders in Deutschland, der Weg zu einer stärker qualitativ ausgerichteten Bankenaufsicht beschritten.

Außerdem ist eine Erweiterung der Offenlegungspflichten für Banken vorgesehen, um die natürlichen Disziplinierungskräfte des Marktes komplementär zu den regulatorischen Anforderungen zu nutzen.

Kern des neuen Regelwerkes bilden daher drei Säulen, die gleichberechtigt nebeneinander stehen:

– Mindestkapitalanforderungen,
– Supervisory Review Process,
– Stärkung der Marktdisziplin durch mehr Transparenz.

3. Mindestkapitalanforderungen

Wie bisher wird der neue aufsichtliche Rahmen auf dem Konzept der Unterlegung wesentlicher Risiken mit einem Mindestbetrag an Eigenmitteln einer Bank basieren. Das heißt, auch zukünftig sind adäquate Methoden der Risikomessung und -gewichtung erforderlich, um diejenige Größe zu ermitteln, die, mit dem bekannten

Satz von 8% multipliziert, das bankaufsichtlich für notwendig gehaltene Mindestkapitalpolster ergibt.

Bezüglich der Definition des Kapitalbegriffs[5] sind derzeit keine Änderungen vorgesehen, allerdings werden, wie bereits erwähnt, die bisherigen Risikoarten Kreditrisiko und Marktrisiko um eine dritte Kategorie, nämlich „Andere Risiken", und dabei insbesondere das Zinsänderungsrisiken des Anlagebuchs und operationale Risiken, ergänzt.

Kreditrisiko

Externes Rating
Die Verbesserung der Methoden zur Messung und Erfassung des Kreditrisikos stellt einen besonderen Schwerpunkt im neuen Akkord dar. Vorgesehen ist, die Einordnung von Kreditnehmern in die bisherigen Risikoklassen (0 %, 20 %, 50 % und 100 %), unter partieller Nutzung des Ratings externer Stellen (z. B. von nationalen und internationalen Rating-Agenturen)[6] stärker zu differenzieren. Darüber hinaus sollen ganz schlechte Adressen in eine neu geschaffene Risikoklasse (150% Gewicht) eingruppiert werden. „Externe Stellen" meint in diesem Zusammenhang nicht zwangsläufig nur private Rating-Agenturen. Beispielsweise könnten auch die Länderrisikogewichtung der Exportversicherungsagenturen der G10-Staaten herangezogen werden.

Das Rating muss – bevor es für die Ermittlung der Kapitalanforderungen verwendet werden darf – von der jeweiligen nationalen Bankenaufsicht anerkannt sein. Das Sekretariat des Baseler Ausschusses soll eine einheitliche Genehmigungspraxis gewährleisten, um das „level playing field", d.h. international vergleichbare Wettbewerbsbedingungen, sicherzustellen.

Insbesondere die folgenden Kriterien sollen Ratingagenturen als Voraussetzung für eine bankaufsichtliche Anerkennung erfüllen:

– Unabhängigkeit von politischen Einflüssen,

---

[5] Vgl. Baseler Ausschuss für Bankenaufsicht (1998c).
[6] Weltweit existieren rd. 120 Ratingagenturen.

- Objektivität durch Systematik und Kontinuität der Methodik, Validierung auf Basis historischer Erfahrungen, Backtesting mit sog. Track Record[7] von drei Jahren, mindestens jedoch einem Jahr,
- Publizität der Ratingeinstufungen für Validierungszwecke,
- Glaubwürdigkeit durch Existenz interner Regeln, die dem Missbrauch vertraulicher Informationen vorbeugen,
- Internationale Verfügbarkeit der Ratingergebnisse, auch wenn nur in einem Land geratet wird,
- Ausreichende Ressourcen für ständigen Kontakt mit Leitung und operativen Einheiten der gerateten Unternehmen.

Wie in der folgenden Tabelle dargestellt, ist vorgesehen, die bankaufsichtliche Nutzung des externen Ratings in den drei Kreditnehmerkategorien Staaten, Banken sowie Unternehmen in unterschiedlichem Ausmaß zuzulassen:

Forderungen an		Risikogewichtung[1]					
		AAA to AA-	A+ to A-	BBB+ to BBB-	BB+ to B-	Below B-	Unrated
Länder		0%	20%	50%	100%	150%	100%
Banken	Option 1[2]	20%	50%	100%	100%	150%	100%
	Option 2[3]	20%	50%[4]	50%[4]	100%[4]	150%	50%[4]
Nicht-Banken		20%	100%	100%	100%	150%	100%

[1] Ratingklassen von Standard & Poor's.
[2] Risikogewichte auf der Grundlage des Gewichtes des Landes, in dem die Bank ihren Sitz hat (jeweils eine Stufe schlechter).
[3] Risikogewichte auf der Grundlage der individuellen Risikoeinschätzung einer Bank.
[4] Bankforderungen mit kurzer Laufzeit, z. B. unter 6 Monate, würden jeweils mit einer Stufe niedriger gewichtet.

Tab. 1: Rating und Risikogewichte

Forderungen an *Staaten* sollen künftig je nach Rating-Stufe in fünf Bonitätsklassen (0 %, 20 %, 50 %, 100 % und 150 %) eingeteilt werden. Hierdurch ergibt sich unzweifelhaft eine sachgerechtere und flexiblere Kreditrisikodifferenzierung, als dies

---

[7] Historische Zeitreihen von Verlustgrößen werden auch Track Record genannt.

der bisherige „Club-Ansatz" erlaubt hat. Nach dem „Club-Ansatz" war die Mitgliedschaft in der OECD nahezu das einzige Unterscheidungskriterium für die Bonität und damit die Risikogewichtung von Staaten.

Ein die 100%-Marke unterschreitendes Risikogewicht soll allerdings nur für Forderungen an jene Staaten zulässig sein, die ausreichend Informationen hinsichtlich ihrer finanziellen und ökonomischen Verhältnisse bereitstellen. Maßstab sollen die sog. SDDS (Special Data Dissemination Standards) des Internationalen Währungsfonds sein. Darüber hinaus will der Ausschuss ergänzende Offenlegungsanforderungen entwickeln.

Der Vorteil der beschriebenen Lösung ist, dass sie ein flexibler am Risiko orientiertes Vorgehen möglich macht. Damit verbunden ist allerdings die Frage, ob das Herabstufen (sog. Downgrading) eines Landes, das sich kurz vor oder in einer Krise befindet, durch eine oder mehrere Ratingagenturen krisenverstärkend wirken könnte. Denn bisher blieben die bankaufsichtlichen Risikogewichte konstant, wenn sich die Bonität eines Nicht-OECD-Landes im Vorfeld einer Krise oder während einer Krise verschlechterte, was gerade in Krisensituationen eine stabilisierende Wirkung gehabt haben mag.

Andererseits kann das rechtzeitige Herabstufen eines Krisenlandes durch die Ratingagenturen auch prophylaktisch wirken, d.h. durch rechtzeitiges Signalisieren von Mängeln möglicherweise eine Krise im Vorfeld entschärfen.

Zur Nutzung des externen Ratings für *Banken* enthält der Entwurf des Konsultationspapiers zwei Optionen. Die erste Variante sieht lediglich eine indirekte Nutzung des externen Ratings vor, indem die Risikogewichtung einer Bank aus dem Rating ihres jeweiligen Sitzlandes abgeleitet wird. Dabei werden Banken (bis BBB-) eine Klasse schlechter eingestuft als der jeweilige Sitzstaat. Dieser Ansatz entspricht im Ergebnis weitgehend dem bisherigen, so dass z.B. im Falle Deutschlands, das unverändert in die höchste Kategorie einzuordnen wäre (=0% Adressengewicht), Forderungen an Banken in Deutschland mithin eine 20 % Adressengewichtung erhalten. Der Vorteil dieser Lösung ist, dass durch eine kaum veränderte, also weiterhin relativ einheitliche Behandlung der Banken kaum Wettbewerbsverzerrungen entstehen würden. Andererseits bedeutet diese pauschale Lösung den Verzicht auf die Berücksichtigung der institutsspezifischen Bonität für das Festlegen der Adressengewichte.

Die zweite Option beinhaltet auch für Banken die direkte Nutzung des externen Ratings, d. h. das jeweilige Rating für eine Bank führt zu einer individuellen Risikogewichtung. Nicht geratete Banken würden pauschal mit dem Faktor 50 % gewichtet. Sofern in einem Land, das nach den geltenden Regeln dem "Club" zuzurechnen ist, die Mehrzahl der Banken nicht geratet ist, würde daraus die Einstufung in eine höhere Gewichtungsklasse folgen, was eine deutlich höhere Unterlegung mit Eigenmitteln zur Folge hätte. Diese „teure" Variante würde, sollte Option 2 einheitlich zum Zuge kommen, auch für Deutschland gelten.

Wie bei der Option zwei für Banken sehen die Vorschläge für die Risikogewichtung von Forderungen an *Unternehmen* die direkte Nutzung des externen Ratings vor. Für die Masse der Unternehmen wird es beim Standardgewichtungssatz von 100 % bleiben. Lediglich bei Unternehmen, die geratet sind, kommt es bei den sehr gut und den sehr schlecht gerateten zu einem ermäßigten bzw. einem erhöhten Anrechnungssatz. Die Zuerkennung des verminderten Anrechnungssatzes von 20 % ausschließlich für die wenigen sehr gut gerateten Unternehmen hat vor allem den Grund, dass sich sonst aufgrund der großen internationalen Unterschiede in der Anzahl von Ratings (sog. *Rating-Lücke*) Wettbewerbsverzerrungen ergeben könnten.

Exkurs: Implikationen einer bankaufsichtlichen Verwendung externer Bonitätsbeurteilungsverfahren

Natürlich ist überall dort, wo für die Zwecke der bankaufsichtlichen Adressengewichtung auf externe Ratings zugegriffen wird, die Frage nach der Rating-Lücke zu stellen und nach den damit verbundenen Auswirkungen auf den Wettbewerb. Da die Thematik im Bereich der Länderratings und der Option 1 bezüglich Banken irrelevant ist, verbleibt die Option 2 für Banken und die Risikogewichtung von Forderungen an Unternehmen. Vor dem Hintergrund, dass bei der Adressengewichtung von Banken noch keine Entscheidung bezüglich der beiden Optionen gefallen ist, soll hier die Rating-Lücke bezüglich der Risikogewichtung von Unternehmen ausschließlich Gegenstand der Betrachtung sein. Diese stellt sich beispielsweise zwischen Deutschland und den USA[8], aufgrund einer überschlägigen Rechnung, wie folgt dar:

In USA geratete Nichtbanken-Unternehmen	8.000[9]
davon mindestens AA-	500[10]
In Deutschland geratete Nichtbanken-Unternehmen	24
davon mindestens AA-	5[11]
Differenz Anzahl gerateter bester Adressen USA gegenüber D	495
Unter Berücksichtigung der Größenverhältnisse USA/ D	rd. 125

Tab. 2: Risikogewichtung von Unternehmen im Vergleich Deutschland - USA

Die Differenz in der Anzahl gerateter bester Adressen in USA gegenüber Deutschland bedeutet, dass es in rd. 500 Fällen in USA zu Kapitalerleichterungen kommen kann, während dieser Vorteil in Deutschland lediglich für fünf Adressen genutzt werden könnte. Diese Lücke verringert sich, sofern unterschiedliche Größenverhältnisse zwischen USA und Deutschland, beispielsweise anhand des jeweiligen Bruttoinlandsprodukts, berücksichtigt werden, um den Faktor 4. Dies würde bedeuten, dass die USA rein rechnerisch nur noch für 125 große Unternehmen einen Vorteil hätten. Wie groß die jeweiligen Rating-Lücken tatsächlich sind und welche Auswirkungen die überarbeiteten bankaufsichtlichen Regelungen auf das zu haltende Eigenkapital und die herrschenden Wettbewerbsverhältnisse haben könnten, lässt sich letztlich nicht exakt durch Proberechnungen prognostizieren, denn sowohl Rating-Agenturen als auch bisher nicht geratete Unternehmen werden reagieren, wenn durch neue Aufsichtsregeln an Ratings ökonomische Konsequenzen geknüpft werden. Insgesamt spricht jedoch einiges dafür, dass die Unterschiede in der Ratingdichte zwischen USA und Europa auch mittelfristig erhalten bleiben:

---

[8] Für den Vergleich mit Deutschland wurden die USA ausgewählt, weil hier die Unterschiede mit Abstand am größten sind. An zweiter Stelle käme England, das bereits, verglichen zu den USA, über eine um den Faktor 10 kleinere Anzahl von gerateten Unternehmen verfügt.
[9] Nach Auskunft von McKinsey.
[10] Nach Auskunft der Rating-Agentur Standard & Poor's.
[11] Siemens, Telekom, Henkel, Veba, Dt. Flugsicherung.

- Starke Universalbanken-Präsenz – wie in Deutschland – verhindert tendenziell, dass die traditionelle Bankfinanzierung rasch von verbrieften Kapitalmarktfinanzierungen abgelöst wird und damit die Nachfrage nach externen Ratings steigt;
- Die deutschen Ratinggesellschaften i. G. (Mittelstands-Rating der Ausgleichsbank und der bayerischen Arbeitgeber) brauchen Zeit, um sich zu etablieren. Dies gälte auch für die paneuropäische Rating-Initiative der Deutsche Börse AG. Ob in jedem Fall „Bankaufsichtstauglichkeit" für diese Ratingagenturen attestiert werden könnte, ist aus heutiger Sicht nicht abschätzbar;
- Fehlende Kapitalmarktambitionen und Ratingaufwand dürften die Nachfrage nach Ratings in Grenzen halten, zumal, wenn bankaufsichtlich geringere Kapitalanforderungen nur für wenige sehr gut geratete Unternehmen winken. Auch in Amerika sind die wenigsten mittelgroßen Unternehmen geratet.

Verbriefung von Forderungen

Der internationale Druck, insbesondere aus den Ländern mit angelsächsisch geprägter Bankenkultur, den Baseler Kapitalakkord aus dem Jahr 1988 zu überarbeiten, ist auch deshalb entstanden, weil die einheitliche Unterlegung des Adressenausfallrisikos aller Unternehmenskredite mit 8 % Eigenkapital, unabhängig von der Kreditwürdigkeit des Schuldners, zu Arbitrageaktivitäten zur Senkung der bankaufsichtlich vorzuhaltenden Eigenmittel geführt hat.[12] Bei der sogenannten *„Regulatory Capital Arbitrage"* versuchen die Kreditinstitute, die geltenden bankaufsichtlichen Regeln durch Verbriefungstechniken[13] auszunutzen. Dabei werden Forderungen mit guter Bonität, die mit 8% relativ teuer unterlegt sind, über eine ABS-Transaktion aus dem Kreditportfolio einer Bank herausgelöst und betragsmäßig geringfügige nachrangig zu bedienende „Junior"-Tranchen[14] (B+ oder schlechter), die bei den ebenfalls anzuwendenden 8% bankaufsichtlich relativ billig unterlegt werden, unter Einschaltung von Zwischenadressen zurückgekauft. Denkbar ist, dass in diesem Zusammenhang

---

[12] Bisher wurde den Baseler international tätigen Banken aufgrund ihrer Größe und Vielseitigkeit der Geschäfte ein wohldiversifiziertes Kreditportfolio unterstellt, was eine pauschale Unterlegung der Adressenausfallrisiken mit 8 % rechtfertigte.

[13] Unter dem Begriff Verbriefung (Securitization) wird eine Finanzierungstechnik verstanden, bei der ein Portfolio in der Regel gleichartiger Forderungen in handelbare Wertpapiere, die sogenannten „Asset-Backed Securities (ABS)", umgewandelt wird.

[14] Junior-Tranchen sind diejenigen Tranchen, die das größte Risiko tragen, d.h. Zahlungsausfälle werden zunächst an Junior-Tranchen weitergegeben.

zwei Kreditinstitute vereinbaren, sich ihre nachrangigen ABS-Tranchen gegenseitig zu verkaufen.[15]

Das Ziel des neuen Kapital-Akkords ist es, die Möglichkeit zur „Regulatory Capital Arbitrage" einzudämmen. Im Konsultationspapier wird deshalb vorgeschlagen, die individuelle Gewichtung des Adressenausfallrisikos von ABS-Emissionen in Abhängigkeit vom jeweiligen externen Rating der Tranche neu zu regeln:

Kreditrating der ABS-Tranche	Bonitätsgewichtung
AAA bis AA-	20 %
A+ bis A-	50 %
BBB+ bis BBB-	100 %
BB+ bis BB-	150 %
Unter B+ bzw. kein Rating vorhanden	1.250 % (Abzug vom Eigenkapital)

Tab. 3: Bonitätsgewichte für verbriefte Forderungen

Der geplante Eigenkapitalabzug bei ABS-Tranchen, die B+ oder schlechter geratet sind, ist ein deutliches Signal der Aufsichtsbehörden, dass die beschriebene Vorgehensweise mit dem Ziel der Entlastung der bankaufsichtlichen Eigenmittelbasis nicht erwünscht ist. Ob es künftig noch zu einer Eigenkapitalersparnis kommt, hängt maßgeblich vom Umfang der durch das forderungsveräußernde Kreditinstitut (zurück-) gekauften nachrangigen „Junior"-Tranche ab.

Internes Rating
Als Alternative zu einem um externes Rating erweiterten Standardansatzes sollen auch bankinterne Ratings zur Berechnung der Eigenkapitalanforderungen für Kreditrisiken zugelassen werden, wenn diese noch zu definierenden Mindeststandards entsprechen und von der Bankenaufsicht anerkannt sind. Der Baseler Ausschuss verspricht sich davon eine bessere Abbildung des tatsächlichen Kreditrisikos einer Bank und damit risikogerechtere Eigenkapitalanforderungen. Bevor diese Möglichkeit jedoch zum Tragen kommen kann, sind noch eine Reihe von Fragen zu klären, insbesondere auch, um Wettbewerbsneutralität zu gewährleisten. Denn je nach Ausgestaltung der Zulassungskriterien dürfen mehr oder weniger Banken interne Ratings

---

[15] Dieser Weg ist besonders für deutsche Institute interessant, da es den forderungsveräußernden Kreditinstituten gemäß BAKred-Rundschreiben 4/97 untersagt ist, eigene ABS am Primärmarkt bzw. als Underwriter zu erwerben.

zur Ermittlung der Eigenmittelunterlegung nutzen und damit - zumindest potenziell - Kapitalerleichterungen erfahren.

Der Prozess der Zulassung interner Ratingsysteme für die bankaufsichtliche Eigenmittelbestimmung könnte innerhalb eines weiten Spektrums von einer rein qualitativen Prüfung der Ratingsysteme über eine Verbindung von qualitativen und quantitativen Aspekten[16] bis zu einer Zulassung auf Basis rein quantitativer Ratingergebnisse erfolgen. Eine qualitative Prüfung könnte mit Hilfe von Kriterien an das Ratingverfahren durchgeführt werden, die den Kriterien des Baseler Papiers für die Zulassung externer Ratings ähnlich sind (Objektivität, Zuverlässigkeit, Transparenz etc.). Eine quantitative Prüfung würde auf der Validierung von Ausfallwahrscheinlichkeiten[17] oder erwarteten Verlusten[18] basieren können. Von einem „guten" Ratingsystem ist zu erwarten, dass die Ausfallwahrscheinlichkeiten bzw. die erwarteten Verluste pro Ratingkategorie im Zeitablauf relativ stabil bleiben, da dies eine konsistente Ratingvergabe impliziert. In diesem Zusammenhang könnten interne Ratingsysteme anerkannt werden, wenn die Ausfallwahrscheinlichkeiten bzw. erwarteten Verluste pro Ratingkategorie über einen gewissen Zeithorizont eine gewisse Schwankungsbreite nicht überschreiten.

Bei einer solchen Vorgehensweise sind jedoch wichtige konzeptionelle Fragen zu klären, wie die angemessene Definition von „Ausfall", die maßgeblich die Höhe der Ausfallwahrscheinlichkeiten bzw. der erwarteten Verluste bestimmt. Von aufsichtlicher Seite müssten bei einer quantitativen Prüfung der Ratingsysteme die Länge des Track Record und die maximal zulässige Schwankungsbreite festgelegt werden.

Außerdem muss geklärt werden, nach welchem Schema die intern geratenen Adressen in das vorhandene bankaufsichtliche oder in ein neues Gewichtungsschema überzuleiten sind, um die Kapitalunterlegung ermitteln zu können. Die Zulassung des internen Ratings ist zugleich als Vorstufe zur bankaufsichtlichen Zulassung von

---

[16] Vergleichbar mit der Vorgehensweise bei Marktrisikomodellen.

[17] Die Ausfallwahrscheinlichkeit (Probability of Default, PD) beschreibt, wie viele Kunden pro Ratingkategorie innerhalb eines bestimmten Zeitraumes (üblicherweise 1 Jahr) ausfallen. Sie ist eine anzahlbezogene Größe und wird für jede Ratingkategorie ausgezählt.

[18] Der erwartete Verlust (Expected Loss, EL) gibt an, wie viel Prozent des Kreditvolumens einer Ratingkategorie pro Periode tatsächlich abgeschrieben werden. Er berücksichtigt zusätzlich zu den Ausfallzahlen auch Sicherheiten, Liquidationsquoten etc. Der erwartete Verlust ist eine volumensbezogene Größe.

Kreditrisikomodellen anzusehen und führt daher zu einer erheblichen Erweiterung der qualitativen Bankenaufsicht.

Kreditrisikomodelle

Die Möglichkeit der Nutzung von Kreditrisikomodellen für die Neufassung des Akkords wurde ebenfalls geprüft. Als Ergebnis begrüßt der Baseler Ausschuss die Verwendung und Weiterentwicklung dieser Modelle für ein effizientes Kreditportfoliomanagement in den Instituten und schließt deren bankaufsichtliche Anwendung für die Zukunft nicht aus. Im Einzelnen hat der Baseler Ausschuss in einem gesonderten Papier der „Models Task Force" zum Stand der Kreditrisikomodellierung bei internationalen Banken und der Frage der bankaufsichtlichen Zulassung Stellung genommen[19]. Er kommt darin zu dem Ergebnis, dass bei den Kreditrisikomodellen derzeit noch kein Entwicklungsstand bei den internationalen Banken erreicht ist, auf den die Bankenaufsicht aufsetzen könnte. Probleme bestehen insbesondere noch bezüglich der Datenverfügbarkeit und der Modellvalidierung.

Sicherungs- und Steuerungstechniken

Um den seit der Veröffentlichung des Akkords im Jahr 1988 weiterentwickelten Sicherungs- und Steuerungstechniken im Kreditgeschäft (sog. Credit Risk Mitigation Techniques) besser Rechnung zu tragen, hat der Baseler Ausschuss eine Reihe von Vorschlägen zur Behandlung von Kreditderivaten, Sicherheiten, Garantien und zum bilanziellen Netting diskutiert, die im Dialog mit den Banken, den Verbänden und sonstigen Beteiligten noch konkretisiert werden müssen. Da die genannten Instrumente in der Praxis häufig alternativ eingesetzt werden können, um Kreditrisiken zu schließen oder zu begründen, geht es insbesondere um die Entwicklung eines in sich konsistenten Konzeptes, das als sog. „horizontaler Ansatz" in der Diskussion ist. Gemeint ist damit ein Ansatz, der möglichst alle verwendeten Techniken überspannt und auch offen ist für Weiterentwicklungen. Beispielsweise könnte dies bedeuten, dass unabhängig davon, ob ein eingegangenes Kreditrisiko mit einem Kreditderivat, einem als Sicherheit hinterlegten Wertpapier oder einem sonstigen Hedgeinstrument reduziert wird, Residualrisiken („mismatch") einheitlich behandelt werden sollten. Residualrisiken können z.B. auf Währungs- oder Laufzeitinkongruenzen beruhen. Eventuell könnte man unter dem Begriff auch das Risiko der Preisschwankungen von Sicherheiten verstehen: Im Falle einer ursprünglich perfekt abgesicherten Position entsteht durch die Möglichkeit des Preisverfalls der Sicherheit ein erneutes Adressenausfallrisiko (sog. Potential future exposure).

---

[19] Vgl. Models Task Force des Baseler Ausschusses für Bankenaufsicht (1999).

Voraussichtlich wird es aber über die horizontalen Prinzipien hinaus in geringem Umfang auch instrumentenspezifische Regelungen geben müssen, um Besonderheiten beispielsweise bei Kreditderivaten gerecht zu werden.

Bei der endgültigen Festlegung des Aufsichtsrahmens für diese Techniken wird darauf zu achten sein, dass ein im Vergleich zu anderen regulierten Bereichen des neuen Akkords ausgewogener Detailliertheitsgrad gewählt wird. Darüber hinaus ist zu berücksichtigen, dass die Techniken der Kreditrisikoreduzierung oft das im System befindliche Risiko nicht eliminieren, sondern von einer Bank auf eine andere Bank übertragen, wenngleich aufgrund von Portfolioeffekten Konzentrationsrisiken abgebaut werden können. Deshalb sollte nicht nur risikoreduzierenden Effekten bankaufsichtlich Rechnung getragen werden, sondern überall dort, wo Restrisiken verbleiben bzw. neue Risiken entstehen, eine angemessene Kapitalunterlegung angestrebt werden.

Marktrisiko und überarbeiteter Akkord

Die Regelungen zum Marktrisiko in der aktuellen Baseler Eigenmittelvereinbarung sind vergleichsweise neu.[20] Deshalb wird hier nur die Schnittstelle der Marktrisikoregelung zum neuen Akkord, das *spezifische Marktrisiko*, behandelt. Vereinfacht betrachtet entspricht das spezifische Marktrisiko des Handelsbuches dem Adressenausfallrisiko des Bankbuches. Die unterschiedlichen Kapitalunterlegungsvorschriften für dieses Risiko im Bank- bzw. im Handelsbuch stellen daher einen Anreiz dar, durch den Einsatz von Verbriefungstechniken Aufsichtsarbitrage zu betreiben, die letztlich eine Erosion der Kapitalbasis bewirkt. Dies geschieht durch die Verlagerung von Positionen vom Bank- ins Handelsbuch, um mit den dort verwendeten Modellen zur Ermittlung des spezifischen Risikos eine bankaufsichtliche Eigenmittelunterlegung zu erreichen, die deutlich unter derjenigen im Bankbuch liegt. Die Überlegung einer Bank, eigenmittelpflichtige Geschäfte zu verlagern, hängt aber auch von der Bereitschaft eines Institutes ab, die an die Handelsbuchpositionen geknüpften höheren Anforderungen, wie die tägliche Bewertung, zu erfüllen.

In Abhängigkeit von den zu beobachtenden bzw. zu erwartenden Auswirkungen wird sich die internationale Bankenaufsicht überlegen müssen, wie die entsprechen-

---

[20] Sie beziehen sich auf das allgemeine und das spezifische Marktrisiko im Handelsbuch eines Kreditinstitutes.

den Regelungen besser aufeinander abgestimmt werden können oder ob möglicherweise eine Trennung zwischen Handels- und Anlagebuch aufhebbar ist.

Andere Risiken

Während der Akkord in seiner jetzigen Fassung – wie bereits oben erwähnt – nur für das Kredit- und das Marktrisiko eine Eigenkapitalunterlegung vorsieht, sollen mit der Neufassung auch die sogenannten "Anderen Risiken" stärker in das Blickfeld gerückt und, aus den eingangs beschriebenen Gründen, eine explizite Kapitalunterlegung hierfür eingeführt werden.

Die künftig geforderte Kapitalunterlegung der "Anderen Risiken" wird von den Banken in ersten Reaktionen kritisch gesehen. Die Kritik besteht jedoch weniger in einer Negierung des vorhandenen Risikos als vielmehr in den bisher nur unzureichenden Möglichkeiten, "Andere Risiken" zu quantifizieren und damit eine aus Sicht der Banken adäquate Basis für eine Kapitalunterlegung zu haben. Die Aufsicht geht allerdings davon aus, dass die nun explizite Berücksichtigung der Anderen Risiken bei den Mindesteigenkapitalanforderungen an eine Bank mit einem zunächst sehr einfachen Verfahren die Bemühungen der Bankindustrie steigern wird, diesem Risikobereich mehr Augenmerk zu widmen und genauere Methoden zur Quantifizierung zu entwickeln.

Eines der Hauptrisiken in diesem Bereich ist das Zinsänderungsrisiko des Anlagebuchs, das gesondert mit Eigenkapital unterlegt werden soll, aber nur dann, wenn es einen bestimmten Umfang überschreitet. Einzelheiten hierzu, z. B. nach welcher Methode die Zinsrisiken ermittelt werden und wie hoch die Kapitalunterlegung sein soll, müssen noch ausgearbeitet werden. Grundsätzlich könnte hierbei auf die Standardmethoden für die Messung der Zinsänderungsrisiken des Handelsbuchs zurückgegriffen werden.

Ähnliches gilt für die Kapitalunterlegung der verbleibenden Anderen Risiken, namentlich das operationale und das rechtliche Risiko sowie das Reputationsrisiko. Allerdings ist deren Quantifizierung ungleich schwieriger. Ob deshalb einem pauschalierten Aufschlag auf die bisherige Mindestkapitalanforderung oder einer bankbezogenen Messung der verbleibenden Anderen Risiken der Vorzug gegeben werden sollte, ist noch zu klären. Bei der Festlegung des Konzeptes sollte aber berücksichtigt werden, dass hiervon Anreize für eine Verminderung des operationalen Risikos ausgehen sollten. Dies würde für eine Methode sprechen, die eine bankbezogene Messung des Risikos vorsieht. Einzelheiten sollen im Dialog mit den Banken noch entwickelt werden.

4. Supervisory Review Process (SRP)

Mit der zweiten Säule des neuen Kapital-Akkords, dem sog. *"Supervisory Review Process"*, sollen die nationalen Bankenaufseher die Risikosteuerungssysteme und internen Kontrollsysteme der Banken prüfen und die Möglichkeit haben, auf der Grundlage der Gesamtrisikobeurteilung einer Bank Kapital, das über die Mindestanforderungen hinausgeht, vorzuschreiben. Damit kann bei der Aufsicht stärker auf die tatsächliche Risikolage abgestellt werden. Dies wird seit geraumer Zeit von der britischen Aufsichtsbehörde praktiziert. Zweifellos kann damit die Komplexität des Risikoprofils einer Bank flexibler und besser berücksichtigt werden. Ebenso können damit (auch nationale) Wettbewerbsungleichgewichte vermindert werden, die sich dadurch ergeben, dass „gute und schlechte" Banken gleichermaßen 8 % Eigenkapital vorhalten müssen.

Mit dem SRP werden qualitative Aufsichtselemente erheblich erweitert und, sofern es im Einzelfall zu höheren Kapitalanforderungen kommt, mit quantitativen Normen verbunden. Die Qualität des Risikocontrolling und des Bankmanagements im weitesten Sinne (also qualitative Faktoren) haben – wie dies die Praxis immer wieder zeigt – wesentlichen Einfluss auf die Stabilität einer Bank, und zwar mit wachsender Betriebsgröße bzw. wachsender Größe einer Gruppe. Qualitative Mängel einer Bank sind häufig bereits erkennbar, bevor sich diese in negative Geschäftsziffern niederschlagen. Die qualitative Bankenaufsicht zu erweitern, ist daher auch angesichts des im Gang befindlichen Konzentrationsprozesses geboten.

Die Prüfungsintensität und -frequenz sollten nach Risikolage, Art, Umfang und Komplexität des Geschäfts einer Bank festgelegt werden, so dass die Aufsicht bei wesentlichen Veränderungen (z.B. Verschlechterung der Risikosituation eines Institutes, externe Ereignisse wie die Asienkrise) entsprechend reagieren könnte.

Dieser Schritt zu mehr qualitativer Aufsicht wird für die deutsche Bankenaufsicht erhebliche Veränderungen mit sich bringen (Ressourcen, Verfahren, Abgrenzung zur Tätigkeit von Wirtschaftsprüfern, verwaltungsrechtliche Fragen u. ä.).

5. Stärkung der Marktdisziplin durch mehr Transparenz

Als dritte Säule des neuen Regelwerks wird die Stärkung der *Marktdisziplin* durch erweiterte Offenlegungsvorschriften angestrebt, da bankaufsichtliche (Kapital-) Regelungen alleine die mikro- und makroökonomische Stabilität im Bankwesen letztlich nicht gewährleisten können. Gedacht ist an die Veröffentlichung von Informationen zur Kapitalstruktur einer Bank und an die Offenlegung der Risikosituation. Weiterhin soll die Bank sowohl über die Angemessenheit des Eigenkapitals im Vergleich zum Risiko informieren als auch die Methode offenlegen, mit der sie zu der Angemessenheitsaussage gelangt ist. Das Ziel dieser Regelungen ist, durch regelmäßiges und häufiges Informieren aller Marktteilnehmer die Banken auch der „Aufsicht" des Marktes zu unterstellen und somit ein weiteres Instrument zu haben, das zur Stabilität an den Finanzmärkten beitragen kann. Voraussetzung dafür, dass sich die disziplinierenden Kräfte des Marktes auch entfalten können, ist jedoch die zeitnahe Verfügbarkeit von aussagefähigen Informationen. Da die Aufseher aber häufig selbst keine Befugnis zum Erlass von Veröffentlichungsstandards besitzen, weil diese überwiegend in handelsrechtlichen bzw. Regelungen für den Jahresabschluss verankert sind, können sie nur einen entsprechenden "Anforderungskatalog" aufstellen, der von den für die Rechnungslegung und Publizität zuständigen Stellen aufgegriffen und umgesetzt werden muss.

Der Großteil der Offenlegungsanforderungen des überarbeiteten Akkords wurde vom Baseler Ausschuss bereits in gesonderten Ausarbeitungen veröffentlicht.[21] Auch hier wird entsprechend der Veröffentlichungspraxis der Banken und auf der Grundlage des Dialoges mit allen Beteiligten eine letztlich akzeptable Regelung gefunden werden.

6. Kritische Würdigung und Ausblick

Insgesamt tragen die Überlegungen für eine Neufassung der internationalen Kapitalvorschriften für Banken zentralen Schwächen der derzeitigen Regelungen in besonderem Maße Rechnung. Allerdings sind längst noch nicht alle Detailfragen geklärt; diese müssen im Laufe der weiteren Beratungen auch mit der Kreditwirtschaft einer Lösung zugeführt werden. Mit der Berücksichtigung des externen und internen Ra-

---

[21] Vgl. Baseler Ausschuss für Bankenaufsicht (1998a) und (1998b); Baseler Ausschuss für Bankenaufsicht und International Organisation of Securities Commissions (1999).

tings bei der Messung der Kreditrisiken bewegt sich die Bankenaufsicht weiter auf Methoden zu, die auch in der Praxis eingesetzt werden. Einerseits wird damit die administrative Belastung der Banken durch Doppelrechnungen abgebaut, was positiv zu bewerten ist. Andererseits nimmt damit jedoch das qualitative bzw. subjektive Element in den Kapitalregelungen zu, was die Aufrechterhaltung des sog. level playing field beeinträchtigen kann und erhebliche Konsequenzen für die deutsche Aufsichtspraxis mit sich bringt, weil viel mehr vor Ort zu überprüfen ist. Mit Augenmaß betrieben wird eine solche Individualisierung der Aufsicht jedoch helfen, die aufsichtliche Behandlung einer Bank insgesamt risikogerechter und fairer zu machen. Wichtig dabei ist zweifelsohne, dass die Messlatte der Aufsichtsbehörden im internationalen Vergleich etwa gleich hoch liegt.

Im Ergebnis wird der neue Akkord dazu beitragen, die regulatorisch geforderten Eigenmittel stärker an das vom Risikomanagement zur Abdeckung der betriebswirtschaftlichen Risiken ermittelte ökonomische Kapital anzunähern. Eine völlige Übereinstimmung des regulatorischen Kapitals mit dem ökonomischen Kapital wird es jedoch auch in Zukunft nicht geben können, da die Bankenaufsicht neben den mikroökonomischen Risiken der einzelnen Bank immer auch die Stabilität des Finanzsektors als Ganzes im Auge behalten muss, damit dieser seine gesamtwirtschaftliche Funktion gut erfüllt.

Literaturverzeichnis

Baseler Ausschuss für Bankenaufsicht (Baseler Ausschuss für Bankenaufsicht, 1988): Internationale Konvergenz der Eigenkapitalmessung und Eigenkapitalanforderungen, Juli, 1988.

Baseler Ausschuss für Bankenaufsicht (Baseler Ausschuss für Bankenaufsicht, 1996): Änderung der Eigenkapitalvereinbarung zur Einbeziehung der Marktrisiken, Januar, 1996.

Baseler Ausschuss für Bankenaufsicht (Baseler Ausschuss für Bankenaufsicht, 1998a): Enhancing Bank Transparency, September, 1998.

Baseler Ausschuss für Bankenaufsicht (Baseler Ausschuss für Bankenaufsicht, 1998b): Sound Practices for Loan Accounting, Credit Risk Disclosure and Related Matters, October, 1998.

Baseler Ausschuss für Bankenaufsicht (Baseler Ausschuss für Bankenaufsicht, 1998c): Instruments eligible for inclusion in Tier 1 Capital, Pressemitteilung vom 27.10.1998.

Baseler Ausschuss für Bankenaufsicht und International Organisation of Securities Commissions (Baseler Ausschuss für Bankenaufsicht und International Organisation of Securities Commissions, 1999): Recommendations for Public Disclosure of Trading and Derivatives Activities of Banks and Securities Firms, Februar, 1999.

Bundesaufsichtsamt für das Kreditwesen (BAKred., 1997): Rundschreiben 4/97.

Models Task Force des Baseler Ausschusses für Bankenaufsicht: Credit Risk Modelling (Models Task Force des Baseler Ausschusses für Bankenaufsicht: Credit Risk Modelling, 1999): Current Practices and Applications, April, 1999.

Szagunn, V. / Wohlschieß, K. (1993), (Szagunn / Wohlschieß, 1993): Das Bankensystem der Bundesrepublik Deutschland, in: Obst / Hintner - Geld-, Bank- und Börsenwesen, Kloten, Norbert / von Stein, Heinrich (Hrsg.), Stuttgart 1993, S. 194-199.

Bankaufsichtliche Prüfung und Zulassung interner Marktrisikomodelle

von Uwe Traber

1. Die "Modellalternative"
2. Anforderungen an interne Risikomodelle
3. Interne Risikomodelle im Grundsatz I
4. Verfahren einer Modellzulassung
5. Prüfungsfelder
6. Wertung der Prüfungsergebnisse
7. Durchführung der Prüfungen
8. Bisherige Erfahrungen

1. Die "Modellalternative"

Im Januar 1996 veröffentlichte der Baseler Ausschuss für Bankenaufsicht das "Amendment to the Capital Accord to Incorporate Market Risks"[1], das die Baseler Eigenkapitalvereinbarung vom Juli 1988[2] überarbeitet und ergänzt. Wesentlicher Inhalt dieser Novellierung ist die Anforderung: "banks will be required to measure and apply capital charges in respect of their market risks in addition to their credit risks"[3]. Zu diesem Zweck waren vom Baseler Ausschuss bzw. seinen damit beauftragten Untergruppen verschiedene, zum Teil recht komplexe Verfahren entwickelt worden, welche das Risiko aus Zins- und Aktienpositionen des Handelsbuches sowie aus Fremdwährungs- und Rohwarenpositionen des gesamten Instituts messen und quantifizieren sollten. Sie wurden als "*Standardverfahren*" bezeichnet[4], um sie von der "Modellalternative" abzugrenzen, die es den Instituten erlaubt, "to use risk measures derived from their own internal risk management model"[5].

Im Rahmen der Novellierung der Kapitaladäquanzrichtlinie im Juni 1998[6] wurde die Modellalternative in das Rahmenwerk der europäischen Bankrechtsrichtlinien übernommen und war damit von den Mitgliedstaaten der Europäischen Union zwingend in das nationale Bankaufsichtsrecht zu transformieren. Die Bundesrepublik Deutschland hatte dies bereits mit der Neufassung des *Grundsatzes I* im Oktober 1997 vollzogen, der mit seinem Inkrafttreten am 1. Oktober 1998 den deutschen Kredit- und Finanzdienstleistungsinstituten die Modellalternative (Siebter Abschnitt, §§ 32 bis 37) eröffnete.

Der Baseler Ausschuss veröffentlichte im September 1997 eine Ergänzung des "Market Risk Amendments", um die Modellalternative auch auf die Messung und Eigenmittelunterlegung des spezifischen Risikos auszudehnen, was zwar bei der Neufassung der Kapitaladäquanzrichtlinie noch aufgegriffen und übernommen, bei der Novellierung des Grundsatzes I jedoch aus Zeitgründen nicht in allen Detailregelungen mit berücksichtigt werden konnte. Diese werden etwa Mitte 2000 im Rahmen einer ohnehin anstehenden Überarbeitung des Grundsatzes I zur Anpassung an ver-

---

[1] Vgl. Basel Committee (1996).
[2] Vgl. Basel Committee (1988).
[3] Basel Committee (1996), Introduction, Part I, Tz. 1.
[4] Basel Committee (1996), Introduction, Part I, Tz. 9.
[5] Basel Committee (1996), Introduction, Part I, Tz. 10.
[6] Vgl. Europäische Gemeinschaft (1998).

schiedene, seither verabschiedete europäische Richtlinien in den Grundsatz übernommen werden.

Mit der Modellalternative dürfen die Kredit- und Finanzdienstleistungsinstitute interne Risikomodelle zur Bemessung der Eigenmittelunterlegung von Marktpreisrisiken verwenden, sofern diese bestimmten Anforderungen genügen ("geeignet" sind), das Bundesaufsichtsamt diese Eignung bestätigt und der Verwendung der Modelle zu diesem Zweck zugestimmt hat. Vor einer Bestätigung der Eignung und der Zustimmung zur Verwendung hat das Bundesaufsichtsamt nach § 32 Abs. 3 Satz 2 Grundsatz I die Einhaltung der Eignungserfordernisse zu prüfen. Diese Prüfungen werden zusammen mit der Deutschen Bundesbank vor Ort in den Instituten durchgeführt.

Im Bundesaufsichtsamt sind insgesamt neun Personen mit der verantwortlichen Leitung und Durchführung von Modellprüfungen betraut, die von Seiten der Deutschen Bundesbank (der Dienststelle des Direktoriums in Frankfurt a.M. sowie den jeweils für ein Institut regional zuständigen Landeszentralbanken) mit insgesamt 29 Prüferinnen und Prüfern unterstützt werden. Der Kreis der Prüfer setzt sich zusammen aus Mathematikern, Statistikern und Physikern sowie Wirtschaftswissenschaftlern (Volks- und Betriebswirte), die teilweise Bank- oder Wirtschaftsprüfererfahrung oder vertiefte Spezialkenntnisse im EDV-Bereich mitbringen.

In den vergangenen beiden Jahren hat das Bundesaufsichtsamt eine Anzahl von Prüfungen durchgeführt[7]. Im Jahre 1997 fanden Prüfungen bei fünf Kreditinstituten statt, wobei zwei Anträge negativ beschieden wurden. Im Jahre 1998 wurden dem Bundesaufsichtsamt von fünfzehn Instituten Anträge auf Erteilung einer Eignungsbestätigung und Zustimmung zur Modellverwendung eingereicht, zwei Institute zogen noch vor Durchführung einer Prüfung ihre Anträge zurück. Von den dreizehn durchgeführten Prüfungen fielen vier negativ aus. Bei den restlichen Instituten kam es teilweise zu Befristungen, in jedem Fall wurde ein über den Mindestwert von drei hinausgehender Multiplikator nach § 33 Grundsatz I festgesetzt. Die Spannweite reichte von 3,1 bis 5,0 mit einem Median von 4,4. Im Jahre 1999 wurden die Prüfungen der größeren Institute und denjenigen, bei denen erhebliche Mängel festgestellt worden waren, fortgesetzt. In einigen Fällen konnte der ursprünglich festgesetzte Multiplikator – teilweise deutlich – gesenkt werden, nicht zuletzt auch deshalb, weil

---

[7] Vgl. hierzu auch die Jahresberichte des Bundesaufsichtsamtes für die Jahre 1997 und 1998.

nunmehr längere Backtestingzeitreihen vorlagen, die eine aussagefähige Einschätzung der Prognosegüte des Modells zuließen.

Die folgende Darstellung will etwas "den Schleier lüften", der über den Prüfungen und der Modellzulassung liegt. Sie beschreibt neben den Anforderungen des Baseler "Market Risk Amendments" und des Grundsatzes I an ein geeignetes internes Risikomodell den Ablauf der Bearbeitung eines Modellantrags und der Durchführung einer Prüfung und gibt Hinweise auf die Kriterien, die das Bundesaufsichtsamt bei seiner Entscheidung über die Erteilung einer Eignungsbestätigung und ggf. der Festsetzung eines Zusatzfaktors leiten.

2. Anforderungen an interne Risikomodelle

Nach dem Baseler "Market Risk Amendment" gibt es eine Reihe von Voraussetzungen für die Erteilung einer Genehmigung zur Modellverwendung durch die Bankenaufsicht[8], die sich in zwei grundlegende Gruppen zusammenfassen lassen:

a) quantitative Vorgaben für die Messung des Risikos (vorgegebene statistische Parameter) unter Verwendung angemessener Risikofaktoren und Modellvalidierung durch Backtesting[9],

b) qualitative Anforderungen bei der Ausgestaltung und Verwendung des Risikomodells im Rahmen des internen Risikocontrollings und Risikomanagements (d. h. Messung, Überwachung und aktive Steuerung des Risikos).

Durch das gesamte Dokument hindurch zieht sich die Grundanforderung, dass es sich bei dem Risikomodell, das zur Bemessung der Eigenmittelunterlegung für die Marktpreisrisiken herangezogen wird, um einen integralen Bestandteil, letztlich den

---

[8] Basel Committee (1996), Introduction, Part I, Tz. 10.

[9] Es ist hier nicht der geeignete Ort, um die Grundherangehensweise an die Messung von Risiko wie auch die insgesamt zugrunde liegende Auffassung (d. h. den Begriff von "Risiko") unter methodologisch-philosophischem Gesichtspunkt zu diskutieren und zu würdigen. Bemerkt sei hier nur, dass speziell die Anforderung eines "Backtestings" (mit der impliziten Unterstellung, aus den hieraus fließenden Einsichten Aussagen über den Grad der Gültigkeit der Modellaussagen und -prognosen treffen zu können) der letztlich positivistischen Erkenntnistheorie des Wiener Kreises um Carnap, Schlick, Reichenbach entspringt, welche – in hohem Grade naturwissenschaftlich geprägt und sich auf Explikation und Deskription beschränkend– den klassischen Erkenntnistheorien eines Kant, Hume, Hegel oder Husserl entgegentritt.

Dreh- und Angelpunkt des Risikosteuerungsprozesses der Bank handelt. Es ist der grundlegende Teil des gesamten Risikomanagementprozesses der Bank, der auf einer entwickelten Risikokultur basiert, welche wiederum zentral auf dem Modell fußt. Das "Amendment" fordert ausdrücklich, dass "the bank's internal risk measurement model must be closely integrated into the day-to-day risk management process of the bank. Its output should accordingly be an integral part of the process of planning, monitoring and controlling the bank's market risk profile"[10]. In negativer Abgrenzung kann diese Anforderung so umschrieben werden, dass das Modell nicht nur eine alternative Methode zur Risikoquantifizierung sein darf, eine "black box", die mit gegebenem Input einen Output produziert, deren Information ansonsten keine weitere Rolle im Steuerungsprozess der Bank spielt. Dies ist ein deutlicher Unterschied zu den Standardmethoden der Risikoquantifizierung und Eigenmittelunterlegung. Keine Aufsicht der Welt wird die Anforderung stellen, dass nach diesem Verfahren auch die Banksteuerung zu erfolgen hat; im Gegenteil wird man immer eine Verfeinerung und Weiterentwicklung der Messmethoden für interne Zwecke verlangen müssen. Bei der Verwendung der Standardverfahren ist es – in diametralem Gegensatz zur Modellalternative – vollkommen in Ordnung, die Messverfahren als aufsichtlich vorgeschriebene Verfahren zu betrachten, die nur zur Erfüllung aufsichtlicher Meldeerfordernisse dienen und ansonsten nicht weiter von Interesse für die internen Entscheidungsprozesse der Bank über eine risikomäßige Positionierung sind. Bei der Modellalternative hingegen wird man das Risikomodell im engeren Sinne immer nur als Ausdruck einer voll entwickelten Risikokultur betrachten, die geprägt ist von den Eigenschaften, die der Baseler Ausschuss im Rahmen seiner qualitativen Anforderungen spezifiziert hat.

Es ist diese grundlegende Anforderung, die im Folgenden näher dargestellt wird, die auch die Zurückhaltung des Baseler Ausschusses im Hinblick auf eine kombinierte Verwendung von Modellalternative und Standardverfahren für unterschiedliche Risikokategorien erklärt. Streng genommen kann es nach der Meinung des Ausschusses eine solche Möglichkeit überhaupt nicht geben, denn entweder verfügt die Bank über ein modernes Risikomanagement auf der Basis eines internen Modells – und dieses ist grundsätzlich nur als alle Bereiche des Risikos umfassend zu denken, denn ansonsten wäre eine konsistente Risikosteuerung über alle Risikobereiche hinweg

---

[10] Basel Committee (1996), Teil B. 2, Buchstabe d.

nur sehr schwer vorstellbar[11] – , dann ist es nur für unwesentliche Risikofelder notwendig, die Standardverfahren einzusetzen. Oder ein solches Risikomanagement existiert nicht, dann ist auch keine Grundlage für die aufsichtliche Verwendung eines internen Risikomessmodells gegeben. Nur übergangsweise ist eine Kombination zulässig, denn der Ausschuss hat deutlich gesehen, dass sich die weitaus überwiegende Zahl der Banken (insbesondere der nichtamerikanischen Institute) noch in der Phase des Aufbaus eines umfassenden modellbasierten Risikomanagements befindet. Grundsätzlich ist jedoch eine solche Verbindung (die auch unter dem Begriff des "*partial use*" bekannt ist) nur als temporärer Zustand zulässig, in jedem Fall ist auf ein Gesamtmodell hinzuarbeiten.

Die realistische Einschätzung des Entwicklungsstandes der internen Modelle durch den Baseler Ausschuss, insbesondere was die Erfüllung der qualitativen Anforderungen, d. h. der Einbettung in das interne Risikomanagement anbelangt, führt auch dazu, dass der Ausschuss es für zulässig erklärt, denjenigen Banken, die diese Anforderungen grundsätzlich, jedoch noch nicht in dem wünschenswerten Umfang erfüllen, zwar eine Modellgenehmigung zu erteilen, den Mängeln bei den qualitativen Anforderungen jedoch durch einen Zuschlag zum Multiplikator Rechnung zu tragen. Das Amendment stellt ausdrücklich fest: "Only those banks whose models are in full compliance with the qualitative criteria will be eligible for application of the minimum multiplication factor."[12]

---

[11] Klein / Goebel weisen zu Recht darauf hin, dass die Marktentwicklung die Banken dahin drängt, die bisher verwendeten, traditionellen, an der Ergebnisrechnung orientierten Steuerungsverfahren zu modernisieren und dabei, dem Trend der Zeit folgend, zu wertorientierter Steuerung überzugehen. Dies vereinfache Ertrags- und Risikomessung sowie das Management erheblich, erfordere aber eine Vergleichbarkeit aller mit Ertrag und Risiko zusammenhängenden Geschäfte und damit eine Vereinheitlichung (Klein / Goebel (1999), S. 257). Solch eine einheitliche Risikomessung mit dem Ziel der Herstellung der Vergleichbarkeit der Geschäfte hinsichtlich ihres Risikos ist natürlich mit einem „patchwork" von Modellansätzen und „Standardmethoden" nicht zu leisten, so dass es im ureigensten Interesse einer verantwortungsbewussten und zukunftsorientierten Geschäftsleitung liegt, so schnell wie möglich von einem „partial use" wegzukommen.

[12] Basel Committee (1996), Teil B. 2.

3. Interne Risikomodelle im Grundsatz I

Die oben angesprochenen Anforderungen des "Market Risk Amendments" wurden im Siebten Abschnitt (§§ 32 bis 37) des Grundsatzes I umgesetzt[13], dessen Gliederung im Folgenden kurz umrissen wird.

In § 32 erhalten die Institute das Recht, die Modellalternative zu wählen. Der Anwendungsbereich darf auch auf einzelne Teilbereiche beschränkt werden, womit der "partial use" eingeführt wird. Hier gilt grundsätzlich, dass sich der "partial use" auf die Gesamtheit aller Positionen eines Risikobereiches erstrecken muss; ausgeklammert bleiben dürfen nur materiell unbedeutende Marktrisikopositionen eines Risikobereiches, die genau abzugrenzenden Organisationseinheiten zugeordnet sind (z. B. Aktienrisiken einer kleineren Auslandsfiliale). Bei der Entscheidung der Frage, wann Marktrisikopositionen als materiell unbedeutend angesehen werden können, hat das Bundesaufsichtsamt einen Ermessensspielraum. Im Regelfall wird es Marktrisikopositionen dann als materiell unbedeutend ansehen, wenn die Geschäfte nicht mehr als 10 % des gesamten Geschäftsvolumens ausmachen. Die Umstände des Einzelfalles werden bei einer derartigen Entscheidung jedoch angemessen berücksichtigt.

Weiter wird definiert, in welchen Fällen Risikomodelle geeignet sind und für die Zwecke des Grundsatzes I zugelassen werden dürfen. Hier wird auf die quantitativen und qualitativen Kriterien, die in den folgenden Paragraphen näher ausgeführt werden, Bezug genommen. Gleichzeitig werden an dieser Stelle die grundlegenden Verfahrensweisen für die notwendigen Prüfungen festgelegt, wonach das Bundesaufsichtsamt zusammen mit der Deutschen Bundesbank die Prüfungen durchführt und zu Nachschauprüfungen berechtigt ist. Bei Änderungen der Modelle, die zur Anpassung an neue Geschäftsfelder oder veränderte Marktbedingungen oder auch zur Verfeinerung der Messmethodik vorgenommen werden, bedürfen die Modelle, wenn die Änderungen nicht nur unbedeutend sind, einer erneuten Eignungsbestätigung. Da nicht abstrakt definiert werden kann, in welchen Fällen eine Änderung nur unbedeutend ist, sind alle Veränderungen dem Bundesaufsichtsamt unverzüglich mitzuteilen, das dann über die Bedeutung entscheidet.[14]

---

[13] Vgl. zum Folgenden ausführlich die "Erläuterungen" zum Siebten Abschnitt des Grundsatzes I (Bundesaufsichtsamt 1997).
[14] Hier – wie auch in anderen Fällen – gilt: lieber einmal öfter mit dem Bundesaufsichtsamt sprechen als einsame Entscheidungen treffen, die später u.U. zu revidieren sind.

Abschließend wird verdeutlicht, dass die Modellalternative eine "Einbahnstraße" ist: einmal gewählt, gibt es keinen Weg zu den Standardmethoden zurück.

Während § 33 die Berechnung der Eigenmittelunterlegung auf der Basis der von dem Modell gelieferten Value-at-Risk-Werte regelt (hier ist auch der Multiplikator verankert), legt § 34 die zentralen quantitativen Parameter (99 % Konfidenzniveau, 10 Tage Haltedauer, mindestens ein Jahr Beobachtungshorizont) fest.

In § 35 wird ausgeführt, welche Anforderungen an die *Erfassung der Risikofaktoren* gestellt werden. Grundsätzlich gilt, dass alle nicht nur unbedeutenden Risikofaktoren im Modell erfasst sein müssen; allerdings lassen sich auch hier keine allgemeinen Kriterien für die Materialität angeben (das Bundesaufsichtsamt wird in aller Regel von einer 10-%-Grenze, bezogen auf das Risiko, ausgehen). So kann beispielsweise bei nur geringem Optionsanteil auf eine stochastische Modellierung des Volatilitätsrisikos (Vega) verzichtet und stattdessen mit einem pauschalen Zuschlag (der das Risiko konservativ abschätzt) gearbeitet werden. Weiterhin werden die Anforderungen für bestimmte Risikoarten (Optionsrisiken, Zinsspreadrisiken, Aktien- und Rohwarenrisiken) präzisiert.

Die qualitativen Anforderungen an die *Aufbau- und Ablauforganisation* sind in § 36 niedergelegt, dem insofern zentrale Bedeutung zukommt. Primäres Erfordernis ist – neben der Selbstverständlichkeit einer Organisation, die eine unverzügliche Risikomessung erlaubt – ein funktionsfähiges Risikocontrolling, das bis zur Ebene der Geschäftsleitung hin (einschließlich) vom Handel und allen anderen Bereichen, die Risikopositionen entweder selbstständig eingehen oder deren Begründung, Veränderung oder Schließung veranlassen dürfen, unabhängig zu sein hat. Unter den Aufgaben des Risikocontrollings hebt der Grundsatz die Erstellung, Pflege und Weiterentwicklung des Risikomodells, die tägliche Ermittlung der Value-at-Risk-Werte (und der Ergebnisse) sowie die Durchführung der Stress Tests und des Backtestings – sowohl aggregiert als auch für einzelne Portfolios – hervor. Dabei erschöpfen sich die letztgenannten Aufgaben nicht nur in der mechanischen Produktion von Zahlen, sondern umfassen ebenso deren Analyse und Kommentierung für die Geschäftsleitung. Unter anderem wird das Bundesaufsichtsamt anhand dieser Reports die Qualität des Risikocontrollings und des gesamten Risikomanagementprozesses einer Bank beurteilen und zu einer Meinung darüber gelangen, ob das Risikocontrolling die Geschäfte und Strategien des Handels in vollem Umfang versteht.

§ 37 regelt die Einzelheiten des *Backtestings*. Im Mittelpunkt steht die Anforderung nach der Durchführung eines Backtestings auf der Basis des Vergleichs der prognostizierten (Value-at-Risk-) Werte mit den hypothetischen Wertänderungen sowohl des Gesamtbankportfolios als auch von Einzelportfolios (was in Absatz 1 unmissverständlich zum Ausdruck gebracht wird). Ausreißer, d. h. Überschreitungen der prognostizierten Risikowerte durch die Wertveränderungen, sind dem Bundesaufsichtsamt sofort unter Angabe der Entstehungsgründe mitzuteilen. Die Anzahl der Ausreißer wird herangezogen, um die Prognosegüte des Modells zu beurteilen.

Der Ansatz einer Binomialverteilung, den das Baseler "Market Risk Amendment" verwendet, stellt einen Kompromiss zwischen Einfachheit und Präzision dar. Es ist klar, dass eine mechanische Beurteilung der Prognosegüte ausschließlich anhand der Ausreißerzahl fehlerhaft sein kann, weil weitergehende Informationen, die der Backtestingprozess liefert, darin nicht berücksichtigt werden. Aus diesem Grund kommt es umso mehr darauf an, dass das Risikocontrolling detaillierte und tiefgehende Analysen (auf der Ebene von Einzelportfolios, aufgesplittet nach Risikoarten u.ä.) durchführt. Diese Informationen können dann in die Beurteilung der Prognosegüte einfließen.

4. Verfahren einer Modellzulassung

Ein *Modellzulassungsverfahren* setzt sich aus mehreren Teilschritten zusammen.

a) Das Institut, das sich mit dem Gedanken trägt, einen Modellantrag zu stellen, tritt mit dem Bundesaufsichtsamt in Kontakt, ohne bereits einen formellen Antrag zu stellen. Es wird der Termin für ein Gespräch vereinbart, bei dem eine Übersicht vermittelt wird über die grundlegenden Gegebenheiten bei der Bank, insbesondere die Art und den Umfang der betriebenen Geschäfte, die Organisation und Funktionsweise des handelsunabhängigen Risikocontrollings einschließlich des Reportingsystems, das verwendete Risikomodell und seine Implementierung, die bislang vorliegenden Backtestingergebnisse, die durchgeführten Stress Tests, das *Limitsystem* des Instituts sowie die gesamte EDV-technische Umgebung, die auf die Risikomessung und -steuerung Einfluss hat. Hier ist insbesondere von Interesse, wie die Geschäfts- und Positionsdaten erfasst werden und in das Risikomodell einfließen, da nach der bisherigen Erfahrung gerade in diesem Bereich die größten und kostenträchtigsten Probleme bestehen. Bereits in diesem Gespräch, das in der Regel einen vollen Tag in Anspruch nimmt, kann das Bundesaufsichtsamt erste Einschätzungen abgeben, inwieweit das jeweilige Institut "prüfungsreif" ist, d. h. die Anforderungen des Grundsatzes I erfüllt. Insbesondere kann hier bereits vorgeklärt werden, ob eine bestimmte Konstellation hinsichtlich des "partial use" möglich ist. Üblicherweise ist es in diesem Rahmen nicht möglich, spezifische Details und Einzelheiten z. B. des stochastischen Modells ausführlich zu besprechen.

Nach der Erfahrung des Bundesaufsichtsamtes haben sich derartige Erstkontakte und Vorgespräche als außerordentlich sinnvoll und nützlich erwiesen, um einen Modellantrag und die folgenden Prüfungen vorzubereiten. Leider war es – zumindest im Anfangsstadium der Prüfungstätigkeit des Bundesaufsichtsamtes – auch zu verzeichnen, dass die Situation von Seiten der Bank zu optimistisch dargestellt wurde, was im Laufe der später durchgeführten Modellprüfung zutage trat und entsprechende Konsequenzen hatte.

Bildet sich im Verlaufe dieses Gesprächs oder weiterer Unterredungen der Eindruck heraus, dass eine Modellprüfung mit Erfolg durchgeführt werden könnte, werden unter Berücksichtigung der äußerst knappen Personalressourcen des Bundesaufsichtsamtes Termine für eine Vor-Ort-Prüfung (ggf. in mehreren Phasen oder in verschiedenen Lokationen) entweder fest vereinbart oder zumindest vorgemerkt.

b) Hat das Bundesaufsichtsamt im Rahmen der vorbereitenden Kontakte den Eindruck gewonnen, dass eine Modellprüfung mit Erfolg durchgeführt werden kann, so kann das Institut den formalen Prozess einleiten, indem es einen förmlichen Antrag nach § 32 Grundsatz I stellt. Inhalt des Antrags ist, dass das Bundesaufsichtsamt die Eignung des Risikomodells, d. h. die Erfüllung der Anforderungen des Grundsatzes I bestätigt und seine Zustimmung zur Verwendung des Modells zur Ermittlung der Eigenmittelunterlegung für die Marktrisikopositionen gibt. Der Antrag bildet die Grundlage für die nach § 32 Absatz 3 Satz 2 Grundsatz I durchzuführenden Prüfungen.

Der Antrag des Instituts hat genau zu spezifizieren, für welche Risikobereiche und geographische Lokationen das Modell verwendet werden soll. Im Falle eines Antrags für eine Kreditinstitutsgruppe (§ 10a KWG) ist genau anzugeben, für welche juristischen Einheiten der Antrag gelten soll.

Dem Antrag ist eine ausführliche Dokumentation beizufügen, die den Zweck hat, die Modellprüfung vorzubereiten und zu unterstützen. Der Inhalt der Dokumentation ist einem Merkblatt des Bundesaufsichtsamtes zu entnehmen, das auch per Internet erhältlich ist.[15]

Die Dokumentation sollte zweckmäßigerweise auf elektronischem Datenträger (z. B. CD-ROM) eingereicht werden, da sie – insbesondere bei größeren Instituten – regelmäßig einen erheblichen Umfang annimmt (in einem Fall umfasste die vorab eingereichte, obwohl unvollständige Dokumentation einen Umfang von etwa 2,30 lfd. Metern mit einem Papiergewicht von etwa 160 kg). Bei umfangreichen Unterlagen sind natürlich auch "Teillieferungen" möglich. Unklarheiten und Fragen über den genauen Inhalt der Dokumentation können und sollten direkt mit dem Bundesaufsichtsamt geklärt werden.

Die Dokumentation ist als Anlage zum Modellantrag einzureichen. Das Bundesaufsichtsamt hat 1998 bereits vor dem Inkrafttreten des neuen Grundsatzes I Modellprüfungen durchgeführt, um den betroffenen Instituten die nur temporäre Implementierung der Standardverfahren zu ersparen und ihnen den sofortigen Einsatz ihrer Risikomodelle zu ermöglichen. Der Zeitrahmen war entsprechend eng gesteckt und hatte zur Folge, dass eine umfassende Vorbereitung der Vor-Ort-Prüfungen nur sehr eingeschränkt möglich war. Diese zeitlichen Restriktionen sind seither weggefallen, und das Bundesaufsichtsamt wird künftig verstärkten Wert darauf legen, dass die vorbereitenden Unterlagen und Dokumentationen mindestens vier Wochen vor Beginn der geplanten Prüfung vollständig vorliegen.

c) Ist die Dokumentation rechtzeitig genug eingegangen, um eine angemessene Vorbereitung der Vor-Ort-Prüfung zu ermöglichen – ggf. werden in der Zwischenzeit weitere Kontakte und Informationsgespräche notwendig werden –, so können die Vor-Ort-Prüfungen durchgeführt werden.

Die *Prüfungsfelder* erstrecken sich auf alle Bereiche, in denen der Grundsatz I Anforderungen an die Eignung von Risikomodellen und ihre organisatorische Einbettung in die Risikosteuerung und die Risikokultur eines Instituts stellt (siehe unter 5.).

---

[15] Die Internetadresse lautet: http://www.bakred.de.

d) Ist eine Vor-Ort-Prüfung abgeschlossen, wird in aller Regel am letzten Tag eine Abschlussbesprechung durchgeführt, in der dem "senior management" des Instituts die Prüfungsergebnisse, insbesondere natürlich die negativen Prüfungsfeststellungen, aber auch ggf. die positiv zu würdigenden Befunde, dargestellt werden. Das Institut hat hierbei die Gelegenheit, missverständliche Wahrnehmungen der Prüfer zu korrigieren und zu den Feststellungen insgesamt Stellung zu nehmen.

Die Abschlussbesprechung kann – insbesondere bei einer umfangreichen Prüfung, deren Ergebnisse erst gesichtet und gewertet werden müssen, was nach der bisherigen Erfahrung einige Wochen in Anspruch nimmt – aber auch in zeitlichem Abstand zu der Vor-Ort-Prüfung durchgeführt werden. In diesem Falle wird sie in der Regel im Hause des Bundesaufsichtsamtes stattfinden.

Nach Teilprüfungen und einzelnen Prüfungsphasen (z. B. bei ausländischen Niederlassungen o.ä.) wird das Bundesaufsichtsamt in aller Regel auf eine gesonderte Abschlussbesprechung verzichten und die Prüfungsfeststellungen im Rahmen einer Erörterung des Gesamtergebnisses der Bank mitteilen und ihr Gelegenheit zur Stellungnahme geben.

Selbstverständlich werden auch im Verlauf der Prüfung Hinweise gegeben, um dem Institut die Möglichkeit zu geben, Mängel oder Missstände unverzüglich abzustellen und damit das letztendliche Prüfungsergebnis positiv zu beeinflussen.

Gegenstand der Abschlussbesprechung wird neben der Erörterung der Prüfungsfeststellungen, d. h. der Darstellung durch die Prüfer und die Möglichkeit einer Stellungnahme von Seiten der Bank, natürlich auch das Gesamtergebnis sein. Eine Entscheidung kann von den Prüfern jedoch nicht getroffen werden; dies obliegt dem Bundesaufsichtsamt, das als Träger der hoheitlichen Befugnisse den Entscheidungsvorschlag der Prüfer unter den Gesichtspunkten der Gleichbehandlung sowie der Verhältnismäßigkeit zu prüfen und ggf. abzuändern hat und den endgültigen Bescheid erlässt.

e) Das Modellantragsverfahren wird abgeschlossen durch einen formalen Bescheid des Bundesaufsichtsamtes, in dem der Antrag des Institutes entweder positiv oder negativ beschieden, d. h. die Eignung bestätigt oder nicht bestätigt und die

Zustimmung erteilt oder versagt wird. Je nach den Umständen des Einzelfalles können weitere Nebenbestimmungen getroffen werden, von denen die wichtigste sicherlich die Festsetzung des Zusatzfaktors (Aufschlag auf den Mindestmultiplikator von Drei nach § 33 Absatz 2 Satz 2 Grundsatz I ist. Daneben können aber auch weitere Bestimmungen – wie zeitliche Befristung, Einschränkung des Anwendungsbereiches, Auflagen zur Abstellung eines Mangels, periodische Berichterstattung usw. – treten. Bisher konnte leider noch in keinem Fall auf derartige Nebenbestimmungen verzichtet werden.

5. Prüfungsfelder

Gegenstand der Vor-Ort-Prüfung sind alle Felder, die für die Beurteilung, ob die Anforderungen des Grundsatzes I erfüllt sind, maßgeblich sind. Zu prüfen und zu beurteilen sind damit insbesondere die folgenden Gebiete:

a) Struktur und Umfang der Geschäftstätigkeit
    Um überhaupt eine Grundlage zu besitzen für die Beantwortung der Frage, ob das Risikomodell alle nach Umfang und Struktur der Geschäfte des Instituts maßgeblichen Risikofaktoren angemessen berücksichtigt und einbegreift[16], muss sich eine Prüfung auf eine Untersuchung der Handelsgeschäfte eines Instituts (Produkte, Handelsstrategien, geographische Schwerpunkte) stützen und hier neben den aktuellen Gegebenheiten auch vergangene Entwicklungen und vor allem zukünftige Planungen berücksichtigen. Eine solche "Portfolioanalyse" kann zugleich auch wichtige Aufschlüsse über die Expertise des Risikocontrollings im Hinblick auf "exotische" Produkte und Handelsstrategien geben.

b) Erfassung der maßgeblichen Risikofaktoren
    Basierend auf der Analyse des Bankportfolios mit Hilfe der Analyseinstrumente des Risikocontrollings ist zu beurteilen, ob das Risikomodell alle relevanten Risikofaktoren in die Berechnung des Value-at-Risk einbezieht oder – anders herum – welche Risikofaktoren aus welchen Gründen vernachlässigt werden und ob dies in Anbetracht der Portfoliostruktur mit den Anforderungen des Grundsatzes I in Einklang steht. So ist hier in aller Regel die Frage zu beantworten, ob und in welchem Umfang Nichtlinearitäten z. B. aus Optionen, "smile"-Effekte

---

[16] Vgl. § 35 Abs. 1 Grundsatz I.

oder "term structures" der Volatilitäten berücksichtigt werden u.ä. Zu untersuchen ist, gegenüber welchen Risikofaktoren das Portfolio besonders sensitiv ist und ob die gewählte "Menge" der im Modell berücksichtigten Risikofaktoren vom Risikocontrolling mit Blick auf sich verändernde Marktverhältnisse oder Portfoliostrukturen kontinuierlich überprüft und angepasst wird. Auch hier ergibt sich implizit ein Eindruck von der Expertise des für das Risikomodell verantwortlichen Risikocontrollings und seiner Fähigkeit, das Risikomodell weiterzuentwickeln.

c) Angemessenheit der Instrumentmodelle
Insbesondere dann, wenn ein Institut selbst neue (derivative) Produkte entwickelt und vermarktet, muss ein Schwerpunkt der Prüfung auf der Angemessenheit der zur Bewertung und damit zur Risikomessung der entsprechenden Geschäfte und Positionen verwendeten Instrument- oder Bewertungsmodelle liegen. Besonders kritisch sind in diesem Zusammenhang die zur Bewertung verwendeten Marktdaten zu betrachten.

d) Angemessenheit des *Mappings*
In Abhängigkeit von Größe und Komplexität des Handelsportfolios sind für die Wertentwicklung und damit für das Risiko u.U. viele tausend Risikofaktoren zu berücksichtigen. Das Mapping, das insofern integraler, wenn nicht sogar zentraler Bestandteil eines Risikomodells ist, besteht in der Zuordnung von Positionen oder Cash-Flows zu bestimmten, vorher definierten Risikofaktoren. Sein Ziel ist die Reduktion des "Universums" von Risikofaktoren auf eine EDV-technisch handhabbare, statistisch-mathematisch und ökonomisch sinnvolle Anzahl. Sie muss jedoch so erfolgen, dass der zwangsläufige Begleiteffekt einer Einschränkung der Genauigkeit der Risikoermittlung minimiert oder doch in vertretbarem Rahmen gehalten wird. Eine knappe Vorgabe besteht in § 35 Grundsatz I, der neben Anforderungen für die Berücksichtigung von Risikofaktoren in Absatz 3 hinsichtlich der Erfassung des Zinsrisikos eine Mindestzahl von sechs "time buckets" für das Mapping vorgibt. Allerdings ist jedem Modellprofi klar, dass dies eine eigentlich ungenügende untere Grenze darstellt und die Zahl der Zeitzonen größer sein muss.

e) Einzelheiten des mathematisch-statistischen Modells
Je nach Modellvariante (Kovarianzansatz, Historische oder Monte-Carlo-Simulation) treten unterschiedliche methodologische Fragen auf, die an dieser

Stelle nur andeutungsweise umrissen werden können (Verteilungsannahmen, Schätzverfahren, Aggregationsmethodik, Zufallszahlengenerator usw.). Grundsätzlich jedoch müssen die Mitarbeiter des Risikocontrollings des Instituts in der Lage sein, den gewählten Ansatz zu begründen und seine Stärken und Schwächen aufzuzeigen. Es reicht in keinem Fall aus, lediglich ein kommerziell verfügbares Produkt zu erwerben; die Bank muss auch die darin verkörperte Methodologie genau kennen.

f) Dateninput

Die Qualität der verwendeten Marktdaten (z. B. Herkunft, Durchführung von Qualitätskontrollen, Gewährleistung zeitlicher Synchronität) ist von essenzieller Bedeutung für die Aussagefähigkeit der Modellergebnisse; daher wird hierauf besonderes Gewicht gelegt. Der von einigen Banken – zumeist aus Kostengründen – beschrittene Weg eines externen Bezugs von Marktdaten oder der in das Risikomodell eingehenden Kovarianzmatrizen (z. B. von dem Anbieter J. P. Morgan) enthebt sie dabei nicht der Aufgabe, die Korrektheit oder zumindest die Plausibilität der erworbenen Daten zu überprüfen. Ein weiterer Nachteil dieser Vorgehensweise liegt darin, dass teilweise für das Bankportfolio maßgebliche Risikofaktoren (z. B. einige Währungen) nicht berücksichtigt sind. In einem solchen Fall ist im Rahmen der Prüfung zu beurteilen, ob dieses Manko mit einer vereinfachten Näherung behoben werden kann oder ob das nicht erfasste Risiko zu bedeutsam für das Portfolio des Instituts ist, um vernachlässigt zu werden.

g) Backtestingverfahren und -ergebnisse

Zur Beurteilung der Prognosegüte eines Risikomodells dient das Backtesting, bei dem für mindestens die letzten 250 Arbeitstage die Ergebnisse der Risikoermittlung (VaR-Schätzer) und die hypothetische oder "clean" P/L, d. h. die Handelsergebnisse unter Konstanthaltung des Mengengerüstes einander gegenübergestellt werden. Das Backtesting muss dabei nicht nur auf der Gesamtebene, also der Ebene der höchsten Aggregation, sondern auch und vor allem auf geringerer Aggregationsstufe, d. h. auf Einzelportfolioebene durchgeführt werden, um spezifische Unzulänglichkeiten des Risikomodells erfassen zu können, die ansonsten in der Gesamtzusammenfassung verschwinden.

h) Aufbau- und Ablauforganisation

Wie eingangs bereits betont, ist die zentrale Anforderung an eine Modellbank, dass das interne Risikomodell eng in das organisatorische Umfeld des Institutes eingebettet ist. So stehen hier die Aufbau- und Ablauforganisation des Handelsbereiches und des Risikocontrollings im Vordergrund, deren Angemessenheit im Hinblick auf Umfang und Struktur des Handelsgeschäfts und der Risikosituation der Bank und die funktionale Trennung, die hier genauso wichtig ist wie bei den "Mindestanforderungen an das Betreiben von Handelsgeschäften", die das Bundesaufsichtsamt im Herbst 1995 formuliert hat. Zentral für eine Modellprüfung ist die Frage, ob dem Risikocontrolling die nach dem Grundsatz I geforderte Funktion und Stellung zukommt und ob diese Position auch – quantitativ wie qualitativ – befriedigend ausgefüllt werden kann und auch ausgefüllt wird.

i) Ausgestaltung des *Limitsystems*

Eine wichtige Eignungsvoraussetzung besteht darin, dass die durch das VaR-Modell generierten Risikowerte zur Steuerung eingesetzt werden. So verlangt der Grundsatz I, dass das Limitsystem des Institutes VaR-basiert ist. Würde das Risikomodell allein zur Abbildung der Marktrisiken, aber nicht für die Ausgestaltung des Limitsystems eingesetzt, so stellte sich sofort die Frage, welche Steuerungsinformationen das interne Modell denn überhaupt lieferte. In der Praxis sind natürlich verschiedene Formen der Ausgestaltung eines VaR-basierten Limitsystems zu beobachten; die gravierendsten Fragen treten hierbei an der Schnittstelle zwischen VaR-basierten Limitstrukturen und den intraday- oder operationalen Limiten auf. Notwendig ist es, dass die VaR-Kennzahl wieder disaggregiert und bei der individuellen Limitsetzung auf der Ebene einzelner Handelsbereiche verwendet wird. Dazu ist eine Transformation von VaR-Limiten auf vom Handel handhabbare Limite (Nominalvolumen, Sensitivitätskennziffern) notwendig. Da es überwiegend nicht möglich ist, VaR-Limite mit Hilfe eines einfachen funktionalen Zusammenhanges in Sensitivitätslimite zu transformieren, muss das Institut zeigen, dass VaR-Limite ein wesentliches Hilfsmittel der Risikosteuerung sind (z. B. indem Sensitivitäts- oder ähnliche Limite auf Händlerebene von Zeit zu Zeit mit den VaR-Limiten verglichen werden, so dass eine gewisse Relation zueinander gegeben ist). Insbesondere muss der Nachweis erbracht werden, dass die VaR-Limite die Basis der Risikosteuerung im Marktrisikobereich sind und somit auf Händlerlimite einwirken.

j) Stress Tests

Mit Hilfe von Stress Tests werden Situationen durchgespielt, in denen es zu ungewöhnlich großen Verlusten kommen kann, wobei jedoch nicht nur extreme Bewegungen von Marktpreisen als Stress-Szenarien in Frage kommen. Vielmehr können z. B. bei bestimmten Optionsportfolios auch nur geringfügige Veränderungen der Marktpreise hohe Wertverluste bewirken. Ein guter Stress Test ist demnach so aufgebaut, dass die speziellen Risiken des Instituts erfasst werden (portfoliospezifische Tests). Die Qualität der Arbeit des Risikocontrollings kann danach beurteilt werden, ob die erkannten Risiken eingehend analysiert und kommentiert und einem Maß für die Risikotragfähigkeit des Instituts gegenüber gestellt werden. Die Stress Test-Ergebnisse sollen bei Entscheidungen über die Gestaltung des Portfolios und bei der Limitsetzung berücksichtigt werden.

k) Managementinformation (Reporting)

Ihrer Konzeption nach stellen Risikomodelle Informationen für die Entscheidungsebene (Senior Management Tools) bereit, die darauf aufbauend die Steuerungsentscheidungen trifft. Wichtig ist daher, dass das VaR-Konzept in Management-Informations-Systeme – z.B. in Form von Vorstands-Reports – eingebunden ist und das Management auf die Risikoinformationen auch tatsächlich reagiert.

l) Innenrevision

Der Innenrevision ist durch den Grundsatz I eine quasi begleitende Funktion zugeordnet. Sie hat laufend über die Einhaltung der qualitativen Anforderungen zu wachen, auch dann, wenn eine Prüfung durch das Bundesaufsichtsamt abgeschlossen ist und ein positives Resultat hatte. Im Rahmen der Prüfung wird festgestellt, ob Anzahl, Dauer, Tiefe und Umfang der Prüfungen der Innenrevision angemessen sind und ob die von der Innenrevision ggf. festgestellten Mängel umgehend und nachhaltig angegangen und abgestellt wurden.

6. Wertung der Prüfungsergebnisse

Bei der Entscheidung über die Erteilung einer Eignungsbestätigung und der Zustimmung zur Modellverwendung hat das Bundesaufsichtsamt nach § 32 Absatz 2 Satz 3 die Erfüllung der qualitativen Anforderungen und die Ergebnisse des Backtestings zugrundezulegen. Insofern besteht ein vergleichsweise weit gezogener Ermessensspielraum des Amtes, der jedoch wie bei allen Verwaltungsentscheidungen anhand objektiver Maßstäbe willkürfrei auszufüllen ist. Das Bundesaufsichtsamt berücksichtigt bei seiner Entscheidung die in Punkt 5 näher spezifizierten qualitativen Anforderungen mit unterschiedlichem Gewicht. Grob zusammengefasst lässt sich festhalten, dass die drei großen Gebiete

a) der organisatorischen Anforderungen, vor allem der Anforderungen an das Risikocontrolling,
b) der EDV-technischen Seite einschließlich der zeitnahen und vollständigen Erfassung der Geschäfte und Risikopositionen sowie letztlich
c) des mathematisch-statistischen Risikomodells einschließlich der einzelinstrumentbezogenen Bewertungsmodelle

im Verhältnis 40 % / 40 % / 20 % bei der Entscheidung berücksichtigt werden.

Aus diesem Wertungsschema wird klar, dass das Bundesaufsichtsamt grundsätzlich eine Kombination aus funktionierendem Risikocontrollingprozess mit eher einfachem und robustem mathematisch-statistischen Modell (natürlich unter Beachtung der Adäquanz des Modells im Hinblick auf die Risikostruktur, den Umfang und Komplexitätsgrad der betriebenen marktpreisrisikobehafteten Geschäfte) gegenüber der umgekehrten Kombination von hochgradig ausgefeiltem und komplexem Modell und eher unentwickelter Risikokultur (Stichwort "Elfenbeinturm") bevorzugt.

Besonderes Augenmerk schenkt das Bundesaufsichtsamt der Datengrundlage, da getreu einer altbekannten Regel ("garbage in, garbage out") die Ergebnisse der Risikoschätzung nur so gut sein können wie die zugrunde gelegten Daten. Und hier liegt auch ein wesentlicher Teil der Schwierigkeiten der Institute: nicht die Entwicklung von komplexen mathematisch-statistischen Modellen, sondern die Gewährleistung einer kontinuierlich guten und zeitnahen Versorgung mit Positions- und vor allem auch Marktdaten stellt die zentrale Aufgabe beim Aufbau eines funktionsfähigen Risikocontrollingprozesses dar. Hier ist ein erheblicher Aufwand zu leisten, den viele Institute im Vorfeld der Entwicklung und "Inbetriebnahme" eines Risikomodells teilweise stark unterschätzt haben.

7. Durchführung der Prüfungen

Bei der Durchführung der Prüfungen stößt das Bundesaufsichtsamt sehr schnell an die ihm seitens des Haushaltsgesetzgebers gezogenen extrem engen Grenzen. Mit den zur Verfügung stehenden Personalressourcen – auch unter Einbeziehung der Unterstützung durch die Deutsche Bundesbank – und unter Berücksichtigung der geographischen und reisekostenrechtlichen Gegebenheiten können die Prüfungen zeitlich jeweils nur sehr kurz bemessen werden: in der Regel wird eine Modellprüfung in mehrere Teilabschnitte untergliedert, die zwischen zwei und drei Wochen (nur in äußersten Ausnahmefällen länger) dauern. Zwar versucht das Bundesaufsichtsamt, durch Auswertung der ausführlichen Dokumentation im Vorfeld der Prüfung eine intensive Vorbereitung, doch vor Ort in den Instituten stellt sich regelmäßig heraus, dass ein Unterschied zwischen "Papierform" und Realität besteht. Mit den geringen zeitlichen und personellen Kapazitäten ist eine den Regeln der Kunst genügende Prüfung nicht möglich.

Vor Ort sind die Prüfungsteams in nicht unerheblichem Maße auf die Kooperation und die Auskünfte der Bankmitarbeiter angewiesen. Zwar gab es bislang nur in einem Fall den Versuch einer Täuschung, doch ist jedem Institut auch durch die intensiven Kontakte im Vorfeld einer Antragstellung und Durchführung einer Prüfung klar, dass bei Nichterteilung von Auskünften usw. ein Prüfungsfeld nicht bearbeitet werden kann und dies zulasten des Instituts geht, da dem Bundesaufsichtsamt eine Einschätzung der Eignung des Modells nicht möglich ist und der entsprechende Antrag deshalb abzulehnen wäre (unbeschadet sonstiger Konsequenzen nach § 36 KWG). Ähnliches gilt in dem Falle, dass sich nachträglich herausstellt, z. B. im Rahmen von Nachschauprüfungen oder aufgrund der Tätigkeit der Innenrevision, die nach § 36 Abs. 8 Grundsatz I gewissermaßen permanente Modellprüfungen vorzunehmen hat, dass von einem Institut falsche Angaben gemacht wurden oder die ermittelten Backtestingwerte unrichtig sind.

8. Bisherige Erfahrungen

Nach der bisherigen Erfahrung des Bundesaufsichtsamtes nimmt der Aufbau eines voll funktionsfähigen Risikocontrollingsystems, d. h. sowohl die Entwicklung eines Risikomodells als auch die Einrichtung entsprechender Arbeitsabläufe, jeweils in Abhängigkeit von Größe und Komplexität des Instituts und der Anwendung auch auf ausländische Niederlassungen und Tochtergesellschaften, mindestens zwei Jahre, bei großen Banken durchaus bis zu vier Jahren in Anspruch. Dabei ist Zielgröße ein funktionierendes Controlling mit Risikoermittlung, Ergebnisermittlung, Backtesting und Stress Tests, Erstellung, Analyse und Kommentierung von Risikoreports bis hin zu "Durchdringung" des Instituts mit Risikobewusstsein und Entfaltung einer voll entwickelten Risikokultur, die auf dem Risikomodell fußt und das Risikocontrolling als Kernstück einbegreift.

Wesentlich dabei ist allerdings auch die Entwicklung eines Bewusstseins über die notgedrungermaßen verbleibenden Mängel und die Unzulänglichkeiten der von dem Risikomodell "produzierten" Ergebnisse. Es zeugte von einer minderentwickelten Risikokultur, wenn den Ergebnissen des Modells sozusagen blind, bis auf die dritte Nachkommastelle geglaubt und nicht berücksichtigt würde, dass es sich immer nur um wahrscheinlichkeitstheoretische Schätzungen auf der Basis bestimmter vorgegebener Annahmen handelt[17]. Insofern ist auch eine gesunde Portion Skepsis gegenüber den Modellergebnissen angebracht und steht jedem Risikocontrolling und vor allen Dingen jedem Entscheidungsträger gut zu Gesicht.

Die größten Schwierigkeiten, die sich mehr oder minder ausgeprägt bei jedem der geprüften Institute fanden, bezogen sich auf die Daten, sowohl Positions- wie auch Marktdaten. Die Qualitätssicherung bei den Marktdaten ist eine Herausforderung ersten Ranges, die leider oftmals – auch und gerade bei den Entscheidungsträgern – unterschätzt wird. Verschiedentlich war zu hören, dass man sich vor allem aus Kostengründen für den externen Bezug von Marktdaten, sei es in Rohform, sei es in Form von Kovarianz- und Korrelationsmatrizen aufbereitet, entschieden hat, ohne dabei zu bedenken, dass die absolut notwendige und unerlässliche Prüfung der fremdbezogenen Marktdaten ebenfalls erhebliche Ressourcen bindet und teilweise gar nicht zufriedenstellend möglich ist (Beispiel Kovarianzmatrizen: ohne die Basisdaten besteht keine befriedigende Möglichkeit, die Plausibilität zu überprüfen). Vor allem aber die Zusammenführung der Positionsdaten (auch hier teils in Rohform als Einzelgeschäftsdaten, teils aufbereitet in Form von Sensitivitätsvektoren) bereitet die größten, zeit- und kostenaufwendigsten Probleme. Das Thema „Schnittstellen" ist

---

[17] Klein / Goebel bringen dies recht prägnant und vollkommen zutreffend zum Ausdruck: „Der häufig erweckte Eindruck, dass die heutigen 'Value-at-Risk'-Zahlen das 'echte' bzw. 'wirkliche' Risiko nach einem einheitlichen Maßstab repräsentieren, ist pure Illusion." (Klein / Goebel 1999, S. 263) En passant ließe sich hier die Frage stellen, ob es so etwas wie "wahres" Risiko überhaupt gibt.

bei jeder Modellprüfung sehr beliebt. Es bleibt nur zu hoffen, dass mit zunehmender Verbreitung der Ansätze zur integrierten Gesamtbanksteuerung und der weiteren Nutzung von Risikomodellen die Gesichtspunkte der Einbindbarkeit insbesondere der Front-Office-Systeme in die gesamte EDV-Infrastruktur eines Instituts mehr Gewicht gegenüber den handelsbezogenen Funktionalitäten erhält.

Literaturverzeichnis:

Baseler Ausschuss für Bankenaufsicht (Basel Committee, 1988): International Convergence of Capital Measurement and Capital Standards, Basel, Juli 1988.

Baseler Ausschuss für Bankenaufsicht (Basel Committee, 1996): Amendment to the Capital Accord to Incorporate Market Risks, Basel, Januar 1996.

Bundesaufsichtsamt für das Kreditwesen (BAKred., 1997): Erläuterungen zur Bekanntmachung über die Änderung und Ergänzung der Grundsätze über das Eigenkapital und die Liquidität der Kreditinstitute vom 29.10.1997, Berlin, Oktober 1997.

Europäische Gemeinschaft (Europäische Gemeinschaft, 1998): Richtlinie 98/31/EG des Europäischen Parlaments und des Rates vom 22.6.1998 zur Änderung der Richtlinie 93/6/EWG des Rates über die angemessene Eigenkapitalausstattung von Wertpapierfirmen und Kreditinstituten, in: Amtsblatt der Europäischen Gemeinschaften, Nr. L 204 vom 21.7.1998, S. 13ff.

Klein, W./ Goebel, R. (Klein / Goebel, 1999): Gesamtbanksteuerung – Bündelung von Kompetenz in der Sparkassenorganisation, in: Sparkasse, 1999, Nr. 6, S. 255-271.

Die Hyperfläche©–Dynamische Risikobetrachtung mittels mehrdimensionaler Sensitivitätsanalyse

von Matthias Bode / Michael Mohr

1. Einleitung
2. Normale Ausgangssituation im Bankbetrieb
3. Behandlung der Finanzinstrumente
4. Bestimmung der Hauptrisikofaktoren
5. Beschreibung der Approximationsmethode
6. Das Kronecker-Produkt
7. Analyse des systematischen Fehlers des Approximationsverfahrens
8. Anwendung auf ein exemplarisches Portefeuille mit drei Hauptrisikofaktoren
9. Isobarwertkonstellationen
10. Einzelsensitivitäten
11. Die Phasenraumanalyse
12. Der Gradientenraum des Portefeuilles
13. Quintessenz

Abkürzungen

Symbol	Bedeutung	Dimension
A	Auslandszins	—
B	Barwert	Währung
$\tilde{B}$	approximierter Barwert	Währung
C	Barwert des Call, zu approximierende B-Fläche	Währung
$\tilde{C}$	approximierter. Barwert des Call, approximierte B-Fläche	Währung
G	Gradient von $\tilde{B}$	—
I	Inlandszins	—
$N(\cdot)$	Verteilungsfunktion der Standardnormalverteilung	—
K	Devisenkurs	$\dfrac{\text{Währung}_1}{\text{Währung}_2}$
L	Koeffizientenvektor von $\tilde{B}$ bzw. $\tilde{C}$	—
∇	Nabla-Funktional	—
$\lVert \nabla \tilde{B} \rVert$	Nabla-Vektor von $\tilde{B}$, ausgewertet	—
$\otimes$	Kronecker-Produkt	—
P	Parabelprodukt $P_1 \cdot P_2$	—
S	Strike price	Währung
$T;\ T^*$	Restlaufzeit, Zeit; Zeitpunkt	Jahr
u, v, w	Freie Variablen	—
V, σ	Volatilität	$\sigma(1\ \text{Jahr})$
$X;\ Y^{-1}$	3×3 Matrix des Freiheitsgrades; dito Inverse	—
Z	Zins allgemein	—

1. Einleitung

Die durch bedeutende Verluste Anfang der neunziger Jahre motivierte strikte Regulierung der Finanzinstitute mit dem Ziel der zeitnahen und hinreichend genauen Feststellung des Marktrisikos des Finanztitelportefeuilles stellt Banken weltweit vor größere organisatorische als methodische Probleme. Zahlreiche Vorschriften, deren Einhaltung sowohl von der Bankenaufsicht als auch von Verbänden überwacht wird, zwingen die Institute dazu, den Geldwert des Marktrisikos, den Value-at-Risk (VaR), mit der für die Beherrschung und Steuerung des Risikos erforderlichen Präzision durch statistische Schätzverfahren zu ermitteln. Diese Ermittlung stellt zwei Teilaufgaben; zuerst sind die Rechenmethoden, die den Barwert der einzelnen Finanztitel liefern, festzulegen, sodann sind die außerordentlich zahlreichen Realisationen der einzelnen Finanzmarktfaktoren und die statistischen Beobachtungswerte[1] zu erheben, um in einem übergeordneten Rechengang beide Elemente so zusammenzuführen, dass eine Wahrscheinlichkeitsaussage über das zu erwartende Risiko[2] gewonnen werden kann.

Dieses Erkenntnisziel ist jedoch kein Selbstzweck sondern muss dem verantwortungsbewussten und sachkundigen Management des Finanzmarktrisikos dienen, denn durch die Interdependenz der Märkte besteht die latente Gefahr der Auslösung einer kataklystischen Kettenreaktion infolge der Destabilisierung und des Kollapses eines bedeutenden Finanzinstitutes[3]. Zu beobachten ist, dass etwa fünfundzwanzig Jahre nach der epochalen Arbeit von Black und Scholes (1973) viele Methoden zur Einzelwertberechnung der Finanzinstrumente Allgemeingut geworden sind, und auch in diesem Jahrzehnt die Methodik der VaR-Berechnung weitgehend als verstanden angesehen werden kann. Dabei sind von der Wissenschaft viele methodische Verfeinerungen für spezielle Finanzinstrumente und auch die VaR-Berechnung erarbeitet worden, wohingegen in der Praxis der Finanzinstitute die ingenieurwissenschaftliche Umsetzung in ein idealerweise vollautomatisch funktionierendes technisches Gesamtrisikomesssystem vergleichbar zum Beispiel der Netzsteuerung der Stromwirtschaft noch weitgehend fehlt. Es ist daher ein Verfahren zu fordern, das es dem einzelnen Finanzinstitut erlaubt, das Wertverhalten seiner Portefeuilles unmit-

---

[1] Hier sind an erster Stelle die Volatilitäten und Korrelationen der Finanzmarktparameter zu nennen.
[2] In dieser Arbeit wird ausschließlich das originäre Risiko aus Marktänderungen betrachtet, nicht das operative und nicht das Modellrisiko noch das Kontrahentenrisiko.
[3] Die enormen Verluste des Long Term Capital Management Hedgefonds sind in der Fach- und Tagespresse ausgiebig dokumentiert.

telbar zutreffend einzuschätzen. Dabei muss einer zeitnahen, überblickbaren und raschen Berechnung der Vorzug vor hybriden Verfahren gegeben werden, die ihre Ergebnisse oft mit einer solchen zeitlichen Verzögerung liefern, dass eine adaptive Reaktion nicht erfolgen kann.

2. Normale Ausgangssituation im Bankbetrieb

Gründe für die häufig beträchtlichen organisatorischen Schwierigkeiten der operativ technischen Durchführung der notwendigen Berechnungen liegen in der sukzessiven Einführung mehrerer Generationen derivativer Finanzinstrumente, deren Aufnahme in den Kreis der Handelsprodukte jeweils eigene Spezialsoftware[4] erforderte, die dem Markt von besonders innovativen IT-Anbietern zur Verfügung gestellt wurde und in den Instituten neben bestehenden Systemen zum Einsatz gelangte. Diese in erster Linie für die Preisquotierung im Handelsgeschäft konzipierten Front Office Produkte verfügen in der Regel über eine direkte Marktdateneinspeisung aus den gängigen Informationssystemen der Anbieter wie z. B. Bloomberg oder REUTERS, während ihnen eine Standardschnittstelle zu einem übergeordneten "Risikoleitstand" zumeist fehlt. Die zeitliche Abfolge brachte es zudem mit sich, dass sich neben verschiedenartigen Datenbanksystemen mit mannigfaltigen Datenformaten verschiedene Programmiersprachen und Programmiertechniken in den einzelnen Produkten finden, die eine Integration außerordentlich erschweren. Hinzu kommen die Releasewechsel jedes Herstellers, die zustande gebrachte Integrationslösungen leicht wieder zunichte machen.

Die etablierten Basissysteme, die im Back Office und in der Buchhaltung der Abwicklung und Verbuchung der Geschäftsvorfälle sowie der Bestandsführung dienen, sind teilweise noch keine Realtimesysteme sondern arbeiten im Batchbetrieb und verfügen zumeist weder über die Algorithmen zur Bewertung der Finanzinstrumente noch über eine Online-Dateneinspeisung, während die oben erwähnten Front Office Systeme in der Regel nur eine sehr begrenzte Bestandsführung gestatten und naturgemäß der Bewertungsalgorithmen ihnen fremder Finanzinstrumenttypen entbehren. Übergeordnete reine Risikomesssysteme, in denen beispielsweise die RiskMetrics™

---

[4] Zinsderivate, Aktienderivate und Devisenderivate werden in der Regel von jeweils eigenen Systemen verarbeitet, außerdem werden selbst konstruierte OTC-Produkte häufig mit Tabellenkalkulationsprogrammen bewertet.

Methodik verwendet wird, finden zumeist rasch ihre Grenzen bei der Bewertung exotischer OTC-Produkte und bedürfen der Anbindung an das Basissystem oder die Front Office Tools, falls die Geschäftsdaten nicht mehrfach manuell – mit den dann zwangsläufigen Diskrepanzen der Bestände – erfasst werden sollen.

Somit drängt sich dem mit der Aufgabe des Risikocontrollings Konfrontierten

"Was man nicht weiß, das eben brauchte man,
Und was man weiß, das kann man nicht gebrauchen."[5]

als eleganteste Charakterisierung der vorgefundenen Sachlage auf. Fazit aller bisherigen Darlegungen ist folglich, dass in den meisten deutschen Kreditinstituten, deren Handelsbuch ein Mixtum Compositum originärer und derivativer Instrumente enthält, die technische und organisatorische Realisierbarkeit der aktuellen Bewertung des Handelsbuches nebst der Ermittlung seiner Sensitivitäten aufgrund der im Moment der Berechnung gültigen Marktdaten ihrer Notwendigkeit gerade umgekehrt proportional ist. Daher bleibt nur der Weg einer drastischen Vereinfachung mit Hilfe eines Verfahrens, dessen Abbildungsfunktion mit akzeptabler Genauigkeit in einem Rechengang eine Approximation der aktuellen Portefeuillewertänderungen liefert, die für die Gestaltung und Entscheidung eines sachgerechten Steuerungseingriffes hinreichend ist. Dabei ist für den Zweck der Steuerung angesichts der hinlänglich bekannten Volatilität der Finanzmärkte der Aktualität der Vorzug gegenüber einer für die Entscheidungsfindung irrelevanten Präzision zu geben.

3. Behandlung der Finanzinstrumente

Zur Bestimmung der grundlegenden Approximationstechnik ist zuerst ein Überblick über die das Handelsbuch konstituierenden Finanzinstrumente zu gewinnen. In der Mehrzahl der Fälle findet man weitaus überwiegend originäre und derivative Instrumente vor, die entweder börsengehandelt oder OTC-Standardprodukte sind, deren Preisbestimmungsalgorithmen stetige Funktionen einer oder mehrerer Veränderlicher[6] sind, wobei für die Stetigkeitseigenschaft des Preisverlaufs die zu dessen Be-

---

[5] Vgl. Goethe (1978), S. 182, Z. 1064-1065.
[6] Kurse oder Preise der Underlyings, Zinssätze der jeweiligen Laufzeiten in den einzelnen Währungen für die jeweilige Bonitätsklasse, Volatilitäten der Kurse, Preise bzw. Barwerte, Laufzeiten der einzelnen Finanzinstrumente.

stimmung eingesetzte Rechenmethode – analytisch nach dem Grundmuster der Diffusionsgleichung, Bi- oder Trinomial-Baumverfahren oder Simulation mittels des Monte-Carlo-Verfahrens – unerheblich ist. Für alle Finanzinstrumenttypen mit stetigem Preisverlauf lassen sich folglich entweder unmittelbar analytisch durch Differenziation der Bestimmungsgleichung oder numerisch durch Bildung der Differenzenquotienten Ableitungen nach den Veränderlichen gewinnen. Damit liegt es nahe, den Wertverlauf eines Gesamtportefeuilles innerhalb bestimmter Variationsgrenzen der als Eingangsgrößen verwendeten n Veränderlichen durch *eine* geeignete Multinomfunktion[7] ebenfalls n Veränderlicher darzustellen.

Ausnahmen mit nicht stetigem Wertverlauf, – wie die exotischen UP/DOWN-IN/OUT und die digitalen Optionen – die bei Erreichen bestimmter Kurswerte des jeweiligen Underlyings in einem Sprungereignis einen bestimmten Wert annehmen oder allen Wert verlieren, bedürfen einer getrennten Behandlung, falls die Sprungstellen ihrer spezifischen Preisbestimmungsgleichungen innerhalb des in Betrachtung genommenen Variationsbereiches der wertbestimmenden Eingangsgrößen liegen; sofern die durch sie eventuell induzierten Portefeuillewertänderungen überhaupt so beträchtlich[8] sind, dass sie eine Hedgeadjustierung erforderten.

Alsdann sind für jede Klasse von Finanzinstrumenten die aktuellen Werte der Inputparameter (s. Fußnote 6) zu erheben und ausgehend von diesen, die entsprechenden Minimal- und Maximalwerte, welche innerhalb eines Betrachtungszeitraumes von beispielsweise zehn Tagen mit einer Wahrscheinlichkeit von 0,99 [9] nicht überschritten werden.

Aufgrund dieser Festlegung können alle Finanzinstrumente mit unstetigem Verlauf innerhalb der festgelegten Variationsbreite der Inputparameter und bedeutendem Barwertbeitrag zum Gesamtportefeuille ausgeschieden werden; es verbleiben die in den diversen Subsystemen berechenbaren stetigen. Mit jenen drei vorgegebenen Werten sind alle Finanztitel, die von den einzelnen Subsystemen für Aktien-, Zins- und Devisenprodukte geführt werden, in denselben zu bewerten. Dabei ist besonde-

---

[7] In einer Multinomfunktion ist eine Größe von mehreren anderen abhängig, die in verschiedenen Kombinationen und Potenzen auftreten; z. B.: $z = xy + x^n y + xy^m + x^m y^n + \ldots$

[8] Auch hier gilt, dass eine vom Barwert- und häufig auch Gewinnbeitrag her vernachlässigbare Gruppe exotischer Finanztitel einen disproportionalen IT-Aufwand erfordern.

[9] Zahlenangaben erfolgen in diesem Beitrag prinzipiell als Dezimalzahlen oder Quotienten; Leser, die Prozentangaben bevorzugen, multiplizieren mit hundert.

res Augenmerk darauf zu richten, dass in alle Systeme identische Inputparameter Eingang finden, d. h. der für ein Forward Rate Agreement (FRA) beispielsweise benutzte Dreimonatsinlandszins muss mit dem übereinstimmen, der für die Berechnung einer Option mit drei Monaten Restlaufzeit angewandt wird.

4. Bestimmung der Hauptrisikofaktoren

Falls aufgrund einer besonders unübersichtlichen Portefeuillezusammensetzung Unklarheit darüber besteht, welche Einflussfaktoren dominieren, ist das Portefeuille hinsichtlich aller Einflussfaktoren mit der nachstehend vorgeschlagenen Methode zu untersuchen, um sodann die – höchstens – drei am stärksten auf den Portefeuillewert wirkenden zu identifizieren. Dies ist im Allgemeinen nur durch Berechnung der Sensitivitäten, also mit Methoden der Differenzialrechnung, oder spezieller der Vektoranalysis, möglich. Hierzu sind viele Positionsführungssysteme auch heute noch ungeeignet, und die Aufgabe ist vollends unlösbar, wenn die Finanzinstrumente in mehreren separaten Systemen abgelegt sind.

Die Beschränkung auf höchstens drei Haupteinflussgrößen ist durch das Ziel motiviert, das Wertänderungsverhalten des Portefeuilles graphisch zu veranschaulichen, so dass das Management in die Lage versetzt wird, das momentane und das zukünftige "charakteristische Betriebsverhalten" zu erkennen. Um die für die Veranschaulichung notwendige Beschränkung auf drei Hauptrisikofaktoren zu erreichen, kann es zweckmäßig sein, hoch korrelierte Risikofaktoren derselben Klasse als Funktion des Hauptrisikofaktors auszudrücken, z. B. durch den so genannten Spread bei Zinssätzen[10]. Wenn mehr als drei Risikofaktoren und die Zeit als weiterer, notwendiger Freiheitsgrad eingeführt werden, sind zur jeweiligen Veranschaulichung den je nach Darstellungsmethode überzähligen Einflussparametern vorübergehend feste Werte zuzuweisen.

Zu beachten ist jedoch auch, dass die Anzahl der Summanden des aufzustellenden Gleichungssystems, äquivalent der Anzahl der Matrixelemente, nach i^{2n} wächst, wobei i die Anzahl der Ausprägungen jedes Freiheitsgrades ist und n die Anzahl der Freiheitsgrade. Deshalb werden in der nachstehend erklärten Approximationsmethode nur drei Ausprägungen und im Maximum vier Freiheitsgrade gewählt. Dies führt

---

[10] Vgl. Bode / Mohr (1997), S. 699 und Bode / Mohr (1999), S. 270.

zu 81 Gleichungen mit 81 Unbekannten, d. h. zu $3^{4\times2} = 6.561$ Matrixelementen; wählte man zur Genauigkeitsteigerung i = fünf Ausprägungen, wären es 390.625 Matrixelemente. Daher ist es sinnvoll, wie auch die Fehleruntersuchungen belegen werden, die Anzahl der Ausprägungen zugunsten einer größeren Anzahl Freiheitsgrade bei drei zu belassen. Bis zu sechs unabhängige Freiheitsgrade (entsprechend einer 729×729 Matrix) sind mit konventioneller Technik rechnerisch zu bewältigen. Die praktische Schwierigkeit der Erhebung und Summierung der bis zu 729 Teilergebnisse aus jedem Subsystem dürfte weitaus größer sein als die rechentechnische.

Zumeist sind die für einzelne Produktgruppen zuständigen Händler für bspw. Bonds oder Zinsderivate oder Devisen und ihre Derivate gründlich über ihre Subportefeuilles orientiert, es fehlt jedoch die kritische Gesamtschau, welche sich die Geschäftsleitung gemäß den Mindestanforderungen an das Betreiben von Handelsgeschäften (MAH) verschaffen muss. Nach Beobachtung der Autoren herrscht in der Praxis die Auffasung vor, dass die Risikokontrolle mit der Berechnung des VaR angesichts deren beträchtlichen Aufwandes – häufig auch verursacht durch artifizielle Verfeinerungen ohne Erkenntniswert[11] – ihr Bewenden haben könne, d. h., man nimmt einem Quidproquo erliegend die technische Berechnungsarbeit für den Aussagewert der Größe VaR als Steuerungsinstrument.

5. Beschreibung der Approximationsmethode

Um die nun angewandte *höherdimensionale Approximationstechnik* von Grund auf darzustellen, wählen wir im ersten Schritt eine einfache Devisencalloption. Deren Wert gehorcht folgender Funktion[12]:

---

[11] Vgl. Bode / Mohr (1997), S. 699f. und Bode / Mohr (1999), S. 274, kritisch zu diesem Phänomen.
[12] Alle Berechnungen in diesem Beitrag wurden mit dem Programm MATHEMATICA® 3.0 von Wolfram Research Inc. durchgeführt und graphisch dargestellt. Aufgrund der gegebenen Definitionen und Zahlenangaben können alle Berechnungen nachvollzogen werden.

$$C = e^{-A \cdot T} \cdot K \cdot N(x + \sigma \cdot \sqrt{T}) - e^{-I \cdot T} \cdot S \cdot N(x)$$

(1)

$$\text{mit } x = \frac{\ln(\frac{K}{S}) + (I - A - \frac{\sigma^2}{2}) \cdot T}{\sigma \cdot \sqrt{T}}.$$

Gleichung 1: **Barwert des Devisencalls**

darin bezeichnen

K = Kassakurs
S = Strike price
σ = Volatilität
I = Inlandszins
A = Auslandszins
T = Restlaufzeit
$N(\cdot)$ = Verteilungsfunktion der Standardnormalverteilung

Die Betrachtung der Fehlersensitivität der Devisenoption zeigt die geringeren Auswirkungen der Veränderungen der Parameter I, A, T auf die Optionsprämie C[13]. Daher wird C unter Konstanthaltung der übrigen Parameter als Funktion von K und $V = \sigma$ aufgefasst. Wir berechnen nun C für folgende spezielle Konstellationen der Volatilität und des Eurokurses zum USD.

$K = \frac{0{,}90 \text{ USD}}{1{,}00 \text{ EUR}}$; $V = 0{,}10$	$K = \frac{1{,}04 \text{ USD}}{1{,}00 \text{ EUR}}$; $V = 0{,}10$	$K = \frac{1{,}18 \text{ USD}}{1{,}00 \text{ EUR}}$; $V = 0{,}10$
$K = \frac{0{,}90 \text{ USD}}{1{,}00 \text{ EUR}}$; $V = 0{,}20$	$K = \frac{1{,}04 \text{ USD}}{1{,}00 \text{ EUR}}$; $V = 0{,}20$	$K = \frac{1{,}18 \text{ USD}}{1{,}00 \text{ EUR}}$; $V = 0{,}20$
$K = \frac{0{,}90 \text{ USD}}{1{,}00 \text{ EUR}}$; $V = 0{,}30$	$K = \frac{1{,}04 \text{ USD}}{1{,}00 \text{ EUR}}$; $V = 0{,}30$	$K = \frac{1{,}18 \text{ USD}}{1{,}00 \text{ EUR}}$; $V = 0{,}30$

Tab. 1: Kurs-Volatilitäts-Konstellationen

---

[13] Vgl. Bode / Mohr (1994), S. 527f.

Die Wahl spezieller Werte beruht auf Erfahrungstatsachen, sinnvollerweise werden der aktuelle Wert als Zentralwert und die innerhalb des Betrachtungszeitraumes für möglich gehaltenen Extremwerte[14] der Risikofaktoren als Eckpunkte gewählt. Für jede einzelne der neun möglichen Parameterkonstellationen wird C explizit ausgewertet. So erhält man neun Werte von C:

$$\begin{pmatrix} 0{,}00218529 & 0{,}02241996 & 0{,}05228482 \\ 0{,}03288260 & 0{,}07250568 & 0{,}11207926 \\ 0{,}12594743 & 0{,}15732385 & 0{,}19542339 \end{pmatrix}$$

Tab. 2: Ergebnisvektor der C_i

Den Preisverlauf, in dem die neun berechneten Werte aus Tab. 2 durch Punkte markiert sind, kann man leicht dreidimensional veranschaulichen (siehe Abb. 1)[15]:

Eine derartige stetige Fläche C kann gut durch eine Funktion $\tilde{C}$ folgender Gestalt approximiert werden[16]:

$$C \approx \tilde{C}, \text{ wobei}$$

(2)
$$\tilde{C} = a_1 + a_2 \cdot K + a_3 \cdot K^2 + a_4 \cdot V + a_5 \cdot K \cdot V \\ + a_6 \cdot K^2 \cdot V + a_7 \cdot V^2 + a_8 \cdot K \cdot V^2 + a_9 \cdot K^2 \cdot V^2$$

Gleichung 2: Die Approximationsfunktion $\tilde{C}$

---

[14] Eine Möglichkeit, die Extremwerte zu bestimmen, ergibt sich aus der VaR-Methodik, nach der sie auf einem vorgegebenen Konfidenzniveau z. B. 0,95 oder 0,99 innerhalb der so genannten Haltedauer nicht überschritten werden.

[15] Alle gezeigten Abbildungen sind keine Prinzipskizzen, sondern aufgrund der tatsächlichen Inputparameter konkret berechnete graphische Repräsentationen der Resultate der rechnerischen Auswertungen.

[16] Vgl. Smith & al. (1943), S. 118ff., "The General Equation of the Second Degree", um die es sich hier handelt.

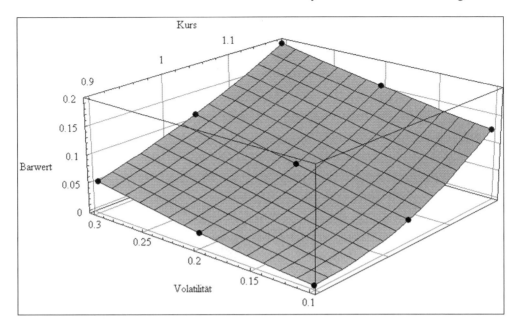

Abb. 1: Der Barwert des Calls als Funktion von Kurs und Volatilität

Dieses Multinom zweiten Grades in den zwei Veränderlichen **K** und **V** hat, weil seine höchste Potenz wie die einer Parabel zwei ist, die Eigenschaft, zwischen zwei Stützstellen nicht auszubrechen. Dabei ist Gleichung 2 eine Verallgemeinerung des Produktes **P** zweier Parabeln in der Normalform,

(3)
$$P = (p + qx + rx^2) \cdot (s + ty + uy^2)$$
$$= ps + qsx + rsx^2 + pty + qtxy + rtx^2 y + puy^2 + quxy^2 + rux^2 y^2,$$

Gleichung 3: Produkt zweier Parabeln in der Normalform

wobei in jener die Koeffizienten jedoch nicht linear abhängig sind. Abb. 2 zeigt den Graphen der Funktion **P** archetypisch mit allen $a_i = 1$.

Aufgabe ist nun, die in Tab. 2 enthaltene Information über die neun Callpreise C_i bei den Marktkonstellationen aus Tabelle 1 so zu verwerten, dass man eine Bestimmungsgleichung für $\tilde{C}$ gewinnt, in der die Koeffizienten a_i der Gleichung 2 Zahlenwerte annehmen. Festgelegt wurden die Variablen **I** mit 0,03, **A** mit 0,045 und die Laufzeit **T** mit einem Jahr. Neben diesen haben wir neun Vektoren, die jeweils die **K-V**-Kombination und das zugehörige C_i enthalten:

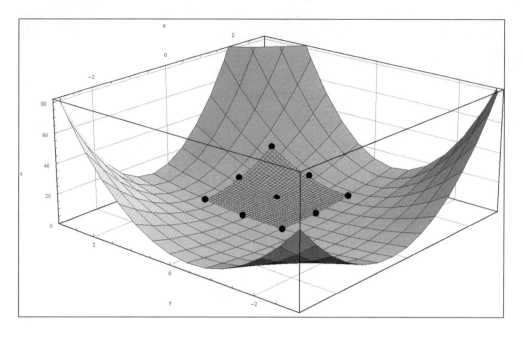

Abb. 2: Archetypus der *C* approximierenden Fläche:
$$P = (1 + x + x^2) \cdot (1 + y + y^2)$$

$$\begin{pmatrix} K & V & C \\ 0{,}90 & 0{,}10 & 0{,}00218529 \\ 0{,}90 & 0{,}20 & 0{,}02241996 \\ 0{,}90 & 0{,}30 & 0{,}05228482 \\ 1{,}04 & 0{,}10 & 0{,}03288260 \\ 1{,}04 & 0{,}20 & 0{,}07250568 \\ 1{,}04 & 0{,}30 & 0{,}11207926 \\ 1{,}18 & 0{,}10 & 0{,}12594743 \\ 1{,}18 & 0{,}20 & 0{,}15732385 \\ 1{,}18 & 0{,}30 & 0{,}19542339 \end{pmatrix}$$

Tab. 3: *K-V-C_i*-Tripel

Man sieht, dass die Werte von **K** und **V** alle Kombinationen durchlaufen, i. e. man verfügt über die Elemente für die Aufstellung eines Systems von neun Gleichungen, aus denen die neun Koeffizienten a_1 bis a_9 aus Gleichung 2 zu berechnen sind; das heißt, man bestimmt eine spezielle Fläche der Grundgestalt von Abb. 2, die in einem

Ausschnitt[17] den neun Gitterpunkten aus Tab. 3 genau folgt. Dieser Ausschnitt geht somit auch präzise durch die neun in Abb. 1 markierten Punkte.

Zur Aufstellung dieser Gleichungen bedient man sich zweckmäßigerweise eines eleganten Verfahrens der Matrizenrechnung.

6. Das Kronecker-Produkt

Man konstruiert eine 3×3 Matrix X des ersten Inputparameters, hier allgemein als x bezeichnet, welcher die vorerst unspezifizierten drei Werte x_1, x_2 und x_3 annimmt. In X und Y durchlaufen die Werte die Potenzen von null bis zwei:

$$X = \begin{pmatrix} 1 & x_1 & x_1^2 \\ 1 & x_2 & x_2^2 \\ 1 & x_3 & x_3^2 \end{pmatrix} \qquad Y = \begin{pmatrix} 1 & y_1 & y_1^2 \\ 1 & y_2 & y_2^2 \\ 1 & y_3 & y_3^2 \end{pmatrix}$$

Matrix 1 **Matrix 2**

Nun bildet man das *Kronecker-Produkt* von X und Y[18]:

---

[17] Betrachte Abb. 2.
[18] Vgl. Lang (1978), S. 305ff.

$$X \otimes Y = \begin{pmatrix} 1 \cdot Y & x_1 \cdot Y & x_1^2 \cdot Y \\ 1 \cdot Y & x_2 \cdot Y & x_2^2 \cdot Y \\ 1 \cdot Y & x_3 \cdot Y & x_3^2 \cdot Y \end{pmatrix}$$

$$= \begin{pmatrix} 1 & y_1 & y_1^2 & x_1 & x_1 y_1 & x_1 y_1^2 & x_1^2 & x_1^2 y_1 & x_1^2 y_1^2 \\ 1 & y_2 & y_2^2 & x_1 & x_1 y_2 & x_1 y_2^2 & x_1^2 & x_1^2 y_2 & x_1^2 y_2^2 \\ 1 & y_3 & y_3^2 & x_1 & x_1 y_3 & x_1 y_3^2 & x_1^2 & x_1^2 y_3 & x_1^2 y_3^2 \\ 1 & y_1 & y_1^2 & x_2 & x_2 y_1 & x_2 y_1^2 & x_2^2 & x_2^2 y_1 & x_2^2 y_1^2 \\ 1 & y_2 & y_2^2 & x_2 & x_2 y_2 & x_2 y_2^2 & x_2^2 & x_2^2 y_2 & x_2^2 y_2^2 \\ 1 & y_3 & y_3^2 & x_2 & x_2 y_3 & x_2 y_3^2 & x_2^2 & x_2^2 y_3 & x_2^2 y_3^2 \\ 1 & y_1 & y_1^2 & x_3 & x_3 y_1 & x_3 y_1^2 & x_3^2 & x_3^2 y_1 & x_3^2 y_1^2 \\ 1 & y_2 & y_2^2 & x_3 & x_3 y_2 & x_3 y_2^2 & x_3^2 & x_3^2 y_2 & x_3^2 y_2^2 \\ 1 & y_3 & y_3^2 & x_3 & x_3 y_3 & x_3 y_3^2 & x_3^2 & x_3^2 y_3 & x_3^2 y_3^2 \end{pmatrix}$$

Matrix 3:   **Das Kronecker-Produkt**

In dieser Matrix 3 finden sich nun alle Kombinationen der x_i^n und y_i^n, wobei i die Werte von 1 bis 3 durchläuft und n die Werte von 0 bis 2. Da der Vektor C der Ergebnisse bekannt ist, bleibt nur die Inverse $(X \otimes Y)^{-1}$ zu bestimmen, um den gesuchten Koeffizientenvektor $L = (a_1, a_2, \ldots, a_9)$ zu errechnen, denn

$(X \otimes Y) \times L = C$ und folglich

(4) $(X \otimes Y)^{-1} \times C = L$

Gleichung 4:   **Bestimmungsgleichung des Lösungsvektors**

Für die Inverse des Kronecker-Produktes zweier regulärer Matrizen A und B gilt nun:

(5) $(A \otimes B)^{-1} = A^{-1} \otimes B^{-1}$,

Gleichung 5:   **Identität der Inversen des Kronecker-Produktes mit dem Kronecker-Produkt der Inversen**

d. h. die Inverse des Produktes ist gleich dem Produkt der beiden Inversen. Dies ist von einiger praktischer Bedeutung, denn die Zahl der Rechenoperationen bei der Inversion größerer Matrizen steigt bekanntermaßen mit wachsender Ordnung überproportional. Wie Gleichung 5 zeigt, genügt es, die Inversen der 3×3-Matrizen X und Y zu bilden und deren Kronecker-Produkt zu berechnen anstatt die 9×9-Matrix $X \otimes Y$ konventionell zu invertieren. Die Inverse X^{-1} von X ist gegeben durch:

$$X^{-1} = \begin{pmatrix} \dfrac{x_2 x_3}{(x_2 - x_1) \cdot (x_3 - x_1)} & \dfrac{x_1 x_3}{(x_1 - x_2) \cdot (x_3 - x_2)} & \dfrac{x_1 x_2}{(x_1 - x_3) \cdot (x_2 - x_3)} \\ -\dfrac{x_2 + x_3}{(x_2 - x_1) \cdot (x_3 - x_1)} & -\dfrac{x_1 + x_3}{(x_1 - x_2) \cdot (x_3 - x_2)} & -\dfrac{x_1 + x_2}{(x_1 - x_3) \cdot (x_2 - x_3)} \\ \dfrac{1}{(x_2 - x_1) \cdot (x_3 - x_1)} & \dfrac{1}{(x_1 - x_2) \cdot (x_3 - x_2)} & \dfrac{1}{(x_1 - x_3) \cdot (x_2 - x_3)} \end{pmatrix}$$

Matrix 4:   **Inverse von X**

Analog bildet man Y^{-1}. Resultat der abschließenden Bildung des Kronecker-Produktes ist die 9×9 Matrix $(X \otimes Y)^{-1}$, die gerade die gesuchte Inverse ist; die ersten 2×2 Elemente sind als Matrix 5 nachstehend exemplarisch angegeben:

$$\begin{pmatrix} \dfrac{x_2 x_3 y_2 y_3}{(x_2 - x_1) \cdot (x_3 - x_1) \cdot (y_2 - y_1) \cdot (y_3 - y_1)} & \dfrac{x_2 x_3 y_1 y_3}{(x_2 - x_1) \cdot (x_3 - x_1) \cdot (y_1 - y_2) \cdot (y_3 - y_2)} \\ -\dfrac{x_2 x_3 \cdot (y_2 + y_3)}{(x_2 - x_1) \cdot (x_3 - x_1) \cdot (y_2 - y_1) \cdot (y_3 - y_1)} & -\dfrac{x_2 x_3 \cdot (y_1 + y_3)}{(x_2 - x_1) \cdot (x_3 - x_1) \cdot (y_1 - y_2) \cdot (y_3 - y_2)} \end{pmatrix}$$

Matrix 5:   **Ausschnitt aus $(X \otimes Y)^{-1}$**

Der gesuchte Koeffizientenvektor L ist gemäß Gleichung 4 das Produkt aus $(X \otimes Y)^{-1}$ – wobei die in Tab. 1 festgelegten drei Zahlenwerte von K für x_1, x_2 und x_3 und die von V für y_1, y_2 und y_3 erst jetzt in die Inverse eingesetzt werden – und dem Vektor C der Callpreise (C_1, C_2, ..., C_9) für die jeweiligen K-V-Kombinationen (s. Tab. 3).

$$L = \begin{pmatrix} 2{,}5228051 & -14{,}6117620 & 23{,}2324962 \\ -5{,}2564115 & 28{,}3090967 & -44{,}1631569 \\ 2{,}7154890 & -13{,}3438659 & 20{,}9825371 \end{pmatrix}$$

Tab. 4: Lösungsvektor L

Mit diesen Koeffizienten ist die Definitionsgleichung für die C approximierende Funktion $\tilde{C}$ (s. Gleichung 2) der beiden Veränderlichen K und V vollständig beschrieben[19]:

(6)
$$\tilde{C} = 2{,}5228 - 14{,}6117V + 23{,}2324V^2 - 5{,}2564K + 28{,}3090KV \\ - 44{,}1631KV^2 + 2{,}7154K^2 - 13{,}3438K^2V + 20{,}9825K^2V^2$$

Gleichung 6: Die approximierende Funktion $\tilde{C}$

Der Vorteil, den die Ausnutzung der Beziehung nach Gleichung 5 bietet, liegt darin, dass man erst ganz zum Ende des Berechnungsganges den Variablen Werte zuweisen und lediglich eine Matrixmultiplikation mit Zahlenwerten vornehmen muss, was der Rechengenauigkeit förderlich ist und die in allgemeinen Zahlen durchgeführten Vorarbeiten beliebig wiederverwendbar macht[20].

7. Analyse des systematischen Fehlers des Approximationsverfahrens

Die Bestimmungsgleichung für den Callpreis wird wesentlich durch die Exponential- und deren Umkehrfunktion geprägt, während die Argumente der ihr angenäherten Funktion $\tilde{C}$ in dieser maximal in der zweiten Potenz erscheinen. Dennoch beschreibt $\tilde{C}$ den Callpreis C bestechend genau, wie der Graph in Abb. 3 belegt. Man sieht deutlich, wie gut sich die C approximierende Fläche $\tilde{C}$, die über den Definitionsbereich hinaus gezeichnet wurde, an C anschmiegt. An den Stellen, an denen das

---

[19] Die Nachkommastellen (vgl. Lösungsvektor L in Tab. 4) wurden nach der vierten abgeschnitten. Zur Nachrechnung verwende man die genauen Werte des Lösungsvektors L aus Tab. 4.

[20] Es ist der Rechengenauigkeit ebenfalls förderlich, die Inverse in Brüchen zu berechnen, dann mit C zu multiplizieren und am Schluss zu dividieren.

Gitternetz der **C** nicht sichtbar ist, liegt es unter dem der $\widetilde{C}$, sonst darauf oder knapp darüber.

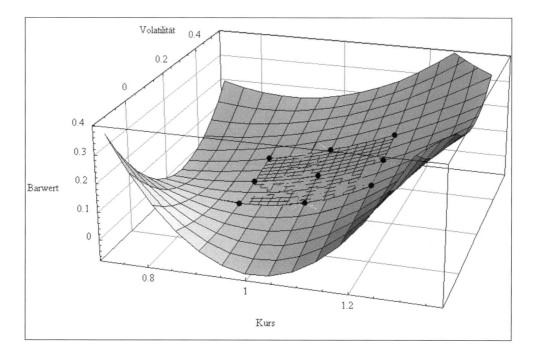

Abb. 3: Originalfläche C der approximierenden Fläche $\widetilde{C}$ appliziert

Betrachtet man außerdem den relativen Fehler[21], so findet man zwei Extremwerte, d. h. zwei Kombinationen der Risikofaktoren Kurs und Volatilität, bei deren Auftreten der relative Fehler maximal wird. Die graphische Darstellung des relativen Fehlers in Abb. 4, ausgedrückt als Funktion von **K** und **V**, erleichtert das Auffinden der maximalen Fehler.

---

[21] Relativer Fehler $= \dfrac{\text{Approximierter Wert - Exakter Wert}}{\text{Exakter Wert}}$, vgl. Bronstein (1989), S. 99.

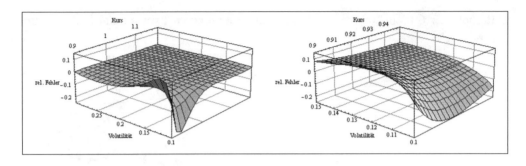

Abb. 4: Relative Fehler

Der linke Graph der Abb. 4 zeigt den relativen Fehler über alle in Betrachtung genommenen Werte von K und V; im rechten Graphen ist die vordere rechte Ecke ($K = 0{,}90, \ldots, 0{,}95$; $V = 0{,}10, \ldots, 0{,}15$), in welcher K und V – und damit auch der Preis des Calls – ihren Minima zustreben, herauspräpariert. Man erkennt direkt, dass die maximalen Fehler auf dem Rand liegen, d. h. im Definitionsbereich auf dem geometrischen Ort des Minimums eines dieser Risikofaktoren. Damit können wir in die Fehlerbestimmungsgleichungen (s. Fußnote 21) die spezifischen Argumente $K_{min} = 0{,}90$ (angenommener geringster Kurs) bzw. $V_{min} = 0{,}10$ (angenommene geringste Volatilität) einsetzen und die durch Nullsetzen der ersten Ableitungen erhaltenen Gleichungen nach der freien Variablen lösen. Wir erhalten folgende Werte für die freien Variablen (*kursive Werte*) und die Fehler:

Kurs	Volatilität	Exakter Wert	Approx. Wert	rel. Fehler
0,9000	*0,1187*	0,0046	0,0052	**0,1452**
0,9235	0,1000	0,0040	0,0030	**-0,2465**
0,9235	0,1187	0,0073	0,0072	**-0,0080**

Tab. 5: Relative Fehler (*freie Variablen kursiv*)

Die größten relativen Fehler von 0,1452 bzw. –0,2465 [22] sind angesichts des geringen Callwertes von weniger als einem halben Eurocent in der Risikobetrachtung insignifikant. Außerdem vermindert sich der in der letzten Zeile angegebene relative Fehler um zwei Größenordnungen auf acht Tausendstel beim gleichzeitigen Auftreten der Werte, die in Kombination mit dem jeweils minimalen Kurs bzw. der minimalen Volatilität die größten relativen Fehler hervorbringen. Wie der linke Graph in

---

[22] Vgl. mit den nicht sichtbaren Gitternetzlinien Abb. 3.

Abb. 4 zeigt, liegen die relativen Fehler im gesamten übrigen Wertebereich so niedrig, dass die Approximation als vollständig gelungen und damit das Verfahren für die Zwecke der Risikoanalyse als durchaus geeignet angesehen werden kann[23]. Diese Bewertung wird auch von der statistischen Analyse bestätigt: Bei 2.337 gleichmäßig über den Werteverlauf verteilten Messpunkten, ergibt sich als exakter Mittelwert aller Callpreise $\overline{C}$ 0,0790959 und als approximierter Mittelwert $\overline{\tilde{C}}$ 0,0789893, mithin eine Differenz[24] von ~ -10^{-4}.

8. Anwendung auf ein exemplarisches Portefeuille mit drei Hauptrisikofaktoren

Als nächstes untersuchen wir eine Zusammenstellung, die einen Dreijahreszerobond,[25] ein dreijähriges Devisentermingeschäft und zwei dreijährige Callpositionen gemäß Tab. 6 enthält. Diese Instrumente betrachten wir als in verschiedenen Systemen einer Bank vorgefunden und behandeln sie im Folgenden als ein exemplarisches Portefeuille für die Zwecke der Darstellung ohne seiner Zusammensetzung eine Intention zuzuschreiben. Häufig wird der USD-Bond in einem so genannten "legacy system" geführt, weil das Bondgeschäft klassisch ist, das Devisentermingeschäft findet sich in einem zweiten, ebenfalls älteren System und die Devisenoptionen in dem vermutlich modernsten. Aufgabe ist es, das Wertänderungsverhalten dieser Instrumente bei Marktdatenänderung zu analysieren, d. h. den Barwert in EUR und seine Faktorsensitivität bei definierten Marktdatenkonstellation und zu definierten Zeitpunkten festzustellen.

Als aktuelle Marktdaten und Extremwerte (s. Fußnote 14) für Euro-Kassakurs und Volatilität wurden die Werte aus Tab. 1 gewählt, außerdem wurde ein Dreijahreszerosatz für den USD von 0,03 bis 0,06 mit einem aktuellen Wert von 0,045 unterstellt und eine Restlaufzeit von drei bis 0,2 Jahren gewählt. Da durch die Methode der Extremwertfestlegung in Verbindung mit der Bildung des *Kronecker-Produkts* alle

---

[23] Bei der Approximation eines aus etlichen Instrumenten bestehenden Portefeuilles, für welche die Methode eigentlich konzipiert ist, ist der maximale Fehler überdies weitaus geringer (vgl. Fußnote 32).
[24] Der exakte Mittelwert aller gemessenen 2.337 Abweichungen beträgt 0,000106523.
[25] Derartige fiktive Zerobonds ergeben sich aus der Cash-Flow-Reihendarstellung eines Portefeuilles nach Mapping; vgl. hierzu Bode, Mohr (1996), S. 474.

Marktdatenkonstellationen erfasst werden, erübrigt sich eine Prognose[26] der Marktdaten. Diese ist sogar unerwünscht, denn Erkenntnisziel ist es, eine Einsicht in das charakteristische Betriebsverhalten des Portefeuilles im gesamten Raum der für wahrscheinlich gehaltenen Marktdatenkonstellationen gemäß Tab. 7 zu gewinnen.

Instrumente	Strike/Basis	Nominal
USD-Bond LONG	—	1 USD
EUR-Terminkauf	$\frac{1{,}04 \text{ USD}}{1{,}00 \text{ EUR}}$	1 EUR
EUR-Call(LONG)	$\frac{1{,}05 \text{ USD}}{1{,}00 \text{ EUR}}$	4,5 EUR
EUR-Call (SHORT)	$\frac{0{,}90 \text{ USD}}{1{,}00 \text{ EUR}}$	-3 EUR

Tab. 6: Instrumente des Portefeuilles

Freiheitsgrad	Minimalwert	Zentralwert	Maximalwert	Δ
Kurs	$\frac{0{,}90 \text{ USD}}{1{,}00 \text{ EUR}}$	$\frac{1{,}04 \text{ USD}}{1{,}00 \text{ EUR}}$	$\frac{1{,}18 \text{ USD}}{1{,}00 \text{ EUR}}$	0,04
USD-Zins	0,030	0,045	0,060	0,005
EUR-Zins fix	0,030	0,030	0,030	–
Volatilität	0,10	0,20	0,30	0,02
Restlaufzeit	0,20	1,6	3	0,25

Tab. 7: Vorgabewerte der Freiheitsgrade

Als hauptsächlich wertbestimmende Risikogrößen und damit Freiheitsgrade erkennt man aus der Portefeuillezusammensetzung unmittelbar Kurs, Volatilität und den Dreijahres-USD-Zins[27]. Die interessierende Größe Barwert B ist nun eine Funktion dreier Risikofaktoren und lässt sich damit nicht mehr unmittelbar graphisch darstellen. Außerdem ist es erforderlich, den Faktor Zeit als zusätzlichen Freiheitsgrad in

---

[26] Ursache vieler Verluste ist, dass die Akzeptanz einer Prognose dem Prinzip "quod volumus libenter credimus" gehorcht.

[27] Der in den Bestimmungsgleichungen für das Termingeschäft und die Option ebenfalls vorkommende Inlandszins wird wegen des Gewichtes der Bondposition, auf die der USD-Zins, i. e. Auslandszins, wirkt, klar dominiert.

die Betrachtung einzubeziehen, denn die Sensitivität der Finanzinstrumente gegen Änderungen der Werte der Risikofaktoren ist auch eine Funktion der Zeit[28]. Man gelangt folglich bei Anwendung der am Call exemplifizierten Methode zu einem System von $3^4 = 81$ Gleichungen mit den 81 Unbekannten ($a_1, a_2,..., a_{81}$), aus dem die Koeffizienten ermittelt werden, die in die Approximationsfunktion $\tilde{B}$ einzusetzen sind. $\tilde{B}$ spannt dann eine *Hyperfläche* im Raum R^5 auf, auf der sich die Barwerte des Portefeuilles bei allen Marktkonstellationen über den Zeitraum von drei bis 0,2 Jahren Restlaufzeit[29] des Portefeuilles befinden.

Für die praktische Durchführung muss zuerst eine Tabelle der ***K-, V-, A-, T-*** Kombinationen erstellt werden, deren Werte zeilenweise an die IT-Einzelsysteme für die verschiedenen Finanzinstrumentklassen übergeben werden, die alsdann die jeweiligen Einzelbarwerte berechnen. Diese Einzelbarwerte sind zu summieren und bilden schließlich die 81 Realisationen des Portefeuillebarwertes ***B***[30]. Man gelangt – analog zu Tab. 3 – zu den 81 ***K-V-A-T-B***-Quintupeln[31].

An dieser Stelle wird der Vorteil der Methode unmittelbar deutlich: Wollte man den Lösungsraum der Barwerte des Beispielportefeuilles mit den in der Spalte Δ der Tab. 7 angegebenen Schrittweiten abtasten, wären allein für jede Option 7.392 Barwertberechnungen zu leisten[32]. Dies ist für reale Portefeuilles mit mehreren Tausend Instrumenten kaum realisierbar und würde auch nicht weiterführen, weil die errechneten, unverbundenen Einzelwerte keiner weiteren Analyse zugänglich sind. $\tilde{B}$ als überall stetig-differenzierbare, ganzrationale Funktion lässt sich hingegen mit den Standardmethoden der Differenzialrechnung und der Vektoranalysis auswerten. Man kann für jede Faktorenkonstellation im gesamten Definitionsbereich

---

[28] Optionen sind stets gegen Ende ihrer Laufzeit weitgehend volatilitätsinsensitiv dagegen stark kurssensitiv.

[29] In der Praxis wird man den Zeitraum zumeist deutlich kürzer wählen; im Exempel dient die lange Periode der Verdeutlichung der Resultate.

[30] Der letzte Barwert in der Betrachtungsperiode fällig werdender Instrumente ist in ***B*** einzubeziehen.

[31] Die Vorgabewerte des exemplarischen Portefeuilles für die Approximation wurden aufgrund der Bestimmungsgleichung für den Barwert jedes Instrumenttyps, vgl. Gleichung 1, ebenfalls in MATHEMATICA® errechnet.

[32] Für die genannten 7.392 Messpunkte wurde auch eine Fehleruntersuchung durchgeführt: Der maximale relative Fehler betrug absolut 5,1%, der mittlere Fehler –0,3% bei einer Standardabweichung von 1,2%; diese Resultate sind bemerkenswert, wenn man bedenkt, dass die Anzahl der vorgegebenen 81 Ausgangswerte der Approximation um zwei Größenordnungen unter derjenigen der Messpunkte liegt.

- den Barwert ohne jeden technisch-organisatorischen Aufwand direkt berechnen,
- bestimmen, welche Risikofaktorenkonstellationen Bedingung für das Eintreten eines vorgegebenen Barwertes sind,
- jede partielle Ableitung nach einem der Risikofaktoren oder der Zeit berechnen, um Einzelhedges zu ermitteln,
- Extremwerte aller Sensitivitäten bestimmen,
- mehrere Risikofaktoren in ihrer Auswirkung auf den Barwert simultan beobachten,
- das Portefeuilleverhalten in der Zeit betrachten

und dadurch ein vertieftes Verständnis von der Funktionsweise des Portefeuilles erlangen. Überdies ist die Approximation eine äußerst konzise Portefeuilledarstellung, denn $\widetilde{B}$ stellt de facto *ein* synthetisches Finanzinstrument her, in dem sich je nach Auswahl alle oder nur die Hauptrisikofaktoren realitätsgetreu abgebildet finden. Demzufolge ist $\widetilde{B}$ prädestiniert, die finanzrechentechnisch präzise und leicht handhabbare Grundlage einer Versicherung des Portefeuilles durch Dritte gegen Marktfluktuationen abzugeben.

9. Isobarwertkonstellationen

Wir nehmen an, die Zentralwerte gemäß Tab. 7 seien die aktuellen Marktwerte im Zeitpunkt $T = 3$, in dem der Portefeuillewert EUR 0,77460 beträgt und stellen die Frage, bei welchen Kurs-, Zins- und Volatilitätskonstellationen in drei Monaten ($T = 2,75$) ein Barwert von EUR 0,65 zu befürchten bzw. ein Barwert von EUR 0,90 zu erhoffen ist. Die beiden Graphen der Abb. 5 geben darüber Auskunft; es handelt sich um *Isobarwertflächen*, die zeigen, welche *K-, V-, A*-Wertetripel gerade zu einem Barwert von EUR 0,65 bzw. EUR 0,90 führen. Man erkennt aus dem linken Graphen, dass sich bei allen Kursen zwischen 0,95 und 1,18 USD/EUR jedoch nur bei Zinsen über 0,05 und Volatilitäten zwischen 0,1 und 0,13 der Barwertverlust von EUR 0,1246 einstellen kann. Das bedeutet, dass ein Zinsanstieg über 0,05 und ein Volatilitätsrückgang den Portefeuillewert vom Kurs 0,95 bis zum Kurs 1,18 USD/EUR mindern. Analog ist aus dem rechten Graphen zu schließen, dass Zinsen unter 0,05 und höhere Volatilitäten als in $T = 3$ bis zum Kurs 1,14 zu einer Wertsteigerung um EUR 0,1254 führen. Diese Analyse führt häufig zur Ernüchterung bei der Gewinnchanceneinschätzung als besonders aussichtsreich empfundener Portefeuilles.

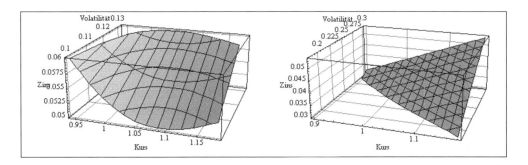

Abb. 5: Isobarwertkonstellationen für $\widetilde{B} = 0{,}65$ und $\widetilde{B} = 0{,}90$ EUR

10. Einzelsensitivitäten

Außerdem liegt es nahe, die Sensitiviät des Portefeuilles gegen die Änderung der einzelnen Risikofaktoren und die Verkürzung der Restlaufzeit bei aktuellen Marktdaten zu untersuchen, was unmittelbar möglich ist, weil die Freiheitsgrade des Ursprungssystems mit denen der Funktion $\widetilde{B}$ identisch sind. Tab. 8 zeigt die Einzelsensitivitäten nächst dem minimalen und dem maximalen Barwert des Portefeuilles in $T = 3$ Jahre Restlaufzeit. Es fällt auf, dass nicht die Extremwerte der Risikoparameter, mit Ausnahme des Zinses im Falle des Maximums, zu den Extrema des Barwertes führen, wie man dies intuitiv anzunehmen geneigt ist.

Marktdaten	Barwert EUR	Delta $\dfrac{\partial \widetilde{B}}{\partial K}$	Vega $\dfrac{\partial \widetilde{B}}{\partial V}$	Rho $\dfrac{\partial \widetilde{B}}{\partial A}$	Theta $\dfrac{\partial \widetilde{B}}{\partial T}$
$K = 1{,}111$; $V = 0{,}10$; $A = 0{,}06$; $T = 3$	Min: 0,6027 (0,6000)	0,000	1,2626	–4,0906	–0,0470
$K = 1{,}17$; $V = 0{,}28$; $A = 0{,}03$; $T = 3$	Max: 1,0156 (1,0148)	0,4686	1,1241	–6,8460	–0,0067

Tab. 8: Sensitivitäten bei den Barwertextrema in $T = 3$

Die *kursiven* Werte in der Spalte Barwert sind die exakten. Wie auch in der Fehlerdiskussion oben gezeigt ist die approximierende Funktion gut geeignet, Barwerte unter einzelnen Konstellationen hinreichend genau zu bestimmen, so dass man das Portefeuilleverhalten unter interessierenden Realisationen der Risikofaktoren mühelos analysieren kann. Wie man unmittelbar erkennt, ist der USD-Zins der dominierende Risikofaktor, weil er direkt den Barwert des Bonds bestimmt; außerdem sinkt mit steigendem Zins der Terminkurs und demzufolge auch der Wert des Termingeschäftes und der Optionen. Die Identifizierung des Zinses als dominierenden Risikofaktor für die beiden angegebenen speziellen Konstellationen ist allerdings rein punktuell, denn der dominierende Risikofaktor muss keineswegs für alle Risikofaktorkonstellationen und Zeitpunkte derselbe sein. Für die Zwecke der dynamischen Portefeuillesteuerung bedarf es daher Methoden simultaner Betrachtung.

11. Die Phasenraumanalyse[33]

Eine Technik, die Entwicklung zweier Kenngrößen des Portefeuilles, nämlich des Barwertes und der Kurssensitivität (Delta) bei Variation der zwei Inputparameter Zeit und Kurs simultan graphisch zu veranschaulichen, stellt das *Phasenraumdiagramm* dar. Die Zeit erscheint in der z-Achse. Da die x-Achse mit dem Barwert und die y-Achse mit dem Delta belegt sind, kann in der dreidimensionalen Darstellung die Kursannahme naturgemäß nur in ihren Auswirkungen erscheinen. Für diese Analyse wurden der Zentralwert der Volatilität 0,20 und der Zentralwert des Zinses 0,045 unterstellt.

---

[33] Vgl. Bode / Schwendner (1998), S. 574, Erläuterung der Phasenraum- oder Parameterdarstellung.

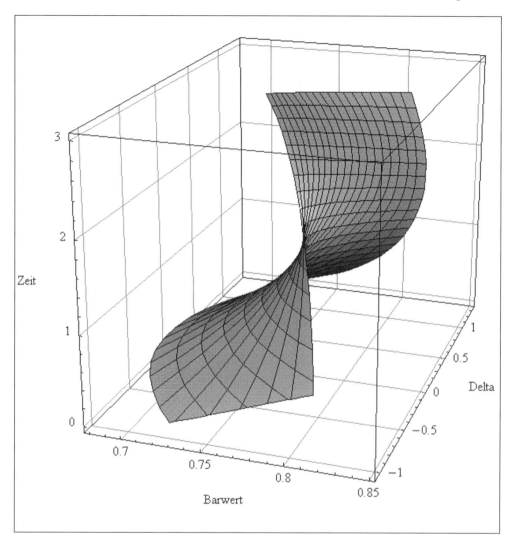

Abb. 6: Barwert-Delta-Phasenraumdiagramm

Bei der Restlaufzeit von drei Jahren – in der Graphik oben – erreicht der Barwert ein Maximum von EUR 0,8269, wenn der Kurs seinen Maximalwert annimmt und ein Minimum von EUR 0,7432 beim Minimalwert des Kurses. Bei einer Restlaufzeit von 0,2 Jahren verhält es sich gerade umgekehrt, der maximale Barwert von EUR 0,8489 stellt sich beim minimalen Kurs ein, der minimale Barwert von EUR 0,7540 beim maximalen.

Zeitpunkt und Kurswert, bei denen das Portefeuille vollkommen kursinsensitiv ist, lassen sich berechnen. Dazu bestimmt man für jeden Zeitpunkt T zunächst den Kurs

$K(T)$, für den die partielle Ableitung $\partial \widetilde{B}/\partial K$ gleich null wird. Für diese spezielle Wahl von K wird dann $\widetilde{B}$ eine Funktion von T alleine und man kann nun den Zeitpunkt T^* bestimmen, für den Theta von $\widetilde{B}$ gleich null wird. Für das vorliegende Portefeuille sind in $T^* = 1{,}5851$ bei $K =$ USD $0{,}9569/1{,}00$ EUR sowohl Delta als auch Theta identisch null. Der Barwert $\widetilde{B}(0{,}9569, 0{,}20, 0{,}045, 1{,}5851)$ beträgt an dieser Stelle EUR $0{,}7740$[34].

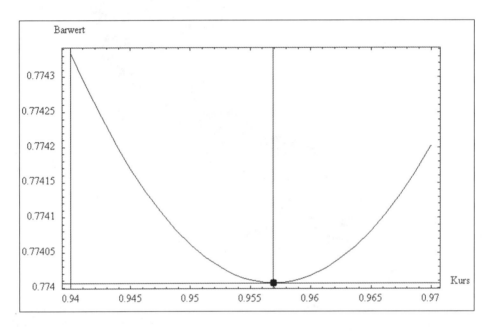

Abb. 7: Kurs und Barwert in $T^* = 1{,}5851$, für den $\partial \widetilde{B}/\partial K = 0$

Abb. 7 zeigt besonders augenfällig, dass der Portefeuillewert bis zum Kurs von 0,9569 fällt und dann mit weiter steigendem Kurs wieder zunimmt. Dieses Betriebsverhalten des Portefeuilles, das aus der Verdrehung der Barwert-Delta-Fläche in Abb. 6 unmittelbar zu erkennen ist, würde man, wenn z. B. im Zeitpunkt $T = 1{,}75$ über geeignete Kurshedgemaßnahmen zu entscheiden wäre, kaum vermuten. In der Praxis bedeutet dies, dass infolge der häufig fehlenden holistischen Betrachtungsweise Subportefeuilles, jedes für sich innerhalb seines Systems, mehr oder minder gehedgt werden mit dem wahrscheinlichen jedoch zumeist eher unerwünschten Re-

---

[34] Auch hier bestätigt die analytische Nachrechnung die Güte der Approximation: Die Nullstelle in $T^* = 1{,}5851$ Jahre findet sich bei $K =$ USD $0{,}956465$/EUR $1{,}00$; der exakte Barwert B beträgt EUR $0{,}774216$ und $\Delta = 6{,}18585 \cdot 10^{-7}$.

sultat, dass das Risiko des Gesamtportefeuilles durch die separaten Hedges erhöht wird.

Der genannte Punkt **T*** ist der Schnittpunkt der Delta-Nullisokline (rechte Kurve in Abb. 8 mit der Theta-Nullisokline (linke Kurve) auf der Barwertfläche, die auch zeigen, bei welchen Zeitpunkt-Kurs-Kombinationen das Portefeuille kurs- bzw. zeitinsensitiv ist. Der markierte Kreuzungspunkt beider Isoklinen ist der Sattelpunkt der Barwertfläche.

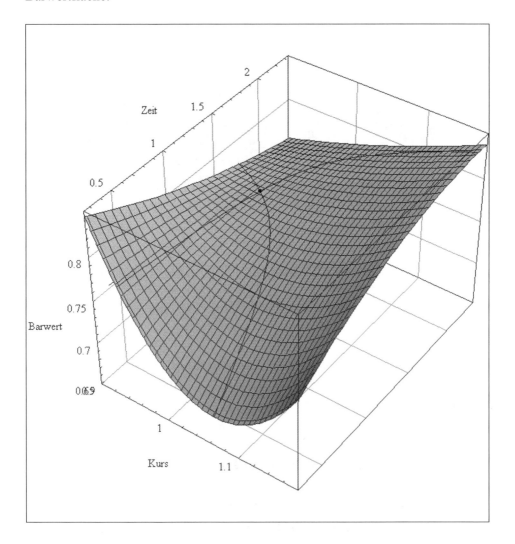

Abb. 8: Delta-Nullisokline (rechts) und Theta-Nullisokline (links) auf der Barwertfläche $\tilde{B}$

Darüber hinaus lassen sich alle Kurs-Volatilitäts-Zeit-Kombinationen[35] angeben, in denen keine Kurshedge erforderlich ist; Abb. 9 zeigt den entsprechenden Verlauf, dem zu entnehmen ist, dass bis zum Devisenkurs von ca. 1,08 viele Kurs-Volatilitäts-Zeit-Kombinationen existieren, die eine Kurshedge überflüssig machen. Würde sie dennoch vorgenommen, dann führte sie unfehlbar zu einer Risikoerhöhung.

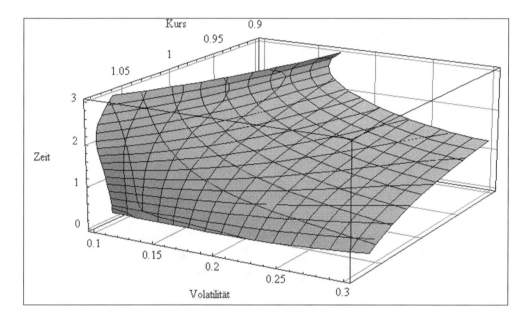

Abb. 9: Die Delta-Nullfläche für $A = 0{,}045$

Phasenraumdarstellungen, wie die in Abb. 6 gezeigte, sind natürlich auch für Barwert-Rho- und Barwert-Vega-Kombinationen möglich. Sie veranschaulichen zwei Kenngrößen des Portefeuilles gleichzeitig. Es ist jedoch darüber hinaus möglich, vier Kenngrößen simultan erfassbar zu machen.

12. Der Gradientenraum des Portefeuilles

Für einen definierten Zeitpunkt kann durch eine simultane Darstellung der partiellen Ableitungen als Vektoren und des Nablavektors von $\tilde{B}$ im gesamten Faktorraum

---

[35] Weitergehende Untersuchungen der Autoren zur Divergenz des Portefeuilles, die den Rahmen dieser Abhandlung sprengen, bleiben einer späteren Veröffentlichung vorbehalten.

sofort erfasst werden, welchen Anteil die drei Risikofaktoren jeweils an der Wertänderung des Portefeuilles haben und wie beträchtlich diese ist. Zur Erläuterung wählen wir den interessanten Zeitpunkt $T^* = 1{,}5851$ Jahre aus der vorigen Betrachtung.

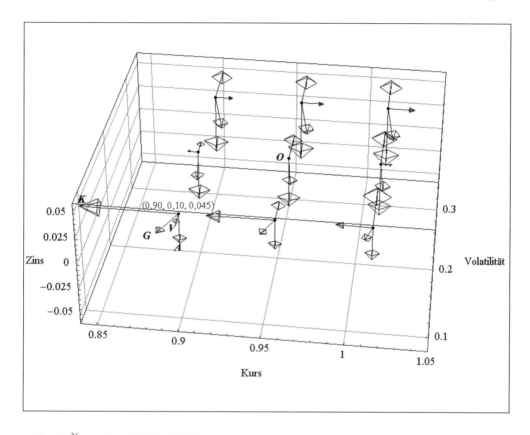

Abb. 10[36]: Der K-V-A-∇-Vektorenraum des Portefeuilles in $T^* = 1{,}5851$ Jahre

Abb. 10 zeigt neun Pfeilegruppen für folgende Konstellationen von K, V und A in $T^* = 1{,}5851$ Jahre Restlaufzeit:

---

[36] Die Zinsachse war – ohne inhaltliche Bedeutung – bis -0,05 zu verlängern, um die Darstellung der Pfeile in voller Länge zu ermöglichen.

Pfeilort	Links			Mitte			Rechts		
	K	V	A	K	V	A	K	V	A
Hinten	0,90	0,30	0,045	0,9569	0,30	0,045	1,0138	0,30	0,045
$\partial \tilde{B}/\partial.$	0,224	0,779	-3,137	0,279	0,791	-3,19	0,335	0,808	-3,26
$\tilde{B}; \|\nabla \tilde{B}\|$	0,83025; 3,24			0,844562; 3,30			0,862027; 3,371		
Mitte	0,90	0,20	0,045	0,9569	0,20	0,045	1,0138	0,20	0,045
$\partial \tilde{B}/\partial.$	-0,130	0,271	-2,586	0,000	0,620	-2,67	0,130	0,879	-2,79
$\tilde{B}; \|\nabla \tilde{B}\|$	0,777703; 2,604			0,77400; 2,741			0,777695; 2,930		
Vorn	0,90	0,10	0,045	0,9569	0,10	0,045	1,0138	0,10	0,045
$\partial \tilde{B}/\partial.$	-1,156	-0,238	-1,591	-0,789	0,448	-1,51	-0,418	0,950	-1,68
$\tilde{B}; \|\nabla \tilde{B}\|$	0,776043; 1,983			0,720605; 1,765			0,686266; 1,970		

Tab. 9: Zahlenwerte zum K-V-A-∇-Vektorenraum des Portefeuilles in $T^* = 1{,}5851$ Jahre

Tab. 9 erläutert die neun Pfeilegruppen des K-V-A-∇-Vektorenraumes des Portefeuilles. Jede dieser Pfeilegruppen repräsentiert für eine bestimmte Faktorkombination die Einzelsensitivitäten und die Resultante des Portefeuillebarwertes. Im Einzelnen ist Tab. 9 folgendermaßen zu lesen:

- Die Vorspalte und die Vorzeile geben die Orte der Pfeile an;
- K, V und A die an dem jeweiligen Ort geltenden Parameterwerte;
- $\partial \tilde{B}/\partial.$ die partielle Ableitung nach dem jeweiligen Risikofaktor;
- $\tilde{B}; \|\nabla \tilde{B}\|$ den Barwert und die Norm[37] des Nablavektors von

$\tilde{B} = \tilde{B}(.,.,.,1{,}5851)$, also die Norm des Gradienten von $\tilde{B}$.

Bekanntermaßen ist das Nabla-Funktional durch

---

[37] $\|\nabla \tilde{B}\| = \sqrt{\left(\dfrac{\partial \tilde{B}}{\partial K}\right)^2 + \left(\dfrac{\partial \tilde{B}}{\partial V}\right)^2 + \left(\dfrac{\partial \tilde{B}}{\partial Z}\right)^2}$, vgl. Bronstein (1989), S. 146.

$$\nabla = \begin{pmatrix} \dfrac{\partial}{\partial u} \\ \dfrac{\partial}{\partial v} \\ \dfrac{\partial}{\partial w} \end{pmatrix} \text{ gegeben; die Auswertung liefert den Gradienten } \nabla \tilde{B} = \begin{pmatrix} \dfrac{\partial \tilde{B}}{\partial K} \\ \dfrac{\partial \tilde{B}}{\partial V} \\ \dfrac{\partial \tilde{B}}{\partial Z} \end{pmatrix} [38].$$

Die Norm misst den Gesamteinfluss der Risikofaktoren auf den approximierten Barwert $\tilde{B}$ des Portefeuilles.

Wir betrachten die links vorne befindliche Pfeilegruppe. Ihr Ursprung liegt im Punkt (0,90, 0,10, 0,045); die einzelnen Pfeile sind mit den Buchstaben, welche die Einflussgröße bezeichnen, versehen. Ein nach links zeigender *K*-Pfeil, ein nach vorne zeigender *V*-Pfeil und ein nach unten zeigender *Z*-Pfeil bedeuten einen abnehmenden Barwert bei Anstieg in *K, V* oder *A*. Der mit *G* bezeichnete Pfeil ist der Gradient, er beschreibt den Gesamteinfluss der drei Risikofaktoren auf den Barwert und hat die Länge der Norm.

Betrachtet man anschließend z. B. die Spalte "Mitte" der Tab. 9 und vergleicht sie mit den drei Pfeilegruppen über dem Kurs 0,9569 im Gradientenraum, erkennt man, dass von der vorherrschenden Volatilität die Höhe und das Vorzeichen des Delta und die Höhe des Rho abhängen. Der Barwert reagiert je nach Höhe der Volatilität positiv (hintere Pfeilegruppe), nicht (mittlere Gruppe) oder negativ (vordere Gruppe) auf Kursänderungen. Die zentrale Pfeilegruppe im Punkt *O* (0,9569, 0,20, 0,045) weist keinen *K*-Pfeil auf, d. h., das Portefeuille ist für diese Parameterkonstellation vollkommen kursinsensitiv. Dies war nach der Analyse im vorhergehenden Abschnitt zu erwarten und wird durch die Nachrechnung in Tab. 9 (grau unterlegtes Feld) bestätigt[39]. Für die Praxis ist besonders bedeutsam, dass bei allen Kursen allein durch einen Anstieg der Volatilität über 0,20 der Deltahedge von Long zu Short gedreht werden muss, während bei einer Volatilität von genau 0,20 nur die Kurshöhe die Hedgerichtung determiniert. Die gängigen Front Office Systeme zeigen nach Erfahrung der Autoren derartige kritische Zustände im Portefeuilleverhalten nicht auto-

---

[38] Vgl. auch Tab. 8.
[39] Die Pfeillänge lässt sich aus der perspektivischen, zweidimensionalen Wiedergabe nicht ablesen. Für die Praxis fertigt man eine Animation an, die den Gradientenraum aus verschiedenen Blickwinkeln zeigt, indem sie ihn um seine Achsen rotieren lässt.

matisch an, so dass eine entsprechende Hedgeanpassung leicht übersehen werden kann.

Abschließend seien für die summarische Analyse noch zwei Gradientenräume (Abb. 11 und Abb. 12) für die Zeitpunkte $T = 0{,}50$ und $T = 2{,}25$ gezeigt, welche die beträchtlichen Unterschiede der Portefeuillesensitivitätsstrukturen, die grundverschiedene Hedgestrategien je nach aktueller Ausprägung der Risikofaktoren erforderten, zu den beiden Zeitpunkten unmittelbar plastisch vor Augen führen.

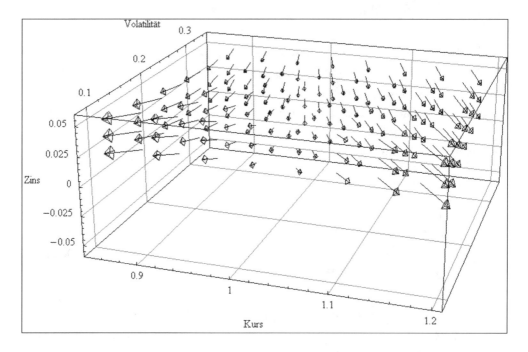

Abb. 11: **Gradientenraum in $T = 0{,}50$ Jahre Restlaufzeit**[40]

---

[40] Die evidente Divergenz in der Zentralzone gäbe Anlass zu näherer Betrachtung.

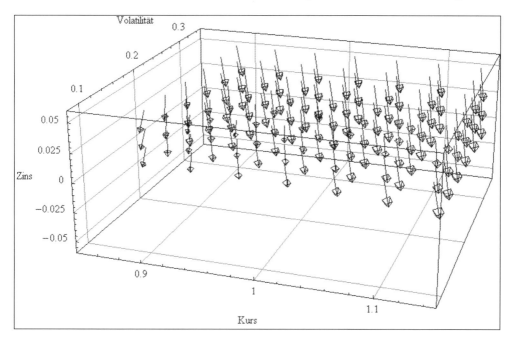

Abb. 12: **Gradientenraum in *T* = 2,25 Jahre Restlaufzeit**

13. Quintessenz

Die eingehenden Darlegungen am Beispiel des einfach strukturierten Portefeuilles – mit seinem überraschend komplizierten Betriebsverhalten – zeigten, dass durch die gewählte Approximationsmethode eine erschöpfende Sensitivitätsanalyse, die sowohl die Grundlage der Risikoeinschätzung als auch des praktischen Risikomanagements durch die Wahl effektiv risikomindernder Hedgestrategien sein muss, ermöglicht wurde, die von den üblichen Positionsführungssystemen höchstens partiell zu leisten ist. Die Beschränkung auf die Beobachtung des VaR als auch oft einzigem erhobenen Betriebsparameter des Gesamtportefeuilles ist der Managementaufgabe ebenfalls nicht adäquat. Die gewachsenen Anforderungen an die vorausschauende Portefeuillesteuerung erzwingen nach Ansicht der Autoren eine vertiefte Auseinandersetzung mit dem Gesamtverhalten der häufig komplexen Portefeuilles, das zu veranschaulichen ist, um das nötige Verständnis der Wirkungszusammenhänge zwischen den Einflussparametern zu erlangen, wie es jedem für eine technische Anlage, von einem zumeist weitaus geringeren Wert als dem eines Bankportefeuilles, Verantwortlichen wohl seit der industriellen Revolution vollkommen selbstverständlich ist.

Literaturverzeichnis

Bode, M. / Mohr, M. (Bode / Mohr, 1994): Alles falsch? I-V, in: Die Bank, 1994; (I), Nr. 6, S. 364-367; (II) Nr. 7, S. 434-435; (III) Nr. 8, S. 482-484; (IV) Nr. 9, S.526-528; (V) Nr. 10, S. 622-624.

Bode, M. / Mohr, M. (Bode / Mohr, 1996): Value-at-Risk – Ein riskanter Wert, in: Die Bank, 1996; Nr. 8, S. 470-476.

Bode, M. / Mohr, M. (Bode / Mohr, 1997): VaR – Vielseitig anwendbare Rechenmethode, in: Die Bank, 1997; Nr. 11, S. 695-700.

Bode, M. / Mohr, M. (Bode / Mohr, 1999): Mehr Daten – weniger Erkenntnis, in: Die Bank, 1999; Nr. 4, S. 269-275.

Bode, M. / Schwendner, P. (Bode / Schwendner, 1998): Die neue Anschaulichkeit in der Chartanalyse, in: Die Bank, 1998; Nr. 9, S. 573-575.

Bronstein, I. N. / Semendjajew, K. A. (Bronstein / Semendjajew, 1989): Taschenbuch der Mathematik/I. N. Bronstein, (Bronstein), Moskau / Leipzig 1989.

Goethe, J. W. v. (Goethe, 1978): Berliner Ausgabe, Poetische Werke, Band 8, Dramatische Dichtungen IV, Berlin / Weimar 1978.

Lang, S. (Lang, 1978): Linear Algebra, Second Edition, Reading, Massachusetts, 1978.

Smith, E. S. / Salkover, M. / Justice, H. K. (Smith et al., 1943): Analytic Geometry, New York 1943.

Dynamische Limitsetzung

von Hermann Locarek-Junge / Mario Straßberger / Henning Vollbehr

1. Einleitung
2. Risikosteuerung durch Handelslimite
3. Value-at-Risk-Berechnung
4. Diskrete VaR-Limitsteuerung auf täglicher Basis
5. Dynamische VaR-Limitsteuerung auf Basis von Portfolio-Insurance
6. Simulationsstudie
7. Zusammenfassung und Ausblick

1. Einleitung

Zur Kontrolle und Steuerung von Marktrisiken in den Handelsbereichen der Kreditinstitute werden üblicherweise Limitsysteme auf Basis des Value-at-Risk eingesetzt. Der Einsatz von Limitsystemen, die einen dauerhaften Bezug zum bankinternen Risikomessverfahren aufweisen, wird zur Risikosteuerung im Handelsbereich seitens der Bankenaufsicht explizit gefordert.[1] Die Ausgestaltung effizienter Limitsysteme ist neben den bankaufsichtsrechtlichen Forderungen zur Risikobegrenzung auch im Hinblick auf die interne Rentabilitäts- und Performancemessung sowie Kapitalallokation von Bedeutung.

Nach einer kurzen Einführung in die Limitsteuerung im Handelsbereich wird in diesem Beitrag zunächst der für die weitere Argumentation grundlegende Value-at-Risk definiert. Danach werden bekannte Gestaltungsmöglichkeiten von diskreten Handelslimitsystemen auf Tagesbasis diskutiert. Diese bauen auf dem Ansatz der Umrechnung von Jahres- auf Tageslimite mittels der „Quadratwurzel-T-Formel" auf und rechnen wechselweise realisierte Gewinne und Verluste auf die Limite an. Anschließend werden dynamische, aus den Überlegungen zur Portfolio-Insurance abgeleitete Ansätze zur Limitsteuerung vorgestellt. Dabei werden die Handelslimite kontinuierlich mittels des Deltas von Put-Optionen gesteuert.

2. Risikosteuerung durch Handelslimite

Ursprünglich zur Begrenzung von Bonitätsrisiken entwickelt, wurden auch Marktrisiken traditionell durch Volumenlimite begrenzt. Volumenlimite versuchen, potenzielle Verluste allein über die Beschränkung des nominalen Geschäftsvolumens einzugrenzen. Sie ermöglichen keine angemessene Berücksichtigung der eigentlichen Risikofaktoren und begrenzen Verluste daher nur indirekt. Aus diesem Grund müssen risiko- bzw. verlustorientierte Limite eingesetzt werden, die auf eine sehr wahrscheinliche Verlustoberschranke bei im voraus definierten Änderungen der relevanten Risikofaktoren abstellen.

Zur Quantifizierung von Marktrisiken in Handelsportfolios hat sich bei den großen Banken das Value-at-Risk-Konzept durchgesetzt. Heute eingesetzte Risikolimite

---

[1] Vgl. Baseler Ausschuss (1996) sowie BAKred (1997).

basieren deshalb üblicherweise auf dem Value-at-Risk. Handelslimite stellen dann Begrenzungen der Risikoübernahme für einzelne Händler und Händlerteams dar.

Ausgangspunkt eines *Handelslimitsystems* ist die Formulierung eines für das gesamte Handelsgeschäft bestehenden Globallimits. Dieses definiert den maximal erträglichen Handelsverlust und passt sich somit in das Value-at-Risk-Konzept ein. Das gesamtbankbezogene Handelslimit wird i. d. R. einmal jährlich durch den Vorstand für ein Jahr bestimmt. Die Höhe des Gesamthandelslimits richtet sich nach der Bereitschaft des Vorstandes zur Risikoübernahme, der Risikotragfähigkeit der Bank und den bankaufsichtsrechtlichen Vorgaben nach dem neuen Grundsatz I über die Eigenmittel der Institute.[2] Es kann auch quantitativ, beispielsweise über den Portfolioselektion-Ansatz von Markowitz, fundiert sein.

Der für den Handel jährlich maximale Risikoverfügungsrahmen ist schließlich auf die Handelsbereiche sowie innerhalb dieser Bereiche nach unten zu verteilen. Die Limitallokation vollzieht sich in mehreren Stufen, wobei die organisatorische Struktur sowie Art und Umfang der Handelsgeschäfte, insbesondere die Korrelationen zwischen den jeweiligen Marktrisikofaktoren, berücksichtigt werden müssen. So können Diversifikationseffekte im Gesamthandelsportfolio einbezogen werden. Die Summe der Risikolimite der einzelnen Handelsbereiche ist dann größer als das Handelslimit für die Gesamtbank.

3. Value-at-Risk-Berechnung

Der *Value-at-Risk* (VaR) einer Handelsposition bzw. eines Portfolios wird definiert als der in Geldeinheiten ausgedrückte zum Zeitpunkt t für eine vorgegebene Haltedauer H erwartete Verlust, der lediglich mit einer Wahrscheinlichkeit von α (z. B. 5%) am Ende der Haltedauer im Zeitpunkt T überschritten wird. Statistisch betrachtet handelt es sich beim VaR um das α-Quantil der durch die stochastischen Risikofaktoren $\omega = (\omega_1, \omega_2, \ldots, \omega_m)^T$ bestimmten Gewinn-/Verlustverteilung $V(\omega)$ des Portfolios in T:

(1) $\quad P\big(V(\omega) \leq \text{VaR}\big) = 1 - \alpha$.

---

[2] Vgl. zu den Anforderungen des Grundsatzes I BAKred (1997).

Für die Berechnung des VaR werden im Wesentlichen Verfahren des Varianz-Kovarianz-Ansatzes, der Historischen Simulation sowie der Monte-Carlo-Simulation eingesetzt. Dieser Beitrag konzentriert sich auf die Anwendung des Varianz-Kovarianz-Ansatzes, da dieser für die Abbildung naturgemäß kurzfristiger Handelsstrategien besonders geeignet ist. Außerdem werden hier ausschließlich Portfolios betrachtet, deren Positionen sich in Abhängigkeit von den Risikofaktoren linear im Wert ändern. Es wird davon ausgegangen, dass die relativen Veränderungen der Risikofaktoren über H multivariat normalverteilt mit konstanter Kovarianzmatrix sind.

Der VaR für *eine lineare* Handelsposition (long) mit einem Marktwert in t in Höhe von S_t ergibt sich dann bei normalverteilten logarithmierten täglichen Renditen R_t zu

$$(2) \qquad R_t = \ln\left(\frac{S_t}{S_{t-1}}\right),$$

$$(3) \qquad \text{VaR}_t(\alpha, T) = -S_t \cdot [\mu_t \cdot (T-t) + z(\alpha) \cdot \sigma_t \cdot \sqrt{T-t}].$$

Die in t gebildeten Parameter Erwartungswert μ_t und Standardabweichung σ_t der täglichen Renditen werden über einen historischen Betrachtungszeitraum N (z. B. 252 Handelstage im Jahr) geschätzt:

$$(4) \qquad \hat{\mu}_t = \frac{1}{N} \cdot \sum_{n=1}^{N} R_{t-n+1}$$

$$(5) \qquad \hat{\sigma}_t = \sqrt{\frac{1}{N-1} \cdot \sum_{n=1}^{N} (R_{t-n+1} - \mu_t)^2}$$

$z(\alpha)$ ist das α-Quantil der Standardnormalverteilung und beträgt bei $\alpha = 5\%$ etwa -1,645. Die Ermittlung des VaR nach (3) setzt voraus, dass die normalverteilten logarithmierten Renditen über die Zeit stationär und seriell unabhängig (i. i. d.) sind.

4. Diskrete VaR-Limitsteuerung auf täglicher Basis

Der Vorstand einer Bank weist dem Handelsbereich i. d. R. jährlich einen maximalen Risikoverfügungsrahmen in Form eines Jahres-VaR-Limits zu. Da Handelsstrategien auf täglicher Basis umgesetzt werden, muss das Jahreslimit zur Bereitstellung eines flexiblen Handlungsrahmens für die Händler in tägliche VaR-Limite „heruntergerechnet" werden. Das ist unter Anwendung der bekannten „*Quadratwurzel-T-Formel*" zumindest für lineare Risikopositionen mit i. i. d.-lognormalverteilten Renditen einfach möglich. Dabei wird der Tatsache Rechnung getragen, dass im Zeitablauf von einer unterproportionalen Steigerung der Risikosumme auszugehen ist, da nicht täglich der Eintritt des schlechtesten Ergebnisses erwartet wird. Wenn hingegen andere als die genannten Annahmen über die Verteilung der Risikofaktoren und deren stochastische Prozesse gemacht werden und $\sigma_T = \sqrt{T-t} \cdot \sigma_t$ nicht gilt, ist eine derartige Umrechnung nicht mehr aufrecht zu erhalten.

Der allgemeine formale Zusammenhang zur Berechnung des VaR in (3) ergibt sich hier bei einer unterstellten Haltedauer von einem Tag $H = 1$ zu

$$(6) \qquad \text{VaR}_t(\alpha,1) = -S_t \cdot [\mu_t + z(\alpha) \cdot \sigma_t].$$

Der Value-at-Risk für einen Handelstag $\text{VaR}_t(\alpha,1)$ lässt sich somit aus dem Value-at-Risk für eine längere Haltedauer $\text{VaR}_t(\alpha,T)$ wie folgt ableiten:

$$(7) \qquad \text{VaR}_t(\alpha,1) = \frac{\text{VaR}_t(\alpha,T) - S_t \cdot \mu_t \cdot \left(\sqrt{T-t} - T\right)}{\sqrt{T-t}}.$$

Die eben skizzierte Verfahrensweise lässt sich nun auf die Umrechnung von gegebenen Jahres-*VaR-Limiten* in Tages-VaR-Limite für die folgenden täglichen Steuerungsstrategien anwenden.

Starres Limit

Der einfachste denkbare Fall ist bei Verzicht auf jegliches steuernde Eingreifen während H das *starre Limit*.[3] Hierbei wird das Jahres-VaR-Limit $\text{VaR}(\alpha,T)$ analog (7) auf ein Tages-VaR-Limit umgerechnet, das an allen Handelstagen während H gleich groß ist ($t=0$), falls μ_t und σ_t konstant sind. Die maximale tägliche Risikoposition für einen Händler ergibt sich in diesem Falle aus Gleichung (3) zu

$$(8) \qquad S_t^{\max} = -\frac{\text{VaR}(\alpha,T)}{[\mu_t \cdot T + z(\alpha) \cdot \sigma_t \cdot \sqrt{T}]}.$$

Limitsteuerung mit Verlustbegrenzung

Bei der *Limitsteuerung mit Verlustbegrenzung*[4] steht dem Händler nicht mehr durchgängig das gesamte anfängliche Tages-VaR-Limit unverändert zur Verfügung. Das ursprüngliche Jahres-Limit $J = \text{VaR}(\alpha,T)$ wird täglich um die kumulierten Verluste und Gewinne des Händlers korrigiert und neu auf das Tages-Limit umgerechnet.

Errechnen sich aus den täglichen Marktwertänderungen $\Delta S_t = S_t - S_{t-1}$ die kumulierten Tagesergebnisse zu $G_t^{\text{kum}} = \sum_{i=1}^{t} \Delta S_{t-i+1}$, so kann die Verlustbegrenzungsstrategie wie folgt definiert werden:

$$(9) \qquad J_t = \begin{cases} J, & \text{bei } G_t^{\text{kum}} \geq 0 \\ J + G_t^{\text{kum}}, & \text{bei } G_t^{\text{kum}} < 0 \end{cases}$$

Die maximale Risikoposition, die ein Händler hierbei täglich eingehen kann, ergibt sich aus (3) und (9) zu

$$(10) \qquad S_t^{\max} = -\frac{J_t}{[\mu_t \cdot T + z(\alpha) \cdot \sigma_t \cdot \sqrt{T}]}.$$

---

[3] Vgl. Beeck et al. (1999), S. 269 ff.
[4] Vgl. Beeck et al. (1999), S. 270 ff.

Das Tageslimit und die maximale Risikoposition hängen, wie auch beim starren Limit, insbesondere von μ_t und σ_t ab und können unter Umständen stark schwanken. Dem kann durch den Ansatz konstanter, über lange Perioden beobachteter Parameter $\bar{\mu}$ und $\bar{\sigma}$ entgegengewirkt werden.

Dynamische Limitsteuerung

Die *dynamische Limitsteuerung*[5] entspricht im Ansatz der Verlustbegrenzungsstrategie. Im Gegensatz dazu kann hierbei aber durch die Anrechnung realisierter Gewinne das Jahres-VaR-Limit auch über seine ursprüngliche Höhe hinaus anwachsen. Somit wird der Handlungsspielraum des Händlers nicht ausschließlich durch die Verlustverrechnung beschränkt, sondern kann sich durch die Gewinnanrechnung auch ausweiten. Die dynamische VaR-Strategie lässt sich definieren als

(11) $$J_t = J + G_t^{kum}.$$

Bei dieser und der Verlustbegrenzungsstrategie muss das Handelsbuch geschlossen werden, falls das Jahres-VaR-Limit durch die kumulierten Verluste während des Jahres vollständig aufgezehrt wird.

5. Dynamische VaR-Limitsteuerung auf Basis von Portfolio Insurance

Die obigen Limitsteuerungen auf täglicher Basis bewirken bis zur Unterschreitung der Wertunterschranke des Portfolios eine umso stärkere Verringerung des Engagements in der betreffenden (Aktien)-Position je mehr Verluste entstehen. Sie schließen aber auch jede Möglichkeit aus, die Wertunterschranke des Portfolios durch weiteres Handeln wieder zu überschreiten. Das Schließen des Handelsbuches heißt letztlich, dass der VaR gar nicht überschritten werden kann und seine Verletzungswahrscheinlichkeit α auf null sinkt.

Im Weiteren werden kontinuierliche Limitsteuerungen eingesetzt, deren Idee auf der *Portfolio-Insurance* mittels synthetischer Put-Optionen beruht. Dabei bewegt man sich in Abhängigkeit von der Wahl des Basispreises des Puts zwischen einer voll-

---

[5] Vgl. Beeck et al. (1999), S. 271 ff.

ständigen Absicherung der Portfoliowertunterschranke und einer Verletzung des VaR mit der vorgegebenen Wahrscheinlichkeit α.

Es kann gezeigt werden, dass derartige Strategien die kostengünstigste Möglichkeit bieten, Portfolios auf einem gewissen Niveau abzusichern.[6]

Limitsteuerung mittels synthetischem europäischen Put

Im Ausgangspunkt $t = 0$ wird aus einem gegebenen Jahreslimit die maximale Risikoposition ermittelt, die im Weiteren nur mit einer Aktie S aufgebaut wird. Im Gegensatz zu den im Abschnitt 3 diskutierten Steuerungsverfahren werden nun realisierte Gewinne und Verluste während H nicht auf die Tageslimite angerechnet. Vielmehr wird die Limitsteuerung über den Portfolio-Insurance-Ansatz realisiert.

Von einem europäischen Put $P_e(S_t, K, H/2)$ auf die gehandelte Aktie S mit Ausübungspreis K und einer Restlaufzeit $H/2$ wird kontinuierlich das Delta

$$(12) \qquad \delta_t^e = \frac{\partial P_e\left(S_t, K, \frac{H}{2}\right)}{\partial S_t} = N(d_1) - 1$$

bestimmt. Dieser europäische Put kann bei einem risikolosen Zinssatz von null bekanntermaßen durch den Verkauf von $\delta_t^e \cdot S_t$ Aktien und gleichzeitigem Kauf einer risikolosen Anlage in Höhe von $M_t = K \cdot (1 - N(d_2))$ synthetisch nachgebildet werden.[7] $N(d_1)$ und $N(d_2)$ sind dabei die Funktionswerte der Standardnormalverteilung an den Stellen d_1 und d_2 gemäß der bekannten Optionspreisformel von Black & Scholes.[8]

Abweichend von der Portfolio-Insurance wird hier mit der konstanten Restlaufzeit $H/2$ gearbeitet. Damit soll eine Gleichgewichtung des Risikos über alle Handelszeitpunkte bei gleichzeitiger Absicherung auf dem Niveau von K erreicht werden.

---

[6] Vgl. dazu Föllmer / Leukert (1999), S. 258 ff.
[7] Vgl. Rubinstein / Leland (1981), S. 63 ff.
[8] Vgl. beispielsweise Hull (1997), S. 241.

Die Steuerung der *Handelslimite* ergibt sich bei $GB_0 = S_0$ aus

(13) $\qquad HL_t = a_t \cdot GB_t$,

(14) $\qquad GB_t = GB_{t-1} + \left(\dfrac{S_t}{S_{t-1}} - 1\right) \cdot HL_{t-1}$,

(15) $\qquad a_t = \dfrac{\left(1 + \delta_t^e\right) \cdot S_t}{\left(1 + \delta_t^e\right) \cdot S_t + M_t}$.

HL_t repräsentiert das dem Händler zur Verfügung stehende Limit und GB_t das Gesamtbudget zum Zeitpunkt t. Die Portfoliosicherung wirkt stets auf das jeweilige Gesamtbudget. Die Limitsteuerung wird derart vorgenommen, dass bei fallenden S_t und dem damit einhergehenden betragsmäßigen Anstieg von δ_t^e ein kleineres Handelslimit und bei steigenden S_t ein größeres Handelslimit zur Verfügung gestellt wird.

Kann der Händler sowohl long- als auch short-Positionen eingehen, so ist das Put-Delta nicht in Abhängigkeit der Kursentwicklung, sondern in Abhängigkeit der Ergebnisentwicklung

(16) $\qquad S_t^H = S_{t-1}^H + G_t$

des Händlers bei Handelsergebnissen G_t zu bestimmen. Darin besteht der grundlegende Unterschied zur klassischen Portfolio-Insurance. Allerdings muss weiterhin angenommen werden, dass der Händler stets das ihm zur Verfügung gestellte Handelslimit voll ausnutzt sowie keine überdurchschnittlichen Fähigkeiten zur Antizipation künftiger Kursentwicklungen besitzt. Gelte dies nicht, so würde sich durch das Händlerverhalten die Wahrscheinlichkeitsverteilung des zugrunde liegenden Prozesses ändern. In diesen Fällen muss mit einer geeigneten Näherung der sich ergebenden Verteilung gerechnet werden.

Durch die Variierung des Basispreises K des Put kann die Limitsteuerung beeinflusst und das Absicherungsniveau bestimmt werden. K muss offensichtlich zwischen der unteren Wertschranke des Portfolios $S_0 - \text{VaR}_t(\alpha,T)$ und null liegen. Für $K = S_0 - \text{VaR}_t(\alpha,T)$ entspräche die Steuerung der dynamischen Limitsteuerung, bei der die Verletzung des $\text{VaR}_t(\alpha,T)$ unmöglich wird.

Es gilt also einen geeigneten Wert $\tilde{K} < S_0 - \text{VaR}_t(\alpha,T)$ zu ermitteln, bei dem in T die Wahrscheinlichkeit von α annähernd eingehalten wird. Mit dem Sinken von K reduzieren sich schließlich auch die Kosten der Sicherungsstrategie.

Limitsteuerung mittels synthetischem Knock-Out-Put

Die Limitsteuerung mittels synthetischem Knock-Out-Put folgt dem gleichen Prinzip wie diejenige mittels synthetischem europäischen Put. Zur Steuerung wird jetzt ein europäischer up-and-out-Put $P_{uo}(S_t, K, H/2, U)$ mit sonst gleicher Ausstattung wie oben und up-and-out-Schranke U benutzt. Die Schranke U wird mit S_0 gleichgesetzt, so dass die stets zu erfüllende Bedingung $K < U$ mit $S_0 - \text{VaR}_t(\alpha,T) < S_0$ gegeben ist. Steigt S_t über die Schranke U, so verfällt die Option sofort wertlos. Das Delta des up-and-out-Put ist in diesem Falle also gleich null, falls $S_t > S_0$ gilt. Für alle anderen Fälle muss das Delta δ_t^{uo} aus der Bewertungsformel für europäische Barrier-Optionen mit up-and-out-Schranke bestimmt werden.[9] Die Limitsteuerung mittels synthetischem Knock-Out-Put ergibt sich dann analog aus

(17) $$HL_t = a_t \cdot GB_t,$$

(18) $$GB_t = GB_{t-1} + \left(\frac{S_t}{S_{t-1}} - 1\right) \cdot HL_{t-1},$$

(19) $$a_t = \frac{\left(1+\delta_t^{uo}\right) \cdot S_t}{\left(1+\delta_t^{uo}\right) \cdot S_t + M_t}.$$

---

[9] Vgl. zu Barrier-Optionen ausführlich Sandmann (1999), S. 193 ff. sowie Hull (1997), S. 461 ff.

Im Gegensatz zur Limitsteuerung mittels Black / Scholes-Put setzt bei dieser Vorgehensweise das sichernde Eingreifen erst ein, wenn S_t die up-and-out-Schranke U unterschreitet. Bis dahin beträgt das Put-Delta null und dem Händler steht das Gesamtbudget GB_t zum Aufbau von long- oder short-Positionen in S zur Verfügung. Durch geeignetes Setzen der Schranke U kann hier dasjenige Kursniveau bestimmt werden, ab dem eine risikomindernde Beschneidung des *Handelslimits* HL_t einsetzt.

Ein weiterer Unterschied besteht in der Stärke der Sicherungswirkung. Diese ist bei einer Steuerung mittels synthetischem Knock-Out-Put höher, da dessen Delta über demjenigen des Black / Scholes-Put liegt.

6. Simulationsstudie

Die vorgestellten Limitsteuerungen mittels synthetischer Puts wurden durch stochastische Simulationen getestet. Eine einzelne Aktienposition S, deren Kursprozess $\{S_t\}^T$ über 252 Handelstage im Jahr durch eine geometrische Brownsche Bewegung beschrieben wird, wurde wie folgt modelliert:

(20) $\qquad S_t = S_0 \cdot e^{\Sigma R_t}$.

Der Prozess der Log-Renditen $\{R_t\}^T$ stellt eine Generalisierte Brownsche Bewegung dar, wobei die Renditeinnovationen unabhängig und identisch normalverteilt mit einem konstanten Erwartungswert $\bar{\mu} = 0{,}0005\,\%$ und einer konstanten Standardabweichung $\bar{\sigma} = 0{,}015\,\%$ sind. Das bedeutet, die unterstellte erwartete Jahresrendite beträgt $(1+\bar{\mu})^{252} - 1 = 13{,}42\,\%$, und die erwartete Jahresstandardabweichung beträgt $\bar{\sigma} \cdot \sqrt{252} = 23{,}8\,\%$.

(21) $\qquad R_t = \bar{\mu} \cdot dt + \varepsilon_t \cdot \bar{\sigma} \cdot \sqrt{dt}$.

Die Zufallsgröße ε_t ist standardnormalverteilt $\varepsilon_t \sim N(0,1)$. Das Jahres-VaR-Limit ergibt sich zu $\text{VaR}_0(5\%, 252) = 25{,}75\,\% S_0$.

Beide Limitsteuerungen zeigen in der Simulation die im Vergleich zum starren Limit erwarteten Portfolio-Insurance-Eigenschaften. Bei extremen Kursverlusten von S werden die Tageslimite entsprechend reduziert, so dass sich eine tendenzielle Absicherung des Portfolios auf dem Niveau von K abzeichnet, während an Kurssteigerungen partizipiert wird.

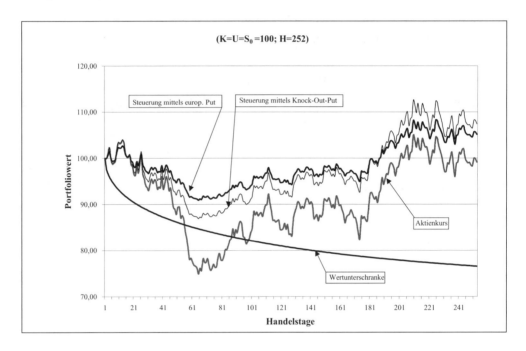

Abb. 1: Ergebnis einer Limitsteuerung mittels synthetischer Puts

Die Limitsteuerungen werden beispielhaft in Abbildung 1 veranschaulicht, wobei zur besseren Verdeutlichung ihrer sofortigen Wirkung hier der Basispreis der Puts K und die up-and-out-Schranke des Knock-Out-Put U gleich dem Ausgangswert S_0 gesetzt wurden. Generell zeichnet sich, bei Kursabwärtsbewegungen besonders deutlich, eine stärkere Sicherungswirkung durch den europäischen Put ab. Bei Kursaufwärtsbewegungen wird bei der Limitsteuerung mittels Knock-Out-Put entsprechend stärker partizipiert.

Die Gewinn/Verlust-Verteilungen des Portfolios in T sind bei beiden Limitsteuerungen rechtsschief, d. h. im Verlustbereich befindet sich weniger Wahrscheinlichkeitsmasse. Abbildung 2 zeigt beispielhaft die sich aus der Simulation ergebende Häufigkeitsdichte einer Limitsteuerung mittels europäischem Put im Vergleich zu derselben bei normalem Kursverlauf.

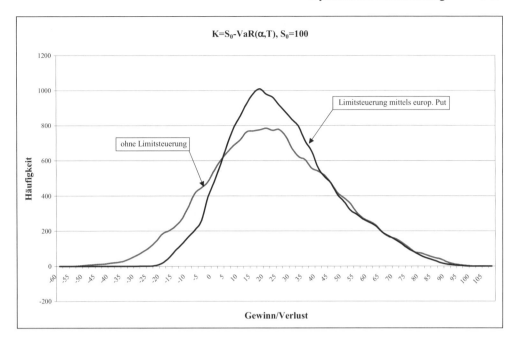

Abb. 2: Gewinn/Verlust-Verteilung mit und ohne Limitsteuerung

Die bei 7.500 Simulationsläufen für $K = S_0 - \text{VaR}_t(\alpha,T)$ gewonnenen Schätzwerte $\hat{\alpha}$ liegen, wie durch die Portfolio-Insurance zu erwarten, deutlich unter der vorgegebenen Wahrscheinlichkeit. Soll α dennoch an den vorgegebenen Wert angenähert werden, so liegt die Annahme nahe, das Handelslimit HL_t ausweiten zu können. Aus der möglichen Ausweitung des Handelslimits folgt, dass K kleiner $S_0 - \text{VaR}_t(\alpha,T)$ gesetzt werden muss, um die Wertunterschranke des Portfolios in T mit der Wahrscheinlichkeit $1-\alpha$ nicht zu unterschreiten.

Für verschiedene Basispreise des europäischen Puts ergeben sich folgende Wahrscheinlichkeiten $\hat{\alpha}$ und Sicherheitsgrenzen des Portfolios, die mit Sicherheit nicht unterschritten werden:

Die Abbildungen 3 und 4 verdeutlichen das Verhalten der Limitsteuerung mittels eines europäischen Puts bei Variierung des Basispreises K. Je mehr dieser ausgehend von der Wertunterschranke des Portfolios $K = S_0 - \text{VaR}_t(\alpha,T) = 74,25$ abgesenkt wird, desto mehr nähert sich die Überschreitungswahrscheinlichkeit des VaR wieder ihrer zulässigen Vorgabe von 5%, die bereits bei $K = \left[S_0 - \text{VaR}_t(\alpha,T)\right] \cdot 0,5$ erreicht wird. Der Portfoliowert, der mit Sicherheit nicht unterschritten wird, liegt an dieser Stelle bei 51.

$K = [S_0 - \text{VaR}_t(\alpha, T)]$	*1,00	*0,95	*0,90	*0,85	*0,75	*0,50
$\hat{\alpha}$	0,55%	1,86%	2,97%	3,58%	4,51%	5,00%
Sicherheitsgrenze	74	72	68	65	58	51

Tab. 1: Überschreitungswahrscheinlichkeit des VaR und Sicherheitsgrenze des Portfolios bei verschiedenen Basispreisen K, S_0=100

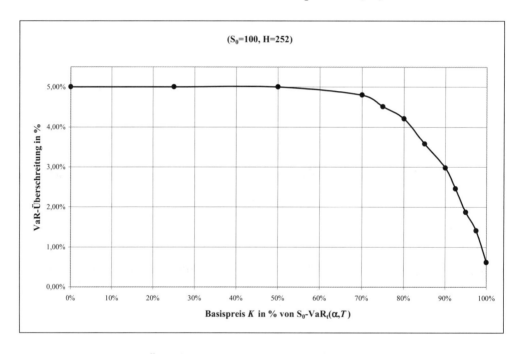

Abb. 3: Verlauf der Überschreitungswahrscheinlichkeit des VaR

7. Zusammenfassung und Ausblick

Ausgehend von den Erfordernissen einer mit dem internen Risikomodell der Bank konsistenten Risikosteuerung über ein Limitsystem wurden zunächst diskrete Strategien der VaR-Limitsteuerung vorgestellt. Dies sind das starre Limit, das Limit mit Verlustbegrenzung und das dynamische Limit. Bei den letzten beiden Ansätzen kann der ihnen zugrunde gelegte Value-at-Risk quasi nicht mehr verletzt werden. Im Anschluss daran wurden stetige Limitsteuerungen entwickelt, die auf dem Ansatz der Portfolio-Insurance mit synthetischen Puts aufbauen. Sie weisen die entsprechenden Absicherungseigenschaften auf. Durch Absenken des Sicherungsniveaus K kann die vorgegebene Verletzungswahrscheinlichkeit des Value-at-Risk, α, eingehalten werden.

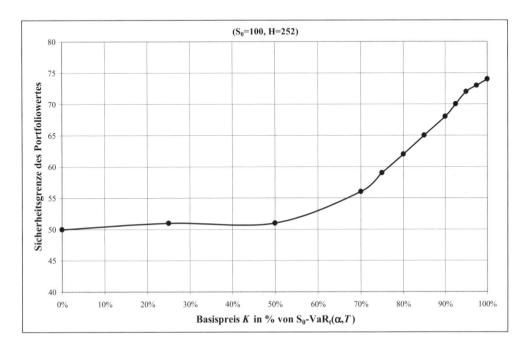

Abb. 4: Verlauf der Sicherheitsgrenze des Portfolios

Genau wie im Falle des statischen VaR-Ansatzes wird in dem dynamischen Konzept jedoch nicht die Höhe, sondern lediglich die Wahrscheinlichkeit einer Limitüberschreitung berücksichtigt.

Der Einsatz eines synthetischen Knock-Out-Put zur dynamischen Limitsetzung hat, wie die Abbildung 1 verdeutlicht, gegenüber dem europäischen Put einen sichtbaren Vorteil. Die Strategie wirkt weniger restriktiv, d. h. sie reserviert weniger Sicherheitskapital. Das bedeutet, dass die Wertentwicklung des Portfolios sowohl nach unten als auch nach oben stärker der tatsächlichen Aktienkursentwicklung folgt.

Das Einhalten der vorgegebenen Überschreitungswahrscheinlichkeit α bei der Limitsteuerung wurde hier durch das Absenken des Basispreises K des zur Steuerung betrachteten Put unter das Niveau von $K = S_0 - \text{VaR}_t(\alpha, T)$ erreicht. Denkbar wäre alternativ auch eine Verringerung der Hedge-Ratio.[10] Sie lässt zur Steuerung des Handelslimits ähnliche Ergebnisse erwarten. In dem hier vorgestellten Ansatz wird stets von einer Hedge-Ratio in Höhe von eins ausgegangen.

Föllmer und Leukert[11] gehen der Frage nach der kostenminimalen Konstruktion von Absicherungsstrategien in einem unvollständigen, nicht arbitragefreien Kapitalmarkt nach. Sie liefern den mathematischen Beweis dafür, dass bei vorgegebenem Konfidenzniveau $1-\alpha$ durch Konstruktion eines Hedges mit Knock-Out-Optionen die Absicherungskosten minimiert werden können. Im Gegensatz zum sog. Perfect-Hedging oder Superhedging ist bei dem von ihnen vorgeschlagenen Quantile-Hedging für die Absicherung eines Portfolios eine gewisse Ausfallwahrscheinlichkeit α (z. B. 1%) zu akzeptieren. Das Konzept ist damit eine dynamische Version des Value-at-Risk-Ansatzes. Es kann also auf das Konzept einer dynamischen Limitsetzung angewendet werden.

In der hier vorgestellten dynamischen Limitsetzung entstehen geringere Kapitalkosten als im starren Value-at-Risk-Ansatz, um den Value-at-Risk mit der vorgegebenen Wahrscheinlichkeit nicht zu überschreiten. Das heißt, das dem Händler zur Verfügung stehende Risikokapital wird bei Marktwertverlusten weniger stark beschnitten. Die Strategie der dynamischen Limitsetzung reagiert sofort auf Preisbewegungen des zu steuernden Portfolios.

Die Anpassung des Handelslimits mit Hilfe des Put-Deltas ermöglicht eine kontinuierliche Steuerung des Risikopotenzials. Im Gegensatz zu den anfangs vorgestellten diskreten Limitsetzungen ermöglicht die dynamische Variante auch eine Steuerung von Portfolios mit Optionen. Zu diesem Zweck muss in die Limitsetzung zusätzlich das Options-Gamma einfließen.

---

[10] Vgl. den Ansatz bei Ahn et al. (1999).
[11] Vgl. Föllmer / Leukert (1999).

Literaturverzeichnis

Ahn, D.-H. / Boudoukh, J. / Richardson, M. / Whitelaw, R. F. (Ahn et al., 1999): Optimal Risk Management Using Options, in: The Journal of Finance, February, 1999, S. 359-375.

Baseler Ausschuss für Bankenaufsicht (Baseler Ausschuss, 1996): Änderung der Eigenkapitalvereinbarung zur Einbeziehung der Marktrisiken, Basel 1996.

Beeck, H. / Johanning, L. / Rudolph, B. (Beeck et al., 1999): Value-at-Risk-Limitstrukturen zur Steuerung und Begrenzung von Marktrisiken im Aktienbereich, in: OR-Spektrum, 1999, Nr. 1-2, S. 259-286.

Bundesaufsichtsamt für das Kreditwesen (BAKred, 1997): Bekanntmachung über die Änderung und Ergänzung der Grundsätze über das Eigenkapital und die Liquidität der Kreditinstitute, Berlin 1997.

Föllmer, H. / Leukert, P. (Föllmer / Leukert, 1999): Quantile hedging, in: Finance and Stochastics, 1999, No. 3, S. 251-273.

Hull, J. C. (Hull, 1997): Options, Futures and other Derivatives, 3. Aufl., New York 1997.

Rubinstein, M. / Leland, H. E. (Rubinstein / Leland, 1981): Replicating Options with Positions in Stock and Cash, in: Financial Analysts Journal, July / August, 1981, S. 63-72.

Sandmann, K. (Sandmann, 1999): Einführung in die Stochastik der Finanzmärkte, Berlin et al. 1999.

Shareholder-Value-gerechte Abbildung von Risiken im Wertebereich bei Banken als Basis eines Risk-Return-Controlling

von Carsten Prussog / Thomas Günther

1. Integration von Risiko- und Wertorientierung - Herausforderung für Banken
2. Risiko – Begriff, Systematisierung und Einbezug in den Shareholder-Value-Ansatz
3. Bestehende Ansätze zur Abbildung von Werterisiken
4. Die Ermittlung des Shareholder-Value-Risikos
5. Controlling anhand des Shareholder-Value-Risikos
6. Schlussbetrachtung

1. Integration von Risiko- und Wertorientierung - Herausforderung für Banken

Zwei grundlegende Veränderungen haben den Finanzdienstleistungssektor in den vergangenen Jahren beeinflusst: Zum einen die stark zunehmende Deregulierung und Liberalisierung der Märkte, zum anderen die rasante Entwicklung der Kommunikations- und Informationsverarbeitungstechnologie. Bezüglich der *Deregulierung und Liberalisierung* sei nur auf die Lockerung des Trennbankensystems in den Vereinigten Staaten, die Europäische Währungsunion sowie den Abbau von Handlungsbeschränkungen in Deutschland (z. B. der Emissionsgenehmigungspflicht) oder die Einführung des Finanzmarktförderungsgesetzes verwiesen. Durch *neue Kommunikations- und Informationssysteme* ist es möglich, immer mehr Daten in kürzeren Zeiteinheiten zu bearbeiten, wodurch sich Abwicklungs- und Reaktionsgeschwindigkeiten kontinuierlich erhöhen. Dies führt zu Änderungen sowohl des Marktumfeldes als auch des Wettbewerbes im Finanzdienstleistungssektor.

Die Dynamik des *Marktes* nimmt aufgrund der Globalisierung des Kundenzugangs sowie aufgrund sich schneller verändernder Kundenbedürfnisse ständig zu. Der globale Zugang eröffnet den Investoren neue Handlungsmöglichkeiten, woraus höhere Rendite-Anforderungen resultieren. Sämtliche Kapitalanlagen, insbesondere auch verbriefte Unternehmensanteile, geraten unter steigenden Performancedruck. Steigende Kundenbedürfnisse werden durch zunehmend verfeinerte Produkte befriedigt, denen komplexere Risiken innewohnen. Um komplexere Risiken steuern zu können, müssen jedoch neue Produkte geschaffen werden, die ihrerseits zu neuen Risikostrukturen führen.

Auf der anderen Seite erhöht sich die *Wettbewerbsintensität*. Dies resultiert aus einem vereinfachten Zugang internationaler Wettbewerber zu den geöffneten Finanzmärkten sowie der Möglichkeit für Nicht-Kreditinstitute Finanzdienstleistungen anzubieten. Des Weiteren trägt die zunehmende Fokussierung auf einzelne Wertschöpfungsstufen zur Erhöhung der Wettbewerbsintensität bei. Regelmäßig wird in diesem Zusammenhang die stark gestiegene Anzahl an Mergers und Acquisitions angeführt. Aktuelle Belege dafür sind die Fusion der Deutschen Bank mit Bankers Trust (offizielles Closing Juni 1999) und die geplante Großbankenfusion in Japan. Suboptimale Ressourcenallokationen werden von Externen erkannt und führen zu Übernahmen oder Mergers mit dem Ziel, den potenziellen Wert eines Unternehmens zu realisieren.

Erhöhte Rentabilitätsanforderungen des Kunden auf der einen und die Gefahr feindlicher Übernahmen durch Wettbewerber auf der anderen Seite zwingen das Bankmanagement zur Erwirtschaftung einer adäquaten Rendite und damit zu einer erhöhten Wertorientierung. Ebenso fordern innovative Produkte bei gesunkenen Margen eine wesentlich genauere Überprüfung, ob ein eingegangenes Risiko auch angemessen prämiert wird. Andernfalls ist nämlich die eben dargestellte Forderung nach einer adäquaten Verzinsung des zur Verfügung gestellten Eigenkapitals nicht möglich.

Zusammenfassend ist die wesentliche Herausforderung für Banken in einer *Integration der Risiko- und der Wertorientierung* zu sehen. Um diesem Anspruch gerecht zu werden, soll in diesem Beitrag das Modell des *Shareholder-Value-Risikos* (SVR) dargestellt werden, das das Risiko stärker als bestehende Ansätze auf eine zukunftserfolgswertorientierte Unternehmenswertbetrachtung ausrichtet.[1]

Die Vorgehensweise gliedert sich dabei in vier Schritte: Zunächst soll das Risiko hinsichtlich Begriff, Systematisierung im Bankbetrieb sowie Einbezug in den Shareholder-Value-Ansatz (SVA) vorgestellt werden (Abschnitt 2). Im Anschluss daran werden bestehende Ansätze zur Abbildung von Risiken betrachtet und insbesondere mit Blick auf die Wertorientierung bewertet (Abschnitt 3). Daraufhin wird der SVR erläutert (Abschnitt 4), um abschließend die sich daraus ergebenden Steuerungsmöglichkeiten des neuen Risikomodells darzustellen (Abschnitt 5).

2. Risiko – Begriff, Systematisierung und Einbezug in den Shareholder-Value-Ansatz

Nach Klärung des Risikobegriffs und nach der Systematisierung der bankbetrieblichen Risiken wird im Folgenden der Einbezug des Risikos in den *Shareholder Value* nach bestehenden Ansätzen aufgezeigt. Daraufhin wird ein neuer Ansatz dargestellt. Die statistischen Voraussetzungen dafür werden anhand der grundsätzlichen Risikoabbildung und der dazu erforderlichen Parameter beschrieben.

Risiko wird im Folgenden als die *mit einer spezifischen Wahrscheinlichkeit verbundene Abweichung des tatsächlichen Wertes einer Vermögensposition von dem erwar-*

---

[1] Vgl. en detail Prussog (1999)

teten Wert verstanden.² Grund dafür ist die Unsicherheit über zukünftige Entwicklungen, die auf unvollständigen Informationen basiert.

Entsprechend können Risiken des Bankbetriebs nach den Bereichen, über die Informationsdefizite bestehen, differenziert werden, nämlich Risiken der Betriebsbereiche und Risiken der Wertebereiche.

Bei den *Risiken der Betriebsbereiche*, auch als operative Risiken bezeichnet, hat sich bisher keine einheitliche Systematisierung herausgebildet. Häufig werden die größten Risiken, z. B. Ausfall von Systemen oder Schlüsselpersonal, herausgegriffen und näher betrachtet. Hier erscheint eine Systematisierung in Anlehnung an Porters Wertschöpfungskette, also einerseits prozessual, andererseits funktional-geschäftsunterstützend zweckmäßig.³ Die Bemühung auch auf die Betriebsbereiche, die per se keinen Werterisiken ausgesetzt sind, risikoadjustiert Eigenkapital zu allokieren, führt jedoch zur vermehrten Diskussion dieser Risiken. Aufgrund des seltenen und überwiegend zufälligen Eintritts der Betriebsrisiken ist überwiegend eine Quantifizierung über Szenarienbildung anstatt über statistische Verteilungsfunktionen sinnvoll.⁴

Die *Risiken der Wertebereiche* lassen sich in Markt- und Ausfallrisiken aufgliedern. Marktrisiken können dabei weiter in Zinsänderungs-, Aktienkurs- sowie Währungsrisiken differenziert werden. Eine weitere Unterteilung der Risiken nach bilanzwirksamen Geschäften und Off-Balance-Geschäften erscheint aufgrund der unterschiedlichen Komplexität bei der Risikoquantifizierung angebracht. Mitunter werden die genannten Risiken als Erfolgsrisiken gegen die Liquiditätsrisiken abgegrenzt. Bei funktionsfähigen Geld- und Kapitalmärkten stellt die Liquiditätssicherung für eine Bank in der Regel kein Problem dar. Das Liquiditätsrisiko wird daher als Dispositionsrisiko mit Rentabilitätseffekt unter das Zinsänderungsrisiko subsumiert. Mit den Namen der Finanzinstitute Posti Pankki und Yamaichi Securities verbindet man schlagend gewordene Werterisiken von existenziellem Ausmaß, die nach wie vor deren dominierende Bedeutung in der Praxis unterstreichen. Daher sollen auch nur sie im Folgenden diskutiert werden.

---

[2] Ähnlich, jedoch auf das Ergebnis bezogen vgl. Schierenbeck (1997), S. 14; vgl. auch Perridon / Steiner (1997), S. 98 ff.
[3] Vgl. Porter (1996), S. 59 ff.
[4] Vgl. dazu ausführlich die Beiträge Beeck / Kaiser und Kropp / Schubert in diesem Handbuch.

Es stellt sich nun die Frage, wie sich die Wertrisiken in den SVA integrieren lassen. Dem SVA liegt das *Zukunftserfolgswertprinzip* zugrunde, das den Unternehmenswert als Barwert abgezinster zukünftiger Cash-Flows berechnet.[5] Das Risiko kann dabei auf zweierlei Art berücksichtigt werden. Zum einen können die Cash-Flows durch so genannte *Sicherheitsäquivalente* ersetzt und mit dem *risikolosen Zins* diskontiert werden. Die Sicherheitsäquivalente basieren auf der Risikonutzenfunktion des Bewerters und spiegeln die als sicher erachteten Cash-Flows wider.[6] Alternativ fließt das Risiko bei *Ansatz der nominalen, unsicherheitsbehafteten Cash-Flows* im Zähler durch einen *risikoadjustierten Zins* im Nenner ein. Ansätze zur Ermittlung des Zinses für einen externen Investor bestehen im Opportunitäts- sowie im Vergleichsprinzip,[7] aber auch im Rückgriff auf die Dividendenrendite oder das Gewinn-Kurs-Verhältnis. Während der Bewertung über Sicherheitsäquivalente der Kritikpunkt der mangelnden Datenbasis anhaftet, beinhaltet der Ansatz der risikoadjustierten Kapitalkosten erhebliche inhaltliche Schwächen. Zu deren Schätzung kann auf das Arbitrage Pricing Modell sowie auf das Capital Asset Pricing Modell zurück gegriffen werden, von denen Letzteres die höchste praktische Bedeutung gewonnen hat.[8]

Allen bestehenden Ansätzen ist gemeinsam, dass ein einwertiger *deterministischer Unternehmenswert* ermittelt wird. Präjudiziert man, dass die Werterisiken den ganz überwiegenden Teil des Risikos einer Bank bestimmen, so kann, ausgehend von einer wahrscheinlichkeitsfunktionalen Abbildung dieser Risiken und einer sukzessiven Aggregation über die Gesamtbank, der *Unternehmenswert als Dichtefunktion* dargestellt werden. Die einzelnen Werterisiken werden dabei als Wahrscheinlichkeitsverteilung mit einem Erwartungswert von null ermittelt, also als Schwankung um den Ist-wert als besten Schätzer des zukünftigen Wertes. Daraufhin werden die einzelnen Risiken gemäß den Korrelationen untereinander verknüpft. Es ergibt sich ein Gesamtbankrisiko mit dem Erwartungswert von null. Um nun den Unternehmenswert funktional abzubilden, wird als Erwartungswert der Discounted Cash-Flow, also die *risikolos* abgezinsten Cash-Flows der zukünftigen Perioden, angesetzt (s. Abb. 1). Im Folgenden soll die Bestimmung des Risikos im Vordergrund stehen.[9]

---

[5] Vgl. grundlegend Moxter (1983), S. 9 ff.; Brealey / Myers (1996), S. 34 ff.
[6] Vgl. Ballwieser (1993), S. 155 ff.
[7] Vgl. Moxter (1983), S. 9 ff., 123 ff.
[8] Vgl. hierzu ausführlich Günther (1997), 160 ff.
[9] Zur Abgrenzung der Cash-Flows vgl. ausführlich Lottner (1997).

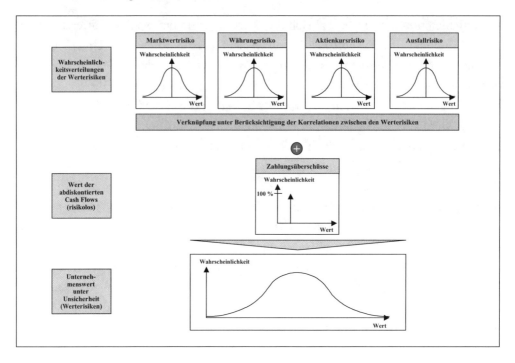

Abb. 1: Ansatz zur Ermittlung eines stochastischen Unternehmenswerts unter Unsicherheit

Die Cash-Flows werden risikolos abgezinst, weil das Risiko in der Wahrscheinlichkeitsverteilung reflektiert wird. Eine solche Risikobewertung ist jedoch nur bei einem Einblick in die *internen* werterisikorelevanten Daten, wie Risikopositionen, Haltedauern etc., möglich. Dem gegenübergestellt werden kann die *externe* Unternehmenswertermittlung, also der Marktsicht, bei der – wie oben dargestellt – ein risikobehafteter Zinssatz zum Ansatz kommt (Abb. 2).

So wird eine Aussage darüber möglich, welchen Teil des Risikos der Markt tatsächlich diskontiert. Die kontrovers diskutierte Frage nach der richtigen Wahl des Konfidenzintervalls zur Ermittlung des im Risiko stehenden Wertes bei einer statistischen Risikoverteilung kann dadurch marktdeduziert beantwortet werden. Darüber hinaus ergibt sich dadurch ein Instrumentarium zur Steuerung der Informationspolitik der Gesamtbank (s. Abschnitt 5).

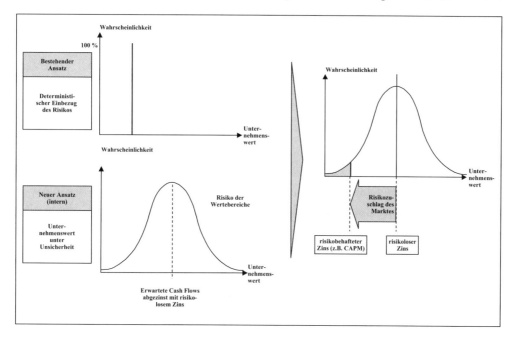

Abb. 2: Abgleich von interner und externer Risikoeinschätzung

Eine praktikable Durchführung einer solchen Unternehmenswert-Abbildung fordert jedoch Vereinfachungen. Diese beziehen sich auf die bei der Risikomessung verwendeten Parameter, nämlich die Änderungsraten der jeweiligen werterisikotreibenden Basisparameter, also Aktien, Zinsen etc., und deren Verteilungen. Das Konzept des SVR (4) bleibt von den an dieser Stelle durchgeführten Betrachtungen unberührt, wobei die Überlegungen grundsätzlich zum Verständnis der später dargestellten bestehenden Ansätze zur Berechnung eines Value-at-Risk (VaR) notwendig sind. Zur Diskussion steht lediglich, ob auf einfache Weise eine funktionale, aber approximative oder auf komplizierte Weise eine exakte, allerdings konfidenzintervallspezifische, Ermittlung des SVR durchgeführt wird.

Voraussetzung für eine wahrscheinlichkeitsfunktionale Abbildung des Unternehmenswertes ist eine *Approximation der regelmäßig log-normalverteilten diskreten Änderungsrate durch die normalverteilte stetige Änderungsrate.*[10]

Die *diskrete Änderungsrate*, definiert als $ÄR_d = W_t/W_{t-1} - 1$ mit W als beliebigem Basisparameter, gibt die relative Änderung einer Aktie, eines Zinses etc. zwischen zwei

---

[10] Vgl. zum Folgenden Locarek (1991). Auf die weiteren Annahmen des Modells soll im Rahmen des Beitrages nicht näher eingegangen werden.

Zeitpunkten t und $t-1$ an. Aufgrund der Nicht-Negativität dieser Basisgrößen kann die diskrete Änderungsrate nicht kleiner als $-100\ \%$ werden, während sie auf der positiven Seite grundsätzlich unbeschränkt ist. Dies führt zu einer linksschiefen Verteilung der diskreten Änderungsrate, die regelmäßig log-normalverteilt ist. Der Vorteil dieses Parameters liegt aber in der einfachen Rücktransformation in eine Wertänderung des Basisparameters, und zwar durch einfache Multiplikation.

Die *stetige Änderungsrate* dagegen, definiert als $ÄR_s=\ln(W_t/W_{t-1})$, kann Werte zwischen $-\infty$ und $+\infty$ annehmen. Aufgrund dieser Tatsache ist die stetige Änderungsrate gut durch die Normalverteilung approximierbar. Während die Linearkombination einer normalverteilten Zufallsvariablen wieder normalverteilt ist, führt eine lineare Transformation einer log-normalverteilten Zufallsvariablen nicht wieder zu einer log-Normalverteilung. Ist also eine Zufallsvariable X normalverteilt mit den Parametern μ und σ, vereinfacht als $N(\mu, \sigma)$ geschrieben, so gilt für die lineartransformierte Zufallsvariable $Y=a+bX$ die Normalverteilung $N(a+b\mu, b\sigma)$. Der Nachteil der stetigen Änderungsrate besteht gemäß ihrer Definition jedoch darin, dass zur Ermittlung der Wertänderung des Basisparameters zunächst eine Rücktransformation der Art ($e^{ÄR_s}-1$) durchzuführen ist.

Während ein einfacher Transfer von einer Wahrscheinlichkeitsverteilung der relativen Änderungsrate zur absoluten Wertänderung des Basisparameters bei der diskreten Änderungsrate an der Komplexität der Verteilung scheitert, wird er bei der stetigen Änderungsrate durch die Rücktransformation behindert. Eine mögliche Lösung liegt darin, die log-Normalverteilung der diskreten Änderungsrate durch die Normalverteilung der stetigen Änderungsrate zu approximieren. Vereinfacht ausgedrückt: die stetige Änderungsrate wird als quasi-diskrete Änderungsrate betrachtet.

Ein einfaches Beispiel veranschaulicht den Zusammenhang. Für die stetige Rendite eines Aktienkurses gelte $N(\mu,\sigma)=N(0, 3\ \%)$. Ermittelt werden soll der in $95\ \%$ der Fälle eintretende maximale Kursverlust bei einem aktuellen Kurs von 100 DM. Der Z-Wert der Standardnormalverteilung für $\alpha=0{,}05$ beträgt 1,645. Exakt berechnet sich der Kursverlust zu ($e^{-0{,}03 \cdot 1{,}645} -1$)$\cdot$ 100 = 4,82 DM. Nach der oben vorgeschlagenen Vereinfachung ergibt sich $(0{,}03 \cdot 1{,}645) \cdot 100 = 4{,}94$ DEM. Zu beachten ist dabei, dass der Fehler mit zunehmender stetiger Abweichung steigt, wobei allerdings das Risiko mit der Approximation stets überschätzt wird. Der Vorteil liegt aber darin, dass unmittelbar die Kursänderung als Wahrscheinlichkeitsfunktion $N(0, 3\ \text{DM})$ betrachtet werden kann. Entsprechend lässt sich dies auf den Unternehmenswert übertragen. Zu beachten ist, dass der Fehler der Approximation mit zunehmender stetiger Abweichung, d.h. auch mit zunehmender Haltedauer,[11] steigt, wobei das Risiko allerdings mit der Approximation stets überschätzt und damit konservativ angesetzt wird.[12] Für die Bestimmung des SVR wird die dargestellte Approximation angenommen.

Bezüglich der Approximation sei noch Folgendes angemerkt: In der Vergangenheit bestand gerade bei den Varianz/Kovarianz-Modellen des VaR eine Tendenz dazu, durch eine Flut von Daten und Algorithmen Werterisiken bis auf mehrere Nachkommastellen zu berechnen. Signifikanzen der zugrundeliegenden Parameter wurden in der Regel nicht geprüft. Das Ergebnis war die Produktion von Scheingenauigkeiten. In der Praxis werden jedoch zum Teil drastische Vereinfachungen durchgeführt, um die Modelle handhabbar und aussagekräftig zu halten, die jedoch den angestrebten Genauigkeiten zuwiderlaufen.

3. Bestehende Ansätze zur Abbildung von Werterisiken

In diesem Abschnitt werden aus der Zielsetzung der Risk-Return-Steuerung drei Bewertungskriterien abgeleitet. Auf deren Basis werden bestehende Ansätze zur Abbildung von Werterisiken – klassifiziert nach traditionellen Instrumenten und VaR-Konzepten – analysiert. Dabei wird das Grundkonzept zur Ermittlung eines VaR dargestellt und exemplarisch veranschaulicht, da dieses die Basis für das SVR-Modell im folgenden Abschnitt bildet.

Das Ziel der Risk-Return-Steuerung kann wie folgt definiert werden:

Schaffung eines gesamtbankweiten wertorientierten Risk-Return-Steuerungssystems höchstmöglicher Aussagekraft mit möglichst geringem Aufwand.

Zur Strukturierung der Vor- und Nachteile der bestehenden Instrumente zur Abbildung der Werterisiken können aus diesem Ziel drei Bewertungskriterien abgeleitet werden:

---

[11] Siehe dazu die Diskussion des Wurzelgesetzes in Abschnitt 4.
[12] Zur ausführlichen Quantifizierung des Approximationsfehlers in Abhängigkeit der Inputvariablen sowie zu weiteren statistischen Voraussetzungen zur wahrscheinlichkeitsfunktionalen Abbildung des Unternehmenswertes, wie z.B. die Annahme von multivariat normalverteilten Zufallsvariablen als Modellinputgrößen vgl. Prussog (1999), S. 67 ff.

- *(1) Vertikale Integrierbarkeit in ein wertorientiertes Informationssystem*: Der erste Bestandteil dieses Kriteriums bezieht sich auf die einzelrisikoübergreifende Aggregierbarkeit von der singulären Position bis zur Gesamtbankebene. Der zweite Bestandteil bringt die Zukunfts- und Wertorientierung des SVA zum Ausdruck.
- *(2) Datenqualität*: Dieses Kriterium gibt wieder, inwiefern Annahmen des betrachteten Modells zur Minderung der Aussagekraft führen, also inwiefern ein spezifischer Tatbestand richtig abgebildet wird. Obwohl ebenfalls eine Nutzenkomponente bewertet wird, geht es bei der Datenqualität im Gegensatz zum ersten Kriterium um die Abbildungsgüte, nicht um die Zielorientierung. Ein Scoring-System kann eine ausgezeichnete Methode zur Kreditwürdigkeitsprüfung von Kunden sein, ohne unmittelbar auf eine Gesamtbank-Wertorientierung abzuzielen.
- *(3) Generierungsaufwand*: Als Kostenkomponente bezieht sich dieses Kriterium auf den Aufwand für die Gewinnung der erforderlichen Daten sowie auf die methodenspezifische Berechnungskomplexität.

Zwischen dem zweiten und dritten Kriterium besteht eine starke Interdependenz. Je exakter ein Modell die Wirklichkeit abbildet, desto aufwendiger ist es in der Regel. Aus diesem Grund soll im Rahmen dieses Beitrags allein das Kriterium der vertikalen Integrierbarkeit in ein wertorientiertes Informationssystem zur Beurteilung herangezogen werden. Zur Strukturierung bestehender Instrumente soll zwischen klassischen Instrumenten sowie neueren VaR-Konzepten, die in den letzten Jahren zunehmend Verwendung gefunden haben, unterschieden werden.

Abbildung 3 gibt einen Überblick über die wichtigsten *klassischen Instrumente*.[13] Die große Anzahl an Maßzahlen zur Quantifizierung der Zinssensitivität stellt die Bedeutung des Zinsänderungsrisikos heraus. Eine Zweiteilung der dargestellten Ansätze in singuläre Faktoren und weitergehende Modelle ist zweckmäßig.

Zu den *singulären Faktoren* zählen die Zinssensitivitäts-Maßzahlen sowie die Indikatormodelle. Letztlich können darunter auch die für Optionen relevanten Faktoren Gamma, Delta, Theta und Vega gefasst werden, die aber nicht aktienkursrisikospezifisch sind. Diese Faktoren lassen erst in Verbindung mit weiteren Größen eine Aussage zu dem jeweiligen Risiko zu und haben starken Kennzahlencharakter. Für die

---

[13] Vgl. Schierenbeck (1997), S. 62 ff.; Döhring (1996), S. 104 ff.

Interpretation des β-Faktors ist beispielsweise ein Bezug zum Marktrisiko herzustellen.

Die übrigen dargestellten Instrumente greifen das jeweilige Risiko gesamthafter ab und können daher als weitergehende Modelle betrachtet werden. Zinsbindungs-, Zinselastizitäts- und Fremdwährungsbilanz nehmen den strukturellen Charakter des Zinsänderungs- und Währungsrisikos auf; das Risikoergebnis versucht, das Ausfallrisiko umfassend darzustellen.

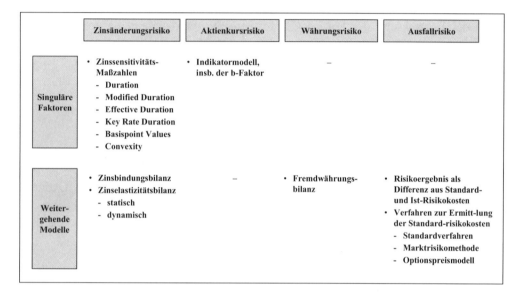

Abb. 3: Klassische Instrumente zur Abbildung von Werterisiken

Zwei Punkte sind bei der Bewertung der klassischen Ansätze anhand des Kriteriums „vertikale Integrierbarkeit in ein wertorientiertes Informationssystem" hervorzuheben:

Alle Ansätze sind sehr stark auf die Abbildung des jeweiligen *Einzelrisikos* ausgerichtet. Eine *vertikale Integrierbarkeit in ein Gesamtbankrisiko* ist i. d. R. *nicht möglich*. Dies liegt nicht zuletzt an den völlig unterschiedlichen Dimensionen der einzelnen Instrumente. Zinssensitivitäts-Maßzahlen, die die Reagibilität des Marktwertes einer Festzinsposition auf den Marktzins in unterschiedlicher Güte abbilden, sind nicht mit einem β-Faktor aggregierbar. Eine Ausnahme bildet hierbei das Risikoergebnis, das als monetäre Größe im Rahmen der Periodenrechnung anfällt und bei dem eine Vergleichbarkeit mit anderen geldwerten Größen möglich ist.

Der zweite Aspekt ist die *mangelnde Wert- und Zukunftsorientierung*. Die weitergehenden Modelle sind sehr stark an dem periodischen Jahresabschluss orientiert. Des Weiteren sind die betrachteten Instrumente ausschließlich auf bestehendes Geschäft ausgerichtet, Neugeschäfte werden nicht integriert. Hierbei wiederum bildet die dynamische Zinselastizitätsbilanz eine Ausnahme. Sie berücksichtigt mit den Festzinsausläufen Prolongationsannahmen sowie mit Struktureffekten volumenmäßige Umschichtungen der Folgeperiode. Von einer Zukunftsorientierung im Sinne des SVA kann jedoch nicht gesprochen werden.

Nach der Betrachtung der klassischen Instrumente werden nun die verschiedenen *VaR-Konzepte* dargestellt. Die Ermittlung des VaR für einzelne Risikopositionen gemäß den wichtigsten verschiedenen Verfahren sowie deren Unterschieden ist bereits ausführlich erklärt worden.[14] An dieser Stelle soll daher nur auf die Aggregation mehrere Risikopositionen eingegangen werden, bevor gemäß den oben aufgeführten Kritierien eine Bewertung der VaR-Konzepte durchgeführt wird.

Zur Aggregation mehrerer Risikopositionen werden in den VaR-Ansätzen die Korrelationen zwischen den Änderungsraten der Basisparameter[15] berücksichtigt. Dadurch wird der Risikodiversifikation, d. h. der Tatsache, dass das Gesamtrisiko kleiner ist als die Summe der Einzelrisiken, Rechnung getragen.[16] Mathematisch lässt sich dies wie folgt darstellen:

$$(1) \quad VaR_{Gesamt} = \sqrt{ \begin{bmatrix} VaR(BP_1) & VaR(BP_2) & \ldots & VaR(BP_n) \end{bmatrix} \cdot \begin{bmatrix} 1 & \rho(\ddot{A}R_{BP1}, \ddot{A}R_{BP2}) & \ldots & \rho(\ddot{A}R_{BP1}, \ddot{A}R_{BPn}) \\ \rho(\ddot{A}R_{BP1}, \ddot{A}R_{BP2}) & 1 & \ldots & \rho(\ddot{A}R_{BP2}, \ddot{A}R_{BPn}) \\ \ldots & \ldots & 1 & \ldots \\ \rho(\ddot{A}R_{BP1}, \ddot{A}R_{BPn}) & \rho(\ddot{A}R_{BP2}, \ddot{A}R_{BPn}) & \ldots & 1 \end{bmatrix} \cdot \begin{bmatrix} VaR(BP_1) \\ VaR(BP_2) \\ \ldots \\ VaR(BP_n) \end{bmatrix} }$$

mit *VaR* = Value-at-Risk, $\rho(\ddot{A}R_{BP1}, \ddot{A}R_{BPn})$ = Korrelationskoeffizient, *BP* = Basisparameter, $\ddot{A}R_{BPi}$ = Veränderungsrate des Basisparameters *BPi*.

Die VaR-Berechnung soll anhand eines Aktienportfolios aus jeweils hundert Aktien (s. Tab. 1, Spalte (1)) der Unternehmen A, B und C demonstriert werden. Aus den

---

[14] Vgl. dazu ausführlich den Beitrag von Huschens in diesem Handbuch.
[15] Basisparameter sind die den Risikopositionen zugrundeliegenden Marktwerte, z.B. Zins, Aktienkurs, Wechselkurs etc.
[16] Vgl. Markowitz (1952).

Kursentwicklungen der Aktien lassen sich die stetigen Änderungsraten im Laufe der Haltedauer berechnen.

Aus der so ermittelten Datenreihe der stetigen Änderungsraten lässt sich die Standardabweichung σ gewinnen (s. Tabelle 1, Spalte (3)). Gesetzt die Annahme, die Änderungsraten folgen jeweils $N(0, \sigma)$, kann nun für ein spezifisches Konfidenzniveau die maximal eintretende negative Änderung ermittelt werden. Der Wert ergibt sich für $\alpha=0,05$ aus dem Z-Wert von -1,645 in Spalte (4). Durch Rücktransformation der stetigen in die diskrete Änderungsrate und anschließender Multiplikation mit dem Wert der Position ergibt sich der VaR in Spalte 5.

	Anzahl Aktien	Wert der Position in DM	σ in %	$ÄR_{s,0,05}$ %	$ÄR_d$ in %	VaR in DM
	(1)	(2)	(3)	(4)=1,645·(3)	(5)=$e^{(4)}$-1	(6)=(2)·(5)
Aktie A	100	34.200	6,30	-10,36	-9,84	-3.366,84
Aktie B	100	14.600	6,71	-11,04	-10,45	-1.525,78
Aktie C	100	32.500	2,31	-3,80	-3,72	-1.211,81
					Summe:	-6.104,44

Tab. 1: Ermittlung der VaR der Einzelpositionen

Der VaR ergibt sich damit ohne Berücksichtigung der Korrelationseffekte zwischen den Aktien zu 6.104,44 DM. Gemäß Gleichung (2) lässt sich das Risiko unter Beachtung der Interdependenzen zwischen den einzelnen Aktien mit Hilfe der hier exemplarisch gewählten Korrelationsmatrix berechnen zu:

$$(2)\ VaR_{ges} = \sqrt{[3.366,84\ \ 1.525,78\ \ 1.211,81]\cdot\begin{bmatrix}1 & 0,453 & 0,467\\0,453 & 1 & 0,854\\0,476 & 0,854 & 1\end{bmatrix}\cdot\begin{bmatrix}3.366,84\\1.525,78\\1.211,81\end{bmatrix}} = 5179,62\,DM,$$

womit sich ein Diversifikationseffekt von 924,82 DM (6.104,44 – 5.179,64) ergibt. In 95% der Fälle sinkt also der Wert des Aktienportfolios nach den folgenden zehn Tage um nicht mehr als etwa 5.200 DM.

Bei der Bewertung der dargestellten VaR-Konzepte anhand des Kriteriums der vertikalen Integrierbarkeit in ein wertorientiertes Informationssystem kann Folgendes festgestellt werden:

Gegenüber den klassischen Instrumenten ist der Aspekt der *Aggregierbarkeit* verschiedener Risiken in den VaR-Konzepten *explizites Ziel* und wurde daher unter Berücksichtigung von Diversifikationseffekten aufgenommen. Nach wie vor bleibt jedoch die *Aggregation der Marktrisiken und des Ausfallrisikos* ein *kritischer Punkt*. Dies erklärt sich durch die Schwierigkeit der Ermittlung von Korrelationen zwischen den jeweiligen Änderungsraten der Markt- und Ausfallrisiko-Basisparameter. RiskMaster umgeht dieses Problem auf oben beschriebene Weise – eine Korrelation zu der stetigen Abweichungsrate zwischen Standard- und Ist-Risikokosten ist leicht herzustellen. Damit ist aber die Lücke zur Ermittlung der Standardrisikokosten noch nicht geschlossen. Eine Beziehung zwischen Marktparametern und Ausfallparametern muss hergestellt werden. Mit der abzusehenden zunehmenden Handelbarkeit von Ausfallrisiken wird sich jedoch die bestehende Problematik aufgrund marktlicher Bewertung und höherer Transparenz des Ausfallrisikos verringern.

Wesentlich kritischer als die Aggregierbarkeit muss bei sämtlichen VaR-Ansätzen die *Wert- und Zukunftsorientierung* betrachtet werden. Drei erhebliche Nachteile unter Shareholder-Value-Aspekten sind hervorzuheben:

– Die VaR-Konzepte betrachten ausschließlich Bestandsgeschäfte
– Es findet keine gemäß dem SVA geforderte Berücksichtigung der tatsächlichen Cash-Flow-Wirksamkeit statt.
– Im Zusammenhang mit dem zuvor genannten Punkt wird der Risikohorizont willkürlich festgelegt. Wie im oben dargestellten Beispiel wird ermittelt, welcher Wertverlust des Portfolios innerhalb der folgenden zehn Tage eintreten kann, und zwar unabhängig davon, wann die Positionen tatsächlich realisiert werden. Dies entspricht einer statischen substanzwertigen Betrachtung, nicht einer Zukunftserfolgswertorientierung.

4. Die Ermittlung des Shareholder-Value-Risikos

Im Folgenden wird aufbauend auf den VaR-Konzepten ein SVR entwickelt, der die aufgeführten Kritikpunkte am VaR löst. Erforderliche Voraussetzungen werden dargestellt, bevor ein Beispiel das Procedere zur Ermittlung des SVR verdeutlicht.

Bezüglich der ersten beiden eben dargestellten Kritikpunkte, Einbezug des Neugeschäfts sowie Cash-Flow-Wirksamkeit der Positionen, muss auf eine *detaillierte Geschäftsplanung* der einzelnen Bereiche zurückgegriffen werden.[17]

Der SVA ermittelt basierend auf den *zukünftigen* Free Cash-Flows einen Zukunftserfolgswert. Voraussetzung dafür ist, dass auch *zukünftige Neugeschäfte* Berücksichtigung finden. Darüber können nur die für das jeweilige Geschäft Verantwortlichen eine Aussage treffen.

Auch bezüglich der *Zahlungsstromwirksamkeit*, sei es von Aktien- und Rentengeschäften oder von Geschäften variabler Laufzeit, gilt Entsprechendes. Zwar existieren, insbesondere für Aktien- und Rentenhandel, detaillierte Timing-Strategien auf Basis technischer sowie fundamentaler Analysen und Prognosen.[18] Diese können jedoch zu erheblich unterschiedlichen, teilweise gegensätzlichen Ergebnissen führen. Der Versuch, ein Modell für den optimalen Anfall der Cash-Flows zu entwickeln, würde entweder den Rahmen der Arbeit sprengen oder an der Praxis aufgrund mangelnden Realitätsbezugs scheitern. Anhand der bankinternen Zukunftseinschätzung müssen daher die Bereiche eine Aussage über die Cash-Flow-Wirksamkeit treffen. Eine rigorose Planungsdiskussion ist also gefordert, wobei diese auch einen wesentlichen Bestandteil im Rahmen des Controlling-Prozesses darstellt (siehe auch 5).

Um dem dritten Kritikpunkt des undifferenzierten *Risikohorizontes* zu begegnen, muss die Volatilität des betrachteten Parameters vom Planungszeitpunkt aus bis zur tatsächlichen Zahlungswirksamkeit abgebildet werden. Der Tatsache, dass das Risiko bei zunehmendem Risikohorizont steigt, wird damit Rechnung getragen. Es stellt sich jedoch die Frage, um wie viel höher beispielsweise das Risiko bei einer viermonatigen anstelle einer einmonatigen Haltedauer ist.

Eine Antwort darauf gibt der als Wurzelgesetz bekannte Zusammenhang der Standardabweichung und der Zeit.[19] Danach gilt

$$(3) \qquad \sigma_T = \sqrt{\frac{T}{t}} \cdot \sigma_t$$

---

[17] Vgl. Pausenberger / Glaum (1993), S. 772 f.; Spremann (1994), S. 843 ff.
[18] Vgl. Perridon / Steiner (1997), S. 207 f. und S. 212 ff.
[19] Vgl. grundsätzlich Brealey / Myers (1996), S. 577 ff.; J.P. Morgan / Reuters (1995), S. 54 ff.

mit σ=Standardabweichung, t,T=verschiedene Risikohorizonte.

Diese Beziehung gilt nur unter folgenden die Einschätzung der Güte des Modells beeinflussenden Annahmen:

- Normalverteilung der zugrundeliegenden Zufallsvariablen mit einem Erwartungswert von null (bereits oben für die stetige Änderungsrate gesetzt),
- Stochastische Unabhängigkeit der Zufallsvariablen.

Das Risiko bei viermonatiger Haltedauer ist demnach doppelt so hoch wie bei Positionsglattstellung nach einem Monat.[20]

Zu klären bleibt die Frage nach der Dauer des Planungshorizontes. Der Planungshorizont wird regelmäßig in drei Phasen unterteilt:[21]

- Planungszeitraum: naheliegende, detailliert planbare Zukunft mit konkreten Einzelplänen
- Anpassungszeitraum: Planung auf Basis von Trenderwartungen
- Restzeitraum: Zeitraum nach dem Anpassungszeitraum bis in die Unendlichkeit.

Der Ansatz des Risikos erscheint für die ersten zwei Phasen zweckmäßig. Die Terminierung der verschiedenen Phasen ist in der Literatur häufig diskutiert und mit den Möglichkeiten der Praxis verglichen worden.[22] Die einzelnen Bandbreiten für die Phasen sind jedoch beträchtlich. Das IdW gibt für die ersten zwei Phasen Zeiträume von jeweils fünf bis zehn Jahren an.[23] Insbesondere die obere Grenze scheint sowohl für den Planungs- als auch für den Anpassungszeitraum viel zu hoch gegriffen. So wird kaum ein Unternehmen wirklich in der Lage sein, bei den sich immer schneller

---

[20] Es sei nochmals darauf hingewiesen, dass es hier allein um die Ermittlung des Risikos geht. Eine regelmäßig risikolose Wiederanlage wird daher hier nicht thematisiert. Vgl. dazu ausführlich Lottner (1997).

[21] Vgl. Institut der Wirtschaftsprüfer (1983), S. 471; Günther (1997), S. 109, mit ausführlicher Argumentation für diese Strukturierung des Planungshorizontes. In älterer Literatur wird z.T. von nur zwei Phasen ausgegangen (Planungszeitraum und Restzeitraum), vgl. bspw. Strutz (1993), S. 94.

[22] Vgl. Günther (1997); Gomez (1995), Sp. 1723; UEC-Kommission (1977), S. 679; Dörner (1992), S. 51. Speziell für Banken vgl. Lottner (1997), S. 260 f.; Zessin (1980), S. 61 ff.; Herrhausen (1971), S. 354 ff.; Prussog (1999), S. 207 ff.

[23] Vgl. Institut der Wirtschaftsprüfer (1983).

ändernden Markt- und Wettbewerbsbedingungen detaillierte Planungen für zehn Jahre abzugeben. Die Gefahr, dass dem Aufwand der über den langen Zeitraum abgefassten detaillierten Planung kein entsprechender Nutzen, vielleicht sogar eher eine nicht erwünschte Scheingenauigkeit gegenübersteht, ist hoch. Realistischer erscheint da schon die Empfehlung der UEC, die den Planungszeitraum auf drei Jahre und den Anpassungszeitraum auf fünf Jahre terminiert.[24] In der Literatur besteht jedoch überwiegend die Auffassung, dass diese allgemein für die Unternehmensbewertung gemachten Planungshorizont-Aussagen für die Bewertung von Banken eingeengt werden müssen.[25]

Als Gründe dafür werden die abstrakte Natur der Produkte der Banken und die damit verbundene Nicht-Lagerfähigkeit der Produkte, die Abhängigkeit der Nachfrage von gesamtwirtschaftlichen Faktoren, die doppelte Marktabhängigkeit der Banken mit dem Aktiv- und Passivgeschäft ebenso wie die starke Regulierung des Bankenmarktes genannt.[26] Diese Argumente können nur bedingt überzeugen, da es etliche Industrien gibt, für die vergleichbare Bedingungen bestehen. Zudem können planungsfördernde Spezifika von Banken, wie beispielsweise ein vergleichsweise hoher Entwicklungsstand des Rechnungswesens, angeführt werden.

Es scheint zweckmäßig, als Zeitraum für die beiden ersten Phasen für Kreditinstitute fünf bis sieben Jahre anzusetzen, wobei der Planungszeitraum mit einem bis zwei Jahren, der Anpassungszeitraum mit vier bis fünf Jahren angesetzt wird.[27] Hier soll mit Lottner von einem einjährigen Planungszeitraum und einem fünfjährigen Anpassungszeitraum ausgegangen werden.[28] Um nämlich ein standardisiertes Risiko zu berechnen, kann eine Bandbreiten-Aussage nicht mehr genügen. So ist das Shareholder-Value-Risiko zwischen verschiedenen Banken auch nur dann vergleichbar, wenn es identisch ermittelt wird.

---

[24] Vgl. UEC-Kommission (1977).
[25] Vgl. bspw. Zessin (1982) mit etlichen Quellen.
[26] Vgl. Zessin (1982).
[27] Vgl. Herrhausen (1971), S. 650, mit ausführlicher Argumentation. Im Ergebnis ähnlich Lottner (1997), S. 260 f.
[28] Vgl. Lottner (1997). Wegen der bilanziellen Gliederung der Geschäfte ist aus pragmatischen Gründen auch ein vierjähriger Anpassungszeitraum zu argumentieren.

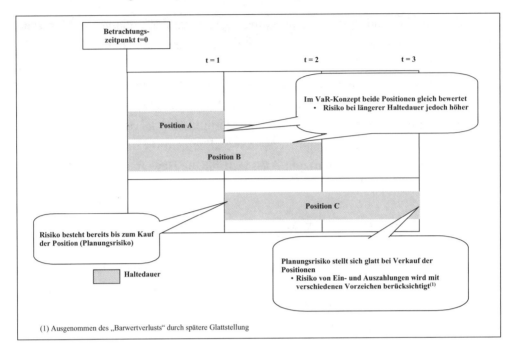

Abb. 4: Adjustierung des Risikohorizontes zur Ermittlung des Risikos

Abb. 4 macht die modifizierte Betrachtungsweise des Risikos nach dem SVR-Ansatz deutlich. Die nach Volumen und Volatilität identischen Positionen A und B mit unterschiedlicher Haltedauer, die im VaR-Konzept gleich bewertet werden, werden im SVR-Ansatz differenziert betrachtet. Ein zweiter wesentlicher Punkt ist, dass auch noch nicht getätigten Geschäften ein Risiko innewohnt und zwar ein Planungsrisiko. Wird heute davon ausgegangen, dass Position C in Abb. 4 einen gewissen Wert hat und dass zu dessen Erwerb eine Auszahlung in selber Höhe erforderlich ist, kann sich eben dieser Wert bis zum tatsächlichen Kauf der Position in $t=1$ ändern.

Dieses Risiko stellt sich jedoch, abgesehen von Barwertverlusten, beim Verkauf der Position wieder glatt, da sich ein Nachteil aus falscher Planung beim Kauf als Vorteil beim Wieder-Verkauf herausstellt.

Das einfache Beispiel in Abb. 5 veranschaulicht die Ermittlung des SVR.

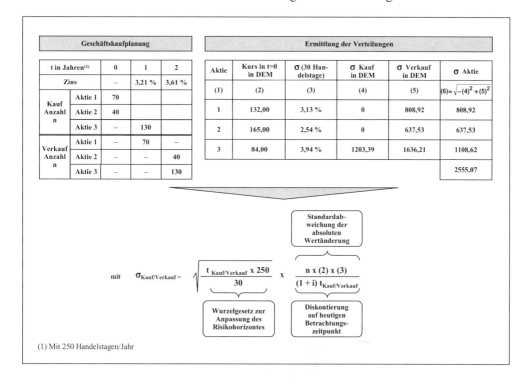

Abb. 5: Beispiel zur Ermittlung des SVR des Aktienhandels

Laut Geschäftsplanung werden in $t=0$ 70 Aktien 1 und 40 Aktien 2 gekauft. Die Aktien 1 werden in $t=1$, die Aktien 2 in $t=2$ verkauft. Zusätzlich werden in $t=1$ 130 Aktien 3 gekauft, welche in der Folgeperiode wieder glattgestellt werden.[29] Die Zinssätze zu den jeweiligen Perioden sind ebenfalls angegeben. Die aktuellen Kurse der Aktien sind in der rechten Tabelle in Spalte (2), die Standardabweichung der stetigen Änderungsrate für eine Haltedauer von 30 Tagen in Spalte (3) aufgeführt. Letztere wird gemäß den Ausführungen in Abschnitt 2 als diskrete Änderungsrate angesehen.

Die Spalten (4) und (5) ergeben sich aus der Formel in Abb. 5, in der durch den ersten Faktor eine Risikohorizont-Adjustierung vorgenommen wird. Die für eine 30tägige Haltedauer berechnete Änderungsrate wird mit dem Wurzelgesetz auf die tatsächliche Cash-Flow-Wirksamkeit angepasst. Im zweiten Teil wird im Zähler aus der Aktienanzahl, dem Kurs und der Änderungsrate die absolute Wertänderung er-

---

[29] Auf die Entwicklung der Kauf-/Verkaufstrategien soll hier nicht differenziert eingegangen werden. Vgl. sowohl zur Fundamentalanalyse ebenso wie zur technischen Analyse Prussog (1999), S. 110 ff. mit etlichen Quellen.

mittelt. Der Nenner diskontiert die Wertänderung mit dem entsprechenden Zins auf den Betrachtungszeitpunkt.

Es zeigt sich, dass dem Kauf der Aktien 1 und 2 heute kein Risiko innewohnt; ein Blick an die Börse verrät den Kurs. Der Kauf der Aktie 3 beinhaltet jedoch ein Planungsrisiko. Des Weiteren wird beim Vergleich der Standardabweichungen bei Kauf und Verkauf der Aktie 3 deutlich, dass das Risiko mit der Zeit zunimmt, was keinesfalls kontraintuitiv ist. Aus Kauf- und Verkaufs-Standardabweichung kann die aktienspezifische Standardabweichung ermittelt werden.

Abb. 6 zeigt die Aggregation des Risikos. Diese läuft analog zu der bestehender VaR-Ansätze. Für die einzelrisikoübergreifende Aggregation, insbesondere den Einbezug des Ausfallrisikos, wird der dargestellte einfache Ansatz von Schierenbeck übernommen. Zudem wird in Abb. 6 deutlich, dass durch die Vereinfachung eine wahrscheinlichkeitsfunktionale Abbildung des Risikos möglich wird. Auch ohne die dargestellte Approximation ist der SVR ermittelbar, die Berechnung wird nur komplexer, und es entfällt die Möglichkeit der einfachen funktionalen Abbildung des Risikos auf höheren Aggregationsebenen.

Als Haltedauer wird gemäß Abb. 5 eben die geplante Haltedauer angesetzt. Für die Korrelation zwischen den Positionen wäre eine intertemporale Korrelation zu ermitteln. So ist die Position 1 zum Zeitpunkt des Kaufs der Position 3 bereits geschlossen. Konsequenterweise müsste die Korrelation zwischen den beiden Positionen, d.h. zwischen der Aktienkursentwicklung des Wertpapiers 1 und dem sich ein Jahr später einstellenden Kurs des Wertpapiers 2, ermittelt werden.[30]

---

[30] Vgl. Franke und Batram in diesem Handbuch. Zur Problematik der mangelnden Konstanz von Korrelationen vgl. ausführlich Prussog (1997), S. 197.

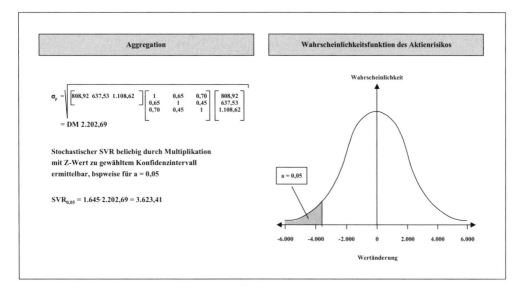

Abb. 6: Aggregation zum Gesamt-SVR

5. Controlling anhand des Shareholder-Value-Risikos

Der Controlling-Prozess gliedert sich in die Planung, die Realisation, die sich ihrerseits in Reporting und Steuerung unterteilen lässt, sowie in die Kontrolle. Im folgenden Abschnitt werden die Auswirkungen des SVR auf alle Prozessschritte dargestellt.

Da sich der Wert der Bank aus den diskontierten zukünftigen Zahlungsströmen ergibt, kommt der *Planung* der Rückflüsse bzgl. Ertrag und Risiko eine besondere Bedeutung zu. Hierbei ist der Planungshorizont zu konkretisieren und die Planung der einzelnen Bereiche zu operationalisieren.

Da mit zunehmendem *Planungshorizont* vom Betrachtungszeitpunkt aus das Risiko steigt, wurde dieser auf sechs Jahre standardisiert. Er setzt sich aus einem einjährigen Planungszeitraum und einem fünfjährigen Anpassungszeitraum zusammen.

Zur *Operationalisierung der Planung* werden die Geschäfte in Abhängigkeit der Haltedauern klassifiziert. Kurzfristige Geschäfte haben z. B. dann eine Haltedauer von weniger als drei Monaten, mittelfristige Geschäfte eine Haltedauer von größer drei Monaten und kleiner als zwei Jahren und langfristige Geschäfte eine Haltedauer von mehr als zwei Jahren. Aufgrund der Abhängigkeit des Risikos von der Laufzeit werden Geschäfte mit zunehmender Laufzeit spezifischer geplant.[31] *Kurzfristige Geschäfte* werden stark zusammengefasst und standardisiert geplant. Des Weiteren wird vereinfachend eine Nettozeitraumbetrachtung durchgeführt, wodurch die Barwertverluste, die sich während der Haltedauer von Positionen ergeben, vernachlässigt werden. Darüber hinaus wird die Cash-Flow-Wirksamkeit am jeweiligen Quartalsende fingiert. Die vergleichsweise geringen Risiken in diesen Positionen rechtfertigen diese Vereinfachung. Im Gegensatz dazu wird bei *mittelfristigen Geschäften* eine Bruttozeitraumbetrachtung durchgeführt sowie der tatsächliche Zahlungsstrom-Zeitpunkt angesetzt. Mittelfristige Geschäfte werden jedoch auch noch klassifiziert geplant, in der Regel nach Sensitivitätskennzahlen, wie Durationen beim Zinsänderungsrisiko oder β-Faktoren beim Aktienkursrisiko. *Langfristige Geschäfte* schließlich werden aufgrund ihres hohen Einflusses auf das Risiko einzeln geplant bzw. in wesentlich detaillierteren Gruppen zusammengefasst.

Im Rahmen der *Realisation* kommt der Steuerung anhand des Shareholder-Value-Risikos die wesentliche Bedeutung zu. Dabei kann die Risk-Return-Steuerung auf der einen Seite und die Steuerung des Wertes der Gesamtbank auf der anderen Seite unterschieden werden.

Traditionelle Risk-Return-Steuerungssysteme differenzieren Risiko- und Rentabilitätszahlen, die nicht in unmittelbaren Zusammenhang gebracht werden können. Dadurch fehlt die Möglichkeit, eine tatsächliche Risk-Return-Steuerung durchzuführen, bei der der Return dem zugrundeliegenden Risiko im *kapitalmarkttheoretischen* Sinn gegenübergestellt wird.

Mit dem dargestellten Shareholder-Value-Risiko ist eine integrierte wertorientierte Risk-Return-Steuerung möglich. Dabei kann das Risiko und der ihm gegenüberstehende Return über alle Hierarchieebenen vom Einzelgeschäft bis zur Gesamtbank sukzessive aggregiert bzw. im Rahmen von Zielvorgaben disaggregiert werden. Durch die in Abschnitt 2 dargestellte Normalverteilungs-Approximation ergeben sich sämtliche Werterisiken auf allen Verdichtungsebenen zu $N(0, \sigma)$, wobei σ die für die jeweilige Aggregationsebene relevante Standardabweichung des Risikos ist. Entsprechend kann ein „Standardabweichungsbaum" über die Bank gelegt werden, der vom Einzel-Cash-Flow über das Einzelgeschäft bis hin zur Gesamtbank reicht (s.

---

[31] Vgl. dazu ausführlich Prussog (1997), der Vorschläge für konkrete Planungsformblätter für die Planung der verschiedenen Risikoarten diskutiert.

Abb. 7). Bei beliebiger Wahl des Konfidenzintervalls kann dann sehr schnell auf allen Ebenen ein SVR inklusive der jeweiligen Diversifikationseffekte durch Multiplikation der Standardabweichungen mit dem relevanten Z-Wert ermittelt werden. Risiken, die auf den Unternehmenswert wirken, können dadurch sehr einfach identifiziert werden.

Bisher wurde – im Rahmen dieses Beitrages – überwiegend das Risiko betrachtet. Risiken sollten jedoch, wie in Abschnitt 2 deutlich gemacht, nicht Selbstzweck sein, sondern nur mit Blick auf den Return eingegangen werden, um so eine adäquate Rendite auf das eingesetzte Eigenkapital zu erwirtschaften. Werden entsprechende Risiko- und Erfolgsquellen gegenübergestellt und das Risiko der verschiedenen Bereiche als Basis für die Allokation des Eigenkapitals herangezogen, ist die Eigenkapitalrendite (*RORAC – Return On Risk Adjusted Capital*) die relevante Kennziffer für die Risk-Return-Relation.[32]

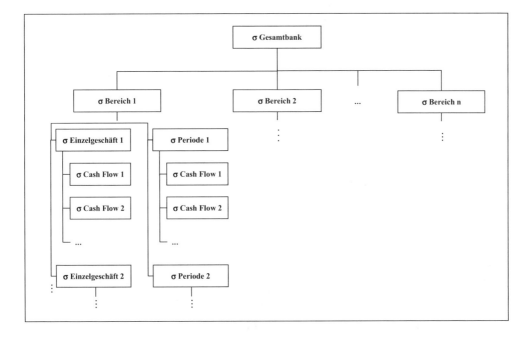

Abb. 7: Standardabweichungsbaum des SVR

Zwei wesentliche originäre Eigenkapitalfunktionen, nämlich die Verlustausgleichs- sowie die Garantie-/Haftungsfunktion, sind sehr stark auf Risiken in bestehendem Geschäft ausgerichtet. Der Shareholder-Value-Ansatz zielt jedoch ebenso wie das

---

[32] Vgl. Schierenbeck (1997), S. 479 ff.

SVR in erheblichem Maße auch auf Neugeschäfte ab, so dass hier eine methodische Diskrepanz besteht. Aus diesem Grund wird hier der pragmatische Vorschlag gemacht, das Eigenkapital nach dem SVR des Bestandsgeschäfts zu allokieren. Der Vorteil gegenüber bestehenden Ansätzen liegt in der Berücksichtigung der tatsächlichen Cash-Flow-Wirksamkeit sowie dem zahlungsstromadjustierten Risikohorizont beim SVR. Steuerungsgröße wird, um in der Nomenklatur zu bleiben, der ROSRAC (Return On Shareholder Value Risk- Adjusted Capital).

Die darüber hinaus stärker prospektive Sicht des SVR leistet erhebliche Unterstützung bei der dritten originären Eigenkapitalfunktion, nämlich der Finanzierungsfunktion. Die Bestimmung derjenigen Bereiche, in denen das risikoadjustierte Eigenkapital den höchsten Return erwirtschaftet, wird durch das SVR erleichtert.

Neben dem dargestellten Ansatz zur internen Steuerung des Wertes der Bank hat das Shareholder-Value-Risiko auch eine nach außen gerichtete Steuerungsfunktion auf den Wert der Gesamtbank. Im Rahmen des Beitrages wird zwischen einer Shareholder-Value-Betrachtung durch Externe, insbesondere durch Investoren, und durch Interne, beispielsweise durch das Risiko-Controlling, unterschieden. Grund dafür ist der Informationsvorsprung des Controllers aufgrund des Einblicks in alle internen Daten (s. Abschnitt 2). Um diese verschiedenen Bewertungsansätze in Beziehung zueinander setzen zu können, wurde der intern ermittelte Unternehmenswert wahrscheinlichkeitsfunktional unter Einbezug der Werterisiken berechnet. Auf diese Weise kann die Differenz zwischen dem externen und dem internen Wert über die Standardabweichung als Volatilitätsmaß für das Risiko standardisiert werden. Das Controlling kann dadurch dem tatsächlichen, auf Basis der internen Daten abgebildeten Risiko das vom Markt diskontierte Risiko gegenüberstellen. Daraus ergibt sich die Möglichkeit der Steuerung der Informationspolitik. Stellt sich nämlich für die betrachtete Bank heraus, dass der Markt im Zeitablauf oder im Vergleich zu anderen Banken ein höheres Risiko diskontiert, ohne dass sie eine höhere Risikoposition eingeht, sollte die betrachtete Bank ihre tatsächliche Risikoposition transparent machen. Der Markt wird darauf – vorausgesetzt er bewertet gleiches Risiko gleich – die aktuell überhöhte Risiko-Diskontierung an die tatsächliche Risikoposition der Bank anpassen, wodurch der Wert der Bank steigt.

Auch bezüglich der *Kontrolle* ergeben sich aus dem Shareholder-Value-Risiko besondere Implikationen. Neben der Kontrolle der auf das hinterlegte Risikokapital erwirtschafteten Rendite (ROSRAC) muss die Planungsgüte stärker gewichtet werden. Jeder Bereich hat mit der Planung der Risikohorizonte, d. h. der zukünftigen Zeitpunkte für die Wirksamkeit der einzelnen Cash-Flows, Einfluss auf das SVR. Wird ex post kein kritischer Abgleich der Planung mit dem tatsächlich erreichten durchgeführt, so besteht die Gefahr, dass aufgrund bewusster Falschplanung ein zu hoher ROSRAC in den einzelnen Bereichen ausgewiesen wird. Daher müssen Planungsabweichungen von den Verantwortlichen im Nachhinein erklärt werden. Auch hierdurch wird die Zukunftsorientierung des SVR deutlich.

6. Schlussbetrachtung

Das im Rahmen dieses Beitrages vorgestellte Shareholder-Value-Risiko eröffnet zum einen die Möglichkeit den Unternehmenswert nicht nur deterministisch, durch Diskontierung unsicherer Rückflüsse mit einem aggregierten risikoadjustierten Kapitalkostensatz, sondern stochastisch als Dichtefunktion abzubilden. Zum anderen ist er in der Lage, die bisher auf Bestandsgeschäfte fokussierten und ausschließlich standardisierte Risiko(verlust-)positionen betrachtenden VaR-Ansätze um ein zukunftsbezogenes, Cash-Flow-orientiertes Maß zur Abbildung von Risiken zu ergänzen. Ebenso können einzelne Risiken des Wertebereichs zum Risiko der Gesamtbank aggregiert werden. Dennoch ist zu berücksichtigen, dass diese Möglichkeiten für eine simultane Risk-Return-Steuerung erst durch restriktive Annahmen zur Approximation der log-normalverteilten diskreten Vermögensänderungsraten und zur Korrelation zwischen verschiedenen Risiken des Wertebereiches ermöglicht wird.

Literaturverzeichnis

Ballwieser, W. (Ballwieser, 1993): Methoden der Unternehmensbewertung, in: Gebhardt, G. / Gerke, W. / Steiner, M. (Hrsg.), Handbuch des Finanzmanagements, München 1993, S. 151-176.

Bankers Trust (Bankers Trust, 1995): RAROC 2020: A Comprehensive Risk Measurement Service (erhältlich per E-Mail: raroc2020@BankersTrust.com).

Brealey, R. A. / Myers, S. C. (Brealey / Myers, 1996): Principles of Corporate Finance, 5th ed., New York et al. 1996.

Döhring, J. (Döhring, 1996): Gesamtbankrisikomanagement von Banken, München 1996.

Dörner, W. (Dörner, 1992): Die Unternehmensbewertung, in: Institut der Wirtschaftsprüfer (IdW) (Hrsg.), Wirtschaftsprüfer-Handbuch, Bd. II, Düsseldorf 1992, S. 1-136.

Gomez, P. (Gomez, 1995): Shareholder Value, in: Gerke, W. / Steiner, M. (Hrsg.), Handwörterbuch des Bank- und Finanzwesens, 2. Aufl., Stuttgart 1995, Sp. 1720-1728.

Günther, T. (Günther, 1991): Erfolg durch strategisches Controlling? Eine empirische Studie zum Stand des strategischen Controlling in deutschen Unternehmen und dessen Beitrag zu Unternehmenserfolg und -risiko, München 1991.

Günther, T. (Günther, 1997): Unternehmenswertorientiertes Controlling, München 1997.

Herrhausen, A. (Herrhausen, 1971): Zielvorstellungen und Gestaltungsmöglichkeiten einer Langfristplanung in Kreditinstituten, in: Bank-Betrieb, 1971, S. 354-359.

Institut der Wirtschaftsprüfer (Institut der Wirtschaftsprüfer, 1983): Grundsätze zur Durchführung von Unternehmensbewertungen, HFA 2/83, in: Die Wirtschaftsprüfung, 1983, Nr. 15/16, S. 468-480.

J.P. Morgan / Reuters (J.P. Morgan / Reuters, 1995): RiskMetrics: Technical Document, 4th ed., New York 1995 (erhältlich per Download via Internet: http://www.jpmorgan.com/ RiskManagement/RiskMetrics).

J.P. Morgan (J.P. Morgan, 1997): CreditMetrics: Technical Document, New York 1997 (erhältlich per Download via Internet: http://www.jpmorgan.com/ RiskManagement/CreditMetrics).

Locarek, H. (Locarek, 1991): Finanzmathematik, München / Wien 1991.

Locarek-Junge, H. (Locarek-Junge, 1998): Die Bestimmung des Portefeuillerisikos bei nichtlinearer Wirkung der Risikofaktoren, in: Dresdner Beiträge zur Betriebswirtschaftslehre, Dresden 1998, Nr. 14.

Lottner, J. (Lottner, 1997): Wertorientierte Steuerung von Kreditinstituten, Dresden 1997.

Markowitz, H. M. (Markowitz, 1952): Portfolio Selection; In: Journal of Finance, Vol. 7, 1952, S. 77-91.

Moxter, A. (Moxter, 1983): Grundsätze ordnungsmäßiger Unternehmensbewertung; 2. Aufl., Wiesbaden 1983.

Perridon, L. / Steiner, M. (Perridon / Steiner, 1997): Finanzwirtschaft der Unternehmung, 9. Aufl., München 1997.

Pausenberger, E. / Glaum, M. (Pausenberger / Glaum 1993): Management von Währungsrisiken, In: Gebhardt, G. / Gerke, W. / Steiner, M. (Hrsg.), Handbuch des Finanzmanagements, München 1993, S. 763-785.

Porter, M. E. (Porter, 1996): Wettbewerbsvorteile: Spitzenleistungen erreichen und behaupten, 4. Aufl., Frankfurt a. M. 1996.

Prussog, C. (Prussog, 1999): Shareholder-Value-bezogene Abbildung von Risiken im Wertebereich bei Banken als Basis eines Risk-Return-Controlling, Diss., Frankfurt a. M. 1999.

Schierenbeck, H. (Schierenbeck, 1997): Ertragsorientiertes Bankmanagement – Band 2: Risiko-Controlling und Bilanzstruktur-Management, 5. Aufl., Wiesbaden 1997.

Spreemann, K. (Spreemann, 1995): Das Management von Währungsrisiken, In: Schierenbeck, H. / Moser, H. (Hrsg.), Handbuch Bankcontrolling, Wiesbaden 1994, S. 837-862.

Strutz, E. (Strutz, 1993): Wertmanagement in Banken, Bern 1993.

UEC-Kommission (1977): Entwurf einer Empfehlung: Vorgehensweise von Wirtschaftsprüfern bei der Bewertung ganzer Unternehmen, in: Die Wirtschaftsprüfer, 1977, Nr.30, S. 679-682.

Zessin, A. (Zessin, 1982): Unternehmensbewertung von Kreditinstituten, Göttingen 1982.

Das Ende des Firmenkredits?

Die Priewasser-Prognose zum Firmenkundengeschäft

Ergebnisse der Expertenbefragung 2000 zur Zukunft des Firmenkundengeschäfts

Von Prof. Dr. Erich Priewasser und Dipl.-Kfm. Ingo Lippmann. 2000. 300 Seiten, brosch. DM 175,–. ISBN 3 7819 0659 0.

Rentiert sich das Geschäft mit Firmenkunden noch? Vor allem an seinem Herzstück, dem Unternehmenskredit, scheiden sich die kreditwirtschaftlichen Strategien. Zu aufwendig in der Akquise, zu ertragsschwach von den Margen her, zu verlustreich trotz allen Risikomanagements sagen die Kritiker. Sie raten zum Rückzug. Das sei ein Fehler, behaupten die Könner vor Ort. Denn nur via Kredit behalte die Bank den entscheidenden Zugang zur unternehmerischen Wirtschaft. Wie sehr aber modernes Firmenkundengeschäft über den Kredit hinaus immer stärker nach innovativem Investment Banking und beratendem Corporate Business verlangt – die Priewasser-Prognose zeigt die Richtung.

Mit einer Expertenbefragung von mehr als 80 Spezialisten aus Kreditbanken, Sparkassen und Genossenschaftsbanken wird ein realistisches Bild der künftigen Entwicklung im Firmenkundengeschäft erstellt. Die Erhebung vom Jahreswechsel 1999/2000 umschließt nicht nur aktuelle wie künftige Trends in den Rahmenbedingungen der Kreditwirtschaft, sondern sie erfasst auch die sich wandelnden, künftig relevanten Unternehmensressourcen. Erfolg versprechende Marktsegmente, vorherrschende Bankstrategien und in der Zukunft dominierende Management-Tools werden herausgearbeitet.

Alle Kernbereiche des Firmenkundengeschäftes werden sorgfältig für den Zeitraum bis zum Jahr 2005 und später analysiert. In über 480 Tabellen und Diagrammen werden die relevanten Trends aufgezeichnet: Zeitnahe Informationen aus erster Hand – eine hervorragende Grundlage für die richtige Positionierung und Steuerung Ihres Instituts in wettbewerbsumkämpften Märkten.

Fritz Knapp Verlag • Postfach 11 11 51 • 60046 Frankfurt am Main

Telefon (069) 97 08 33-24 • Telefax (069) 707 84 00
eMail: kreditwesen@t-online.de • www.kreditwesen.de

Konzepte zur Risiko-Ertragssteuerung in Kreditinstituten

von Neal Stoughton / Josef Zechner

1. Einleitung
2. Risikokapitalallokation
3. Bestimmung der Kapitalkosten
4. Zusammenfassung

Der zweite Koautor bedankt sich für die Unterstützung dieses Forschungsvorhabens durch das Jubiläumsfondprojekt Nr. 6052 der österreichischen Nationalbank.

1. Einleitung

Wie auch Unternehmungen in anderen Wirtschaftssektoren stehen Kreditinstitute unter wachsendem Druck, den Shareholder Value zu erhöhen. Dies hat zum weitverbreiteten Einsatz von Konzepten wie Economic Value Added (EVA®) und *Risk Adjusted Return on Capital (RAROC™)*[1] geführt. Wenn diese Methoden von Kreditinstituten implementiert werden, so basieren diese jeweils auf risikoadjustierten Kapitalallokationen sowie risikoadjustierten Zielrenditen. Die Performance eines Händlers oder einer Abteilung kann daher nur nach Berechnung der Risikobeiträge bestimmt werden. Diese enge Verbindung zwischen Risiko und Shareholder Value ist der Fokus dieses Beitrags.

Risiko impliziert Eigenkapitalbedarf

Die Frage des richtigen Designs von Risikomanagementsystemen für Kreditinstitute hat in jüngster Zeit enorme Bedeutung erlangt. Die Konkurse der Barings Bank und von Orange County (Kalifornien) sowie die Finanzkrise von Long Term Capital Management haben die Auswirkungen von inadäquaten Risikomanagementpraktiken demonstriert. Ein solches Versagen des Risikomanagements kann nicht nur das Eigenkapital der betroffenen Institutionen vernichten, sondern auch das Vertrauen in die Finanzmärkte allgemein untergraben.

Es ist nun weitgehend akzeptiert, dass die entsprechende Höhe und die richtige Zurechnung von Eigenkapital eine wichtige Komponente von Risikomanagementsystemen darstellt. Dies wird auch durch die Aussagen der Leiter wichtiger Regulierungsbehörden betont. Alan Greenspan, der Vorsitzende des US Federal Reserve Board, hat kürzlich die Bedeutung des Risikomanagements und der Riskokapitalallokation folgendermaßen zum Ausdruck gebracht: "The uncertainties inherent in valuations of assets and the potential for abrupt changes in perceptions of those uncertainties clearly must be adjudged by risk managers at banks and other financial intermediaries. At a minimum, risk managers need to stress test the assumptions underlying their models and set aside somewhat higher contingency resources – reserves or capital – to cover the losses that will inevitably emerge from time to

---

[1] Siehe Brealey and Myers (2000) für eine Diskussion der Zusammenhänge zwischen EVA, Residual Income und andere Kennzahlen. Siehe Ehrbar (1998) für eine detaillierte Diskussion der Vorteile von EVA innerhalb einer Organisation.

time when investors suffer a loss of confidence. These reserves will appear almost all the time to be a suboptimal use of capital. So do fire insurance premiums."[2]

Für Industrieunternehmungen wird die Beziehung zwischen Risiko und der optimalen Höhe des Eigenkapitals noch debattiert. Im Gegensatz dazu impliziert die Struktur des Bankgeschäfts einen klaren Zusammenhang zwischen Risiko einerseits und Eigenkapitalerfordernissen andererseits. Ein unmittelbarer Grund für diesen Zusammenhang zwischen Risiko und erforderlicher Eigenkapitalhöhe liegt in der Regulierung. Sowohl das Papier des Baseler Ausschusses für Bankenaufsicht zur Regelung des Kreditrisikos von 1988 als auch jenes zur Regelung des Marktrisikos von 1992 definieren Kapitaladäquanz auf Basis der risikogewichteten Kauf- und Verkaufspositionen des Kreditinstitutes. Die Inhalte der beiden erwähnten Basler Papiere wurden mittlerweile von einer Vielzahl von Industrieländern, inklusive der USA und den EU-Ländern in nationales Recht übergeführt. Dieser regulatorische Zusammenhang zwischen Eigenkapitalanforderungen und Risiko wurde in jüngster Zeit noch direkter, da Regulierungsbehörden häufig erlauben, die Eigenmittelerfordernisse nicht nur über die Standardmethoden zu berechnen, sondern auch unmittelbar über die internen Value-at-Risk Modelle der Kreditinstitute.

Unabhängig von den Regulierungsvorschriften ist es für Kreditinstitute grundsätzlich notwendig, die Höhe ihres Eigenkapitals mit den Risiken abzustimmen, die sie eingehen. Wie von Merton and Perold (1993) hingewiesen wurde, sind die Kunden eines Kreditinstitutes häufig auch Gläubiger des Kreditinstitutes. Deshalb werden sie nur dann bereit sein, mit dem Kreditinstitut weitere Transaktionen durchzuführen[3], wenn die Kapitalisierung dem Risikoexposure entspricht[4].

Sogar wenn die Kunden der Bank nicht auf die Höhe der Eigenmittel achten, würden die Aktionäre der Bank selbst dennoch ein Interesse an einer adäquaten Höhe der Eigenmittel haben. Dies ist jedenfalls dann der Fall, wenn die Banklizenz einen positiven Wert darstellt. Die Eigenkapitalgeber werden dann berücksichtigen, dass dieser Wert im Fall eines Konkurses verloren ist und daher das Risiko auf die Höhe der Eigenmittel abstimmen.

---

[2] Siehe Greenspan (1999).
[3] Im Einlagengeschäft ist dies ist nicht notwendigerweise der Fall, wenn die Einlagen versichert sind.
[4] Für andere Industriesektoren trifft das nicht im selben Ausmaß zu. Zum Beispiel wird der Kunde eines Fast Food Restaurants nicht allzu sehr auf die Kapitalstruktur dieser Unternehmung achten, da ein zukünftiger Konkurs den Wert eines Essens, das heute konsumiert wird, nicht beeinflusst.

Eigenmittel sind teurer als Fremdkapital

Aus einer Reihe von Gründen ist das Fremdkapital einer Bank billiger als das Eigenkapital. Durch Kombination des Einlagengeschäfts mit Serviceleistungen wie z.B. dem Girogeschäft etc. steht den Banken Fremdkapital zu günstigeren Konditionen zur Verfügung. Weiters können explizite oder implizite Haftungsgarantien durch Einlagenversicherungen bzw. durch den Staat, die Länder oder Gemeinden einen Grund für den Kostenvorteil des Fremdkapitals darstellen. Schließlich würde auch unvollkommener Wettbewerb zwischen Banken im Einlagengeschäft zu ähnlichen Resultaten führen. Dass erhöhte Eigenmittelanforderungen Kosten verursachen ist unter anderem unmittelbar daraus ersichtlich, dass Kreditinstitute vielfach versuchen ihre durch Risikobewertungen entstehenden Eigenkapitalanforderungen durch komplizierte Arbitragekonstruktionen zu verringern.[5]

Das durch Investitionen bzw. Handelspositionen entstehende Risiko erfordert daher, dass das „billige" Fremdkapital eines Kreditinstitutes teilweise mit „teurem" Eigenkapital ersetzt wird. Da das relevante Risiko auf der Ebene der Gesamtbank gemessen werden muss, ist eine der grundlegendsten Fragen die nach dem Beitrag eines Produktes, einer Abteilung, eines Handelsbuches etc. zum Gesamtrisiko. Korrekte Quantifizierung und Zurechnung des Risikos ist eine notwendige Voraussetzung, um die gesamten Eigenkapitalanforderungen und die Allokation des Eigenkapitals auf die verschiedenen Aktivitäten bzw. Abteilungen zu bestimmen. Letzteres ist aber notwendig um

- Produkte des Kreditinstitutes richtig kalkulieren zu können,
- den Bankmitarbeitern richtige Zielvorgaben bzw. Anreizverträge bieten zu können und
- die Performance von Abteilungen feststellen zu können.

2. Risikokapitalallokation

Risikokapitalallokation und EVA

Das Konzept des Economic Value Added wurde ursprünglich für die Analyse auf Gesamtunternehmensebene entwickelt. Ein wichtiges Ziel dieses Beitrags ist die

---

[5] Für eine Diskussion solcher Konstruktionen siehe Jones (1998).

konzeptionelle Umsetzung von Economic Value Added für Kreditinstitute auf Abteilungsebene. Wir verwenden hierbei die folgende Definition des Konzepts *Economic Value Added*:

(1) $\qquad EVA_i = \text{Nettoergebnis}_i - r_i K_i,$

wobei r_i die Eigenkapitalkosten der Abteilung i darstellt und K_i die Höhe des zugerechneten Eigenkapitals.[6] Da wir EVA auf das zugerechnete Risikokapital beziehen und da der Return on Risk Adjusted Capital (RORAC) definiert ist als Nettoergebnis durch Risikokapital, kann EVA geschrieben werden als:[7]

(2) $\qquad EVA_i = (RORAC_i - r_i)K_i.$

Eine vom Konzept ähnliche Kennzahl, die sich sinnvoller für Vergleiche zwischen Abteilungen eignet als EVA ist der Risk Adjusted Return on Capital (RAROC). Wir definieren RAROC als:

(3) $\qquad RAROC_i = RORAC_i - r_i.$

Das impliziert folgende Beziehung zwischen EVA und RAROC

(4) $\qquad EVA_i = (RAROC_i)K_i.$

In einer Bank in der Investitionsentscheidungen auf Abteilungsebenen bzw. Bereichsebenen delegiert werden, müssen die erwähnten Konzepte auch auf diesen Ebenen umgesetzt werden. Da die Kapitalallokation sowohl den RAROC als auch EVA beeinflusst, ist es von fundamentaler Bedeutung, Fragen der Kapitalallokation zu klären. Wir beginnen mit der Diskussion der Auswirkungen einiger populärer Kapitalallokationsmethoden.

Risikokapitalallokation nach Regulierungskapital

Wie bereits erwähnt implizieren Regulierungsvorschriften eine unmittelbare Beziehung zwischen Risiko und Eigenkapital. Eine Möglichkeit ist daher die Zurechnung

---

[6] Die Anwendung von EVA in Banken wird z.B. in Uyemura et al. (1996) diskutiert.
[7] Siehe Kimball (1998), beziehungsweise Lehar et al. (1998) für Details.

des Risikokapitals nach den regulatorischen Eigenmittelanforderungen der verschiedenen Abteilungen vorzunehmen. Hierbei ist zu berücksichtigen, dass die gesamte Höhe des Eigenkapitals einer Bank grundsätzlich nicht der Summe der regulatorischen Eigenmittelerfordernisse entspricht. Das einer Abteilung i nach Regulierungskapital zugerechnete Risikokapital, K_i, ist definiert als

$$(5) \quad K_i = \left[\frac{\text{Regulierungskapital}(\text{ProfitCenter } i)}{\text{Gesamtes Regulierungskapital}} \right] (\text{Tier 1 Eigenmittel}).$$

Ein einfaches Beispiel soll diese Vorgangsweise illustrieren. Die Tier 1 Eigenmittel betragen 500 Millionen und die gesetzlichen Eigenmittelanforderungen für das Handelsbuch betragen 150 Millionen, während die gesamten Eigenmittelanforderungen der Bank 600 Millionen betragen. Das zuzurechnende Risikokapital ergibt sich dann als $K_H = 150 \frac{500}{600} = 125$.

Dieses Kapitalallokationskonzept hat eine Reihe von Vorteilen. Erstens muss die Bank das regulatorische Kapital in jedem Fall berechnen. Diese Methode der Kapitalallokation erfordert also kaum zusätzlichen Rechenaufwand. Zweitens ist es ein objektiv definiertes Maß, das Vergleiche zwischen Banken ermöglicht. Drittens stellt dieses Konzept eine klar definierte Allokationsmethode mit einer konsistenten Beziehung zwischen Risiko und Kapital dar.

Leider gibt es auch eine Reihe von schwerwiegenden Nachteilen. Erstens, die Allokation nach Regulierungskapital basiert nicht auf dem wahren ökonomischen Risiko wie es etwa durch den *Value-at-Risk* ausgedrückt wird. Zum Beispiel, ein Kredit an IBM hat dasselbe Risikogewicht wie ein Kredit, der an eine kleine riskante Unternehmung vergeben wurde. Zweitens berücksichtigt die Kapitalallokation nach Regulierungskapital keine Portfolioeffekte zwischen Abteilungen.

Kapitalallokation nach ökonomischem Risiko

Aufgrund der schwerwiegenden konzeptionellen Bedenken gegen die Kapitalallokation auf Basis des Regulierungskapitals versuchen die meisten großen Banken, die Kapitalallokation auf Basis des ökonomischen Risikos vorzunehmen. Die Schwierigkeit in diesem Zusammenhang besteht zunächst darin, dass es keine generell akzeptierte Definition von ökonomischem Risiko gibt. Intuitiv existiert *ökonomisches*

Risiko, wenn zukünftige Ergebnisse wie z.B. der Gewinn oder das zukünftige Nettovermögen unter den Erwartungswert oder unter den derzeit aktuellen Wert fallen können. Alternative Definitionen des ökonomischen Risikos inkludieren statistische Konzepte wie die Standardabweichung oder Varianz, die Wahrscheinlichkeit von Realisationen unter einen bestimmten kritischen Wert oder, allgemeiner, die unteren partiellen Momente einer Verteilung („Lower Partial Moments").[8] Das in der Praxis weitgehend akzeptierte Maß für das ökonomische Risiko ist der Value-at-Risk (VaR).[9]

Diese Größe gibt den kritischen Verlust an, der nur mit bestimmter Wahrscheinlichkeit (=Konfidenzniveau) überschritten wird. Sind Gewinne oder Marktwerte normalverteilt, so ergibt sich der VaR aus einem Vielfachen der Standardabweichung – unter Umständen adjustiert um den Erwartungswert der Zielgröße. Zum Beispiel, wenn das gewählte Konfidenzniveau 95% beträgt, so würde der VaR ohne Berücksichtigung des Erwatungswerts 1,64 Standardabweichungen entsprechen.

Im Folgenden wird das Konzept des VaR als Definition des ökonomischen Risikos verwendet. Insbesondere gehen wir davon aus, dass die optimale Höhe der Eigenmittel des gesamten Kreditinstituts definiert ist durch den gesamten Value-at-Risk. In dieser Arbeit wird hierbei nicht auf die zahlreichen technischen Probleme der richtigen Ermittlung des VaR eingegangen, sondern es wird angenommen, dass das Kreditinstitut ein entsprechendes internes Modell implementiert hat, das VaR Berechnungen korrekt durchführt. Stattdessen konzentrieren sich die folgenden Kapitel auf die Risikokapitalallokation auf einzelne Abteilungen auf Basis eines VaR-Modells. Hierbei werden verschiedene Ansätze untersucht. Zunächst kann jede Abteilung als eigenständige Unternehmung betrachtet werden. Wir bezeichnen diesen Ansatz als „Stand-Alone" Ansatz.

Der "Stand-Alone" Ansatz

In diesem Fall wird jede Abteilung als eigenständige Einheit betrachtet und Diversifikationseffekte zwischen Abteilungen werden vernachlässigt. Hierbei wird die zuzurechnende Kapitalhöhe meist so bestimmt, dass die verschiedenen Abteilungen eine

---

[8] Für eine Analyse von alternativen Definitionen von ökonomischem Risiko siehe z.B. Artzner et al. (1998).
[9] Siehe Jorion (1997) als Standardtext.

einheitliche „Insolvenzwahrscheinlichkeit" aufweisen. Z_i, das Z-Score der Abteilung i ist ein inverses Maß für die Insolvenzwahrscheinlichkeit:[10]

(6) $$Z_i = \frac{ROA_i + (K_i / A_i)}{\sigma_{ROA\,i}},$$

wobei ROA_i definiert ist als das erwartete Nettoergebnis vor Steuern dividiert durch den Buchwert des Vermögens des Abteilung, A_i, K_i ist das Eigenkapital, das der Abteilung i zugerechnet wird und σ_{ROAi} ist die Standardabweichung von ROA_i.

Für symmetrische Verteilungen von ROA gilt, dass die Insolvenzwahrscheinlichkeit p folgende Ungleichung erfüllt: $p \leq 1/(2Z^2)$. Für den Fall der Normalverteilung gilt $p = N(-Z)$, wobei N die kumulative Standardnormalverteilungsfunktion ist.

Nach der obigen Definition misst das Z-Score, wie viele Standardabweichungen der ROA einer Abteilung unter seinem Erwartungswert liegen darf, ohne dass das Eigenkapital negativ wird. Wenn ROA normalverteilt ist, so ergibt sich folgende Beziehung zwischen dem Stand Alone VaR (mean adjusted) einer Abteilung i und dem Z-Score:

(7) $$VaR_i = (Z_i \sigma_{ROAi} - ROA_i) A_i.$$

Wird Kapital nach diesem Konzept zugerechnet, so setzt man das zuzurechnende Risikokapital gleich dem VaR mit einem Konfidenzniveau das durch das vorgegebene Z_i definiert ist. Das Eigenkapital K_i^*, das ein bestimmtes erwünschtes Z-Score, Z_i^*, ergibt, ist definiert als:

(8) $$K_i^* = (Z_i^* \sigma_{ROA\,i} - ROA_i) A_i.$$

Es soll darauf hingewiesen werden, dass höhere Z-Scores niedrigeren Insolvenzwahrscheinlichkeiten entsprechen. Wenn zum Beispiel der ROA normalverteilt ist, so entspricht einem Z-Score von 3,43 eine Insolvenzwahrscheinlichkeit von 0,03%.[11]

---

[10] Eine Definition des Z-Score findet sich z.B. in Kimball (1997).

[11] Dieser Wert wird z.B. von der Bank of America für Ihre Kapitalallokationsentscheidungen verwendet. Siehe Zaik et al. (1996).

Um den Stand-Alone Ansatz zu illustrieren, betrachten wir ein einfaches Beispiel mit zwei Kreditabteilungen: Hypothekardarlehen und Konsumkredite. Die folgenden Informationen sind gegeben:

Abteilung	Vermögen (in Mio)	Return on Assets	σ_{ROAi}
Hypothekardarlehen	EUR 1500	0,0167	0,015
Konsumkredite	EUR 900	0,0260	0,030

Tab.1: Parameter für das Fallbeispiel

Angenommen das gewünschte Z-Score ist 3,33, was einer Insolvenzwahrscheinlichkeit von 0,5% entspricht. Durch Einsetzen in die obige Gleichung erhalten wir das Eigenkapital, das den beiden Abteilungen zugerechnet wird:

$$K_M^* = (Z^* \sigma_{ROA_M} - ROA_M) A_M = [(3,33)(0,015) - 0,0167]1500 = 50.$$

$$K_C^* = (Z^* \sigma_{ROA_C} - ROA_C) A_C = [(3,33)(0,03) - 0,026]900 = 66,6.$$

Das gesamte zugerechnete Risikokapital beträgt daher $K_M^* + K_C^* = 116,6$. Der größte Nachteil dieses Ansatzes ist der Umstand, dass die Diversifikationseffekte zwischen den beiden Abteilungen unberücksichtigt bleiben. Dies kann für das obige Beispiel leicht demonstriert werden. Nimmt man an, dass der Korrelationskoeffizient der ROAs der beiden Abteilungen 0,5 ist, so ergibt sich die Standardabweichung des ROA der Gesamtbank als

$$(9) \quad \sigma_{ROA} = \sqrt{w_M^2 \sigma_{ROA_M}^2 + w_C^2 \sigma_{ROA_C}^2 + 2 w_M w_C \rho_{MC} \sigma_{ROA_M} \sigma_{ROA_C}}$$
$$= 0,0179,$$

wobei $w_M=(1500/2400)=0,625$ und $w_C=(900/2400)=0,375$. Der erwartete Return on Assets für die Gesamtbank ergibt sich aus

$$(10) \quad ROA = w_M ROA_M + w_C ROA_C = 0,02167.$$

Daraus folgt, dass das Eigenkapital das die Gesamtbank braucht, um einen Z-Score von 3,33 zu realisieren, K^*, gegeben ist durch

$$K^* = (Z^* \sigma_{ROA} - ROA)(A_M + A_C)$$

(11)

$$= [(3,33)(0,0179) - 0,02167]2400 = 91.$$

Das insgesamt erforderliche Risikokapital in der Höhe von 91 ist daher signifikant niedriger als die Summe des den einzelnen Abteilungen zugerechneten Risikokapitals in der Höhe von 50+66,6=116,6. Wie eingangs festgestellt liegt die Ursache für dieses Ergebnis in der Nichtberücksichtigung von Diversifikationseffekten durch den Stand Alone Ansatz.

Der Portfolioansatz mit proportionaler Skalierung

Die einfachste Möglichkeit um Diversifikationseffekte zu berücksichtigen, ist die proportionale Skalierung des den einzelnen Abteilungen zugerechneten Eigenkapitals. Die Höhe des zugerechneten Eigenkapitals ergibt sich in diesem Fall als

(12) $$\overline{K}_i = K_i^* \frac{K^*}{\sum_j K_j^*},$$

wobei $\overline{K}_i$ die proportional skalierte Eigenmittelallokation für Abteilung i darstellt, die wiederum von der oben dargestellten Kapitalallokation nach der Z-Score Methode ausgeht. In Fortsetzung des obigen numerischen Beispiels sind die Kapitalallokationen für die Hypothekardarlehenabteilung und für die Konsumkreditabteilung gegeben als

$$\overline{K}_M = 50 \frac{94,8}{116,6} = 40,65$$

und

$$\overline{K}_C = 66,6 \frac{94,8}{116,6} = 54,15.$$

Die Methode des proportionalen Skalierens ist einfach, aber rechnet die Eigenmittel nicht nach dem ökonomischen Verursacherprinzip zu. Abteilungen mit niedrigen Korrelationen mit anderen Abteilungen erhalten nach dieser Methode zuviel Kapital zugerechnet, während Abteilungen, die hoch mit den übrigen Abteilungen korrelieren zu wenig Kapital zugerechnet erhalten.

Der Portfolioansatz nach internen Betas

Im Gegensatz zu den bisher besprochenen heuristischen Verfahren der Kapitalallokation wird nun eine *optimale* Methode vorgestellt, die den EVA des gesamten Kreditinstituts maximiert, obwohl Entscheidungen auf Abteilungsebene *delegiert* werden. Das Optimierungsproblem des Kreditinstitutes kann dargestellt werden als:

$$(13) \quad \max_{A_i} \ EVA = (ROA)(\sum A_i) - rK,$$

wobei mit r die Eigenkapitalkosten des Kreditinstituts bezeichnet werden und K die gesamten Eigenkapitalanforderungen sind, die durch eine Restriktion wie z.B. ein spezifisches Mindest-Z-Score definiert ist.

Das Ziel einer optimalen risikoadjustierten Ertragssteuerung ist es, einen Kapitalallokationsmechanismus auf der Ebene von Abteilungen zu definieren, $K_i(A_i)$, so dass die individuellen Entscheidungen der Abteilungen, die ihren EVA maximieren

$$(14) \quad \max_{A_i} \ EVA_i = (ROA_i)A_i - r_i K_i(A_i),$$

gleichzeitig die für das Kreditinstitut insgesamt optimalen Entscheidungen darstellen.

Um richtige Anreize für delegierte Portfolioentscheidungen schaffen zu können, muss das zugerechnete Kapital vom marginalen Beitrag einer Investition zum Gesamtrisiko abhängen. Mathematisch kann dieser marginale Beitrag durch die erste Ableitung des Gesamtrisikos der Bank nach der Höhe der Investition der Abteilung i dargestellt werden. Für zwei Abteilungen kann die Standardabweichung des gesamten Nettoergebnisses, d.h. ROA multipliziert mit dem gesamten investierten Vermögen dargestellt werden als

(15) $$A\sigma_{ROA} = (A_1^2 \sigma_{ROA1}^2 + A_2^2 \sigma_{ROA2}^2 + 2 A_1 A_2 \rho \sigma_{ROA1} \sigma_{ROA2})^{0,5},$$

wobei $A = A_1 + A_2$. Nach einigen Umformungen kann die erste Ableitung der Standardabweichung des Nettoergebnisses nach der Investitionshöhe der Abteilung i dargestellt werden als

(16) $$\frac{\partial(A\sigma_{ROA})}{\partial A_i} = \beta_i \frac{A}{A_i} \sigma_{ROA},$$

wobei

(17) $$\beta_i = \frac{w_i^2 \sigma_{ROAi}^2 + w_i w_j \rho \sigma_{ROAi} \sigma_{ROAj}}{\sigma_{ROA}^2}.$$

β_i ist also der Regressionskoeffizient einer linearen Regression des Nettoergebnisses der Abteilung i, $A_i(ROA_i)$, auf das Nettoergebnis der gesamten Bank, $A(ROA)$. Diese Gleichung verdeutlicht, dass der Effekt einer Erhöhung der Investition der Abteilung i auf das Gesamtrisiko vor allem vom Betafaktor dieser Abteilung bezüglich der Gesamtbank abhängt.

Die gesamte Eigenkapitalanforderung des Kreditinstitutes mit zwei Abteilungen ist definiert als

(18) $$K = Z\sigma_{ROA}(A) - (ROA_1)A_1 - (ROA_2)A_2.$$

Der marginale Kapitalbedarf aus einer Erhöhung der Investitionen in Abteilung i ist daher

(19) $$\frac{\partial K}{\partial A_i} = Z \frac{A}{A_i} \sigma_{ROA} \beta_i - ROA_i.$$

Bewertet man diese Ableitung am Optimum und integriert diesen Ausdruck von der Investitionshöhe null bis A_i, so erhält man das insgesamt der Abteilung i zugerechnete Kapital

(20) $$K_i(A_i) = \left[Z \frac{A^*}{A_i^*} \sigma_{ROA} \beta_i^* - ROA_i \right] A_i$$

wobei β_i^* den Betafaktor der Abteilung i mit der Gesamtbank bei Investitionshöhe A_1^* und A_2^* darstellt.

In Fortsetzung unseres Beispiels, ergibt sich daher für die Hypothekardarlehenabteilung bzw. für die Konsumkreditabteilung das Risikokapital aus folgenden Berechnungen. Zuerst werden die Betafaktoren der beiden Abteilungen berechnet:

(21) $$\beta_M = \frac{w_M^2 \sigma_{ROAM}^2 + w_M w_c \rho \sigma_{ROAM} \sigma_{ROAC}}{\sigma_{ROA}^2}$$

$$= \frac{(0,625^2)(0,015^2) + (0,625)(0,375)(0,5)(0,015)(0,03)}{0,0179^2} = 0,439$$

$$\beta_C = \frac{(0,375^2)(0,03^2) + (0,625)(0,375)(0,5)(0,015)(0,03)}{0,0179^2} = 0,56.$$

Danach ergibt sich die Kapitalhöhe im Optimum aus:

(22) $$K_M(A_M) = Z A \sigma_{ROA} \beta_M - ROA_M A_M$$

$$= (3,33)(0,0179)(2400)(0,439) - (0,01675)(1500) = 37,68$$

und

(23) $$K_C(A_C) = Z A \sigma_{ROA} \beta_C - ROA_C A_C$$

$$= (3,33)(0,0179)(0,56)(2400) - (0,026)(900) = 56,71.$$

Im Vergleich zur oben beschriebenen einfachen Methode der Skalierung kann man feststellen, dass der Interne-Beta-Ansatz der Kreditabteilung mehr Kapital zurechnet, da sie ein höheres Beta zur Gesamtbank aufweist als die Hypothekardarlehenabteilung.

Die Kapitalallokation nach der Internen-Beta-Methode hat mehrere wünschenswerte Eigenschaften. Erstens, die Höhe des insgesamt den einzelnen Abteilungen zugerechneten Kapitals ergibt exakt die Kapitalanforderungen der Bank insgesamt. Diese Eigenschaft ist sofort ersichtlich, wenn man bedenkt dass $\Sigma_i\ \beta_{i,BANK}=1$. Diese Eigenschaft besitzen Value-at-Risk basierte Kapitalallokationsmethoden grundsätzlich nicht, da der Value-at-Risk nicht additiv ist, das heißt es gilt grundsätzlich nicht, dass die Summe der VaRs einzelner Abteilungen den VaR der gesamten Bank ergibt.

Zweitens wurde von Stoughton / Zechner (1999) gezeigt, dass ein Mechanismus, bei dem alle Abteilungen den oben definierten Economic Value Added, EVA_i, maximieren, auch zur Maximierung des EVA des gesamten Kreditinstituts führt. Wenn die Interne-Beta-Methode also richtig implementiert ist, so ergeben sich daraus optimale Anreizstrukturen für die Abteilungsleiter der Bank.

Die Interne-Beta-Methode setzt allerdings voraus, dass dem Bankmanagement genug Informationen aus den Abteilungen zur Verfügung stehen, so dass das insgesamt optimale Bankportfolio zu Beginn der Budgetperiode festgelegt werden kann. Darauf aufbauend können die resultierenden internen Betafaktoren für die verschiedenen Abteilungen festgelegt werden, die in weiterer Folge die Kapitalzurechnung determinieren. Diese Methode stellt dann sicher dass Investitionsentscheidungen über Projekte, die die internen Betafaktoren nicht verändern, dezentralisiert werden können. Kapitalallokation nach der Internen-Beta-Methode stellt in diesem Fall die korrekten Investitionsanreize auf Abteilungsebene sicher.

Der Portfolioansatz nach dem inkrementellen VaR

Wie gezeigt wurde, führt die Kapitalallokation nach der Internen-Beta-Methode für kleine Projekte zu optimalen dezentralisierten Entscheidungen. Wenn aber größere Investitionsprojekte evaluiert werden sollen, wie zum Beispiel die Eröffnung oder Stillegung einer gesamten Abteilung, so muss die Kapitalallokation nach dem Konzept des inkrementellen VaR vorgenommen werden.

Für die Ableitung dieses Konzepts gehen wir weiterhin davon aus, dass die Kapitalanforderungen des Kreditinstitutes über ein Z-Score definiert sind. In diesem Fall ist das laut inkrementellen VaR zuzurechnende Kapital definiert als

(24) $$K_i = Z(\sigma_{ROA} A - \sigma_{ROA-i} A_{-i}) - ROA_i A_i$$

wobei σ_{ROA-i} die Standardabweichung des ROA des gesamten Kreditinstitutes ohne Abteilung i darstellt und A_{-i} das Vermögen des Kreditinstituts ohne Abteilung i bezeichnet. In Fortsetzung des obigen Beispiels kann dieser Ansatz folgendermaßen demonstriert werden. Wir betrachten weiterhin ein Kreditinstitut, das aus den zwei Abteilungen Hypothekardarlehen und Konsumkredite besteht. Wir gehen wieder von den gleichen Parameterwerten aus (σ_{ROAM}=0,015, σ_{ROAC}=0,03, ROA_M=0,0167, ROA_C=0,026, A_M=1500 Mio, A_C=900 Mio, $\rho_{ROAM,ROAC}$=0,5, Z=3,33). Wird Kapital auf Basis der inkrementellen VaR Methode zugerechnet, so ergeben sich also folgende Kapitalzurechnungen:

$$K_C = (3,33)(0,0179(2400) - 0,015(1500)) - (0,026)(900) = 44,8.$$

$$K_M = (3,33)(0,0179(2400) - 0,03(900)) - (0,0167)(1500) = 28,2.$$

An diesem Beispiel ist zu sehen, dass die Gesamthöhe des den einzelnen Abteilungen zugerechneten Kapitals (=73 Mio) signifikant unter den gesamten Kapitalanforderungen des Kreditinstituts liegt (=3,33*(0,0179*2400)–48,4=94,7 Mio.). Intuitiv kann dieses Ergebnis dadurch erklärt werden, dass beim inkrementellen VaR die Diversifikationseffekte der jeweils betrachteten Abteilung in voller Höhe zugerechnet werden. Das führt dazu, dass nicht das gesamte Risikokapital auf einzelne Abteilungen umgerechnet wird. Dieses Resultat kann in Analogie zur Grenzkostenrechnung interpretiert werden, bei der ebenfalls nicht die gesamten Kosten auf die einzelnen Produkte umgelegt werden, sondern nur die marginalen Kosten.

Obwohl nicht das gesamte Risikokapital auf Abteilungen umgelegt wird, ist festzuhalten, dass die inkrementelle-VaR-Methode zu korrekten Entscheidungen hinsichtlich der Performancebeurteilung einzelner Abteilungen führt. Zu berücksichtigen ist allerdings, dass Situationen eintreten können, in denen jede einzelne Abteilung profitabel erscheint, obwohl das Kreditinstitut insgesamt nicht profitabel ist. Es ist daher ein mehrstufiger Evaluierungsprozess erforderlich, nach dem zunächst die Performance einzelner Abteilungen und danach jene des gesamten Kreditinstitutes evaluiert werden. Bei der Performanceberechnung des gesamten Kreditinstitutes ist die gesamte Höhe der benötigten Eigenmittel zu berücksichtigen.

Wenn die zu beurteilenden Investitionsprojekte klein sind im Vergleich zu den Gesamtpositionen des Kreditinstitutes so reduziert sich die Inkrementelle-VaR-Methode auf die Interne-Beta-Methode. Es kann nämlich gezeigt werden, dass die Kapitalallokation nach der Inkrementellen-VaR-Methode für eine infinitesimal kleine Erweiterungsinvestition in Abteilung i, ΔA_i, gegeben ist als:

$$(25) \qquad \Delta K_i = (Z \frac{A}{A_i} \sigma_{ROA} \beta_i - ROA_i) \Delta A_i.$$

Die Kapitalallokation ist daher in diesem Fall wieder eine Funktion des internen Betas des neuen Projekts.

3. Bestimmung der Kapitalkosten

Der letzte Schritt zur Berechnung des Economic Value Added, sowohl auf der Ebene des gesamten Kreditinstituts als auch auf der Abteilungsebene, ist die Festlegung der *Eigenkapitalkosten*, r_i. Laut der Arbitrage Pricing Theory (APT) setzt sich die von einer Investition i zu verlangende Rendite, r_i, folgendermaßen zusammen

$$(26) \qquad r_i = r_f + \sum_{k=1}^{K} \beta_{i,k} \lambda_k,$$

wobei $\beta_{i,k}$ der Projektion der Zahlungsströme der Investition i auf den Risikofaktor k entspricht und λ_k die Risikoprämie des Risikofaktors k ist. Das Capital Asset Pricing Model (CAPM) kann als Spezialfall dieses Modells interpretiert werden. In diesem Fall gibt es nur einen Risikofaktor, nämlich die Marktrendite, wobei die Risikoprämie der Marktrendite gegeben ist als $r_m - r_f$. Da das CAPM nach wie vor das am häufigsten verwendete Modell zur Bestimmung von Kapitalkosten ist und da eine Berücksichtigung zusätzlicher Risikofaktoren in der weiteren Analyse einfach wäre, wird im Folgenden von der Gültigkeit des CAPM ausgegangen. In diesem Fall gilt

(27) $\quad r_i = r_f + \beta_i(r_m - r_f)$.

Um die Risikokapitalkosten einer Abteilung nach dieser Formel zu berechnen, ist zunächst zu klären wie ROA, d.h. der dem Eigenkapital zuzurechnende Zahlungsstrom als Prozentsatz des investierten Vermögens, definiert ist. Gehen wir davon aus, dass Abteilung i Vermögen in der Höhe von A_i aufweist und dass in dieser Abteilung vor Abzug der Fremdkapitalzinsen Cash-Flows von CF_i entstehen. Das dieser Abteilung zugerechnete Eigenkapital wird mit K_i bezeichnet. Die Höhe des fremdfinanzierten Vermögens beträgt daher A_i–K_i. Auf die Bestimmung der adäquaten Refinanzierungskosten des Fremdkapitals soll hier nicht im Detail eingegangen werden. Grundsätzlich ist der risikolose, der Fristigkeit der Investitionen der Abteilung entsprechende aktuelle Geld- bzw. Kapitalmarktzinssatz anzusetzen.

Wir bezeichnen den entsprechenden Refinanzierungskostensatz für das Fremdkapital mit $r_{f,i}$. In diesem Fall ist ROA$_i$ gegeben als $(CF_i - r_{f,i}(A_i - K_i))/A_i$. Hierbei soll darauf hingewiesen werden, dass der fremdfinanzierte Teil, $(A_i - K_i)$, auch negativ werden kann. In diesem Fall sind Abteilungen bzw. Investitionsprojekte voll eigenfinanziert und werden mit einer risikolosen Investition verbunden.[12] Dies ist häufig der Fall für Portfolios, die primär aus derivativen Instrumenten bestehen, wie z.B. Portfolios aus Futures und anderen Termingeschäften sowie Kombinationen aus Optionen, die keinen Kapitaleinsatz erfordern. Solche Portfolios erfordern dennoch Risikokapital, das in diesem Fall so zu behandeln ist, als ob es zum risikolosen Zinssatz angelegt würde.

Die Rendite des Eigenkapitals der Abteilung i ist gegeben als:

(28) $$R_i = \frac{CF_i - r_{f,i}(A_i - K_i)}{K_i}.$$

Wir bezeichnen im Folgenden jene Rendite, die eine Abteilung oder ein Investitionsprojekt auf das zugerechnete Eigenkapital mindestens erzielen muss, um einen nicht-negativen Economic Value Added zu realisieren, als „*Zielrendite*". Diese Ziel-

---

[12] Bei dieser Formulierung wird implizit angenommen, dass das die notwendige Investition übersteigende Eigenkapital zum Satz $r_{f,i}$ angelegt werden kann. Wenn das nicht der Fall ist, so muss die entsprechende Rendite im obigen Ausdruck eingesetzt werden.

rendite ist laut CAPM vom systematischen Risiko der Eigenkapitalrendite abhängig. Dieses ist definiert als

$$\beta_i = \frac{\text{cov}(CF_i, r_m)}{K_i \sigma_m^2}, \tag{29}$$

wobei r_m die Rendite auf das Marktportfolio ist. Die Zielrendite der Abteilung i ist daher gegeben als:

$$r_i = r_{f,i} + \beta_i (r_m - r_{f,i}). \tag{31}$$

Es ist wichtig darauf hinzuweisen, dass die Zielrendite sowohl vom systematischen Risiko, als auch vom nicht systematischen Risiko der Cash-Flows einer Abteilung abhängt. Das nicht systematische Risiko fließt ein, da es die Höhe des zugerechneten Kapitals bestimmt. Die Zusammenhänge zwischen der korrekten Zielrendite einer Abteilung und den Risikomaßen bzw. der Kapitalallokation sollen nun anhand eines Beispiels demonstriert werden. Wir betrachten weiterhin ein Kreditinstitut, das aus zwei Abteilungen, i und j besteht. Der Cash-Flow der beiden Abteilungen ist folgendermaßen definiert:

$$CF_i = A_{i1}(1 + F_1) + A_{iM}(1 + F_M) \tag{32}$$

$$CF_j = A_{j1}(1 + F_1) + A_{jM}(1 + F_M),$$

wobei F_1 einen nicht-systematischen, das heißt nicht mit dem Markt korrelierten Risikofaktor darstellt, von dem beide Abteilungen betroffen sind und der Risikofaktor F_M die Rendite des Marktportfolios ist. Die Standardabweichungen der Cash-Flows der Abteilungen i und j betragen daher

$$\sigma_i = (A_{i1}^2 \sigma_{F_1}^2 + A_{iM}^2 \sigma_M^2)^{0.5}. \tag{33}$$

$$\sigma_j = (A_{j1}^2 \sigma_{F_1}^2 + A_{jM}^2 \sigma_M^2)^{0.5}.$$

Wie oben diskutiert, wird angenommen dass

(34) $\sigma_{F_1,M} = 0$.

Die Kovarianz zwischen den Cash-Flows der beiden Abteilungen ist daher

(35) $\sigma_{ij} = A_{i1} A_{j1} \sigma^2_{F_1} + A_{iM} A_{jM} \sigma^2_M$.

Um die Einflussgrößen der Zielrendite zu illustrieren verwenden wir die folgenden Basisparameter: $A_{i1}=0$, $A_{im}=10$ Mio, $A_{j1}=0$, $A_{jm}=10$ Mio, $\sigma_{F1}=0{,}2$, $\sigma_M=0{,}2$, $\sigma_{F1,M}=0$, $r_f=0{,}05$, $r_M - r_f = 0{,}05$. Das Eigenkapital wird nach der inkrementellen VaR-Methode zugerechnet. Um das Beispiel möglichst einfach zu halten, ignorieren wir allerdings den Effekt der erwarteten Renditen auf das Risikokapital, so dass das zuzurechnende Kapital gegeben ist als:

(36) $K_i = Z(\sigma_{ROA} - \sigma_{ROA-i}) A_i$.

Die Mindesthöhe des Eigenkapitals ist definiert durch die Bedingung $Z=1$. Abbildungen 1 bis 4 zeigen die Auswirkungen wichtiger Einflussgrößen auf die Zielrendite einer Abteilung.

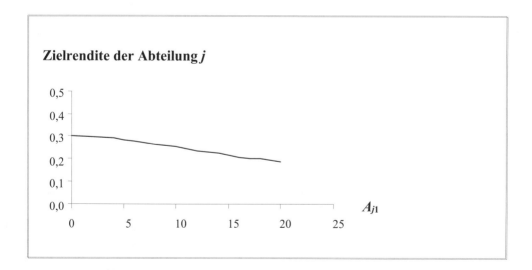

Abb. 1: Zielrendite der Abteilung *j* in Abhängigkeit ihres nicht systematischen Risikos

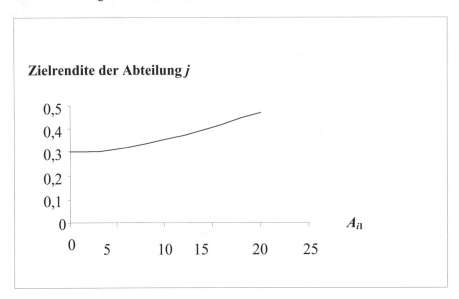

Abb. 2: Zielrendite der Abteilung j in Abhängigkeit des nicht-systematischen Risikos der Abteilung i

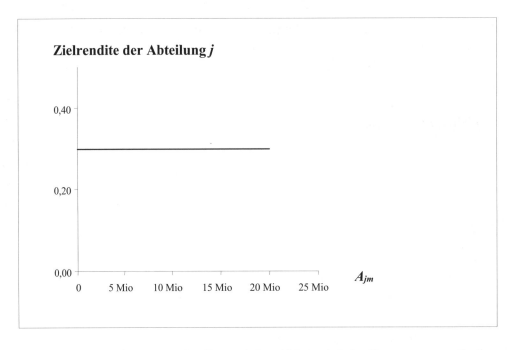

Abb. 3: Zielrendite der Abteilung j in Abhängigkeit ihres systematischen Risikos

Die numerischen Simulationen zeigen, wie die Zielrendite mit den Risikoexposures und Kapitalanforderungen zusammenhängen. Die Analysen ergeben mehrere überraschende Ergebnisse. Abbildung 1 zeigt, dass eine Erhöhung des nicht-systematischen Risikos der Abteilung j, A_{j1}, die Zielrendite dieser Abeilung sogar reduziert. Dieser Effekt entsteht deshalb, da eine Erhöhung des nicht-systematischen Risikos den inkrementellen VaR dieser Abteilung und damit das dieser Abteilung zuzurechnende Eigenkapital erhöht. Das bewirkt, dass der „Verschuldungsgrad" dieser Abteilung sinkt. Da das systematische Risiko der Abteilung insgesamt gleich bleibt, führt das zu einer niedrigeren Zielrendite für das Eigenkapital.

Abbildung 2 zeigt die Interaktion zwischen der Zielrendite der Abteilung j und dem Exposure gegenüber nicht-systematischem Risiko der Abteilung i. Es kann festgestellt werden, dass dies zu einer Erhöhung der Zielrendite der Abteilung j führt. Die Erhöhung des Exposures der Abteilung i gegenüber Risikofaktor 1 reduziert nämlich die Korrelation zwischen dem Cash-Flow der Abteilung j und dem Cash-Flow des Kreditinstituts insgesamt. Daher reduziert sich der Risikobeitrag der Abteilung j und damit das Kapital, das dieser Abteilung zuzurechnen ist. Die sich ergebende Verschuldungsgraderhöhung erhöht die Zielrendite.

Abbildung 3 demonstriert, dass eine Erhöhung des Exposures der Abteilung j gegenüber systematischem Risiko keine Auswirkungen auf die Zielrendite der Abteilung hat. Dies ergibt sich deshalb, weil die Erhöhung des Risikos zu einer Erhöhung des zuzurechnenden Eigenkapitals führt. Das gleicht den Effekt auf die Risikoprämie aufgrund des erhöhten Risikos aus.

Schließlich zeigt Abbildung 4, dass die erforderliche Zielrendite mit der Höhe der Eigenmittelanforderungen signifikant abnimmt. Dieses Resultat ist intuitiv leicht nachvollziehbar, da der erhöhte Eigenkapitalanteil zu einem niedrigeren Verschuldungsgrad führt und daher die zu verlangende Rendite auf das eingesetzte Eigenkapital reduziert.

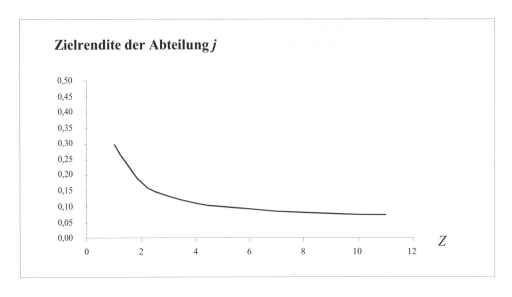

Abb. 4: Zielrendite der Abteilung *j* in Abhängigkeit der Höhe der Eigenmittelanforderungen

4. Zusammenfassung

Der zunehmende Wettbewerbsdruck macht ein radikales Umdenken hinsichtlich der Steuerungsinstrumente von Kreditinstituten notwendig. Eine moderne Banksteuerung muss bei der Performancebeurteilung Risikokosten quantifizieren und den einzelnen Abteilungen bzw. Produkten zurechnen. In diesem Beitrag wurden Performancesysteme analysiert, die diese Kosten explizit quantifizieren und zuordnen.

Die vorgestellten Systeme zur Risiko-Ertragssteuerung basieren vor allem auf den Konzepten Economic Value Added, Value-at-Risk und Risk Adjusted Return on Capital. Es wurde gezeigt wie diese Begriffe exakt zu definieren sind, so dass sie für ein Kreditinstitut insgesamt zu optimalen Entscheidungen führen. Hierbei wurde berücksichtigt, dass Entscheidungen häufig dezentral auf Abteilungsebene getroffen werden müssen und dass für diese Entscheidungen optimale Anreize zu schaffen sind.

Die Kapitalallokation auf Basis des internen Betas des Return on Assets einer Abteilung führt grundsätzlich zu einem insgesamt optimalen Ergebnis. Die Umsetzung dieser Methode setzt jedoch voraus, dass die Gesamtrisikostruktur des Kreditinstituts bekannt ist und sich die Investitionsanreize auf Abteilungsebene auf relativ kleine Investitionen beziehen. Soll im Gegensatz dazu die Performance größerer Projekte oder ganzer Abteilungen am Ende einer Periode evaluiert werden, so ist das Kapital auf Basis des inkrementellen VaR zuzurechnen.

Schließlich wurde gezeigt, wie die Zielrenditen für Abteilungen festzulegen sind. Hierbei ist festzustellen, dass die Zielrenditen verschiedener Abteilungen unterschiedlich hoch sein werden, jeweils in Abhängigkeit der Risiken der Investitionen. Ein höheres Investitionsrisiko einer Abteilung führt aber auch zu einer höheren Kapitalzurechnung, d.h. zu einem höheren Eigenfinanzierungsgrad dieser Abteilung. Aus diesem Grund besteht kein eindeutig positiver Zusammenhang zwischen Investitionsrisiko und Zielrendite. Im Gegenteil, generell wurde festgestellt, dass eine Erhöhung des Investitionsrisikos einer Abteilung wegen der dadurch verursachten zusätzlichen Kapitalallokation zu einer niedrigeren Zielrendite führen wird.

Literaturverzeichnis

Artzner, P. / Delbaen, F. / Eber, J.-M. / Heath, D. (Artzner et. al 1998): Coherent Measures of Risk, manuscript, Université Louis Pasteur, Strasbourg.

Brealey, R. / Myers, S. (Brealey / Myers, 2000): Principles of Corporate Finance, 6th edition, 2000, S. 325-330.

Ehrbar, A. (Ehrbar, 1998): EVA: The Real Key to Creating Wealth, 1998.

Greenspan, A. (Greenspan, 1999): Measuring Financial Risk in the 21st Century, speech before a conference sponsored by the Office of the Comptroller of the Currency, October 14, 1999. http://www.bog.frb.fed.us/boarddocs/speeches/1999/19991014.htm

Jensen, M. / Meckling, W. (Jensen / Meckling, 1998): Divisional Performance Measurement, in: Foundations of Organizational Strategy, Jensen, M. (Hrsg.), chapter 12, Harvard University Press. Nachdruck "Specific Knowledge and Divisional Performance Measurement," in: Journal of Applied Corporate Finance Vol. 12, 1999, S. 8-17.

Jones, D. (Jones, 1998): Emerging Problems with the Accord: Regulatory Capital Arbitrage and Related Issues, Working Paper, Board of Governors of the Federal Reserve System, Washington 1998.

Jorion, P. (Jorion, 1997): Value at Risk: The New Benchmark for Controlling Market Risk, 1997.

Kimball, R. (Kimball, 1997): Specialization, Risk and Capital in Banking, in: New England Economic Review, Nov./Dec. 1997, S. 51-73.

Kimball, R. (Kimball, 1998): Economic Profit and Performance Measurement in Banking, in: New England Economic Review, July/August, 1998, S. 35-53.

Lehar, A. / Welt F. / Wiesmayr C. / Zechner, J. (Lehar et al, 1998): Risikoadjustierte Performancemesssung in Banken, in: Bankarchiv, 46 Jg., 1998, S. 857-956.

Merton, R. / Perold, A. (Merton / Perold, 1993): Theory of Risk Capital for Financial Firms, in: Journal of Applied Corporate Finance, Vol. 6, 1993, S. 16-32.

Uyemura, D. / Kantor, C. / Pettit, J. (Uyemura et al., 1996): EVA for Banks: Value Creation, Risk Management and Profitability Measurement, in: Journal of Applied Corporate Finance, Vol. 9, 1996, S. 94-113.

Stoughton, N. / Zechner, J. (Stoughton / Zechner, 1999): Optimal Capital Allocation Using RAROC and EVA, Working paper, 1999.

Zaik, E. / Walter, J. / Kelling, G. / James, C. (Zaik et al., 1996): RAROC at Bank of America: From Theory to Practice, in: Journal of Applied Corporate Finance, Vol. 9, 1996, S. 83-93.

Risikomanagement und Ressourcensteuerung

von Reinhard Kutscher / Albrecht Hartmann

1. Einleitung
2. Das 3-Banken-Modell
3. Ziele der Ressourcensteuerung
4. Methoden der Ressourcensteuerung
5. Verknüpfung der beiden Ebenen
6. Die Modellbank
7. Zusammenfassende Betrachtung

1. Einleitung

In den vergangenen Jahren sind umfangreiche Anstrengungen unternommen worden, die Risikopositionen der Banken zu analysieren und vergleichbar zu machen. Einer der treibenden Faktoren ist hierbei die Entwicklung des Aufsichtsrechts[1], das die Anwendung interner Modelle zur Eigenkapitalunterlegung des Handelsbuches erlaubt. Der in diesem Zusammenhang ermittelte Value-at-Risk[2] (VaR) wird in der Praxis häufig auch zur Allokation von Risikokapital auf einzelne Portfolios und zur Ermittlung der Performance im Sinne einer risikoadjustierten Rendite[3] verwendet.

Weitgehend unberücksichtigt bleiben hierbei oftmals die im Geschäftsprozess verursachten Kosten. Dieses Vorgehen ist aus Sicht der Autoren insbesondere deshalb problematisch, weil die Investitionen in Personal und Technik erheblich zur Kostenexplosion im Bankgeschäft beigetragen haben.

Die kostenrechnerische Zuordnung wird dadurch erschwert, dass die Kosten nicht nur im Handel sondern in erheblichem Maße auch in nachgelagerten Abteilungen anfallen.

Die zur Geschäftssteuerung erforderliche Transparenz lässt sich herstellen, indem man das Risikocontrolling im Kontext eines umfassenden Steuerungsmodells für das Bankgeschäft betrachtet. Diesen Artikel ordnet das Risikocontrolling in das „3-Banken-Modell" ein, das sich in den letzten Jahren zunehmend durchgesetzt hat, und zeigt dabei, welchen Beitrag die Prozesskostenrechnung[4] zur Trennung der Ergebniskomponenten und damit zur optimalen Eigenkapitalallokation leisten kann.

2. Das 3-Banken-Modell

Das von Flesch und anderen vorgestellte *3-Banken-Modell* zerlegt eine Bank gedanklich in drei Steuerungsbereiche: eine Kundenbank, die sich auf die Vertriebsleistung konzentriert und hieraus ihr Ergebnis erzielt, eine Portfoliobank, die bewusst Markt-, Ausfall- und andere Risiken übernimmt und in Portfolien professionell

---

[1] Vgl. Schulte-Mattler / Traber (1995).
[2] Vgl. Jendruschewitz (1997).
[3] Vgl. Lister (1997).
[4] Vgl. Rüegsegger (1996).

managt und eine Produktionsbank, die sich auf die effiziente Erstellung von Bankprodukten fokussiert, unter Ausnutzung von Kostendegressionseffekten auf Basis großer Stückzahlen[5].

Die Kundenbank erzielt ihr Ergebnis aus der Leistung, die sie dem Kunden bietet, und die dieser bereit ist, entsprechend zu honorieren. Aus dem Kundengeschäft resultierende Risiken gibt die Kundenbank an die Portfoliobank weiter und zahlt hierfür einen marktüblichen Preis. Um das weitere Management der Risiken braucht sich die Kundenbank nicht mehr zu kümmern, dies ist Sache der Portfoliobank.

Die Portfoliobank agiert als Risikosammelstelle. Sie entscheidet, welche Risiken sie in den Büchern behält und welche sie weitergibt. Bei den Marktrisiken kann sie Nettingeffekte gegenläufiger Positionen ausnutzen. Aus der Funktion als Sammelstelle ergeben sich bei den Ausfallrisiken unter Umständen Diversifizierungseffekte, die eine kleine Universalbank aufgrund ihrer Kundenstruktur nicht hat. Die Spezialisierung erlaubt der Portfoliobank den Einsatz eines effizienten Risikomanagements und den Aufbau der hierfür erforderlichen Informationstechnologie.

Auf der anderen Seite kauft die Kundenbank die Produktion der Leistung, z.B. die Abwicklung eines Wertpapier-Kaufes, von der Produktionsbank ein und zahlt hierfür einen festen Stückpreis. Das effiziente Management der Produktion ist dann ausschließlich Sache der Produktionsbank. Die Problematik von Mengen- oder Kostenabweichungen betrifft die Kundenbank nicht.

Mittlerweile führen Spezialisierungen und Outsourcing-Überlegungen dazu, dass diese drei Banktypen auch tatsächlich als eigenständige Unternehmen am Wettbewerb teilnehmen. Ein Beispiel hierfür ist die bws bank (Bank für Wertpapierservice und –systeme), ein Institut des genossenschaftlichen Bankensektors, das 1998 den Geschäftsbetrieb aufgenommen hat und ausschließlich Wertpapier-Dienstleistungen anbietet. Für die hier vorgestellte Systematik[6] ist es dagegen unerheblich, ob es sich um rechtlich selbständige Einheiten oder um eine gedankliche Teilung handelt; wesentlich ist das Prinzip einer verursachungsgerechten Aufwands- und Ertragszuordnung der einzelnen Leistungen.[7] Wenn für Leistungen keine Marktpreise existieren, kann die Aufteilung auch kalkulatorisch durch kostenorientierte Verrechnungspreise

---

[5] Vgl. Flesch / Gerdsmeier (1998).
[6] Vgl. Flesch / Gerdsmeier / Lichtenberg (1995), S. 274.
[7] Vgl. Küpper / Weber (1995), S. 273.

geschehen. Auf dieser Basis lässt sich der Gesamterfolg der Bank anhand der folgenden Übersicht darstellen:

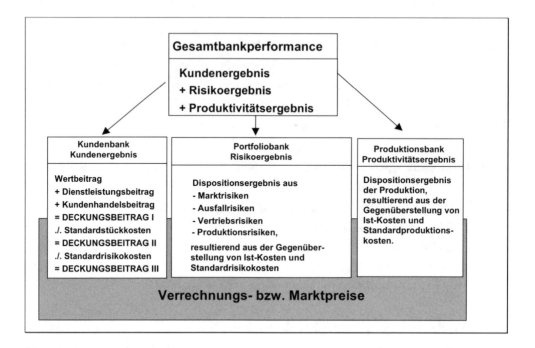

Abb. 1: Das 3-Banken-Modell

Das Kundenergebnis umfasst bei der DG Bank neben den gezahlten Provisionen des Dienstleistungsbeitrages auch den Wertbeitrag und den Kundenhandelsbeitrag, welche sich aus einer barwertigen Betrachtung der Zins- bzw. Handelsgeschäfte des Kunden ergeben.

Im Bereich des Risikoergebnisses werden hier ausschließlich die Marktrisiken berücksichtigt. Bei diesen ist das vom Kundengeschäft getrennte Risikomanagement in der Bankenpraxis bereits weitgehend realisiert. Kredit- und Anlagewünsche des Kunden werden ohne Blick auf die eigene Fristigkeitsstruktur der Bank befriedigt; die Disposition der Fristigkeiten erfolgt in einem zweiten, nachgelagerten Schritt, wobei Zinsswaps und andere derivative Finanzinstrumente eingesetzt werden. Die Übertragung auf Ausfallrisiken ist möglich. Anders als bei den Marktrisiken sind Instrumente und Märkte für den Sekundärhandel von Ausfallrisiken aber erst im Aufbau begriffen. Dieser Beitrag konzentriert sich im Wesentlichen auf das Produktivitätsergebnis, das verdeutlicht, inwieweit Kosten aus dem Prozess der Leistungserstellung weiterverrechnet wurden und durch die am Markt realisierten Konditionen „verdient" werden konnten.[8]

Das Profit-Center-Ergebnis eines Geschäftsbereiches, genauso wie das Gesamtbankergebnis ergibt sich schließlich aus der Summe von Kunden-, Produktivitäts- und Risikoergebnis. Die Verknüpfung erfolgt über Standardstückkosten und Standardrisikokosten, die sich als Marktpreise ergeben oder als Verrechnungspreise festgelegt werden.

Zur Illustration wird im Folgenden eine Bank dienen, die Kunden- und Eigenhandel innerhalb von zwei Portfolios betreibt, deren Risiko über Limite begrenzt ist. Das Risiko wird mit Hilfe des Value-at-Risk ermittelt, wobei im Weiteren auf die konkrete Ermittlung nicht eingegangen und auf die entsprechenden Beiträge in diesem Handbuch verwiesen wird.[9]

3. Ziele der Ressourcensteuerung

In allen Geschäftsbereichen muss die Ressourcenverwendung auf den durch die Zielsetzung zu erreichenden Erfolg bzw. auf die Erfolgspotenziale des Unternehmens hingelenkt werden. Der Grundsatz "Das Ziel determiniert die Rechnung" gilt demnach insbesondere für die Ressourcensteuerung. Um diese optimal durchführen zu können, sind ausgehend von der Zielsetzung Steuerungsbereiche zu definieren. Die DG BANK verwendet dazu eine Aufbauorganisation, die sich in Kunden-, Produkt- und Servicebereiche gliedert. Ein Geschäftsprozess durchläuft diese Steuerungsbereiche:

Abb. 2: Steuerungsbereiche der DG-Bank

---

[8] Vgl. Schierenbeck (1999), Bd. II, S. 375.
[9] Vgl. insbesondere den Beitrag von Huschens in diesem Handbuch.

Die Kunden- und Produktbereiche werden über eine dreistufige Deckungsbeitragsrechnung als Matrix gesteuert. Der in diese Deckungsbeitragsrechnung einfließende Ressourcenverbrauch wird in mehreren Schritten ermittelt. Zunächst verrechnen die Servicebereiche erbrachte Leistungen auf Kunden- und Produktbereiche. In einem Folgeschritt ordnen diese Bereiche ihre Kosten den Geschäftsprozessen, also z. B. einzelnen Produkten zu, woraus sich in Kombination mit der Mengenplanung die Stückkostensätze ergeben. Maxime dieser Kostenverrechnung ist der Ressourcenverbrauch durch die Geschäftsprozesse, d. h. es erfolgt keine Vollkosten-Umlage. Kosten, die einzelnen Produkten bzw. Geschäftsprozessen nicht zugeordnet werden können, sind auf Gesamtbankebene zu decken.

Innerhalb der drei Steuerungsbereiche erfolgt eine Ermittlung und organisatorische Umsetzung einzelner Steuerungsebenen.[10] Es lassen sich im Wesentlichen zwei Ebenen unterscheiden:

1. Geschäftsfeldebene (taktisch/strategische Steuerungsfragen),
2. Dealebene (operative Steuerungsfragen).

Geschäftsfeldebene

Die im Bankbetrieb zur Verfügung stehenden Mittel sind beschränkt. D. h. zwischen den verschiedenen Geschäftsfeldern der Bank besteht ein Wettbewerb um knappe Ressourcen, wie bspw. Personal, Anlagen, vor allem aber haftendes Eigenkapital. Deshalb ist es für den optimalen Einsatz der Ressourcen einer Bank von entscheidender Bedeutung, diese entsprechend der Profitabilität der einzelnen Geschäftsfelder einzusetzen. Daraus folgt, dass dem erzielbaren Ergebnis immer das einzugehende Risiko gegenüberzustellen ist. Eine effiziente Ressourcenallokation kann also nur auf Basis des Rendite-Risiko-Profiles der jeweiligen Geschäftsfelder erfolgen. Voraussetzung ist die Transparenz und Vergleichbarkeit der relevanten Größen; für die Marktrisiken wird durch das Value-at-Risk-Konzept diese Transparenz und Vergleichbarkeit über unterschiedlichste Produkte hinweg sichergestellt, was einer der wesentlichen Vorteile dieses Konzeptes ist.

Neben den Kosten für das zur Risikoabdeckung erforderliche Eigenkapital ergibt sich der zweite wesentliche Kostenblock aus dem Einsatz sonstiger Mittel, die für die Geschäftsprozesse erforderlich sind. Der Ressourceneinsatz muss auch hier effi-

---

[10] Vgl. Flesch / Gerdsmeier / Lichtenberg (1995), S. 273.

zient gesteuert werden. Eine vollständige Erfassung und Abbildung des Mittelverzehrs der Geschäftsfelder über den gesamten Geschäftsprozess hinweg wird dafür nötig.

Die Entscheidung über die Aufteilung der beschränkten Mittel auf die verschiedenen Geschäftsfelder erfolgt schließlich entsprechend der erzielbaren Erträge sowie der einzugehenden Risiken und des erwarteten Ressourcenverzehrs.

Dealebene

Auf der Dealebene wird der Prozess der Leistungserstellung des Einzelgeschäftes betrachtet. Als Leistung wird das bewertete, dem Unternehmenszweck dienende Ergebnis des Produktionsprozesses bezeichnet.[11] Beim Abschluss jedes Einzelgeschäfts muss über den effizienten Einsatz knapper Ressourcen entschieden werden. Zur optimalen Ressourcenallokation werden dem Ertrag des Einzelgeschäftes neben den Risikokosten auch die von ihm verursachten Produktionskosten gegenübergestellt. Zur Steuerung der Ressourcen wird eine Grenzbetrachtung herangezogen, d.h. die Mittel werden entsprechend den von diesem Geschäft zusätzlich verursachten Kosten zugeordnet.[12] Dies ermöglicht eine Vorkalkulation von Einzelgeschäften unter Berücksichtigung der Kosten. Durch die systematische Aggregation der Einzelgeschäftsergebnisse kann eine Kundenkalkulation durchgeführt werden.[13]

Neben der Transparenz über die Ist-Situation lassen sich aus der Analyse des Einzelprozesses sowie dem darauf aufbauenden Prozessmanagement Impulse für die Optimierung des Geschäftsprozesses ableiten. Das Nutzeninkasso eingeleiteter Optimierungsmaßnahmen erfolgt auf Basis der Einzelprozessanalyse durch Vergleich der Ist-Kosten mit den Kosten des optimierten Prozesses bei Planauslastung.

Nebenbedingungen

Beim Aufbau einer Ressourcensteuerung sind nachfolgende Bedingungen zu beachten:

---

[11] Vgl. Zimmermann (1993), S. 16.
[12] Vgl. Schierenbeck (1999), Bd. I, S. 352.
[13] Vgl. Schierenbeck (1999), Bd. I, S. 25.

- Aktualität der Prozessinformationen,
- Vollständigkeit und Vergleichbarkeit der Ergebnisse,
- Transparenz und Nachvollziehbarkeit der Ergebnisse für das Management,
- Wirtschaftlichkeit der Rechnung (Pflegeaufwand).

Unter Berücksichtigung der aufgeführten Nebenbedingungen hat die Ressourcensteuerung einerseits auf der Geschäftsfeldebene das Ziel, eine profitable Rendite-Risiko-Relation für die Gesamtbank zu erreichen. Andererseits soll auf der Dealebene die Optimierung der Einzelgeschäftsentscheidung unterstützt werden.

4. Methoden der Ressourcensteuerung

Geschäftsfeldebene

Für die Geschäftsfeldebene wird die Methode der *dispositionsbezogenen Prozesskostenrechnung* angewandt. Ein Geschäftsprozess verursacht Kosten im Kunden-, Produkt- sowie Servicebereich. Diese werden top-down auf eine fest definierte Kostenträgerstruktur vollständig aufgeteilt. Dementsprechend erfolgt auch die Ressourcenallokation: top-down von Kostenstelle auf Kostenträger. Eine Abbildung der Mittelinanspruchnahme kann so in voller Höhe über alle Leistungsstufen hinweg erfolgen.[14] Außerdem kann durch die Zuordnung von Kostenträger zu Kostenstelle, unter Einbeziehung der Erlösseite, das Ergebnis der Geschäftsfelder abgeleitet werden.[15] Diese Abbildung erfolgt in der DG BANK in einer Matrixsicht, d. h. es erfolgt eine Abbildung auf der Kunden- und auf der Produktseite. In Verbindung mit der Risikoberechnung lässt sich hieraus ein Rendite-Risiko-Profil erstellen.

Der Ressourcenaufwand wird dabei zunächst nach Prozessen mit direktem Marktbezug und ohne direkten Marktbezug unterschieden (siehe Abbildung 3). In Prozessen ohne direkten Marktbezug sind Ressourcen für Führung, Seminare, interne Statistiken u. a. gebunden; sie werden nicht unmittelbar am Markt wirksam.

---

[14] Vgl. Muff (1995), S. 421.
[15] Vgl. Wielens (1995), S. 564.

Prozesse mit direktem Marktbezug (Kernprozesse)	Prozesse ohne direkten Marktbezug (nicht prozessbezogene Leistungen)
• Vertrieb • Produktion • Bestandsmanagement	• Führung/Planung • Seminare • Statistiken/Listen • Prüfung/Jahresabschluss

Abb. 3: Dispositionsbezogene Prozesskostenrechnung (top down)

Das Leistungsangebot der Geschäftsbereiche wird durch Produktkataloge systematisiert. Über Expertenschätzungen werden die in Prozessen mit direktem Marktbezug gebundenen Ressourcen auf die Produktkataloge der einzelnen Geschäftsfelder weiter heruntergebrochen, um eine transparente Zuordnung zu gewährleisten. Gemäß der Prozesshierarchie werden dabei einzelgeschäftsbezogene bzw. kundenbezogene Prozesse und Kostenträger unterschieden. Die Granularität des Produktkataloges und des definierten Geschäftsprozesses bestimmt entscheidend die Komplexität und den Aufwand der Rechnung. Eine beispielhafte Zuordnung der Leitungskosten ist in Abbildung 4 beschrieben.

Über die Ressourcenaufteilung in Prozessen mit direktem Marktbezug muss in der Planung eine Abstimmung zwischen Kunden-, Produkt- und Servicebereichen herbeigeführt werden. Die ermittelten Kosten der Kostenstellen werden dann entsprechend der Ressourcenzuordnung auf die Kostenträger weiterverrechnet.

Dabei hat es sich als sinnvoll erwiesen, die DV-Kosten wegen ihres hohen – weiter steigenden – Anteils auch auf aggregierter Ebene neben den Personal- und Sachkosten als eigene Kategorie auszuweisen.

Tabelle 1 zeigt beispielhaft für 2 Geschäftsfelder aus dem Handelsbereich, welche Kostensummen sich aus dem Prozess der Leistungsverrechnung und Ressourcenzuordnung letztendlich für Produktgruppen ergeben könnten.

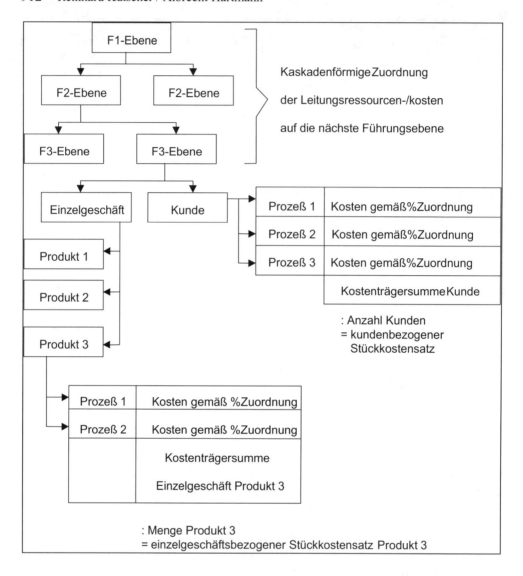

Abb. 4: Zuordnung der Leitungskosten

Geschäftsfeld	Personal-kosten	Sach-Kosten	DV- Kosten	Kosten Gesamt
Zinsprodukte	-400	-100	-700	-1.200
Aktienprodukte	-100	-50	-150	-300
Gesamt	-500	-150	-850	-1.500

Tab. 1: Kostenzuordnung auf Geschäftsfelder

Als ein Verfahren der innerbetrieblichen Leistungsverrechnung macht das Ergebnis der Kostenträgerrechnung den bewerteten Ressourceneinsatz aller am Prozess beteiligten Bereiche transparent. Eine Kostenplanung und -kontrolle wird so auch über die Ebene der Kostenstellen hinaus in einer durchgängigen Prozesssicht möglich. Zusätzlich liefert sie Informationen über eine Verbesserung des Mitteleinsatzes.[16]

Auf Basis der ermittelten Kostenträgerkosten lassen sich die durchschnittlichen Stückkosten berechnen. Da diese Kalkulation durch die Zuordnung von Ist-Kosten auf Basis von Prozessen erfolgt, ist eine Grenzbetrachtung der Kostenträger nicht möglich. Eine absolute Benchmark für den Einzelprozess erhält man damit nicht. Dennoch liefert dieses relativ einfach durchzuführende Verfahren Transparenz über die Ist-Situation auf Kostenträgerebene und ermöglicht eine Geschäftsfeldsteuerung unter Berücksichtigung von Erträgen, Risiken und Kosten.

Dealebene

Ziel der Analyse auf der Dealebene ist es, in einer Grenzbetrachtung den Ressourcenaufwand des Einzelprozesses zu ermitteln. Methodisch kommt dabei eine analytische Prozesskostenrechnung zum Einsatz.

Bei diesem Vorgehen wird der Geschäftsprozess in seine Teilprozesse und Tätigkeiten zerlegt. Idealerweise erfolgt diese Zerlegung bis in einzelne „Standardbausteine", die von der konkreten Ausprägung des betrachteten Geschäftsprozesses unabhängig sind. Anders herum betrachtet: Jeder Geschäftsprozess lässt sich durch eine geeignete Aneinanderfügung von standardisierten Teilschritten erzeugen. Über die Ermittlung von Standardzeiten für diese Teilschritte und die Bewertung und Aggregation der einzelnen Teilwerte lassen sich die Kosten des Geschäftsprozesses analytisch ermitteln. Die Ressourcenallokation erfolgt hier also bottom-up von Teilprozessen bzw. Tätigkeiten auf den gesamten Geschäftsprozess.

Mit Hilfe dieser Rechnung erhält man einen analytisch ermittelten Prozesskostensatz (Stückkostenschätzung), wodurch operative Entscheidungen kostentheoretisch fundiert getroffen werden können. Die zu ermittelnden Stückkostensätze dienen sowohl als Basis der Kapazitätsbedarfsrechnung wie auch der Nutzenbetrachtung bzw. des Nutzeninkassos im Projektcontrolling.

---

[16] Vgl. Wielens (1995), S. 564.

In der Praxis wird man bei der Anwendung der analytischen Prozesskostenrechnung einige Kompromisse machen. Generell kommt sie vor allem für weitgehend standardisierbare, repetative Geschäftsprozesse in Betracht. Auch ist von vornherein zu beachten, dass sich die Geschäftsprozesse im Bankbetrieb ständig dynamisch weiterentwickeln, was zu erheblichem Aufwand bei der Pflege und Neubewertung der Geschäftsprozesse führt. Der Einsatz der analytischen Prozesskostenrechnung ist daher auch unter Kosten-Nutzen-Aspekten zu prüfen.

Zur Steuerung auf der Dealebene werden die Stückkostensätze in der DG BANK nicht automatisch in der Deckungsbeitragsrechnung verwendet. Stattdessen werden Verrechnungspreise verabschiedet, die bewusst von den ermittelten Stückosten abweichen können. Dieses Verfahren ist von besonderer Bedeutung, wenn nur dispositiv ermittelte Stückkosten zur Verfügung stehen.

5. Verknüpfung der beiden Ebenen

Die Verknüpfung der top-down Sicht mit der bottom-up Sicht erfolgt wie in Abbildung 5 über Prozessmengen.

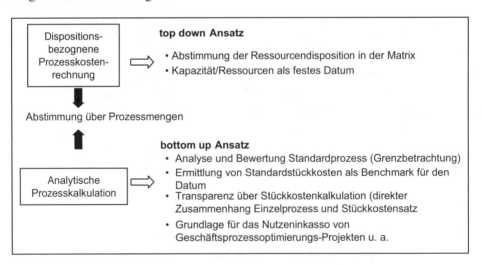

Abb. 5: Verknüpfung von top-down- und bottom-up-Ansatz

Die dispositionsbezogene Prozesskostenrechnung liefert die Kosten des jeweiligen Kostenträgers. Die Kosten eines Einzelprozesses hingegen werden durch die *analytische Prozesskalkulation* ermittelt. Die für einen Kostenträger ermittelten Prozessmengen müssen gewichtet mit dem Standardsatz dem Ergebnis der top down Ressourcenzuordnung entsprechen.

Es muss also gelten:

Prozessmenge Kostenträger * Prozesskosten = Kostenträgerkosten.

Größere Abweichungen weisen auf Ineffizienzen bzw. Kapazitätsüberhänge bzw. Unterdeckungen hin.

6. Die Modellbank

Die Steuerungswirkung der Stückkosten wird im Folgenden anhand der bereits kurz angesprochenen Modellbank dargestellt. Diese Bank tätigt Eigenhandelsgeschäfte in zwei Portfolios: Zinsgeschäfte und Aktiengeschäfte. Performance und Risiko werden wie folgt geplant, wobei bei der Festsetzung des Gesamt-Limits Korrelationen zwischen den beiden Portfolios nicht berücksichtigt werden.

Geschäftsfeld	Performance	Limit VaR	Performance/ Limit
Zinsprodukte	1.700	700	2,43
Aktienprodukte	600	300	2
Gesamt	2.300	1.000	2,30

Tab. 2: Performance des Aktien- und Zinshandels vor Kosten

Mit einer DM Risiko im Portfolio Zinsprodukte lassen sich 2,43 DM Performance erzielen. Im Portfolio Aktienprodukte erbringt eine DM Risiko nur eine Performance von 2,--. Somit wäre die Empfehlung, Limite vom Aktienportfolio zum Zinsportfolio zu transferieren und damit die Rendite-Risiko-Situation von 2,30 in der Gesamtbank zu verbessern, wobei das Gesamtlimit so festgesetzt ist, dass die Einhaltung der Einzellimite auch bei voller positiver Korrelation der Risiken die Einhaltung des Gesamtlimits garantiert. Bevor diese Empfehlung ausgesprochen werden kann, soll entsprechend der oben dargestellten Verfahrensweise die Produktionskosten mit in die Überlegungen einbezogen werden.

Geschäftsfeld	Personal-Kosten	Sach-Kosten	DV- Kosten	Kosten Gesamt
Zinsprodukte	-400	-100	-700	-1.200
Aktienprodukte	-100	-50	-150	-300
Gesamt	-500	-150	-850	-1.500

Tab. 3: **Kosten des Aktien- und Zinshandels**

Geschäftsfeld	Performance	Limit VaR	Produktionskosten	Ergebnis	Performance/Limit
Zinsprodukte	1.700	700	-1.200	500	0,71
Aktienprodukte	600	300	-300	300	1
Gesamt	2.300	1.000	-1.500	800	0,8

Tab. 4: **Performance des Aktien- und Zinshandels nach Kosten**

Wie die Tabelle 4 zeigt, werden mit einer DM Risikokapital im Portfolio Zinsprodukte nur noch 0,71 DM verdient, während im Aktienportfolio eine DM erzielt wird. Die oben empfohlene Maßnahme zur Übertragung von Limiten vom Aktien- auf das Zinsportfolio führt somit zur Fehlallokation. Nach Berücksichtigung der Kosten sollte eine Übertragung vom Zins- auf das Aktienportfolio erfolgen. Insgesamt wird nur noch eine Rendite-Risikokorrelation von 0,80 erzielt.

7. Zusammenfassende Betrachtung

In dem vorliegenden Beitrag wird gezeigt, dass bei der Risikolimitallokation die Kostenaspekte nicht vernachlässigt werden dürfen. Um eine adäquate Kostenzuordnung und damit auch Ressourcenallokation zu ermöglichen, wird die Komplexität durch die Anwendung des 3-Banken-Modells vereinfacht. Innerhalb dieses Modells liefert die Prozesskostenrechnung sowohl für die Geschäftsfeldebene als auch für die Dealebene den geeigneten Ansatz, um die Kosten der einzelnen Produkte und Portfolios transparent zu machen, verursachungsgerecht zu verrechnen und eine optimale Ressourcensteuerung zu gewährleisten. Die prozessorientierte, kostenstellenübergreifende Betrachtung ist deswegen von besonderer Bedeutung, weil aufgrund praktischer und rechtlicher Erfordernisse mehrere Organisationseinheiten wesentlich an der Erstellung eines Produktes beteiligt sind. So besteht z. B. bei Handelsgeschäften eine strikte organisatorische Trennung von Handel und Abwicklung sowie ein hiervon unabhängiges Risikocontrolling. Ein weiterer wesentlicher Kostenanteil ergibt sich aus der Bereitstellung von Informationstechnologie durch den Organisationsbereich. Dies führt im Ergebnis dazu, dass u. U. nur ein kleiner Teil der Kosten in der am Markt agierenden Organisationseinheit anfällt, wobei die konkrete Kostenverteilung zwischen Kunden-, Produkt- und Servicebereichen auch immer eine Konsequenz der gewählten Aufbauorganisation ist, so dass sich allgemeine Aussagen hierzu nicht ableiten lassen. Beim Einsatz der Prozesskostenrechnung sind allerdings auch für diese Methode Effizienzüberlegungen anzustellen. Dadurch werden der kostenrechnerischen Genauigkeit Grenzen gesetzt. Trotzdem ist auf diesem Feld insbesondere in den Banken noch Erhebliches zu leisten, wobei die Erfahrungen der Prozesskostenrechnung in der Industrie genutzt werden sollten.

Literaturverzeichnis

Flesch, J. R. / Gerdsmeier, S. / Lichtenberg, M. (Flesch et al., 1995): Das Barwertkonzept in der Unternehmenssteuerung, in: Schierenbeck, H. / Moser, H. (Hrsg.), Handbuch Bankcontrolling, Wiesbaden 1995, S.267-283.

Flesch, J. R. / Gerdsmeier S. (Flesch / Gerdsmeier, 1998): Entwicklungslinien im Bank-Controlling, in: Die Bank, 1998, Nr. 5, S. 294 ff.

Jendruschewitz, B. (Jendruschewitz, 1997): Value at Risk, Ein Ansatz zum Management von Marktrisiken in Banken, Hochschule für Bankwirtschaft, Bd. 7, Heidorn, T. / Cremers, H. / Moormann, J. (Hrsg.), Frankfurt a. M., 1997.

Lister, M. (Lister, 1997): Risikoadjustierte Ergebnismessung und Risikokapitalallokation, in: Rolfes, B. / Schierenbeck, H. (Hrsg.), Schriftenreihe des Zentrums für Ertragsorientiertes Bankmanagement, Bd. 12, Frankfurt a. M. 1997.

Küpper, H.-U. / Weber, J. (Küpper / Weber, 1995): Grundbegriffe des Controlling, Stuttgart 1995.

Muff, M. (Muff, 1995): Kunden- und aktivitätsorientiertes Management der indirekten Leistungen mit Hilfe der Prozesskostenrechnung, in: Reichmann, T. (Hrsg.), Handbuch Kosten- und Erfolgs-Controlling, München 1995, S.413-447.

Rüegsegger, U. (Rüegsegger, 1996): Prozesskostenrechnung in Banken unter besonderer Berücksichtigung der Eigenkapitalkosten, Instrument zur Umsetzung wertorientierter Führungskonzepte, Bern et al. 1996, zugleich Diss. St. Gallen 1996.

Schierenbeck, H. (Schierenbeck, 1999): Ertragsorientiertes Bankmanagement Bd. I/Bd. II, 6. Aufl., Wiesbaden 1999.

Schulte-Mattler, H. / Traber, U. (Schulte-Mattler / Traber, 1995): Marktrisiko und Eigenkapital, Bankaufsichtliche Normen für Kredit- und Marktrisiken, Wiesbaden, 1995.

Wielens, H. (Wielens, 1995): Kostenmanagement in Kreditinstituten, in: Schierenbeck, H. / Moser, H. (Hrsg.), Handbuch Bankcontrolling, Wiesbaden 1995, S.561-575.

Zimmermann, G. (Zimmermann, 1993): Grundzüge der Kostenrechnung, 5. Aufl., München / Wien 1993.

Implementierung der Risikomessung und -steuerung in einer divisional strukturierten Bank

von Michael Brockmann / Rainer Danschke / Thomas M. Dewner

1. Einleitung
2. Spannungsverhältnis zwischen Deckungsbeitrag, Risiko und Kapital
3. Organisation des Risikomanagements und -messverfahrens
4. Berücksichtigung des Risikos im Planungsprozess und bei der Kapitalallokation
5. Ausblick

1. Einleitung

Die in den letzten Jahren im Bereich des Risikocontrolling und -management gewonnenen theoretischen Erkenntnisse werden von vielen Banken inzwischen in die Praxis umgesetzt. Hierbei ergeben sich eine Vielzahl zusätzlicher Fragestellungen. Dieser Beitrag geht daher auf ausgewählte aufbau- und ablauforganisatorische Aspekte der Implementierung eines Risikomess- und Risikosteuerungskonzeptes ein.

Die Risikonahme steht im Spannungsverhältnis zum Erlöspotenzial und erfordert eine integrierte Risiko-Erlös-Steuerung. Diese gilt es nicht nur im operativen Management, sondern auch im Planungsprozess zu berücksichtigen. Hierbei werden der Umfang der Risikomessung und -analyse weiter steigen, was eine verstärkt prozessorientierte Arbeitsweise erfordert, die große Datenmengen und komplexe Algorithmen berücksichtigen kann.

Die Verantwortlichkeiten für die Risikomessung und -steuerung müssen sich an der Führungsstruktur der Bank ausrichten. Eine divisionale Struktur ist dadurch gekennzeichnet, dass die einzelnen Organisationseinheiten vorrangig nach Produkt- oder Kundengruppen und nicht nach regionalen Gesichtspunkten zusammengefasst sind. Dies erfordert eine Verantwortung innerhalb der Divisionen (Unternehmensbereiche) für Erlöse, Kosten, Risiken und Verzinsung des zugewiesenen Kapitals. Funktionen der Risikomessung und -steuerung sind daher auf divisionaler Ebene aber auch auf Konzern-Ebene (unternehmensbereichsübergreifend) anzusiedeln. Hierbei ist insbesondere die Frage zu beachten, auf welcher Ebene *Risikodiversifikationseffekte* gesteuert werden.

2. Spannungsverhältnis zwischen Deckungsbeitrag, Risiko und Kapital

Graphisch lassen sich die in einem Spannungsverhältnis stehenden Größen Deckungsbeitrag, Risiko und Kapital in einem Dreieck abbilden (siehe Abb. 1).

Grundsätzlich gilt, dass das in den Büchern der Bank vorhandene Risiko mit Eigenkapital zu unterlegen ist. Hieraus ergibt sich folgende Wirkungskette: Um zusätzliche Deckungsbeiträge (diese sollen hier als Erlöse abzgl. Kosten vor *Standardrisiko-*

kosten[1] verstanden werden) zu erwirtschaften, muss ein zusätzliches Risiko eingegangen werden, welches durch zusätzliches Kapital zu unterlegen ist. Diese zusätzliche Kapitalinanspruchnahme mindert wiederum tendenziell die mit dem Zusatzgeschäft erzielbare Kapitalrendite.

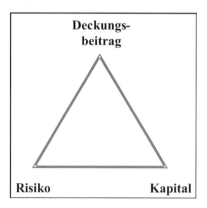

Abb. 1: Spannungsverhältnis zwischen Deckungsbeitrag, Risiko und Kapital

Umgekehrt erhöht – bei konstanter Konkurswahrscheinlichkeit der Bank – ein geringerer Kapitaleinsatz zwar einerseits die Kapitalrendite, hat jedoch andererseits die Notwendigkeit zur Folge, Risikopositionen abzubauen, was gleichsam die Erlöschancen mindert.

Eine Steigerung der Kapitalrendite dürfte im Sinne der Wechselwirkungen zwischen Deckungsbeitrag, Risiko und Kapital nur mit Provisionsgeschäften, die ein geringes Markt- und Kreditrisiko beinhalten, und solchen risikotragenden Geschäften möglich sein, bei denen die Kunden bereit sind, eine zusätzliche Prämie für das von der Bank übernommene Risiko zu vergüten. Darüber hinaus wären Renditesteigerungen durch das Eingehen solcher Risikopositionen zu erzielen, bei denen Diversifikationseffekte im bestehenden Portfolio genutzt werden können.

Zur Steuerung einer divisional strukturierten Bank ist ein Kennzahlensystem erforderlich, das Erlöse, Kosten, Risiken und Kapital integriert und somit auch eine Ver-

---

[1] Die Standardrisikokosten im Kreditgeschäft sind ex ante kalkulierte Risikoprämien für das Kreditgeschäft und bezeichnen den statistisch zu erwartenden Verlust durch Kreditausfälle. Er wird durch die Multiplikation der Ausfallwahrscheinlichkeit, der Verlustquote und des Kreditäquivalents berechnet. Die Standardrisikokosten sollten bei der Konditionengestaltung auf Einzelgeschäftsebene wie im Rahmen der Gesamtbanksteuerung herangezogen werden.

gleichbarkeit der Risiko-Erlös-Profile unterschiedlicher Geschäftsfelder ermöglicht. Mit dem Risk Adjusted Return On Capital (*RAROC*) ist ein solches Konzept gegeben.[2] Andere Kennzahlen wie Aufwand-Ertrag-Relationen[3], gestufte Deckungsbeitragsrechnungen je Unternehmensbereich und *Economic Profit*[4] sind mit dem RAROC-Konzept kompatibel.

Die Interdependenzen zwischen Deckungsbeiträgen, Risiken und Kapital erfordern einen integrierten bankbetrieblichen Steuerungsprozess dieser drei Größen. Dies setzt aber voraus, dass das Zahlenwerk in konsistenter Form erstellt wird.

3. Organisation des Risikomanagements und -messverfahrens

Der Risikoprozess kann in fünf Schritte mit den in Abbildung 2 genannten zuständigen organisatorischen Einheiten unterteilt werden:

Die fünf Einzelschritte lassen sich unter zwei Aspekten zusammenfassen. Die Risikomessung und -analyse sowie Qualitätssicherung dienen vorrangig der Transparenzsteigerung, wobei Erkenntnisse eines Industrialisierungsprozesses umzusetzen sind. Bei den Schritten Limitsetzung, Risikoübernahme und Exposure Management steht die Risikosteuerung im Vordergrund, wobei insbesondere Risiko-Diversifikationseffekte berücksichtigt werden müssen.

Risikomessung und -analyse sowie Qualitätssicherung

Risikoanalysen müssen einerseits der Geschäftsführung alle steuerungsrelevanten Informationen aufbereiten, andererseits der Bankenaufsicht alle aufsichtsrechtlich geforderten Daten zur Verfügung stellen. Die Analysen des Controlling lassen sich jeweils in solche zu *Portfoliorisiken* und solche zu *Einzelrisiken* einteilen, die in der folgenden Tabelle zusammengefasst sind:

---

[2] Für eine Darstellung des RAROC-Konzeptes siehe Matten (1996).

[3] Die Aufwand-Ertrag-Relation (cost income ratio) ist grundsätzlich eine Kennzahl zur Kosteneffizienz eines Unternehmens, die das Verhältnis der betrieblichen Aufwendungen zu den betrieblichen Erträgen abbildet. Bei Banken wird hierunter der Verwaltungsaufwand in Prozent der regulären Erträge (Zinsüberschuss, Provisionsüberschuss, Handelsergebnis und Überschuss im Versicherungsgeschäft) verstanden.

[4] Bei der Ermittlung des Economic Profit wird der Deckungsbeitrag nach Risikokosten eines Unternehmensbereiches um eine Kapitalkostenrechnung ergänzt.

Implementierung der Risikomessung und -steuerung

Abb. 2: Der Risikoprozess

	internes Berichtswesen		bankaufsichtsrechtliches Berichtswesen	
Risikoart	Portfoliorisiken	Einzelrisiken	Portfoliorisiken	Einzelrisiken
Marktrisiko	Ökonomisches Kapital, Standard Risikokosten	z.B. täglicher GuV u. VaR Risikobericht / z.B. Positions-Sensitivitäten (Greeks)	Grundsatz I	
Kreditrisiko		z.B. Analysen zu Teilportfolien / z.B. Kreditberichte zu Einzelengagements		§§ 13, 14, KWG
Liquiditätsrisiko		z.B. Cash Outflow Reports	implizite abgedeckt durch Parameterwahl* / Grundsätze II**	
Operatives Risiko		z.B. Jahr 2000		

* Siehe Fußnote 8.
** In einer Übergangsfrist bis zum 30.06.2000 können noch die alten Grundsätze II und III angewandt werden.

Abb. 3: Übersicht ausgewählter Risikoberichte

Für die interne Steuerung – insbesondere auf divisionaler Ebene – sind regelmäßig detailliertere Rechnungen anzufertigen, die in den Handelsbereichen sogar bis auf die Ebene der Produktgruppe Ergebnisgrößen und Risikokennzahlen (Value-at-Risk) gegenüberstellen. Darüber hinaus sind Berichte zur Abbildung der Kapitaleffizienz nach RAROC in den verschiedenen Produktgruppen notwendig, um die *Kapitalallo-*

kation auch innerhalb der Divisionen zur Steigerung des Unternehmenswertes der Gesamtbank optimal steuern zu können.

Für aufsichtsrechtliche Zwecke sind Berichte über Großkredite (§13 KWG), Millionenkredite (§14 KWG) zu den Grundsätzen I[5] und II sowie ein Risikobericht im Geschäftsbericht[6] anzufertigen.

Bei der Erstellung der regulatorischen und der für die interne Steuerung erforderlichen Berichte sind aus Effizienz- und Qualitätssicherungsgründen einheitliche Datenquellen und eine einmalige Dateneingabe erforderlich.

Aus der Tabelle wird deutlich, dass Operative Risiken im aufsichtsrechtlichen Berichtswesen explizit noch nicht berücksichtigt werden. Die Berechnung der Eigenkapitalanforderungen nach Grundsatz I[7] basiert auf den Marktpreis- und Adressenausfallrisikopositionen. Die Risikopositionen sind mit 8 % Eigenkapital zu unterlegen. Durch die Wahl der Parameter soll auch ein ausreichendes Polster für die Abdeckung der Operativen Risiken vorhanden sein.[8] Hierdurch können aber allenfalls solche operativen Risiken abgedeckt werden, die gleichzeitig mit dem Eingehen von *Markt- und Adressenausfallrisiken* entstehen. Die *Operativen Risiken*, die jedoch im Zusammenhang mit reinen Provisionsgeschäften (z.B. Custody Geschäft) eingegangen werden, würden keine Eigenkapitalunterlegung erfahren.

Bei der Berechnung des *Ökonomischen Kapitals*[9] sollten hingegen explizit das Operative Risiko und das *Liquiditätsrisiko* berücksichtigt werden. Letzteres wird in der aufsichtsrechtlichen Systematik im Grundsatz I ebenfalls nur implizit durch die Parameterwahl berücksichtigt. Die Anforderungen des Grundsatzes II, der auf die Liquiditätssicherung ausgerichtet ist, steht als zusätzliche aufsichtsrechtliche Auflage neben dem Grundsatz I. Mit dem Grundsatz II soll nicht der wirtschaftliche Verlust aus einer möglichen vorübergehenden Liquiditätsknappheit – und daher verstärkten Inanspruchnahme des Geld- und Kaptialmarktes – abgedeckt werden. Vielmehr hat

---

[5] Die Berechnungen erfolgen auf der Grundlage des KWG und zusätzlich nach den BIZ-Regeln (Bank für internationalen Zahlungsausgleich).
[6] § 91 Abs. 2 AktG i.V.m., § 289 Abs. 1 HGB.
[7] Vgl. BAKred (1997).
[8] Vgl. Basler Ausschuss für Bankenaufsicht (1999).
[9] Das Ökonomische Kapital ist im RAROC-Konzept zur Abdeckung der unerwarteten Verluste notwendig. Die erwarteten Verluste sollen bereits mit dem Pricing abgedeckt sein.

der Grundsatz II vorrangig zum Ziel, eine Zahlungsunfähigkeit der Bank zu verhindern.

Die bankaufsichtsrechtlichen Anforderungen können allerdings auch eine interne Steuerungsbedeutung gewinnen, sofern sie zu geschäftslimitierenden Faktoren werden.

Die Risikomessung und die analytische Aufbereitung umfasst folgende Teilschritte, die einem Industrieprozess vergleichbar sind:

- Definition interner Methoden, z.B. zur Berechnung des Value-at-Risk (VaR) und des Ökonomischen Kapitals (Produktentwicklung).
- Bereitstellung und Qualitätssicherung der Eingabeparameter (z.B. Marktpreise, Positionsinformationen, Ausfallhäufigkeiten) in die Risikomessverfahren (Beschaffung).
- Durchführung der Risikomessverfahren anhand vorgegebener Algorithmen, Erstellung der Risikoberichte (Produktion).
- Der Verteilung der Risikoberichte (Absatz) an deren Adressaten (Vorstand, Unternehmensbereichsleitungen, Risikomanagement und Bankaufsichtsgremien) erfolgt über verschiedene Medien, wobei die zeitnahe Informationsverbreitung (sog. Timelines) zum kritischen Faktor wird.[10]

Der Qualitätssicherung kommt in einem solchen industrialisierten Prozess besondere Bedeutung zu: Sie muss in allen Teilschritten erfolgen.

Bei den Methodendefinitionen müssen interne Anforderungen und aufsichtrechtliche Regelungen berücksichtigt werden. Folgt man wiederum dem Bild des industriellen Fertigungsprozesses, sind die Aufgaben der Methodengruppe denen einer Entwicklungsabteilung für interne Modelle vergleichbar. Analog entspricht die Bankenaufsicht einer Entwicklungsabteilung für aufsichtsrechtliche Modelle. Durch die Anerkennung interner Modelle für Marktrisiken hat die Bankenaufsicht ihre Rolle neu definiert. Sie hat die Modellentwicklung den Banken übertragen und konzentriert sich auf die Qualitätsprüfung der Modelle und der Fertigungsverfahren. Bei den für die Entwicklung verantwortlichen Methodengruppen ist eine strikte Neutralität sowie die Nähe zum Risikomessprozess zu gewährleisten.

---

[10] Das Intranet bietet hier vielfältige Einsatzmöglichkeiten, um bankintern weltweit den gleichen Informationsstand herzustellen.

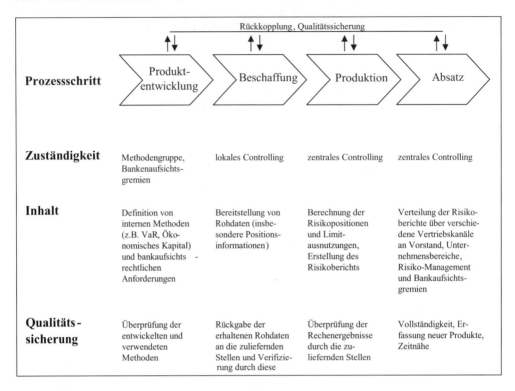

Abb. 4: Industrialisierung in der Risikomessung und -analyse sowie Qualitätssicherung

Zur Erstellung der Berichte sind vielfältige Teilprozesse in den lokal tätigen Einheiten durchzuführen. Deren Resultate werden in Zwischenschritten in regionalen Einheiten bearbeitet und in einer zentralen Einheit konsolidiert. Die Bereitstellung und Qualitätssicherung der Positionsinformationen (z.B. Kreditfazilitäten, Abschlüsse im Derivatehandel, Wertpapierbestände) sind im Wesentlichen eine lokale Aufgabe. Andere Parameter, die weltweit einheitlich verwendet werden, z.B. Ausfallwahrscheinlichkeiten in *Ratingklassen*, werden zentral gepflegt. Zur Berücksichtigung von Diversifikationseffekten müssen die Berechnungen zentral durchgeführt werden. Bestehen keine Diversifikationseffekte, können die Berechnungen lokal durchgeführt werden. Die zentral berechnete Risikoinformationen über lokale Portfolien müssen zur Validierung der Risikokennzahlen an den Lieferanten der lokalen Rohdaten zurückgegeben werden. Diese Rücklieferung umfasst neben der reinen Prüfung der erhaltenen Rohdaten (um eventuelle Probleme in den Lieferwegen aufzuzeigen) und Rechenergebnisse auch die Methoden zur Berechnung der Risikokennzahlen. Die Güte der statistischen Prognosemodelle wird durch Vergleich der Vorhersagen mit den tatsächlich eintretenden Ereignissen (Verlusteintritten) überprüft (*Backtesting*).

Die aufsichtsrechtlich geforderte Neutralität, die Ähnlichkeit der Prozessketten zur Erstellung der Zahlenwerke der Bank, die Konsistenz der Eingabeparameter der Risikomessverfahren mit den Eingabeparametern der anderen Zahlenwerke der Bank (Bilanz, Gewinn- und Verlustrechnung), die Verknüpfung der Risikokennzahlen mit den Ergebnis-Kennzahlen[11] und die einheitliche Verwendung der Eingabeparameter für die Zwecke des internen und bankaufsichtsrechtlichen Berichtswesens sprechen dafür, die Berechnung der Risikopositionen und Limitausnutzungen sowie die Erstellung der Risikoberichte im Controlling anzusiedeln.

Die Ähnlichkeit des Berichterstellungsprozesses mit einem industriellen Fertigungsprozess (Zulieferung der Einzelteile, Verarbeitung im Produktionsprozess, Qualitätssicherung der gefertigten Produkte) erfordert, mehr verfahrenstechnisches Knowhow im Risikomessprozess einzusetzen. Während sich noch vor wenigen Jahren das Risikocontrolling und -management in der Aufbauphase befanden und in entsprechend kleinen Organisationseinheiten zu entwickeln waren, sind zukünftig Großproduktionsprozesse zu implementieren.

Limitsetzung, Risikoübernahme und Exposure Management

Der Risikoappetit der Gesamtbank muss vom Vorstand festgelegt werden. Hierbei werden ihm von den zentralen Risikomanagement-Einheiten Limitstrukturen vorgeschlagen. Limite gibt es für Einzel- und Portfoliorisiken[12]. Ausgehend von einem Gesamtlimit für die Bank wird dieses aufgeteilt in Limite für die einzelnen Unternehmensbereiche und deren Organisationseinheiten. Sublimite für die verschiedenen Risikoarten werden von den zentralen Risikomanagement-Einheiten in Abstimmung mit den operativen Einheiten vergeben. Die Setzung von Sublimiten soll insbesondere Risikokonzentrationen beschränken. Solche „Konzentrationsrisiko-Limite" werden sowohl für die Streuung einer Risikoart auf verschiedene Geschäftsbereiche als auch auf die Diversifikation der Risikoarten je Geschäftsbereich, Unternehmensbereich und Gesamtbank festgelegt. Ein Beispiel für eine Aufteilung nach der Risikoart sind Adressenausfallrisiko-Limite im Kreditrisikobereich, wo traditionell ein Limit

---

[11] Siehe hierzu z.B. Global Derivatives Study Group (1993).
[12] Vgl. Abbildung 3. Beispielhaft seien hier Value-at-Risk-Limite genannt.

pro Kunde gesetzt wird. Ebenso erfolgt eine Unterteilung des Marktrisikolimits in Zins-, Wechselkurs- und Aktienrisiken.

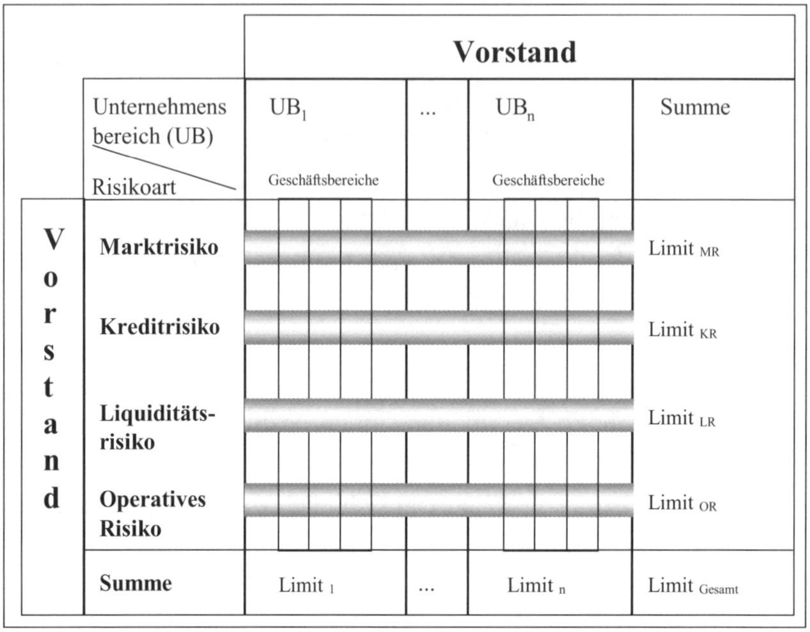

	Vorstand			
Unternehmensbereich (UB) Risikoart	UB$_1$ Geschäftsbereiche	...	UB$_n$ Geschäftsbereiche	Summe
V Marktrisiko				Limit $_{MR}$
o				
r Kreditrisiko				Limit $_{KR}$
s				
t Liquiditäts-				Limit $_{LR}$
a risiko				
n				
d Operatives Risiko				Limit $_{OR}$
Summe	Limit $_1$	...	Limit $_n$	Limit $_{Gesamt}$

Abb. 5: Matrix der Risikolimit-Struktur

Die aktive Risikosteuerung erfolgt durch die Unternehmensbereiche, in denen risikoreduzierende oder risikoerhöhende Geschäfte getätigt werden. Gesamtbanklimite können durch das Risikomanagement eingehalten werden, indem beim Herunterbrechen der Limite auf die Geschäftsbereiche die Summe der Unternehmensbereichslimite kleiner oder gleich dem Gesamtbanklimit oder bei einer Diversifikationsannahme größer ist. Im letzteren Fall muss das Risikomanagement bei zu geringer Diversifikation des Portfolios entweder risikoreduzierende Transaktionen eingehen (*Makro-Hedging*) oder die Unternehmensbereiche trotz Einhaltung der vorgegebenen Limite zur Risikoreduktion bewegen. Beide Vorgehen haben Auswirkungen auf den Ergebnisbeitrag der Bank. Das Erstere erzeugt einen Ergebnisbeitrag für das Risikomanagement und hat keinen Einfluss im Unternehmensbereich, das Zweite greift in den Ergebnisbeitrag des Unternehmensbereiches ein.

Ein eigener Ergebnisbeitrag des Risikomanagements widerspricht der Neutralität dieser Abteilung. Sofern die Unternehmensbereiche als eigenständige Ergebniseinheiten gesteuert werden, wirft eine Risikoreduktion trotz eingehaltener Limite immer das Problem der resultierenden Verlustzuweisung auf. Ein Makro-Hedging innerhalb einer Ergebniseinheit kann dagegen praktiziert werden. Eine Berücksichtigung der Diversifikationseffekte durch nicht additive Limite wird nur in einer Ergebniseinheit durchgeführt.

4. Berücksichtigung des Risikos im Planungsprozess und bei der Kapitalallokation

Im bankbetrieblichen Wachstumsprozess sind die aufgrund von Neugeschäften eingegangenen Risiken mit Kapital zu unterlegen.[13] Dieses zusätzliche Kapital muss bereits zum Zeitpunkt der zusätzlichen Risikonahme vorhanden sein und kann nicht aufgrund der durch diese zusätzliche Risikonahme noch zu erwirtschaftenden Gewinnrücklagen dargestellt werden.[14] Dies hat zur Konsequenz, dass im Falle eines Verlustes die Kapitalbasis gemindert wird, somit die Risikoposition zu reduzieren ist und folglich bei nunmehr geringerer Risikobereitschaft das Deckungsbeitragspotenzial geschmälert wird.

Die strategische Planung der Bank sollte daher nicht nur die Planung der Deckungsbeiträge, der Risiken und des Kapitals integrieren. Vielmehr sind in der Mehrjahresplanung unterschiedliche Wachstumspfade zu simulieren, die Szenarien berücksichtigen, in denen in früheren Planungsperioden Verluste eintreten, die so die Kapitalausgangsbasis mindern und mithin zu niedrigeren Wachstumschancen in späteren Planungsperioden führen.

Die Strukturveränderungen, denen die Finanzdienstleistungsbranche zu Beginn des neuen Jahrtausends aufgrund der Globalisierungs- und Konsolidierungstendenzen unterliegt, erschweren den Planungsprozess und verringern die Planungssicherheit. Dieses erhöhte Risiko ist im Planungsprozess zu berücksichtigen, wobei sich insbesondere in Banken der realistische Planungshorizont verkürzt. Gleichzeitig vollziehen die Kosten der internen Leistungserstellung, insbesondere die Personalkosten und Kosten der Informationstechnologie, ein überproportionales Wachstum, so dass sich die Kostenstruktur zukünftig weiter erheblich, auch zu Lasten der Rendite, ver-

---

[13] Vgl. Abschnitt 2.
[14] Vgl. Kapitaladäquanzrichtlinie.

schieben könnte. Der Puffer zum Auffangen von Risikoeintritten wird hierdurch begrenzt, was die Bedeutung der Risikokostenplanung erhöht.

Bei den *Risikokosten* ist zwischen den gebuchten und den erwarteten zu unterscheiden. Die gebuchten Risikokosten gehen in Form der Wertberichtigungen und Abschreibungen in die Gewinn- und Verlustrechnung (externe Rechnungslegung) ein.

Da die gebuchten Risikokosten vergangenheitsbezogen sind, eignen sie sich nicht zu Planungszwecken. Für die Planung der Risikokosten sind vielmehr die Kosten für *erwartete Verluste*[15], die sog. Standardrisikokosten, anzusetzen. Für Kreditrisiken ergeben sich die Standardrisikokosten als Produkt aus Kreditäquivalent, Ausfallwahrscheinlichkeit und Verlustquote.[16] Die Standardrisikokosten sollten mit der Kreditmarge bzw. über das Pricing eines Finanzinstruments erwirtschaftet werden. Für unerwartete Verluste ist im Sinne des RAROC-Konzeptes *Ökonomisches Kapital* vorzuhalten.[17]

Aus Gründen der systematischen Konsistenz sind bei der RAROC-Berechnung des laufenden Geschäfts die Standardrisikokosten den gebuchten Risikovorsorgeaufwendungen vorzuziehen. In vergleichbarer Weise wird bei der Berechnung des Value-at-Risk auch auf historisch beobachtete Volatilitäten abgestellt. Dementsprechend wären auch beim Kreditrisiko historisch beobachtete Ausfallwahrscheinlichkeiten in die Rechnung aufzunehmen. Eine bessere Ratingstruktur des Kreditportfolios würde sich ebenso wie eine verbesserte Sicherheitenstruktur positiv auf die Standardrisikokosten[18] auswirken. Da in der historischen Zeitreihenanalyse die Korrelation der Kreditausfälle mit dem Konjunkturzyklus offensichtlich ist, könnte darüber hinaus überlegt werden, ob die Standardrisikokosten

---

[15] Die tatsächlichen Verluste ergeben sich aus den erwarteten Verlusten zuzüglich der unerwarteten Verluste bzw. abzüglich der unerwarteten Gewinne.

[16] Zur Berechnung der Ausfallwahrscheinlichkeit werden hausinterne historische Zeitreihenanalysen und das langjährige Migrationsverhalten der Kreditnehmer im internen Ratingraster herangezogen. (Vgl. Baetge "Stabilität des Bilanzbonitätsindikators bei internationalen Abschlüssen und Möglichkeit zur Bepreisung von Bonitätsrisiken auf der Basis von A-posteriori-Wahrscheinlichkeiten.") Hierbei können die Einschätzungen der Ratingagenturen zum Vergleich herangezogen werden. Es ist jedoch zu berücksichtigen, dass nicht alle Kreditnehmer über ein externes Rating verfügen und somit alleine schon aus Konsistenzgründen auf das interne Rating abgestellt werden muss. Zur Notwendigkeit des internen Ratings siehe auch Krumnow (1999), S. 118ff.

[17] Vgl. Krumnow in diesem Handbuch.

[18] Siehe Fußnote 1.

im Planungszeitraum eine generelle Schwankung entsprechend des erwarteten Konjunkturverlaufs vollziehen (Smoothing).

In der strategischen und operativen Planung muss die Geschäftsleitung der Bank bei der Planung der Deckungsbeiträge ihre Vorstellung über das hiermit verbundene Risiko zum Ausdruck bringen. Die Bereitschaft zur Risikonahme ist mit Risikolimitstrukturen zu unterlegen. Aus der Risikolimitplanung wiederum ist die Kapitalbedarfsplanung abzuleiten, die implizit den Risikoappetit der Geschäftsleitung wiedergibt. Eine Planung der Risikolimite ist letztlich mit Ungewissheiten behaftet, sie ist jedoch schon zu Zwecken der Plausibilisierung notwendig, um festzustellen, dass eine Steigerung der Kapitalrendite überhaupt möglich ist.

In jedem Unternehmensbereich (UB) ist Kapital für einzugehende Risikoarten (Markt-, Kredit-, Liquiditäts- und Operatives Risiko) vorzuhalten, so dass sich folgende Matrix ergibt:

Unternehmensbereich / Risikoart	UB_1	...	UB_n	Summe
Marktrisiko	$K_{MR,1}$		$K_{MR,n}$	K_{MR}
Kreditrisiko	$K_{KR,1}$		$K_{KR,n}$	K_{KR}
Liquiditätsrisiko	$K_{LR,1}$		$K_{LR,n}$	K_{LR}
Operatives Risiko	$K_{OR,1}$		$K_{OR,n}$	K_{OR}
Summe	K_1	...	K_n	K_{gesamt}

Abb. 7: Matrix der Kapitalerfordernisse in Unternehmensbereichen und für Risikoarten

Die Summe der in den Unternehmensbereichen erforderlichen Ökonomischen Kapitalien (*Stand-alone Capital*[19]) ergibt nach Berücksichtigung von unternehmensbereichsübergreifenden Diversifikationseffekten den Kapitalbedarf der Gesamtbank. Der so ermittelte Gesamtkapitalbedarf lässt sich wiederum auf die Unternehmensbe-

---

[19] Ökonomisches Kapital eines Unternehmensbereiches ohne Berücksichtigung der unternehmensbereichsübergreifenden Diversifikationseffekte.

reiche verteilen (*Contributory Capital*[20]). Er ist niedriger als die Summe der Kapitalerfordernisse auf Stand-alone-Basis der einzelnen Unternehmensbereiche.

Die Risikoplanung und Kapitalbedarfsschätzung ist ein System von Entscheidungen, durch das sich die Geschäftsleitung der Bank für einen Planungszeitraum festlegt. Folgt man diesem Planungsbegriff, so bildet die strategische Planung zugleich eine Orientierungshilfe für die Budgetierung. Die Notwendigkeit einer Verzahnung von strategischer und operativer Planung wird bei der Betrachtung der integrierten Teilplanungen der Risikokosten und des Kapitalbedarfs offensichtlich. Gleichwohl können sich Ertrags- und Risikopotenziale im Zeitablauf anders als erwartet entwickeln. Mithin dient die strategische Planung vor allem zur Generierung und Bewertung von Alternativen, um auf spätere Planabweichungen besser vorbereitet zu sein.

In der Planung muss eine Annahme über zukünftige Volatilitäten und Korrelationseffekte getroffen werden. Da eine explizite Planung von Korrelationseffekten nur schwer möglich ist – der Detaillierungsgrad der Planung und damit der Planungsaufwand würden erheblich erhöht – können entweder historische Korrelationen, Null-Korrelationen oder – bei konservativer Betrachtung – perfekte Korrelationen angenommen werden. Sofern Korrelationseffekte in der Planung berücksichtigt werden sollen, stellt sich die Frage, welchem Unternehmensbereich bzw. welcher Risikoart die Kapitalersparnis zugeordnet wird. Grundsätzlich sollte perfekte Korrelation in der Planung unterstellt werden.

Für einen effizienten Einsatz der Kapitalressource muss das gesamte Kapital der Bank auf die Unternehmensbereiche entsprechend der strategischen Planungen verteilt werden. Für die Bereitstellung der Kapitalien sind den Unternehmensbereichen Kapitalkosten in Rechnung zu stellen. Bei der Ermittlung der Kapitalkosten sind verschiedene kapitalmarkttheoretische Aspekte zu berücksichtigen.[21] Während der Planumsetzung muss die Kapitalnutzung fortlaufend beobachtet werden. Sollte ein Unternehmensbereich mehr Kapital in Anspruch nehmen als ihm zugewiesen wurde, bedeutet dies, dass in ihm höhere Risiken eingegangen wurden. Dies wird durch eine Limitüberschreitung im Risikobericht ausgewiesen.[22] Aus Konzernsteuerungssicht stellt sich die Frage, ob eine solche Limitüberschreitung mit einer Poenale (quasi in Form eines Überziehungszinses) zu versehen ist, oder ob andere Geschäfte im selben

---

[20] Ökonomisches Kapital eines Unternehmensbereiches unter Berücksichtigung der unternehmensbereichsübergreifenden Diversifikationseffekte.
[21] Siehe z.B. Drukarczyk (1998), S. 176 ff.
[22] Vgl. hierzu Abschnitt 3.

Unternehmensbereich in entsprechendem Umfang zurückgeführt werden müssen. Eine zusätzliche Kapitalkostenbelastung mag zwar eine negative Anreizstruktur sein: Sofern das Zusatzgeschäft einschließlich Poenale die interne Renditeanforderung übersteigt, würde die Anreizstruktur dazu führen, dass der Unternehmensbereich das Zusatzgeschäft trotz Poenale durchführt. Dies ist aber dann kritisch, wenn das zusätzlich notwendige Kapital zur Unterlegung des Zusatzgeschäftes nicht vorhanden ist, insbesondere wenn bankaufsichtsrechtliche Anforderungen verletzt werden.

Sollte ein Unternehmensbereich das ihm zugewiesene Kapital nicht vollständig nutzen, so entstehen aus Gesamtbanksicht Kapitalineffizienzen. Dies kann in der Unternehmensbereichsrechnung durch eine grundsätzliche Belastung des Ökonomischen Kapitals mit einem vom Kapitalmarkt abgeleiteten Kapitalkostensatz vorgenommen werden. Hierdurch werden Über- bzw. Unterrenditen der getätigten Geschäfte ermittelt und implizite "Kapital-Leerkosten" in Rechnung gestellt.

Die Zuteilung des Kapitals auf die Unternehmensbereiche muss fortlaufend kontrolliert werden. Re-Allokationen des Kapitals (Ökonomisches Kapital, bilanzielles Eigenkapital) werden in einem Gremium beschlossen, das sich aus Vertretern der Unternehmensbereiche, dem Controlling, dem Konzernrisikomanagement und der Treasury zusammensetzt. Grundsätzlich sollte demjenigen Unternehmensbereich das meiste Kapital zugewiesen werden, der die höchste Kapitalverzinsung gewährleisten kann. Insofern ist ein solches Gremium als ein konzerninterner "Marktplatz des Kapitals" zu verstehen, jedoch sollte durch die laufende Kapitalallokation nur eine Feinsteuerung der strategischen Planung erfolgen. Würde durch Re-Allokationen ein erhebliches Abweichen vom strategischen Planungspfad erfolgen, müsste über die Kapitalallokation auf Vorstandsebene neu entschieden werden.

Für die wertsteigernde Gesamtbanksteuerung unter Anwendung des RAROC-Konzeptes ist das Ökonomische Kapital als steuerungsrelevante Kapitalgröße heranzuziehen. Zur Überprüfung, ob das vorhandene Kapital ausreicht, um die eingegangen Risiken abzudecken, ist das Buchkapital mit dem Ökonomischem Kapital zu vergleichen. Sollte das Ökonomische Kapital größer sein als das Buchkapital, wäre entweder eine Erhöhung der Eigenmittel oder eine Rückführung der Risikopositionen vorzunehmen. Sofern überschüssiges Buchkapital vorhanden ist, könnte dies durch Aktienrückkäufe über die Börse reduziert werden. Sollte die Bank Verluste erleiden, so würde dies ihr Buchkapital schmälern. Im Grenzfall würde dies dazu führen, dass Risikopositionen abgebaut werden müssten, was gleichfalls das Erlöspotenzial der Bank mindert. Ihr würde in einem solchen Fall nicht nur das potenzial der Bank mindert. Ihr würde in einem solchen Fall nicht nur das zusätzliche Kapital aus dem laufenden Jahresüberschuss fehlen, um die strategischen Ertragsziele zu erreichen. Vielmehr würde ihre Kapitalbasis kleiner werden, das Potenzial zur Risikonahme und mithin zur Nutzung von Erlöschancen reduziert werden. Ein Erreichen des strategischen Wachstumspfads in den Folgejahren würde deutlich erschwert.

Die bankaufsichtsrechtlichen Kapitalanforderungen stellen eine strenge Nebenbedingung dar. Die gemäß Grundsatz I ermittelten Kredit- und Marktrisiken sind mit Kern- und Ergänzungskapital sowie Drittrangmitteln zu unterlegen. Bei Gewinnthesaurierung ist zu beachten, dass diese erst mit Feststellung des Jahresabschlusses und Zuweisung zu den Rücklagen aufsichtsrechtlich wirksam wird. Ein Freiraum für zusätzliche Risikopositionen, d.h. eine Überkapitalisierung mit Regulatorischem Kapital, könnte ebenfalls durch den Einsatz von Aktienrückkaufprogrammen minimiert werden. Da Stille Reserven nicht zum aufsichtsrechtlichen Kernkapital zählen, würde ein Jahresfehlbetrag bei Betrachtung des regulatorischen Kapitals als knapper Ressource noch eher zu Kapitalengpässen führen als beim Ökonomischen Kapital, da die Stillen Reserven (sofern sie nicht kurzfristig realisiert werden) nicht zum Verlustausgleich genutzt werden können. Beim Ökonomischen Kapital hingegen würde der Jahresfehlbetrag mit den Stillen Reserven verrechnet werden. Mithin lässt sich unterjährig das Kernkapital nur durch effektiven Kapitalzufluss (z.B. Kapitalerhöhung, Begebung hybrider Finanzierungsmittel) erhöhen, um internes Wachstum mit Kapital zu unterlegen.

5. Ausblick

Durch den Trend, die internen Risikomessverfahren auch für aufsichtsrechtliche Zwecke zu nutzen, wird es notwendig werden, die Prozesse des Risikomanagements den Aufsichtsbehörden gegenüber transparenter zu gestalten. Insbesondere in den Vorschlägen des Basler Ausschusses für Bankenaufsicht für eine neue Eigenmittelübereinkunft wird neben der Annäherung der aufsichtsrechtlichen Messverfahren an die internen Verfahren sehr viel Gewicht auf die qualitativen Aspekte gelegt (Supervising Review, Market Discipline). Hierzu zählt unter anderem die Solidität der Aufbau- und Ablauforganisation.

Mit dem oben erläuterten Ansatz, Risikoinformationen in Anlehnung an industrielle Produktionsprozesse zu erstellen, wird der Weg in Richtung präziser strukturierter und transparenter Abläufe gewiesen. Diese wiederum werden Vereinheitlichungen der Systemumgebungen nach sich ziehen und schrittweise die Realisierung eines Data Warehouses ermöglichen. Der umgekehrte Prozess, ein Data Warehouse zu kreieren und anschließend die Aufbau- und Ablauforganisation anzupassen, wird mit hoher Wahrscheinlichkeit scheitern.

In der qualitativen Beurteilung der komplexen globalen Prozesse des Risikomanagements wird es zu einer verbesserten Abstimmung zwischen den nationalen Aufsichtsbehörden kommen, da in einer global tätigen Großbank die qualitative Beurteilung auf globaler Ebene durch die zuständige nationale Aufsichtsbehörde (Home Regulator) erfolgt und in den lokalen Einheiten diese Beurteilung unter die dortigen nationalen Behörden fällt. Diese sollte aber einheitlich ausfallen, um Mehrfachprozesse und Inkonsistenzen der aufsichtsrechtlichen Auflagen zu vermeiden. Insbesondere hierbei ist ein überzeugendes Konzept der Organisation des Risikoprozesses notwendig.

Literaturverzeichnis

Baetge, J. (Baetge, 1998): Stabilität des Bonitätsindikators bei internationalen Abschlüssen und Möglichkeiten zur Bepreisung von Bonitätsrisiken auf der Basis von A-posteriori-Wahrscheinlichkeiten, in: Oehler, A. (Hrsg.), Credit Risk und Value-at-Risk Alternativen, 1998.

Basler Ausschuss für Bankenaufsicht (Basler Ausschuss für Bankenaufsicht, 1999): No. 49, Credit Risk Modelling: Current Practices and Applications, (E), April 1999.

Basler Ausschuss für Bankenaufsicht (Basler Ausschuss für Bankenaufsicht, 1999): No. 50, A new capital adequacy framework, (E), June 1999.

Bessis, J. (Bessis, 1998): Risk Management in Banking, Chichester 1998.

Büschgen, H. E. (Büschgen, 1998): Bankbetriebslehre, 5. Aufl., 1998.

Bundesaufsichtsamt für das Kreditwesen (BAKred., 1995): Verlautbarung über Mindestanforderungen an das Betreiben von Handelsgeschäften der Kreditinstitute, 1995.

Bundesaufsichtsamt für das Kreditwesen (BAKred, 1997)): Bekanntmachung über die Änderung und Ergänzung der Grundsätze über das Eigenkapital und die Liquidität der Kreditinstitute, Berlin, 1997.

Copeland, T. E. / Weston, J. F. (Copeland / Weston, 1988): Financial Theory and Corporate Policy, 1988.

Deutsche Bank AG (Deutsche Bank AG, 1999), Geschäftsbericht 1999, Risikobericht, S. 123-139.

Drukarzyk, J. (Drukarzyk, 1998): Unternehmensbewertung, 4. Aufl., 1998.

Euromoney Publikations (Euromoney Publications, 1998): The Practice of Risk Management, Euromoney Books, 1998.

Global Derivatives Study Group (Group of Thirty) (Global Derivatives Study Group, 1993): Derivatives: Practices and Principles, Washington 1993.

Krumnow, J. (Krumnow, 1993): Derivative Instrumente als Herausforderung für Bankkontrolling und Bankorganisation, ZBB, 1993, S. 133-138.

Krumnow, J. (Hrsg.) (Krumnow, 1996): Risikosteuerung von Derivaten, 1996.

Krumnow, J. (Krumnow, 1998): Die Absicherung von Zins- und Währungsrisiken bei Kreditinstituten, in: Lutter, M. / Scheffler, E. / Schneider, U. H. (Hrsg.), Handbuch der Konzernfinanzierung, 1998.

Krumnow, J. (Krumnow, 1999): Kreditrisikomanagement bei der Deutschen Bank, Zeitschrift für das gesamte Kreditwesen, 1999, Nr. 3.

Matten, C. (Matten, 1996): Managing Bank Capital, 1996.

Rolfes, B. (Rolfes, 1999): Gesamtbanksteuerung, Stuttgart, 1999.

Schierenbeck, H. (Schierenbeck, 1997): Ertragsorientiertes Bankmanagement, 5. Aufl., 1997.

Teil VI

Risikomanagement im Asset Management

Portfoliosteuerung bei beschränktem Verlustrisiko

von Gerhard Scheuenstuhl / Rudi Zagst

1. Einleitung
2. Quantifizierung des Verlustrisikos
3. Risikosteuerung auf der Basis von Lower Partial Moments
4. Risikosteuerung auf der Basis von VaR
5. Zusammenfassung und Ausblick

1. Einleitung

Die optimale Steuerung eines Portfolios ist letztlich immer eine Frage der individuellen Präferenzen eines Investors. Die Art und Weise wie etwa Renditepräferenzen formuliert und Risiken vom Investor wahrgenommen werden bestimmen die als optimal empfundene Portfoliozusammensetzung. In der klassischen, auf Markowitz (1952) und Sharpe (1964) zurückgehenden Portfoliotheorie wird dieser Zielkonflikt zwischen Rendite und Risiko durch zwei Verteilungsparameter der Portfoliorendite ausgedrückt: der Erwartungswert (mean) und die Varianz (variance) der als Zufallsgröße modellierten zukünftigen Portfoliorendite spielen die zentrale Rolle für die Anlageentscheidung. Für den dort unterstellten Fall, daß die Renditen von einzelnen Finanzanlagen und damit auch die Renditen von Portfolios normalverteilt sind, ist diese sogenannte „mean variance analysis" auch mit dem Erwartungsnutzenkonzept konsistent[1]. Die Steuerung von Portfolios läßt sich dann auf der Basis dieser beiden Parameter vornehmen und vereinfacht den Anlageentscheidungsprozeß ganz wesentlich. Mit dem mean-variance Modell als vorherrschendes Entscheidungskonzept hatte auch die Varianz bzw. die daraus abgeleitete Volatilität seit den 50er Jahren die zentrale Rolle als Kenngröße zur Messung und Kommunikation des Risikos von Finanzanlagen. Ihre einfache Berechenbarkeit und weitere angenehme statistische Eigenschaften begünstigten die Verwendung der Varianz als Risikomaß zusätzlich.

Konzeptionell drückt die Varianz die Unsicherheit über die zukünftige Realisation bezüglich eines erwarteten Wertes aus. Die Risikomessung auf Basis der Varianz geht damit eher von einem informatorischen Risikobegriff aus. In diese Kategorie lassen sich auch zahlreiche Sensitivitätsmaße einordnen. Hierzu zählen etwa das *Beta* einer Aktie zu einem Marktindex oder die gemeinhin als „*Greeks*" bezeichneten Kenngrößen für Optionen, die die Reaktion des Marktwertes auf Veränderungen von Einflußparametern beschreiben. Bereits seit den Anfängen der Portfoliotheorie hat es aber auch schon immer Risikomaßgrößen gegeben, die sich direkt am materiellen Verlust oder der einseitig nach unten ausgerichteten Messung von Risiken orientierten. Der Safety-First Ansatz von Roy (1952) oder das von

---

[1] Die Normalverteilungsannahme ist nur eine spezielle Bedingung hierfür. Für eine ausführliche Diskussion darüber, wann Erwartungswert-Varianz basierte Ansätze mit dem bernoullischen Erwartungsnutzenkonzept und rationalem Entscheidungsverhalten konsistent sind, vgl. etwa Schneeweiss (1967), Ingersoll (1987) oder Sinn (1989).

Markowitz (1958, 1970, 1991) vorgeschlagene Semivarianz basierte Portfoliomodell beschreiben solche Downside-Risk Ansätze. Mit den Forschungsarbeiten über das Konzept der stochastischen Dominanz wurden schließlich die theoretischen Grundlagen einer Verlustrisiko orientierten Portfoliotheorie gelegt[2]. Mit der rasanten Entwicklung der Finanzmärkte seit den 70er Jahren und dem vermehrten Einsatz von Derivaten im Portfoliomanagement sind Portfolios nicht nur deutlich komplexer geworden, sondern ihre Renditeverteilungen zeigen ausgeprägte Asymmetrien. Normalverteilungsannahmen lassen sich hier nicht mehr aufrechterhalten[3]. Ende der 80er Jahre fanden diese Modelle dann auch verstärkte Berücksichtigung im praktischen Portfoliomanagement[4]. Spätestens seit der Vorstellung der Empfehlungen des Basler Ausschusses für Bankenaufsicht (1996) hat der Value-at-Risk eine hohe Bedeutung in der praktischen Risikomessung bei Banken und Finanzinstitutionen gewonnen.

Für die verschiedenen Ansätze, Verlustrisiken zu beschreiben, liefert das Konzept der Lower Partial Moments einen einheitlichen Analyserahmen und faßt die verschiedenen Entwicklungen zusammen. An dieser Stelle will der vorliegende Beitrag anknüpfen. Ziel ist es, konkret aufzuzeigen, wie eine Steuerung und Allokation von Portfolios aussehen kann, die sich an einem so definierten Verlustrisiko orientiert. Im weiteren wollen wir folgendermaßen vorgehen: Im nachfolgenden Abschnitt 2 sollen zunächst die formalen Grundlagen und Definitionen bereitgestellt werden, die für die Quantifizierung des Verlustrisikos und die Beschreibung der Problemstellung notwendig sind. Im zweiten Teil des Beitrags werden dann zwei konkrete Modellansätze zur Risikosteuerung bei verschiedenen Verlustrisikomaßen entwickelt und anhand je eines praktischen Fallbeispiels illustriert. Zunächst stellen wir in Abschnitt 3 einen allgemeinen Lower Partial Moment Ansatz vor und entwickeln dazu ein Optimierungsproblem. Die derzeitige Popularität des Value-at-Risk legt es nahe, dieses eng mit dem Lower Partial Moment Ansatz verwandte Risikokonzept explizit zu

---

[2] Grundlegende Arbeiten stammen hierzu von Hogan und Warren (1974), Bawa (1975, 1976, 1978), Bawa und Lindenberg (1977), Nantell und Price (1987).

[3] Empirische Untersuchungen von Lintner (1972) deuteten bereits darauf hin, daß Anlagerenditen eher lognormal-verteilt denn normalverteilt sind. Bookstaber und Clarke (1981, 1983), Pelsser und Vorst (1995) und Scheuenstuhl und Zagst (1996) zeigen auf, welche asymmetrischen Renditeverteilungen durch die Hinzunahme von Optionen entstehen und wie diese in eine optimale Portfolioauswahl integriert werden können.

[4] In den Arbeiten von Leibowitz und Henriksen (1989), Harlow und Rao (1989), Harlow (1991) werden praktische Portfolioanwendungen auf der Basis von Shortfall Konzepten vorgestellt.

betrachten. In Abschnitt 4 wird eine Modifikation für eine Value-at-Risk Risikobasis entwickelt und so der ursprüngliche Ansatz zur Risikosteuerung von Wertpapierpositionen erweitert. Auch hier sollen praktische Hinweise für die Umsetzung und ein Fallbeispiel das Modell ergänzen.

2. Quantifizierung des Verlustrisikos

Die portfoliotheoretische Basis, um potentielle Verlustrisiken zu quantifizieren, wurde bereits in den entscheidungstheoretischen Arbeiten zur stochastischen Dominanz gelegt. Ausgehend von der Vorstellung, daß ein risikoaverser Investor ein Entscheidungsverhalten zeigt, welches eine monoton steigende konkave Nutzenfunktion mit abnehmender absoluter Risikoaversion widerspiegelt, zeigt Bawa (1978), daß die Verwendung einer Erwartungswert-Lower Partial Variance Entscheidungsregel eine gute Approximation für eine nutzenoptimale Portfolioentscheidung liefert. Gemäß einer solchen Entscheidungsregel wird ein Portfolio als vorteilhafter beurteilt, wenn sein Erwartungswert nicht geringer und seine Lower Partial Variance nicht größer ist als das eines anderen Portfolios. Für die wichtige Klasse der Verteilungen, die sich durch einen Lokalisations- und einen Skalenparameter beschreiben lassen, werden einfache optimale Entscheidungsregeln abgeleitet. Dabei geht der Erwartungswert stets als eine Entscheidungsgröße ein. Die zweite Beurteilungsgröße ist ein Dispersionsmaß, das sich gewöhnlich durch den Skalenparameter der Verteilung ausdrücken läßt. Außer für die Klasse der symmetrischen Verteilungen ist dieses Maß jedoch nicht identisch mit der Varianz. Für Verteilungen, die nicht dieser zwei-parametrigen Klasse angehören, hat sich die Verwendung der Lower Partial Variance für verschiedene Benchmarks als gute Approximation erwiesen. Im folgenden wollen wir komplexere Portfoliostrukturen betrachten, deren Verteilungfunktionen nicht notwendigerweise dieser einfacheren Verteilungsklasse angehören müssen. Aus diesem Grund wollen wir die Risikomessung von der Lower Partial Variance auf die sogenannten Lower Partial Moments verallgemeinern. Gleichzeitig entsteht mit diesen allgemeineren Strukturen das Problem, daß die Ergebnisverteilungen i.a. nicht mehr explizit angegeben werden können. Mit Hilfe von Monte Carlo Simulationen soll dieses Problem gelöst werden, so daß beides, die Quantifizierung des Risikos und die Optimierung des Portfolios auf einem Simulationsmodell aufbauen. Als Basis für die weitere Modellierung der Entscheidungssituation wollen wir mit der folgenden Definition von Verlustrisiken beginnen:

Definition 1 (Lower Partial Moment) Sei $\varphi = (\varphi_1, ..., \varphi_n)$ ein Portfolio von Finanzanlagen, das Zeitintervall $[t, T] \subset [t_0, T^*]$ beschreibe die betrachtete Anlageperiode und $R(\varphi, t, T)$ bezeichne die stochastische Portfoliorendite für diesen Zeitraum, die insbesondere von der Filtration $F = (F_t)_{t \in [t_0, T^*]}$ und $F_{t_0} = \{\emptyset, \Omega\}$ und dem Wahrscheinlichkeitsraum (Ω, F_{T^*}, Q) als wesentliche Determinaten des unterstellten Finanzmarktmodells abhängen. Mit diesen Bezeichnungen wird das Lower Partial Moment $LPM_l(\varphi, R, b, t, T)$ der Ordnung $l \in I\!N$ der Portfoliorendite bezüglich einer vom Investor vorgegebenen relativen Benchmark $b(t, T) \in I\!R$ folgendermaßen definiert:

$$LPM_l(\varphi, R, b, t, T) =$$
(1)
$$E_Q\left[1_{(-\infty, b(t,T))}(R(\varphi, t, T))(b(t, T) - R(\varphi, t, T))^l | \mathcal{F}_t\right].$$

Diese Definition läßt sich ganz analog auf das entsprechende Lower Partial Moment $LPM_l(\varphi, V, B, t, T)$ der Ordnung $l \in I\!N$ für den zukünftigen Portfolioendwert übertragen bezogen auf eine vom Investor vorgegebene absolute Benchmark $B(t, T) \in I\!R$:

$$LPM_l(\varphi, V, B, t, T)$$
(2)
$$= E_Q\left[1_{(-\infty, B(t,T))}(V(\varphi, t, T))(B(t, T) - V(\varphi, t, T))^l | \mathcal{F}_t\right],$$

wobei $V(\varphi, t)$ den Portfoliowert zum Zeitpunkt t bezeichnet. Die relative und die absolute Benchmarkt sind über die Beziehung

$$B(t, T) := V(\varphi, t) \cdot (1 + b(t, T))$$

erklärt. Daraus ergibt sich der Zusammenhang zwischen Rendite orientiertem und Endwert orientiertem Lower Partial Moment. Mit

$$B(t, T) - V(\varphi, t, T) = V(\varphi, t) \cdot (1 + b(t, T)) - V(\varphi, t) \cdot (1 + R(\varphi, t, T))$$
$$= V(\varphi, t) \cdot (b(t, T) - R(\varphi, t, T)),$$

folgt für $V(\varphi, t) > 0$ direkt

(3) $\quad LPM_l(\varphi, V, B, t, T) = [V(\varphi, t)]^l \cdot LPM_l(\varphi, R, b, t, T).$

Das Lower Partial Moment zieht ausschließlich Rendite- bzw. Endwertrealisationen des Portfolios in Betracht, die unterhalb der spezifisch vorgegebenen Benchmark liegen und die dann entsprechend mit der Potentz l in die Risikoquantifizierung eingehen. Verschiedene Vorgaben für die Ordnung $l \in I\!N$ und die Benchmark $B(t, T) \in I\!R$ führen uns auf bereits bekannte Risikokonzepte: Insbesondere für $l = 0, 1, 2$ lassen sich die Größen ökonomisch anschaulich interpretieren. Für $l = 0$ erhalten wir mit $LPM_0(\varphi, V, B, t, T)$ gerade die Wahrscheinlichkeit, daß das zufällige Portfolioergebnis $V(\varphi, t, T)$ unterhalb der Benchmark $B(t, T)$ ausfällt. Dementsprechend spricht man hier auch von Ausfallwahrscheinlichkeit. Wird die Benchmarkt etwa auf Null gesetzt, so erhält man die Wahrscheinlichkeit, einen nominellen Wertverlust zu erleiden. Analog dazu führt die Wahl $l = 1$ auf eine Größe, die als erwartete Abweichung des Portfolioergebnisses unterhalb der vorgegebenen Benchmark verstanden wird. Diese erwartete Verfehlung des Benchmarkergebnisses wird auch als erwarteter Regret bezeichnet. Für $l = 2$ gehen die Abweichungen quadratisch in das Risikomaß ein und die Ähnlichkeit mit der Varianz basierten Risikomessung ist offensichtlich. Wird die Benchmark als erwartetes Portfolioergebnis gesetzt, dann entspricht $LPM_2(\varphi, V, B, t, T)$ gerade der unteren Semivarianz und im Falle symmetrischer Ergebnisverteilungen stimmen die Risikobeurteilungen dann auch wieder mit dem Varianzkonzept überein.

Interessanterweise muß l mindestens die Ordnung 1 haben, damit das entsprechende Lower Partial Moment eine Risikoaversion widerspiegelt. Genauer gilt, daß $l = 1$ mit einem Entscheidungsverhalten auf der Basis einer steigenden konkaven Nutzenfunktion konsistent ist. $l = 2$ unterstellt zusätzlich, daß der Investor eine abnehmende absolute Risikoaversion aufweist[5]. Die kritische Schwäche beim Fall $l = 0$ ist, daß der Abstand zwischen den möglichen Portfolioergebnissen und der Benchmark nicht berücksichtigt wird. Trotzdem liefert das Lower Partial Moment der Ordnung $l = 0$ einen für die praktische Anlageentscheidung recht informativen Wert und spezifiziert das Segment des Anlagespektrums, das für den Investor relevant ist.

Zur Illustration der Zusammenhänge wollen wir uns auf den anschaulichen Fall $t = t_0$ konzentrieren. Ausgehend von der Renditeverteilung $F_{R(\varphi, t_0, T)}$ des Portfolios ist Definition 1 äquivalent mit

---

[5] Für eine ausführliche Diskussion der Zusammenhänge zwischen dem Erwartungsnutzenkonzept und Shortfall basierter Risikomessung vgl. etwa Bawa (1975), Kaduff (1996), Reichling (1997).

(4) $\quad LPM_l(\varphi, R, b, t_0, T) = \int_{-\infty}^{b(t_0, T)} (b(t_0, T) - x)^l \, dF_{R(\varphi, t_0, T)}(x).$

Wie schon erwähnt, ergibt sich aus praktischer Sicht oft das Problem, daß die Form der Ergebnisverteilung nicht explizit bekannt ist. Insbesondere in Situationen, in denen die Unterstellung einer Normalverteilung nicht mehr gerechtfertigt ist, läßt sich die zugrundeliegende Verteilung mit Hilfe von Simulationsmodellen erfassen. Für die genauere Spezifizierung dieser Simulationen betrachten wir wieder den Anlagezeitraum $[t_0, T]$ und die gegebenen Marktpreise $V_1(t), ..., V_n(t)$ der $i = 1, ..., n$ (auch derivativen) Finanzpositionen zum Zeitpunkt $t \in [t_0, T]$. Die zufälligen Renditen $R_i(t_0, T)$, $i = 1, ..., n$, dieser Finanzpositionen im Anlagezeitraum werden als diskrete Renditen definiert

$$R_i(t_0, T) := \frac{V_i(t_0, T) - V_i(t_0)}{V_i(t_0)}, i = 1, ..., n,$$

wobei $V_i(t_0)$ und $V_i(t_0, T)$ den Wert von Position i zum Zeitpunkt t_0 bzw. zu T bezeichnen, betrachtet aus heutiger Sicht t_0. Wichtig für die Simulation ist, daß wir einen Zusammenhang zwischen Renditen und einem Vektor von möglichst wenigen statistisch gut beschreibbaren Risikofaktoren $F = (F_1, ..., F_m)$ herstellen können: $R_i(t_0, T) = R_i(F, t_0, T)$. Die gemeinsame Verteilung der Risikofaktoren wird dabei als bekannt vorausgesetzt. Für den zukünftigen Wert der Finanzpositionen gilt dann

(5) $\quad V_i(t_0, T) = V_i(F, t_0, T) = V_i(t_0) \cdot (1 + R_i(F, t_0, T)), i = 1, ..., n.$

Unter diesen Annahmen lassen sich über die Simulationen der Risikofaktoren[6]

$$F^k = \left(F_1^k, ..., F_m^k\right), k = 1, ..., K,$$

---

[6] Für Monte Carlo Simulationen, die auf der Basis von normalverteilten Risikofaktoren gebildet werden, vgl. etwa Boyle (1977), Hammersley und Handscomb (1964) oder Hull (1997). Für andere Verteilungen kann etwa die sogennante acceptance-rejection Methode herangezogen werden, die beispielsweise in Moskowitz und Caflish (1995) erklärt wird. Andere Ansätze wie die Methode der Varianzreduktion oder die Quasi-Monte Carlo Methode helfen, den Simulationsaufwand deutlich zu reduzieren, der insbesondere für große Portfolios ein kritischer Zeitfaktor sein kann. Für nähere Ausführungen sieh etwa Morokoff und Caflish (1995).

mit Eintrittswahrscheinlichkeiten $p_k > 0$ die Simulationen für die $i = 1, ..., n$ Renditen und Vermögenswerte erzeugen[7]

$$R_i^k(t_0, T) := R_i\left(F^k, t_0, T\right) \text{ und } V_i^k(t_0, T) := V_i\left(F^k, t_0, T\right), k = 1, ..., K.$$

Für jedes Portfolio $\varphi = (\varphi_1, ..., \varphi_n)$, das zum Zeitpunkt t_0 aus diesen Instrumenten zusammengestellt und über die gesamte Anlagedauer bis T festgehalten wird, ergeben sich dann die simulierten Größen für die Rendite $R^k(\varphi, t_0, T)$ und den Portfolioendwert $V^k(\varphi, t_0, T)$, $k = 1, ..., K$ durch

$$R^k(\varphi, t_0, T) = \sum_{i=1}^{n} \varphi_i \cdot R_i^k(t_0, T) \text{ und } V^k(\varphi, t_0, T) = \sum_{i=1}^{n} \varphi_i \cdot V_i^k(t_0, T).$$

Auf der Basis solcher Simulationen läßt sich nun die diskrete Version des Lower Partial Moments der Ordnung $l \in \mathbb{N}$ bezüglich einer investorspezifischen Benchmark $b(t_0, T) \in \mathbb{R}$ ableiten:

$$(6) \quad LPM_l(\varphi, R, b, t_0, T) = \sum_{\substack{k=1,...,K \\ R^k(\varphi, t_0, T) < b(t_0, T)}} p_k \cdot \left(b(t_0, T) - R^k(\varphi, t_0, T)\right)^l.$$

Für eine hinreichend große Anzahl an Simulationen ist es gerechtfertigt, davon auszugehen, daß das mittels Simulation ermittelte Lower Partial Moment mit dem Echten übereinstimmt. Dies wird insbesondere dann der Fall sein, wenn die zugrundeliegende Verteilung diskret ist. Die entsprechende Formulierung für das Lower Partial Moment $LPM_l(\varphi, V, B, t_0, T)$ für den Portfolioendwert läßt sich analog ausdrücken. Hiermit ist der Portfoliomanager nun prinzipiell in der Lage, die Verlustrisiken seines Portfolios zu kontrollieren, indem er Schranken für die so spezifizierten Lower Partial Moments angibt.

Eng verwandt mit dem Konzept der Lower Partial Moments ist der Value-at-Risk (*VaR*). Diese Risikokennzahl quantifiziert den maximal möglichen monetären Verlust eines Portfolios, gemessen als Wertveränderung seines Marktpreises relativ zu seinem erwarteten Marktwert, der innerhalb einer

---

[7] Naheliegenderweise könnte man jedem Simulationsergebnis eine Eintrittswahrscheinlichkeit von $p_k = \frac{1}{k}$ zuordnen. Andere Methoden, wie sie etwa von Jamshidian und Zhu (1997) vorgeschlagen wurden, entwickeln Simulationen $R^k(\varphi, t, T)$ und Wahrscheinlichkeiten p_k, die nicht für alle Simulationen gleich sein müssen.

bestimmten Zeitperiode mit einer vorgegebenen Vertrauenswahrscheinlichkeit eintreten kann. Damit drückt der *VaR* ein intuitives Risikoverständnis aus. Hinsichtlich theoretischer Untersuchungen und praktischer Anwendungen ist der *VaR* daher derzeit die wohl populärste Risikokennzahl. Für eine formale Definition des Value-at-Risk betrachten wir wieder den zukünftigen Wert $V(\varphi, t_0, T)$ eines Portfolios $\varphi = (\varphi_1, ..., \varphi_n)$ am Ende des Planungshorizontes T gemessen zum Zeitpunkt t_0. Die entsprechende Portfoliorendite sei wieder mit $R(\varphi, t_0, T)$, und die Verteilungsfunktion von $R(\varphi, t_0, T)$ mit $F_{R(\varphi, t_0, T)}$ bezeichnet. Die Wertveränderung $\Delta V(\varphi, t_0, T)$ des Portfolios im Zeitraum zwischen t_0 und T läßt sich dann ausdrücken als

(7) $\quad \Delta V(\varphi, t_0, T) = V(\varphi, t_0) \cdot R(\varphi, t_0, T)$.

Sei $F_{\Delta V(\varphi, t_0, T)}$ die Verteilungsfunktion von $\Delta V(\varphi, t_0, T)$, die sich unter Verwendung von (7) von $F_{R(\varphi, t_0, T)}$ ableiten läßt. Das α-Quantil $c_{\Delta V(\varphi, t_0, T)}(\alpha)$ von $F_{\Delta V(\varphi, t_0, T)}$ ist definiert als

(8) $\quad c_{\Delta V(\varphi, t_0, T)}(\alpha) := \sup\{x \in I\!R : F_{\Delta V(\varphi, t_0, T)}(x) \leq \alpha\}$

sowie

(9) $\quad F_{\Delta V(\varphi, t_0, T)}(x-) := \lim_{n \to \infty} F_{\Delta V(\varphi, t_0, T)}\left(x - \frac{1}{n}\right)$ für $x \in I\!R$.

Definition 2 (Value-at-Risk) Sei $\varphi = (\varphi_1, ..., \varphi_n)$ ein Portfolio, $[t_0, T]$ die betrachtete Zeitperiode und $1 - \alpha \in (0, 1)$ ein vorgegebenes Konfidenzniveau. Der Value-at-Risk $VaR(\alpha, \varphi, t_0, T)$ ist dann definiert als

(10)
$$VaR(\alpha, \varphi, t_0, T) := E_Q[\Delta V(\varphi, t_0, T)] \\ - \sup\{x \in I\!R : F_\Delta V(\varphi, t_0, T)(x-) \leq \alpha\}.$$

Häufig benutzte Konfidenzniveaus sind 95% oder 99%. Diese Werte finden beispielsweise auch Eingang in die Richtlininien der Bankenaufsicht zur Eigenkapitalunterlegung von Handelsgeschäften[8]. Aus dem Umstand, daß die beiden Aussagen $Q(\Delta V(\varphi, t_0, T) < c) \leq \alpha$ und $c \leq c_{\Delta V(\varphi, t_0, T)}(\alpha)$ äquivalent zueinander sind für jedes möglicherweise noch von φ, t_0 und T

---

[8] Basler Ausschuss (1996).

abhängige $c \in I\!R$, läßt sich die bekannte Darstellung des Value-at-Risk als Differenz zwischen erwartetem Portfoliowert und dem α-Quantile der Portfolioverteilung ableiten[9], d.h.

(11) $\quad VaR(\alpha, \varphi, t_0, T) := E_Q[\Delta V(\varphi, t_0, T)] - c_{\Delta V(\varphi, t_0, T)}(\alpha).$

Die Kenntnis der Verteilungsfunktion von $\Delta V(\varphi, t_0, T)$ ist notwendig für eine Berechnung des Value-at-Risk. Ist diese nicht explizit bekannt, so kann sie simuliert werden. Mit den Annahmen aus dem vorangegangenen Abschnitt erhalten wir über die Simulationen der Risikofaktoren $F^k = \left(F_1^k, ..., F_m^k\right)$, $k = 1, ..., K$, und ihrem bekannten funktionalen Zusammenhang zum Portfolioergebnis die entsprechenden Simulationen für die Portfoliorendite $R^k(\varphi, t_0, T) := R\left(F^k, \varphi, t_0, T\right)$ und für die Wertveränderung des Portfolios

$$\Delta V^k(\varphi, t_0, T) := V\left(F^k, \varphi, t_0, T\right) - V(\varphi, t_0).$$

Mit p_k als Eintrittswahrscheinlichkeiten der Szenarien sind dann auch die Wahrscheinlichkeiten der entsprechenden Wertveränderungen mit Index k bekannt, so daß die Verteilungsfunktion von $\Delta V^k(\varphi, t_0, T)$ durch

(12) $\quad F_{\Delta V(\varphi, t_0, T)}(x) = \sum_{\substack{k=1,...,K \\ \Delta V^k(\varphi, t_0, T) \leq x}} p_k$

simuliert werden kann. Damit läßt sich der entsprechende $VaR(\alpha, \varphi, t_0, T)$ praktisch bestimmen. Durch Vorgabe von Limiten an diesen simulationsbasierten Value-at-Risk können Portfoliopositionen entsprechend kontrolliert werden. Ein wichtiger Grund für die Beliebtheit des *VaR* liegt insbesondere darin, daß sich der *VaR* einzelner Teilportfolios zu einer globalen Risikokennzahl aggregieren läßt. Für eine Handelseinheit einer Bank mit mehreren Teilportfolios läßt sich diese Größe dann beispielsweise als Grundlage für die Allokation von Eigenkapital sowie den Aufbau eines Limitsystems für Handelspositionen verwenden.

Für die praktische Berechnung des *VaR* haben sich mehrere Methoden herausgebildet. Je nach dem, ob zur Berechnung der Portfolioveränderungen $\Delta V(\varphi, t_0, T)$ eine exakte oder eine approximative Bewertungsformel verwendet wird unterscheidet man zwischen sogenannten vollständigen

---

[9] Vgl. beispielsweise Kalin und Zagst (1999).

und approximativen Bewertungsmethoden[10]. Die approximativen Methoden lassen sich weiter in die *Portfolio Normal* Methode und die *Delta* Methode unterteilen. Zur letzteren Kategorie zählt auch der weit verbreitete Ansatz von RiskMetrics^{TM}. Im Vergleich der Ansätze zeigt sich dabei, daß die approximativen Methoden rechentechnisch zwar sehr effizient sind, aber andererseits durch ihre idealisierenden Annahmen über Normalverteilungen und Unterstellungen von linearen Abhängigkeiten hohe Modellrisiken aufweisen[11]. Ansätze mit vollständiger Bewertung reduzieren diese Modellrisiken auf Kosten eines höheren Aufwands. Bei komplexeren und mit Derivaten versehenen Portfolios kann dieser Rechenaufwand allerdings schnell auf Laufzeiten führen, die für praktische Fragestellungen nicht mehr zumutbar sind. Die ausgeprägte asymmetrische Verteilung vieler Derivateportfolios verbietet ein Ausweichen auf approximative Methoden, so daß für diese Fälle individuelle Monte Carlo Simulationsmethoden entwickelt werden müssen.

3. Risikosteuerung auf der Basis von Lower Partial Moments

Die zielgerichtete Risikosteuerung eines Portfolios erfolgt im allgemeinen auf der Grundlage eines Optimierungskalküls, bei dem die Positionen des Portfolios hinsichtlich einer Zielsetzung und unter Einhaltung gewisser Risikocharakteristika zusammen- bzw. umgestellt werden. Risiko wird im folgenden Ansatz immer als Lower Partial Moment ausgedrückt. Die hier betrachteten Portfolios sollen auch mit Derivaten versehene Strukturen berücksichtigen. Die damit zu erwartenden asymmetrischen Verteilungen der Portfoliowertänderungen lassen sich im allgemeinen nicht explizit angeben und sollen daher simuliert werden. Das für die Risikosteuerung zu betrachtende Optimierungsproblem basiert damit auf einem Simulationsmodell. Für die Quantifizierung des Verlustrisikos greifen wir auf die dis-

---

[10] Zu den Methoden mit vollständiger Bewertung zählen beispielsweise die Monte Carlo Methode oder die von Zagst (1997b) vorgeschlagene Approximate Full Valuation Methode.
[11] Einen ausführlichen Überblick über die verschiedenen Ansätz und ihre Definitionen findet man beispielsweise bei Wilson (1996) oder Zagst (1997a). Die Leistungsfähigkeit der Methoden wird von Smithson und Minton (1996), Leong (1996) und Zagst (1997b,1997c) untersucht.Vgl. zu den Modellrisiken auch den Beitrag von Johanning und Ernst in diesem Handbuch.

krete Version des Lower Partial Moments der Ordnung $l \in I\!N$ bezüglich einer investorspezifischen Benchmark $b(t_0, T) \in I\!R$ zurück

$$LPM_l(\varphi, R, b, t_0, T) = \sum_{\substack{k=1,\ldots,K \\ R^k(\varphi, t_0, T) < b(t_0, T)}} p_k \cdot \left(b(t_0, T) - R^k(\varphi, t_0, T)\right)^l.$$

Daneben benötigen wir für eine sinnvolle Portfoliosteuerung eine Zielfunktion. Der klassischen Portfoliotheorie folgend wollen wir hierzu den erwarteten Ertrag des Portfolios verwenden. Ein Portfolio aus $i = 1,\ldots, n$ Finanzinstrumenten, die mit relativen Gewichten $\widetilde{\varphi} = (\widetilde{\varphi}_1, \ldots, \widetilde{\varphi}_n)$ und $\sum_{i=1}^{n} \widetilde{\varphi}_i = 1$ am Portfolio beteiligt sind, weist dann eine von diesen Gewichtungen abhängige erwartete Rendite $\mu(\widetilde{\varphi}) := \sum_{i=1}^{n} \widetilde{\varphi}_i \cdot \mu_i(t_0, T)$ mit $\mu_i(t_0, T) := E_Q[R_i(t_0, T)]$ und Risikogröße $LPM_l(\widetilde{\varphi}, R, b, t_0, T)$ auf. Für den Fall $l = 1$ und $l = 2$ zeigen Bawa und Lindenberg (1977), daß $LPM_l(\widetilde{\varphi}, R, b, t_0, T)$ eine konvexe Funktion in den Gewichten $\widetilde{\varphi}$ ist. Die Menge aller effizienten Portfolios ist entsprechend durch $LPM_l(\mu, R, b, t_0, T)$ gegeben, wobei $LPM_l(\mu, R, b, t_0, T)$ gerade das Minimum von $LPM_l(\widetilde{\varphi}, R, b, t_0, T)$ für alle $\widetilde{\varphi}$ mit $\mu(\widetilde{\varphi}) = \mu$ und $\sum_{i=1}^{n} \widetilde{\varphi}_i = 1$ ist. Die Menge aller effizienten Portfolios ist dann eine wachsende und konvexe Funktion in μ für alle $\mu \geq \mu(l, b)$, wobei $\mu(l, b)$ den Portfolioerwartungswert bezeichnet, der zum minimalen Lower Partial Moment aller $LPM_l(\mu, R, b, t_0, T)$ gehört[12].

Aufbauend auf dieser Zieldefinition und Risikocharakterisierung wollen wir im folgenden ein Portfoliooptimierungsproblem betrachten, bei dem es darum geht, die erwartete Rendite des Portfolios unter Einhaltung von Risikoniveaus $\widetilde{A}_\nu^l \in I\!R$, $\nu = 1, \ldots, \Upsilon$, $l \in \{0, 1, 2\}$ zu maximieren. Die Risiken werden auf der Basis von Lower Partial Moments der Ordnung l für meh-

---

[12] In einer empirischen Untersuchung zeigte Harlow (1991), daß mit diesem Ansatz der Verlustrisikominimierung für ein vorgegebenes erwartetes Renditeniveau ein deutlich besseres Ergebnis im Vergleich zu einer entsprechenden klassischen Erwartungswert-Varianz (mean-variance) Analyse erzielt werden kann. Die Studie betrachtet ein globales Portfolioproblem mit währungsgesicherten Aktien und Anleihepositionen aus 11 verschiedenen Ländern. Der zugrundegelegte Untersuchungszeitraum umfaßte die Periode von Januar 1980 bis Dezember 1990. Angesichts der offensichtlich schiefen Renditestrukturen lieferte der Lower Partial Moment Ansatz der Ordnung 2 für eine Benchmark von 0% eine deutlich bessere Verlustabsicherung als eine vergleichbare *mean-variance* Entscheidungsregel beim selben erwarteten Renditeniveau. Bei der unterschiedlichen Aufteilung der Anlagen fällt bei der LPM orientierten Auswahl insbesondere ein deutlich höherer Anleiheanteil von (67.17%) auf gegenüber von nur (59.47%) des mean-variance Ansatzes.

rere diskrete Benchmarkrenditen $b_\nu(t_0, T)$ gemessen. Die Praxis des Handelsgeschäftes legt es nahe, auch explizite Handelsbeschränkungen im Modellrahmen zu berücksichtigen. So ergeben sich aus institutionellen oder aufsichtsrechtlichen Beschränkungen oftmals Anlagerestriktionen in Form einer relativen unteren Schranke ($\widetilde{s}_i$) und einer relativen oberen Schranke ($\widetilde{S}_i$) für die Anlagebeträge $\widetilde{\varphi}_i$ pro Einzelposition $i = 1, ..., n$ und damit

$$\widetilde{s}_i \leq \widetilde{\varphi}_i \leq \widetilde{S}_i, i = 1, ..., n.$$

Zusammenfassend führt dies auf das folgende Optimierungsproblem

$$\left(\widetilde{P}\right) \begin{cases} \mu(\widetilde{\varphi}) \to \max \\ LPM_l(\widetilde{\varphi}, R, b_\nu, t_0, T) \leq \widetilde{A}_\nu^l, \nu = 1, ..., \Upsilon, l \in \{0, 1, 2\} \\ \widetilde{s}_i \leq \widetilde{\varphi}_i \leq \widetilde{S}_i, i = 1, ..., n \\ \sum_{i=1}^{n} \widetilde{\varphi}_i = 1. \end{cases}$$

Diese Problemformulierung verallgemeinert die Arbeiten von Leibowitz und Henriksson (1989) und von Leibowitz und Kogelman (1991) auf zweifache Weise: Zum einen werden keine Annahmen hinsichtlich normalverteilter Renditen gemacht. Angesichts der hier betrachteten Portfolios mit ausgeprägten Derivatepositionen ist damit bereits mit signifikanten Unterschieden zu rechnen. Zum andern beschränkt sich der Ansatz nicht nur auf Shortfallrisiken, und geht damit über den vereinfachten Fall von Lower Partial Moments der Ordnung $l = 0$ hinaus.

Für Terminpositionen, wie Futures oder Forward Agreements, deren Anfangswert (theoretisch) Null ist bzw. für die keine Einstandszahlungen anfallen, können extreme Renditen auftreten, die in einem relativ formulierten Optimierungsansatz wie $\left(\widetilde{P}\right)$ zu numerischen Problemen führen können. Zudem werden aus praktischer Sicht absolute Angaben für Risikolimite bevorzugt. Für die Formulierung des Optimierungsproblems unter Verwendung der $k = 1, ..., K$ simulierten zukünftigen Werte $V_i^k(t_0, T)$, der Anlagen $i = 1, ..., n$, und den absoluten Gewichten $\varphi = (\varphi_1, ..., \varphi_n)$ ergeben sich die absoluten Benchmarks $B_\nu(t_0, T)$ als

$$B_\nu(t_0, T) = V(\varphi, t_0) \cdot (1 + b_\nu(t_0, T)), \nu = 1, ..., \Upsilon,$$

die im Risikomaß mit den simulierten Portfoliopreisen $V^k(\varphi, t_0, T)$ verglichen werden. Wie bereits in Gleichung (2) gezeigt, ergeben sich die entsprechenden absoluten Lower Partial Moment der Ordnung $l \in \{0, 1, 2\}$ für den zukünftigen Portfoliowert als

$$(13) \quad LPM_l(\varphi, V, B_\nu, t_0, T) = \sum_{\substack{k=1,\ldots,K \\ V^k(\varphi, t_0, T) < B_\nu(t_0, T)}} p_k \cdot \left(B_\nu(t_0, T) - V^k(\varphi, t_0, T)\right)^l.$$

Mit entsprechenden absoluten Handelsbeschränkungen $s_i \leq \varphi_i \leq S_i$, $i = 1, \ldots, n$ und einer zusätzlichen Beschränkung des Investitionsbudgets der Form[13]

$$V(\varphi, t_0) = budget,$$

ergibt sich das Optimierungsproblem in seiner in absoluten Größen formulierten Gestalt zu:[14]

$$(P) \begin{cases} \sum_{i=1}^{n} \varphi_i \cdot E_Q[V_i(t_0, T)] \to \max \\ LPM_l(\varphi, V, B_\nu, t_0, T) \leq A_\nu^l, \text{ mit } A_\nu^l \in I\!R, \nu = 1, \ldots, \Upsilon, l \in \{0, 1, 2\} \\ s_i \leq \varphi_i \leq S_i, i = 1, \ldots, n \\ \sum_{i=1}^{n} \varphi_i \cdot V_i(t_0) = budget. \end{cases}$$

Die Nebenbedingung $LPM_l(\varphi, V, B_\nu, t_0, T) \leq A_\nu^l$ erweist sich für Standardoptimierungspakete als beträchtliches Problem. Im folgenden soll deshalb durch eine Substitution dieser Nebenbedingung das Problem in eine einfacher lineare Struktur transformiert werden. Diese erhebliche Reduktion der Komplexität wird erreicht, indem

$$LPM_l(\varphi, V, B_\nu, t_0, T) \leq A_\nu^l \quad \text{(LPM)}$$

---

[13] Unter der Annahme, daß es für den Investor immer möglich ist, risikolos mit positiver Verzinsung anzulegen, wird er stets voll investiert sein.

[14] Einfache Umformungen zeigen, daß unter der Annahme $budget \neq 0$ und $V_i(t_0) \neq 0$ für alle $i = 1, \ldots, n$ die beiden Optimierungsprobleme $(\widetilde{P})$ und (P) äquivalent sind im folgenden Sinne: $\widetilde{\varphi}^* = (\widetilde{\varphi}_1^*, \ldots, \widetilde{\varphi}_n^*)$ ist eine optimale Lösung für $(\widetilde{P})$, genau dann wenn $\varphi^* = (\varphi_1^*, \ldots, \varphi_n^*)$ eine optimale Lösung für (P) ist, wobei: $\widetilde{\varphi}_i^* := \varphi_i^* \cdot \frac{V_i(t_0)}{budget}$, $\widetilde{s}_i := s_i \cdot \frac{V_i(t_0)}{budget}$, $\widetilde{S}_i := S_i \cdot \frac{V_i(t_0)}{budget}$, and $\widetilde{A}_\nu^l := \frac{A_\nu^l}{budget^l}$ für $i = 1, \ldots, n$, $\nu = 1, \ldots, \Upsilon$, und $l \in \{0, 1, 2\}$. (Vgl. Zagst (1999)).

für $A_\nu^l \in \mathrm{IR}$, $\nu \in \{1,...,\Upsilon\}$ und $l \in \{0,1,2\}$ durch die Bedingung

$$\sum_{k=1}^{K} p_k \cdot w_{\nu k}^l \leq A_\nu^l \tag{E}$$

ersetzt wird, wobei hierzu die folgenden zusätzlichen Konditionen (A), (B), (C), und (D) erfüllt sein müssen:

$$M_{\nu k} \cdot y_{\nu k} + V^k(\varphi, t_0, T) \geq B_\nu(t_0, T) \tag{A}$$

$$m_{\nu k} \cdot (1 - y_{\nu k}) + V^k(\varphi, t_0, T) < B_\nu(t_0, T) \tag{B}$$

$$0 \leq \left(V^k(\varphi, t_0, T) - B_\nu(t_0, T) \right)^l + (-1)^{l-1} \cdot w_{\nu k}^l \leq M_{\nu k}^l \cdot (1 - y_{\nu k}) \tag{C}$$

$$0 \leq w_{\nu k}^l \leq m_{\nu k}^l \cdot y_{\nu k}.D \tag{D}$$

Die Zahlen $m_{\nu k} < 0$ müssen ausreichend klein bzw. $M_{\nu k} > 0$, $m_{\nu k}^l > 0$ und $M_{\nu k}^l > 0$ ausreichend groß gewählt werden, $w_{\nu k}^l \in \mathrm{IR}$, $y_{\nu k} \in \{0,1\}$ für alle $k = 1,...,K$, und $\nu \in \{1,...,\Upsilon\}$ und $l \in \{0,1,2\}$. Für den speziellen Fall $l = 0$ fällt die Nebenbedingung (LPM) auf eine einfache *Shortfall Constraint* zusammen und das zugehörige A_ν^0, das in diesem Falle ein Element aus $[0,1)$ sein muß, ist gerade die zugehörige Ausfallwahrscheinlichkeit. Weitere Vereinfachungen für diesen Fall $l = 0$ sind möglich, da hier gilt, daß $w_{\nu k}^l = 1$, falls $y_{\nu k} = 1$ und $w_{\nu k}^l = 0$, falls $y_{\nu k} = 0$ ist. Dann folgt aus den Bedingungen (A), (B), (C) und (D)

$$(14) \quad LPM_0(\varphi, B_\nu, t_0, T) = \sum_{k=1}^{K} p_k \cdot y_{\nu k}.$$

Für $l \in \{0,2\}$ gilt (14) unter den Bedingungen (A), (C) und (D) mit „$\leq$" anstelle von „=". Bedingung (B) fällt mit seiner $<$ Bedingung aus dem Rahmen kommerzieller Optimierungspakete, die gewöhnlicherweise Ungleichungen in Form von $\leq$ oder $\geq$ vorsehen und zusätzlich eine Genauigkeitsangabe in Form einer kleinen absoluten Zahl $\varepsilon > 0$ vorgeben. In diesem Sinne soll die Ungleichung (B) entsprechend modifiziert werden zu

$$m_{\nu k} \cdot (1 - y_{\nu k}) + V^k(\varphi, t_0, T) \leq B_\nu(t_0, T) - \varepsilon. \tag{B'}$$

Diese im letzten Abschnitt motivierten Anpassungen führen schliesslich auf das modifizierte Optimierungsproblem (P_1), das (approximativ) äquivalent zu (P) ist und als gemischt-ganzzahliges Problem mit Hilfe handelsüblicher Optimierungspakete effizient gelöst werden kann:

$$(P_1)\begin{cases} \sum_{k=1}^{K} p_k \cdot V^k(\varphi, t_0, T) \to \max \\ M_{\nu k} \cdot y_{\nu k} + V^k(\varphi, t_0, T) \geq B_\nu(t_0, T) \\ m_{\nu k} \cdot (1 - y_{\nu k}) + V^k(\varphi, t_0, T) \leq B_\nu(t_0, T) - \varepsilon \\ 0 \leq \left(V^k(\varphi, t_0, T) - B_\nu(t_0, T)\right)^l + (-1)^{l-1} \cdot w_{\nu k}^l \leq M_{\nu k}^l \cdot (1 - y_{\nu k}) \\ 0 \leq w_{\nu k}^l \leq m_{\nu k}^l \cdot y_{\nu k} \\ y_{\nu k} \in \{0, 1\}, \text{ für } \nu = 1, ..., \Upsilon, k = 1, ..., K, l \in \{0, 1, 2\} \\ \sum_{k=1}^{K} p_k \cdot w_{\nu k}^l \leq A_\nu^l, \text{ für } \nu = 1, ..., \Upsilon, l \in \{0, 1, 2\} \\ s_i \leq \varphi_i \leq S_i, i = 1, ..., n \\ \sum_{i=1}^{n} \varphi_i \cdot V_i(t_0) = budget. \end{cases}$$

Fallbeispiel: Optimale Portfolioabsicherung

Im folgenden wollen wir das oben vorgestelle Optimierungsmodell (P_1) anhand eines praktischen Fallbeispiels illustrieren. Dazu betrachten wir ein komplexeres Portfolio aus Bondpositionen und Zinsderivaten. Die Zielsetzung für den Portfoliomanager in diesem Beispiel ist es, eine sinnvolle Absicherungsstrategie zu definieren und dazu die optimale Auswahl von Cap Positionen so zu bestimmen, daß das Verlustrisiko des Portfolios, das hier als Lower Partial Moment der Ordnung $l = 0$ ausgedrückt wird, auf eine vorgegebene Ausfallwahrscheinlichkeit von $\alpha = 5\%$ beschränkt ist. Die Zinsderivate sollen also insbesondere dazu dienen, das Bondportfolio gegen Verluste unter einen kritischen Schwellenwert abzusichern. Die Bewertung der Zinspositionen erfolgt mit Hilfe eines Hull-White Modells[15]. Die Zinsstrukturkurve wird mittels eines quadratischen Splineverfahrens aus Bondpreisen, die über die Reuters chain DETSY= am 27. Nov. 1997 verfügbar waren, errechnet. Abbildung (1) zeigt ihren Verlauf. Die Volatilitätsstruktur wird abgeleitet aus einem Abgleich zwischen den

---

[15] Vgl. Hull (1997), S. 216.

Modellpreisen (volatility curve) und den Marktpreisen von Caps mit Fälligkeiten von 2, 3, 5 und 7 Jahren, die als Black Volatilities am 27. Nov. 1997 von Intercapital Brokers ltd. auf deren Reuters Seite VCAP quotiert wurden. Die zugehörige Volatilitätsstruktur ist in Abbildung 2 abgetragen.

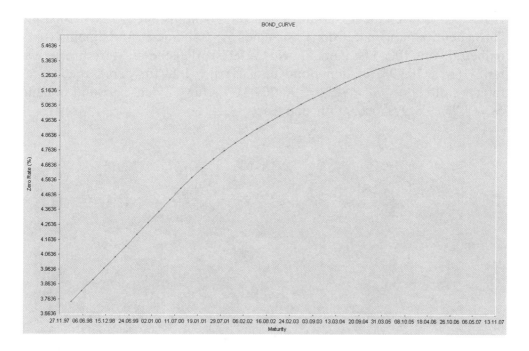

Abb. 1: Zero-Rate-Kurve am 27. Nov. 1997

Als Simulationsmodell benutzen wir eine auf dem Hull-White Modell aufbauende Methode[16], wobei ein deterministischer Marktpreis des Risikos unterstellt wird. Im vorliegenden Fall soll dieser der Einfachheit halber auf Null gesetzt werden. Es wurden 127 unterschiedliche Zinsstrukturkurven-Szenarios ermittelt. Bei dieser Anzahl reduziert sich der Approximationsfehler auf maximal $\alpha_{error} = 0.78\%$. Hierzu gilt es zu beachten, daß für alle später angegebenen Ausfallwahrscheinlichkeiten α von Shortfall Constraints stets $\alpha_{error} < \alpha$ sein sollte. Die hier verwendeten Handelsbeschränkungen für den Portfoliomanager lassen zum einen keine Leerverkäufe zu ($s_i = 0$) und sehen zudem maximale Positionsvolumina für jede Anlage vor. Für den Fall, daß der Preis eines Derivates $V_i(t_0) \neq 0$ ist, gilt

---

[16] Eine detaillierte Beschreibung eines solchen Simulationsmodells findet sich beispielsweise bei Zagst [1998].

$S_i = \max\left\{\frac{budget}{V_i(t_0)}, -\frac{budget}{V_i(t_0)}\right\}$ nominal. Falls $V_i(t_0) = 0$, dann soll $S_i = \frac{budget}{notional}$ gelten, wobei *notional* den nominellen Betrag des jeweiligen Derivates $i = 1, ..., n$ bezeichnet. Als *budget* ist ein Volumen von 10 Mio. vorgegeben. Bei den verwendeten Instrumenten handelt es sich um einen Bond (Nominal 100) mit einem jährlichen Coupon von 6%, einer Fälligkeit am 27. Nov. 2003, sowie einem Cap mit Fälligkeit ebenfalls am 27. Nov. 2003 mit jährlichen Zahlungen auf der Basis eines 6% Cap Satzes und einem Nominalbetrag von 100. Die zum 27. Nov. 1997 vorliegenden Marktpreise waren $V_1(t_0) = 103.94$ für den Bond und $V_2(t_0) = 1.43$ für den Cap. Daraus folgt direkt $S_1 = \frac{10\text{Mio.}}{103.94} = 96,209.31$ für den Bond und $S_2 = \frac{10\text{Mio.}}{1.43} = 6,993,006.99$ für den Cap.

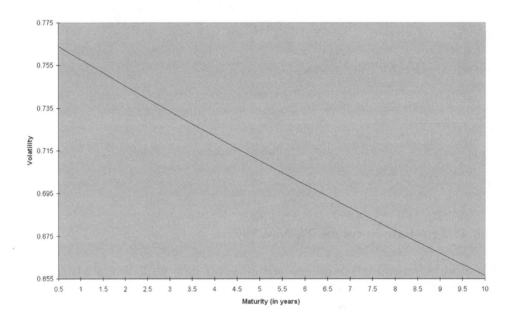

Abb. 2: Volatilitäts-Kurve der stetigen Zero-Bond-Rates am 27. Nov. 1997

Die Ergebnisse für verschiedene Benchmarks bei einem Planungshorizont von 1 Jahr zeigen eine typische Verschiebung in Richtung zunehmender Absicherung für ansteigende Benchmarks $B := B(0,1)$ und die damit einhergehende stärker asymmetrische Renditeverteilung. In den Abbildungen 3–5 werden einige Renditeverteilungen exemplarisch vorgestellt.

Portfoliosteuerung bei beschränktem Verlustrisiko 959

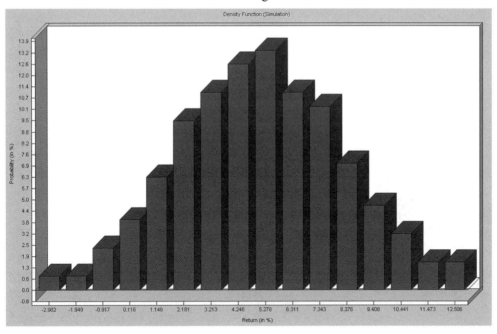

**Abb. 3: Renditeverteilung für $\alpha = 5\%$, B = –1%
mit 100% Bonds und 0% Caps**

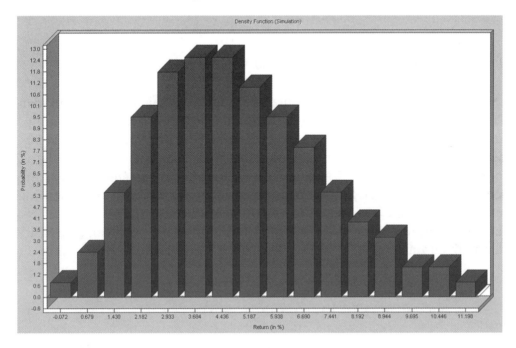

**Abb. 4: Rediteverteilung für $\alpha = 5\%$, B = 1%
mit 51.75% Bonds und 48.25% Caps**

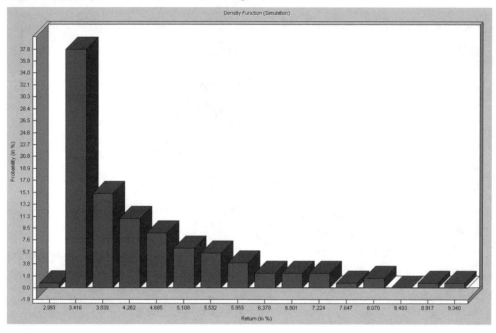

Abb. 5: Renditeverteilung für $a = 5\%$, $B = 3\%$ mit 30.32% Bonds und 69.68% Caps

4. Risikosteuerung auf der Basis von VaR

Der Value-at-Risk als Risikokennzahl genießt derzeit besonders in der Praxis des finanzwirtschaftlichen Risikomanagements große Beachtung. Stand bisher die Messung von Risiken mittels VaR im Vordergrund, so ändert sich nun der Fokus hin zur Frage der optimalen Steuerung von Portfolios auf der Basis des Value-at-Risk. Aufgrund seiner engen Verwandschaft mit den Lower Partial Moments wollen wir im folgenden den im letzten Abschnitt entwickelten Optimierungsansatz auf die VaR Fragestellung übertragen. Betrachten wir die Definition 2 für den Value-at-Risk, dann gilt es zunächst

$$\sup\{x \in I\!R : F_{\Delta V(\varphi, t_0, T)}(x-) \leq \alpha\}$$
$$= \sup\{x \in I\!R : Q(\Delta V(\varphi, t_0, T) < x) \leq \alpha\}$$

zu identifizieren und operabel in unseren Analyserahmen einzubinden. Wie wir bereits gesehen haben, läßt sich mit Hilfe der oben eingeführten

Simulationen für $R_i^k(t_0, T)$ und $V_i^k(t_0, T)$, $k = 1, ..., K$, die Verteilungsfunktion von $\Delta V(\varphi, t_0, T)$ entsprechend simulieren

$$Q(\Delta V(\varphi, t_0, T) < x) = F_{\Delta V(\varphi, t_0, T)}(x-) = \sum_{\substack{k=1,...,K \\ \Delta V^k(\varphi, t_0, T) < x}} p_k.$$

Ferner wissen wir, daß sich unter den Zusatzbedingungen (ΔA) und (ΔB)

$$M_k \cdot y_k + \Delta V^k(\varphi, t_0, T) \geq x \qquad (\Delta A)$$

$$m_k \cdot (1 - y_k) + \Delta V^k(\varphi, t_0, T) < x, \qquad (\Delta B)$$

wobei die Zahlen $m_k < 0$ hinreichend klein bzw. $M_k > 0$ hinreichend groß gewählt werden, die Ausfallbedingungen bzgl. x für ein gegebenes Portfolio $\varphi = (\varphi_1, ..., \varphi_n)$ als

$$Q(\Delta V(\varphi, t_0, T) < x) = LPM_0(\varphi, x, t_0, T) \leq \sum_{k=1}^{K} p_k \cdot y_{1k}$$

ausdrücken lassen. Das gesuchte $\sup\{x \in I\!R : Q(\Delta V(\varphi, t_0, T) < x) \leq \alpha\}$, $\alpha \in (0, 1)$ kann demnach als Element der Lösung $(x^*, y_1^*, ..., y_K^*)$ des folgenden gemischt-ganzzahligen Optimierungsproblems bestimmt werden:

$$(P_{VaR}^1) \begin{cases} x \to \max \\ M_k \cdot y_k + \Delta V^k(\varphi, t_0, T) \geq x, \ k = 1, ..., K \\ \sum_{k=1}^{K} p_k \cdot y_k \leq \alpha, \quad \text{mit } \alpha \in (0, 1) \\ y_k \in \{0, 1\}, \ k = 1, ..., K. \end{cases}$$

Investorspezifische Vorgaben und marktbedingte Einschränkungen lassen sich wieder durch einfache Nebenbedingungen berücksichtigen: Untere (s_i) und/ oder obere (S_i) Schranken für die Volumina φ_i der einzelnen Anlagen $i = 1, ..., n$ mit $s_i \leq \varphi_i \leq S_i$, $i = 1, ..., n$, und eine Budgetrestriktion mit $V(\varphi, t_0) = budget$. Die Vorgabe eines gewünschten Mindestwachstums des Portfolios $\mu_{\min}^{\Delta V}(t_0, T)$ über den vorgesehenen Anlagehorizont oder die Beschränkung des maximal tolerierten Risikos, das durch eine Obergrenze für den Value-at-Risk $VaR_{\max}$ definiert wird, lassen sich ebenfalls als Nebenbedingungen in das Optimierungsproblem integrieren:

$$\sum_{k=1}^{K} p_k \cdot \Delta V^k(\varphi, t_0, T) \geq \mu_{\min}^{\Delta V}(t_0, T)$$

$$\sum_{k=1}^{K} p_k \cdot \Delta V^k(\varphi, t_0, T) - x \leq VaR_{\max}.$$

(P_{VaR}^2) zeigt die so erweiterte Problemstellung als gemischt-ganzzahliges Optimierungsproblem, das sich vergleichsweise einfach mit einer Standardsoftware lösen läßt.

$$(P_{VaR}^2) \begin{cases} x \to \max \\ M_k \cdot y_k + \Delta V^k(\varphi, t_0, T) \geq x, \quad k = 1, ..., K \\ \sum_{k=1}^{K} p_k \cdot y_k \leq \alpha \\ y_k \in \{0, 1\}, \quad k = 1, ..., K \\ \sum_{k=1}^{K} p_k \cdot \Delta V^k(\varphi, t_0, T) \geq \mu_{\min}^{\Delta V}(t_0, T) \\ x \geq \sum_{k=1}^{K} p_k \cdot \Delta V^k(\varphi, t_0, T) - VaR_{\max} \\ s_i \leq \varphi_i \leq S_i, \quad i = 1, ..., n \\ \sum_{i=1}^{n} \varphi_i \cdot V_i(t_0) = budget. \end{cases}$$

Für eine praktische Portfoliosteuerung erweist sich diese Modellierung jedoch noch als etwas schwerfällig, da sie dem Portfoliomanager keinerlei Wahlmöglichkeiten hinsichtlich einer gewünschten Zielsetzung, wie etwa der Maximierung der erwarteten Ertragssteigerung oder der Minimierung eines Tracking Errors, offen läßt. Nur mit zusätzlichem Aufwand können solche, für die Portfoliosteuerung alltäglichen, Zielsetzungen umgesetzt werden Möchte der Portfoliomanager beispielsweise ein ertragsmaximales Portfolio zusammenstellen, das eine vorgegebene Value-at-Risk Beschränkung einhält, so müßte er hierfür eine Sequenz von Teilproblemen des Typs (P_{VaR}^2) lösen: Ausgehend von einer gegebenen Mindestverzinsung $\mu_{\min}^{\Delta V}(t_0, T)$ würden die Vorgaben dann sukzessive auf $\mu_{\min}^{\Delta V}(t_0, T) + m \cdot s$ gesteigert werden mit Schrittweite $s > 0$ und Schritten $m = 0, 1, 2, ...$ Ist dann $m_{\max}$ das erste m, bei dem das Optimierungsproblem (P_{VaR}^2) unlösbar wird, so führt die Wahl $\mu_{\min}^{\Delta V}(t_0, T) + (m_{\max} - 1) \cdot s$ als Vorgabe für das geforderte Mindestwachstum zu einem approximativ optimalen Portfolio.

Für eine allgemeinere Formulierung des Optimierungsproblems, das die Angabe von investorspezifischen Zielfunktionen erlaubt, soll das Modell modifiziert werden. Dazu müssen wir zusätzliche Nebenbedingungen einbauen. Für hinreichend große Zahlen $M_{kj}^1 > 0$ und $M_{\nu k}^2 > 0$ definieren wir die folgenden Bedingungen

$$M_{kj}^1 \cdot z_{kj} + \Delta V^k(\varphi, t_0, T) > \Delta V^j(\varphi, t_0, T) \tag{$\Delta A'$}$$

$$\Delta V^k(\varphi, t_0, T) \leq \Delta V^j(\varphi, t_0, T) + M_{kj}^2 \cdot (1 - z_{kj}) \tag{$\Delta B''$}$$

$$(1+\varepsilon) \cdot w_j + \sum_{k=1}^{K} p_k \cdot z_{kj} > \alpha \tag{C1}$$

$$\sum_{k=1}^{K} p_k \cdot z_{kj} - p_j \leq \alpha + w_j \tag{C2}$$

$$\sum_{j=1}^{K} w_j = K - 1 \tag{C3}$$

mit $z_{kj}, w_j \in \{0,1\}$, $k,j = 1, ..., K$, $\alpha \in (0,1)$, und $\varepsilon > 0$, das als kleinste Zahl gewählt wird, die von der benutzten Software rechentechnisch realisierbar ist[17]. Mit $z_{kj} \in \{0,1\}$ für alle $k,j = 1, ..., K$, und $\alpha \in (0,1)$ lassen sich folgende Eigenschaften zeigen: Unter den Bedingungen ($\Delta A'$) und ($\Delta B''$) gilt für alle $k,j = 1, ..., K$:

$$\Delta V^k(\varphi, t_0, T) \leq \Delta V^j(\varphi, t_0, T), \text{ genau dann, wenn } z_{kj} = 1.$$

Insbesondere gilt

$$Q(\Delta V(\varphi, t_0, T) \leq \Delta V^j(\varphi, t_0, T)) = F_{\Delta V(\varphi, t_0, T)}(\Delta V^j(\varphi, t_0, T)) = \sum_{k=1}^{K} p_k \cdot z_{kj}$$

---

[17] Die hier vorgestellten Berechnungen wurden mit Hilfe der speziellen Optimierungssoftware GAMS durchgeführt.

unter den Bedingungen $(\Delta A')$, $(\Delta B'')$, $(C1)$, $(C2)$ und $(C3)$, sowie mit $w_{j^*} = 0$, $j^* \in \{1, ..., K\}$ folgt zudem

$$\sup\{x \in I\!R : Q(\Delta V(\varphi, t_0, T) < x) \leq \alpha\} = \Delta V^{j^*}(\varphi, t_0, T)$$

und damit

$$(15) \quad VaR(\varphi, t_0, T) = \sum_{k=1}^{K} p_k \cdot \Delta V^k(\varphi, t_0, T) - \Delta V^{j^*}(\varphi, t_0, T).$$

Insbesondere gilt, daß die Bedingungen $(C1)$ und $(C2)$ immer erfüllt sind, wenn $w_{j^*} = 1$. Die Bedingung $(C3)$ stellt sicher, daß es genau ein $j^* \in \{1, ..., K\}$ mit $w_{j^*} = 0$ gibt. Wird M_j^3 hinreichend groß gewählt, dann ist die Bedingung

$$\Delta V^j(\varphi, t_0, T) \geq \sum_{k=1}^{K} p_k \cdot \Delta V^k(\varphi, t_0, T) - VaR_{\max} - M_j^3 \cdot w_j$$

stets erfüllt für $w_j = 1$, $j = 1, ..., K$, und stellt damit sicher, daß genau für $j^* \in \{1, ..., K\}$ mit $w_{j^*} = 0$ eine obere Schranke für den VaR realisiert wird. Analog zu Abschnitt sollen auch hier alle Nebenbedingungen in Form von $\leq$ oder $\geq$ Ungleichungen angegeben werden. Die Bedingungen $(\Delta A')$ and $(C1)$ werden deshalb wieder mit Hilf des Parameters $\varepsilon > 0$ entsprechend angepaßt:

$$M_{kj}^1 \cdot z_{kj} + \Delta V^k(\varphi, t_0, T) \geq \Delta V^j(\varphi, t_0, T) + \varepsilon \qquad (\Delta A'')$$

$$(1 + \varepsilon) \cdot w_j + \sum_{k=1}^{K} p_k \cdot z_{kj} \geq \alpha + \varepsilon \qquad (C1')$$

Zusammenfassend läßt sich mit (P_{VaR}^3) damit die Aufgabe eines Portfoliomanagers formulieren, ein Portfolio zu finden, das den größtmöglichen erwarteten Wertzuwachs hat und dabei gleichzeitig eine vorgegebene Value-at-Risk Beschränkung einhält:

$$(P_{VaR}^3) \begin{cases} \sum_{k=1}^{K} p_k \cdot \Delta V^k(\varphi, t_0, T) \to \max \\ M_{kj}^1 \cdot z_{kj} + \Delta V^k(\varphi, t_0, T) \geq \Delta V^j(\varphi, t_0, T) + \varepsilon \\ \Delta V^k(\varphi, t_0, T) \leq \Delta V^j(\varphi, t_0, T) + M_{kj}^2 \cdot (1 - z_{kj}) \\ (1 + \varepsilon) \cdot w_j + \sum_{k=1}^{K} p_k \cdot z_{kj} \geq \alpha + \varepsilon \\ \sum_{k=1}^{K} p_k \cdot z_{kj} - p_j \leq \alpha + w_j \\ \sum_{j=1}^{K} w_j = K - 1 \\ \Delta V^j(\varphi, t_0, T) \geq \sum_{k=1}^{K} p_k \cdot \Delta V^k(\varphi, t_0, T) - VaR_{\max} - M_j^3 \cdot w_j \\ s_i \leq \varphi_i \leq S_i, \ i = 1, ..., n \\ \sum_{i=1}^{n} \varphi_i \cdot V_i(t_0) = budget \\ z_{kj}, w_j \in \{0, 1\}, j, \ k = 1, ..., K. \end{cases}$$

Fallbeispiel: Portfoliooptimierung bei begrenztem VaR

Mit dem oben vorgestellten Modell zur Identifikation von ertragsoptimalen Portfolios unter Einhaltung einer VaR Risikobeschränkung lassen sich wieder ganz allgemeine und komplexe Portfoliopositionen optimieren. Aufbauend auf das Fallbeispiel im voherigen Abschnitt wollen wir auch hier von den dort getroffenen Angaben und Voraussetzungen ausgehen. Dies betrifft insbesondere die Bewertung auf der Basis eines Hull-White Modells, die Verwendung der dort vorgestellten Zins- und Volatilitätsstrukturen, sowie die Budgetbeschränkungen und die Handelslimite für die einzelnen Positionen. Die betrachteten Instrumente seien zum einen der bereits bekannte Bond (Nominal 100) mit einem jährlichen Coupon von 6%, einer Fälligkeit am 27. Nov. 2003 sowie zum anderen eine Put-Option auf diesen Bond mit einer einjährigen Laufzeit bis 27. Nov. 1998 und einem Ausübungspreis von 108.16. Die zum 27. Nov. 1997 vorliegenden Marktpreise waren $V_1(t_0) = 103.94$ für den Bond und $V_2(t_0) = 5.81$ für den Put. Daraus folgt direkt, daß $S_1 = \frac{10 \text{Mio.}}{103.94} = 96,209.31$ für den Bond und $S_2 = \frac{10 \text{Mio.}}{5.81} = 1,721,170.40$ für den Put sind. Der betrachtete Anlagehorizont betrage wieder 1 Jahr.

In einem ersten Schritt wollen wir mit Hilfe des Optimierungsproblems (P_{VaR}^2) eine optimale Absicherungsposition finden, wobei das Verlustrisiko in Form eines Value-at-Risk Limits beschränkt sein soll. Als obere Schranke für einen potentielen Wertverlust wird $VaR_{\max} = 300,000$ vorgegeben. Das Konfidenzniveau sei auf $1 - \alpha = 95\%$ festgelegt und der Investor strebe ein erwartetes Mindestwachstum seines Portfolios von $\mu_{\min}^{\Delta V} = 100,000$ an. Als Lösung des so definierten Problems (P_{VaR}^2) erhalten wir eine Portfoliozusammensetzung, bei der wir 63.59% des Nominalbetrags in den Bond und entsprechend 36.41% des Nominalbetrags in die Option investieren. Das so zusammengestellte Portfolio hat einen erwarteten zukünftigen Wert von $10,199,476.74$ und einen VaR von $300,000$. Die zu diesem Portfolio gehörende Renditeverteilung wird in Abbildung 6 illustriert und zeigt eine ausgeprägt asymmetrische Form.

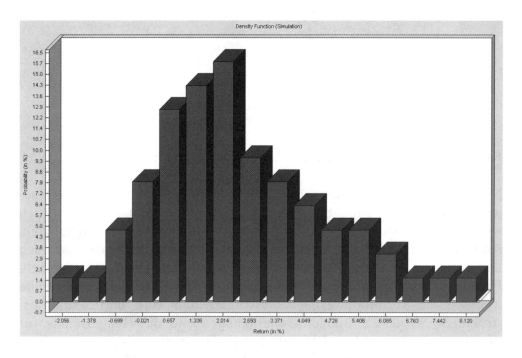

Abb. 6: Renditeverteilung für $VaR_{\max}$ = 300,000 und $\mu\, {}^{\Delta V}_{\min}$ = 100,000 bei 63.59% Bonds und 36.41% Put-Optionen

Im zweiten Schritt soll nun entsprechend dem in (P_{VaR}^3) formulierten Optimierungsproblem das Portfolio identifiziert werden, das den erwarteten Wertzuwachs des Portfolios maximiert und eine Value-at-Risk basierte Verlustrisikobeschränkung einhält. Das Konfidenzniveau sei wieder auf $1 - \alpha = 95\%$ festgelegt und die obere Schranke für einen potentiellen Verlust nun mit $VaR_{\max} = 200,000$ vorgegeben. Die Lösung des so definierten Optimierungsproblems (P^3_{VaR}) liefert ein Portfolio, bei dem 52.53% des Nominalbetrags in den Bond und 47.47% des Nominalbetrags in die Put-Option investiert wird. Das so zusammengestellte Portfolio hat einen erwarteten zukünftigen Wert von 10,061,958.72 und weist einen VaR von 200,000 auf. Aufgrund des hier um 100,000 geringeren VaR-Risikolimits erhalten wir eine Renditeverteilung, die eine noch ausgeprägtere Asymmetrie aufweist als das vorherigen Beispiel, wie Abbildung 7 deutlich zum Ausdruck bringt.

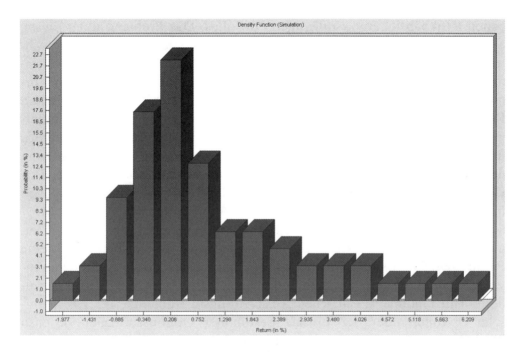

Abb. 7: Renditeverteilung des ertragsmaximalen Portfolios unter $VaR_{\max}$ = 200,000 mit 52.53% Bonds und 47.47% Put-Optionen

5. Zusammenfassung und Ausblick

Praktische Portfolioentscheidungen und Risikosteuerungen werden durch eine Vielzahl von rechtlichen oder unternehmensinternen Restriktionen beeinflusst. Insbesondere die Vorgabe von Limits für bestimmte Risikokennzahlen ist von grossem Interesse sowohl für das Risikocontrolling als auch für den an einer vorgegebenen Benchmark gemessenen Portfolio Manager. Allerdings kann die Hinzunahme bestimmter Absicherungsinstrumente zu Renditeverteilungen führen, die sich nicht mehr im Rahmen des klassischen mean-variance Ansatzes behandeln lassen. Die Varianz oder Standardabweichung eines Portfolios stellt in diesem Fall keine zufriedenstellende Quantifizierung des Risikos mehr dar. Lower Partial Moments (LPM) sind ein intuitives Risikomass, insbesondere in solchen Fällen, in denen es der Risiko- oder Portfoliomanager mit asymmetrischen Renditeverteilungen zu tun hat und Risiko im wesentlichen durch das Unterschreiten einer vorgegebenen Benchmark wahrgenommen wird. Bei Beschränkung bestimmter LPMs reduziert sich die Menge der bei einer gegebenen Risikoabsicherung zulässigen Portfolios. Das Problem, unter diesen Möglichkeiten ein nach gewissen Kriterien optimales Portfolio auszuwählen, war Gegenstand unserer Untersuchungen. Mit Hilfe eines Diskretisierungsverfahrens wurde ein gemischt-ganzzahliges lineares Programm formuliert, das es erlaubt, Portfolios mit beliebig asymmetrischen Renditeverteilungen einem strukturierten Optimierungsprozess zu unterwerfen. Aufgrund von Vorgaben wie sie vom Basler Ausschusses bereits für einige Bereiche in der Bank vorgegeben werden ist die Beschränkung des Value-at-Risk (VaR) eines Portfolios von besonderem Interesse. Das Design und die Analyse eines entsprechenden Optimierungsansatzes lagen im Mittelpunkt des zweiten Teils unserer Ausführungen. Durch die Möglichkeit, Portfolios mit asymmetrischen Renditeverteilungen innerhalb eines einheitlichen Asset Allocation Prozesses zu verwalten, bieten sich eine Reihe weiterführender Untersuchungen an. Insbesondere für die praktische Anwendung von grossem Interesse ist die damit mögliche kontrollierte Hinzunahme spezifischer Absicherungsinstrumente wie z.B. exotische Optionen oder der Einsatz bestimmter Optionsstrategien. Ebenso lassen sich weitere Restriktionen wie z. B. Liquiditätsbeschränkungen oder die Berücksichtigung von Transaktionskosten in den vorgestellten Ansatz integrieren. Cash-Flow Matching und Asset Liability Management sind ein weiteres grosses Gebiet für den strukturierten Einsatz und die optimale Auswahl von Absicherungsstrategien und bilden den Gegenstand weiterer Forschungsaktivitäten.

Literaturverzeichnis

Basler Ausschuss für Bankenaufsicht (Basler Ausschuss, 1996): Empfehlungen für die Aufsicht von Marktrisiken in Banken, BIZ, 1996.

Bawa V. (Bawa, 1975): Optimal Rules for Ordering Uncertain Prospects, in: Journal of Financial Economics, Vol. 2, 1975, S. 95-121.

Bawa V. (Bawa, 1976): Admissible Portfolios for all Individuals, in: Journal of Finance, Vol. 31, 1976, S. 1169-1183.

Bawa V. (Bawa, 1978): Safety First, Stochastic Dominance, and Optimal Portfolio Choice, in: Journal of Financial and Quantitative Analysis, Vol. 13, 1978, S. 255-271.

Bawa, V. / E. Lindenberg (Bawa / Lindenberg, 1977): Capital Market Equilibrium in a Mean-Lower Partial Moment Framework, in: Journal of Financial Economics, Vol. 5, 1977, S. 189-200.

Bookstaber, R. / R. Clarke (Bookstaber / Clarke, 1981): Options Can Alter Portfolio Return Distributions, in: Journal of Portfolio Management, Vol. 7, 1981, S. 63-70.

Bookstaber, R. / R. Clarke (Bookstaber / Clarke, 1983): An Algorithm to Calculate the Return Distribution of Portfolios with Option Positions, in: Journal of Management Science, Vol. 29, Nr. 4, 1983, S. 419-429.

Boyle, P. (Boyle, 1977): Options: A Monte Carlo Approach, in: Journal of Financial Economics, Vol. 4, 1977, S. 323-338.

Hammersley, J. / D. Handscomb (Hammersley / Handscomb, 1964): Monte Carlo Methods, John Wiley & Sons, 1964.

Harlow, W. (Harlow, 1991): Asset Allocation in a Downside-Risk Framework, in: Financial Analysts Journal, Vol. 47, Nr. 5, 1991, S. 28-40.

Harlow, W. / K. Rao (Harlow / Rao, 1989): Asset Pricing in a Generalized Mean-Lower Partial Moment Framework: Theory and Evidence, in: Journal of Financial and Quantitative Analysis, Vol. 24, 1989, S. 285-311.

Hogan, W. / J. Warren (Hogan / Warren, 1974): Towards the Development of an Equilibrium Capital Market Model Based on Semivariance, in: Journal of Financial and Quantitative Analysis, Vol. 9, 1974, S. 1-12.

Hull, J. (Hull, 1997): Options, Futures, and Other Derivatives, Prentice-Hall, 1997.

Ingersoll, J. (Ingersoll, 1987): Theory of Financial Decision Making, Rowen and Littlefield, 1987.

Jamshidian, F. / Y. Zhu (Jamshidian / Zhu, 1997): Scenario Simulation: Theory and Methodology, in: Journal of Finance and Stochastic, Vol. 1, 1997, S. 43-67.

Kaduff, J. (Kaduff, 1996): Shortfall-Risk basierte Portfolio-Strategien, Haupt Verlag, 1996.

Kalin, D. / R. Zagst (Kalin / Zagst, 1999): Portfolio Optimization: Volatility Constraints versus Shortfall Constraints, in: Zeitschrift für Operations Research, 1999, S. 13-21.

Leibowitz, M. / S. Kogelman (Leibowitz / Kogelman, 1991): Asset Allocation under Shortfall Constraints, in: Journal of Portfolio Management, Vol. 4, 1991, S. 18-23.

Leibowitz, M. / R. Henriksson (Leibowitz / Henriksson, 1989): Portfolio Optimization with Shortfall Constraints: A Confidence-Limit Approach to Managing Downside Risk, in: Financial Analyst Journal, Vol. 45, Nr. 2, 1989, S. 34-41.

Leong, K. (Leong, 1996): The Right Approach, in: Value-at-Risk Supplement, Risk Publications, 1996, S. 9-14.

Lintner, J. (Lintner, 1972): Equilibrium in a Random Walk and Lognormal Securities Market, Discussion Paper 235, Harvard Institute of Economic Research, Harvard University, Cambridge, 1972.

Markowitz, H. (Markowitz, 1952): Portfolio Selection, in: Journal of Finance, Vol. 7, 1952, S. 77–91.

Markowitz, H. (Markowitz, 1970): Portfolio Selection: Efficient Diversification of Investments, John Wiley & Sons, 1970.

Markowitz, H. (Markowitz, 1991): Portfolio Selection, Blackwell, 1991.

Morokoff, W. / R. Caflish (Morokoff / Caflish, 1995): Quasi-Monte Carlo Integration, in: Journal of Computational Physics, Vol. 122, Nr. 2, 1977, S. 218–230.

Moskowitz, B. / R. Caflish (Moskowitz / Caflish, 1995): Smoothness and Dimension Reduction in Quasi-Monte Carlo Methods, in: Journal of Mathematical and Computer Modelling, Vol. 23, Nr. 8/9, 1995, S. 37–54.

Nantell, T. / B. Price (Nantell / Price, 1979): An Analytical Comparison of Variance and Semivariance Capital Market Theories, in: Journal of Finanancial and Quantitative Analysis, Vol. 14, Nr. 2, 1979, S. 221–242.

Pelsser, A. / T. Vorst (Pelsser / Vorst, 1995): Optimal Optioned Portfolios with Confidence Limits on Shortfall Constraints, in: Journal of Adv. Quant. Anal. Finance Accounting, Vol. 3, Part A, 1995, S. 205–220.

Reichling, P. (Reichling, 1997): Ausfallorientiertes Portfoliomanagement, Habilitationsschrift an der Universität Mainz, 1997.

Roy, A. (Roy, 1952): Safety First and the Holding of Assets, in: Econometrica, Vol. 20, 1952, S. 434–449.

Scheuenstuhl, G. / R. Zagst (Scheuenstuhl / Zagst, 1996): Optimal Optioned Portfolios with Limited Downside Risk, in: Albrecht, P.: Aktuarielle Ansätze Für Finanz-Risiken, Vol. II, VVW Karlsruhe, 1996, S. 1497–1517.

Scheuenstuhl, G. / R. Zagst (Scheuenstuhl und Zagst, 1997): Asymmetrische Renditestrukturen und ihre Optimierung im Portfoliomanagement mit Optionen, in: C. Kutscher und G. Schwarz: Aktives Portfolio Management, Vol. 2, Verlag Neue Zürcher Zeitung, 1997, S. 153–174.

Schneeweiss, H. (Schneeweiss, 1967): Entscheidungskriterien bei Risiko, Springer Verlag, 1967.

Sharpe, W. (Sharpe, 1964): Capital Asset Prices: A Theory of Market Equilibrium under Conditions of Risk, in: Journal of Finance, Vol. 29, 1964, S. 425–442.

Sinn, H. (Sinn, 1989): Economic Decisions under Uncertainty, Physica Verlag, 1989.

Smithson, C. / L. Minton (Smithson / Minton, 1996): Value-at-Risk, in: Risk Magazin, Vol. 9, Nr. 1, 1996, S. 25–27.

Wilson, Z (Wilson, 1996): Calculating Risk Capital, in: C. Alexander (ed.): The Handbook of Risk Management and Analysis, John Wileys & Sons, 1996, S. 195–232.

Zagst, R. (Zagst, 1997a): Effiziente Value-at-Risk Berechnung für Renteportfolios, in: Financial Markets and Portfolio Management, Vol. 11, Nr. 2, 1997, S. 165–178.

Zagst, R. (Zagst, 1997b): Value-at-Risk (VaR) – Viele Wege führen ans Ziel, Teil 1: Methoden mit vollständiger Bewertung, in: Solutions, Vol. 1, Nr. 1, 1997, S. 11–15.

Zagst, R. (Zagst, 1997c): Value-at-Risk (VaR) – Viele Wege führen ans Ziel, Teil 2: Methoden mit approximativer Bewertung, in: Solutions, Vol. 1, Nr. 2, 1997, S. 13–21.

Zagst, R. (Zagst, 1999): Interest Rate Management, Habilitationsschrift an der Universität Ulm, 1999.

WIR BERATEN SPEZIALFONDS-ANLEGER.

- Strategische Asset Allocation
- Optimierung der Mandatsstruktur
- Auswahl und Steuerung der Spezialfonds-Manager
- Optimierung des Investmentprozesses
- Entwicklung von Spezialfonds-Konzepten
- Analyse der Performance von Spezialfonds

 alpha portfolio advisors GmbH
Beratung institutioneller Anleger

Villa Epting, Oranienstraße 13, D-65812 Bad Soden/Ts.
Telefon: 0 61 96-6 51 53 50, Telefax: 0 61 96-6 51 53 55
E-Mail: alpha_portfolio_advisors@t-online.de

Value-at-Risk im Asset Management

von Jochen M. Kleeberg / Christian Schlenger

1. Einleitung
2. Integration des Value-at-Risk in das Portfoliomanagement
3. Value-at-Risk in der Strategischen Asset Allocation
4. Value-at-Risk in der Taktischen Asset Allocation
5. Schlussbetrachtung

„The way we manage risks is ultimately going to depend on how we define those risks."[1]

Robert D. Arnott, Peter L. Bernstein

1. Einleitung

Die theoretische Behandlung und die praktische Anwendung des Value-at-Risk-Konzeptes sind bislang überwiegend auf das Risikomanagement der Handelspositionen bei Kreditinstituten gerichtet, wie auch der inhaltliche Schwerpunkt des vorliegenden Handbuches dokumentiert. Ein wesentliches Charakteristikum von Handelspositionen ist ihre "Kurzfristigkeit" bezüglich der mittleren Haltedauer. Zur Kontrolle und Begrenzung der potenziell existenzgefährdenden Marktrisiken unterliegen die Banken einer weitreichenden Regulierung unter Einbeziehung des Value-at-Risk (VaR). Im Mittelpunkt des Interesses steht dabei das Risiko kurzfristiger Marktwertverluste des Handelsportfolios, das üblicherweise auf der Basis eines VaR-Analysehorizontes von einem bzw. zehn Tagen bestimmt wird.[2] Neben dem Handelsportfolio unterliegt aber auch der Anlagebestand – zu dem etwa die Anteile an *Spezialfonds* zählen – ungeachtet seiner längerfristigen Zweckbestimmung einer kurzfristigen VaR-Kalkulation.[3]

Eine derartige kurzfristige Perspektive ist jedoch für viele *institutionelle* (Langfrist-) *Anleger* außerhalb des Bankensektors nicht bzw. nur bedingt relevant. Dies gilt etwa für Versicherungsunternehmen oder Einrichtungen der betrieblichen Altersversor-

---

[1] Arnott / Bernstein (1990), S. 33.
[2] Die Notwendigkeit einer kurzfristigen VaR-Analyse resultiert aus der spezifischen Verpflichtungsstruktur von Kreditinstituten (v.a. Spar- und Sichteinlagen). Sie müssen grundsätzlich jederzeit bereit und in der Lage sein, den Auszahlungswünschen ihrer Kunden kurzfristig nachzukommen. Dies ist jedoch nicht mehr gewährleistet, wenn das Eigenkapital durch Abschreibungen auf die Handelspositionen aufgezehrt ist. Vgl. dazu auch Beckström et al. (1994), S. 15.
[3] Um diesem Erfordernis Rechnung zu tragen, berechnen die Investmentgesellschaften VaR-Werte für die von Banken und Sparkassen aufgelegten Spezialfonds. Dabei kommt ein brancheneinheitlich standardisiertes Verfahren zur Anwendung, das den Value-at-Risk auf 95%-Niveau bei zehntägigem Horizont auf der Grundlage der historischen Volatilität des Anteilswertes (bzw. ersatzweise anhand eines repräsentativen Indexes) ermittelt. Die standardisierten Werte lassen sich mit Hilfe eines Systems von Anpassungsfaktoren leicht auf institutsspezifische Controlling-Erfordernisse (abweichender Betrachtungshorizont, Spezifisches Konfidenzniveau) adaptieren. Vgl. im Einzelnen das M-Rundschreiben Nr. 98/96 vom 28. August 1996 des BVI Bundesverband Deutscher Investment-Gesellschaften e.V.

gung wie z.B. *Pensionskassen* und *Berufsständische Versorgungswerke*, die allesamt langfristige Verbindlichkeiten (Passiva) aufweisen.[4] Demnach muss ihr globales Risikomanagement auf die zuverlässige Erfüllung der künftigen Ablauf- bzw. Pensionsleistungen ausgerichtet sein. Hingegen bedeutet das kurzfristige Unterschreiten der dazu erforderlichen Vermögensbasis nicht automatisch eine dramatische Schieflage, wie sie bei Banken zu erwarten wäre.[5]

Wenngleich der Anlagehorizont (ökonomischer Horizont) vieler Institutionen quasi unendlich in die Zukunft reicht, sind in der Realität auch diskrete Entscheidungsperioden relevant, die sich insbesondere an den bilanziellen Erfordernissen im Turnus der Geschäftsjahre (buchhalterischer Horizont) orientieren und den Handlungsraum de facto einschränken.[6]

Es stellt sich somit die Frage, welche Rolle und Bedeutung dem intuitiv zugänglichen und als Informationstool anerkannten VaR-Konzept in einem längerfristigen Kontext und im Zusammenwirken mit den „klassischen" Konzepten des *Portfoliomanagements* zukommen.[7] Das Value-Risk-Konzept ist in seiner Anwendung grundsätzlich offen und somit nicht auf einen bestimmten zeitlichen Horizont beschränkt.[8] Allerdings setzt der Transfer in den Bereich der mittel- bis langfristig motivierten Kapitalanlage die Klärung der methodischen Voraussetzungen und die Auseinandersetzung mit möglichen Problemen in Bezug auf die Horizonterweiterung voraus.[9] Diese Fragestellung ist Gegenstand des Research u.a. bei der RiskMetrics Group, die

---

[4] Folgt man Albrecht et al. (1996), S. 19-20, so unterscheiden sich institutionelle Anleger wie Versicherungen in den folgenden vier Punkten von Banken: 1. Anlagezweck, 2. Zeithorizont, 3. Relevante Wertkategorien (Buch- und Marktwerte) sowie 4. Relevanz der Verbindlichkeiten. Daraus folgt, dass „... VaR-systems specifically designed for the bank case are not necessarily suitable for the insurance case." Albrecht et al. (1996), S. 20.

[5] *Versicherungen* und *Pensionskassen* unterliegen in Deutschland den expliziten Anlagerestriktionen des Versicherungsaufsichtsgesetzes, die dem möglichen Value-at-Risk des Gesamtportfolios von vornherein Grenzen setzen.

[6] „The fundamental issue in long-term asset allocation is the question of trading off long-term good news against the possibility of shorter-term bad news". Ambachtsheer (1987), S. 25.

[7] Vgl. zu dieser Fragestellung auch McCarthy (1997).

[8] „... VaR enables managers or investors to examine potential losses over particular time horizons. Any measure of VaR requires the specification of such a risk horizon." Culp et al. (1998), S. 22.

[9] „Many of the tools and data used in risk management focus on daily risk management, and may be inappropriate for the longer investment horizons that are relevant to the administrators of large asset pools." Tan / Gautham (1999), S. 40. Für eine grundsätzliche Diskussion der Bedeutung des Zeithorizontes für Rendite und Risiko von Kapitalanlagen vgl. insbesondere Albrecht (1999) sowie Hammer (1994) und Zimmermann (1991).

bereits wesentlich zur Verbreitung des Value-at-Risk im kurzfristigen Risikomanagement beigetragen hat.[10]

Wir diskutieren nachfolgend die praktische Anwendung des Value-at-Risk-Konzeptes im Rahmen der mittel- bis langfristigen Asset Allocation. Dabei stehen die *Strategische Asset Allocation* und die *Taktische Asset Allocation* im Blickpunkt des Interesses.[11] Die Ansätze unterscheiden sich vor allem hinsichtlich der Fristigkeit der Betrachtung (Planungshorizont) und der Informationsbasis. Die VaR-Anwendungen im Rahmen des Asset Managements sind prinzipiell (zusätzlich) mit denselben konzeptionellen Problemen (z.B. Schätzunsicherheit) und Grundsatzfragen (z.B. Wahl der VaR-Methode) behaftet wie dies im kurzfristigen Risikomanagement der Fall ist.[12] Zur Fokussierung auf die Horizontthematik abstrahieren wir weitgehend von diesen Aspekten und verweisen diesbezüglich auf die übrigen Beiträge des Handbuches Risikomanagement.

2. Integration des Value-at-Risk in das Portfoliomanagement

Der Value-at-Risk ist als diejenige Marktwertänderung eines Portfolios definiert, die mit Sicht auf einen bestimmten Zeithorizont T (Haltedauer in Jahren) nur mit einer geringen Wahrscheinlichkeit p unterschritten wird.[13] Wenn man in Einklang mit der These informationseffizienter Märkte davon ausgeht, dass die logarithmierten Kursrelationen einer Brownschen Bewegung mit den Parametern μ (Erwartungswert, annualisiert) und σ (Standardabweichung, annualisiert) folgen, lässt sich der VaR eines Portfolios mit dem Marktwert V formal wie folgt ermitteln:[14]

---

[10] Vgl. Wulteputte (1999), S. 20-21.
[11] Vgl. zu den Kategorien der Asset Allocation Sharpe (1990). Für weitere potenzielle Anwendungen des Value-at-Risk aus der Sicht des Asset Managers vgl. Culp et al. (1998), S. 28-31.
[12] Die Methodenfragen sind wichtig, sollten aber nicht von vornherein die Bereitschaft zur Anwendung des Value-at-Risk blockieren: „... the benefit of most VaR applications for asset managers traces more to how the VaR estimate is used than to the calculation methodology." Culp et al. (1998), S. 32.
[13] Es handelt sich demnach nicht um einen „Floor". Ein höherer Wertverlust ist mit der Gegenwahrscheinlichkeit (1-p) möglich. In Einklang mit der Log-Normalverteilung liegt der theoretische Maximalverlust bei 100% des investierten Kapitals.
[14] Die Transformation zwischen diskreten und logarithmierten (stetigen) Renditen lautet wie folgt (vgl. zur Log-Normalverteilung auch Poddig / Dichtl / Petersmeier (2000), S.71-78):

$$\ln(1+R) = \ln(e^r) = \ln[\exp(r)] = r.$$

(1) $$\text{VaR}(\mu, \sigma, p, T) = V * \left[\exp\left(\mu * T - L(p) * \sigma * \sqrt{T}\right) - 1\right].$$

Der Ausdruck im Exponenten reflektiert die Brownsche Bewegung der Log-Renditen. Dabei steht *L(p)* für das Fraktil der Standardnormalverteilung bei einer Wahrscheinlichkeitsdichte von *p*.[15] Beispielsweise erhält man bei einer Wahrscheinlichkeit von *p*=97,5% den Wert *L(p)*=1,96, was annähernd zwei Standardabweichungen entspricht. Entgegen der üblichen Vorgehensweise nehmen wir keine Vorzeichenumkehr vor, d.h. wir weisen aus Darstellungs- und Interpretationsgründen überwiegend negative VaR-Werte aus.

Zeitliche Transformation des Value-at-Risk

Wir konzentrieren uns nachfolgend auf die VaR-Parameter μ und *T*, d.h. auf den Erwartungswert der Verteilung der (logarithmierten) Portfoliorenditen und den Anlagehorizont. Beide Parameter werden im herkömmlichen Risikomanagement mit Value-at-Risk kaum problematisiert. Dies ist insofern gerechtfertigt, als VaR-Analysen in Kreditinstituten zumeist nur für eintägige (*T*=1/250) bzw. zehntägige (*T*=10/250) Horizonte angelegt sind, wobei die erwartete Rendite – die man im Kontext der Brownschen Bewegung auch als Drift bezeichnet – regelmäßig gleich null gesetzt wird. Somit gilt :

(2) $$\text{VaR}(\mu = 0, \sigma, p, T) = V * \left[\exp\left(-L(p) * \sigma * \sqrt{T}\right) - 1\right]$$

Dabei steht *R* für diskrete und *r* für stetige Renditen, *e* ist die Basis des natürlichen Logarithmus und entspricht dem Wert von rund 2,7183. Eine Einführung in die dynamische Modellierung von Assetpreisen – darunter die Geometrisch Brownsche Bewegung – findet sich in Hull (1989), S. 62-79, Luenberger (1998), S. 296-318 und Watsham / Parramore (1997), S. 333-355. Vgl. zur Relevanz dieses stochastischen Prozesses im VaR-Kontext auch Albrecht et al. (1996), S. 11-12.

[15] Die Annahme der (Log-)Normalverteilung zählt zu den Grundpfeilern der Modernen Portfoliotheorie und ist auch im Asset Management herrschende Praxis. Sofern die tatsächlichen Renditeverteilungen davon abweichen, können Fehler in der VaR-Schätzung und der Asset Allocation resultieren, vgl. Wilson (1999), S. 74-75. Dies wird für Student-t-Verteilungen (leptokurtische Verteilungen mit „fat tails") in Lucas / Klaassen (1998) gezeigt. Allgemein gilt, dass die relative Variante des VaR (vgl. Abschnitt 4 zur Taktischen Asset Allocation) gegenüber einer fehlerhaften Verteilungsannahme weniger anfällig ist als der absolute VaR. Deshalb ist es auch grundsätzlich vertretbar, dass die VaR-Systeme im Asset Management weniger komplex (und teuer) sind als die im Handelsbereich. Vgl. Culp et al. (1998), S. 23 und S. 29.

Die Vernachlässigung der erwarteten Rendite bei kurzem Analysehorizont ist insofern gerechtfertigt, als die Streuung der Renditen den Erwartungswert in Bezug auf den VaR typischerweise dominiert. Die dadurch bewirkte (leichte) Überschätzung der kritischen Marktwertänderung ist im Sinne eines konservativen Risikoausweises als sachgerecht anzusehen, wenngleich auch der Händler einer Bank nur bei positiver Ertragserwartung entsprechende Risikopositionen eingehen wird.[16]

Mit der Ausdehnung des VaR-Horizontes für Anwendungen im Portfoliomanagement, d.h. auf Sicht von einem Monat bis zu mehreren Jahren, gewinnt der Erwartungswert als Kompensation des Risikos jedoch zunehmend an Bedeutung.[17] Das relative Gewicht der erwarteten Rendite steigt gegenüber der Renditestreuung mit zunehmendem Horizont deutlich an. Dies ist auf die unterschiedliche Skalierung der Rendite- und der Risikokomponente zurückzuführen. Während der Erwartungswert der Log-Renditen linear über die Zeit transformiert wird, erfolgt die zeitliche Aggregation für die Standardabweichung der Log-Renditen nichtlinear nach der sog. Quadratwurzel-T-Regel, wie aus der Formel (1) in Verbindung mit Abb. 1 ersichtlich ist. Aufgrund dieser differenzierten Skalierung ist auch der VaR eine nichtlineare Funktion der Zeit.[18]

Abb. 1 veranschaulicht diesen Zusammenhang für das Beispiel eines Portfolios mit einem Erwartungswert der Log-Renditen von 10% p.a. und einer Standardabweichung der Log-Renditen von 30% p.a., wobei der Horizont von einem Tag ($T=1/250$) bis zu rund einem Jahr (250 Tage, d.h. $T=1$) variiert. Der Portfoliowert wird auf $V=1$ (dies kann z.B. eine Million EURO sein) gesetzt, so dass die VaR-Werte auch als

---

[16] Vgl. auch Albrecht et al. (1996), S. 5-8.

[17] Zur Schätzung des Erwartungswertes von Portfolios bestehen grundsätzlich mehrere Möglichkeiten, auf die wir an dieser Stelle lediglich verweisen wollen: 1. Historische Durchschnittswerte je Assetklasse, 2. Explizite (subjektive) Erwartungswerte, 3. Einheitliche Erwartungswerte für mehrere oder alle Assetklassen. Die letztgenannte Variante wird auch als Stein-Schätzung bezeichnet. Sie bietet konzeptionelle Vorteile, die ausführlich in Hensel / Turner (1999) diskutiert werden. Setzt man für alle Assetklassen identische Stein-Schätzer an, so hat dies zur Konsequenz, dass der Value-at-Risk bezüglich der Renditedimension wieder invariant wird, weil der Erwartungswert aller risikobehafteten Portfolios identisch ist.

[18] Die Wurzel-T-Regel kann nicht ohne weiteres direkt auf den Value-at-Risk angewendet werden. Diese Verfahrensweise ist (auch bei diskreten Renditen) allenfalls dann korrekt, wenn die Driftkomponente vernachlässigt wird. Andernfalls wird auch der Erwartungswert nur mit dem Wurzel-T-Faktor adjustiert, mit der Folge eines fehlerhaften (zu konservativen) VaR-Ausweises. Unter diesem Vorbehalt steht die folgende Aussage: „The multi-period VaR is ... just the one-period VaR multiplied by the square root of the number of periods in the risk horizon." Culp et al. (1998), S. 26.

Prozentangaben in Bezug auf einen beliebigen Portfolio-Marktwert interpretiert werden können. Das relevante VaR-Konfidenzniveau *p* beträgt durchgängig 97,5%.

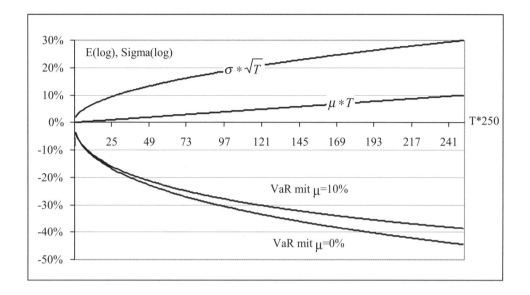

Abb. 1: Zeitliche Aggregation und Value-at-Risk-Skalierung

Aufgrund der linearen Rendite-Zeit-Beziehung und der nichtlinearen (konkaven) Volatilitäts-Zeit-Beziehung (vgl. obere Hälfte in Abb. 1) folgt, dass es einen Horizont *T* geben muss, bei dem sich die entsprechenden Kurven in Abb. 1 schneiden. Der VaR (mit Drift von 10% p.a.) erreicht in der Nähe dieses in der Grafik (untere Hälfte) nicht sichtbaren Punktes sein Minimum (VaR mit dem höchsten absoluten Betrag) und dreht anschließend nach oben, um dann die Abszisse bei VaR=0 zu schneiden.[19] Jenseits dieses Schnittpunktes wird eine positive Marktwertänderung des Portfolios mit einer Wahrscheinlichkeit von *p* nicht unterschritten. Bei Nichtberücksichtigung der erwarteten Portfoliorendite (d.h. Drift = 0%) steigt der (absolute) VaR hingegen stetig an, die VaR-Kurve hat folglich keinen Wendepunkt.

Die einfache Skalierung in der beschriebenen Form setzt die serielle Unabhängigkeit der Renditen für alle Messintervalle (d.h. keine Pfadabhängigkeit), die Symmetrie ihrer Verteilung (d.h. keine Optionselemente) sowie die Konstanz der Verteilungspa-

---

[19] Im Beispielfall wird das VaR-Minimum nach *T*=8,64 Jahren, der Schnittpunkt der VaR-Kurve (mit Drift) mit der Abszisse (VaR=0) jedoch erst nach rund 34,5 Jahren erreicht. Wir verweisen im Übrigen auf eine vergleichbare Grafik im Handbuch-Beitrag von Rohweder, die einen entsprechenden Umkehr- und Schnittpunkt bei mehrjährigem Horizont auch visuell zeigt.

rameter voraus.[20] Diese Annahmen sind in der praktischen Anwendung kritisch zu überprüfen, insbesondere dann, wenn der relevante Analysehorizont und das zugrunde liegende Renditemessintervall deutlich auseinanderliegen. Dies ist etwa dann der Fall, wenn der Einjahres-VaR eines Portfolios anhand der Zeitreihe von Tagesrenditen ermittelt wird. Bei dieser Vorgehensweise wird zum einen vorausgesetzt, dass das Portfolio laufend rebalanciert wird bzw. so stark diversifiziert ist, dass marktwertbedingte Gewichtungsänderungen innerhalb des Portfolios keinen Einfluss auf die Verteilung der Portfoliorenditen haben.[21] Außerdem wird von Autokorrelationen in den zugrunde liegenden Renditereihen abstrahiert, die sich z.B. durch einen Variance-Ratio-Test identifizieren lassen.[22] Sofern die Renditen autokorreliert sind, ergeben sich bei Anwendung der einfachen Skalierungsregeln fehlerhafte VaR-Schätzungen. Dies wird deutlich, wenn man die Log-Portfoliorenditen z.B. als Mean-Reversion-Prozess modelliert, so dass man für den VaR schreiben kann:[23]

(3) $$\text{VaR}(\mu, \sigma, p, T) = V * [\exp(\mu * T - L(p) * \sigma(\eta, T)) - 1]$$

mit $\sigma^2(\eta, T) = \dfrac{\sigma^2}{2\eta} * [1 - \exp(-2\eta T)]$.

Dabei bezeichnet η den Mean-Reversion-Parameter (größer null), der die Intensität des „Zuges" hin zum Erwartungswert angibt. Je größer dieser Parameter ist, desto geringer sind c.p. die auf einen bestimmten Horizont bezogene Renditevarianz und damit auch der VaR des Portfolios im Vergleich zu nicht-autokorrelierten Renditen. Dies ist auch aus Abb. 2 ersichtlich, wo zwei VaR-Kurven für Mean-Reversion Parameter von 0,15 und 0,75 unter Berücksichtigung einer erwarteten Rendite von jeweils 10% p.a. eingetragen sind. Man kann zeigen, dass die Renditevarianzen mit zunehmendem Horizont T jeweils gegen den Wert $\sigma^2/2\eta$ konvergieren. Für

---

[20] Vgl. zur Kritik an diesen Annahmen und zu alternativen Verfahrensweisen der horizontabhängigen Volatilitätsschätzung Christoffersen et al. (1998).
[21] In diesem Zusammenhang sei auf den Zentralen Grenzwertsatz hingewiesen, vgl. dazu etwa Poddig / Dichtl / Petersmeier (2000), S. 89-92 und Watsham / Parramore (1997), S. 136-137. Demnach ist die Summe bzw. der Mittelwert einzelner Log-Renditen annähernd normalverteilt, unabhängig davon, welche Verteilung den einzelnen Renditerealisationen zugrunde liegt.
[22] Vgl. zu diesem Test z.B. Campbell et al.(1997), S. 48-55 und S. 66-74.
[23] Vgl. zum Mean-Reversion-Prozess und zum Zusammenhang zwischen dem Mean-Reversion-Parameter und dem Autokorrelationskoeffizienten eines diskreten AR(1)-Prozesses Dixit / Pindyck (1994), S. 74-78.

$\eta \to 0$ erhält man VaR-Schätzer, die denen bei Brownscher Bewegung der Portfoliorenditen (ohne Autokorrelation) und einfacher Skalierung entsprechen.

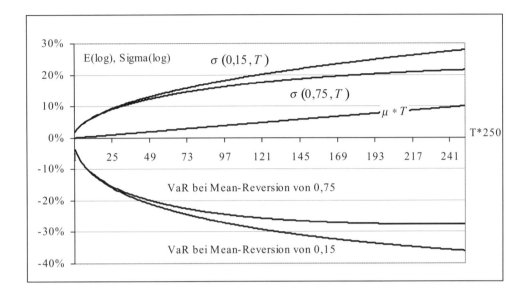

Abb. 2: Value-at-Risk-Skalierung bei Autokorrelation

Bei signifikant autokorrelierten Reihen ist die Quadratwurzel-T-Regel ohne Korrekturen allenfalls zur ad-hoc-Skalierung über relativ kurze Zeitperioden tauglich. Für längere Horizonte sollte die Schätzung der Verteilungsparameter direkt anhand horizontkonformer Renditen vorgenommen werden, sofern die verfügbare Datenbasis hierzu im Einzelfall ausreichend ist. Für das praktische Portfoliomanagement ist die Verwendung monatlicher Renditen zur Risikoermittlung grundsätzlich empfehlenswert und in der Praxis weit verbreitet.[24]

Integration von Value-at-Risk-Limiten in die Portfolio-Auswahl-Entscheidung

Gemäß den Konzepten der modernen Kapitalmarkttheorie (Portfoliotheorie und Capital Asset Pricing Model) werden Anlageentscheidungen von nutzenmaximierenden Investoren unter bestimmten restriktiven Annahmen (insbesondere vollkommener Kapitalmarkt, Risikoaversion, Normalverteilung oder quadratische Nutzenfunktion) nur auf der Basis des Erwartungswertes und der Standardabweichung der diskreten

---

[24] Siehe dazu auch Beckers (1999), S. 50.

Portfoliorenditen getroffen.[25] Alle effizienten Portfolios, d.h. solche mit maximaler Renditeerwartung für eine bestimmte Standardabweichung, liegen demnach in einem μ, σ-Diagramm auf einem nach rechts geöffneten Parabelast bzw. auf einer von der risikofreien Anlage ausgehenden Geraden. Das für den Entscheider optimale Portfolio ergibt sich als Tangentialpunkt der Nutzenfunktion und der effizienten Grenze. Die Verwendung der Standardabweichung der Renditen als Risikomaß stößt in der Praxis häufig auf Kritik, da auch positive Abweichungen vom Erwartungswert als Risiko aufgefasst werden.[26] Tatsächlich fassen viele Investoren aber nur das Unterschreiten einer bestimmten Vermögens- oder Renditegrenze als Risiko auf. Dieser intuitiven Risikowahrnehmung tragen die sog. Downside-Risikomaße (Lower Partial Moments) und auch der Value-at-Risk Rechnung.[27]

Nachfolgend wird gezeigt, wie sich der Value-at-Risk als zusätzliches Kriterium in der Portfolio-Auswahl-Entscheidung berücksichtigen lässt.[28] Dabei ist zu beachten, dass der VaR für risikoaverse Anleger allein grundsätzlich nicht ausreichend ist, um rationale Anlageentscheidungen zu treffen.[29] Obwohl die theoretische Fundierung des VaR-Einsatzes generell nur als vage zu bezeichnen ist[30], kann die heuristische Einbeziehung des Value-at-Risk in praktische Anlageentscheidungen zur Entscheidungsunterstützung sinnvoll sein, insbesondere wenn es um die diffizile Operationalisierung der Risikoeinstellung bzw. der Risikofähigkeit des institutionellen Anlegers geht.[31]

---

[25] Eine praxisorientierte Diskussion der wichtigsten theoretischen Konzepte des Asset Managements liefert Kritzman (1995).

[26] Vgl. zur anhaltenden Diskussion des Risikobegriffs im Asset Management Beckers (1999), Frantzmann (1998) und Grinold / Kahn (2000), S. 41-85.

[27] Die Portfolio-Selection auf Basis von Downside-Risikomaßen (speziell Semivarianz) ist schon 1952 von Markowitz diskutiert worden und erst in den vergangenen Jahren „wiederentdeckt" worden. Vgl. dazu Harlow (1991), S. 287-288, Kahn / Stefek (1996) und Schmidt-von Rhein (1998), S. 591-625. Zur Portfolio-Selection mit Lower Partial Moments verweisen wir auf den Beitrag von Zagst / Scheuenstuhl in diesem Handbuch.

[28] Die Grundidee lässt sich auf Baumol (1963) zurückführen.

[29] Der VaR liefert eine Wahrscheinlichkeitsaussage, aber keine Angabe zur Höhe einer maximal möglichen Zielverfehlung. Vgl. zu den Defiziten des VaR bei beliebigen Verteilungen Johanning (1998).

[30] „VaR is not an exact science nor risk prediction; it is an analysis with assumptions that may be flawed, using history as a best guess for future price movements". McCarthy (1997), S. 23. „A shortcoming of Value at Risk is the lack of a sound theoretical foundation." Schröder (1996), S. 152. „The Black-Scholes world [which we use as the relevant framework for Value-at-Risk, Anm. d. Verf.] is inconsistent with standard CAPM/mean/variance theory." Kahn / Stefek (1996), S. 6.

[31] Ein wesentlicher Unterschied der VaR-Anwendung im treuhänderischen Asset Management im Vergleich zur Anwendung im Eigenhandel der Banken besteht darin, dass das Risikomanagement

Zur Integration des VaR in die Portfoliotheorie bestehen grundsätzlich mehrere Möglichkeiten, die sich bereits anhand des einfachen 2-Asset-Falles erläutern lassen.

Segmentierung der Effizienzgrenze mittels eines Value-at-Risk-Limits

Die Portfolio-Auswahl-Entscheidung unter Berücksichtigung einer expliziten VaR-Restriktion stellt insofern eine Modifikation des klassischen Markowitz-Ansatzes dar, als die nutzenbedingte Portfoliowahl auf denjenigen Teil der Effizienzlinie beschränkt ist, für den das VaR-Limit eingehalten ist.[32] Unter der Bedingung normalverteilter (diskreter) Portfoliorenditen lässt sich die VaR-Restriktion als Gerade in den Raum aus Erwartungswert und Standardabweichung legen, wobei der Ordinatenabschnitt den kritischen VaR-Wert (bei $V=1$) bzw. die geforderte Mindestrendite anzeigt und die Steigung das Konfidenzniveau reflektiert.[33] Die Gerade bewirkt eine Segmentierung des Möglichkeitenraumes in einen Bereich zulässiger und einen Bereich unzulässiger Portfolios. Die maßgeblichen Grenzen werden dabei durch den bzw. die Schnittpunkt(e) der VaR-Restriktion mit der Effizienzlinie definiert. Je strenger das VaR-Limit formuliert ist, desto stärker ist der Alternativenraum des Anlegers eingeschränkt und desto größer ist die Wahrscheinlichkeit, dass die Restriktion bindend wirkt. Im Extremfall existiert kein Schnittpunkt, d.h. keines der effizienten Portfolios erfüllt die VaR-Restriktion. In diesem Fall muss der Anleger die Restriktion kritisch überprüfen.

Wenn die Portfolioauswahl hingegen in einer Welt lognormalverteilter Kursrelationen erfolgt[34], kann das VaR-Limit nicht mehr unmittelbar über die Verteilungspara-

---

auf die Risikoeinstellungen einer Vielzahl institutioneller Investoren ausgerichtet sein muss. Für die erfolgreiche Bewältigung dieser komplexen Aufgabe ist es außerordentlich hilfreich, wenn die Sponsoren der einzelnen Fonds bzw. Portfolios zur Quantifizierung ihrer Risikotoleranz in der Lage sind. Vgl. McCarthy (1997), S. 17-18 und S. 23.

[32] Vgl. für die Definition eines VaR-Limits Beeck et al. (1999).

[33] Vgl. zu diesem Ansatz (bei normalverteilten Portfoliorenditen) Leibowitz et al. (1996).

[34] Die Portfolio Selection bei lognormalverteilten Kursrelationen unterscheidet sich von der bekannten Portfolio Selection nach Markowitz. Dies betrifft insbesondere die Gestalt der Effizienzlinie. Beispielsweise verliert das diskrete Minimum-Varianz-Portfolio (vgl. dazu Kleeberg (1995)) im Log-Rendite-Risiko-Raum seine Effizienzeigenschaft, während zugleich andere Portfolios erstmals effizient werden. Zudem impliziert die Verteilungsannahme strenggenommen die Notwendigkeit eines kontinuierlichen Rebalancing der Portfolios, da die Linearkombination mehrerer lognormalverteilter Assets ansonsten nicht ebenfalls log-normalverteilt sein kann. Für praktische Anwendungen kann man sich jedoch mit der Approximation behelfen, dass sowohl die einzelnen Assets wie auch die daraus gebildeten Portfolios über diskrete Zeiträume lognormalverteilt sind, vgl. Bawa / Chakrin (1979), S. 49-50. Vgl. zu den Besonderheiten der modifizierten Portfolio Selection

meter der diskreten Renditen ermittelt werden.[35] Stattdessen muss man den Umweg über die Log-Parameter gehen, welche in eindeutiger Relation zu den Parametern der diskreten Renditen stehen:[36]

$$(4) \quad \mu_P = \ln\left[(E(R_P)+1)\bigg/\sqrt{1+\left(\frac{Std(R_P)}{E(R_P)+1}\right)^2}\right],$$

$$(5) \quad \sigma_P^2 = \ln\left[1+\left(\frac{Std(R_P)}{E(R_P)+1}\right)^2\right].$$

Aufgrund dieser nichtlinearen Beziehungen ist es nun nicht mehr möglich, das VaR-Limit graphisch als Gerade abzutragen, sofern man das Limit nicht ebenfalls in Log-Form formuliert.[37] Wir wählen stattdessen einen alternativen Ansatz zur Veranschaulichung der Portfolio Selection bei lognormalverteilten Kursrelationen. Das Konzept ist in der folgenden Abb. 3 graphisch dargestellt.

Im oberen Teil der Grafik sind die auf Basis zweier Portfolios A und B möglichen Portfoliokombinationen im Log-Erwartungswert/Log-Sigma-Raum abgetragen, wobei das Portfolio B zugleich das Portfolio mit der maximalen Log-Renditeerwartung (d.h. maximale erwartete geometrische Rendite bzw. Wachstumsrate) darstellt.[38] Für jede zulässige Portfolioposition lässt sich anhand der Verteilungsparameter der Log-Renditen ein Value-at-Risk ermitteln und für $V=1$ in dasselbe Achsenkreuz eintragen. Die entsprechende VaR-Kurve ist in der unteren Hälfte der Abb. 3 eingezeichnet, wobei die VaR-Werte mit negativem Vorzeichen versehen sind. Zur Entschei-

---

unter lognormalverteilten Kursrelationen Bawa / Chakrin (1979), Elton / Gruber (1974) und Luenberger (1998), S. 417-443.

[35] Allerdings lässt sich in diesem Fall eine VaR-Restriktion mittels der Ungleichung von Tschebyschew approximieren, vgl. Johanning (1998), S. 86-90.

[36] Vgl. dazu und zu weiteren formalen Zusammenhängen zwischen diskreten und kontinuierlichen Renditen de La Grandville (1998), S. 75-77. Vgl. auch den formalen Anhang im Beitrag von Rohweder in diesem Handbuch.

[37] Vgl. zu dieser alternativen Vorgehensweise zur VaR-Limitierung die Abb. 9 in Abschnitt 4 unseres Beitrages.

[38] Die Portfolios sind durch folgende Log-Verteilungsparameter gekennzeichnet: $\mu(A)=5\%$, $\sigma(A)=15\%$, $\mu(B)=10\%$, $\sigma(B)=20\%$, $Korr(A,B)=0$.

dungsfindung kann nun ein absolutes VaR-Limit definiert werden, welches graphisch einer Horizontalen in Höhe des kritischen VaR-Wertes entspricht. Die Menge der Anlagealternativen ist damit auf jene effizienten Portfolios beschränkt, für die die VaR-Kurve oberhalb dieser horizontalen VaR-Restriktion liegt (Bereich zwischen dem Portfolio mit der geringsten Log-Standardabweichung und dem Grenzportfolio S).[39] Sofern die Isonutzenfunktion des Anlegers die Effizienzkurve in diesem Bereich tangiert, ist das VaR-Limit nicht überschritten und die Portfoliowahl nicht restringiert. Letzteres wäre dann der Fall, wenn sich der Tangentialpunkt von effizienter Grenze und Nutzenfunktion rechts davon im Bereich unzulässig hoher VaR-Werte befände.

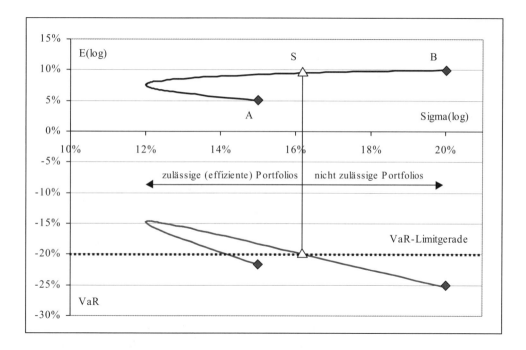

Abb. 3: Segmentierte Effizienzlinie bei Value-at-Risk-Limit von −20%

Im Beispiel der Abb. 3 liegt die VaR-Restriktion bei −0,20 auf Jahressicht, d.h. für den Anleger sind von vornherein nur solche Portfolios akzeptabel, bei denen die Wahrscheinlichkeit des Verlustes von 20% des Anlagekapitals oder mehr maximal 2,5% beträgt. Damit ist der zulässige Alternativenraum auf die weniger volatilen

---

[39] Nicht alle Portfolios links von S sind zulässig, da ein Teil der ineffizienten Portfolios das VaR-Limit nicht erfüllt. Die ineffizienten Portfolios sind bei rationaler Portfoliowahl jedoch grundsätzlich nicht entscheidungsrelevant.

Portfoliopositionen links des Schnittpunktes S beschränkt, während z.B. das volatile Wachstumsportfolio B von vornherein nicht zulässig ist.

Value-at-Risk-basierte Entscheidungskriterien für die optimale Portfoliowahl

Sofern eine dezidierte nutzenbasierte Portfolioentscheidung innerhalb des durch das VaR-Limit aufgespannten Investitionsbereiches nicht möglich ist bzw. vom Anleger als zu schwierig empfunden wird, bestehen mehrere heuristische Alternativen einer VaR-gestützen Identifizierung des optimalen Portfolios.[40]

Eine naheliegende Möglichkeit für besonders risikoaverse Investoren besteht darin, bei gegebenen VaR-Parametern das Portfolio mit dem geringsten Value-at-Risk zu wählen. Dieses Portfolio ist grundsätzlich zulässig, sofern das VaR-Limit nicht von vornherein alle Portfolios ausschließt. Es ist in Abb. 4 als Scheitelpunkt (Maximum) der VaR-Kurve markiert und entspricht jenem Tangentialportfolio, das man durch Parallelverschiebung der horizontalen VaR-Limitgeraden nach oben erhält. Im Beispiel ergibt sich für den minimal erreichbaren VaR ein absoluter Wert von 0,1465 (zum Vergleich: der höchste VaR beträgt 0,2532 für Portfolio B). Die entsprechenden Rendite-Risikoparameter für das *Minimum-VaR-Portfolio* betragen im Log-Modus 7,86% (Rendite) und 12,09% (Risiko). Wichtig ist, dass das Portfolio mit dem geringsten Value-at-Risk aufgrund der Berücksichtigung der Erwartungswerte nicht identisch ist mit demjenigen Portfolio, welches die geringste Standardabweichung bzw. Varianz der Log-Renditen aufweist (Minimum-Log-Varianz-Portfolio). Für Letzteres erhält man die abweichenden Log-Parameter 7,52% (Rendite) und 12,00% (Risiko).

Die zweite Möglichkeit zur Portfolio-Auswahl ist die Wahl des Portfolios mit der höchsten erwarteten Log-Rendite (d.h. höchste erwartete Wachstumsrate), das gerade noch das VaR-Limit erfüllt. Man erhält dieses Portfolio, indem man ausgehend vom (rechten) Schnittpunkt der Limitgeraden mit der VaR-Kurve ein senkrechtes Lot errichtet und dessen Schnittpunkt mit der Effizienzkurve markiert. Nach diesem Kriterium wird das Portfolio S mit einer erwarteten Log-Rendite von 9,50% bei einer Log-Standardabweichung von 16,28% selektiert.

---

[40] Die Ansätze entsprechen denen, die üblicherweise für den Fall normalverteilter Renditen diskutiert werden, vgl. etwa Gramlich et al. (1999) und Leibowitz et al. (1996).

Schließlich besteht die Alternative, im Sinne des "Safety-First"-Prinzips in das Portfolio zu investieren, bei dem das gegebene VaR-Limit (hier: -20%) mit maximaler Konfidenz nicht verletzt wird.[41] Dies bedeutet, dass die Wahrscheinlichkeit der VaR-Verletzung (1-p) minimiert wird, mit entsprechender Auswirkung auf das Fraktil der Standardnormalverteilung $L(p)$. Für gegebene Verteilungsparameter im Raum der Log-Renditen erhält man infolge der gestiegenen Konfidenz c.p. höhere absolute VaR-Werte für alle Portfolios.

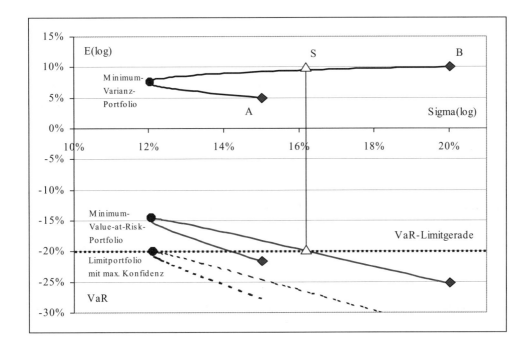

Abb. 4: Varianten der Portfolioauswahl bei Value-at-Risk-Limit von –20%

In der graphischen Analyse der Abb. 4 bedeutet dies eine Verlagerung der VaR-Kurve nach unten. Um das Portfolio zu bestimmen, das mit der höchstmöglichen Konfidenz das VaR-Limit gerade noch erfüllt, ist die VaR-Kurve soweit zu verschieben, bis sie mit ihrer Kopfseite die horizontale VaR-Restriktion (im Beispiel bei –20%) tangiert. Dabei ist zu beachten, dass sich die Gestalt der VaR-Kurve infolge dieser Transformation verändert, weil sich die Variation des Konfidenzniveaus nichtlinear auf den Value-at-Risk auswirkt. Mit steigender Konfidenz steigt die relative Bedeutung der Standardabweichung bei der VaR-Kalkulation im Vergleich zum

---

[41] Vgl. zum Safety-First-Prinzip z.B. Reichling (1996).

Erwartungswert.[42] Infolgedessen erfährt auch die Zusammensetzung des Minimum-VaR-Portfolios – das zugleich das optimale Portfolio repräsentiert – gegenüber der Ausgangsposition eine Veränderung. Damit ist eine Verringerung der Volatilität und graphisch eine leichte Bewegung nach links verbunden. Im konkreten Beispielfall weist das Tangentialportfolio einen VaR von −20% bei einer von 97,5% auf 99,375% gestiegenen Konfidenz auf. Die erwartete Log-Rendite (die Log-Standardabweichung) des Tangentialportfolios beträgt nunmehr 7,75% (12,04%).

3. Value-at-Risk in der Strategischen Asset Allocation

Die Bestimmung der *Strategischen Asset Allocation* gilt allgemein als die wichtigste Entscheidung, die ein institutioneller Investor zu treffen hat, weil sie den Erfolg der Kapitalanlagen wesentlich beeinflusst.[43] Der Gegenstand der Strategischen Asset Allocation ist die langfristig angelegte Festlegung der Vermögensstruktur des institutionellen Anlegers.[44]

Eine diesbezüglich sachgerechte Entscheidung setzt zum einen Konsensusschätzungen der langfristigen Rendite- und Risikoparameter für die relevanten Assetklassen voraus, deren (Log-)Renditen als normalverteilt angenommen werden. Daneben ist die aus den spezifischen Gegebenheiten und den Zielen des Anlegers abzuleitende Risikotoleranz Voraussetzung für die Analyse der Strategischen Asset Allocation. Die Risikotoleranz wird dabei implizit als statisch betrachtet, d.h. sie wird für längere Horizonte fixiert.

Die bedeutendste Teilentscheidung im Rahmen der Strategischen Asset Allocation besteht in der Ermittlung der langfristig adäquaten Aktienquote. Sensitivitätsanalysen auf der Basis des Value-at-Risk können helfen, das Chancen-Risiko-Profil alternativer Allokationsvorschläge fundiert zu evaluieren.

---

[42] Dieser Sachverhalt lässt sich anhand von Gleichung (1) leicht nachvollziehen: Mit steigendem Faktor $L(p)$ wird die Volatilität in der VaR-Formel relativ zum Erwartungswert zunehmend stärker gewichtet. Mit steigender Konfidenz nähert sich das Portfolio mit dem geringsten Value-at-Risk dem Portfolio mit der geringsten Volatilität (Minimum-Varianz-Portfolio) an.

[43] Vgl. Brinson et al. (1991), Ibbotson / Kaplan und – kritisch – Hensel / Turner (1999).

[44] Eine einführende Übersicht zur Strategischen Asset Allocation liefert Kritzman (1990), S. 5-31. Vgl. auch Sharpe (1990), S. 7.21-7.23.

Risikotoleranz des Anlegers und Bestimmung der Strategischen Aktienquote

Abgesehen von den rechtlichen Restriktionen (wie z.B. Versicherungsaufsichtsgesetz) unterliegt die Strategische Asset Allocation vieler institutioneller Anleger zusätzlichen Restriktionen wie insbesondere der bilanziellen Anforderung, dass Vermögensverluste die verfügbaren Stillen Reserven nicht überschreiten dürfen, d.h. dass Abschreibungen auf den Vermögenspool zu begrenzen bzw. zu vermeiden sind. Wir definieren die Risikotoleranz als die gerade noch tolerierte Wahrscheinlichkeit, dass diese Restriktion auf Jahressicht nicht eingehalten wird.[45] Die mögliche Ausdehnung auf längere Horizonte erfolgt in analoger Weise.

Zur Demonstration der Einsatzmöglichkeiten des Value-at-Risk zur Bestimmung der Strategischen Aktienquote schreiben wir das Zahlenbeispiel aus Abschnitt 2 fort. Dazu sei angenommen, dass das risikobehaftete Portfolio A ein reines Rentenportfolio und das risikobehaftete Portfolio B ein reines Aktienportfolios repräsentiert.[46] Das Alternativenfeld wird nun zusätzlich um eine risikofreie Anlage r_f mit einer (Log-)Rendite von 4% p.a. ergänzt (vgl. Abb. 5). Das Entscheidungsproblem besteht zunächst darin, die Struktur und damit den Aktienanteil des optimalen risikobehafteten Mischportfolios P – bestehend aus A und B – zu ermitteln und dieses dann entsprechend der Risikotoleranz des Anlegers mit der risikofreien Anlage zu kombinieren. Das gesuchte Mischportfolio P entspricht im Beispielfall dem effizienten (Tangential-)Portfolio, das die Composite Assets A und B in den Anteilen 32,07% und 67,93% (Aktienquote) enthält. Für das Portfolio P ergibt sich eine erwartete Log-Rendite von 9,07% p.a. bei einer Volatilität von 14,41% p.a. Durch Mischung dieses Portfolios mit der risikofreien Anlagealternative lässt sich die Aktienquote gezielt steuern, wenngleich das (effiziente) Erreichen höherer Aktienquoten (d.h. größer als 67,93%) nur mittels Kreditaufnahme realisierbar wäre. Die optimale Akti-

---

[45] Bei zweiparametrischen Verteilungen gilt, dass je größer die Wahrscheinlichkeit p ist, desto geringer ist die individuelle Risikotoleranz bzw. desto höher ist die Risikoaversion. Damit kommt dem Fraktil $L(p)$ im Rahmen der VaR-Kalkulation praktisch die Funktion eines Risikoaversionsparameters zu. Im Unterschied zur Zielfunktion der klassischen Portfolio Selection erfolgt die Skalierung hierbei jedoch über die Standardabweichung anstelle der Varianz.

[46] Für das Rentenportfolio könnte man auch eine deutlich niedrigere Volatilität ansetzen, um das Beispiel realitätsgetreuer zu gestalten. Das analytische Procedere und die wesentlichen Ergebnisse blieben davon jedoch unberührt.

enquote ist somit das Ergebnis einer Linearkombination aus der risikofreien Anlage und dem gemischten Portfolio P (sog. Two-Fund-Separation).[47]

Zur Wahl der anlegerspezifischen Aktienquote lässt sich wiederum ein Entscheidungskriterium auf der Basis einer VaR-Kalkulation definieren. Zu diesem Zweck wird die neue Effizienzlinie unter Berücksichtigung der Erwartungswertkomponente in eine VaR-Kurve (für $V=1$) transformiert, die in der Abb. 5 (linke Skala) abgetragen ist. Demnach steigt der Value-at-Risk absolut betrachtet mit zunehmender Aktienquote (rechte Skala in Abb. 5) monoton an. Für das Tangentialportfolio P ergibt sich ein Value-at-Risk von $-17{,}50\%$. Im Bereich sehr niedriger Aktienquoten (im Beispiel bis etwa 12%) verbleibt der Value-at-Risk aufgrund des Einflusses der überwiegenden risikofreien Renditeerwartung r_f zunächst im positiven Bereich. Ein institutioneller Anleger, der über keine Stillen Reserven verfügt oder aus anderen Gründen keine Wertverluste hinzunehmen bereit ist, wird die für ihn maßgebliche VaR-Restriktion bei einem Wert von null ansetzen (Abszisse). Wenn hingegen ein „Sicherheitspolster" in Form Stiller Reserven verfügbar ist, kann das Risiko von Abschreibungen durch eine entsprechend höhere VaR-Restriktion eingefangen werden. In der graphischen Analyse der Abb. 5 ließe sich eine solche Restriktion in Form einer Horizontalen in Höhe des kritischen VaR-Wertes erfassen. Der Schnittpunkt mit der VaR-Kurve definiert die höchstmögliche Aktienquote, die noch in Einklang mit der Risikotoleranz steht. So wäre in unserem Beispiel eine für deutsche Verhältnisse sehr hohe Aktienquote von rund 43% möglich, wenn die Stillen Reserven im Ausgangszeitpunkt 10% des Portfoliowertes ausmachten (entspricht einer VaR-Restriktion von -10%).

---

[47] Zur Bestimmung der von der risikofreien Anlage ausgehenden Effizienzlinie im Log-Renditeraum wird zunächst das Portfolio G mit der höchsten erwarteten Rendite identifiziert, welches zugleich den Scheitelpunkt des Alternativenraumes in der Form einer umgekehrten Parabel darstellt und typischerweise hochgradig geleveragt ist. Die analytische Vorgehensweise wird im Einzelnen in Luenberger (1998), S. 432-435, dargestellt. Im vorliegenden Beispielfall beträgt der Erwartungswert der Log-Renditen dieses Portfolios 13% p.a., und die entsprechende Volatilität liegt bei 42,43% p.a. Die Tatsache, dass es durch Kreditaufnahme zu 94,44% (200%) in das Basisportfolio A (B) investiert ist, zeigt, dass es sich eher um ein theoretisches Konstrukt denn um eine reale Anlagealternative handelt. Seine Bedeutung resultiert daraus, dass es die neue Effizienzlinie nach oben hin abschließt (vgl. auch Abb. 5).

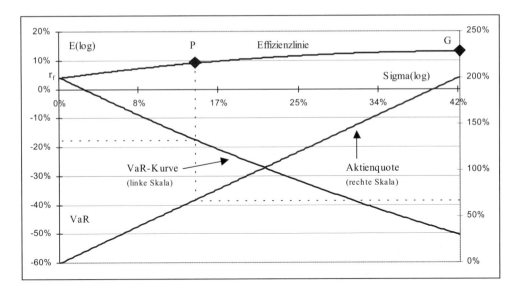

Abb. 5: Ermittlung der Strategischen Aktienquote mittels Value-at-Risk

Die Abhängigkeit der Value-at-Risk-Schätzer von den erwarteten Konsensusrenditen macht die analytische Bestimmung der Strategischen Aktienquote sensitiv gegenüber variierenden Renditeinputs. Allzu optimistische Renditeerwartungen bzw. diesbezügliche Schätzfehler bergen prinzipiell die Gefahr, dass die Risikoinvestments infolge zu niedriger VaR-Schätzer zu hoch ausfallen. Um dies exemplarisch zu belegen, ist der Verlauf der VaR-Kurve in Abb. 6 für alternative Renditeerwartungen als Funktion der Aktienquote eingetragen.[48] Konkret wird die Log-Renditeerwartung für das Aktienportfolio B c.p. von 10% auf zunächst 7% und dann auf 15% gesetzt, während die erwartete Rendite für das Rentenportfolio A fixiert bleibt. Bei einer VaR-Restriktion von 10% bewirkt dies c.p. eine Absenkung bzw. Erhöhung der zulässigen Aktienquote von 43% auf rund 37% respektive 52%.

Surplus-Value-at-Risk in einer integrierten Aktiv-Passiv-Analyse

Die Bestimmung der adäquaten Strategischen Asset Allocation im Rahmen einer auf die Vermögensseite eines institutionellen Anlegers fokussierten Betrachtung ist in der Praxis häufig ausreichend, wenn die Stillen Reserven hoch sind (bilanzieller Aspekt) und die laufenden Zahlungsverpflichtungen problemlos aus dem eingehen-

---

[48] Dabei ist für unser Beispiel zu beachten, dass Aktienquoten jenseits von 67,93% (bei $\mu(B)$=10%) infolge der spezifischen Zusammensetzung des Tangentialportfolios nur mittels Leveraging erreichbar wären, sofern man sich auf effiziente Portfoliopositionen beschränkt.

den Cash-Flow bedient werden können. Im Übrigen werden die Verbindlichkeiten indirekt auch bereits über eine VaR-Restriktion des Vermögensportfolios erfasst. Dennoch kann es unter bestimmten Bedingungen sinnvoll bzw. sogar erforderlich sein, die Passiva explizit in die Optimierung der Strategischen Asset Allocation einzubeziehen. Dies ist dann der Fall, wenn sowohl die Aktivseite als auch die Passivseite einer marktwertorientierten Bewertung und Analyse unterzogen werden (müssen).[49]

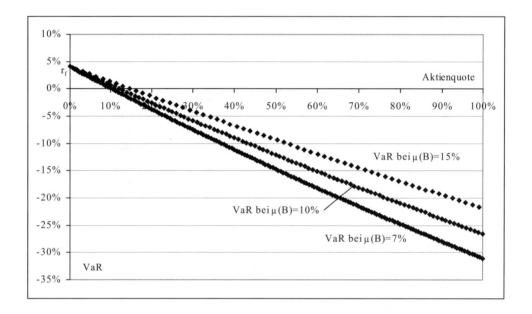

Abb. 6: VaR-Sensitivität der Strategischen Aktienquote bezüglich der langfristigen Renditeerwartungen

Dies bedeutet de facto, dass an die Stelle des reinen Vermögensportfolios ein sog. *Long-Short-Portfolio* tritt, das die Vermögenspositionen (Assets) als Long-Positionen (d.h. in positiven Anteilen) und die Verbindlichkeiten (Liabilities) als Short-Positionen (d.h. in negativen Anteilen) enthält, wobei die Relation zwischen

---

[49] Vgl. zur entsprechenden US-amerikanischen Pensionsfonds-Praxis Arnott / Bernstein (1990). Mit zunehmender Verbreitung angelsächsischer Bilanzierungsstandards wird die marktwertorientierte Sichtweise in absehbarer Zeit auch in Deutschland deutlich an Bedeutung gewinnen. Zur weitergehenden Abgrenzung des Alternativenfeldes der Strategischen Asset Allocation und zur Abbildung der Komplexität des Zielsystems institutioneller Anleger mit langfristigen Verbindlichkeiten ist es darüber hinaus möglich, die Restriktionen auf Basis des nachfolgend diskutierten Surplus-VaR und des Vermögens-VaR zu kombinieren. Vgl. zu diesem sog. Dual-Shortfall-Approach ausführlich Leibowitz et al. (1996), Kapitel 3.

Assets und Liabilities als Funding Ratio bezeichnet wird.[50] Die resultierende Nettoposition, die dem Marktwert des Eigenkapitals entspricht, wird im *Asset-Liability-Management* (ALM) auch als *Surplus (S)* bezeichnet:[51]

(6) $\qquad S(t) = V(t) - L(t)$

mit $\quad L(t)$ = Marktwert der Verbindlichkeiten im Zeitpunkt t.

„Der Surplus ist das Reservepolster zum Ausgleich von unterdurchschnittlichen Erträgen und/oder überdurchschnittlichen Zunahmen der Leistungsverpflichtungen".[52] Je größer der Surplus ist, desto besser ist der finanzielle Status und desto größer sind tendenziell die Freiheitsgrade des Anlegers. Das Risiko des Sponsors besteht in einem negativen Surplus, d.h. darin, dass die Assets nicht mehr zur Bedeckung der Liabilities ausreichen (Unterdeckung bzw. Funding Ratio < 1), so dass Nachschüsse zum Schließen der Deckungslücke erforderlich werden. Das Erzielen einer positiven Vermögensrendite ist weder eine notwendige noch eine hinreichende Bedingung, um dieser potenziellen Gefahr zu begegnen, da die Marktwertsteigerung der langfristigen Verbindlichkeiten infolge sinkender Zinsen gleichzeitig höher ausfallen kann. Um dieses Risiko explizit zu kontrollieren, muss die Rendite-Risiko-Analyse des Vermögensportfolios durch eine entsprechende Rendite-Risiko-Analyse des Long-Short-Portfolios substituiert werden. Die interessierende Größe ist dann das Surplus-Ergebnis. Wir definieren die (logarithmierte) Surplus-Rendite von t bis t+1 vereinfacht wie folgt:[53]

---

[50] Wir beschränken uns auf den einfachen Fall, dass die Cash-Flow-Struktur der (bestehenden) Verbindlichkeiten bekannt und nicht disponibel ist, so dass eine Modellierung entsprechend einer Bondposition möglich ist. In komplexeren Analysen werden die bestehenden und die künftigen Verbindlichkeiten in Abhängigkeit verschiedener Einflussgrößen (wie z.B. für Versorgungseinrichtungen die voraussichtliche Entwicklung des Aktiven- und Rentnerbestandes, der Leistungsstruktur und der Beitragsbemessung) dynamisch im Zeitablauf modelliert.

[51] Vgl. dazu und zu einer guten Einführung in das ALM-Modelling Ammann (1992), S. 193-203. Für eine Diskussion weiterführender Ansätze vgl. Nager (1998).

[52] Ammann (1992), S. 201.

[53] Es gibt verschiedene Definitionen der Surplus-Rendite, wobei der Nenner meist auf das Vermögen oder die Verbindlichkeiten im Ausgangszeitpunkt lautet, um der Möglichkeit eines anfänglichen Surplus von null Rechnung zu tragen. Wir bevorzugen die direkter zu interpretierende Definition mit dem Surplus im Ausgangszeitpunkt als Bezugsbasis und schließen einen negativen Zähler sowie einen Nenner von null aus.

(7) $$r(Surplus) = \ln\left[\frac{S(t+1)}{S(t)}\right].$$

Wenn man analog zu unseren bisherigen Betrachtung davon ausgeht, dass diese Surplus-Rendite einer Brownschen Bewegung (mit Drift) unterliegt, so kann man diesbezüglich in gewohnter Weise einen Value-at-Risk berechnen.[54] Dieser sog. *Surplus-Value-at-Risk (SVaR)* bezeichnet jenen Wert des Surplus, der über einen festgelegten Horizont mit bestimmter Wahrscheinlichkeit nicht unterschritten wird:[55]

(8) $$\text{SVaR}(\mu, \sigma, p, T) = S * \left[\exp(\mu * T - L(p) * \sigma * \sqrt{T}) - 1\right].$$

Dabei bezeichnen μ und σ die Log-Verteilungsparameter des Long-Short-Portfolios. Ausgehend von einem bestehenden Funding-Status kann der Anleger nun eine verbindliche SVaR-Restriktion definieren, die bei der Festlegung der Strategischen Asset Allocation zu beachten ist. Eine mögliche Restriktion könnte z.B. darin bestehen, dass die Vermögensposition so zu strukturieren ist, dass mit hoher Konfidenz maximal die Hälfte des verfügbaren Surplus auf Jahressicht aufgezehrt wird.

Es ist intuitiv plausibel, dass eine reine Geldmarktanlage in diesem Zusammenhang nicht mehr risikolos ist, da die Volatilität der (langfristigen) Verbindlichkeiten direkt auf die Volatilität des Long-Short-Portfolios und damit auf den Surplus durchschlägt. Ebenso einsichtig ist, dass die Volatilität des Surplus-Value-at-Risk dann den Wert null annimmt (und folglich der SVaR allein die Driftkomponente reflektiert, sofern diese nicht auch null beträgt), wenn das Vermögen so allokiert wird,

---

[54] Wir halten an dieser Form der Modellierung im Interesse der Kontinuität der Darstellung fest, obwohl sie im hier diskutierten Kontext zu einer erheblichen Einschränkung führt. Aufgrund der für den Surplus getroffenen Verteilungsannahme (Log-Normalverteilung der Surplus-Renditen) ist es nämlich theoretisch unmöglich, dass dieser einen negativen Wert annimmt, d.h. der in Formel (8) ausgewiesene Surplus-Value-at-Risk übersteigt nie den Surplus im Ausgangszeitpunkt. Folglich kann der besonders kritische Fall des Underfunding (negativer Surplus) so nicht adäquat erfasst werden. Dies ergibt sich im Übrigen auch aus der Tatsache, dass die unrealistische Annahme des kontinuierlichen Rebalancing des Long-Short-Portfolios eine konstante Funding Ratio im Zeitablauf impliziert. Das Risiko der Zielverfehlung des institutionellen Anlegers wird also durch unseren VaR-Modellansatz nur bedingt erfasst.

[55] Vgl. zum Begriff Falloon (1999), S. 27. Für eine vertiefte Shortfall-Analyse im Aktiv-Passiv-Kontext vgl. die Fallstudie in Gibson (1997), S. 235-260, das Kapitel 5 in Kritzman (1990) sowie die Kapitel 3, 4, 10, 11 und 14 in Leibowitz et al. (1996), ferner Sharpe (1990) S. 7.30-7.35.

dass die Marktwertschwankungen der Verbindlichkeiten stets vollständig kompensiert werden (Immunisierung).

Zur Veranschaulichung der Funktionsweise des SVaR im Kontext der Strategischen Asset Allocation führen wir das Beispiel des vorherigen Abschnittes fort. Wir gehen dazu von einem Marktwert des Vermögens von $V=2$ aus und setzen den Wert der Verbindlichkeiten mit $L=1$ an. Dies entspricht einem Nettovermögen (Surplus) von 1 bzw. einer Funding Ratio (=V/L) von 2. Um das Beispiel weiterhin einfach und vergleichbar zu halten, beschränken wir die möglichen (Long-Short-)Portfolios auf 2:1-Kombinationen aus den zuvor gebildeten effizienten Mischportfolios (jeweils bestehend aus Cash und dem Tangentialportfolio P mit einem Aktienanteil von 67,93%, vgl. Abb. 5) und den – als nicht disponibel geltenden – Verbindlichkeiten. Für Letztere seien die folgenden Verteilungsparameter relevant: die erwartete Log-Rendite beträgt 7,50% p.a., die Log-Volatilität liegt bei 12% p.a. und die Korrelation mit dem reinem Tangentialportfolio ist 0,75. Die entscheidende Stellgröße bleibt damit der Anteil des Tangentialportfolios am Gesamtportfolio, der wiederum die Strategische *Aktienquote* des Anlegers determiniert. Für jedes mögliche Long-Short-Portfolio wird anschließend anhand seiner Normalverteilungsparameter der Surplus-Value-at-Risk ermittelt und graphisch abgetragen (vgl. dazu Abb. 7).

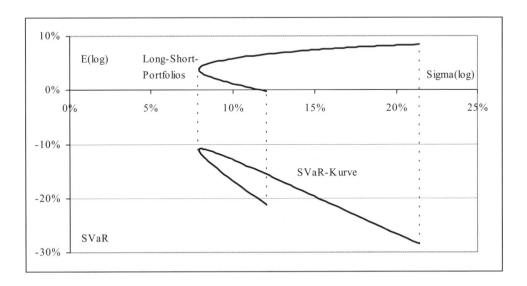

Abb. 7: Ermittlung der Strategischen Aktienquote mit Surplus-Value-at-Risk

Das Ergebnis lässt sich wie folgt interpretieren: Für Allokationen mit sehr hohem Cash-Anteil liegt die erwartete Surplus-Rendite nahe null, weil die Rendite der Verbindlichkeiten (Finanzierungskosten) die Vermögensrendite kompensiert. Mit zunehmendem Aktienanteil steigt der Erwartungswert der Surplus-Rendite monoton an, während die Surplus-Volatilität zunächst abnimmt, weil die Volatilität der Passivseite partiell durch diejenige der Aktivseite diversifiziert wird. Bei einer Aktienquote von rund 25% nimmt die Volatilität der Surplus-Rendite ihr Minimum an, um dann ebenfalls monoton zu steigen. Für den Surplus-Value-at-Risk liegt das Minimum – bedingt durch den Einfluss des Erwartungswertes – bei einer *Aktienquote* von ebenfalls rund 25% (vgl. auch Abb. 8). Der höchste SVaR von –28,50% ergibt sich für eine Vermögensallokation, die der Struktur des Tangentialportfolios P entspricht. Um die unter Surplus-Aspekten tolerable Aktienquote zu bestimmen, kann der Anleger in Abb. 7 eine SVaR-Restriktion als Horizontale abtragen und den Schnittpunkt mit der SVaR-Kurve ermitteln. Sofern sich dabei zwei Schnittpunkte ergeben (Indifferenz bezüglich SvaR), wird diejenige Allokation mit der höheren Surplus-Renditeerwartung gewählt.

Die vorstehenden Resultate sind wesentlich durch die Annahmen bedingt. Aufgrund der hohen Funding-Ratio von 2 ist das (Underfunding-)Risiko des Anlegers auf Jahressicht selbst bei sehr hoher Aktienquote äußerst gering. Setzt man den kritischen SVaR beispielsweise mit –15% an, so ist eine Aktienquote von 41% möglich. Bei Variation z.B. der anfänglichen Funding Ratio oder der Korrelation zwischen risikobehafteten Assets und Verbindlichkeiten ergeben sich alternative Werte der tolerablen Aktienquote. Dies zeigt exemplarisch die Abb. 8, in der für alternative Korrelationsannahmen (Werte von 0,60/0,75/0,90) der Surplus-Value-at-Risk als Funktion der Strategischen Aktienquote abgetragen ist.

Die Grafik in Abb. 8 lässt im Beispielfall zweierlei erkennen: Zum einen sinkt das durch den Surplus-Value-at-Risk gemessene Surplus-Risiko mit zunehmender Korrelation zwischen Vermögen und Verbindlichkeiten. Im theoretischen Extremfall, dass ein Asset die Verbindlichkeiten mit einer Korrelation von eins nachbildet („trackt"), bestünde die Möglichkeit, den SVaR auf null zu setzen und den bestehenden Surplus „einzufrieren". Andererseits ergibt sich aus den Kurvenverläufen, dass das jeweilige Minimum des Surplus-Value-at-Risk mit zunehmender Korrelation bei einer immer höheren Aktienquote erreicht wird.

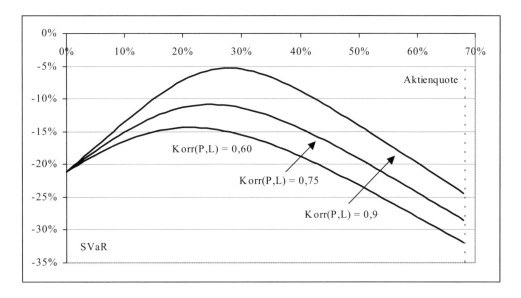

Abb. 8: Surplus-Value-at-Risk als Funktion der Strategischen Aktienquote für alternative Korrelationsannahmen zwischen Vermögen und Verbindlichkeiten

4. Value-at-Risk in der Taktischen Asset Allocation

Die Strategische Asset Allocation bzw. die daraus abgeleitete Benchmark bildet den Ausgangs- und zugleich den Bezugspunkt für die *Taktische Asset Allocation*, die wir synonym zu aktivem Management betrachten.[56] Die Zielsetzung des *aktiven Portfoliomanagements* besteht generell darin, das durch die passiv replizierbare Benchmark repräsentierte Rendite-Risiko-Profil mittels bewusster Abweichungsentscheidungen zu übertreffen. Die Grundlage dieser aktiven Abweichungen bilden sog. Alphaprognosen, d.h. researchinduzierte Signale bezüglich der relativen Vorteilhaftigkeit bestimmter Assetklassen oder einzelner Assets infolge temporärer Marktineffizienzen.[57]

Ein wesentliches Merkmal der Taktischen Asset Allocation besteht nach modernem Verständnis in der relativen Betrachtungsweise gegenüber der *Benchmark*. Sowohl die Rendite- wie auch die Risikodimension werden relativ zur Benchmark definiert.

---

[56] Die Taktische Asset Allocation umfasst die sog. informationsbasierten Investmentstrategien, vgl. dazu Kahn / Stefek (1996), S. 3-5. Vgl. zur Taktischen Asset Allocation z.B. Sharpe (1990).

[57] Vgl. dazu ausführlich Grinold / Kahn (2000) sowie Schlenger (1998).

Die relevante Renditegröße wird als *Alpha* bezeichnet, die korrespondierende Risikogröße als *Tracking Error*. Erfolgreiches aktives Management zeichnet sich durch ein positives relatives Rendite-Risiko-Verhältnis (sog. *Information Ratio*) aus, für das wiederum ein positives Portfolioalpha notwendige Voraussetzung ist.

Aufgrund des relativen Analysemodus ist es erforderlich, die Risikogröße Value-at-Risk für Zwecke der Taktischen Asset Allocation zu modifizieren.[58] Dies führt zum relativen Value-at-Risk, mit dem das wertmäßige Potenzial zur Underperformance des Portfolios gegenüber der Benchmark erfasst werden soll.[59] Der primäre Anwendungsbereich liegt dabei in der aktiven Portfolioplanung (ex-ante), wobei der Horizont typischerweise kurz- bis mittelfristig ist (1-12 Monate). Darüber hinaus ist zu überlegen, inwiefern der relative Value-at-Risk auch ex-post, d.h. im Rahmen der Performancemessung einsetzbar ist.[60]

Ermittlung und Einsatz des relativen Value-at-Risk

Zur Einordnung und Abgrenzung des relativen Value-at-Risk ist es zweckmäßig, eine Klassifizierung der verschiedenen VaR-Typen in Bezug auf ihre Verwendung im Asset Management vorzunehmen. Eine entsprechende Systematik wird in Abb. 9 entwickelt.

---

[58] Die folgenden Zitate unterstreichen die Bedeutung des relativen VaR im Asset Management: „... the primary benefit of VaR monitoring comes from examining relative VaR, or the VaR of a manager or portfolio compared to the VaR of a benchmark portfolio ..." Culp et al. (1998), S. 29. – „VaR can and should be used to measure the risk of a fund relative to a benchmark." Glauber (1998), S. 39. – „VaR, as used in banks, must be adapted in a number of ways to make it more relevant for institutional investing, namely through measuring VaR with respect to a benchmark." McCarthy (1997), S. 23.

[59] Die Bedeutung des benchmarkorientierten Risikomanagements im Rahmen des aktiven Managements wird durch einen aufsehenerregenden Präzedenzfall unterstrichen, den „Lawsuit" zwischen Unilever und Mercury Asset Management. Dabei geht es um die Klage der Pensionskasse gegen den Asset Manager, weil ein aktiv gemanagtes Portfolio über einen Zeitraum von fünf Quartalen eine Underperformance von 10,5% gegen die Benchmark geliefert hat, und dies bei einer expliziten Tracking Error-Vorgabe von 3% p.a. Ein solches (ca. 3-Sigma-)Ereignis kann nach Auffassung der Klägerin nur bei Vernachlässigung professioneller Risikokontrollstandards bzw. bei Nichtbeachtung der Anlagerichtlinien möglich sein. Vgl. dazu näher IPE Investment & Pensions Europe, November 1999, S. 6. Aus der Sicht des Asset Managers kann eine signifikante Underperformance mittelfristig zum Verlust von Mandaten und somit von Erträgen führen. Der relative VaR kann daher auch als internes Controlling-Instrument zur Steuerung von Geschäftsrisiken (Business Risks) eingesetzt werden.

[60] Vgl. zum Einsatz des VaR in der Performancemessung auch Jorion (1997), S. 285-290.

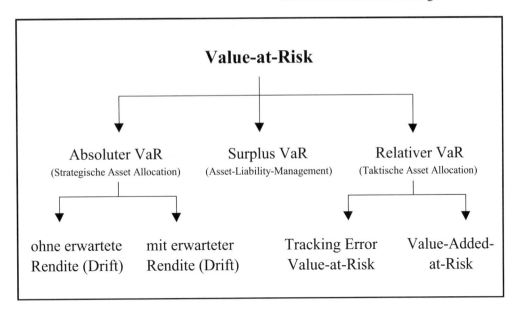

Abb. 9: Systematik des Value-at-Risk im Asset Management

Auf der ersten Gliederungsebene erfolgt die Differenzierung in den absoluten und den relativen Value-at-Risk. Letzterer wird auch als *Benchmark-Value-at-Risk* bezeichnet.[61] Während der absolute Value-at-Risk insbesondere in der Strategischen Asset Allocation und im globalen Risikomanagement zum Einsatz kommt, ist die Anwendung des *relativen Value-at-Risk* auf die Taktische Asset Allocation konzentriert.[62] Der *absolute VaR* kann als Spezialfall des relativen VaR betrachtet werden, wenn man als Benchmark eine unverzinste Kasseposition bzw. eine risikofrei verzinste Geldmarktanlage ansetzt.[63] Im ersten Fall ist der Erwartungswert der totalen Portfoliorendite als VaR-Input relevant, im zweiten Fall der Erwartungswert der Risikoprämie des Portfolios. Der Surplus-Value-at-Risk (SVaR) nimmt eine Mittelstellung zwischen absolutem und relativem VaR ein, weil er Elemente beider Vari-

---

[61] Vgl. Tan / Gautham (1999), S. 39-40 und Dembo (1997), wo der Benchmark-Value-at-Risk (BVaR) synonym zu Tracking-Error-VaR verwendet wird. Der Benchmark-Value-at-Risk ist strikt vom (absoluten) Value-at-Risk des Benchmark-Portfolios zu unterscheiden.

[62] Eine abweichende Begriffsverwendung findet sich in Dowd (1998), S. 38-43. Demnach zeichnet sich der relative Value-at-Risk durch die Berücksichtigung des Erwartungswertes (Drift) aus, während der absolute VaR den Erwartungswert nicht einbezieht.

[63] „Indeed, risk is always a relative concept and it cannot be discussed meaningfully unless the neutral point has been identified." Beckers (1999), S. 48.

anten vereint.[64] Auf der zweiten Gliederungsebene wird jeweils danach unterschieden, ob die Erwartungswertkomponente (Drift) in die VaR-Berechnung einbezogen wird oder nicht. Wir betrachten in diesem Abschnitt die beiden Typen des relativen Value-at-Risk, nämlich den *Tracking-Error-Value-at-Risk* sowie den *Value-Added-at-Risk*.[65]

Zur Diskussion des relativen VaR muss ein Bewertungsmodell definiert werden, welches die Unterscheidung zwischen ordentlichen und außerordentlichen Renditen erlaubt. Das CAPM ist der wichtigste Bewertungsansatz im Kapitalmarktgleichgewicht. Der damit formulierte lineare Zusammenhang zwischen der Risikoprämie und dem systematischen Risiko (Beta) eines riskanten Assets bzw. Portfolios gilt für diskrete (normalverteilte) Renditen über einen nicht näher spezifizierten Einperiodenhorizont. Die Modifikation dieser und anderer Modellannahmen, so z.B. die Annahme lognormalverteilter Kursrelationen, führt zu speziellen Modellvarianten, die mehr oder minder stark von der ursprünglichen Form des CAPM abweichen.[66] Im Einklang mit dem bisherigen Annahmengerüst (insbesondere Geometrisch Brownsche Bewegung) wählen wir einen alternativen Ansatz, der die Bewertung nicht in Relation zum CAPM-Marktportfolio vornimmt, sondern zum Log-optimalen Portfolio G, d.h. zum Portfolio mit der höchsten erwarteten Log-Rendite (vgl. dazu nochmals Abb. 5). Die auf der Basis dieses modifizierten CAPM erwartete Überschussrendite ergibt sich für ein Asset *i* wie folgt:[67]

(9) $$\mu_i^{Modell} - r_f = \beta_{i,G} * \sigma_G^2 - 0{,}5 * \sigma_i^2$$

mit $$\beta_{i,G} = \frac{\rho_{i,G} * \sigma_i * \sigma_G}{\sigma_G^2} \,.$$

---

[64] Der SVaR gibt einerseits den absoluten VaR eines Long-Short-Portfolios an. Andererseits kann er als relativer VaR eines reinen Long-Portfolios mit einer Liability-Benchmark interpretiert werden.

[65] Die Bezeichnung des Tracking-Error-VaR (TEVaR) findet sich in Jorion (1997), S. 216-219. Der Terminus Value-Added-at-Risk (VAaR) geht auf Schlenger (1997) zurück; synonym dazu steht der Begriff Alpha-Value-at-Risk (AVaR) in Gibson (1997), S. 235.

[66] Vgl. zum modifizierten CAPM unter lognormalverteilten Kursrelationen Bawa / Chakrin (1979), S. 55-61, Kahn / Stefek (1996), S. 9-12 und Leland (1999).

[67] Vgl. zu diesem Bewertungsmodell Luenberger (1998), S. 432-438. Im Gegensatz zum CAPM handelt es sich nicht um ein Gleichgewichtsmodell, weil keine Annahmen zum Anlegerverhalten getroffen werden.

Für Assets mit verhältnismäßig geringer Varianz kann der zweite Term vernachlässigt werden, so dass die erwartete Überschussrendite annähernd proportional zum Beta des Assets gegenüber dem Portfolio G ist. Dieser lineare Zusammenhang zwischen Rendite und Beta löst sich jedoch auf, wenn man die realitätsnahe Annahme trifft, dass die Volatilität aller Assets proportional zum jeweiligen Beta steigt. In diesem Fall nimmt die Rendite/Beta-Beziehung die Form einer umgekehrten Parabel an, deren Scheitelpunkt durch das Wachstumsportfolio G (mit Beta = 1 per definitionem) gebildet wird. Das Bewertungsmodell ist jedoch nicht nur für den – aufgrund der extremen Zusammensetzung des Portfolios G – praxisirrelevanten Fall anwendbar, dass das Wachstumsportfolio die Benchmark darstellt. Die Benchmark kann vielmehr jedes Mischportfolio aus dem Portfolio G und der risikofreien Anlage sein.

Wenn man dieses Bewertungsmodell als relevanten Maßstab der Wertpapieranalyse anerkennt, lässt sich jedes Asset hinsichtlich seiner modellkonformen Bewertung untersuchen. Eine Abweichung der erwarteten Log-Risikoprämie von der Modellbewertung schlägt sich in einer Differenzialrendite nieder, die in der Taktischen Asset Allocation allgemein als Alpha bekannt ist. Überträgt man dieses für diskrete Renditen entwickelte Konzept direkt auf das obige Bewertungsmodell, erhält man folgendes (Log-)Alpha:

$$(10) \qquad \alpha_{i,G} = \mu_i - \mu_i^{Modell} = \mu_i - \left(r_f + \beta_{i,G} * \sigma_G^2 - 0{,}5 * \sigma_i^2 \right).$$

Das Gegenstück zur relativen Renditeerwartung (Alpha) ist die Standardabweichung der aktiven Renditen (= Asset- bzw. Portfoliorendite minus Benchmarkrendite). Sie wird im Asset Management als Tracking Error bezeichnet.[68] Analog zur absoluten Rendite/Risiko-Analyse kann man die benchmarkorientierten Konzepte Alpha und Tracking Error zusammenführen, um im Rahmen des aktiven Managements über die optimale Ausrichtung der Taktischen Asset Allocation zu entscheiden. Der relative Value-at-Risk kann diese Entscheidung wiederum hinsichtlich der Risikopositionierung begleiten und unterstützen.

Zur Interpretation des relativen VaR ist die Vorstellung nützlich, dass damit der Value-at-Risk eines Long-Short-Portfolio quantifiziert wird, das long im aktiv gema-

---

[68] Das Konzept und die Berechnung des Tracking Errors werden z.B. in Beckers (1999), S. 50-52 und in Grinold / Kahn (2000), S. 47-52 erläutert. Sofern kein Market Timing (taktische Betaadjustierung) erfolgt, entspricht der Tracking Error dem sog. Residualrisiko.

nagten Portfolio und short im Benchmarkportfolio investiert ist.[69] Wenn sich die Betas beider Portfolioseiten entsprechen, handelt es sich also um ein marktneutrales (Hedge-)Portfolio, dessen Risiko als *Residualrisiko* bezeichnet wird. Je nachdem, ob das (Log-)Alpha als relativer Erwartungswert in die Ermittlung des relativen VaR einfließt oder nicht, erhält man als Resultat einen Value-Added-at-Risk oder einen Tracking-Error-Value-at-Risk.

Für die Berechnung des *Tracking-Error-Value-at-Risk (TEVaR)* wird Alpha implizit gleich null gesetzt, so dass man die kritische relative (Log-)Rendite als Vielfaches des Tracking Errors (TE) erhält.[70] In Äquivalenz zu (2) lässt sich formal schreiben:

$$(11) \quad \text{TEVaR}(\alpha = 0, TE, p, T) = V * \left[\exp\left(-L(p) * TE * \sqrt{T}\right) - 1\right].$$

Das Ergebnis gibt mit bestimmter Konfidenz und für einen bestimmten Horizont an, wie hoch die abweichungsbedingte Underperformance des Portfolios relativ zur Benchmark – ausgedrückt in Geldeinheiten – ausfallen kann.[71] Die Höhe des Tracking-Error-Value-at-Risk ist dabei unabhängig von der Renditeverteilung und damit auch unabhängig vom Value-at-Risk der Benchmark.[72] Man kann den TEVaR auch als die möglichen Opportunitätskosten interpretieren, die mit der Entscheidung für das aktive Portfoliomanagement verbunden sind.

Der *Value-Added-at-Risk (VAaR)* unterscheidet sich vom TEVaR durch die explizite Einbeziehung der erwarteten relativen Rendite (Alpha). Dabei stellt sich die Frage nach dem Vorzeichen und der Höhe des Alphas eines Portfolios. Wenn man von der hochgradigen Effizienz der Märkte überzeugt ist und die Erfolgsaussichten des aktiven Managements skeptisch beurteilt, könnte man für ein aktiv gemanagtes Portfolio ein negatives Alpha ansetzen, um den a-priori-Nachteil infolge höherer Transaktions- und Managementkosten im Vergleich zum passiven Management abzubilden. Der eigentliche Mangel, nämlich die grundsätzliche Inferiorität des aktiven Mana-

---

[69] Vgl. Dembo (1997), S. 2 und Glauber (1998), S. 40.

[70] Diese Vorgehensweise ließe sich damit rechtfertigen, dass der durchschnittliche Portfoliomanager vor Kosten gerade die Rendite des Gesamtmarktes und damit ein Alpha von null erwirtschaftet.

[71] Ein TEVaR von –5% besagt, dass das betreffende Portfolio mit der Wahrscheinlichkeit p und bezogen auf den Horizont T nicht mehr als 5 Prozentpunkte schlechter als die Benchmark abschneiden wird. Dies bedeutet beispielsweise, dass die Portfoliorendite mindestens 10% betragen sollte, wenn die Benchmark eine Rendite von 15% liefert.

[72] Die Aussage „If the benchmark's VaR is lower than that of the managed portfolio, the manager is expected to outperform his benchmark" (Tan / Gautham (1999), S. 40) ist so nicht haltbar.

gements, würde dadurch aber nicht geheilt. Die rationale Konsequenz wäre der Übergang zum passiven Management. Wenn man hingegen die Möglichkeit einer nicht nur zufallsbedingten Outperformance zulässt, ist es in Einklang mit den zentralen Prinzipien der Modernen Portfoliotheorie konsequent, ein positives Alpha anzusetzen. Das bewusste Eingehen von aktiven Tracking Error-Risiken ist nämlich nur rational, wenn diese durch eine adäquate Wertschöpfungskomponente in Form einer positiven relativen Renditeerwartung kompensiert werden.[73] In Äquivalenz zu (1) erhält man für den Value-Added-at-Risk (VAaR) formal:

(12) $$\text{VAaR}(\alpha, TE, p, T) = V * \left[\exp(\alpha * T - L(p) * TE * \sqrt{T}) - 1 \right].$$

Die Unterscheidung zwischen den beiden Typen des relativen Value-at-Risk lässt sich für $V=1$ auch graphisch erfassen, wie das Alpha/Tracking-Error-Diagramm in Abb. 10 verdeutlicht.[74] Die Benchmark hat konstruktionsbedingt ein Alpha von null und – als einziges Portfolio – einen Tracking Error von ebenfalls null.

Die Grafik zeigt ausgewählte Isolinien mit konstanten (logarithmierten) VAaR-Werten in Höhe von –2% p.a., -4% p.a. und –6% p.a.[75] Sämtliche aktive Portfolios, die auf ein und derselben Geraden liegen, sind in Bezug auf den (Log-)VAaR äquivalent. Insofern kann diese Form der Darstellung auch als Alternative zur Visualisierung eines VaR-Limits gemäß Abb. 3 und 4 aufgefasst werden. Demnach sind alle taktischen Allokationen zulässig, die oberhalb der kritischen VAaR-Isolinie liegen, wobei man davon ausgehen kann, dass rationalerweise nur solche im Bereich positiver Alphas ins Kalkül gezogen werden. In der Abb. 10 ist zum Beispiel die Umsetzung des aktiv gemanagten Portfolios D (mit Alpha = 2% und Tracking Error = 5%)

---

[73] „In fact, the (implicit or explicit) objective of most portfolio managers is to add value relative to a predefined benchmark." Beckers (1999), S. 49. Angesichts der Subjektivität der Alphaerwartung und der damit verbundenen potenziellen Gefahr einer Unterschätzung der Opportunitätskosten des aktiven Managements bleibt die entscheidende Frage nach der Höhe des positiven Alphas im Kontext des relativen VaR. Eine theoretisch fundierte und objektivierte Vorgehensweise besteht darin, das sog. implizite Portfolioalpha als Driftkomponente anzusetzen, das sich mit Hilfe des Tracking Errors in Verbindung mit der Risikoeinstellung des Anlegers (sofern diese bereits bekannt ist) ermitteln lässt. Vgl. zu dieser möglichen Vorgehensweise für den Fall diskreter Renditen Schlenger (1997) und Schlenger (1998), S. 524-528.

[74] Es sei darauf hingewiesen, dass das Achsenkreuz in der Abb. 10 nicht im Nullpunkt liegt.

[75] Man erhält die Funktionsgleichung dieser Isolinien, indem man den Value-Added-at-Risk (VAaR) in (12) betraglich fixiert und die Formel dann nach (Log-)Alpha auflöst. Die Ordinatenabschnitte stellen relative Sicherheitsäquivalente dar, die jeweils dem Wert ln(1+fixierter VAaR) entsprechen.

mit keiner der drei VAaR-Restriktionen kompatibel, weil es einen VAaR von rund −7,80% aufweist. Dagegen ist das aktiv gemanagte Portfolio C aufgrund seines außerordentlich attraktiven relativen Rendite-Risikoprofils (Alpha = 4%, Tracking Error = 2%, Information Ratio = 2) bei einem VAaR von rund +0,08% mit jeder der drei Limitgeraden vereinbar. Im Übrigen entsprechen die Möglichkeiten und Grenzen der Anwendung des relativen VaR in der Taktischen Asset Allocation weitgehend denen der absoluten VaR-Variante in der Strategischen Asset Allocation.

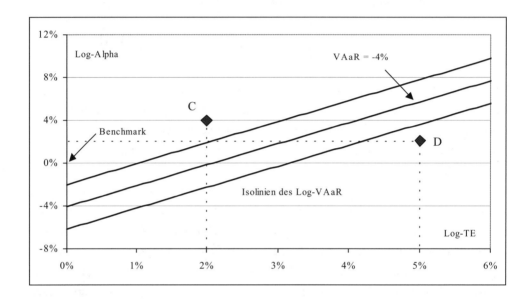

Abb. 10: Isolinien für den Value-Added-at-Risk

Risikoadjustierte Portfoliokennzahlen auf der Basis des Value-at-Risk

Die Moderne Portfolio- und Kapitalmarkttheorie kennt eine Reihe von risikoadjustierten Kennzahlen zur Beurteilung von Portfolios. In der ex-ante-Analyse dienen diese Kennzahlen der Portfolioplanung und der Auswahlentscheidung über Investitionsalternativen. In der ex-post-Anwendung finden sie Anwendung zur Leistungsbeurteilung im Rahmen der *Performancemessung* und -analyse sowie gegebenenfalls als Bemessungsgrundlage ergebnisorientierter Vergütungssysteme.[76] Die Risikoadjustierung dient dabei jeweils der Gleichnamigmachung zwecks Vergleichbarkeit der

---

[76] Vgl. zur Performancemessung ausführlich Wittrock (2000) und zur performanceabhängigen Vergütung von Asset Managern Raulin (1996).

Portfolios.[77] Eine eindimensionale Betrachtung wird den Erfordernissen des Asset Managements regelmäßig nicht gerecht.

Die unterschiedlichen Kennzahlen (Ratios) setzen jeweils eine Renditegröße in Relation zu einer Risikogröße, wobei sie sich durch die Definition der Rendite- und/oder der Risikogröße unterscheiden. Die bekanntesten und für die Asset Allocation wichtigsten Kennzahlen sind die *Sharpe-Ratio* und die *Information-Ratio*. Die Sharpe-Ratio basiert auf den Annahmen der Portfoliotheorie (u.a. Normalverteilungsannahme) und bezieht sich auf die absolute Rendite-Risiko-Ebene. Sie stellt die absolute Rendite bzw. Risikoprämie eines Portfolios der Standardabweichung der Portfoliorenditen gegenüber. Überträgt man das für diskrete Renditen entwickelte Konzept naiv in die Welt der Log-Renditen, so erhält man für die Sharpe-Ratio *(SR)* eines Portfolios P im ex-ante-Modus folgenden Ausdruck:[78]

$$(13) \quad SR_P(T) = \frac{(\mu_P - r_f) * T}{\sigma_P * \sqrt{T}}.$$

Man kann die derart formulierte Sharpe-Ratio nun so erweitern, dass ein Value-at-Risk-Ausdruck (ohne Drift, in Log-Form) im Nenner erscheint. Dazu wird die Sharpe-Ratio in (13) mit dem Faktor -1/L(p) multipliziert. Die daraus resultierende Ratio wird als Risk Adjusted Return on Capital *(RAROC)* bezeichnet und in folgender Weise notiert:[79]

$$(14) \quad RAROC_P(T) = \frac{SR_P(T)}{-L(p)} = \frac{(\mu_P - r_f) * T}{-L(p) * \sigma_P * \sqrt{T}} = \frac{(\mu_P - r_f) * T}{\ln VaR(\mu = 0, \sigma, p, T)}.$$

Die Vernachlässigung der Driftkomponente im VaR-Ausdruck (siehe Nenner) ist nicht zwingend, vereinfacht hier aber die Darstellung des Zusammenhangs zwischen dem RAROC und der Sharpe-Ratio.

---

[77] In diesem Zusammenhang ist auf den für das Asset Management zentralen Grundsatz der Kompatibilität zwischen den ex-ante relevanten Entscheidungskriterien und den ex-post angelegten Beurteilungskriterien hinzuweisen.

[78] Es sei darauf hingewiesen, dass die Sharpe Ratio üblicherweise als p.a.-Größe definiert ist.

[79] Vgl. dazu auch Dowd (1998), S. 152-153 und Shimko (1998), S. 70. Dabei ist nach Dowd (1998), S. 155 zu beachten, dass „... this RAROC risk adjustment procedure is not to be confused with the RAROC risk measurement/management systems used by Bankers Trust". Vgl. zu Letzterem McCarthy (1997).

Die in (13) und (14) formulierten Konzepte zur Risikoadjustierung lassen sich auch auf relative Renditen anwenden. An die Stelle der Sharpe-Ratio tritt in der Taktischen Asset Allocation die sog. *Information-Ratio (IR)*. Diese entspricht dem Verhältnis aus Alpha und Tracking Error. Im Log-Modus ergibt sich hierfür folgender Ausdruck:[80]

$$(15) \quad IR_P(T) = \frac{\alpha_P * T}{TE_P * \sqrt{T}}.$$

Die modifizierte Information-Ratio enthält - entsprechend dem RAROC-Konzept - einen VaR-Ausdruck im Nenner, wobei es sich diesmal jedoch um eine relative VaR-Größe (ohne Alphakomponente, in Log-Form) handelt:[81]

$$(16) \quad RAROC_P^{relativ}(T) = \frac{IR_P(T)}{-L(p)} = \frac{\alpha_P * T}{-L(p) * TE_P * \sqrt{T}}$$
$$= \frac{\alpha_P * T}{\ln TEVaR(\alpha = 0, TE, p, T)}.$$

Die theoretisch fundierte Einschätzung der Aussagefähigkeit und der Praxistauglichkeit von risikoadjustierten Portfoliokennzahlen auf Basis des Value-at-Risk (absoluter und relativer RAROC) ist grundsätzlich schwierig. Shimko (1998) vertritt die Auffassung, dass mit Hilfe des RAROC die für das Asset Management relevante Bezugsgröße adäquat abgebildet werde. Die entscheidende Grundlage der Returnberechnung sei demnach nicht das gesamte investierte Kapital (Assets under Management), sondern nur das tatsächliche Risikokapital, das der Möglichkeit des Totalverlustes unterliegt. Folglich liege der eigentliche Nutzen des Value-at-Risk für das Portfoliomanagement nicht in seiner isolierten Anwendung, sondern in seiner Integration in eine Risiko-Rendite-Betrachtung mittels RAROC.[82]

Die konzeptionelle Einfachheit der risikoadjustierten Portfoliokennziffern auf VaR-Basis birgt grundsätzlich die Gefahr, dass die damit verbundenen potenziellen Fallstricke übersehen und die Kennziffern Entscheidungssituationen verwendet wer-

---

[80] Die Information Ratio variiert c.p. ebenso wie die Sharpe-Ratio mit dem Horizont T. Aus Gründen der Vergleichbarkeit werden beide Kennzahlen zumeist auf einen einjährigen Horizont normiert ($T=1$).

[81] Vgl. auch Dembo (1997), S. 7 und Falloon (1999), S. 31.

den, für die sie nicht ausgelegt sind. In diesem Zusammenhang ist auf die Kritik von Kahn / Stefek (1996) zu verweisen.[83] Demnach sind Portfoliokennzahlen, die eine (mittlere bzw. erwartete) Renditegröße in Relation zu einem Maß des Downside-Risikos (Lower Partial Moment) setzen, weder für ex-ante- noch für ex-post-Anwendungen tauglich, weil sie informations- und präferenzbasierte Entscheidungselemente in theoretisch unzulässiger Weise vermischen.[84] Für den Value-at-Risk gilt diese Kritik nicht in dieser absoluten Schärfe, wenn man von der Annahme annähernd (log-)normalverteilter Kursrelationen ausgeht.[85] Gleichwohl sollte man sich dieser Einwände in jedem Fall bewusst sein, wenn man den Einsatz des Value-at-Risk im Asset Management in Erwägung zieht.

5. Schlussbetrachtung

Die Anwendungsmöglichkeiten des Value-at-Risk in der längerfristig orientierten Kapitalanlage von Institutionen wie *Versicherungen* und Pensionskassen sind vielfältig.[86] Unsere Ausführungen verdeutlichen, dass die im Handelsbereich von Banken anerkannte Risikokennziffer auch zur Entscheidungsunterstützung und Entscheidungsfindung im Asset Management tauglich ist, wenn man bestimmte Annahmen trifft und akzeptiert.[87] Diese Annahmen entsprechen im Wesentlichen denen, die auch der modernen Bewertung von Derivaten zugrunde liegen. Aus diesem Grund sollten sie prinzipiell konsensfähig sein.[88] Gleichwohl ist in der Praxis ein gewisses Maß an Pragmatismus erforderlich, um die Synthese von klassischer Portfolio Selection Theory und Value-at-Risk zu vollziehen.

---

[82] Vgl. dazu Shimko (1998).

[83] Vgl. Kahn / Stefek (1996).

[84] Bezogen auf die ex-post-Anwendung schreiben Kahn / Stefek (1996), S. 12-13: „No proposed ratio of portfolio return to downside risk ... will solve the performance analysis problem. ... Historical downside risk contributes nothing to performance analysis."

[85] Vgl. zum formalen Zusammenhang zwischen Lower-Partial-Moments (konkret: LPM_0 = Ausfallwahrscheinlichkeit) und Value-at-Risk Albrecht et al. (1996), S. 12-13.

[86] Die speziellen Fragen der Anwendung des Value-at-Risk in Versicherungsunternehmen diskutieren Albrecht et al. (1996), S. 3-24.

[87] Bestätigt wird diese Auffassung u.a. durch die Aussage, dass „... recent research by RiskMetrics ... has shown that Value-at-Risk ... is a useful tool for asset managers in analyzing their long-term risks". Wulteputte (1999), S. 21.

[88] Dieses Erfordernis wird spätestens dann schlagend, wenn das Portfolio, welches Gegenstand der VaR-Analyse ist, selbst Derivate enthält bzw. synthetisch Derivate repliziert.

Mit der Strategischen Asset Allocation und der Taktischen Asset Allocation haben wir die wichtigsten Entscheidungsebenen der institutionellen Kapitalanlage mit Blick auf die mögliche Rolle des Value-at-Risk behandelt.[89] Dies geschieht in dem Bewusstsein, dass sich der eigentliche Nutzen des Value-at-Risk erst auf der Ebene des globalen Risikomanagements voll entfalten kann, welches die verschiedenen Teilbereiche im Kontext des Gesamtportfolios integriert.[90] Die Hinwendung vieler institutioneller Anleger zu einem solchen integrierten Risikomanagement und die damit verbundenen hohen Anforderungen an die Systeme und den Datenhaushalt erhöhen tendenziell die Bedeutung des Global Custody als zentraler Controllinginstanz.[91]

In den USA gewinnt der Value-at-Risk zunehmend auch im Asset Management an Beachtung.[92] Wir erwarten, dass diese Risikokennziffer – der aktuellen Entwicklung in den Vereinigten Staaten folgend – in absehbarer Zeit auch im deutschen Asset Management verstärkt Einzug hält. Damit verbunden ist die Tendenz auf Seiten der institutionellen Anleger, die Asset Allocation mehr denn je auch als Risk Allocation zu begreifen und mittels des Instrumentes der Value-at-Risk-Budgetierung konsequent zu managen. Vorstellbar ist, dass sich im Zuge dieser Entwicklung professionelle „Asset Risk Management Standards" herauskristallisieren, welche die praktische Implementierung und Anwendung des Value-at-Risk im Asset Management unterstützen und im Interesse der Vergleichbarkeit vereinheitlichen.

---

[89] Ein weiterer möglicher Anwendungsbereich des Value-at-Risk im Asset Management ist die sog. Constant Proportion Portfolio Insurance (CPPI) als spezieller Variante der Dynamischen Asset Allocation. Für eine Diskussion des Value-at-Risk im Kontext der Dynamischen Asset Allocation verweisen wir auf den Beitrag von Rohweder im vorliegenden Handbuch.

[90] Das (Multi-Manager-)Gesamtportfolio (sog. Total Plan) eines institutionellen Anlegers ist das Aggregat der Direktanlagen und aller extern verwalteten Mandate. Vgl. dazu Kahn et al. (1997). Zu beachten ist, dass der Value-at-Risk des Gesamtportfolios weder der Summe der VaR-Werte der Einzelportfolios noch der Summe aus dem absoluten VaR der globalen Benchmark und dem globalen Value-Added-at-Risk entspricht.

[91] „In the new wave of performance management, fund managers may be pressured to submit their positions to independent third-party VaR calculation agents." Shimko (1998), S. 71. Für eine unabhängige und neutrale VaR-Messung im Asset Management plädiert auch McCarthy (1997), S. 20.

[92] Vgl. dazu Falloon (1999), S. 26-31.

Literaturverzeichnis

Albrecht, P. / Bährle, H. / König, A.: (Albrecht et al., 1996): Value-at-Risk: A Risk Theoretical Perspective with Focus on Applications in the Insurance Industry, in: Albrecht, P. (Hrsg.), Aktuelle Ansätze für Finanz-Risiken (AFIR 1996), Bd. 1, Karlsruhe 1996, S. 3-24.

Albrecht, T. (Albrecht, 1999): Asset Allocation und Zeithorizont, Bad Soden / Ts. 1999.

Ambachtsheer, K. P. (Ambachtsheer, 1987): Strategic Approaches to Asset Allocation, in: Asset Allocation for Institutional Portfolios, Charlottesville (VA) 1987, S. 24-34.

Ammann, D. (Ammann, 1992): Asset and Liability Management für Pensionskassen, in: Finanzmarkt und Portfolio Management, 1992, Nr.2, S. 193-203.

Arnott, R. D. / Bernstein, P. L. (Arnott / Bernstein, 1990): Defining and Managing Pension Fund Risk, in: Fabozzi, F. J. (Hrsg.), Pension Fund Investment Management: A Handbook for Sponsors and their Advisors, Chicago (IL) 1990, S. 33-53.

Baumol, W.J. (Baumol, 1963): An Expected Gain-Confidence Limit Criterion for Portfolio Selection, in: Management Science, October, 1963, S. 174-182.

Bawa, V. S. / Chakrin, L. M. (Bawa / Chakrin, 1979): Optimal Portfolio Choice and Equilibrium in a Lognormal Securities Market, in: TIMS Studies in the Management Sciences Vol. 11, 1979, S. 47-62.

Beckers, S. (Beckers, 1999): A Survey of Risk Management Theory and Practice, in: Chichester, C. A. (Hrsg.), Risk Management and Analysis, Vol. 1, 1999, S. 39-60.

Beckström, R. A. / Lewis, D. / Roberts, C. (Beckström et al., 1994): VAR: pushing risk management to the statistical limit, in: Capital Market Strategies, November, 1994, S. 9-15.

Beeck, H. / Johanning, L. / Rudolph, B. (Beeck et al., 1999): Value-at-Risk-Limitstrukturen zur Steuerung und Begrenzung von Marktrisiken im Aktienbereich, in: OR Spektrum, 21. Jg., 1999, S. 259-286.

Brinson, G. P. / Singer, B. D. / Beebower, G. L. (Brinson et al.,1991): Determinants of Portfolio Performance II: An Update, in: Financial Analysts Journal, May / June 1991, S. 40-48.

Campbell, J. Y. / Lo, A. W. / MacKinlay, A. C. (Campbell et al., 1997): The Econometrics of Financial Markets, Princeton (NJ) 1997.

Christoffersen, P. F. / Diebold, F. X. / Schuermann, T. (Christoffersen et al., 1998): Horizon Problems and Extreme Events in Financial Risk Management, Working Paper 98/16, The Wharton School, University of Pennsylvania, 1998.

Culp, C. L. / Mensink, R. / Neves, A. (Culp et al., 1998): Value at Risk for Asset Managers, in: Derivatives Quarterly, Winter, 1998, S. 21-33.

de La Grandville, O. (de La Grandville, 1998): The Long-Term Expected Rate of Return: Setting it Right, in: Financial Analysts Journal, November / December, 1998, S. 75-80.

Dembo, R. S. (Dembo, 1997): Value-At-Risk and Return, in: The Electronic Journal of Financial Risk, October, 1997 No.1 (verfügbar unter www.netexposure.co.uk).

Dixit, A. K. / Pindyck, R. S. (Dixit / Pindyck, 1994): Investment under Uncertainty, Princeton (NJ) 1994.

Dowd, K. (Dowd, 1998): Beyond Value at Risk: The New Science of Risk Management, Chichester 1998.

Elton, E. J. / Gruber, M. J. (Elton / Gruber, 1974): Portfolio Theory When Investment Relatives are Lognormally Distributed, in: Journal of Finance, September, 1974, S. 1265-1273.

Falloon, W. (Falloon, 1999): Growin'up, in: Risk, Vol. 12, February, 1999, S. 26-31.

Fama, E. F. / French, K. R. (Fama / French, 1992): The Cross-Section of Expected Stock Returns, in: Journal of Finance, Vol. 47, 1992, No. 2, S. 427-465.

Frantzmann, H.-J. (Frantzmann, 1998): Der Risikobegriff im Investmentmanagement, in: Handbuch Portfoliomanagement, Bad Soden / Taunus 1998, S. 387-401.

Gibson III, L. (Gibson, 1997): Managing Firmwide Risk for Pension Funds, in: Fabozzi, F. J. (Hrsg.), Pension Fund Investment Management, New Hope (PA) 1997, S. 235-260.

Glauber, R. (Glauber, 1998): Relative values, in: Risk, Volume 11, January, 1998, S. 39-40.

Gramlich, D. / Peylo, B. T. / Staaden, M. (Gramlich et al., 1999): Effiziente Portfolios im µ-/VaR-Raum, in: Die Bank, 1999, Nr. 6, S. 422-425.

Grinold, R. C. / Kahn, R. N. (Grinold / Kahn, 2000): Active Portfolio Management, 2nd edition, New York 2000.

Hammer, D. A. (Hammer, 1994): The Importance of Time-Horizon, in: Lederman, J. / Klein, R. A.(Hrsg.), Global Asset Allocation, New York 1994, S. 39-54.

Harlow, W. V. (Harlow, 1991): Asset Allocation in a Downside-Risk Framework, in: Financial Analysts Journal, September / October 1991, S. 28-40.

Hensel. C. R. / Turner, A .L. (Hensel / Turner, 1999): Making Superior Asset Allocation Decisions: A Practitioner's Guide, in: Ziemba, W. T. / Mulvey, J. M. (Hrsg.), Worldwide Asset and Liability Modeling, Cambridge 1999 (Reprint), S. 62-83.

Hull, J. (Hull, 1989): Options, Futures, and Other Derivative Securities, New Jersey 1989.

Ibbotson, R. G. / Kaplan, P. D. (Ibbotson / Kaplan, 2000): Does Asset Allocation Policy Explain 40, 90 or 100 Percent of Performance?, in: Financial Analysts Journal, January / February 2000, S. 26-33.

Johanning, L. (Johanning, 1998): Value-at-Risk zur Marktrisikosteuerung und Eigenkapitalallokation, Uhlenbruch Verlag, Bad Soden / Ts. 1998.

Jorion, P. (Jorion, 1997): Value at Risk: The New Benchmark for Controlling Derivatives Risk, Chicago 1997.

Kahn, R. N. / Demakis, D. W. / Cesare, C J. (Kahn et al., 1997): Plan-Wide Risk, in: RogersCasey Research Insights, Darien (CT) 1997.

Kahn, R. N. / Stefek, D. (Kahn / Stefek, 1996): Heat, Light and Downside Risk, BARRA Research Paper, Berkeley (CA) 1996.

Kleeberg, J. M. (Kleeberg, 1995): Der Anlageerfolg des Minimum-Varianz-Portfolios, Bad Soden / Taunus 1995.

Kritzman, M. (Kritzman, 1990): Asset Allocation for Institutional Portfolios, Illinois 1990.

Kritzman, M. (Kritzman, 1995): The Portable Financial Analyst: What Practitioners Need to Know, Chicago (IL) 1995.

Leibowitz, M. L. / Bader, L. N. / Kogelman, S. (Leibowitz et al.1996): Return Targets and Shortfall Risks: Studies in Strategic Asset Allocation, Chicago (IL) 1996.

Leland, H. E. (Leland, 1999): Beyond Mean-Variance: Performance Measurement in a Nonsymmetrical World, in: Financial Analysts Journal, January / February 1999, S. 27-36.

Luenberger, D. G. (Luenberger, 1998): Investment Science, New York 1998.

Lucas, A. / Klaassen, P. (Lucas / Klaassen, 1998): Extreme Returns, Downside Risk, and Optimal Asset Allocation, in: Journal of Portfolio Management, Fall, 1998, S. 71-79.

McCarthy, M. (McCarthy, 1997): Value at Risk in an Investment Management Business: Enhancing the Control Framework, in: Bank Accounting & Finance, 1997, No. 10, S. 17-23.

Nager, J. (Nager, 1998): Innovative Ansätze im Asset-Liability-Management, in: Handbuch Portfoliomanagement, Bad Soden / Taunus 1998, S. 239-264.

Poddig, T. / Dichtl, H. / Petersmeier, K. (Poddig / Dichtl / Petersmeier, 2000): Statistik, Ökonometrie, Optimierung – Methoden und ihre praktische Anwendungen in Finanzanalyse und Portfoliomanagement, Uhlenbruch Verlag, Bad Soden / Ts. 2000.

Raulin, G. (Raulin, 1998): Leistungsorientierte Entlohnung von Portfoliomanagern, Bad Soden / Taunus 1996.

Reichling, P. (Reichling, 1996): Safety First-Ansätze in der Portfolio-Selektion, in: zfbf, 48. Jg., 1996, Nr. 1, S. 31-55.

Schlenger, C. (Schlenger, 1998): Aktives Management von Aktienportfolios, Bad Soden / Taunus 1998.

Schlenger, C. (Schlenger, 1997): Value-Added-at-Risk, in: Die Bank, 1997, Nr. 12, S. 726-729.

Schmidt-von Rhein, A. (Schmidt-von Rhein, 1998): Portfoliooptimierung mit der Ausfallvarianz, in: Handbuch Portfoliomanagement, Uhlenbruch Verlag, Bad Soden / Taunus 1998, S. 591-625.

Schröder, M. (Schröder, 1996): The Value at Risk Approach, in: Albrecht, P. (Hrsg.), Aktuarielle Ansätze für Finanzrisiken (AFIR 1996), Bd. 1, Karlsruhe 1996, S. 151-169.

Sharpe, W. F. (Sharpe, 1990): Asset Allocation, in: Maginn, J. L. / Tuttle, D. L. (Hrsg.), Managing Investment Portfolios: A Dynamic Process, 2nd Edition, Boston 1990, S. 7.1–7.71.

Shimko, D. C. (Shimko, 1998): Applying Value-at-Risk Measures to Derivatives, in: AIMR (Hrsg.), Derivatives in Portfolio Management, Charlottesville (VA) 1998, S: 65-72.

Tan, K. / Gautham, R. (Tan / Gautham, 1999): Applying Risk-Measurement and Management in the Administration of Large Asset Pools, in: The Journal of Performance Measurement, Spring, 1999, S. 37-44.

Watsham, T. J. / Parramore, K. (Watsham / Parramore, 1997): Quantitative Methods in Finance, London 1997.

Wilson, T. C. (Wilson, 1999): Value at Risk, in: Chichester, C. A. (Hrsg.), Risk Management and Analysis, Vol. 1, 1999, S. 61-124.

Wittrock, C. (Wittrock, 2000): Messung und Analyse der Performance von Wertpapierportfolios, 3. Aufl., Uhlenbruch Verlag, Bad Soden/Ts. 2000.

Wulteputte, K. (Wulteputte, 1999): Advanced Risk Management for Asset Management, in: Finance Line, Special Issue: Trema World Forum 1999, S. 20-21.

Zimmermann, H. (Zimmermann, 1991): Zeithorizont, Risiko und Performance: Eine Übersicht, in: Finanzmarkt und Portfolio Management, 5. Jg., 1991, Nr. 2, S. 164-181.

Dynamische Asset Allocation mit langfristigem Value-at-Risk

von Herold C. Rohweder

1. Einleitung
2. Risikoprämie
3. Abschreibungsrisiken (langfristiger Value-at-Risk) und Buch-Marktwertreserven
4. Dynamische Asset Allocation
5. Fazit

Für zahlreiche und ergiebige Diskussionen sowie für kompetente Programmierunterstützung bin ich besonders Benedikt Henne zu Dank verpflichtet. Wertvolle Anregungen und Kommentare verdanke ich darüber hinaus Lutz Johanning, Matthias Kaltenbacher, Jochen Kleeberg, Bernd Pape, Ansgar Pütz, Claus Stickler, Ursula Walther und Thomas Zimmerer. Maxence Mormede hat bei der Aufbereitung der Grafiken wesentlich mitgewirkt. Der Beitrag ist auf der 17. Jahrestagung der deutschen AFIR-Gruppe am 29. April 1999 in Berlin sowie an der Ludwig Maximilian Universität München im Rahmen einer Veranstaltungsreihe des Münchner Forums für Asset- und Risikomanagement am 11. Mai 1999 präsentiert worden.

„It seems to me to be most important not to be upset out of one's permanent holdings by being too attentive to market movements."

John M. Keynes

1. Einleitung

Langfristig weisen Aktienanlagen eine höhere Wertentwicklung aus als Rentenanlagen. Aktien verdienen in diesem Sinne eine positive Risikoprämie. Die Risikoprämie entspricht der Wertentwicklungsdifferenz. Gilt diese Arbeitshypothese, so ergibt sich hieraus das Asset Allocation-Gebot, zur Maximierung der langfristigen Portfoliorendite eine höchstmögliche Aktienquote im Portfolio zu wählen. Bei deutschen Versicherungsunternehmen liegt diese bei 30%.[1] Deutsche Lebensversicherer und Pensionskassen erreichen im Durchschnitt diese Quote nicht.[2] Neben einer Vielzahl von möglichen anderen Gründen wird für die geringe Aktienquote regelmäßig das kurzfristige Abschreibungsrisiko genannt, das dem Erwerb von Aktien entgegenstehe. Die aus kurzfristigen Risikoerwägungen wiederkehrende Verhinderung des Aktienerwerbs führe dazu, dass eine langfristig erstrebenswerte Aktienquote nicht erreicht werde bzw. nicht erreichbar sei.

Der folgende Beitrag beschäftigt sich mit verschiedenen Aspekten dieser Problematik. Hierbei werden folgende Fragen zum Gegenstand der Ausführungen gemacht:

1. Wie hoch ist langfristig die Risikoprämie?

---

[1] Das Versicherungsaufsichtsgesetz VAG beschränkt die zulässige Aktienquote auf maximal 30% der Gesamtanlagen – bewertet zu Buchwerten. Unter Berücksichtigung der so genannten Öffnungsklausel sind maximal 35% zulässig. Auf Marktwertbasis ergeben sich höhere Aktienquoten, da i.d.R. die Buch-Marktwertreserve von Aktien höher ist als von Renten.

[2] Vom Gesamtverband der deutschen Versicherungswirtschaft (1999) veröffentlichte Zahlen zur aktuellen Kapitalanlagenstruktur deutscher Lebensversicherungsgesellschaften weisen eine Quote in Höhe von 20,9% für das Aggregat „Aktien, Investmentzertifikate und andere nicht festverzinsliche Wertpapiere" aus sowie 4,2% für „Beteiligungen und Anlagen in verbundenen Unternehmen". Einerseits wird anhand dieser verfügbaren Daten die tatsächliche Aktienquote überschätzt, da beispielsweise gemischte Spezialfonds vollständig in die Aktienquote gerechnet werden, obgleich sie teilweise Rentenanlagen beinhalten, und zudem reine Rentenfonds zum Teil unter der Rubrik „Investmentzertifikate" geführt werden. Andererseits wird die tatsächliche Aktienquote unterschätzt, da die Zahlen sich auf Kapitalanlagen zu Buchwerten beziehen. Die tatsächliche Aktienquote der deutschen Lebensversicherungsgesellschaften ist deshalb weder zu Markt- noch zu Buchwerten öffentlich zugänglich. Sie liegt vermutlich zwischen 10% und 20% der Kapitalanlagen.

2. Wie lange ist langfristig?
3. Wie hoch sind Abschreibungsrisiken – in Abhängigkeit sowohl der Asset Allocation als auch des Anlagehorizonts?
4. Wie kann der Zielkonflikt zwischen dem kurzfristigen Abschreibungsrisiko des Aktienerwerbs und der Erhöhung der Aktienquote bis zur langfristig angestrebten Asset Allocation-Grenze gelöst werden?

Mit den ersten beiden Fragen beschäftigt sich der Abschnitt 2. Hierbei werden historische Renditedaten für Deutschland, England und USA ausgewertet. Abschnitt 3 behandelt die dritte Frage. Der gängige Value-at-Risk-Ansatz wird aufgegriffen und verallgemeinert, so dass insbesondere die Wirkung unterschiedlicher Anlagehorizonte (von kurz- bis langfristig) erkennbar wird. Dabei wird deutlich, dass aufgrund des bereits bekannten Zeitdiversifikationseffekts interessante Aussagen zu Abschreibungsrisiken von Aktien-, Renten- und gemischten Portfolios getroffen werden können. In Abschnitt 4 wird schließlich ein Ansatz der Dynamischen Asset Allocation (DAA) präsentiert. Die DAA beschreibt ein Verfahren, dessen Anwendung eine Systematik zur Erreichung der langfristigen Asset Allocation unter gleichzeitiger Berücksichtigung kurzfristiger Abschreibungsrisiken ermöglicht.

2. Risikoprämie

Als *Risikoprämie* sei die Wertentwicklungsdifferenz zwischen zwei Anlageformen – hier Aktien und Renten – bezeichnet. Tabelle 1 quantifiziert für unterschiedliche Anlagezeiträume durchschnittliche jährliche Wertentwicklungsdifferenzen[3] von Aktien- und Rentenindices für Deutschland, UK und USA. Für Deutschland liegen Daten zurück bis 1958 vor, für UK bis 1918 und für USA bis 1871.[4] Die Risikoprämie beträgt in den jeweiligen Ländern für Nominalrenditen 4,5, 5,9 bzw. 5,6 Prozentpunkte. Als historisch begründete Richtgröße kann eine langfristige Risikoprämie in

---

[3] Hierbei wird der Durchschnitt der jährlichen Renditedifferenzen von Aktien und Renten ausgewiesen (Risikoprämie). Dieser entspricht nicht der Differenz der geometrisch annualisierten Rendite der Aktien- und Rentenzeitreihen. Diese Differenz ist niedriger als die hier ausgewiesene Risikoprämie, da Aktienrenditen im Vergleich zu Rentenrenditen durch eine höhere Volatilität gekennzeichnet sind.

[4] Vgl. Stehle (1997), Barrie et al. (1999), Siegel (1998). Die Aktienrenditen repräsentieren die Wertentwicklung diversifizierter Marktportfolios (angelehnt an S&P500, FT Total Market Index und DAX). Die Wertentwicklung der Rentenindices repräsentiert das Anlageergebnis von Renten mit einer Restlaufzeit von 4,7 Jahren (REX-Index) bzw. von 10 Jahren für UK und USA.

Höhe von ca. 5 Prozentpunkten angenommen werden. Hierbei muss betont werden, dass die langfristigen Betrachtungszeiträume 40, 81 bzw. 127 Jahre umfassen.

	Deutschland 1958-1997	UK 1918-1998	US 1871-1997
Nominal			
Aktien	11,6	12,2	10,7
Renten	7,1	6,3	5,1
Risikoprämie	4,5	5,9	5,6

Tab. 1: **Risikoprämien im internationalen Vergleich. Quelle: Stehle (1997), Barrie et al. (1999), Siegel (1998)**

Tabelle 2 betrachtet exemplarisch für die deutschen Daten kürzere Zeiträume, insbesondere die Dekadenergebnisse seit den 60-er Jahren. Die Streuung der Dekadenergebnisse legt den Schluss nahe, dass selbst ein Anlagehorizont von 10 Jahren sich nicht als ausreichend erwiesen hat, um eine im Durchschnitt positive Risikoprämie zu erzielen. Hier sticht die Dekade der 70-er hervor, die eine jährliche negative Risikoprämie in Höhe von – 3,5 Prozentpunkten aufwies. Aktien wiesen eine Rendite in Höhe von lediglich 3,7% p.a. auf, wohingegen Renten 7,2% p.a. erbrachten. Diese negative Risikoprämie wurde durch die 80-er Jahre ausgeglichen. Mit 14,2 Prozentpunkten p.a. fiel die Risikoprämie hoch aus. Die 90-er und die 60-er Jahre fallen bezüglich der Risikoprämie nicht besonders aus dem Rahmen (5,0 bzw. 3,5 Prozentpunkte), wobei die 90-er Jahre durch ein durchschnittlich höheres Ertragsniveau als die 60-er Jahre (13,6% vs. 8,9% für Aktien, 8,6% vs. 5,4% für Renten) gekennzeichnet sind.

Alle Angaben in % p.a.	Aktien-Rendite (DAX)	Renten-Rendite (REX)	Risikoprämie
Gesamtzeitraum			
1960-1998	12,0	7,2	4,8
Ohne die besten Aktienjahre			
1985	10,0	7,1	2,9
1985, 1967	8,9	7,0	1,9
1985, 1967, 1960	7,8	7,1	0,7
1985, 1967, 1960, 1993	6,6	6,9	-0,3
Jahrzehnte			
1960-1969	8,9	5,4	3,5
1970-1979	3,7	7,2	-3,5
1980-1989	21,9	7,7	14,2
1990-1998	13,6	8,6	5,0

Tab. 2: Risikoprämie für Deutschland. Quelle: Stehle (1997), Datastream, eigene Berechnungen

Wie lange muss ein Anlagehorizont für einen Anleger sein, um konfident mit einer Aktienanlage eine positive Risikoprämie zu erzielen? Gemessen an den empirischen Extremwerten deutscher Risikoprämien seit 1960 heißt langfristig ca. 22 Jahre. Abbildung 1 verdeutlicht, dass für die Jahresrenditen 1960-1997 eine in der Vergangenheit beliebig gewählte Periode mindestens 22 Jahre umfassen musste, um auszuschließen, dass eine Rentenanlage ein höheres Ergebnis erzielt hat als eine Aktienanlage.[5]

---

[5] Die Analyse der Extremwerte für US- und UK-Daten führt zu einem ähnlichen Ergebnis.

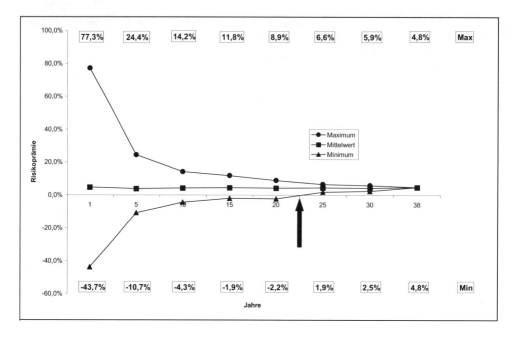

Abb. 1: Verteilungsparameter von deutschen Risikoprämien

Tabelle 2 verdeutlicht darüber hinaus, welchen Einfluss eine falsche Timingentscheidung auf die Risikoprämie nehmen kann. Ist man durchweg in Aktien investiert mit Ausnahme derjenigen Jahre, in denen die Risikoprämie für Einzeljahre (1985, 1967, 1990 und 1993) am höchsten ausgefallen ist – in diesen Jahren sei man aufgrund einer ungünstigen Timingentscheidung in Renten investiert gewesen – so reduzierte sich die erzielte Risikoprämie für die Gesamtperiode 1960-1998 sukzessive von 4,8 Prozentpunkte p.a. auf 2,9, 1,9 und 0,7 Prozentpunkte p.a.. Die Risikoprämie für die Gesamtperiode wird vollständig aufgegeben und erreicht einen Wert von –0,3 Prozentpunkte p.a., wenn während der vier besten Aktieneinzeljahre aus insgesamt 38 Einzeljahren statt in Aktien in Renten investiert worden ist. Wer langfristig die Risikoprämie vereinnahmen möchte, sollte demzufolge dauerhaft und konstant in Aktien investiert sein und die Vereinnahmung der Risikoprämie nicht durch kurzfristiges Timing gefährden, es sei denn, die Timingentscheidungen basieren auf nachweislichen Prognosefähigkeiten. Risikoprämien schwanken jedoch kurzfristig sehr stark und sind erfahrungsgemäß schwer zu prognostizieren.

Welche Implikationen hat eine langfristige Risikoprämie in Höhe von 5 Prozentpunkten p.a.? Unabhängig vom Niveau der absoluten Wertentwicklung wird ein Anleger mit einer um zehn Prozentpunkte höheren Aktienquote langfristig eine um

50 Basispunkte höhere durchschnittliche jährliche Wertentwicklung erzielen. D.h. ein Versicherer mit 30% Aktienquote wird ceteris paribus im Vergleich zu einem Konkurrenten ohne Aktien langfristig eine um 150 Basispunkte höhere jährliche Wertentwicklung erreichen.[6]

3. Abschreibungsrisiken (langfristiger Value-at-Risk) und Buch-Marktwertreserven

Um *Abschreibungsrisiken* quantifizieren zu können, bedarf es eines Risikomaßes. Nachfolgend wird hierfür eine Definition eines Value-at-Risk (VaR) vorgeschlagen, das für unterschiedliche Portfolioallokationen und gleichzeitig für unterschiedliche Anlagehorizonte betrachtet werden kann. Wir werden uns auf die Betrachtung von Portfolios beschränken, die ausschließlich aus den zwei Assetaggregaten „Aktien" und „Renten" bestehen. Für die Analyse wollen wir von den in Tabelle 3 genannten Annahmen zu Renditen von Aktien und Renten ausgehen. Zunächst betrachten wir Renten mit einer unterstellten Duration von 5,5 Jahren. Die Risikoprämie betrage 4 Prozentpunkte p.a.. Der mittlere jährliche Gesamtertrag von Aktien (Renten) in Höhe von 10% (6%) p.a. setze sich aus einer konstant angenommenen ordentlichen Ertragskomponente in Höhe von 2% (6%) und einer verbleibenden außerordentlichen Ertragskomponente in Höhe von 8% (0%) p.a. zusammen. Eine Aktienposition baut demnach langfristig eine Buch-Marktwertreserve im Umfang von durchschnittlich 8% p.a. auf, wohingegen Renten langfristig keine Buch-Marktwertreserven bilden.[7] Die für die Berechnung von Abschreibungsrisiken relevanten Renditegrößen sind die außerordentlichen Ertragskomponenten, da den deutschen Rechnungslegungsvorschriften zufolge Buchwerte nicht um ordentliche Ertragskomponenten verringert

---

[6] Dieser ist entsprechend in der Lage, eine dauerhaft höhere Nettoverzinsung seiner Anlagen auszuweisen.
[7] Entsprechend folgt der Zinszyklus einem stationären Prozess.

werden dürfen.[8] Die Volatilität der Aktienrenditen (Rentenrenditen) wird mit 16% (4,5%) p.a., die Korrelation der Aktien- und Rentenrenditen mit null angenommen.[9]

	Aktien %p.a.	Renten Duration 5.5 %p.a.	Renten Duration 3.0 %p.a.	Renten Duration 1.0 %p.a.
Gesamtertrag	10,0	6,0	5,6	5,0
Ordentlicher Ertrag (Dividenden, Zinsen)	2,0	6,0	5,6	5,0
Außenordenlicher Ertrag (Kursgewinne)	8,0	0,0	0,0	0,0
Volatilität	16,0	4,5	2,4	0,0
Korrelation Aktien/Renten		0,0	0,0	0,0

Tab. 3: Annahmen zum Kapitalmarkt

Exemplarisch werden die Abschreibungsrisiken eines ausschüttenden Spezialfonds betrachtet, der seine ordentlichen Erträge ohne Wiederanlage jährlich vollständig ausschüttet. Das kumulative Abschreibungsrisiko über T Jahre ist durch das folgende VaR-Maß definiert:[10]

(1) $\quad \text{VaR}(\mathbf{w}, T, \lambda, \mathbf{m}, \mathbf{C}) = \exp(\mu \cdot T - \lambda \cdot \sigma \cdot T^{0,5}) - 1$

mit

w	Vektor der Portfoliogewichte in Aktien und Renten,
T	Anlagehorizont in Jahren,
λ	Konfidenzparameter,
m	Vektor der mittleren Periodenrendite von Aktien und Renten,

---

[8] Thesaurierende Fonds bilden hier die Ausnahme. Die vereinnahmten ordentlichen Ertragskomponenten führen zwar nicht zu einer Verringerung des Buchwertes eines Fondsanteils, sondern vielmehr zu einer Erhöhung seines Marktwertes. Entsprechend werden ordentliche Ertragskomponenten des Fonds in Buch-Marktwertreserven umgewandelt und reduzieren dadurch das Abschreibungsrisiko. In diesem Fall kann für die Berechnung von Abschreibungsrisiken der Gesamtertrag zugrunde gelegt werden.

[9] Diese Annahmen entsprechen in etwa den langfristig beobachteten Werten für europäische Aktienaggregate sowie für deutsche Rentenpapiere mit einer Duration von ca. 5,5 Jahren.

[10] Siehe Anhang für eine formale Herleitung.

C	Kovarianzmatrix der Periodenrenditen von Aktien und Renten,
μ	$= \mu$ (**w, m, C**) mittlere stetige Periodenrendite eines Portfolios mit der Allokation **w**,
σ	$= \sigma$(**w, m, C**) Standardabweichung der stetigen Periodenrendite eines Portfolios mit Allokation **w**,
exp	Exponentialfunktion.

Der VaR quantifiziert das Abschreibungsrisiko eines Portfolios mit einer Allokation **w** und einem Anlagehorizont von T Jahren. Der Parameter λ ist äquivalent zur statistischen Konfidenz, dieses Abschreibungsniveau nicht zu verletzen. Ein λ-Wert von beispielsweise 1,64 (1,28) ist äquivalent zu einem Konfidenzniveau von 95% (90%), d.h. in 19 (9) von 20 (10) Jahren kann damit gerechnet werden, dass die kumulative Abschreibung einen Wert von VaR nicht überschreitet. In 5% (10%) der Fälle wird die kumulative Abschreibung höher ausfallen. Eventuelle Abschreibungen während des Anlagehorizonts werden mit entsprechenden Zuschreibungen saldiert, so dass der saldierte Abschreibungsbedarf zum Ende des Anlagehorizonts dem Begriff des kumulativen Abschreibungsrisikos zugrunde liegt. Um die VaR-Größe bestimmen zu können, ist es erforderlich, eine Prognose über den erwarteten mittleren Ertrag **m** der Aktien und Renten und der Kovarianz **C** der Aktien- und Rentenrenditen abzugeben. Aus diesen Größen lassen sich die mittlere stetige Portfoliorendite μ und ihre Standardabweichung σ bestimmen, die wiederum in die VaR-Formel einfließen.

Abbildung 2 zeigt die gemeinhin verwendete Darstellungsweise für den VaR, wobei für einen gegebenen Anlagehorizont (1 Jahr) und einer gegebenen Konfidenz (95%) über verschiedene Portfolioallokationen variiert wird. Die sukzessive Erhöhung der Aktienquote führt zwar zu einer Erhöhung des erwarteten Portfolioertrags, gleichzeitig aber wächst das Abschreibungsrisiko – gemessen am VaR – an.[11] Hieraus leitet sich die allgemeine Auffassung ab, Aktien seien grundsätzlich risikoreicher als Renten.

---

[11] Sofern die Korrelation der Aktien- und Rentenrenditen geringer als +1 ist, ergeben sich wohlbekannte Diversifikationseffekte. Sie führen dazu, dass Abschreibungsrisiken sich nicht proportional zum Aktienanteil verändern und bei niedrigen Aktienquoten zunächst sogar abnehmen können.

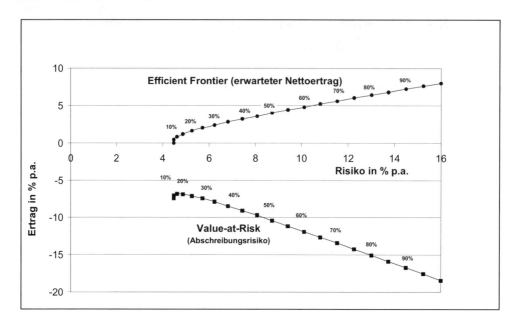

Abb. 2: Erwarteter Nettoertrag und Value-at-Risk (Anlagehorizont: 1 Jahr, Konfidenz: 95%) für verschiedene Aktienquoten

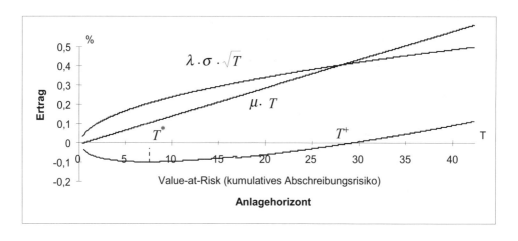

Abb. 3: Value-at-Risk für verschiedene Anlagehorizonte (Allokation: 20% Aktien / 80% Renten, Konfidenz: 95%)

Abbildung 3 zeigt, wie sich das Abschreibungsrisiko für ein gegebenes Portfolio (20% Aktien/80% Renten) und einer gegebenen Konfidenz (95%) im Zeitablauf variiert. Das kumulative Abschreibungsrisiko nimmt zunächst zu, um nach 7 Jahren einen Extremwert von –10% zu erreichen. Danach nimmt das kumulative Abschreibungsrisiko ab und erreicht nach 28 Jahren die Nullgrenze. Für einen Anlagehorizont von 28 Jahren beträgt die Wahrscheinlichkeit 5%, mit diesem Portfolio den Kapitalerhalt nicht zu erreichen. Es ist offensichtlich, dass Abschreibungsrisiken sich nicht in einem festen Verhältnis zum Anlagehorizont verändern. Dies reflektiert die Tatsache, dass das Abschreibungsrisiko von zwei Komponenten bestimmt wird, die sich unterschiedlich mit dem Anlagehorizont verändern. Die kumulative stetige Portfoliorendite nimmt mit wachsendem Anlagehorizont linear zu, wohingegen ihre Standardabweichung mit abnehmender Rate zunimmt.[12] Wenn der Anlagehorizont hinreichend lange ist, beginnt der Renditezuwachs die Zunahme des Risikos (Standardabweichung) zu dominieren. Die Folge ist, dass das Abschreibungsrisiko von da an mit einer Erweiterung des Anlagehorizontes abnimmt. Eine risikobehaftete Anlageform, die langfristig eine Buch-Marktwertreserve aufbaut, wird demnach bei hinreichend langem Anlagehorizont von diesen Wirkungszusammenhängen profitieren. Dies gilt insbesondere für die Anlageform Aktien. Renten hingegen profitieren hiervon nicht, da sie langfristig keine Buch-Marktwertreserven aufbauen. Entsprechend entfällt die Renditekomponente im VaR-Maß, so dass das Abschreibungsrisiko von Renten mit wachsendem Anlagehorizont stetig – wohl aber mit abnehmender Rate – zunimmt.[13]

Abbildung 4 vereinigt beide Betrachtungsweisen. Die Abschreibungsrisiken sind an den markierten Iso-Ertragslinien abzulesen. Sie entsprechen Höhenlinien einer Landkarte, wobei die Höhe das kumulative Abschreibungsrisiko (falls negativ) bzw. dem kumulativen Mindestertrag (falls positiv) beschreibt, das mit einer Wahrscheinlichkeit von 95% nicht unterschritten wird. Der VaR der Abbildungen 2 und 3 ist in der Abbildung 4 enthalten. Sie sind durch die mit ① und ② markierten Geraden gekennzeichnet. Der Schnittpunkt dieser beiden Geraden betrachtet ein Portfolio mit einer Aktienquote von 20% und einem Anlagehorizont von 1 Jahr. Dieser Schnittpunkt liegt zwischen den Ertragslinien, die mit –6 und –7 markiert sind. Ausgehend

---

[12] Gängige Value-at-Risk-Anwendungen vernachlässigen die Renditekomponente, da insbesondere bei kurzen Anlagehorizonten (1 Tag, 1 Woche, 1 Monat) diese relativ zur Standardabweichungskomponente gering ausfällt und deshalb als null angenommen wird. Die Schlussfolgerung ist, dass der VaR als Risikomaß mit zunehmendem Anlagehorizont stetig zunimmt. Je länger der Anlagehorizont, umso weniger ist diese Annahme gerechtfertigt.

[13] Dies unterstellt eine Rentenanlage mit konstanter Duration, z.B. in Höhe von ca. 5,5 Jahren. Näherungsweise wäre diese erreicht, wenn z.B. kontinuierlich in eine Rentenanlage mit knapp 7-jähriger Restlaufzeit umgeschichtet würde oder ein Portfolio von Rentenanlagen bis zur jeweiligen Endfälligkeit gehalten würde und Kuponerträge sowie Fälligkeiten stets in 10-jährige Rentenpapiere wieder angelegt würden. Eine weitere Voraussetzung für ein mit wachsendem Anlagehorizont zwingend stetig zunehmendes Abschreibungsrisiko ist eine flache Zinsstrukturkurve.

von diesem Schnittpunkt wird entlang der horizontalen Geraden mit wachsendem Anlagehorizont das jeweilige Abschreibungsrisiko des Portfolios mit unveränderter Asset Allocation betrachtet. Wie bereits in Abbildung 3 verdeutlicht, steigt zunächst das kumulative Abschreibungsrisiko auf bis zu –10% an. Jenseits eines 7-jährigen Anlagehorizonts nimmt das kumulative Abschreibungsrisiko stetig ab und erreicht nach 23 Jahren einen Wert von ca. –3,5%. Entlang der mit ① markierten vertikalen Geraden werden Portfolios mit unterschiedlicher Aktienquote und einem konstant gehaltenen, 1-jährigen Anlagehorizont betrachtet. In Analogie zur Abbildung 2 wird ersichtlich, dass mit zunehmender Aktienquote jenseits von 15% das Abschreibungsrisiko anwächst und bei 100% Aktien einen Wert von –17% erreicht.

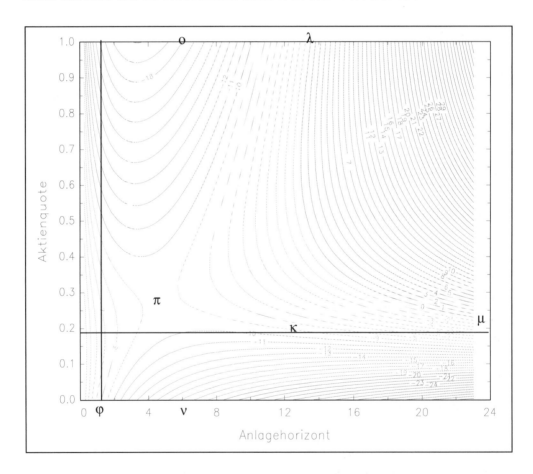

Abb. 4: Value-at-Risk (Konfidenz 95%) für verschiedene Aktienquoten und verschiedene Anlagehorizonte (Renten mit 5,5 Jahre Duration)

Folgende Aussagen zum kumulativen Abschreibungsrisiko (Konfidenz 95%) lassen sich darüber hinaus aus Abbildung 4 ableiten:

- Renten(portfolios) sind auch kurzfristig von Abschreibungsrisiken betroffen. Das Abschreibungsrisiko von Renten beträgt bei 1-jährigem Anlagehorizont ca. 7,5%.[14] Es nimmt mit Erhöhung des Anlagehorizonts stetig zu.
- Das Abschreibungsrisiko von Aktien beträgt bei 1-jährigem Anlagehorizont ca. 17%. Es nimmt mit Erhöhung des Anlagehorizonts zunächst zu, erreicht nach ca. 4 Jahren einen Wert von ca. 20% und nimmt danach wieder ab. Wertsicherung (nach Vereinnahmung der Dividenden) im 95% Worst-Case erfordert einen Anlagehorizont von mindestens 14 Jahren (siehe Abbildung 4, Markierung ③).
- Wertsicherung wird frühestens nach 14 Jahren Anlagehorizont erreicht. Sie erfordert Portfolioallokationen mit Aktienquoten von mindestens 50%. Niedrigere Aktienquoten (z.B. 24%) verlängern den für die Wertsicherung nötigen Anlagehorizont (z.B. auf 23 Jahre – siehe Markierung ④).
- Renten haben bei kurzen Anlagehorizonten – bis zu ca. 7 Jahren – ein geringeres Abschreibungsrisiko als Aktien (siehe Abbildung 4, Markierung ⑤ und ⑥). Bei einem 7-jährigen Anlagehorizont beträgt es für Aktien und Renten gleichermaßen ca. 17%. Jenseits von 7 Jahren Anlagehorizont haben Aktien ein geringeres Abschreibungsrisiko als Renten. Kurzfristig sind demnach Aktien risikoreicher als Renten, langfristig sind Aktien risikoärmer als Renten.
- Unabhängig davon, welche Allokation zwischen Aktien und Renten gewählt wird, ist ein Abschreibungsrisiko in Höhe von kumulativ knapp 10% unvermeidbar. Es wird in Abbildung 4 durch den H-förmigen Bereich beschrieben, der den Sattelpunkt (Markierung ⑦) enthält. Es gibt keine Allokation, die bei entsprechend gewähltem Anlagehorizont einem kumulativen Abschreibungsrisiko von knapp 10% ausweichen kann. Folglich muss die Abschreibungstoleranz des Anlegers mindestens diesem unvermeidbaren kumulativen Abschreibungsrisiko entsprechen.
- Wenn eine konstante Allokation angestrebt wird, die einerseits sich maximal dem unausweichlichen Abschreibungsrisiko in Höhe von knapp 10% aussetzt, andererseits aber die Partizipation an der Risikoprämie für Aktien maximiert, so ergibt sich eine empfohlene Aktienquote in Höhe von 30% (Markierung ⑦).

---

[14] Dies korrespondiert mit einer Duration von 5,5 Jahren und einem Zinsniveauanstieg in Höhe von 135 Basispunkten. Ein solcher Zinsniveauanstieg unterstellt eine Standardabweichung von jährlichen Zinsänderungen in Höhe von 85 Basispunkten. Diese entspricht empirischen Erfahrungswerten.

Portfolios mit höheren Aktienquoten bergen größere kumulative Abschreibungsrisiken – insbesondere innerhalb der ersten 4 Jahre –, Portfolios mit niedrigeren Aktienquoten leisten nicht den vermeintlichen Schutz vor kumulativen Abschreibungsrisiken, der gemeinhin rentenlastigen Portfolios zugeschrieben wird.

Abbildungen 5 und 6 zeigen die Abschreibungsrisiken, wenn dem Aktienaggregat statt Renten mit ca. 5,5-jähriger Duration (d.h. einer Wertentwicklungsvolatilität von 4,5% p.a.) nunmehr Renten mit ca. 3-jähriger bzw. ca. 1-jähriger Duration beigemischt werden.[15]

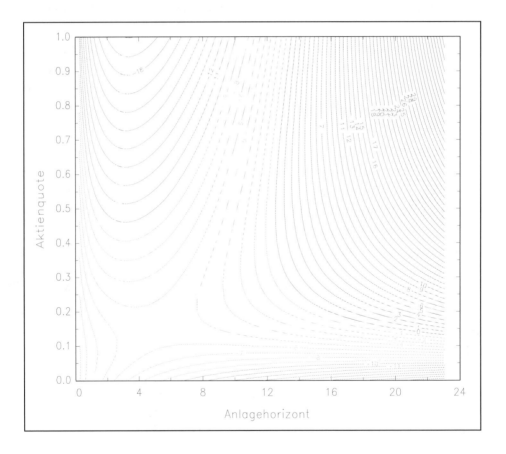

Abb. 5: Value-at-Risk (Konfidenz 95%) für verschiedene Aktienquoten und Anlagehorizonte (Renten mit 3 Jahre Duration)

---

[15] Der JP Morgan EMU Government Bond Index 1-5 Jahre beispielsweise weist eine Duration von ca. 3 Jahren auf.

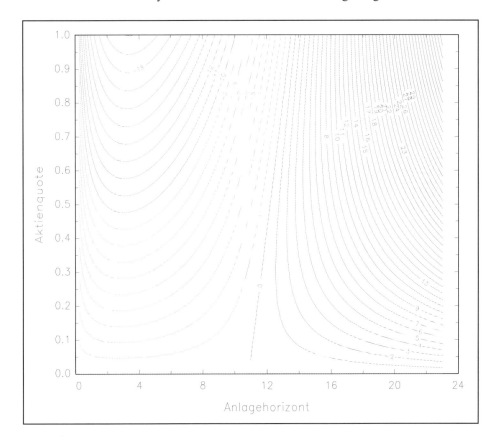

Abb. 6: Value-at-Risk (Konfidenz 95%) für verschiedene Aktienquoten und Anlagehorizonte (Renten mit 1 Jahr Duration)

Ihre Wertentwicklungsvolatilität sei mit 2,4% p.a. bzw. 0% p.a. angenommen. Die erwartete Nettorendite (Gesamtertrag abzüglich des ordentlichen Ertrags) betrage weiterhin 0% p.a.. Die als unvermeidlich zu akzeptierende Abschreibungstoleranz fällt auf –6% bzw. 0%. Die empfohlene Mindestquote für Aktien beträgt entsprechend 15% bzw. 0%. Im letzteren Fall wird deutlich, dass bei nicht abschreibungsgefährdeten Rentenanlagen die Abschreibungstoleranz ausschließlich von der risikobehafteten Aktienanlage beansprucht wird.[16]

---

[16] Mit kürzeren Rentenanlagen sind bei einer kumulativen Abschreibungstoleranz von knapp 10% höhere maximale Aktienquoten möglich als mit der längeren Rentenanlage. Statt 30% Aktienquote ergeben sich Quoten von 42% bzw. 45%. Der erwartete Gesamtertrag (inklusive ordentlicher Erträge gemäß Tabelle 3) dieser Portfolios beträgt 7,20% (30% Aktien und 70% Renten mit 5,5-jähriger Duration), 7,45% (42% Aktien und 58% Renten mit 3-jähriger Duration) bzw. 7,25% (45% Aktien und 55% Renten mit 1-jähriger Duration). Entsprechend ist für diese Abschreibungstoleranz die Rente mit 3-jähriger Duration die beste Ergänzung zum Aktienaggregat.

Abbildung 7 zeigt für unterschiedliche Portfolioallokationen die erwartete Buch-Marktwertreserve als Anteil am Marktwert in Abhängigkeit der Zeit. Sie lässt sich aus der VaR-Formel (Gl. 1) bestimmen, indem der Parameter $\lambda = 0$ gesetzt wird. So hat mit den angenommenen Parametern ein Portfolio mit 100% (50%, 30%, 20%, 10%) Aktienquote nach 10 Jahren eine durchschnittliche Reservenquote in Höhe von 48% (30%, 20%, 14%, 7%) aufgebaut. Sie sind in Abbildung 7 durch die Kreise markiert. Um eine erwartete Reservenquote in Höhe von 10% des Portfoliowertes aufzubauen, ist es erforderlich, mit einem Aktienanteil von 100% (50%, 30%, 20%, 10%) einen Anlagehorizont von ca. 2 (3, 5, 7, 14) Jahren zu verbinden. Sie sind in Abbildung 7 durch die Quadrate markiert.

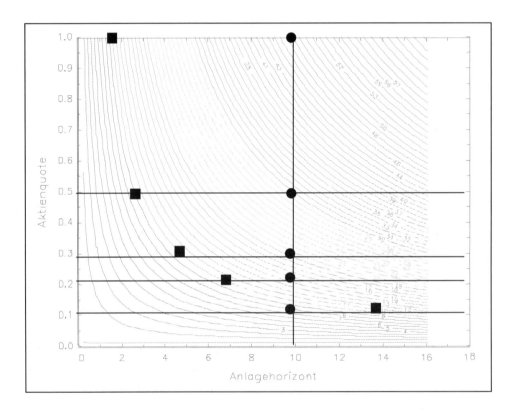

Abb. 7: Erwartete Buch-Marktwertreserve für verschiedene Aktienquoten und Anlagehorizonte

4. Dynamische Asset Allocation

Die *Dynamische Asset Allocation* (DAA) adressiert einen Zielkonflikt. Er besteht darin, dass einerseits hohe Aktienquoten gefordert sind, um an der langfristig vergleichsweise höheren Wertentwicklung von Aktien zu partizipieren, andererseits aufgrund der vergleichsweise höheren Volatilität Aktienanlagen kurzfristig nur bedingt möglich sind. Insbesondere sind kurzfristige Beschränkungen aufgrund der Abschreibungserfordernis zu berücksichtigen, die sich aus der Umsetzung des Niederstwertprinzips ergeben können. Aktienanlagen haben aber gleichzeitig die Eigenschaft, langfristig Buch-Marktwertreserven aufzubauen, die Rentenanlagen langfristig verwehrt bleibt. Rentenanlagen haben höchstens kurzfristig und vorübergehend im Rahmen einer Zinsniveauabsenkung bzw. einer steilen Zinsstrukturkurve die Möglichkeit, Buch-Marktwertreserven aufzubauen. Buch-Marktwertreserven bieten einen Schutz gegen zukünftige Abschreibungsrisiken. Folglich können die dauerhaft aus Aktien (und vorübergehend aus Rentenanlagen) resultierenden Buch-Marktwertreserven verwendet werden, um bei unverändertem Abschreibungsrisiko für das Gesamtportfolio den Aktienanteil im Zeitablauf zu erhöhen.

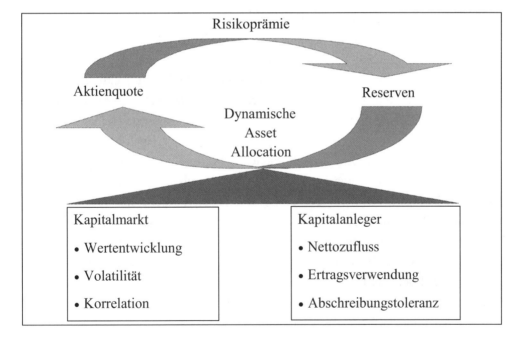

Abb. 8: Einflussfaktoren und Prozessablauf der Dynamischen Asset Allocation

Die Dynamische Asset Allocation hat nicht die Formulierung der langfristig angestrebten Allokation als vielmehr die Zwischenschritte auf dem Weg zu dieser Allokation zum Gegenstand. Letztendlich ist das Verfahren eine wiederkehrende VaR-Anwendung. Abbildung 8 verdeutlicht den Ablauf und die Einflussfaktoren der Dynamischen Asset Allocation. Die Dynamik folgt einem wiederkehrenden Kreislauf. Er wird pro Entscheidungszyklus, i.d.R einmal jährlich, durchlaufen. Eine positive Aktienquote ist Voraussetzung, um an der langfristig positiven Risikoprämie zu partizipieren. Sofern keine Buch-Marktwertreserven vorhanden sind, kann anhand des unumgänglichen Abschreibungsrisikos die geeignete Anfangsallokation von Aktien und Renten bestimmt werden. Hierbei ist der kumulative Mehrperioden-Value-at-Risk als Maß für das Abschreibungsrisiko relevant. Die Abschreibungstoleranz muss mindestens diesem unumgänglichen Abschreibungsrisiko entsprechen. Sind Buch-Marktwertreserven vorhanden, so kann die Abschreibungstoleranz im Umfang der Buch-Marktwertreserve reduziert werden. Übersteigt die Buch-Marktwertreserve das unumgängliche Abschreibungsrisiko, entfällt die Notwendigkeit einer Abschreibungstoleranz. Die Summe der Abschreibungstoleranz und der Buch-Marktwertreserve bezeichne die Shortfall-Toleranz des Portfolios. Die Shortfall-Toleranz dient als Grundlage zur Bestimmung der geeigneten Aktienquote. Die Wertentwicklung der Aktien und Renten wird in jeder Periode zu einer Veränderung der Buch-Marktwertreserve und damit zur Veränderung der Shortfall-Toleranz führen. Die Entwicklung der Shortfall-Toleranz bildet die Basis für eine Anpassung der Aktienquote. Da die Entwicklung der Buch-Marktwertreserve langfristig einem positiven Trend unterliegt – vorausgesetzt man ist nicht ausschließlich in Renten investiert – , wird eine systematische Erhöhung der Aktienposition daraus folgen.[17] Auf die Entwicklung der Buch-Marktwertreserve nehmen schließlich noch zwei weitere Faktoren Einfluss. Zum einen verwässert der Nettozufluss (z.B. durch eine Dotation im Spezialfonds oder durch ein Wachstum der Kapitalanlagen im Direktbestand eines Lebensversicherers aufgrund eines wachsenden Versicherungsbestandes) die Reservenquote, andererseits wird die Reservenquote maßgeblich durch die Ertragsverwendung bestimmt. Insbesondere Spezialfonds besitzen die Möglichkeit ordentliche Erträge (teilweise) zu thesaurieren und somit in Buch-Marktwertreserven zu wandeln. Diese Möglichkeit besteht für Kapitalanlagen im Direktbestand eines Versicherungsunternehmens nicht. Sie sind demnach wie Spezialfonds zu behandeln, die eine vollständige periodengerechte

---

[17] Dies setzt als Bedingung lediglich die langfristige Bildung von Buch-Marktwertreserven bei Aktien voraus. Sie erfordert nicht notwendigerweise eine langfristig positive Risikoprämie von Aktien gegenüber Renten. Eine solche Risikoprämie fördert jedoch die Erhöhung der Aktienquote, da sie zusätzlich zur Steigerung der Buch-Marktwertreserve beiträgt.

eine vollständige periodengerechte Ausschüttung aller ordentlichen Erträge vorsehen. Hiervon wollen wir im Folgenden grundsätzlich ausgehen. Entsprechend sind die Simulationsergebnisse gleichermaßen für den Direktbestand oder für den Spezialfonds, dessen ordentliche Erträge vollständig periodengerecht ausgeschüttet werden, repräsentativ.

Ziel der Dynamischen Asset Allocation ist eine turnusgemäße Anpassung der Aktienquote, die

— dem kumulativen Abschreibungsrisiko Rechnung trägt,
— einen stetigen Verlauf nimmt, d.h. sich regelmäßig in Richtung der langfristig angestrebten Asset Allocation bewegt,
— keine kurzfristige Prognose über den Aktien- oder Rentenmarkt erfordert.

Die Dynamische Asset Allocation wird diesen Anforderungen durch folgendes Vorgehen gerecht.[18] Zunächst wird die Portfolioallokation mit der maximal möglichen Aktienquote bestimmt, deren kumulativer Mehrperioden-VaR in Einklang mit der Shortfall-Toleranz – der Summe aus Abschreibungstoleranz und Buch-Marktwertreserve – steht. Es erfolgt eine asymmetrische und partielle Anpassung an die maximal mögliche Aktienquote. Anpassungen nach unten werden nicht, Anpassungen nach oben werden partiell vorgenommen. Diese Vorgehensweise dient der Glättung des Anpassungspfades der Aktienquote im Zeitablauf. Dadurch werden die Vorteile des so genannten Cost-Averagings genutzt. Die partiellen Anpassungen nach oben ermöglichen den Verzicht auf aktienreduzierende Anpassungen, ohne das Risiko der Aktienaufbaustrategie nennenswert zu erhöhen. Am Ende jeder Periode wird aufgrund der Wertentwicklung der Aktien und Renten die Veränderung der Buch-Marktwertreserve des Gesamtportfolios und damit der Shortfall-Toleranz festgestellt. Hierbei kann zwischen dem thesaurierenden und ausschüttenden Fall hinsichtlich der Ertragsverwendung von Spezialfonds unterschieden werden. Schließlich wird die Verwässerung der Shortfall-Toleranz aufgrund des Nettozuflusses bestimmt. Dabei wird angenommen, dass der Nettozufluss strukturidentisch zum bestehenden Portfolio angelegt wird. Die resultierende Reservequote steht dann zur Bestimmung einer geeigneten Aktienquote zu Beginn der nächsten Periode zur Verfügung. Die Anwendung des DAA-Verfahrens wirft zwei Fragen auf:

---

[18] Der Abschnitt II des Anhangs enthält eine formale Darstellung des Modells der Dynamischen Asset Allocation.

- Kann eine Aktienaufbaustrategie formuliert werden, die den oben genannten Anforderungen (risikokontrolliert, stetig, prognosefrei bezüglich kurzfristiger Renditeprognosen) gerecht wird?
- Wie lange muss eine solche Strategie verfolgt werden, um unter typischen Rahmenbedingungen die langfristig angestrebte Aktienquote zu erreichen?

Diese Fragen werden nachfolgend im Rahmen von zwei Simulationsansätzen beantwortet. Der erste Simulationsansatz umfasst die Kalibrierung des DAA-Modells, insbesondere der Anpassungsgeschwindigkeit zur Erhöhung der Aktienquote. Das Ergebnis hängt aber auch wesentlich von den gewählten Parametern ab, die das Verhalten des Kapitalmarktes und des Kapitalanlegers beschreiben. Für den Kapitalmarkt werden dabei eine Vielzahl von Szenarien berücksichtigt, indem Renditen für Aktien und Renten aufgrund einer Monte-Carlo-Simulation generiert werden. Der zweite Simulationsansatz wendet das kalibrierte Modell auf den historischen Verlauf des Kapitalmarktes (MSCI Europe für europäische Aktien, REXP-Index für deutsche Renten) an. Dabei wird die Entwicklung der Aktienquote und der Buch-Marktwertreserve sowie die Performance der Strategie für die Zeiträume 1978-1997 und 1986-1998 beschrieben.

Zunächst zum ersten Simulationsansatz. Die folgenden Annahmen zum Kapitalmarkt und Kapitalanleger sind darauf ausgerichtet, möglichst realitätsnah die Neuauflage eines gemischten Spezialfonds zu beschreiben, dessen Struktur langfristig in einen Aktienfonds übergeführt werden soll.

- Die Buch-Marktwertreserve des Gesamtportfolios sei zu Beginn gleich null. Es erfolgt demnach keine Sacheinbringung zu Buchwerten, sondern eine Fondsneuauflage entweder mit Liquidität oder in Form einer Sacheinbringung zu Marktwerten.
- Alle ordentlichen Erträge (Zinseinkünfte, Dividenden) werden jährlich ausgeschüttet und unmittelbar wieder in Form einer Anteilsscheinzeichnung im Spezialfonds reinvestiert.
- Nettozuflüsse in Form weiterer Anteilsscheinzeichnungen erfolgen nicht.
- Eine Anpassung der Asset Allocation erfolgt im jährlichen Turnus.
- Die Abschreibungstoleranz betrage bei Auflage des Fonds 10% des Fondsanteilwertes. Damit wird ein minimaler Fondsanteilwert in Höhe von 90% des Ausgangswertes festgelegt, der auch in späteren Perioden nicht unterschritten werden soll.

– Als Assetaggregate werden Aktien (erwarteter Gesamtertrag 10% p.a., erwarteter Nettoertrag 8% p.a., Volatilität 16% p.a.) und Renten (erwarteter Gesamtertrag 6% p.a., erwarteter Nettoertrag 0% p.a., Volatilität 4,5% p.a.) verwendet.[19] Die Korrelation der Aktien- und Rentenrenditen wird als null angenommen. Die Renditen seien mit diesen Parametern bivariat normalverteilt.

Die langfristige Risikoprämie von Aktien gegenüber Renten beträgt damit 4 Prozentpunkte p.a., ihre Standardabweichung 16,6 Prozentpunkte p.a.. Das unumgängliche Abschreibungsrisiko, das sich aus dem kumulativen Mehrperioden-VaR bestimmen lässt, beträgt unter diesen Annahmen knapp 10% des Gesamtvermögens. Die empfohlene Anfangsallokation sieht einen Aktienanteil von 22% vor. Sie wird unmittelbar bei Fondsauflage etabliert.[20] Im Rahmen einer Monte-Carlo-Simulation wird eine Sequenz von 30 Jahresrenditen für Aktien und Renten erzeugt, die den oben genannten Verteilungsparametern entsprechen. Diese werden verwendet, um einen Anpassungspfad des DAA-Modells bezüglich der Aktienquote und der Buch-Marktwertreserve zu bestimmen. Dabei wird für die partielle Anpassung der Aktienquote nach oben (unten) an die nach den VaR-Berechnungen maximal mögliche Aktienquote mit einem Anpassungskoeffizient von 0,1 (0) gearbeitet.[21] Die partielle Anpassung führt zu einer Glättung des Anpassungspfades für die Aktienquote.

---

[19] Der Nettoertrag entspricht der Differenz aus dem Gesamtertrag und dem ordentlichen Ertrag.
[20] Eine Anfangsallokation mit 22% Aktienanteil wurde aufgrund folgender Überlegungen gewählt. Da eine Abschreibungstoleranz von 10% vorgegeben wurde, beträgt die Mindestaktienquote aufgrund der kumulativen Mehrperioden-VaR-Größen 20% (siehe Markierung ② der Abbildung 4). Die konstante Allokation von 20% Aktien und 80% Renten soll demnach als Benchmark dienen. Die maximale Aktienquote, die mit einer Abschreibungstoleranz von 10% möglich ist, beträgt 40% (siehe Abbildung 4). Unter Anwendung der partiellen Anpassungsregel wird – ausgehend von einer Benchmarkallokation von 20% und einer maximal möglichen Aktienquote von 40% – eine Anfangsallokation von 22% gewählt.
[21] Vgl. Anhang Abschnitt II.

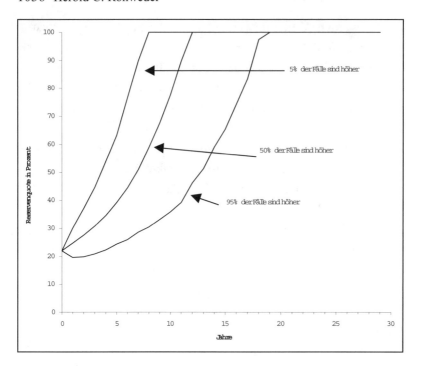

Abb. 9: Entwicklung der Aktienquote für die Dynamische Asset Allocation

Um den mittleren Pfad und die Streuung denkbarer Pfade beschreiben zu können, werden 1000 Pfade bestimmt. Abbildung 9 beschreibt die Aktienquote des DAA-Modells, wobei der mittlere Pfad durch eine Aktienquote beschrieben wird, die von 50% aller Pfade zu dem jeweiligen Zeitpunkt übertroffen und unterschritten wird. Entsprechend wird die Aktienquote ausgewiesen, die von 95% (5%) aller Pfade zu dem jeweiligen Zeitpunkt übertroffen wird. Die Anpassung der Aktienquote von 22% auf 100% unter Anwendung der Dynamischen Asset Allocation nimmt im mittleren Fall einen Zeitraum von 12 Jahren in Anspruch. In 95% (5%) aller Fälle nimmt die Anpassung einen Zeitraum von weniger als 19 (8) Jahren in Anspruch. Die Anpassung der Aktien erfolgt nicht mit konstanter Schrittlänge, sondern mit nahezu konstanter Wachstumsrate. Wer also statt der Dynamischen Asset Allocation eine Anpassungsregel für die Erhöhung der Aktienquote formulieren möchte, die sich am Ergebnis der DAA orientiert, kann folgender Faustregel folgen. Dem DAA-Ergebnis im mittleren Fall (im 95%-Fall) entspricht eine Erhöhung der Aktienquote in Höhe des 1,5-fachen (1,0-fachen) der erwarteten Buch-Marktwertveränderung.[22] Bei einer

---

[22] Die Anpassung der Aktienquote an der Veränderung der erwarteten Buch-Marktwertreserve auszurichten bedingt den Unterschied zur DAA, die sich an der tatsächlichen Entwicklung der Buch-Marktwertreserve orientiert. Die Anwendung dieser Faustregel kann sich bezüglich der Risikosteue-

Allokation von 20% Aktien und 80% Renten beispielsweise würde die Faustregel für das Folgejahr eine Erhöhung der Aktienquote um 1,5*20%*8%=2,4%-Punkte für den mittleren Fall, 1,0*20%*8%=1,6%-Punkte im 95%-Fall nahelegen. Im darauf folgenden Jahr würde die Erhöhung der Aktienquote um 1,5*22,4%*8%=2,7%-Punkte bzw. 1,0*21,6%*8%=1,7%-Punkte erfolgen, und so weiter.

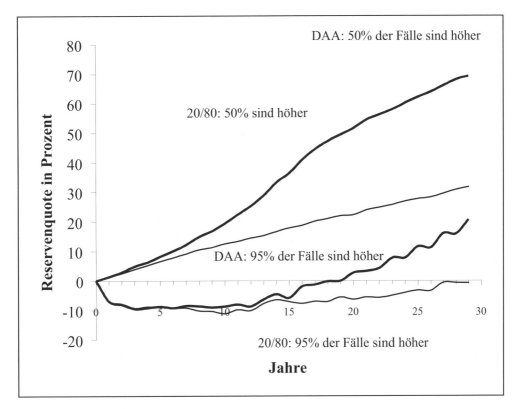

Abb. 10: Entwicklung der Buch-Marktwertreservenquote der Dynamischen Asset Allocation im Vergleich zur konstanten Portfolioallokation mit 20% Aktien und 80% Renten

Abbildung 10 beschreibt die Verteilung der Buch-Marktwertreserve der 1000 Simulationspfade. Hierbei sind zwei Fälle einander gegenübergestellt: Die Dynamische Asset Allocation und die im Zeitablauf konstant gehaltene Allokation mit 20% Aktien und 80% Renten (20/80-Allokation). Im mittleren Fall schneidet erwartungsgemäß die DAA besser ab als die 20/80-Allokation. Aufgrund der steigenden Aktienquote vermag die DAA im stärkeren Maße Buch-Marktwertreserven aufzubauen.

---

rung als problematisch erweisen, d.h. die Wahrscheinlichkeit, die 10%-Abschreibungsgrenze zu verletzen, ist bei Anwendung der Faustregel höher als bei Anwendung des DAA-Verfahrens.

Diese werden in steigende Aktienquoten gewandelt, was zu einer Beschleunigung der Bildung von Buch-Marktwertreserven führt. Sobald die maximale Aktienquote nach ca. 12 Jahren erreicht ist, nimmt die Buch-Marktwertreserve mit abnehmender Rate zu. Sie liegt aber deutlich über der Buch-Marktwertreserve der 20/80-Allokation.

Die 20/80-Allokation birgt ein kumulatives Abschreibungsrisiko in Höhe von 10%. Grafisch wird es durch den 95%-Fall ausgedrückt. Es entspricht der analytisch ermittelten kumulativen VaR-Linie, die wir bereits in Abbildung 3 erläutert haben. Abbildung 10 demonstriert, dass die DAA keine höheren Abschreibungsrisiken auf sich genommen hat als die 20/80-Allokation. Die Grenze einer negativen Buch-Marktwertreserve (=Abschreibung) in Höhe von 10% wird von der DAA mit 95% Konfidenz nicht verletzt. Dies gilt insbesondere während der Phase des Aktienaufbaus (ersten 9 bis 20 Jahre).

Der zweite Simulationsansatz sieht eine Umsetzung des DAA-Verfahrens auf die historische Entwicklung des europäischen Aktienmarktes (MSCI Europe) und des deutschen Rentenmarktes (REXP) für den Zeitraum 1978 bis 1997 vor. Der Verlauf der Aktienquote in Abbildung 11 ist durch stetige Erhöhungen charakterisiert. Jahre mit abnehmender Aktienquote (1987, 1990) sind nicht auf Umschichtungsaktivitäten aus Aktien in Renten zurückzuführen, sondern repräsentieren ausschließlich den Effekt, dass die Aktienquote bei unverändertem Aktienbestand aufgrund einer höheren Wertentwicklung der Renten zurückgeht. Nach 20 Jahren ist die Aktienquote von 20% auf 88% angewachsen. Die Reservenquote (Abbildung 12) ist auf 41% angewachsen, die Abschreibungszone wurde im 3. und 5. Jahr der Strategie im Umfang von 2% beansprucht. Abbildung 13 zeigt den Mehrertrag der Dynamischen Asset Allocation gegenüber einer konstanten Portfolioallokation mit 20% Aktien und 80% Renten. Nach 20 Jahren Aktienaufbaustrategie ist ein Mehrertrag in Höhe von durchschnittlich 1,48%-Punkten p.a. erzielt worden. Der Mehrertrag wurde allerdings nicht stetig erzielt. In 1982, 1987, 1992 und 1995, d.h. nach 5, 10, 15 und 18 Jahren, lag der durchschnittliche Mehrertrag unter 20 Basispunkten p.a., obgleich die Aktienquote von 20% auf 30%, 50%, 60% und 75% angewachsen war. Die kontinuierliche und stetige Erhöhung der Aktienquote ermöglichte es dem Portfolio, aufgrund der hohen Risikoprämie während der beiden letzten Einzeljahre den für den Gesamtzeitraum angemessenen Anteil an der langfristigen Risikoprämie zu erzielen (Differenz aus der durchschnittlichen Aktienquote der DAA-Strategie in Höhe von 60% und der Aktienquote der 20/80-Allokation in Höhe von 20% multipliziert mit der langfristigen Risikoprämie 400 Basispunkte p.a. ergibt 160 Basispunkte p.a. Mehrertrag).

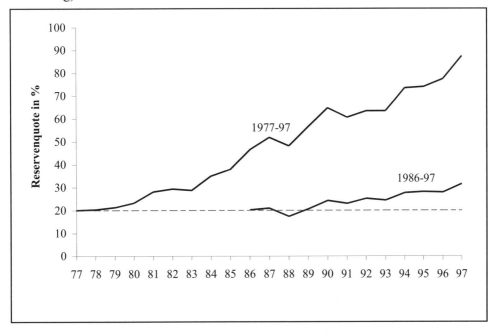

Abb. 11: Entwicklung der Aktienquote für die Dynamische Asset Allocation mit MSCI Europe für Aktien und REXP für Renten

Die Pfadabhängigkeit des DAA-Verfahrens wird anhand des Verlaufes deutlich, wenn statt in 1977 im Jahr 1986 begonnen worden wäre. Es hat sich als das schlechteste Jahr erwiesen, um mit dem DAA-Verfahren zu beginnen, gemessen an dem größten anschließend realisierten kumulierten Abschreibungsbedarf. Er ist in diesem Fall im 5. Jahr im Umfang von – 12% aufgetreten (Abbildung 12). Hier ist die kumulative Abschreibungstoleranz von –10% für eine Periode verletzt gewesen. Die Aktienquote ist bis 1997 von 20% auf 31% angewachsen (Abbildung 11). Der Mehrertrag gegenüber der konstanten 20/80-Allokation war während der ersten zehn Jahre negativ, bis zu –30 Basispunkten p.a.. Erst die beiden letzten Jahre des Simulationszeitraums haben den Mehrertrag der DAA-Strategie auf ein Niveau von durchschnittlich 23 Basispunkten p.a. angehoben.

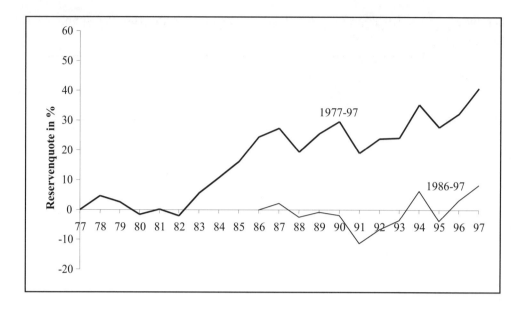

Abb. 12: Entwicklung der Buch-Marktwertreserve für die Dynamische Asset Allocation mit MSCI Europe für Aktien und REXP für Renten

Hieraus ergibt sich die Fragestellung, wann mit einer Aktienaufbaustrategie a la DAA angefangen werden sollte. Hierzu geben wir keine Antwort, da diese eine kurzfristige Prognose der Wertentwicklung am Aktien- und Rentenmarkt voraussetzen würde. Wir betrachten hingegen die DAA als prognosefreien Ansatz im Hinblick auf kurzfristige Renditevorhersagen. Die Abbildungen 4, 5 und 6 zeigen, dass für konstant gehaltene Allokationen die Abschreibungsrisiken nach ca. 4 Jahren kulminieren. Die Abbildung 10 legt nahe, dass auch für die DAA Abschreibungsrisiken in vergleichbarem Umfang während der ersten 10 Jahre bestehen bleiben.

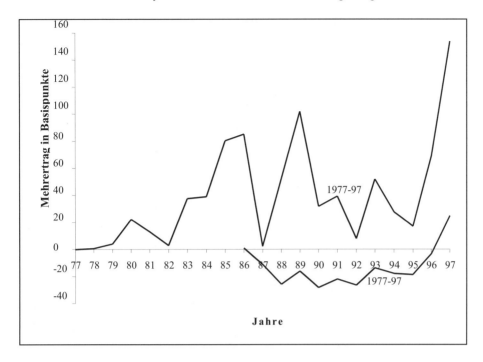

Abb. 13: Mehrertrag der Dynamischen Asset Allocation (in Basispunkten p.a. seit Auflage) gegenüber einer konstanten Portfolioallokation mit 20% Aktien und 80% Renten

5. Fazit

– Das DAA-Verfahren ersetzt nicht die Formulierung der langfristig angestrebten (strategischen) Asset Allocation, sondern setzt diese voraus. Das DAA-Verfahren hat die Umsetzung der strategischen Asset Allocation zum Gegenstand.

– Bei hinreichend langem Anlagehorizont ist ein systematischer und schrittweiser Aktienaufbau bis zur strategischen Asset Allocation geboten, um einerseits der Langfristigkeit der Anlagestrategie (Ziel der Ertragsmaximierung), andererseits der Kurzfristigkeit der Anlagerestriktionen (insbesondere der Begrenzung von Abschreibungsrisiken) gerecht zu werden.

– Die Risikoprämie – definiert als Ertragsdifferenz zwischen Aktien und Renten – betrug für den deutschen, englischen und US-amerikanischen Markt langfristig im Mittel ca. 5 Prozentpunkte. Historisch war in Deutschland ein Anlagezeit-

raum von mindestens 22 Jahren erforderlich, um eine positive Risikoprämie zu erreichen.
- Abschreibungsrisiken verändern sich weder proportional zum Aktienanteil (bei gegebenen Anlagehorizont) noch proportional zum Anlagehorizont (bei gegebener Asset Allocation). Abschreibungsrisiken (bei gegebenem Anlagehorizont) verändern sich nur dann proportional zum Aktienanteil, wenn die Korrelation der Renten- und Aktienrenditen +1 ist. Ansonsten ergeben sich wohlbekannte Diversifikationseffekte aus der Allokation. Abschreibungsrisiken (bei gegebener Asset Allocation) nehmen mit wachsendem Anlagehorizont grundsätzlich mit abnehmender Rate zu, es sei denn linear zunehmende Ertragsbestandteile überkompensieren die mit abnehmender Rate zunehmenden Volatilitätsbestandteile. Dann nehmen kumulative Abschreibungsrisiken mit wachsendem Anlagehorizont sogar ab. Dieser Effekt begründet eine Form der Zeitdiversifikation.
- Abhängig von den gewählten Ertrags- und Risikoparametern für die Aktien- und Rentenaggregate lässt sich für ein ausgewähltes Konfidenzniveau ein Abschreibungsrisiko quantifizieren, das für jede beliebig gewählte konstante Asset Allocation als unausweichlich gilt.

- Das DAA-Verfahren benennt die wesentlichen Einflussfaktoren und quantifiziert die Wirkungszusammenhänge, so dass eine Erhöhung der Aktienquote erfolgt, die systematisch im Sinne von risikokontrolliert, stetig und prognosefrei (bezüglich der kurzfristigen Renditeprognose für Aktien und Renten) ist.
- Das DAA-Verfahren unterstreicht die Langfristigkeit der strategischen Asset Allocation und stellt sicher, dass man nicht „upset out of one's permanent holdings by being too attentive to market movements" werden muss, sondern die „attentiveness" auf ein für die Steuerung der Risiken notwendiges Maß reduzieren kann und soll.

Anhang

I. Bestimmung des Kumulativen-Multiperioden-VaR

Die folgenden Ausführungen basieren wesentlich auf La Grandville (1998).

Es seien

P_t	der Portfoliowert am Ende der Periode t,
$R_{t-1,t}$	$= (P_t - P_{t-1})/P_{t-1}$, die Periodenrendite,
$X_{t-1,t}$	$= P_t / P_{t-1} = 1 + R_{t-1,t}$, die Periodenrendite plus 1,
$\ln X_{t-1,t}$	$= \ln(P_t / P_{t-1})$, die lognormalverteilte stetige Periodenrendite,
$\mathbf{w}$	der (2x1)-Vektor der Portfoliogewichte von Aktien und Renten,
$\mathbf{m}$	der (2x1)-Vektor der erwarteteten Periodenrenditen von Aktien und Renten plus 1,
$\mathbf{C}$	die (2x2)-Matrix der Varianzen und Kovarianzen der Periodenrenditen von Aktien und Renten,
E	$\equiv E(X_{t-1,t}) = E(1 + R_{t-1,t}) = \mathbf{w}' \cdot \mathbf{m}$, der Erwartungswert der Portfolioperiodenrendite plus 1,
V	$\equiv Var(X_{t-1,t}) = Var(R_{t-1,t}) = \mathbf{w}' \cdot \mathbf{C} \cdot \mathbf{w}$, die Varianz der Portfolioperiodenrendite,
μ	$\equiv E(\ln X_{t-1,t}) = \ln E - 0.5 \ln(1 + V/E^2)$, der Erwartungswert der stetigen Portfolioperiodenrendite,
σ^2	$\equiv Var(\ln X_{t-1,t}) = \ln(1 + V/E^2)$, die Varianz der stetigen Portfolioperiodenrendite.

Das Interesse gilt nun der kumulierten n-Periodenrendite

$$R_{0,T} = (P_T - P_0)/P_0$$

$$= \frac{P_T}{P_0} - 1$$

$$= \frac{P_1}{P_0} \times \frac{P_2}{P_1} \times \ldots \times \frac{P_T}{P_{T-1}} - 1$$

$$= \prod_{t=1}^{T} \frac{P_t}{P_{t-1}} - 1$$

$$= \exp\left(\sum_{t=1}^{T} \ln X_{t-1,t}\right) - 1.$$

Aus dem zentralen Grenzwertsatz folgt, dass die Summe der stetigen Periodenrenditen zu einer normalverteilten Variable konvergiert, unabhängig davon welcher Verteilung die Variablen $X_{t-1,t}$ oder $\ln X_{t-1,t}$ folgen, vorausgesetzt diese Variablen sind unabhängig und identisch verteilt mit endlicher Varianz, d.h.

$$\sum_{t=1}^{T} \ln X_{t-1,t} = \ln(1 + R_{0,T}) \sim N(T \cdot \mu, T \cdot \sigma^2).$$

Folglich kann nach dem üblichen Vorgehen ein VaR-Maß für die Mehrperiodenrendite $R_{0,T}$ bestimmt werden. Es sei als das Wertentwicklungsniveau definiert, das mit 95% Wahrscheinlichkeit nicht unterschritten wird:

$$\text{VaR} = \exp(\mu \cdot T - \lambda \cdot \sigma \cdot \sqrt{T}) - 1 \text{ mit } \lambda = 1{,}65.$$

Zwei für die Praxis wichtige Größen sind der Anlagehorizont, der a) erforderlich ist, um mit einem VaR von null (Wertsicherung) rechnen zu können und b) mit dem der maximale Mehrperioden-VaR verbunden ist. Die Nullstelle von VaR ist bei $T^+ = (\lambda \cdot \sigma / \mu)^2$ und das Minimum bei $T^* = 0.25(\lambda \cdot \sigma / \mu)^2$ erreicht. Abbildung 3 enthält eine graphische Darstellung.

II. Dynamische Asset Allocation

Das hier präsentierte Modell der Dynamischen Asset Allocation ist eine Verallgemeinerung des in der Literatur als CPPI (Constant Proportion Portfolio Insurance) bekannten Wertsicherungsmodells nach Black / Jones (1988). Die Verallgemeinerungen umfassen a) die Verwendung volatiler Rentenanlagen statt risikoloser

Kasse als Gegenanlage zu der Aktienanlage, b) die Verwendung des kumulativen Mehrperioden-VaR statt des Einperioden-VaR, c) die partielle Anpassung (Glättung) und asymmetrische Anpassung (Ratchet-Effekt) der Aktienquote und d) die Berücksichtigung von Nettozuflüssen.

Definiere

K_t als die Shortfall-Toleranz, die der Summe der Abschreibungstoleranz und der Buch-Marktwertreserve des Portfolios entspricht,

$\mathbf{m_t}$ als den Vektor der Wertentwicklung von Aktien und Renten,

$\mathbf{w_t} = [a_t, (1-a_t)]$ als den (1x2) Vektor der Allokation zwischen Aktien a_t und Renten $(1-a_t)$.

Die Dynamische Asset Allocation erfolgt wiederkehrend in den folgenden Teilschritten:

1. Bestimmung der maximal möglichen Aktienquote

Wähle am Anfang der Periode t eine Allokation $\tilde{\mathbf{w}}_t$, so dass $K_t = VaR(\tilde{\mathbf{w}}_t, T^*(\tilde{\mathbf{w}}_t))$ gilt, d.h. die Summe der Abschreibungstoleranz und der Buch-Marktwertreserve muss gerade ausreichen, um den extremen kumulativen Mehrperioden-VaR der angestrebten Allokation $\tilde{\mathbf{w}}_t$ auszugleichen (zur Bestimmung des kumulativen Mehrperioden-VaR siehe Anhang Abschnitt I).

2. Partielle Anpassung der Allokation

$$a_t = a_{t-1} + \gamma(\tilde{a}_t - a_{t-1})$$

mit $0 < \gamma \leq 1$ wenn $\tilde{a}_t > a_{t-1}$
und $\gamma = 0$ wenn $\tilde{a}_t \leq a_{t-1}$.

Es erfolgt eine Erhöhung der Aktienquote um das γ-fache der Differenz zwischen der gegebenen Aktienquote und der maximal möglichen Aktienquote. Eine Absenkung der Aktienquote erfolgt nicht. Hierdurch wird eine Glättung des Anpassungspfades der Aktienquote im Zeitablauf erreicht.

3. Marktentwicklung und Veränderung der Shortfall-Toleranz

Aufgrund der Marktentwicklung m_t von Aktien und Renten verändert sich die Buch-Marktwertreserve des Portfolios und damit die Shortfall-Toleranz. Sie beträgt am Ende der Periode t

$$\widetilde{K}_{t+1} = (K_t + \mathbf{w}_t{'}\cdot\mathbf{m}_t - 1)/(\mathbf{w}_t{'}\cdot\mathbf{m}_t)$$

Abhängig davon, ob der thesaurierende oder ausschüttende Fall für die Ertragsverwendung angenommen wird, sind entsprechend Brutto- oder Nettorenditen für $\mathbf{m}_t$ anzusetzen.

4. Nettozufluss und Veränderung der Shortfall-Toleranz

Unter der Annahme eines Nettozuflusses (Anteilsscheinzeichnung des Spezialfonds) in Höhe von δ % des Portfoliomarktwertes und unter der Annahme einer Investition dieser Mittel, die strukturidentisch zum bestehenden Portfolio erfolgt, ergibt sich eine Verwässerung der Buch-Marktwertreserve und damit der Shortfall-Toleranz. Sie beträgt nach Investition des Nettozuflusses

$$K_{t+1} = \widetilde{K}_{t+1}/(1+\delta).$$

Die Shortfall-Toleranz am Ende der Periode t in Höhe von K_{t+1} steht für die Allokationsentscheidung am Beginn der nächsten Periode zur Verfügung (siehe Schritt 1). Hier schließt sich der Kreislauf.

Literaturverzeichnis

Barrie, R. / Kersley, R. / Wright, S. / MacFarlane, H. / Wiseman, J. (Barrie et al., 1999): The CSFB Equity-Gilt Study, Credit Suisse First Boston (Europe) Ltd., London, January, 1999.

Black, F. / Jones, R. (Black / Jones, 1988): Simplifying portfolio insurance for corporate pension plans, in: The Journal of Portfolio Management, Summer, 1988, S. 33-37.

Gesamtverband der deutschen Versicherungswirtschaft e.V. (Gesamtverband der Deutschen Versicherungswirtschaft, 1999): Die deutsche Lebensversicherung in Zahlen – Geschäftsentwicklung 1998, Berlin 1999, Internet: http://www.gdv.de

La Grandville, O. (La Grandville, 1998): The Long-Term Expected Rate of Return: Setting It Right, in: Financial Analysts Journal, November / December, 1998, S. 75-80.

Siegel, J. (Siegel, 1998): Stocks for the long run, 2nd ed., New York 1998.

Stehle, R. (Stehle, 1997): Langfristig spricht alles für die Aktie, unveröffentlichtes Vortragsmanuskript anlässlich eines Presseworkshops der Union-Investment-Gesellschaft, Berlin 1997.

Teil VII

Risikomanagement im Versicherungsbereich

Risikocontrolling im Bereich der Kapitalanlagen einer globalen Versicherungsgruppe

von Alfred Baldes / Volker Deville

1. Einleitung
2. Das unternehmerische Umfeld
3. Controlling langfristiger Marktrisiken
4. Kreditrisiken in Versicherungsunternehmen
5. Komplexitätsrisiken bei neuen Anlageformen
6. Einsatz derivativer Finanzinstrumente
7. Künftige Herausforderungen

1. Einleitung

In der jüngsten Vergangenheit ist die Bedeutung eines effizienten Risikocontrollings und Risikomanagements für Unternehmen unabhängig von ihrer Branchenzugehörigkeit verstärkt in den Vordergrund gerückt. Die fortschreitende Internationalisierung der Kapitalmärkte hat eine wachsende Zahl von Konzernen dazu bewogen, ihre Rechnungslegung gemäß den International Accounting Standards (IAS) oder auf US-GAAP umzustellen. Damit verbunden ist zwangsläufig eine ausführlichere Kommentierung der Risikolage. Eine Notierung an der New Yorker Börse geht einher mit noch weiterreichenden Berichtspflichten an die amerikanische Securities and Exchange Commission (SEC). Der Gesetzgeber in Deutschland hat die Diskussion im Umfeld der allseits bekannten prominenten Schieflagen auf internationaler Ebene zum Anlass genommen, das Aktiengesetz im Rahmen des Gesetzes zur Kontrolle und Transparenz im Unternehmensbereich (KonTraG) entsprechend zu ergänzen.[1]

Parallel dazu sind ganz allgemein in der Finanzdienstleistungsbranche während der letzten Jahre zwei sich überlagernde Entwicklungsrichtungen festzustellen. Konzerne wachsen mit dem Trend zur Globalisierung sowohl geographisch als auch durch Integration neuer Geschäftsfelder. Derzeit erlebt Europa eine nie zuvor gesehene Fusionswelle der Banken und Versicherungen. Gleichzeitig versuchen sich im Bereich des Asset Managements viele neue Marktteilnehmer zu etablieren. Das Angebot von One-Stop-Shopping für neue Produkte und Dienstleistungen aller Art nimmt stetig zu; die Grenzen zwischen Versicherungen und Banken verschwimmen zunehmend. Daraus resultieren neue Arten von Geschäftsrisiken und eine erhöhte Komplexität der Geschäftsaktivität. Auch intern wird die transparente Darstellung der Risikolage zunehmend schwieriger. Darüber hinaus ist die Versorgung mit Eigen- oder Fremdkapital indirekt von der externen Einschätzung bereits vorhandener oder zukünftig erwarteter Risiken abhängig. Die Anforderungen der Aufsichtsbehörden und Rating-Agenturen steigen ebenfalls.

2. Das unternehmerische Umfeld

Alle Versicherungsunternehmen betreiben den Umgang und das Management jedweder Risiken von jeher als ureigenste Kompetenz und Expertise. Dabei stand in der Vergangenheit in einem stark regulierten Umfeld jedoch die Begrenzung der Risiken

---

[1] Vgl. BGBl I (1998), S. 786.

der Kunden als eigentlicher Geschäftszweck des Unternehmens im Vordergrund. Die bereits erwähnten Standards und Regelungen zur Erhöhung der bilanziellen Transparenz zielen dagegen auf die Bestandserhaltung des Unternehmens an sich, ohne die jedoch wiederum auch die Leistungsversprechen an die Versicherten nicht nachhaltig einzuhalten wären.

Zu den klassischen Versicherungsrisiken gehören vor allem Sach-, Unfall- und Haftpflichtschäden sowie Krankheit und Sterblichkeit. Im Zuge der langfristigen demographischen Entwicklung hat in den letzten Jahren in der Rentenversicherung jedoch auch z.B. das Risiko der Langlebigkeit stark an Bedeutung gewonnen. Versicherungen setzen neben der Risikodiversifizierung Instrumente der Kumulkontrolle, des Haftungslimits, der Schadensverhütung und der Rückversicherung zum Risikomanagement ein.

Im Falle der Allianz ist dabei natürlich nicht nur die Konzernmutter Allianz AG zusammen mit den in Deutschland ansässigen Konzernunternehmen, sondern der Konzern als Ganzes betroffen. Die Entwicklung der Allianz Gruppe folgt den zu Anfang beschriebenen Trends. In den Konzernabschluss 1998 wurden neben der Allianz AG weitere 97 deutsche und 491 ausländische Unternehmen voll konsolidiert; zur Gruppe gehören darüber hinaus 105 Gemeinschafts- und assoziierte Unternehmen. Mit Schwergewicht in Europa ist die Allianz in 68 Ländern aktiv. Von den Beitragseinnahmen des Jahres 1998 in Höhe von insgesamt 46,2 Mrd Euro entfielen zwar 39,5 Mrd Euro oder 85,4% auf Europa, jedoch nur 20,9 Mrd Euro oder 45,1% auf Deutschland.[2]

Untrennbarer Teil der Dienstleistung eines Versicherungsunternehmens ist die Kapitalanlagetätigkeit (vgl. Abb. 1). Ihr kommt zuerst die Aufgabe zu, die Leistungszusagen der Versicherungsprodukte nachhaltig zu garantieren. Risikocontrolling heißt hierbei die Sicherstellung einer dauerhaften Wertentwicklung der die versicherungstechnischen Rückstellungen bedeckenden Kapitalanlagen.

---

[2] Vgl. Allianz GB (1998), S. 10-13, S. 112.

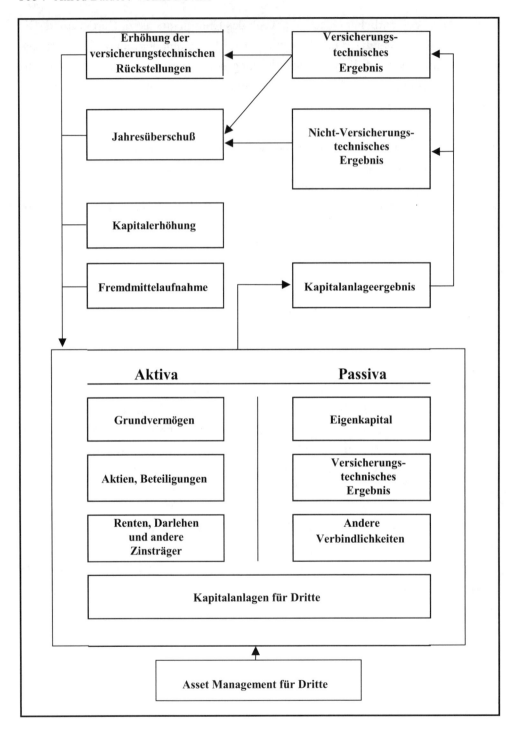

Abb. 1: Mittelherkunft und -verwendung im Versicherungsunternehmen

Jedoch nur ein als Finanzdienstleister erfolgreiches Versicherungsunternehmen kann auch eine Verzinsung des von den Aktionären bereitgestellten Eigenkapitals sicherstellen und einen auf befriedigende Weise wachsenden Shareholder Value generieren. Ein Versicherungsunternehmen hatte sich von daher bereits vor Zeiten des Asset Managements gewissermaßen schon immer als Kapitalanleger im Auftrag seiner Kunden und Aktionäre verstanden.

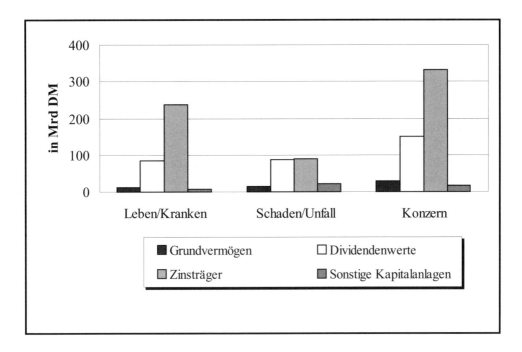

Abb. 2: Kapitalanlagestruktur der Allianz Gruppe[3]

Art und Qualität der Kapitalanlage eines Versicherungsunternehmens sind je nach maßgeblicher Jurisdiktion unterschiedlichen Vorschriften unterworfen. In zusammenwachsenden Wirtschaftsräumen gibt es zwar eine Entwicklung hin zu einer Harmonisierung und Liberalisierung restriktiver nationaler Vorgaben, aber selbst in der Europäischen Union ist es noch ein langer Weg zu einem wirklich einheitlichen regulativen Umfeld.

Wichtige traditionelle Leitlinien sind diesen unterschiedlichsten Vorschriften aber gemein. So die Verpflichtung der Vermögensanlage eines Versicherungsunternehmens auf das Ziel, dass möglichst große Sicherheit und Rentabilität bei

---

[3] Vgl. Allianz GB (1998), S. 76.

ausreichender Liquidität unter Wahrung angemessener Mischung und Streuung erreicht werden. Unabhängig von diesen regulatorischen Vorgaben ist je nach Versicherungszweig eine unterschiedliche, den jeweiligen Passiva entsprechende Verteilung der Kapitalanlagen auf die einzelnen zugelassenen Kapitalanlagearten festzustellen, die teilweise auch durch Besonderheiten der nationalen Rechnungslegung oder Erfordernisse des Vertriebs zu begründen ist. Dies kann als Frühform eines modernen Asset/Liability-Managements angesehen werden (vgl. Abb. 2).

In Mrd DM	31.12.98 Buchwert	31.12.98 Zeitwert	31.12.97 Zeitwert
Grundvermögen	29,3	37,6	27,5
Anteile an Gemeinschafts- und assoziierten Unternehmen	11,2	37,1	30,1
Hypothekendarlehen und übrige Darlehen	34,4	34,4	32,5
Sonstige Wertpapiere	440,0	440,0	310,4
Übrige Kapitalanlagen	15,7	15,7	13,9
Kapitalanlagen	**530,6**	**564,8**	**414,4**
Kapitalanlagen der fondsgebundenen Lebensversicherung		30,7	24,0
Forderungen aus dem Bank- und Bausparrgeschäft		31,6	3,5
Kapitalanlagen für Dritte		44,1	34,3
Assets Under Management		**671,2**	**476,2**

Tab. 1: Assets under Management der Allianz Gruppe[4]

Im Folgenden werden vor allem diejenigen Risiken behandelt, die aus dem Bereich der Kapitalanlagen erwachsen. Zusätzlich werden wir beispielhaft auf solche Finanzrisiken hinweisen, die aus Sonderformen des Versicherungsgeschäfts oder durch eine Verbindung beider Bilanzseiten herrühren. Neben dem Management der Kapitalanlagen, mit denen die einzelnen Gruppengesellschaften die versicherungstechnischen Rückstellungen sowie Eigen- und Fremdmittel bedecken, hat die Allianz ihre Aktivitäten beim Vermögensmanagement für Dritte in letzter Zeit deutlich verstärkt (vgl. Tab. 1). Wenn auch viele Versicherer wie die Allianz nicht das Bankgeschäft in seiner ganzen Breite betreiben, so ist die Allianz dennoch etwa im Bausparrgeschäft, dem Hypothekengeschäft oder auch der Finanzierung von nicht börsennotierten Unternehmen tätig (vgl. Tab. 2).

---

[4] Vgl. Allianz GB (1998), S.74.

Schaden/Unfall	Sachversicherung Haftpflichtversicherung Unfallversicherung Betriebsunterbrechungsversicherung Kreditversicherung Alternativer Risikotransfer
Leben/Kranken	Risiko/Kapitalbildende Lebensversicherung Rentenversicherung Krankenversicherung
Finanzdienstleistungen	Asset Management Hypothekenfinanzierung Bausparsgeschäft Private Equity

Tab. 2: **Geschäftsfelder und Produktbeispiele**

Die Finanzrisiken der Aktivseite eines Versicherungsunternehmens entsprechen weitgehend denen einer Bank, wenn auch in anderer Gewichtung.[5] So sind Versicherungsunternehmen in der Regel weniger im Kreditgeschäft aktiv, Probleme der Refinanzierung und die Fristentransformation spielen nur eine untergeordnete Rolle. Im Bereich der Wertpapiere und Derivate agieren Versicherungsunternehmen als Anleger und nicht als Händler.

Die Risiken der Aktivseite können Einzelrisiken der Passivseite bei weitem übertreffen. So weist etwa zum Bilanzstichtag 1998 die Allianz Gruppe in der Kategorie der jederzeit veräußerbaren Wertpapiere Aktieninvestments mit einem Marktwert von insgesamt 140,1 Mrd. DM aus.[6] Ein Rückschlag auf den internationalen Aktienmärkten um nur 10% wirkt sich zwar nicht durch eine Belastung der Gewinn- und Verlustrechnung um den entsprechen Betrag von rund 14,0 Mrd. DM aus, jedoch durchaus durch einen – wenn auch in der Regel nur vorübergehenden – Rückgang der ausgewiesenen Reserven.

Zusammen mit der steigenden Volatilität der Märkte führt daher eine marktwertnahe Rechnungslegung zu einer steigenden Volatilität des Kapitalanlageergebnisses, da-

---

[5] Vgl. Dt. Bundesbank (1998).
[6] Vgl. Allianz GB (1998), S.119.

mit des Gesamtergebnisses, des ausgewiesenen Eigenkapitals sowie im Ringschluss zu einer Volatilität des Unternehmenswertes und des Aktienkurses.

Risikocontrolling besteht im Wesentlichen aus vier sich wiederholenden Phasen (vgl. Abb. 3). Nach der Identifikation und Klassifizierung der Risiken müssen Messverfahren gefunden werden, die eine Quantifizierung und einen konsistenten Vergleich erlauben. Als Ergebnis dieser beiden Stufen kann das Risikoreporting angesehen werden, das die Grundlage für die Steuerung und Überwachung der Risiken bildet.

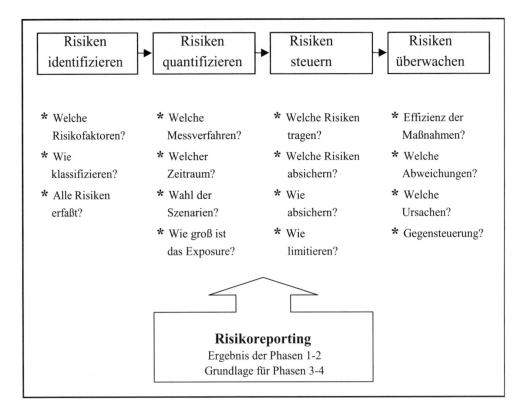

Abb. 3: **Phasen des Risikocontrollings**

Zu den klassischen Finanzrisiken zählen Marktrisiken, Kreditrisiken und Liquiditätsrisiken. Jedoch treten im Bereich der Kapitalanlage insbesondere auch produktspezifische oder in der Beteiligungsstruktur begründete Komplexitätsrisiken auf. Operative Risiken im Bereich der Finanzunternehmen sind in ihrer Vielfältigkeit ausgiebig beschrieben, ihre Quantifizierung steht am Anfang.[7]

Wir wollen in der Folge unserer Abhandlung nun einige Aspekte des Auftretens und des Umgangs mit diesen Risiken, wie sie sich in der Allianz Gruppe darstellen, näher beleuchten. Risikocontrolling und Risikomanagement in dem beschriebenen Umfeld findet automatisch je nach Organisationstiefe in mehreren Stufen statt. Zu gewährleisten ist ein enger Austausch und die Koordination der unterschiedlichen Ebenen. Lokale Finanzabteilungen sind verantwortlich für das Management und Controlling der lokalen Anlageportefeuilles. Auf Konzernebene werden die Grundsätze der Risikokontrolle festgelegt und Limite vorgegeben. Darüber hinaus wird eine Sicht auf das aggregierte Risikoprofil des Konzerns generiert. Die Erstellung einer Gesamtsicht ist mit einer Reihe von Problemen oft finanzmathematischer Art verbunden, an denen gegenwärtig in vielen globalen Finanzdienstleistungsunternehmen gearbeitet wird.

3. Controlling langfristiger Marktrisiken

Marktrisiken entstehen vor allem durch Zinsänderungen, Währungsschwankungen oder anders bedingte Marktwertveränderungen von Wertpapieren und natürlich auch sonstiger Kapitalanlagen. Als langfristiger und breit diversifizierter Anleger ist die Allianz von kurzfristigen Marktschwankungen, wie sie z.B. im Verlauf der Jahre 1987 oder 1998 an den internationalen Aktienmärkten auftraten, weniger betroffen (vgl. Abb. 4). Ebenso führen Zinssteigerungen in der Übergangsphase der Zyklen nur zu vorübergehenden Schwierigkeiten des Ergebnisausweises, da bei Möglichkeit des Haltens der Papiere daraus folgende Kursverluste spätestens bei der Tilgung wieder ausgeglichen werden.

Im Zusammenhang jedoch mit längerfristigen Entwicklungen an den Zins- und Aktienmärkten stehen neue Risiken, die durch eine Verbindung beider Bilanzseiten gekennzeichnet sind. Insbesondere besteht in der kapitalbildenden Lebensversicherung in der Regel ein Mismatch zwischen den langfristigen Verpflichtungen auf der Passivseite, die oft eine Laufzeit und Duration von weit über zehn Jahren aufweisen, und den Bedeckungsmöglichkeiten auf der Anlageseite.

---

[7] Vgl. KPMG (1998).

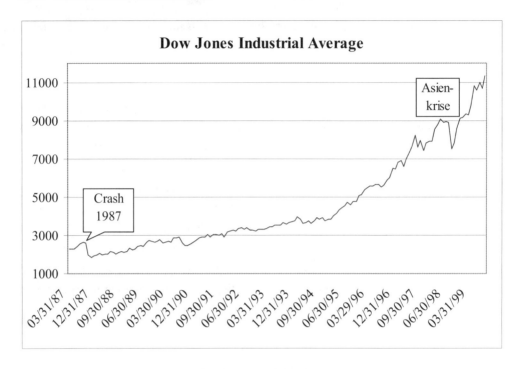

Abb. 4: Kurzfristige Krisen in der langfristigen Entwicklung

Dieser Gesichtspunkt wird bei Produkten der Rentenversicherung gegen Einmalbeitrag am deutlichsten. Hohe Zinsen an sich sind kein Risiko, jedoch ist in Hochzinsphasen, vor allem bei inverser Zinsstruktur, das Wiederanlagerisiko zu beachten. Wie das dramatische Beispiel der japanischen Branche zeigt, muss im Asset/Liability-Management (ALM) einer Lebensversicherung eher das Risiko eines Renditeverfalls im Bereich der Zinsanlagen und eines lang anhaltenden Verharrens auf niedrigem Niveau gefürchtet werden. Man kann hier statt von Marktrisiken ebenso von Produktrisiken sprechen, wenn eine zu hohe feste Gewinnbeteiligung versprochen wird.

Die heute häufig eingesetzten statistischen Methoden der Risikoerfassung wie Value-at-Risk (VAR) oder Monte-Carlo-Simulationen arbeiten mit einer bestimmten Irrtumswahrscheinlichkeit und beruhen auf einer relativ kurzfristigen statistischen Analyse der Vergangenheit. Daher waren durch diese Verfahren auch keine angemessenen Warnsignale vor Strukturbrüchen wie etwa die Asienkrise des Jahres 1998 zu erwarten. Durch die insbesondere vom Derivatehandel der Banken geprägten Anforderungen hat sich quasi als Branchenstandard für VAR-Berechnungen ein Konfidenzintervall von 99% und eine Halteperiode von zehn Tagen herausgebildet.

Im ungünstigen Fall wird nicht nur die Wahrscheinlichkeit, sondern auch die Größe der Marktbewegungen und deren Korrelation unterschätzt.

Zudem interessiert sich ein Risikocontroller und die Geschäftsleitung auch dafür, ob in dem verbliebenen einen Prozent noch Überraschungen warten. Liegen die zu erwartenden Ausreißer in der Nähe des VAR-Schwellenwertes oder gibt es auch ein geschäftspolitisch nicht zu vernachlässigendes Risiko eines sehr großen Verlustes weit außerhalb des 99%-Bereichs? Dennoch sind auch für einen im Gegensatz zu kurzfristigen Handelspositionen von einigen Tagen Haltedauer stehenden längeren Investitionshorizont stochastische Methoden der Risikoanalyse nicht ohne Informationswert. Sie haben als Indikatoren einer momentanen Änderung der Marktverfassung oder des Marktexposures ihren Nutzen.

Die Versicherungswirtschaft investiert auch in Kapitalanlagen, die nicht innerhalb weniger Tage oder auch Wochen veräußert werden können. Hierzu zählen zum Beispiel eine Reihe infungibler Schuldverschreibungen, Immobilien, größere Beteiligungen und Venture Capital. Eine Übertragung der genannten statistischen Verfahren auf eine längere Haltedauer scheitert hier schon am Problem der nicht in ausreichender Historie zur Verfügung stehenden Marktdaten. Auch aus diesem Grund sind Alternativen und Ergänzungen zu den herkömmlichen VAR-Ansätzen gefragt, die die eigentlich wesentlichen, längerfristigen Risiken wie anhaltend negative Marktänderungen erfassbar machen.

Deshalb bleiben Szenarioanalysen, Stresstests und Simulationen der Änderungen von Risikofaktoren und deren Auswirkungen im beschriebenen Umfeld die wichtigsten und daher unverzichtbaren Werkzeuge zur Abschätzung und Steuerung der Marktrisiken. Arbeit ist in die Lösung der Frage zu investieren, wie diese besser hergeleitet und standardisiert eingesetzt werden können.

Im Gegensatz zum industriellen Bereich spielen Währungsschwankungen in der Regel für ein Versicherungsunternehmen nur eine untergeordnete Rolle. Aufgrund der aufsichtsrechtlich vorgeschriebenen Währungskongruenz von zugesagten Versicherungsleistungen und der sie bedeckenden Kapitalanlagen sind Aufwands- und Ertragsbasis grundsätzlich währungsmäßig deckungsgleich.

Langfristige Engagements etwa der Konzernmutter im Beteiligungsbereich sind gegen adverse Entwicklungen von Währungskursen de facto nicht abzusichern, da bei rollierender Devisenkurssicherung nur eine zeitliche Verschiebung der Wechselkursentwicklung erreicht werden könnte. Anderes mag bei zinsgünstigen Finanzierungen in Fremdwährung gelten. Ebenso kann mit relativ kurzfristigem Horizont vor Akquisitionen oder Desinvestments sowie Ertragsausschüttungen oder Kapitalerhöhungen eine Absicherung der damit in internationalem Umfeld verbundenen Cash-flows in Fremdwährung angeraten sein.

4. Kreditrisiken in Versicherungsunternehmen

Kreditrisiken umfassen neben dem Ausfall von Schuldnern auch deren mögliche Bonitätsverschlechterung. Ziel der Allianz ist es, diese Risiken durch hohe Qualitätsanforderungen und Diversifizierung zu begrenzen. Das gegenüber einzelnen Schuldnern bestehende Engagement wird über die verschiedenen Anlagekategorien hinweg zusammengeführt und überwacht.

Traditionell waren insbesondere in Westeuropa die Kreditrisiken in den Portfolios der Versicherungsunternehmen meist äußerst gering. Die Anlage erfolgte, abgesehen von kurzfristigen Anlagen am Geldmarkt, zum größten Teil in Staatsanleihen oder gesicherten Anlageformen wie etwa Kommunalobligationen oder Pfandbriefen. Seit Einführung des Euro ändert sich der europäische Anleihemarkt jedoch zunehmend. Das Segment der Unternehmensanleihen oder Corporate Bonds ist in einem stürmischen Wachstum begriffen. So wurden in den ersten sieben Monaten des Jahres 1999 in Euro denominierte Corporate Bonds in einem Volumen von über 340 Mrd Euro emittiert.[8] Gleichzeitig steigt die Verbreitung der Verbriefung von Forderungen und deren Weiterplatzierung, der Einsatz von Finanzgarantien und die Bedeutung von Kreditderivaten. Wie so oft folgt hier die Entwicklung derjenigen in den Vereinigten Staaten. Der Anteil der Staatstitel an den gesamten langfristigen Neuemissionen ist dort, auch verstärkt durch den Rückgang des öffentlichen Haushaltsdefizits, seit 1990 von 40% auf heute nur noch 19% gesunken.[9] In Deutschland betrug 1991 der Anteil der öffentlichen Haushalte an der Emission von Rentenwerten rund 38% gegenüber nur noch gerade 14% im Jahr 1998.[10]

---

[8] Vgl. Saunderson (1999), S. 89.
[9] Vgl. Handelsblatt (1999).
[10] Vgl. Dt. Bundesbank (1999).

Ein Investor wie die Allianz kann sich dieser Entwicklung nicht verschließen. Mit der zunehmenden Berücksichtigung von Corporate Bonds in den Portfolios der Konzernunternehmen gewinnt die Beurteilung der Anlagequalität und die Steuerung des Bonitätsprofils an Bedeutung.

Wertpapierkategorie	Rating	Zuschlag
Rentenpapiere	A oder höher	1,15%
	BBB	9,00%
	BB	20,00%
	B	35,00%
	C	50,00%
	ohne Rating	30,00%
Kasse		0,30%
Kredite		5,00%

Tab. 3: Risikofaktoren von Standard & Poor's[11]

Im Jahre 1998 hat die Ratingagentur Standard & Poor's die finanzielle Stärke der Allianz mit AAA bewertet. Im dafür relevanten Rating-Modell finden Risikofaktoren für jede Kategorie der Kapitalanlage Verwendung, um die so genannte Capital Adequacy Ratio als Maß der Finanzkraft eines Versicherungsunternehmens zu bestimmen (vgl. Tab. 3). Je geringer diese Risikofaktoren, desto weniger Eigenkapital ist durch das Versicherungsunternehmen zum Ausgleich der Anlagerisiken unter Erhaltung des eigenen Ratings bereitzuhalten. Dies ist ein Beispiel des Zusammenhangs zwischen Risikoprofil der Kapitalanlage und etwaigen Kapitalkosten des anlegenden Unternehmens.

Ebenfalls vom Rating der Einzelinvestments abhängige Risikofaktoren enthält der kürzlich veröffentliche Vorschlag des Basler Ausschusses für Bankenaufsicht zur Reform der Eigenkapitalanforderungen an Bankinstitute (vgl. Tab. 4). Allein dieser noch heftig diskutierte Vorschlag hat bereits zu Verschiebungen der am Markt gehandelten Renditespreads geführt. Es kann erwartet werden, dass über den Hebel der regulatorischen Kapitalkosten das Konzept des Ratings zur Sicherstellung der Unternehmensfinanzierung und bei der Erschließung neuer Anlegerkreise auch in Kontinentaleuropa erheblich an Bedeutung gewinnen wird.

---

[11] Vgl. Standard & Poor's (1999).

Schuldner	Gewichtung					
	AAA bis AA-	A+ bis A-	BBB+ bis BBB-	BB+ bis B-	Unter B-	Ohne Rating
Staaten	0%	20%	50%	100%	150%	100%
Banken Opt.1	20%	50%	100%	100%	150%	100%
Opt.2	20%	50%	50%	100%	150%	50%
Unternehmen	20%	100%	100%	100%	150%	100%

Tab. 4: Vorschlag des Basler Ausschusses für Bankenaufsicht zur Risikogewichtung[12]

Kreditrisiken treten bei Versicherungsunternehmen jedoch nicht nur im Bereich der Kapitalanlage, sondern auch in mannigfaltiger anderer Form auf. Erwähnt seien hier nur der Bereich der Rückversicherung, die Delcredere- oder Warenkreditversicherung, das teilweise von Kreditversicherern betriebene Factoring oder auch das Bondinggeschäft.

Bei Letzterem sind im Gegensatz zu üblichen Versicherungsverträgen immer drei Parteien als Vertragspartner beteiligt (vgl. Abb. 5). Der Auftraggeber lässt sich die Erfüllung eines an den Auftragnehmer, etwa ein Bauunternehmen, vergebenen Vertrages durch den Garanten, das Versicherungsunternehmen, garantieren. Im Falle der unzureichenden Vertragserfüllung leistet der Garant Schadensersatz an den Auftraggeber, hat jedoch gleichzeitig ein Rückgriffsrecht auf den Auftragnehmer.

Das Risiko des Versicherungsunternehmens wird damit die Bonität des Auftragnehmers. Derartige Bonds werden sowohl als standardisiertes Produkt in großer Zahl mit kleinen Deckungssummen als auch im industriellen Großgeschäft gezeichnet.

Das Auftreten von Kreditrisiken in einer Vielfalt von Produkten und Bereichen erschwert die Sicht auf das Gesamtexposure in erheblichem Maße. In einer internationalen Gruppe wie der Allianz werden die gleichen Produkte einerseits von einer Vielzahl von Tochtergesellschaften angeboten, andererseits können identische Bonitätsrisiken in unterschiedlichsten Produktarten versteckt enthalten sein.

---

[12] Vgl. Basel Committee (1999).

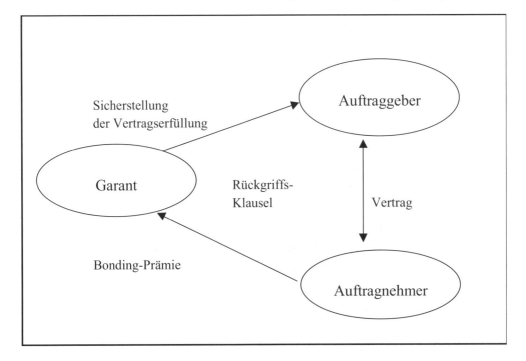

Abb. 5: Das Bonding-Geschäft

5. Komplexitätsrisiken bei neuen Anlageformen

Viel Aufmerksamkeit wurde in den letzten Jahren der Verbriefung von Versicherungsrisiken gewidmet, auch wenn bisher der Versuch, Katastrophenrisiken über die Börse an die Kapitalmärkte zu transferieren, sich als nicht sehr erfolgreich erwiesen hat. Ein Grund dafür liegt in fehlenden Standards zur quantitativen Erfassung von Katastrophenschäden, die sowohl für Finanzinvestoren als auch für Versicherungsunternehmen geeignet sind.[13] Umgekehrt werden Versicherungskonzepte vermehrt genutzt, um bei strukturierten Finanzierungen individuell zugeschnittenen Kapitalbedarf bereitzustellen. Für Unternehmen, die sich als Emittent und Investor an diesem entstehenden Markt beteiligen, verschwindet die Abgrenzung zwischen Aktiv- und Passivseite der Bilanz.

Die Allianz bietet seit dem Jahre 1997 innovative Versicherungs- und Finanzlösungen der beschriebenen Art über ihr Tochterunternehmen Allianz Risk Transfer, Zü-

---

[13] Vgl. Powers (1997).

rich, an. Zum Produktspektrum gehören Catastrophe Equity Puts, Credit Enhancement Contracts, aber auch die Mitversicherung von komplexeren Finanzrisiken wie die Garantie zukünftiger Einnahmen aus Leasinggeschäften.

Mögliche, in speziellen Produkten begründete Komplexitätsrisiken können am Beispiel der gegen Ende des Jahres 1998 emittierten und ebenfalls von Allianz Risk Tranfer strukturierten Katastrophenbond-Option gezeigt werden. Dies war das erste Mal, dass ein größeres europäisches Katastrophenrisiko in einer Optionsstruktur auf dem Kapitalmarkt begeben wurde.

Die Option im Nominalvolumen von 150 Millionen US-Dollar deckt künftige Sturm- und Hagelschäden in Deutschland. Bei Eintritt des Katastrophen-Ereignisses während der dreijährigen Laufzeit hat die Allianz das Recht, über das Special Purpose Vehicle Gemini Re Schuldscheine zu einem festen Preis und einer Verzinsung von 8,22% p.a. zu platzieren. Die Zeichner der Option erhalten eine jährliche Prämie von 49 Basispunkten (vgl. Abb 6). Nach einer eventuellen Ausübung der Option stehen sowohl Kapital als auch Zinsen im Risiko eines zweiten Schadenereignisses.

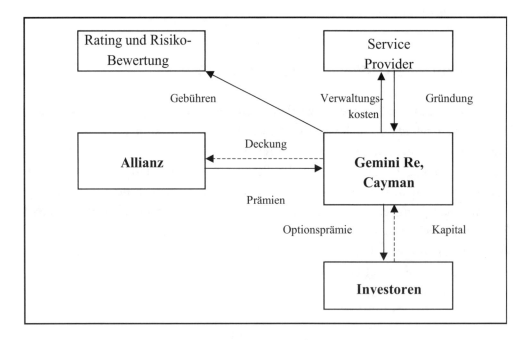

Abb. 6: Katastrophenbond-Option der Allianz

Die Allianz trägt nach Platzierung der Option neben Dokumentationsrisiken im Wesentlichen hier das Erfüllungsrisiko bei möglicher Ausübung. Für die Zeichner der Option ergibt sich jedoch ein Mix aus Bonitätsrisiken, Versicherungsrisiken und Zinsrisiken.

6. Einsatz derivativer Finanzinstrumente

Große Beachtung wird in vielen öffentlichen Debatten den Risikoaspekten des Handels und Einsatzes von Derivaten zuteil. Versicherungsunternehmen der Allianz Gruppe treten grundsätzlich als Endnutzer von Derivaten auf. Ein Handel mit diesen Instrumenten, wie er etwa von Banken betrieben wird, findet nicht statt. Der Einsatz unterliegt besonderen aufsichtsrechtlichen und zusätzlichen internen Richtlinien.

Markt- und Kreditrisiken, die im Zuge des Einsatzes derivativer Finanzinstrumente auftreten, bedürfen einer besonderen Kontrolle. Kreditrisiken werden durch Messung der Wiederbeschaffungskosten, Marktrisiken durch zeitnahe Value-at-Risk-Berechnungen, Stresstests und durch Vorgabe von Stop-Loss-Limiten überwacht.

Nominalbeträge offener Positionen					
	Restlaufzeit				
in Millionen DM	unter 1 Jahr	1 bis 5 Jahre	über 5 Jahre	31.12.1998	31.12.1997
Zinsgeschäfte	36,6	40,0	3090,0	3166,6	6077,3
Forwards	18,6			18,6	1797,3
Swaps	15,0	40,0	3090,0	3145,0	4280,0
Futures	3,0			3,0	
Aktien-/Index-Geschäfte	1878,7	201,3	28,6	2108,6	109,4
Optionen	1878,7	201,3	28,6	2108,6	109,4
Währungsgeschäfte	39,5	14,3	17,6	71,4	169,0
Forwards					126,7
Swaps	39,5	14,3	17,6	71,4	42,3
Gesamt	1954,8	255,6	3136,2	5346,6	6355,7

Tab. 5: Derivatepositionen in der Allianz Gruppe per 31.12.98[14]

Tabelle 5 gibt Auskunft über die ausstehenden Nominalbeträge – gegliedert nach Produkttypen und Restlaufzeiten – der offenen Derivate-Positionen der Allianz

---

[14] Vgl. Allianz GB (1998), S. 120.

Gruppe zum Bilanzstichtag 1998. Die hier aufgeführten Nominalbeträge sind Größen des internen Rechnungswesens, die sich nicht in der Bilanz wiederfinden. Sie beschreiben das Volumen der den Derivaten zugrundeliegenden Vermögensgegenstände und geben für sich keinen direkten Aufschluss über die mit den Geschäften verbundenen Risiken. Sie geben aber Auskunft über den Umfang des Einsatzes derivativer Finanzinstrumente und über die relative Gewichtung der eingesetzten Produkttypen untereinander. Zum Ende des Geschäftsjahres 1998 betrug der Nominalbetrag aller offenen Positionen rund 5,3 Mrd. DM und damit nur 0,8 Prozent der Bilanzsumme des Konzerns. Die Verwendung von Derivaten erfolgte also in vergleichsweise geringem Umfang.

Dabei lag der Schwerpunkt der Aktivitäten bei Aktien- und Index-Optionen mit weniger als einjähriger und Zins-Swaps mit über fünfjähriger Laufzeit. Zur Gewinn- und Verlustrechnung des Konzerns trugen Derivate-Geschäfte nicht wesentlich bei.

Von Konzernunternehmen eingesetzte Aktien- und Index-Optionen dienten vorwiegend der zeitlich eng befristeten und selektiven Absicherung von Teilbeständen der Aktienengagements, während Zins-Swaps vor allem zur Steuerung der Laufzeiten verwendet wurden. Ferner wurden in geringem Umfang währungsbezogene Derivate-Geschäfte zur Absicherung von Wechselkursrisiken eingegangen. Aufgrund des bereits erläuterten bilanziellen Kongruenzprinzips entfällt auch nur ein kleiner Anteil der eingesetzten Derivate auf diesen Bereich.

7. Künftige Herausforderungen

Wirtschaftlich erfolgreiche unternehmerische Aktivität ist ohne angemessene Risikobereitschaft nicht möglich. Die Aufgabe des Risikocontrollings geht daher über die lästige Pflicht weit hinaus. Eine gute Risikoanalyse erlaubt, Risiken schneller und besser als Wettbewerber einzuschätzen und zu verstehen. Das Erkennen von Kumulrisiken schützt vor Großschäden und materiellem Kapitalverlust, das Verstehen von Diversifikationseffekten ermöglicht einen effizienteren Kapitaleinsatz und eine Erweiterung der Handlungsspielräume. Ziel des Risikocontrollings ist nicht die Minimierung von Risiko in absolutem Maß, sondern die Überwachung und Steuerung des gesamten Risikoportfolios mit dem Ziel einer Risiko/Ertrags-Optimierung in Übereinstimmung mit der Unternehmensstrategie.

Die technische Herausforderung des Risikocontrollings und Risikomanagements besteht in einer angemessenen Modellierung der sehr komplexen Wirklichkeit. Sowohl die große, sich in der Struktur jeweils ändernde Datenflut für jedes einzelne neue Finanzinstrument, als auch die Aggregation zu einer Gesamtheit für eine global agierende Gruppe erfordern handhabbare und dennoch zuverlässige Vereinfachungen. Unerlässlich ist zudem die laufende Aktualisierung der Controllingwerkzeuge und die Anpassung des organisatorischen Rahmens zur Risikoevaluierung. Ein Problem ist die Geschwindigkeit, mit der heute neue Instrumente entwickelt und eingesetzt werden. Hier darf das Risikocontrolling kein Nadelöhr für die Entfaltung der Geschäftstätigkeit bilden. Aufgrund der Vielschichtigkeit der Aufgabe wird man sich nicht mit einem standardisierten Verfahren begnügen können, unverzichtbar bleibt auch immer die Abschätzung der Abweichung von Modell und Wirklichkeit.

Literaturverzeichnis

Allianz Group Geschäftsbericht (Allianz GB) für das Jahr 1998, München 1999.

Basel Committee on Banking Supervision (Basel Committee, 1999): A New Capital Adequacy Framework, Consultative paper, Basel 1999.

Bundesgesetzblatt (BGBl) I 1998, S. 786 und § 91 Absatz 2 AktG.

Deutsche Bundesbank (Dt. Bundesbank, 1998): Bankinterne Risikosteuerungsmodelle und deren bankaufsichtliche Eignung, in: Deutsche Bundesbank, Monatsbericht Oktober,1998, S. 51-84.

Deutsche Bundesbank (Dt. Bundesbank, 1999): Ergebnisse der gesamtwirtschaftlichen Finanzierungsrechnung für Deutschland 1990 bis 1998, Statistische Sonderveröffentlichung 4, 1999, S. 100.

Handelsblatt (Handelsblatt, 1999): Private Schuldner müssen höhere Risikoprämien zahlen, Ausgabe vom 13.08.1999.

KPMG (KPMG, 1998): Integriertes Risikomanagement, 1998.

Powers, I. Y. / Powers, M. R. (Powers, 1997): Seeking the Perfect Catastrophe Index, in: Best's Review, Property / Casualty Edition, December, 1997, S. 101-103.

Saunderson, E. (Saunderson, 1999): Investors grapple with euro credit, in: Risk, Vol. 12, 1999, Nr. 8, S. 89-90.

Standard & Poor's (Standard & Poor's, 1999): Draft Capital Model – European Companies and Groups, 1999.

Diebold

Risikomanagement in der Assekuranz

Wir sind Ihr Partner für Konzeption und Umsetzung

Unser Leistungsspektrum
- Identifizieren und bewerten strategischer, operativer und finanzieller Risiken auf Basis des Diebold-Geschäftsprozessmodells der Assekuranz
- Dokumentieren und bewerten der Risiken
- Formulieren einer Risikostrategie
- Entwickeln von Maßnahmen für das Risikomanagement
- DV-technisches Unterstützen des Risikocontrollings
- Integrieren des Risikomanagements in Organisation und Zielsystem Ihres Unternehmens

Ihr Nutzen
- Umsetzung der KonTraG-Anforderungen
- Aufdeckung unternehmensgefährdender Risiken
- Aufdeckung von Effektivitäts- und Effizienzpotenzialen
- Risikominimierung durch Maßnahmenpläne
- Effizientes Risikomanagement durch Einsatz eines Risikomanagement-Tools der Assekuranz
- Risikoadäquate Steuerung Ihres Unternehmens

Ein Beispiel

Die VPV-Versicherungsgruppe mit Sitz in Stuttgart und Köln, hat sich von den Vorteilen einer Zusammenarbeit überzeugt. Der Leiter Unternehmensentwicklung/Controlling:

„Durch Know-how und effiziente Projektabwicklung hat Diebold eine schnelle und effiziente Einführung des Risikomanagements bei der VPV ermöglicht."

Consulting
For the Age of Information

Diebold Deutschland GmbH
Frankfurter Straße 27
D-65760 Eschborn
Telefon 06196 / 903-355
Fax 06196 / 903-463
www.diebold.de

Integriertes Risikomanagement für die Versicherungsbranche – Ein gesamtheitlicher Ansatz zur effizienteren Deckung von Risiken

von Andreas Müller

1. Einleitung
2. Definition und Prozess des integrierten Risikomanagements
3. Kostenvorteile einer integrierten Risikomanagement Lösung
4. Instrumente eines integrierten Risikomanagements
5. Anforderungen an Markt und Marktteilnehmer
6. Zusammenfassung und Ausblick

„The core function of financial institutions in today's markets is to manage risk. That is, to assess price, diversify, hedge, monitor and distribute risks more efficiently than their customers and competitors."

James C. Lam

1. Einleitung

In den vergangenen Jahren ist nicht nur auf Versicherungsnehmerseite, sondern auch auf Seiten der Erstversicherungsunternehmen ein verstärktes Anspruchsdenken zu verzeichnen. Der Trend zu höheren Selbstbehalten und Kapazitäten ist eine gängige Entwicklung in der Versicherungswirtschaft, aber auch der Wunsch nach Deckungskonzepten, die eine Absicherung neuartiger – zum Teil als nicht versicherbar eingestufter – Risiken ermöglichen sowie der Ruf nach innovativen Deckungskonzepten, welche die Deckung mehrerer Risiken bzw. Risikokategorien bspw. im Rahmen eines Bilanzschutzes vorsehen, ist laut geworden.[1] Die Absicherung einzelner bzw. isoliert betrachteter Risiken verliert zunehmend an Bedeutung und scheint immer weniger in das Bild eines Risikomanagement von Erstversicherungsunternehmen zu passen. Weiterhin ist es nicht mehr der bloße Risikotransfer, sondern ein sophistiziertes Risikomanagement, das das Interesse der Erstversicherer weckt.[2] Darüber hinaus gewinnen Risikokosten- und Risikokapitalkostenüberlegungen sowie Eigenkapitalrentabilitätsbetrachtungen zunehmend an Popularität. Schließlich sind Erstversicherungsunternehmen in Form einer Aktiengesellschaft verstärkt Forderungen von Seiten der Eigentümer ausgesetzt und sehen sich mit einem erhöhten Ertragsdruck konfrontiert, was auch vor dem Hintergrund zunehmender Shareholder Value Orientierung zu betrachten ist.[3]

Innovative Deckungskonzepte, die o.g. Anforderungen genügen, lassen sich nicht nur durch die (integrierte bzw. gesamthafte) Betrachtung der gesamten Risikoposition eines Versicherungsunternehmens erreichen, sondern auch durch Produkte, welche den Risikoausgleich in der Zeit betonen und auf diese Weise zu einer weiteren Ergebnisstabilisierung beitragen.

---

[1] Siehe hierzu Müller (1998).
[2] Vgl. Bauer (1998), S. 562 sowie o.V. (1998a), S. 23.
[3] Vgl. Herold / Paetzmann (1997), S. 672 sowie McDermott (1998), S. 19.

Die Entwicklungen der vergangenen Jahre und ein nicht allzu weiter Blick in die Zukunft legen den Gedanken nahe, dass die Serviceorientierung in der Rückversicherungsbranche noch stärker in den Vordergrund rücken wird und Beratungsleistungen für Erstversicherungsunternehmen – insbesondere auf dem Gebiet des Risikomanagement – an Bedeutung gewinnen werden.[4] Rückversicherer werden sich in diesem Bereich zu Problemlösern für die Erstversicherungsbranche entwickeln und können sich Wettbewerbsvorteile sichern, indem sie innovative Deckungskonzepte entwickeln, die eine Absicherung der gesamten Risikoposition vorsehen.[5] Derartige Lösungen setzen eine intensive Beratungstätigkeit voraus und können beispielsweise durch eine Kombination von Kapitalmarkt- und Rückversicherungsprodukten konzipiert werden und somit hilfreiche Lösungen für das Risikomanagement von Erstversicherungsunternehmen darstellen.

Im Rahmen dieses Aufsatzes soll aufgezeigt werden, was unter einem integrierten Risikomanagement verstanden werden kann, und mit welchen Instrumenten integrierte Risikomanagement Lösungen in der (Erst-)Versicherungsbranche effizient realisiert werden können.

2. Definition und Prozess des integrierten Risikomanagement

Definition des integrierten Risikomanagement

Unabhängig von der Vielzahl existierender Definitionen[6] der Begriffe `Risiko´ und `Risikomanagement´ soll hier von einem erweiterten Ansatz ausgegangen und *integriertes Risikomanagement* als Technik bzw. Vorgehensweise verstanden werden, bei der sämtliche Risiken eines offenen Systems bspw. einer Organisation betrachtet und diese darüber hinaus in einem übergreifenden Ansatz zu optimieren versucht werden. Folglich weist ein integriertes Risikomanagement nach diesem Begriffsverständnis einen stark prozessualen Charakter auf.

Bezogen auf die Erstversicherungsbranche bedeutet dies, dass ein integriertes Risikomanagement auf die simultane Erfassung und Bewältigung möglichst aller Risiken

---

[4] Vgl. hierzu auch Nierhaus / Vogelsberger (1998), S. 597f. sowie o.V. (1998b), S. 28.
[5] Vgl. Herold / Paetzmann (1997), S. 674 und o.V. (1998a), S. 25 sowie Punter (1998a), S. 34. Vor der aufgezeigten Entwicklung zu Problemlösern ist auch die Namensänderung von Centre Reinsurance zu Centre Solutions zu sehen. Vgl. hierzu auch Leonard (1998), S. 36.

im Unternehmen abstellt, unabhängig davon, ob diese vormals als unversicherbar eingestuft wurden oder sogar dem nicht-versicherungstechnischen Bereich angehören und unabhängig von der Art der einzusetzenden risikopolitischen Instrumente.[7] Ziel ist es letztendlich, beide Seiten der Bilanz im Rahmen eines integrierten Risikomanagement simultan abzusichern.[8]

Hauptargumente für einen solchen Ansatz sind Effizienzkriterien (*Kosteneffizienz*); die Kompensation verschiedener Risiken auf separatem Wege führt zwar in der Regel ebenfalls zu einer Verbesserung der Gesamtrisikoposition, kann jedoch – je nach Korrelationsstruktur innerhalb dieser Risiken – `Overhedging´-Effekte nach sich ziehen und ein ineffizientes bzw. verteuertes Risikomanagement zur Folge haben.[9] Die gesamthafte Betrachtung aller Risiken ermöglicht ein insgesamt kostengünstigeres und somit effizienteres Risikomanagement.

Prozess des integrierten Risikomanagement

Der Prozess des integrierten Risikomanagement vollzieht sich in mehreren Stufen, die in Abbildung 1 dargestellt sind und die Grundlage für die Gestaltung eines integrierten Risikomanagement Konzepts bilden.

– Risk Stripping
  In der ersten Phase des integrierten Risikomanagements wird – ausgehend von einer anfänglichen Risikokostensituation einer Organisation (Initial Risk Cost Position) – eine Disaggregation der gesamten Risikoposition vorgenommen, um einen (isolierten) Detailblick bzgl. sämtlicher Risikopositionen (Isolated Risk View) zu erhalten. Die Quantifizierung der Einzelrisiken bildet einen weiteren Bestandteil des Risk Stripping und wird in der Abbildung durch die Verteilungen in den einzelnen Puzzlestücken dargestellt. Diese Disaggregation bildet in den folgenden Phasen die Basis für eine erneute Aggregation ausgewählter Risiken und folglich auch die Basis einer breiteren Risikostreuung innerhalb des Unternehmens.[10]

---

[6] Siehe hierzu Heilmann (1998), S. 141ff.; Helten (1978), S. 324ff.; Helten (1992).
[7] In Anlehnung an die Definitionsversuche von Punter und Zoklos. Vgl. Punter (1998b), S. 34 und Zoklos (1998a), S. 3.
[8] Vgl. hierzu auch Kielholz / Schanz (1998), S. 316.
[9] Vgl. Schweizerische Rückversicherungs-Gesellschaft (1998a), S. 8 und McDermott (1998), S. 47.
[10] Vgl. Milligan (1998), S. 2.

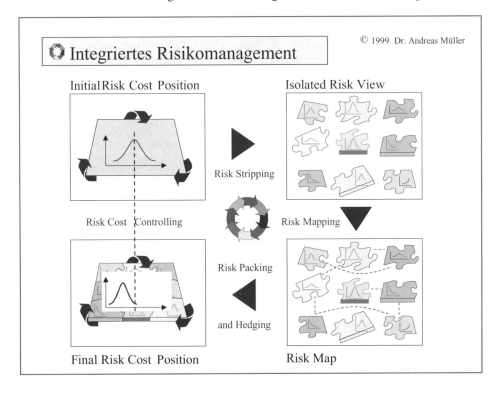

Abb. 1: Prozess des integrierten Risikomanagement (IRM)

- Risk Mapping
  Im Rahmen der zweiten Phase werden – ausgehend von der allumfassenden Darstellung aller Unternehmensrisiken in Phase I – zwischen verschiedenen Risikokategorien herrschende Abhängigkeiten analysiert (z.B. Korrelationsanalyse). Nur eine detaillierte Analyse der Beziehungen zwischen allen Risikopositionen erlaubt eine gesamthafte Darstellung der Risikosituation einer Organisation. Dieser Schritt erlaubt es, Aussagen darüber zu treffen, in welcher Form sich verschiedene Risiken zueinander verhalten (Verstärkungs- oder Diversifikationseffekte). Ziel dieses zum Teil sehr umfangreichen und komplexen Risk Mapping ist die Identifikation möglicher Diversifikationseffekte innerhalb der Einzelrisikopositionen einer Organisation. So sind beispielsweise Überlegungen hinsichtlich der Korrelationsstruktur unterschiedlicher Risiken anzustellen, deren zeitgleiches Eintreten als eher unwahrscheinlich erachtet werden kann, so dass Risikodiversifikationseffekte realisiert werden können. Nicht nur die Analyse von Abhängigkeitsstrukturen, sondern auch die Identifikation (absolut) unkorrelierter Risiken liefert folglich wertvolle Informationen für den weiteren Prozess des integrierten Risikomanagement. Das Ergebnis dieses Teil-

prozesses ist ein Bild (risk map, risk profile, risk spectrum, ...)[11], das die Interdependenzrelationen sämtlicher Risiken einer Organisation aufzeigt und die Grundlage für die Strukturierung einer allumfassenden integrierten Risikomanagement Lösung bildet.

Die beiden ersten Teilprozesse bilden Teile der als Risikoanalyse bekannten Phase des Risikomanagement; auch hier wird den Abhängigkeiten zwischen den Risiken große Bedeutung beigemessen.

– Risk Packing und Risk Hedging
   Ziel des zum Teil sehr umfangreichen und komplexen Risk Mapping ist die Identifikation und Nutzung möglicher Diversifikationseffekte (bezogen auf die Risikokosten) innerhalb der Gesamtrisikoposition einer Organisation. So kann es unter Kostengesichtspunkten als sinnvoll erachtet werden, bestimmte – idealerweise unkorrelierte oder negativ korrelierte – Risiken zu Risikopaketen zusammenzufassen (Risk Packing) und diese Pakete – unter Berücksichtigung bereits bestehender portefeuilleinterner Diversifikationseffekte – als Ganzes mit geeigneten Mitteln abzusichern (Risk Hedging). Auch wenn die simultane Betrachtung verschiedener Risikokategorien bzw. die Zusammenfassung bestimmter Risiken zu Risikopaketen als undifferenzierte Vorgehensweise missverstanden werden kann, so ist es der an sich triviale Gedanke, dass verschiedenste Risiken einer Organisation letztendlich die gleiche Konsequenz haben und die finanzielle Situation des Unternehmens in irgendeiner Weise beeinflussen, der eine integrierte Betrachtungsweise als sinnvoll erscheinen lässt.

Die hier im Rahmen des Risk Packing aufgezeigte Risikosynthese bildet mit der oben dargestellten Risikoanalyse den Prozess des Risk Engineering, der für das Erreichen einer verbesserten Risikokostensituation entscheidend ist. Die in der Phase des Risk Hedging anzuwendenden risikopolitischen Maßnahmen (Umsetzung) führen letztendlich zu einer – im Vergleich zur anfänglichen Situation (Initial Risk Cost Position) – linksverschobenen und gestauchten Risikokostenverteilung (Final Risk Cost Position). Die einzelnen Verteilungen innerhalb der Puzzlestücke bleiben jedoch unverändert. Betriebswirtschaftlich interpretiert bedeutet ein derartiges Bild nichts anderes als verminderte und stabilisierte *Risikokosten* (Risikoprämie), was insbesondere für die Versicherungswirtschaft von hohem Interesse sein dürfte. Die genaue Wirkung des integrierten Risikomanagement kann im Rahmen der Risiko-

---

[11] Vgl. Schweizerische Rückversicherungs-Gesellschaft (1996), S. 20.

kostensteuerung und -kontrolle (Risk Cost Controlling) exakt analysiert und quantifiziert werden.

3. Kostenvorteile einer integrierten Risikomanagement Lösung

Kostenreduktion und Kostenstabilisierung

Obwohl es sich bei integrierten Risikomanagement Lösungen um sehr individuelle, maßgeschneiderte Lösungen handelt, die zunächst Aufwand verursachen, können derartige Konzepte eine Reihe von Kostenvorteilen mit sich bringen, die es im Folgenden darzustellen gilt.

Durch die gezielte Kombination verschiedener Techniken der *Risikofinanzierung* können Economies of Scope (Verbundvorteile) realisiert werden, d.h. die gesamthafte (integrierte) Betrachtung und Deckung verschiedener Risikopotenziale eines Unternehmens können durch die Realisierung von Diversifikationseffekten zu einer erhöhten *Kosteneffizienz* und zugleich zu einer verbesserten Risiko- und Kapitalallokation im Sinne einer Reduzierung der Risikokapitalkosten (Risk Adjusted Capital) beitragen,[12] was vor dem Hintergrund einer rentableren (Eigen-) Kapitalverwendung (Return on Equity Betrachtungen) zu sehen ist und im Falle von Versicherungsaktiengesellschaften ohnehin verstärkt von den Aktionären im Rahmen des Shareholder Value Konzepts gefordert wird. Weiterhin ermöglichen derartige Konzepte auch erhöhte Selbstbehalte bei niedrigeren Sicherheitskapitalkosten.

Für das Verständnis verminderter Risikokapitalkosten ist darauf hinzuweisen, dass die für ein Risiko aufzuwendenden Kapitalkosten nicht ausschließlich von diesem Risiko abhängen, sondern in hohem Maße von dem (Risiko-)Portefeuille, in das dieses Risiko eingebettet ist.[13] Existieren innerhalb eines (Risiko-)Portefeuilles Diversifikationspotenziale, so können diese aus Kostengesichtspunkten genutzt werden, da die Kosten für die isolierte Deckung verschiedener Unternehmensrisiken höher sind als die Kosten einer umfassenden Deckung intelligent kombinierter (im Idealfall unkorrelierter) Einzelrisiken (Risikopakete).[14] Durch eine entsprechende

---

[12] Vgl. Thursby (1998), S. 33 und o.V. (1998c), S. 15; vgl. hierzu auch Albrecht / Schradin (1998), S. 599.
[13] Vgl. Schweizerische Rückversicherungs-Gesellschaft (1998b), S. 13.
[14] Vgl. Punter (1998b), S. 34.

Portefeuillemischung kann ein derartiger portefeuilleinterner Hedgeeffekt erreicht werden.

Schließlich können weitere Kostendegressionseffekte im Rahmen von Verbundeffekten bei kombinierten Lösungen durch Einsparungen bei den Verwaltungskosten realisiert werden (bspw. Wegfall bzw. Erleichterung des jährlichen Erneuerungsprozesses bei Rückversicherungsverträgen).[15] Auf diesem Wege können dem Zedenten Preisvorteile weitergegeben und Kundenbindungseffekte dadurch erzielt werden, dass der Erstversicherer eine ganzheitliche Risikomanagement Lösung aus einer Hand erhält. Ein weiterer Risikokostendegressionseffekt kann sich durch die Konzeption von integrierten Risikomanagement Lösungen als Mehrjahresprodukt ergeben.

Wäre weiterhin eine Standardisierung derartiger Konzepte möglich, so würde sich ein weiterer, wesentlich größerer Spielraum für Kostendegressioneffekte bieten. Da eine derartige Standardisierung jedoch zumindest derzeit und in den nächsten Jahren wohl kaum zu erwarten ist, kann für den Fall eines integrierten Risikomanagement von der Nutzung oftmals zitierter Economies of Scale vorerst nicht ausgegangen werden. Weiterhin sei darauf hingewiesen, dass eine Standardisierung integrierter Risikomanagement Lösungen in den meisten Fällen aufgrund der Individualität derartiger Lösungen weder möglich noch Zielsetzung i.S. der Kundenbedürfnisse ist.

Neben den absoluten Kostenvorteilen besteht ein weiterer Vorteil integrierter Risikomanagement Konzepte in der Stabilisierung der Risikokosten[16], was dem Zedenten eine erhöhte Planungssicherheit ermöglicht. Unkorreliertheit vorausgesetzt, kann nachgewiesen werden, dass die Gesamtvolatilität der Kosten mehrerer in einem Paket transferierter Risiken geringer ist, als die Summe der Volatilitäten verschiedener einzeln transferierter Risiken.[17] Die Betrachtung und Kalkulation eines umfassenden Risikodeckungskonzepts über den Zeitraum mehrerer Jahre kann neben der Senkung der absoluten *Risikokosten* zu einem weiteren wertvollen Stabilisierungseffekt[18] bezogen auf die Risikokosten beitragen[19].

---

[15] Vgl. Punter (1998b), S. 34.
[16] Vgl. Herold / Paetzmann (1997), S. 674 sowie Fanning (1998), S. 29.
[17] Vgl. McDermott (1998), S. 47.
[18] Stabilisierungseffekte ergeben sich durch die Tatsache, dass Mehrjahresbetrachtungen eine gewisse zeitliche Verteilung der integrierten Risiken zugrunde liegt. Zum Ausgleich in der Zeit siehe u.a. Albrecht (1982), S. 501-538.
[19] Vgl. Punter (1998b), S. 34.

Die oben aufgezeigten Risikokostendegressions- und -stabilisierungseffekte lassen sich anhand des folgenden Beispiels formal sehr einfach darstellen: Existieren mehrere voneinander unabhängige Risiken, beispielsweise Naturkatastrophenexposures (R_{cat}) und Währungsrisiken (R_{cur}), so kann die Deckung mehrerer Risiken durch ein Gesamtlimit sinnvoller sein, als die Anwendung mehrerer eigenständiger Deckungen. Den Schlüssel zu derartigen Konzepten bildet die Unkorreliertheit verschiedener Risiken (Formel 1); denn warum sollten – wie im obigen Fall – Naturkatastrophen zeitgleich mit Währungsab- oder -aufwertung eintreten bzw. warum sollten Wechselkursschwankungen Naturkatastrophen hervorrufen?[20] Die gemeinsame Deckung beider Risiken wird zum einen die dafür aufzuwendenden *Risikokosten* gegenüber zweier separater Einzeldeckungen reduzieren (Formel 2: Linksverschiebung der Risikokostenverteilung) und zum anderen eine erhöhte Stabilität der Risikokosten (Formel 3: Stauchung der Risikokostenverteilung) ermöglichen.

(1) $\quad \operatorname{cov}(R_{cat}; R_{cur}) \leq 0 \quad$ (Prämisse),

(2) $\quad K(R_{cat} + R_{cur}) \leq K(R_{cat}) + K(R_{cur})$,

(3) $\quad \sigma(K(R_{cat} + R_{cur})) \leq \sigma(K(R_{cat})) + \sigma(K(R_{cur}))$.

Erweitert man diese Betrachtung um eine zeitliche Dimension und integriert somit den Gedanken des Ausgleichs in der Zeit, so ergibt sich ein weiterer absoluter Kostendegressionseffekt (Formel 4) sowie ein zusätzlicher volatilitätsmindernder Effekt (Formel 5).

(4) $\quad K(R_{cat}^{t=1...n} + R_{cur}^{t=1...n}) \leq \sum_{t=1}^{n}(K(R_{cat}^t) + K(R_{cur}^t))$,

(5) $\quad \sigma(K(R_{cat}^{t=1...n} + R_{cur}^{t=1...n})) \leq \sum_{t=1}^{n}[\sigma(K(R_{cat}^t)) + \sigma(K(R_{cur}^t))]$.

---

[20] Der umgekehrte Fall, d.h. die Beeinflussung ökonomischer Bereiche durch Naturkatastrophen, ist allerdings durchaus denkbar. Siehe hierzu auch andeutungsweise Vukelic (1996), S. 17ff. Als Beispiel könnte hier ein Erdbeben in Japan angeführt werden, das die Zerstörung bedeutender Produktionsanlagen zur Folge hat. In einer derartigen Situation wird ein Absinken des Aktienkurses der betroffenen Firmen wohl kaum zu verhindern sein. In diesem Fall besteht eine Korrelation mit eindeutiger Wirkungsrichtung (Kausalität).

Hinsichtlich der oben aufgezeigten Risikokostendegressionseffekte muss allerdings darauf hingewiesen werden, dass sich deren, auf dem Markt tatsächlich realisierbarer Umfang auch maßgeblich an den Marktbedingungen und am Zusammenwirken des Angebot- und Nachfragemechanismus´ orientiert. Weiterhin ist zu beachten, dass innovative Deckungskonzepte – zumindest in ihrer Einführungsphase – durch hohe Transaktionskosten gekennzeichnet sind, die in die Marge des Rückversicherers oder anderer beteiligter Institutionen eingerechnet werden müssen.

Risikokostenbudgetierung

Neben der bereits erwähnten Nutzung von Kostendegressions- und -stabilisierungseffekten besteht ein weiterer Vorteil einer integrierten Risikomanagement Lösung unter Kostengesichtspunkten darin, dass ein maßgeschneidertes Programm unter klar vorgegebenen Risikokosten angeboten werden kann. Hier ist insbesondere der Gesichtspunkt `Angebot aus einer Hand´ zu betrachten, denn nur so kann ein vorgegebenes Kostenbudget sinnvoll als restriktive Nebenbedingung einer integrierten Risikomanagement Lösung realisiert werden.

Hier könnte eine triviale Gleichung als Basis für ein komplexes Entscheidungsmodell dienen, die das Entscheidungsverhalten von Erstversicherungsunternehmen hinsichtlich ihrer Rückversicherungsentscheidungen oder allgemeiner gefasst hinsichtlich ihres Risikomanagement abbildet:

$$(6) \quad \sum_{r=1}^{n} K_{r,\gamma_r} \leq \overline{K} \text{ bzw. } \sum_{r=1}^{n} K_{r,\gamma_r} \to \min!$$

K_{r,γ_r} stellen hierbei die Kosten dar, die für die Deckung eines Risikos r entstehen, wenn dieses Risiko mit einer vom Kunden vorzugebenden Wahrscheinlichkeit von γ_r abgesichert werden soll; $\overline{K}$ steht hierbei für die – ebenfalls vom Kunden vorzugebenden – Kostenrestriktion.

An dieser Stelle wird auch unmittelbar der Vorteil der Kundenbindung durch eine `Allround-Lösung´ für den Zedenten ersichtlich. Kunden werden zukünftig häufiger von einem Rückversicherer optimale Lösungen zu vorgegebenen Kosten verlangen (Risikokostenbudgetierung); die Aufgabe des Rückversicherers besteht dann in der Durchführung eines Risk Engineering und in der Nutzung von dessen Ergebnissen bzw. in der Kombination verschiedener Risikokategorien und Risikomanagement

Instrumente, um zu vorgegebenen Kosten $\overline{K}$ ein bestimmtes Risikomanagement Programm anbieten zu können. Selbstverständlich können hier dem Zedenten verschiedene Programmalternativen zur Auswahl gestellt werden; inwiefern Preisgestaltungsspielräume bestehen, hängt neben eventueller Kostenbudgets $\overline{K}$ natürlich auch von der Risikoeinstellung bzw. von der Risikoakzeptanz und -toleranz pro Risikoklasse γ_r des Zedenten ab. Hier kann auch an die Vorgabe bestimmter Risikotoleranzwerte durch den Zedenten gedacht werden.

Obige Ausführungen lassen es als offensichtlich erscheinen, dass eine effiziente Risikokostenbudgetierung idealtypisch eine 100%ige Beteiligung eines Rückversicherers oder zumindest einen führenden Rückversicherer voraussetzt. Weiterhin erscheint es nicht mehr als recht und billig, dass Rückversicherer für den aufwendigen Prozess des Risk Engineering bzw. für die erforderliche Beratungsleistung entlohnt werden, denn ein allumfassendes integriertes Risikomanagement Konzept stellt auf die individuelle (Risiko-)Situation des Zedenten ab und kann folglich keiner Zweitverwendung zugeführt werden. Zu einer tatsächlichen Zahlung für diese Beratungsleistung wird es allerdings nur in dem Fall kommen, in dem sich der Zedent für ein Konkurrenzangebot entscheidet oder eine integrierte Risikomanagement Lösung letztendlich nicht realisiert wird. Im Falle der Realisation durch den beratenden Rückversicherer kann bspw. von einer Verrechnung dieser Beratungskosten mit den tatsächlich anfallenden Transaktions- und Risikokosten ausgegangen werden.

4. Instrumente eines integrierten Risikomanagement

Im Folgenden soll ein kurzer Überblick über verschiedene Instrumente gegeben werden, die – je nach individueller Zielsetzung – für die Zwecke eines integrierten Risikomanagement in kombinierter Weise zum Einsatz kommen können. Von Beratungsleistungen des Rückversicherers abstrahiert, könnte hier im engeren Sinne auch von Instrumenten der Risikofinanzierung gesprochen werden.[21] Letzteres Begriffsverständnis zugrunde gelegt, stellen die folgenden Produkte bzw. Konzepte Instrumente dar, die dem Management und der Finanzierung verschiedenartiger Unternehmensrisiken dienen; im vorliegenden Kontext sollen unter Unternehmensrisiken Ereignisse verstanden werden, welche die finanz- und erfolgswirtschaftlichen

---

[21] Es sei darauf hingewiesen, dass gerade Beratungsleistungen im Rahmen der Konzeptionsphase einer integrierten Risikomanagement Lösung erhebliche Bedeutung zukommt.

Ergebnisse eines (Erst-)Versicherungsunternehmens nachhaltig beeinflussen können.[22]

Beratungsleistungen

Beratungsleistungen sind als ein Instrument des integrierten Risikomanagement zu verstehen sowie unverzichtbare Voraussetzung für die Konzeption einer integrierten Risikomanagement Lösung und führen unmittelbar zur Anwendung weiterer Instrumente, wie sie im Folgenden aufgezeigt werden. Vorab seien jedoch einige Beratungsleistungen aufgezeigt, wie sie zum Teil bereits jetzt zum Angebotsspektrum eines Rückversicherers zählen; darüber hinaus existiert eine Vielzahl weiterer Beratungsleistungen, die zukünftig ein weiteres Betätigungsfeld – eines im integrierten Risikomanagement engagierten – Rückversicherers bilden werden.

In einer beispielhaften Auswahl versicherungsspezifischer Beratungsleistungen seien folgende Leistungen kurz erwähnt: Marktanalyse, Produktentwicklung, Pricing bzw. Tarifierung, Risikoselektion, Portefeuilleanalyse und -strukturierung, Schadenregulierung, Zugang zu internationalen Märkten, Unterstützung bei Mergers and Acquisitions[23] und letztendlich die Strukturierung von effizienten Rückversicherungsprogrammen.

Unter nicht ausschließlich versicherungstechnischen Beratungsleistungen können Beratungsleistungen im IT-Bereich, Asset-Management bis hin zum Asset-Liability-Management[24], Schulungen von Erstversicherungskunden etc. subsumiert werden.

Schließlich sei die Unterstützung der allgemeinen Risikowahrnehmung und -sensibilisierung erwähnt, die sowohl versicherungsspezifischen als auch nicht-versicherungsspezifischen Beratungsleistungen zugeordnet werden kann und die von Seiten des Erstversicherers die unabdingbare Voraussetzung für die Umsetzung eines integrierten Risikomanagement Konzepts darstellt.

---

[22] Zum Begriffsverständnis des `Risk financing´ siehe auch Schweizerische Rückversicherungs-Gesellschaft (1996), S. 6f.
[23] Siehe hierzu o.V. (1998d), S. 16f. sowie o.V. (1998e), S. 32-38.
[24] Siehe hierzu Schmeiser (1999), S. 91-95; Daniel (1997), S. 57ff.; Köhler (1994), S. 30-38 und 58-64; Albrecht (1995), S. 226-231.

Konventionelle Rückversicherung

Wie bereits eingangs erwähnt, dienen traditionelle Rückversicherungsprodukte primär der gezielten Deckung einzelner Risiken bzw. der Risiken einer Sparte und können aufgrund dieser Zielsetzung einer integrierten, bilanzschützenden Deckung auch nur teilweise gerecht werden.[25] Traditionelle Deckungskonzepte können jedoch als wichtiger Bestandteil integrierter Deckungskonzepte erachtet werden; oftmals bauen nicht-konventionelle Deckungskonzepte sogar auf konventionellen Rückversicherungsstrukturen auf.

Finite-Risk Rückversicherung

Neben konventionellen Deckungen können *Finite-Risk Rückversicherung*skonzepte für bestimmte Zielsetzungen eine interessante Ergänzung zum konventionellen Rückversicherungsprogramm darstellen. In Abhängigkeit der zugrunde liegenden Problemstellung können prospektive oder retrospektive Produktformen als geeignete Instrumente dienen.[26] Als wesentliche Merkmale von Finite-Risk Rückversicherungsprodukten können die beschränkte Risikoübernahme durch den Rückversicherer, Betonung der Ergebnisteilung mit dem Zedenten, Mehrjährigkeit und die explizite Berücksichtigung von Kapitalanlageerträgen bei der Kalkulation genannt werden.[27] Insbesondere Finite-Risk Konzepte können zu einer Stabilisierung bzw. zeitlichen Nivellierung von (versicherungstechnischen) Ergebnissen als eine der bedeutendsten Zielsetzung des Risikomanagement beitragen, was insbesondere auch vor dem Hintergrund verstärkter Shareholder Value Orientierung zu sehen ist. Auch zunehmend erhöhte Selbstbehalte und Bestrebungen zur Optimierung von Rückversicherungsausgaben bilden ein wesentliches Einsatzgebiet von Finite-Konzepten. Aus der Not eingeschränkter Rückversicherungsnachfrage in Exposurebereichen mit niedriger Schadenfrequenz kann durch den intelligenten Einsatz von Finite-Konzepten eine Tugend gemacht werden. Was liegt vor dem Hintergrund heutiger Entwicklungstendenzen näher als das Engagement von Rückversicherern bei der Beratung und Unterstützung von Erstversicherern bei der Strukturierung ihrer Selbstbehalte? Nach einer detaillierten Portefeuilleanalyse können maßgeschneiderte Vor- und Nachfinanzierungskonzepte entwickelt werden, die effiziente und stabile Selbstbehaltskosten für den Zedenten ermöglichen.

---

[25] Vgl. Herold / Paetzmann (1997), S. 672.
[26] Zu verschiedenen Finite-Risk Vertragsformen siehe Heß (1998) sowie die dort zitierte Literatur.

Neben den o.g. Zielsetzungen sind es weitere Ziele wie die Abkoppelung von Rückversicherungszyklen, Optimierung der Bilanzstruktur, Eigenkapitalersatz, Liquiditätsbereitstellung, Planungssicherheit, Unterstützung bei Mergers and Acquisitions etc.,[28] die Finite-Risk Produkte zunehmend attraktiv erscheinen lassen.

Gerade Finite-Risk Deckungskonzepte weisen aufgrund ihres gemischten Charakters zwischen Rückversicherungs- und Finanzierungsprodukt bzw. optionalen Transfers verschiedener Risiken eine besondere Eignung für den Einsatz in integrierten Risikomanagement Programmen auf. Weiterhin leisten diese einen eigenständigen Beitrag zur Reduzierung und Stabilisierung der Risikokosten.

Multiple Trigger Konzepte

Wird eine Versicherungsleistung vom Eintritt mehrerer Ereignisse abhängig gemacht, so spricht man von *Multiple Trigger Konzepten*. Derartige Konzepte können verschiedene Ereignisse bzw. Risiken als leistungsauslösende Momente beinhalten. So können beispielsweise neben dem versicherungstechnischen Risiko auch Marktrisiken und Finanzrisiken wie Wechselkurs- oder Zinsrisiken integriert bzw. gedeckt werden.

Konzepte, die eine Deckung vorsehen, wenn neben einem vorab definierten versicherungstechnischen Schaden (Passivportefeuille) zeitgleich ein definierter Attachment-Point eines Aktivportefeuilles (z.B. ein bestimmtes, abgegrenztes oder verallgemeinertes Referenz-Kapitalanlageportefeuille) realisiert wird, sind unter dem Begriff `Dual´ oder `Double Trigger Deckung´ bekannt.[29] Derartige Konstruktionen sind insbesondere für Erstversicherer interessant, die in einem simultanen Absinken des technischen und nicht-technischen Geschäfts unter eine bestimmte Toleranzgrenze eine ernsthafte Bedrohung für das Unternehmen sehen.[30] Abbildung 2 verdeutlicht die Funktionsweise einer solchen Double Trigger Deckung, die zum Zuge kommt, falls sich zeitgleich sowohl das versicherungstechnische Ergebnis als auch das Kapitalanlageergebnis außerhalb eines vorab festgelegten Toleranzbereiches realisieren.

---

[27] Eine ausführliche Erläuterung hierzu findet sich in Schweizerische Rückversicherungs-Gesellschaft (1997a), S. 5.
[28] Vgl. hierzu auch Bauer (1998), S. 564 sowie Patterson (1997), S. 607.
[29] Siehe hierzu Schweizerische Rückversicherungs-Gesellschaft (1998a), S. 11ff.
[30] Vgl. Schweizerische Rückversicherungs-Gesellschaft (1998a), S. 21.

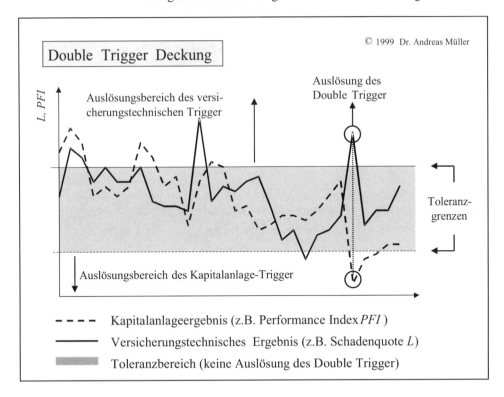

Abb. 2: Funktionsweise einer Double Trigger Deckung

Die Zahlung, die aus einem Double Trigger Konzept resultiert, das einen versicherungstechnischen Attachment-Point L (Loss Ratio) und ein Kapitalanlage-Portefeuilleindex PFI zugrundelegt, kann formal wie folgt dargestellt werden:[31]

(7) Zahlung = min {max [L + ΔPFI − Selbstbehalt, 0], Limit} .

An dieser Stelle sei nochmals auf die bereits erwähnte Beratungsleistung im Bereich des *Asset-Liability-Management* hingewiesen. Die separate Steuerung von Aktiv- und Passivportefeuilles verliert zunehmend an Bedeutung; Ziel im Rahmen des Asset-Liability-Management ist die risikoeffiziente Steuerung eines Gesamtportefeuilles bestehend aus Aktiv- und Passivposten, die gewisse Interdependenzen aufweisen. Schließlich ist im Rahmen eines ganzheitlichen Risikomanagement das Schwankungs- und Performancegefüge des gesamten Unternehmens entscheidend. Es kann davon ausgegangen werden, dass nicht nur innerhalb der beiden Portefeuilleklassen gewisse (unsystematische) Risikokomponenten durch gezielte Porte-

---

[31] Vgl. Schweizerische Rückversicherungs-Gesellschaft (1998a), S. 14.

feuillestrukturierung wegdiversifiziert werden können, sondern auch eine gegenseitige Aktiv-Passiv-Abstimmung Diversifikationseffekte bewirken kann. Vor der Konzeption oben aufgezeigter Multiple Trigger Produkte gilt es folglich Ursachenanalysen durchzuführen, d.h. es müssen Einflussfaktoren und deren Wirkung auf die Aktiv- und Passivportefeuilles identifiziert werden.[32] Nachdem derartige Wechselwirkungen analysiert und mögliche Eliminations- bzw. Kompensationseffekte ausfindig gemacht wurden, können auf bestimmte Aktiv- und Passiv-portefeuilles gezielt Multiple Trigger Konzepte angewandt werden.

Abbildung 3 veranschaulicht die integrierte Behandlung verschiedener Portefeuilleklassen über mehrere Perioden hinweg. Die Betrachtung der Bilanz unter Anwendung verschiedener risikopolitischer Instrumentarien veranschaulicht die zunehmende Linksverschiebung und Stauchung der Risikokostenverteilung im Zeitverlauf, was auf den zunehmenden Integrationsgrad des Risikomanagement zurückzuführen ist. In der Ausgangsposition erfolgt lediglich ein Hedging separater Einzelrisikopositionen; in der Folgeperiode werden Diversifikationseffekte innerhalb der Asset-Portefeuilles genutzt und die kombinierten Asset-Portefeuilles gemeinsam gehedgt, was zu einer Verminderung und Stabilisierung der *Risikokosten* führt. Schließlich werden in der dritten Periode sowohl Diversifikationseffekte innerhalb der Assets als auch zwischen den Asset- und Liability-Portefeuilles nutzbar gemacht, was eine weitere Linksverschiebung und Stauchung der Risikokostenverteilung zur Folge hat. Selbstverständlich gilt es die Interdependenzrelationen innerhalb und zwischen den Portefeuilleklassen regelmäßig auf ihre Zeitstabilität hin zu untersuchen und evtl. anzupassen.

Im Allgemeinen verspricht man sich von einer doppelt oder mehrfach getriggerten Deckung Kostenvorteile gegenüber mehreren separat getriggerten Deckungen.[33] Für den oben geschilderten Fall kann von einem Kostenvorteil jedoch nur dann ausgegangen werden, wenn die Versicherungslösung für die Absicherung des Aktivportefeuilles kostengünstiger als der Kauf einer Put-Option für das zugrunde liegende Aktienportefeuille ist. Zum heutigen Zeitpunkt und unter Berücksichtigung des bisherigen Entwicklungsstatus´ derartiger Multiple Trigger Konzepte scheinen sich Markt- und Finanzrisiken unter reinen Kostengesichtspunkten allerdings nach wie vor am effizientesten durch Bankprodukte und Finanzderivate absichern zu lassen.[34]

---

[32] Vgl. Schenk (1998), S. 71.
[33] Vgl. Schweizerische Rückversicherungs-Gesellschaft (1998a), S. 21.
[34] Vgl. hierzu auch Bauer (1998), S. 570.

Eine rückversicherungstechnische Deckung dieser Risiken kann unter bilanz- und ausweistechnischen Gründen dennoch Vorteile mit sich bringen.

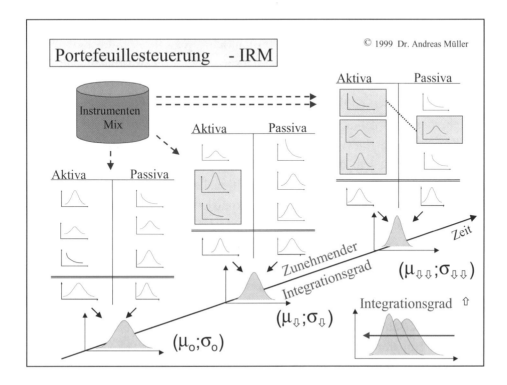

Abb. 3: Behandlung verschiedener Portefeuilleklassen bei zunehmender Integration im Rahmen des integrierten Risikomanagement

Im Hinblick auf die Zukunft kann davon ausgegangen werden, dass härtere Bedingungen[37] auf den internationalen Rückversicherungsmärkten verbesserte Entwicklungsmöglichkeiten für derartige Konzepte bieten und diese an Attraktivität gewinnen werden.[38] Selbstverständlich bedarf es hierzu auch einer Änderung der allgemeinen Einstellung gegenüber derartigen Konzepten; so geht bspw. aus einer Untersuchung hervor, dass die Mehrzahl aller Befragten auch zukünftig von einer separaten Behandlung bzw. Deckung traditioneller Versicherungsrisiken und Finanzrisiken ausgeht.[39]

---

[37] Bspw. Kapazitätsengpässe und Erhöhung des Ratenniveaus.
[38] Vgl. o.V. (1998a), S. 24.
[39] Vgl. Mundy (1998), S. 9.

Kapitalmarktkonzepte

Kapitalmarktkonzepten, insbesondere innovativen Kapitalmarktinstrumenten wie Derivaten und Verbriefungen von (Versicherungs-)Risiken, wird seit Anfang der 90er Jahre eine chancenreiche Zukunft hinsichtlich ihres Einsatzes im Bereich des versicherungstechnischen Risikotransfers zugesprochen; teilweise finden sich sogar Aussagen dahingehend, dass die zukünftige Rolle von Kapitalmarktinstrumenten darin besteht, einen wesentlichen Beitrag zum gesamten Risikomanagement eines Erstversicherungsunternehmens beizutragen.[40] Trotzdem werden Kapitalmarktkonzepte die traditionelle *Rückversicherung* nie ersetzen, sondern können immer nur eine Ergänzung darstellen, die bspw. bei Kapazitätsengpässen zum Zuge kommt, wenn die Deckung neuartiger Risiken auf traditionellem Wege schlecht möglich ist oder wenn der Wunsch nach alternativer[41] Deckung besteht.[42] Nicht nur um im Wettbewerb bestehen zu können, sondern auch aufgrund der Notwendigkeit eines allumfassenden Service´ im Sinne eines integrierten Risikomanagement, gehen Rückversicherer verstärkt dazu über, sich auch in diesem Bereich zu engagieren und Kapitalmarktkonzepte in ihre Produktpalette aufzunehmen.[43]

Am populärsten erscheint in den letzten Jahren der unter der Bezeichnung Securitisation bekannte Transfer versicherungstechnischen Risikos in den Kapitalmarkt bzw. auf (professionelle) Investoren, die im Falle eines ex ante definierten (versicherungstechnischen Risiko-)Ereignisses mit ihrem Zins- und/oder Kapitalrückzahlungsanspruch im Risiko stehen.[44] Auch wenn sich die Anwendung von Bond Securitisation-Lösungen bisher größtenteils auf die Deckung von Naturkatastrophenrisiken beschränkt, so sind hier zukünftigen Weiterentwicklungen keine Grenzen gesetzt, da die Qualifizierung eines Risikos als Underlying für eine Securitisation im Wesentlichen nur auf die Möglichkeit der Quantifizierung dieses Risikos abstellt.[45]

---

[40] Vgl. hierzu Swallow (1998), S. 34.

[41] In diesem Kontext: `nicht-traditionell´. Zur Verwendung des Begriffs `alternativ´ im versicherungswissenschaftlichen Kontext und den damit verbundenen Interpretationsproblemen siehe auch o.V. (1998f), S. 21; Punter (1998b), S. 34; Fanning (1998), S. 27; Zech (1998), S. 490; Schweizerische Rückversicherungs-Gesellschaft (1998b), S. 8.

[42] Vgl. o.V. (1998a), S. 23 sowie Fanning (1998), S. 29.

[43] Vgl. Beatty (1998), S. 35.

[44] Nähere Erläuterungen hierzu finden sich u.a. in Wagner (1998), S. 540-607; VanderMarck (1998), S. 38f.; Punter (1998a), S. 33f.; Schweizerische Rückversicherungs-Gesellschaft (1997b).

[45] Vgl. Zolkos (1998a), S. 26; McLeod (1998), S. 3; Hanley (1998), S. 37; Punter (1998b), S. 35; o.V. (1998g), S. 21. Beispiele für Nicht-Naturkatastrophenrisiken, potenzielle Risiken für eine Securitisation Lösung darstellen, finden sich bei McLeod (1998), S. 3 und Hanley (1998), S. 37.

Derivaten kommt bereits seit längerem eine bedeutende Rolle im Risikomanagement zu; insbesondere eignen sich diese, um die Aktivseite bzw. Kapitalanlagen durch gezielte Hedging-Strategien abzusichern. Durch die am Chicago Board of Trade (CBOT) gehandelten Versicherungsderivate PCS-Options (Property Claims Service)[46], die auf einem Marktschadenindex als Underlying basieren, kann durch die Konstruktion synthetischer Layer – mit Einschränkungen – auch die Passivseite von Versicherungsunternehmen abgesichert werden. Die Einschränkungen ergeben sich durch das verbleibende Basisrisiko, das aus einer abweichenden Entwicklung zwischen zugrunde liegendem Marktindex (Durchschnittswert) und dem individuellen Schadenportefeuille eines Versicherungsunternehmens resultiert.[47] Das aus der Anwendung von indexbasierten Deckungen (bspw. Optionen, Swaps oder auch index- und parameterbasierte Insurance-Securitisation Lösungen) verbleibende Basisrisiko kann im Rahmen derartiger Transaktionen bzw. ganzheitlicher Deckungskonzepte von Rückversicherern in effektiver Weise übernommen werden,[48] was dem Kunden ein optimales und lückenloses Deckungskonzept ermöglicht. Überlegungen, die zur Reduzierung des Basisrisikos auf eine Verfeinerung der zugrunde liegenden Indizes abstellen, steht entgegen, dass dies eine abnehmende Standardisierung zur Folge haben und die generelle Anwendbarkeit derartiger Derivate maßgeblich einschränken würde. Im Vergleich zur traditionellen *Rückversicherung* wäre diese Deckungsform letztlich als ineffizient einzustufen.

Ein weiteres Instrument, welches unter der weitläufigen Bezeichnung `contingent capital´ bekannt ist, ermöglicht den direkten Zugang zu liquiden Mitteln im Falle eines vorab exakt definierten Ereignisses (z.B. Naturkatastrophe) zu einem ebenfalls ex ante fixierten Preis und führt im Falle des sog. contingent equity (CAT-E-PUT: catastrophe equity put) zu einer kompensierenden Wirkung auf die Bilanz (Bilanzschutz).[49]

Das Interessante an Kapitalmarktinstrumenten in ihrem Einsatz im versicherungstechnischen Bereich ist, dass hier der Phantasie bzgl. des transferierten Risikos prak-

---

[46] Daneben besteht mittlerweile die Möglichkeit eines weiteren Versicherungsderivatenhandels an der Bermuda Commodity Exchange (BCX), an der der GCCI (Guy Carpenter Catastrophe Index) zugrunde gelegt wird. Vgl. Guy Carpenter (1998), S. 23f.

[47] Vgl. Albrecht / Schradin (1998), S. 591.

[48] Vgl. hierzu o.V. (1998h), S. 86.

[49] Daneben existieren sog. contingent surplus notes, die für Nicht-Aktiengesellschaften eine interessante contingent capital Lösung darstellen können. Nähere Ausführungen hierzu finden sich in Guy Carpenter (1998), S. 13ff.; o.V. (1998i), S. 93; Albrecht / Schradin (1998), S. 590.

tisch keine Grenzen gesetzt sind. Derartige Konzepte stehen nicht ausschließlich für den Transfer versicherungstechnischen Risikos, sondern eröffnen dem Risikomanagement weite Möglichkeiten (z.B. Wetterderivate)[50]. Kapitalmarkttransaktionen sind stets vor dem Hintergrund der Ziele des Erstversicherers zu sehen. So wurde bspw. durch die Emission von Optionen[51] und Bond-Optionen[52] der Versuch unternommen, eine Absicherung gegen den möglichen Anstieg des Ratenniveaus auf dem internationalen Rückversicherungsmarkt zu gewährleisten. Derartige Konzepte geben der Erstversicherungsbranche ein risikopolitisches Instrumentarium an die Hand, das eine verbesserte Planbarkeit und Absicherung der Rückversicherungskosten ermöglicht. Es sei jedoch darauf hingewiesen, dass der Markterfolg solcher Konzepte primär von der Investitionsbereitschaft potenzieller Investoren bestimmt wird. Ein weiteres – insbesondere für Nicht-Versicherungsaktiengesellschaften – interessantes Einsatzgebiet von Kapitalmarktinstrumenten bildet die Verbriefung von Zukunftsgewinnen, was eine Art vorzeitige Liquidisierung zukünftiger Gewinne bewirkt und ein effizientes Mittel zur Eigenkapitalbeschaffung darstellen kann.[53] Eine weitere Kapitalmarkttransaktion half bei der Lösung eines gängigen Problems von jungen und wachsenden Lebensversicherungsunternehmen; 1998 wurden erstmals die Abschlusskosten aus Lebensrückversicherungsverträgen in den Kapitalmarkt transferiert.[54] Der Hintergrund für diese außergewöhnliche Transaktion ist in den deutschen Rechnungslegungsvorschriften zu sehen, nach der Abschlusskosten nicht aktiviert werden dürfen und folglich andere Entlastungsmöglichkeiten für starke Ergebnisbelastungen aus dem Lebensversicherungsneugeschäft gesucht werden mussten.

Die aufgezeigten Beispiele verdeutlichen, dass ein weites Spektrum an Risiken in den Kapitalmarkt transferiert werden kann; hier sind vielfältige Konstruktionen möglich, die sowohl die Passiv- als auch die Aktivseite einer Versicherungsbilanz schützen können.

Die Integration von Kapitalmarktinstrumenten wird durch die zunehmende Annäherung von Kapital- und Versicherungsmärkten erleichtert.[55] Durch diese Entwicklung wird es auch zunehmend leichter, (traditionelle) Rückversicherungskonzepte mit Kapitalmarktinstrumenten wie bspw. einer Insurance-Securitisation zu kombinieren,

---

[50] Siehe hierzu Müller / Grandi (1999), S. 674-681.
[51] Vgl. hierzu o.V. (1998j), S. 9.
[52] Siehe hierzu Kirk (1999), S. 29f. sowie o.V. (1999a), S. 133.
[53] Vgl. hierzu o.V. (1998k), S. 9.
[54] Hierbei handelt es sich um die L1-Transaktion der Hannover Rück.
[55] Vgl. auch Zolkos (1998b), S. 14 sowie Winston / Souter (1998), S. 48.

was gegenüber einer ausschließlichen Kapitalmarktlösung via Securitisation zu einem insgesamt kostengünstigeren *Risikotransfer* führt.[56] Im Rahmen eines `Allround Service´-Angebotes werden sich Rückversicherer auch zukünftig in Kapitalmarktlösungen engagieren; insbesondere die Risikobewertung und die Strukturierung komplexer Kapitalmarkttransaktionen sowie die Übernahme eventuellen Basisrisikos, das Agieren als Fronter und die Bereitstellung eines möglicherweise erforderlichen Bridge Covers bilden hier Geschäftsfelder für die Rückversicherungsbranche mit Schnittstellen zu weiteren Kooperationspartnern aus dem Finanzsektor wie bspw. Investmentbanken.[57] Die Aufgabe des Rückversicherers bei erfolgreichen Kapitalmarkttransaktionen besteht letztendlich darin, den Zedenten auf professionellem Wege in den Kapitalmarkt zu begleiten.

Instrumenten-Mix

Die hier aufgezeigten Instrumente gilt es vor dem Hintergrund eines integrierten Risikomanagement Ansatzes nicht isoliert, sondern in Kombination anzuwenden (siehe Abbildung 4). In welcher Art und Weise derartige Instrumente zu kombinieren sind, hängt neben der zugrunde liegenden Fragestellung bzw. Gesamtrisikoposition und -struktur des Erstversicherungsunternehmens maßgeblich von der verfolgten Zielsetzung des Zedenten ab.

Neben dem kombinierten Einsatz verschiedener Risikofinanzierungsinstrumente zur Deckung unterschiedlicher Risikopositionen (Multiline) können diese Kombinationsformen weiterhin über den Zeitraum mehrerer Jahre angewendet werden (Multiyear) und somit zu einer risiko- und kosteneffizienten sowie integrierten Multiline-Multiyear[58] Deckung beitragen. Da Mehrjahresbetrachtungen eine breitere und stabilisierende Ausgleichsbasis für ein umfassendes Risikomanagement bilden, stellen diese zweifelsohne den Schlüssel zu integrierten Risikomanagement Programmen dar.[59]

Mehrjahreskonzepte, die (traditionelle) Rückversicherungskonzepte mit modernen Kapitalmarktinstrumenten verbinden, ermöglichen somit integrierte Risikomanagement Lösungen, die das gesamte Risikospektrum eines Erstversicherungsunterneh-

---

[56] Vgl. Zolkos (1998b), S. 16.
[57] Vgl. o.V. (1998l), S. 104.
[58] Zu Gestaltung und Vorteilen von Multiline-Multiyear Produkten siehe Trimble (1998), S. 25 sowie Schweizerische Rückversicherungs-Gesellschaft (1998c).
[59] Vgl. auch o.V. (1998b), S. 28 sowie Punter (1998b), S. 34.

mens abdecken.⁶⁰ Weiterhin bieten Multiline-Multiyear Konzepte einen erweiterten Spielraum zur Integration bzw. Deckung neuartiger, sogar zum Teil bisher als unversicherbar eingestufter oder speziell finanzieller Risiken.⁶¹ Schließlich scheinen Multiline-Multiyear Konzepte – auch vor dem Hintergrund verstärkter Kundenorientierung der Rückversicherungswirtschaft – am ehesten die Eignung zu besitzen, sämtliche Bedürfnisse (Multiline) des Kunden über einen längeren Zeitraum (Multiyear) zu befriedigen.

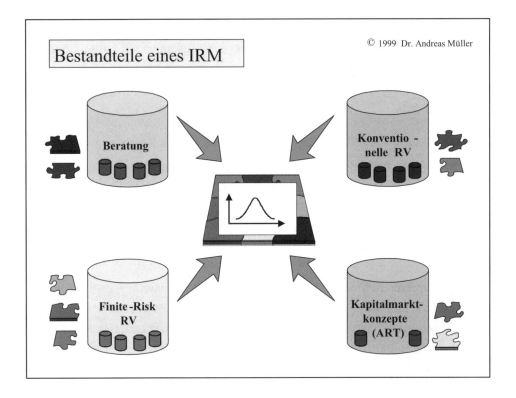

Abb. 4: Bestandteile eines integrierten Risikomanagement

Auf einen wesentlichen Problempunkt kombinierter Lösungsansätze gilt es schließlich hinzuweisen; die Kunst innovativer Problemlösungen besteht weniger in der Entwicklung eigenständiger Produkte oder in der Adaption im Bankensektor längst bekannter Kapitalmarktinstrumente, sondern vielmehr in der Abstimmung verschie-

---

⁶⁰ Vgl. Zolkos (1998b), S. 14.
⁶¹ Vgl. o.V. (1998c), S. 15 sowie Schweizerische Rückversicherungs-Gesellschaft (1998b), S. 19. Währungsrisiken werden im Allgemeinen als relativ einfach integrierbar erachtet. Vgl. hierzu Zolkos (1998c), S. 13.

dener Instrumente (angleichen von Parametern wie Haftung, Laufzeit, Attachment-Points etc.) zu einer Kombination, die eine umfassende und bedarfsgerechte Deckung bietet.

Inwieweit derartige Problemlösungskonzepte zur Optimierung von Gesamtrisikopositionen von der Rückversicherungsbranche tatsächlich als `Allround Service´ für Erstversicherungsunternehmen angeboten werden, hängt sowohl von der strategischen Grundausrichtung hinsichtlich der Kernkompetenzen[62] als auch von verschiedenen organisatorischen Aspekten ab.

5. Anforderungen an Markt und Marktteilnehmer

Situation auf dem Rückversicherungsmarkt

Wie gezeigt wurde, sind es verbleibenden Ineffizienzen von alleinstehenden Teillösungen und daraus folgende Kostenüberlegungen, die integrierte Risikomanagement Konzepte interessant erscheinen lassen. Es ist offensichtlich, dass in Zeiten weicher Bedingungen auf den internationalen Rückversicherungsmärkten, die das Angebot relativ günstiger Teillösungen zur Folge haben, geringere Anreize bestehen, weitere Kostenersparnisse durch integrierte Lösungsansätze zu realisieren.

Es kann davon ausgegangen werden, dass bei einem Anstieg des Ratenniveaus auf dem traditionellen Rückversicherungsmarkt Finite-Risk Rückversicherungskonzepte und Kapitalmarktkonzepte verstärkt an Attraktivität gewinnen werden.[63] Auch Einsparungen durch integrierte Risikofinanzierungskonzepte werden dann zunehmend das Interesse der Zedenten wecken.

Anforderung an den Rückversicherer

Die oben aufgezeigten Schritte zur Realisation eines integrierten Risikomanagement lassen bereits die Notwendigkeit eines hochspezialisierten interdisziplinären Teams[64] erkennen.

---

[62] Vgl. Nierhaus / Vogelsberger (1998), S. 598.
[63] Es sei darauf hingewiesen, dass im Falle vermehrter Katastrophenereignisse auch mit einer Verteuerung von Kapitalmarktkonzepten und Finite-Risk Konzepten zu rechnen ist.

Wie gezeigt wurde, bedarf es zur Realisation eines integrierten Risikomanagement nicht nur spezieller (Rück-)Versicherungskenntnisse, sondern darüber hinaus auch Kapitalmarkterfahrung sowie Marktforschungs- und Methoden-Know-how. Letztere sind insbesondere für die Phase der Risikoanalyse unerlässlich; im Rahmen der Risikosynthese sind Experten gefragt, die über detaillierte Produktkenntnisse verfügen und effiziente Produktkombinationen generieren können, welche die offenen Risikopositionen – welcher Art auch immer – eines Erstversicherungsunternehmens auf effiziente Weise zu schließen vermögen. Zukünftige Rückversicherungsexperten werden über die klassische (Einzel-)Branchensichtweise hinaus über eine gesamtunternehmensbezogene Sichtweise verfügen müssen, die sowohl die finanzwirtschaftliche als auch steuerliche, bilanzielle und marktpolitische Perspektive beinhaltet.[65] Schwerpunktmäßig werden sich Financial Engineers allerdings mit dem Bereich Corporate Finance auseinandersetzen müssen.

Zur Gestaltung o.g. Teams bieten sich im Wesentlichen zwei Möglichkeiten. Zum einen besteht die Möglichkeit externer Kooperationen, d.h. Zusammenarbeit mit Partnern aus anderen Branchen wie bspw. Beratungsfirmen, (Investment-)Banken, wissenschaftlichen Institutionen etc. Andererseits kann ein Rückversicherer durch die Organisation branchenübergreifender Teams (Fachabteilungen, Länderabteilungen, Finanz, Steuer, Rechnungswesen, Forschung und Entwicklung etc.) internes Know-how aufbauen, das – insbesondere vor dem Hintergrund unternehmensinterner Prozesse – schnell und effizient zur Entwicklung ganzheitlicher Risikomanagement Lösungen beitragen kann. In beiden Fällen verbleiben Schnittstellen, deren Management primär von der Bereitschaft, Motivation und Kommunikation der beteiligten Kooperationspartner bzw. Mitarbeiter abhängt. Eine abschließende Aussage, welche der beiden Organisationsformen zu bevorzugen ist, kann – ohne entsprechende empirische Untersuchungen – nicht getroffen werden.

Hinsichtlich des organisatorischen Aspekts lässt sich zusammenfassend die Aussage treffen, dass zur Entwicklung und Vermarktung integrierter Risikomanagement Lösungen eine zentrale[66], schlanke, teamorientierte, flexible, kompetente, interdisziplinäre und kreativitätsfördernde Organisationsform unabdingbar ist. Nur unter dieser

---

[64] Vgl. Zolkos (1998c), S. 26.
[65] Vgl. Nierhaus / Vogelsberger (1998), S. 598 sowie Beatty (1998), S. 35.
[66] Dieser Aspekt gewinnt aus Kundenorientierungsgesichtspunkten an Bedeutung, da Kunden (Erstversicherungsunternehmen) nach Möglichkeit einen zentralen Ansprechpartner haben sollten. Vgl. Herold / Paetzmann (1997), S. 678.

Voraussetzung können qualitativ hochwertige Problemlösungen für komplexe Kundenbedürfnisse in entsprechender Geschwindigkeit konzipiert werden.

Anforderungen an den Kunden

Aus der Komplexität und ganzheitlichen Betrachtungsweise integrierter Risikomanagement Konzepte geht hervor, dass ein Rückversicherer zur Gestaltung derartiger Konzepte wesentlich umfassendere und detailliertere Informationen benötigt, als dies bei traditionellen Produkten der Fall ist. Erstversicherer müssen dem Rückversicherer folglich sehr offen gegenüberstehen und zum Teil Informationen bereitstellen, die unter geschäftspolitischen und strategischen Gesichtspunkten üblicherweise nur einer Inhouse-Verwendung zur Verfügung stehen.

Aus diesem Grunde kann die Beziehung zwischen Erst- und Rückversicherer im Falle des integrierten Risikomanagement nur als langfristige und partnerschaftliche[67] Zusammenarbeit konzipiert sein. Für die Zwecke eines integrierten Risikomanagement müssen Zedent und Rückversicherer folglich aktiv zusammenarbeiten, um zu einer den – Kundenbedürfnissen tatsächlich entsprechenden – Lösung zu kommen.[68] Dies wird insbesondere oft bei der Entwicklung von Multiline-Multiyear Konzepten gefordert.[69]

Wie es bereits aus der Argumentation in Abschnitt 3 (Risikokostenbudgetierung) hervorgeht, können integrierte Risikomanagement Lösungen sinnvoll nur aus einer Hand angeboten werden. Erstversicherer sollten folglich die Bereitschaft zeigen, ihr Risikomanagement in die Hände eines kompetenten Rückversicherers zu geben, der diese Aufgabe alleine oder zumindest als der führende Rückversicherer eines kleineren Konsortiums übernimmt.[70] Für eine derartige Bereitschaft sprechen im Wesentlichen drei unmittelbare Vorteile aus Sicht des Erstversicherers:

---

[67] Vgl. Trimble (1998), S. 25 sowie McDermott (1998), S. 47.
[68] Vgl. Zolkos (1998b), S. 16 sowie o.V. (1998a), S. 25.
[69] Vgl. hierzu Schweizerische Rückversicherungs-Gesellschaft (1998d), S. 47 und dieselbe (1997c), S. 3.
[70] Vgl. hierzu auch Trimble (1998), S. 25.

- Obwohl umfassende Risikofinanzierungsprogramme auch aus der Kombination separater Deckungen[71] von verschiedenen Rückversicherern möglich sind, so verbleibt dennoch die Gefahr einer Deckungslücke, eines Over-Hedging oder einer ineffizienten Deckung, die bei einer `Alles aus einer Hand´-Philosophie vermieden würde.[72]
- Weiterhin wird es auch im Interesse eines jeden Erstversicherers sein, derart detaillierte und tiefgreifende Informationen, wie sie zur Konstruktion eines integrierten Risikomanagement Konzepts erforderlich sind, nicht an eine Vielzahl von Rückversicherern weiterzugeben.
- Schließlich spricht der Kostenaspekt eindeutig für die Lösung aus einer Hand, denn dass die Kosten einer integrierten Risikomanagement Lösung bei Einbeziehung mehrerer Rückversicherer unweigerlich steigen müssen, bedarf keiner weiteren Ausführung.

Ein Hauptproblem vieler (Versicherungs-)Unternehmen, die sich um ein gesamthaftes Risikomanagement bemühen, ist die Tatsache, dass viele Mitarbeiter mit verschiedenen Risiken hantieren und zum Teil auch einen diesbezüglich hohen Informationsgrad besitzen, eine gesamtheitliche Sichtweise und demzufolge ein ganzheitliches Risikomanagement jedoch aufgrund organisatorischer und personeller Gegebenheiten ausbleibt. Tatsächlich ist es aber nicht nur der Wunsch vieler Erstversicherungsunternehmen und im Rahmen des Gesetzes zur Kontrolle und Transparenz im Unternehmensbereich (KonTraG) sogar deren Pflicht, sämtliche Unternehmensrisiken im Rahmen eines allumfassenden Corporate Risk Ansatzes zu analysieren und in einem weiteren Schritt in einem Risiko-Portefeuille zu steuern und somit die gesamte (Risiko-)Bilanz zu abzusichern. In diesen Fällen bieten sich Rückversicherer weniger wegen ihrer Fachkompetenz, sondern vielmehr in ihrer Rolle als Koordinatoren und Moderatoren an.[73] Erstversicherer, die über eine Zentralabteilung Risikomanagement verfügen, bedürfen wesentlich weniger beratender Unterstützung bei der Risikoanalyse und –synthese, so dass zwischen Erst- und Rückversicherer im Rahmen der Konzeption einer integrierten Risikomanagement Lösung eine Aufgabenteilung erfolgen kann und eine gute und unkomplizierte Zusammenarbeit beider Parteien einen wesentlichen Beitrag zum Gelingen des integrierten Risikomanagement Konzepts leistet.

---

[71] Verschiedene Layer, traditionelle Rückversicherung, Financial Reinsurance, Kapitalmarktkonzepte etc.
[72] Vgl. auch Schweizerische Rückversicherungs-Gesellschaft (1996), S. 32.
[73] Vgl. hierzu auch Zolkos (1998a), S. 26.

Die nahezu perfekteste (organisatorische) Voraussetzung für eine derart geschilderte Zusammenarbeit bildet die Institution eines *Chief Risk Officer* (CRO)[74], der die zukünftige Rolle eines gesamtunternehmensbezogenen Risk Managers verkörpern wird und in Erstversicherungsunternehmen der Ansprechpartner für – in integrierten Risikomanagement Themen engagierte – Rückversicherungsunternehmen sein wird.[75] Hauptaufgabe eines *Chief Risk Officer* wird neben der Entwicklung eines ganzheitlichen Risikomanagement Systems die Kommunikation von diesbezüglichen Handlungsempfehlungen auf Ebene der Geschäftsleitung sein.[76] Da die obigen Zeilen derzeit allerdings eher einer `organisatorischen Zukunftsvision´ gleichkommen, werden Rückversicherer vorerst die aktive Partei bei der Konzeption von integrierten Risikomanagement Lösungen darstellen und nach wie vor in hohem Maße Beratungsleistungen erbringen.

6. Zusammenfassung und Ausblick

Wie gezeigt wurde, geht die Entwicklung auf dem (Rück-)Versicherungsmarkt zunehmend in Richtung maßgeschneiderte und umfassende Problemlösungen, die „innovative" und „klassische" Deckungsformen bzw. Techniken des Risikotransfers und der *Risikofinanzierung* miteinander kombinieren. Integrierte Risikomanagement Lösungen werden die Betonung verstärkt auf Kundenbindung, Zusammenarbeit und Langfristigkeit der Kundenbeziehung legen. Im Wesentlichen sind es die folgenden Punkte, die integrierte Risikomanagement Lösungen aus Kundensicht attraktiv erscheinen lassen:

– Ganzheitliche Sichtweise,
– Verminderung und Stabilisierung der Risikokosten,
– Bereitstellung kostengünstiger Deckungen für gebündelte Risikokategorien,
– Mehrjähriger Bilanzschutz und mehrjährige Stabilisierung der Jahresergebnisse.

---

[74] Vgl. Goddard (1998), S. 38.
[75] Vgl. hierzu auch Schweizerische Rückversicherungs-Gesellschaft (1997d), S. 3.
[76] Teilweise wird hier auch die Vorstandsebene genannt. Vgl. Goddard (1998), S. 38; vgl. hierzu auch McDermott (1998), S. 19. Hierzu muss von der Sichtweise Abstand genommen werden, dass Risk Manager – wenn überhaupt – im Finanzbereich von Unternehmen organisatorisch anzusiedeln sind; schließlich sollten sämtliche Risiken eines Unternehmens in den Zuständigkeitsbereich eines Risk Managers fallen.

Schließlich wird eine integrierte Risikomanagement Strategie bei Versicherungsaktiengesellschaften mittel- bis langfristig zu einer Erhöhung des Shareholder Value[77] und rechtsformunabhängig zu einer Erhöhung des Unternehmenswertes führen.

Obige Ausführungen zeigen, dass das Geschäftsfeld `Integriertes Risikomanagement´ Rückversicherern nicht nur die Möglichkeit einer wirkungsvollen Positionierung im Wettbewerb eröffnet, sondern bereits zu einer Notwendigkeit herangewachsen ist, die die Voraussetzung für ein dauerhaftes Bestehen im Wettbewerb darstellt. Weiterhin kann bei einer erfolgreichen Entwicklung und Behauptung der Rückversicherer im Bereich des integrierten Risikomanagement davon ausgegangen werden, dass diese ihre Dienstleistungen zukünftig auch verstärkt Industrieunternehmen auf direktem Wege zur Verfügung stellen und somit ein weiteres Kundenpotenzial (Corporate Clients) erschließen werden.[78]

Abschließend sei nochmals auf die zunehmende Annäherung von Versicherungs- und Kapitalmärkten hingewiesen, die die Entwicklung von integrierten Risikomanagement Lösungen nicht nur fördert, sondern zugleich als grundlegende Voraussetzung für die Konzeption effizienter Deckungskonzepte für zunehmend komplexer werdende Risikosituationen erachtet werden kann.

Zusammenfassend kann gesagt werden, dass sich integrierte Risikomanagement Konzepte derzeit noch in ihrer Entwicklungsphase befinden, jedoch eine aussichtsreiche Zukunft haben. Diese Produkte werden sich stets in einer (Weiter-) Entwicklungsphase befinden, da die zunehmend schnelleren Umweltveränderungen und das dynamische Umfeld eines Erstversicherungsunternehmens gerade das Haupteinsatzgebiet derartiger Konzepte bilden. Auch wenn diese Konzepte teilweise eine relativ hohe Komplexität aufweisen, so kann die Entwicklung durch eine partnerschaftliche Zusammenarbeit zwischen Erst- und Rückversicherer integrierte Risikomanagement Lösungen hervorbringen, die die Deckung eines weiten Spektrums an Unternehmensrisiken auf höchst effiziente, innovative und dynamische Art ermöglichen.

---

[77] Vgl. Goddard (1998), S. 37.
[78] Vgl. Fanning (1998), S. 27.

Literaturverzeichnis

Albrecht, P. (Albrecht, 1982): Gesetze der großen Zahlen und Ausgleich im Kollektiv – Bemerkungen zu Grundlagen der Versicherungsproduktion, in: Zeitschrift für die gesamte Versicherungswissenschaft, 1982.

Albrecht, P. (Albrecht, 1995): Asset/Liability-Management, in: Zeitschrift für Versicherungswesen, 1995.

Albrecht, P./ Schradin, H. (Albrecht / Schradin, 1998): Alternativer Risikotransfer – Verbriefung von Versicherungsrisiken, in: Zeitschrift für die gesamte Versicherungswissenschaft, 1998.

Bauer, W O (Bauer, 1998): Alternativer Risikotransfer, in: Zeitschrift für die gesamte Versicherungswissenschaft, 1998.

Beatty, A. (Beatty, 1998): Keeping up with the neighbours, in: Reinsurance, October, 1998.

Daniel, W. (Daniel, 1997): Asset Liability Modeling for Insurance and Reinsurance Companies, in: Global Reinsurance Magazine, 1997.

Fanning, D. (Fanning, 1998): Old dogs learn new tricks, in: Reinsurance, December, 1998.

Goddard, S. (Goddard, 1998): An integrated approach to risk sensible: Broker, in: Business Insurance, 23.11.1998.

Guy C. (Guy, 1998): The Evolving Market for Catastrophic Event Risk, Special Report, August, 1998.

Hanley, M. (Hanley, 1998): Risky but not spooky, in: The Review, October, 1998.

Heilmann, W.-R. (Heilmann, 1998): Versicherungsmathematische Methoden des Risikomanagement, in: Blätter der Deutschen Gesellschaft für Versicherungsmathematik, Band XIX, 1998.

Helten, E. (Helten, 1978): Risikomanagement – Ein neuer Ansatz der unternehmerischen Risikopolitik?, in: Betriebliche Forschung und Praxis, 1978.

Helten, E. (Helten, 1992): Bewertung von Versicherung und anderen risikopolitischen Maßnahmen zur Meidung, Minderung, Überwälzung oder Finanzierung betrieblicher Umweltschäden, in: Wagner, G. (Hrsg.): Ökonomische Risiken und Umweltschutz, 1992.

Herold, B. / Paetzmann, K. (Herold / Paetzmann, 1997): Innovation als Wettbewerbsfaktor in der Industrieversicherung, in: Zeitschrift für Versicherungswesen 1997.

Heß, A. (Heß, 1998): Financial Reinsurance, 1998.

Kielholz, W. B. / Schanz, K. U. (Kielholz / Schanz, 1998): The Strategic Development of Insurance Markets: Some Reflections with Particular Focus on Commercial Risks and Risk Financing Innovations, in: The Geneva Papers on Risk and Insurance, 1998.

Kirk, D. L. (Kirk, 1999): Allianz taps capital markets, in: Business Insurance, 11.1.1999.

Köhler, G. (Köhler, 1994): Asset/Liability-Management – eine permanente Herausforderung!, in: Zeitschrift für Versicherungswesen, 1994.

Leonard, A. (Leonard, 1998): Wall Street meets Front Street, in: Reinsurance, October, 1998.

McDermott, K. (McDermott, 1998): The Evolution of Corporate Risk, in: Luxembourg Rendez-Vous, Supplement, June, 1998.

McLeod, D. (McLeod, 1998): Moving beyond cat bonds key to growth of market, in: Business Insurance, 21.9.1998.

Milligan, A. (Milligan, 1998): Risk mapping a new path to risk financing options, in: Business Insurance, 23.11.1998.

Müller, A. (Müller, 1998): Financial Reinsurance und ART, unveröffentlichtes Manuskript zur gleichnamigen Veranstaltung im Sommersemester 1998, Institut für Betriebswirtschaftliche Risikoforschung und Versicherungswirtschaft (INRIVER), Ludwig-Maximilians-Universität München, München 1998.

Müller, A. / Grandi, M.(Müller / Grandi, 1999): Wetterderivate zur Absicherung von Wetterrisiken – Spekulationsinstrument oder Bestandteil des risikopolitischen Instrumentariums in wettersensiblen Branchen, in: Zeitschrift für Versicherungswesen, 1999

Mundy, C. (Mundy, 1998): Risk Integration and Research, in: Luxembourg Rendez-Vous, Supplement, June, 1998.

Nierhaus, F. / Vogelsberger, N. (Nierhaus / Vogelsberger, 1998): Die sich verändernde Welt der Rückversicherer, in: Zeitschrift für Versicherungswesen, 1998.

o.V. (1998a): Tradition makes a comeback, in: Business Risk, November, 1998.

o.V. (1998b): It´s that time again, in: Business Risk, November, 1998.

o.V. (1998c): Bespoke services, in: The Review, December,1998.

o.V. (1998d): M&A Volume hits Records, in: Insurance Finance & Investment, 18.12.1998.

o.V. (1998e): A Vintage Year for Mergers, in: Reactions, December, 1998.

o.V. (1998f): ART, in: Business Risk, November, 1998.

o.V. (1998g): Non-cat risks securitized – fueling burgeoning market, in: Insurance Finance & Investment, 18.12.1998.

o.V. (1998h): SWISS RE and others provide basis risk cover, in: Alternative Insurance Capital, August, 1998.

o.V. (1998i): LLOYD's and ART, in: Alternative Insurance Capital, August, 1998.

o.V. (1998j): Reliance buys option against reinsurance rate increase, in: Reactions, June, 1998.

o.V. (1998k): UK's NPI securitises future surplus revenue, in: Reactions, June, 1998.

o.V. (1998l): Munich Re considers ART developments, in: Alternative Insurance Capital, September, 1998.

o.V. (1999a): Katastrophenbond-Option zur Deckung von Sturm und Hagelrisiken in Europa, in: Versicherungswirtschaft, 1999.

Patterson, S. (Patterson, 1997): Alternativer Risikotransfer – immer mehr Realität, in: Zeitschrift für Versicherungswesen, 1997.

Punter, A. (Punter, 1998a): New addition to the family, in: Reinsurance, October, 1998.

Punter, A. (Punter, 1998b): Works of ART, in: Business Risk, November, 1998.

Schenk, P. (Schenk, 1998): Derivative Finanzinstrumente – Teil einer integrativen Risikopolitik in Versicherungsunternehmen, 1998.

Schmeiser, H. (Schmeiser, 1999): Rückversicherung und Kapitalanlage simultan optimieren, in: Versicherungswirtschaft, 1999.

Schweizerische Rückversicherungs-Gesellschaft (Schweizerische Rückversicherungs-Gesellschaft, 1996): Rethinking risk financing, 1996.

Schweizerische Rückversicherungs-Gesellschaft (Schweizerische Rückversicherungs-Gesellschaft, 1997a): Alternativer Risiko-Transfer durch Finite-Rückversicherung – Ein wirksamer Beitrag zur Stabilität der Versicherungswirtschaft, Sigma Nr. 5, 1997.

Schweizerische Rückversicherungs-Gesellschaft (Schweizerische Rückversicherungs-Gesellschaft, 1997b): New perspectives – Risk securitization and contingent capital solutions, 1997.

Schweizerische Rückversicherungs-Gesellschaft (Schweizerische Rückversicherungs-Gesellschaft, 1997c): BETA – A multiline multiyear risk transfer product, 1997.

Schweizerische Rückversicherungs-Gesellschaft (Schweizerische Rückversicherungs-Gesellschaft, 1997d): MACRO – Multi-line, Aggregated and Combined Risk Optimization, 1997.

Schweizerische Rückversicherungs-Gesellschaft (Schweizerische Rückversicherungs-Gesellschaft, 1998a): Integrated Risikomanagement Solutions – Beyond traditional reinsurance and financial hedging, 1998.

Schweizerische Rückversicherungs-Gesellschaft (Schweizerische Rückversicherungs-Gesellschaft, 1998b): Corporate risk financing – the emergence of a new market, 1998.

Schweizerische Rückversicherungs-Gesellschaft (Schweizerische Rückversicherungs-Gesellschaft, 1998c): Multiline multiyear agreements – A guide for the drafter and negotiator, 1998.

Schweizerische Rückversicherungs-Gesellschaft (Schweizerische Rückversicherungs-Gesellschaft, 1998d): Risk handling and financing in pharmaceutical enterprices, 1998.

Swallow, R. (Swallow, 1998): A capital idea, in: The Review, October, 1998.

Trimble, L. (Trimble, 1998): Operating on the right lines, in: Reinsurance, December, 1998.

Thursby, C. (Thursby, 1998): Where's the beef?, in: Business Risk, November, 1998.

VanderMarck, P. (VanderMarck, 1998): Playing with models eases investors' fears, in: Reinsurance, October, 1998.

Vukelic, M. (Vukelic, 1996): Access to a Wealth of Capital Ideas – Accessing Capital Markets, in: Reinsurance, September, 1996.

Wagner, F. (Wagner, 1998): Risk Securitisation – An Alternative of Risk Transfer of Insurance Companies, in: The Geneva Papers on Risk and Insurance, 1998.

Winston, P. D. / Souter, G. (Winston / Souter, 1998): Industry increasingly embraces securitization, in: Business Insurance, 21.9.1998.

Zech, J. (Zech, 1998): Will the International Financial Markets Replace Traditional Insurance Products?, in: The Geneva Papers on Risk and Insurance, 1998.

Zoklos, R. (Zoklos, 1998a): Integrated Risikomanagement calls for common approach, in: Business Insurance, October, 1998.

Zoklos, R. (Zoklos, 1998b): Reinsurers creating capital markets units – Integrated risk financing also more common, in: Business Insurance, 9.11.1998.

Zoklos, R. (Zoklos, 1998c): Integrating risk pays off for Honeywell, in: Business Insurance, 30.11.1998.

Value-at-Risk für Versicherungsunternehmen: Konzeptionelle Grundlagen und Anwendungen

von Peter Albrecht / Sven Koryciorz

1. Einführung
2. Risiken und Artspezifika des Versicherungsgeschäftes
3. Risikomessung auf der Basis des VaR-Ansatzes
4. Risikobasierte Kapitalanforderungen
5. Steuerung der Kapitalanlage
6. Steuerung des versicherungstechnischen Bereiches
7. Integrierte Unternehmenssteuerung

1. Einführung

Die theoretischen und praktischen Einsatzgebiete des Value-at-Risk (VaR)-Ansatzes im Risikomanagement der Banken sind mittlerweile mannigfaltig und umfassend. Sie reichen auf der einen Seite von der Risikomessung (Markt-, Kredit- und operative Risiken) über die Risikokontrolle (risikobasierte Eigenkapitalanforderungen, Setzung von Risikolimits) bis hin zur Risikosteuerung[1]. Auf der anderen Seite betreffen sie Fragen des ertragsorientierten Risikocontrollings (auch risikoadjustierte Performancesteuerung genannt) auf der Basis einer risikoadjustierten Profitabilitäts- bzw. Ergebnismessung unter Einschluss der Problematik der Risikokapitalallokation. Entsprechende Anwendungen zeichnen sich auch im Versicherungsbereich ab und sollen im Folgenden dargestellt werden. In Übereinstimmung mit der Mehrheit der dokumentierten Analysen beschränken wir uns dabei auf den Bereich der Schadenversicherung[2]. Der Schwerpunkt der Ausführungen liegt dabei auf dem Bereich der Risikomessung, da diese die Grundlage für alle weiteren Anwendungen bildet. Zuvor ist es jedoch notwendig, die strukturellen Unterschiede zwischen Bank- und Versicherungsgeschäften herauszuarbeiten, insbesondere im Hinblick auf die relevanten Risiken.

2. Risiken und Artspezifika des Versicherungsgeschäftes

Hinsichtlich der Auswirkungen der Risiken des Versicherungsgeschäftes (finale Risikodimension) ist primär zu unterscheiden zwischen Performancerisiken, diese betreffen die Erfolgsebene des Versicherungsunternehmens, und Liquiditätsrisiken, diese betreffen dessen Zahlungsebene. Im Folgenden konzentrieren wir uns auf die im Versicherungsgeschäft dominanten Performancerisiken. Hierbei können vor allem Überschuldungsrisiken, insbesondere Solvabilitätsrisiken, und Profitabilitätsrisiken unterschieden werden. Im Falle der Überschuldung des Unternehmens (Konkursgrund) reichen die Vermögenswerte nicht mehr aus, die bestehenden Verpflichtungen zu bedecken. Zentral ist hierbei die Gefahr des Verzehrs des vorhandenen Eigenkapitals. Der besonderen Bedeutung dieses Solvabilitätsrisikos entsprechend existiert eine aufsichtsbehördliche Solvabilitätsregulierung, die auf eine

---

[1] Vgl. aktuell Dowd (1999).
[2] Anwendungen der VaR-Konzeption auf den Bereich der Lebensversicherung behandeln Brender (1999), Corell (1998, Teil III), Depner (1999), Ho (1999), Savelli (1998) sowie Tanaka / Muromachi (1999).

Mindestkapitalausstattung abzielt. Das Profitabilitätsrisiko besteht in der Verfehlung der angestrebten Mindestperformance (absolut, Kapitalrendite), die notwendig ist, sowohl die Verpflichtungen gegenüber den Versicherungsnehmern und die Kosten des Versicherungsunternehmens zu decken als auch einen angemessenen Mindestgewinn (zur Finanzierung von Wachstum und Investitionen sowie zur Erfüllung der Forderungen der Kapitalgeber) zu erzielen. Eine Verfehlung der Mindestperformance führt auf Dauer zum Verlust der Wettbewerbsfähigkeit des Versicherungsunternehmens. Entsprechend dieser primären Komponenten des Performancerisikos sind in Modellen der Unternehmenssteuerung Solvabilitätsrestriktionen und Profitabilitätsrestriktionen zu berücksichtigen.

Die Performance des Versicherungsunternehmens wird primär in zwei Bereichen erwirtschaftet, dem versicherungstechnischen Bereich (Liabilities) und dem Kapitalanlagebereich (Assets). Im versicherungstechnischen Bereich – dem Kerngeschäft des Versicherungsunternehmens – entfalten sich diverse Performancerisiken (allgemein auch als Underwriting-Risiken bezeichnet). *Versicherungstechnische Risiken* bestehen zum einen darin, dass die kalkulierten (Risiko-)Prämien für das Neugeschäft einer Periode nicht ausreichen, um die hieraus resultierenden Schäden finanzieren zu können. Zum anderen können die für die Verpflichtungen aus dem Geschäft früherer Perioden bereitgestellten Rückstellungen (Schadenrückstellung) nicht ausreichen, diese Verpflichtungen zu decken (*Loss Reserve Risk*). Zu den versicherungstechnischen Risiken zählt auch die nicht ausreichende Kalkulation des Sicherheitskapitals. Versicherungstechnische Risiken sind von ihrer Natur her somit kalkulatorische Risiken und besitzen aufgrund der Stochastizität des Versicherungsgeschäftes eine arteigene Stellung[3] von besonderer Relevanz innerhalb der Risiken der Versicherungsunternehmung. Hinsichtlich der Komponenten des versicherungstechnischen Risikos ist es zweckmäßig zu unterscheiden[4] zwischen dem *Zufallsrisiko* (in der englischsprachigen Literatur auch als „process risk" bezeichnet) und dem *Irrtumsrisiko* („parameter risk"). Das Irrtumsrisiko (üblicherweise weiter unterteilt in Diagnoserisiko und Prognoserisiko) beruht auf der unvollständigen Information über die wahre Zufallsgesetzmäßigkeit der Schadengenerierung des versicherten Bestandes. Selbst bei (fiktiver) Kenntnis der wahren Zufallsgesetzmäßigkeit und damit der Ausschaltung des Irrtumsrisikos besteht aber aufgrund der Zufallsabhängigkeit der Schadenkosten stets die Gefahr, dass die realisierten Schäden die zu ihrer Deckung kalkulierten Größen (Prämien, Sicherheitskapital, Reserven) übersteigen.

---

[3] Vgl. hierzu allgemein Albrecht (1992), S. 3 ff.
[4] Vgl. etwa Albrecht (1992), S. 7 ff.

Weitere Risiken des versicherungstechnischen Bereiches bestehen in Bonitätsrisiken (etwa: Ausfall von Rückversicherungsbeziehungen) und Risiken des Versicherungsmarktes (etwa: erzielbare Marktpreise liegen unter den kalkulatorisch notwendigen Preisen).

Im Kapitalanlagebereich sieht sich das Versicherungsunternehmen einer Reihe von Investmentrisiken gegenüber. Hierzu zählen Markt- bzw. Buchwertverluste der Assets sowie darüber hinausgehend die Erzielung eines nicht ausreichenden Einkommens (Zinsen, Dividenden, realisierte Kursgewinne), um bestehende Verzinsungsverpflichtungen (aus den Produkten, im Bereich der Reserven) zu finanzieren. Auch im Kapitalanlagebereich bestehen Bonitätsrisiken im Sinne eines Kontrahentenausfalls.

Wie wir gesehen haben, bestehen im Bereich des Kerngeschäftes des Versicherungsunternehmens, dem versicherungstechnischen Bereich, erhebliche Unterschiede zu den Risiken, die im Bankenfall und hier vor allem[5] im Bereich der Marktrisiken des Handelsbestandes auf der Basis eines VaR-Ansatzes analysiert werden. Aber auch im Kapitalanlagebereich, der noch am ehesten mit dem Bankenfall vergleichbar ist, bestehen erhebliche strukturelle Unterschiede[6], auf die noch kurz eingegangen werden soll. Die traditionellen Anwendungen des VaR-Ansatzes im Bankenfall sind gekennzeichnet durch

– die Abstellung auf das Marktrisiko,
– die Kurzfristigkeit des Zeithorizontes sowie
– die Abstellung primär auf den Handelsbestand.

Der Fall der Kapitalanlage eines Versicherungsunternehmens ist erheblich anders gelagert. Zunächst bestehen andersartige Dispositionsmotive. Zweck ist hier nicht der Eigenhandel, sondern primär die Kapitalanlage (Investition in Wertpapiere) sowie flankierend hierzu das Risiko-Management des Anlagebestandes. Die Kapitalanlage ist zudem nicht Selbstzweck[7], sondern dient der Erfüllung bzw. der generellen Sicherstellung der Erfüllbarkeit der bestehenden versicherungstechnischen Verpflichtungen. Das Kapitalanlagemanagement eines Versicherungsunternehmens hat

---

[5] Größere Überschneidungen bestehen teilweise im Bereich der Kreditrisiken und vor allem der operativen Risiken.
[6] Vgl. hierzu Albrecht et al. (1997), S. 93 f.
[7] Vgl. hierzu Albrecht (1995a), S. 35 ff.

daher (explizit oder zumindest implizit) stets die Natur eines *Asset/Liability-Managements*[8]. Da die versicherungstechnischen Verpflichtungen prinzipiell von eher langfristiger Natur sind, bestehen damit auch Unterschiede im relevanten Zeithorizont. Bei Versicherungsunternehmen stehen eher mittel- und langfristige Zeithorizonte der Kapitalanlage im Vordergrund, auf jeden Fall nicht sehr kurzfristige Zeithorizonte wie im Bankenfall[9]. Durch dieses intendiert längerfristige Engagement der Investition in Wertpapiere verliert auch die reine Abstellung auf das Marktrisiko seine dominante Bedeutung und andere Wertkategorien, z.B. bilanzielle Wertansätze, spielen daneben eine zentrale Rolle. Zusammenfassend bestehen damit gegenüber dem Bankenfall Unterschiede

– in den Dispositionsmotiven,
– in der Fristigkeit des relevanten Zeithorizontes,
– in den relevanten Wertkategorien sowie
– im generellen Rahmen des Asset/Liability-Managements.

Insgesamt zeigt sich, dass der VaR-Ansatz im Versicherungsfall anders zu konzipieren und umzusetzen ist als im Bankenfall. Dies bedeutet gleichzeitig, dass – selbst im Bereich der Kapitalanlagesteuerung – VaR-Systeme, die spezifisch auf den Bankenfall und dessen Bedürfnisse abgestellt sind, nicht notwendigerweise auch für Versicherungsunternehmen geeignet sind. Zumindest bedürfen sie der Modifikation und Ergänzung, um den dargestellten andersartigen Spezifika des Versicherungsfalles gerecht zu werden[10].

3. Risikomessung auf der Basis des VaR-Ansatzes

Im Folgenden diskutieren wir die konzeptionellen Grundlagen der Risikomessung im Versicherungsgeschäft auf der Basis eines VaR-Ansatzes, wobei wir mit einfachen Strukturen im versicherungstechnischen Bereich beginnen und durch sukzessive Berücksichtigung weiterer Faktoren sowie Ausdehnung der Überlegungen auf den

---

[8] Vgl. hierzu etwa Albrecht (1995b).
[9] Zu den Problemen und Konsequenzen eines langfristigen Zeithorizontes für die Anwendungen des VaR-Ansatzes in Versicherungsunternehmen vgl. vor allem Panning (1999).
[10] Im Bereich der Kapitalanlagesteuerung ist dabei aufgrund des längeren Zeithorizontes und des Asset/Liability-Rahmens u.E. insbesondere die Einbeziehung stochastischer Investmentmodelle aktuarieller Provenienz, vgl. hierzu etwa Albrecht (1995a), S. 173 ff., in die VaR-Konzeption von Interesse, da diese in ihrer Konstruktion stärker auf die genannten Erfordernisse abgestimmt sind.

Kapitalanlagebereich bzw. schließlich auf das Gesamtunternehmen zunehmend an Komplexität gewinnen. Um den Umfang und die Transparenz der hierzu notwendigen Ausführungen nicht allzu sehr zu gefährden, nehmen wir für die Zwecke der vorliegenden Arbeit eine Reihe von strukturellen Beschränkungen vor. Zum einen konzentrieren wir uns auf die traditionelle quantilbasierte Value-at-Risk-Kennziffer. Diese ist zwar mit einer Reihe von theoretischen und praktischen Problemen verbunden[11], die entsprechenden Erweiterungen auf der Basis des Shortfall-Erwartungswertes[12] (bzw. Lower Partial Moment One) bzw. des bedingten Shortfall-Erwartungswertes[13] (mean excess) stehen aber u.E. noch in den theoretischen Anfängen. Ferner ignorieren wir bei unseren Ausführungen das Irrtumsrisiko (parameter risk), d.h. gehen von der Annahme aus, dass die zugrunde liegenden Zufallsgesetzmäßigkeiten der in die Berechnung des VaR eingehenden (Zufalls-)Größen bekannt sind. Es soll an dieser Stelle aber explizit darauf hingewiesen werden, dass der Berücksichtigung[14] des Irrtumsrisikos bei einer krediblen praktischen Umsetzung des VaR-Ansatzes eine sehr wesentliche Bedeutung zukommt. Des Weiteren verwenden wir bei allen Beispielen die Normalverteilungshypothese, um die Ergebnisse möglichst transparent zu halten. Weitergehende Ergebnisse in analytischer Form sind in der risikotheoretischen Literatur vor allem auf der Basis der Normal Power (NP)-Verteilung zu finden, die es erlaubt, die Schiefe der zugrunde liegenden Verteilung zu berücksichtigen[15]. Schließlich gehen wir aufgrund der in Abschnitt 2 betonten nicht kurzfristigen Perspektive des Versicherungsgeschäftes stets von Jahres-VaR-Werten aus. Bei der Anwendung des VaR-Konzeptes über kürzerfristige Zeit-

---

[11] Vgl. etwa Artzner et al. (1998), Guthoff et al. (1998), Johanning (1998a, b) sowie Wirch(1999).

[12] Vgl. etwa Albrecht et al. (1996), S. 14 ff. sowie Guthoff et al. (1998), S. 136 ff.

[13] Vgl. etwa Embrechts et al. (1999), S. 40.

[14] Diese Berücksichtigung kann dabei auf verschiedene Weisen geschehen. Im Rahmen der Regeln des Basler Ausschusses für Bankenaufsicht wird der zuvor errechnete VaR-Wert pauschal mit einem Faktor größer oder gleich 3 multipliziert. Jorion (1996) diskutiert Ansätze zur Quantifizierung des statistischen Schätzfehlers bei der VaR-Bestimmung und deren Einbindung zur Gewinnung eines verbesserten VaR-Schätzwertes. Schließlich bietet die Extremwerttheorie einen vielversprechenden Ansatz zu einer (partiell) verteilungsfreien Gewinnung eines krediblen VaR-Wertes. Zur Extremwerttheorie allgemein vgl. Embrechts et al. (1997), zu ihrer Anwendung im Rahmen der VaR-Schätzung vgl. Bassi et al. (1998), Embrechts et al. (1999) und Emmer et al. (1998) sowie speziell im Bereich der Versicherungswirtschaft Bühlmann / List (1999), McNeil (1997) und Resnick (1997). Hinsichtlich der Modellierung der Schadenverteilung betonen Braun et al. (1999), S. 256, dass im Konzept der SwissRe neben historischen Daten auch Bedrohungsszenarien Eingang finden, um nicht nur den effektiven Schadenverlauf zu erfassen, sondern auch Bedrohungen mit sehr geringer Frequenz, aber hoher Schadenlast.

[15] Vgl. hierzu etwa Albrecht / Zimmermann (1992), Albrecht (1998), S. 239, Bühlmann / List (1999), S. 27 und extensiv Schradin (1998).

räume, was vor allem im Bereich der Kapitalanlagesteuerung denkbar ist, sind entsprechende Transformationen der Jahres-VaR-Werte vorzunehmen[16].

Wir stellen im Folgenden eine allgemeine und flexible Basisdefinition für eine VaR-Konzeption im Versicherungsbereich vor, deren generelle Struktur sich in einheitlicher Weise auf eine Vielzahl von interessierenden Anwendungsbereichen spezialisieren lässt. Dabei gehen wir aus von der (zufallsabhängigen) Höhe V des möglichen Periodenverlustes[17] eines bestimmten Geschäftssegmentes bzw. des Gesamtunternehmens. Unter der Vorgabe[18] einer tolerierbaren (sehr kleinen) einperiodigen Verlust- bzw. Ruinwahrscheinlichkeit ε, lautet die technische Bedingung an den Value-at-Risk VaR $=$ VaR$_\varepsilon$ zum Sicherheitsniveau ε:

(1a) $\qquad P(V > \text{VaR}_\varepsilon) = \varepsilon.$

Die Wahrscheinlichkeit, dass der Periodenverlust den Betrag VaR$_\varepsilon$ überschreitet, entspricht somit gerade der tolerierten (sehr geringen) Verlustwahrscheinlichkeit. Der Betrag VaR$_\varepsilon$ kann somit als Verlusthöhe interpretiert werden, die nur im Extremfall eines außerordentlich schlechten Geschäftsjahres überschritten wird[19].

Bezeichnet nun $F_\varepsilon(V) = F_V^{-1}(1-\varepsilon)$ das $(1-\varepsilon)$-Quantil der Verteilung des Periodenverlustes V, so gilt äquivalent

(1b) $\qquad \text{VaR}_\varepsilon = F_\varepsilon(V).$

Folgt V einer Normalverteilung und bezeichnet N_ε das $(1-\varepsilon)$-Quantil der Standardnormalverteilung, so gilt insbesondere[20]

---

[16] Vgl. hierzu etwa Beeck et al. (1999).
[17] Bezeichne G den betreffenden Periodengewinn, so ist $V = -G$.
[18] Eine Standardannahme der Versicherungspraxis ist $\varepsilon = 0{,}01$, vgl. Skurnick / Grandisson (1996).
[19] Eine Verallgemeinerung dieser Definition besteht darin, V durch $V + z_T$ zu ersetzen, wobei $z_T \geq 0$ eine im Rahmen der Geschäftsaktivitäten zu erzielende Mindest-Ergebnisgröße bedeute. Der damit verbundene Verlustbegriff trägt dem Umstand Rechnung, dass für das Versicherungsunternehmen ein relevanter Verlust nicht notwendigerweise nur in einem negativen Ergebnis besteht, sondern auch in der Möglichkeit, das erforderliche Zielergebnis nicht zu erwirtschaften. Im weiteren Verlauf der Ausführungen beschränken wir uns aber auf den Standardfall $z_T = 0$.
[20] Die Spezifikation des so definierten VaR im Normalverteilungsfall macht auch deutlich, dass dieser aufgrund des enthaltenen Erwartungswerttermes nicht als Risikomaß im üblichen Sinne aufgefasst

(1c) $\quad \text{VaR}_\varepsilon = E(V) + N_\varepsilon \sigma(V).$

Die kritische Verlusthöhe VaR_ε kann somit allgemein als $(1-\varepsilon)$-Quantil der zugrunde liegenden Verlustverteilung gewonnen werden. Im Spezialfall der Normalverteilung gestaltet sich aufgrund von (1c) die Berechnung besonders einfach, es sind nur jeweils der Erwartungswert sowie die Standardabweichung bzw. Varianz der Verlustvariablen zu bestimmen. Diese Eigenschaft wird in den folgenden Spezialisierungen extensiv ausgenutzt.

Wir beginnen mit einer Analyse des versicherungstechnischen Bereiches und konzentrieren uns dabei auf das Neugeschäft. In der einfachsten strukturellen Variante ist hier der Einperiodenverlust gegeben durch

(2) $\quad V_{VT} = S - RP,$

wobei S den (zufallsabhängigen) aggregierten Periodengesamtschaden des versicherten Kollektives bezeichne und RP die zugehörige kollektive Risikoprämie[21]. Aufgrund von $E(V) = E(S) - RP$ und $\sigma(V) = \sigma(S)$ ergibt sich im betrachteten Falle als Spezialisierung von (1c)

(3) $\quad \text{VaR}_\varepsilon = E(S) + N_\varepsilon \sigma(S) - RP.$

Interpretieren wir die VaR-Größe als erforderliches Sicherheitskapital SK, so erhalten wir die folgende fundamentale Beziehung der Versicherungstechnik:

(4) $\quad SK + RP = E(S) + N_\varepsilon \sigma(S).$

Zur Wahrung eines Sicherheitsniveaus der Höhe ε muss bei gegebener Gesamtschadenverteilung die notwendige[22] Finanzmasse[23] zur Deckung von Schäden, be-

---

werden kann. Möchte man den VaR als Risikomaß und nicht als kritische Verlusthöhe konstruieren, so hat man in der Definition (1a) V durch $V - E(V)$ zu ersetzen. Auf diese VaR-Variante soll im Weiteren nicht mehr eingegangen werden, da die beiden Varianten sehr einfach ineinander übergeführt werden können.

[21] Derjenige Anteil der Bruttoprämie, der zur Deckung der Schadenkosten zur Verfügung steht.

[22] RP wird in diesem Kontext als kalkulatorische Größe, d.h. mit zu bestimmender, aus Sicht der Risikokalkulation notwendiger Höhe aufgefasst, wohingegen sie in (3) als vereinnahmte, gegebene Prämie interpretiert wird.

stehend aus Sicherheitskapital und Risikoprämie, eine bestimmte Höhe aufweisen, die allgemein gegeben ist durch das $(1-\varepsilon)$-Quantil $F_\varepsilon(S)$ der Gesamtschadenverteilung und im Normalverteilungsfall durch die rechte Seite der Beziehung (4). Es wird damit auch ersichtlich, dass die notwendige Finanzmasse höher sein muss als der erwartete Gesamtschaden, um ein hohes Sicherheitsniveau des Unternehmens zu gewährleisten. Ferner wird deutlich, dass erforderliches Sicherheitskapital und erforderliche Risikoprämie in einer substitutiven Beziehung zueinander stehen, nur ihre additive Gesamthöhe ist ausschlaggebend für das bestehende versicherungstechnische Risiko.

Besteht das versicherte Kollektiv aus n voneinander unabhängigen und identischen Risiken X_i, wobei $X_i \sim X$, so gilt für den kollektiven Gesamtschaden $S = X_1 + \ldots + X_n$. Aufgrund von $E(S) = n\,E(X)$ und $\sigma(S) = \sqrt{n}\,\sigma(X)$ folgt daraus die ebenfalls fundamentale Beziehung:

$$(5) \qquad \frac{SK + RP}{n} = E(X) + \frac{1}{\sqrt{n}}\sigma(X)\,N_\varepsilon.$$

Mit steigender Kollektivgröße sinkt im Normalverteilungsfall[24] die pro versichertem Risiko erforderliche, über den individuellen Erwartungsschaden hinausgehende Finanzmasse streng monoton, im Grenzfall eines unendlich großen Kollektives bis auf null. Der Nutzen der Kollektivbildung schlägt sich in einer relativen Abnahme[25] der über den Erwartungswert hinaus erforderlichen Finanzmasse nieder. Der Schadenerwartungswert selbst stellt aber die absolut erforderliche Untergrenze für die notwendige Finanzmasse dar, die auch durch Kollektivbildung nicht unterschritten werden kann. Die vorstehend dargestellten Effekte werden in der Versicherungswissenschaft unter dem Stichwort „*Ausgleich im Kollektiv*" behandelt, wir verweisen zu diesem Themenkomplex auf die Literatur[26].

Die Basisvariante (2) des Verlustes im versicherungstechnischen Bereich kann nun auf vielerlei Arten verfeinert und differenziert werden, einige Varianten sollen nachfolgend skizziert werden.

---

[23] In Albrecht (1992) als „Versicherungstechnisches Kapital" bezeichnet.
[24] Wegen der Nicht-Subadditivität von Quantilen gilt dies nicht mehr im generellen Fall, beispielsweise aber noch im Falle einer Normal Power-Verteilung, vgl. etwa Albrecht (1987).
[25] Bzw. in absoluten Termen in einer nur degressiven Zunahme.
[26] Vgl. etwa Albrecht (1982, 1984, 1987, 1992).

Zum einen kann der aggregierte Jahresgesamtschaden des versicherten Kollektives additiv aufgebrochen werden in die Jahresgesamtschäden der einzelnen Sparten des Versicherungsgeschäftes, $S = S_1 + ... + S_n$. Jeder (Sparten-)Jahresgesamtschaden kann weiterhin dargestellt werden als Summe der individuellen Gesamtschäden, $S_i = \sum X_{ij}$. Jeder individuelle Gesamtschaden X_{ij} kann wiederum zerlegt werden in die Summe der Schadenhöhen Y_{ijk} pro Schadenfall, d.h. $X_{ij} = \sum Y_{ijk}$. Der notwendige Grad der Disaggregation des kollektiven Gesamtschadens ist abhängig vom Steuerungszweck, so ist z.B. zur detaillierten Erfassung der Wirkung von Rückversicherungsbeziehungen eine äußerst differenzierte Erfassung der Schadenseite notwendig[27].

Für die Zwecke dieser Arbeit soll die Wirkung der Rückversicherung nur in einfachster struktureller Form und auf den versicherungstechnischen Bereich beschränkt skizziert werden[28]. Bei Aufteilung der gesamten Risikoprämie gemäß $RP = RP_{SB} + RP_{RV}$ und entsprechend des kollektiven Gesamtschadens in $S = S_{SB} + S_{RV}$, wobei der Index SB den vom Versicherungsunternehmen im Selbstbehalt getragenen Teil und der Index RV den an den Rückversicherer abgegebenen Teil bezeichne, gilt für den versicherungstechnischen Verlust nach Rückversicherung

(6) $\qquad V_{SB} = S_{SB} - RP_{SB}$

und entsprechend für den Value-at-Risk nach Rückversicherung

(7) $\qquad \text{VaR}_\varepsilon^{SB} = E(S_{SB}) + N_\varepsilon \, \sigma(S_{SB}) - RP_{SB}$.

Die Bedingung $\text{VaR}_\varepsilon^{SB} < \text{VaR}_\varepsilon$ der Verminderung des Value-at-Risk durch Rückversicherung – bei unverändertem Sicherheitsniveau des Erstversicherers – konkretisiert sich im Normalverteilungsfall daher allgemein zu $RP_{RV} < E(S_{RV}) + N_\varepsilon [\sigma(S) - \sigma(S_{SB})]$ bzw. unter Benutzung der Notation SZ_{RV} für den Sicherheitszuschlag in der Rückversicherungsprämie

---

[27] Vgl. hierzu etwa Förster / König (1999).
[28] Zu detaillierten Ausführungen vgl. vor allem Bühlmann / List (1999), Schradin (1994), S. 316 ff. und allgemein Schradin (1998).

(8) $\quad SZ_{RV} < N_\varepsilon [\sigma(S) - \sigma(S_{SB})]$.

Eine Verminderung des Value-at-Risk – bzw. bei entsprechender Interpretation eine Freisetzung von Sicherheitskapital – durch Rückversicherung tritt daher nicht automatisch ein, sondern nur unter bestimmten Konstellationen der vom Rückversicherer geforderten Prämie. Dass diese Konstellationen selbst bei gleichem Sicherheitsniveau von Erst- und Rückversicherer möglich sind, liegt daran, dass der Rückversicherer das an ihn abgegebene Risiko S_{RV} in ein anderes Risikokollektiv, das „besser ausgeglichen ist", integrieren kann[29] und daher weniger anteiliges Sicherheitskapital für S_{RV} binden muss als der Erstversicherer. Soweit zu unseren elementaren Überlegungen zur Wirkung einer Rückversicherungsnahme.

Bisher haben wir uns auf das Neugeschäft des Versicherungsunternehmens konzentriert. Darüber hinaus sind regelmäßig aus dem bestehenden Geschäft noch Verpflichtungen offen, wofür aus bilanzieller Sicht Rückstellungen gebildet werden (Schadenrückstellungen). Bezeichnet l_0 die am Jahresanfang vorhandene Schadenreserve[30] und L die in der Versicherungsperiode für Schäden der vergangenen Perioden erfolgten Schadenzahlungen bzw. Reserveanpassungen[31], so gilt für den Verlust aus dem versicherungstechnischen Bereich insgesamt:

(9) $\quad V_{VT} = S - RP + L - l_0$.

Im Falle der Normalverteilung erhalten wir daher die Beziehung:

(10) $\quad \text{VaR}_\varepsilon + RP + l_0 = E(S) + E(L) + N_\varepsilon \sigma(S + L)$.

Beziehung (10) dokumentiert, dass selbst bei im Erwartungswert richtiger Reservestellung, d.h. $l_0 = E(L)$, aufgrund des Risikos, dass die Schadenabwicklung höher als im Erwartungswert ausfällt ($L > E(L)$), eine VaR-Erhöhung stattfindet. Allerdings fällt diese geringer aus als wenn der zusätzliche VaR-Betrag für den Schadenreservierungsbereich isoliert berechnet würde, denn aufgrund von

---

[29] Vgl. etwa Braun et al. (1999), S. 257.
[30] Für eine differenzierte Darstellung der Effekte von Schadenrückstellungen im Zusammenhang mit einer VaR-Analyse vgl. Schnieper (1997).
[31] Alle Größen sollen nur den Selbstbehalt des Erstversicherers betreffen.

$\sigma(S+L) < \sigma(S) + \sigma(L)$ – außer im Falle einer vollständig positiven Korrelation zwischen S und L – bestehen Ausgleichseffekte zwischen dem Jahresgesamtschaden des Neugeschäftes und dem Gesamtschaden aufgrund nicht vollständig abgewickelter Versicherungsfälle aus Vorjahresschäden.

In einer weiteren Stufe der Steigerung der Komplexität unserer Analyse berücksichtigen wir die Tatsache, dass das beim Versicherungsunternehmen anfänglich vorhandene Sicherheitskapital SK_0, die anfänglich vorhandene Schadenreserve l_0 sowie die vereinnahmte Risikoprämie RP vom Unternehmen so lange an den Kapitalmärkten investiert werden können, bis sie zur Begleichung von Schäden (partiell) benötigt werden. Die durch den versicherungstechnischen Bereich induzierten Anlageerträge müssen bei vollständiger ökonomischer Betrachtung dem Periodenerfolg des versicherungstechnischen Bereiches zugeschlagen werden. Die einfachste Modellierung dieses Sachverhaltes erfolgt unter der Annahme, dass der betreffende Zinsträger eine volle Periode zur Verfügung steht, d.h. S und L erst am Periodenende fällig werden. Für die betreffende Verlustgröße gilt dann[32] unter (zweckmäßigem) Ansatz einer sicheren[33] Periodenverzinsung r:

(11) $\quad V_{VT} = S - RP + L - l_0 - (SK + RP + l_0)r$.

Im Falle der Normalverteilungshypothese erhalten wir hieraus für die hiermit verbundene VaR-Größe

(12) $\quad \begin{aligned} &\text{VaR}_\varepsilon + SK\, r + RP(1+r) + l_0(1+r) \\ &= E(S) + E(L) + N_\varepsilon\, \sigma(S+L), \end{aligned}$

was im Vergleich zu (10) sehr anschaulich die Effekte der Verzinsung versicherungstechnischer Kapitalien illustriert. Bei VaR-Analysen hinsichtlich einer Mindestsicherheitskapitalerfordernis ist der VaR als das bei gegebenem Sicherheitsniveau notwendige Sicherheitskapital zu interpretieren, d.h. es gilt $SK = \text{VaR}_\varepsilon$. In diesem Falle lautet die Bedingung (12) äquivalent

---

[32] Alle Größen beziehen sich wiederum auf den Selbstbehalt des Erstversicherers.
[33] Sinnvollerweise setzt man hier einen durch die Kapitalanlage des Versicherungsunternehmens langfristig mit großer Sicherheit erzielbaren Zinsfuß an.

$$SK + RP + l_0 = \frac{1}{1+r}\{E(S) + E(L) + N_\varepsilon \sigma(S+L)\}$$

(13)

$$= E\left[\frac{1}{1+r}(S+L)\right] + N_\varepsilon \sigma\left[\frac{1}{1+r}(S+L)\right],$$

so dass man anstelle von S und L mit den entsprechenden diskontierten Größen arbeiten kann.

Durch Herunterbrechen des aggregierten Gesamtschadens und der gesamten Schadenrückstellung auf die einzelnen Sparten bzw. einzelnen Verträge gelangt man zu einer verfeinerten VaR-Analyse. Wir wenden uns jedoch nun der Analyse des Kapitalanlagebereiches zu.

Bezeichnet w_0 den Wert des investierten Vermögens zu Periodenbeginn und W_1 den entsprechenden Wert am Periodenende, so gilt für die entsprechende Verlustgröße aus dem Kapitalanlagebereich

(14a) $\qquad V_{KA} = w_0 - W_1$

bzw. unter Verwendung der zufallsabhängigen Ein-Perioden-Rendite $R = (W_1 - w_0)/w_0$

(14b) $\qquad V_{KA} = -w_0 R$.

Für den Value-at-Risk des Kapitalanlagebereiches haben wir damit

$$\text{VaR}_\varepsilon = w_0 - E(W_1) + N_\varepsilon \sigma(W_1)$$

(15)

$$= w_0 [N_\varepsilon \sigma(R) - E(R)].$$

Die VaR-Größe ist dabei als derjenige Periodenverlust aus Kapitalanlagen zu interpretieren, der nur mit einer Wahrscheinlichkeit von ε überschritten wird.

Zu unterscheiden ist dabei, ob die betreffenden Vermögensstände einheitlich zu Marktwerten oder einheitlich zu Buchwerten bewertet werden. Dies überträgt sich auf die Anlagerendite R und den potenziellen Vermögensverlust V, der entsprechend einen Marktwertverfall oder aber einen Buchwertverfall widerspiegeln kann.

Eine differenziertere Analyse spaltet – analog der Zerlegung des aggregierten Gesamtschadens in die einzelnen Spartengesamtschäden – die Rendite aus der gesamten Vermögensanlage auf in die Renditen der einzelnen Hauptanlageklassen (Aktien, Renten, Schuldscheindarlehen, Immobilien, etc.). Bezeichnen $R_1, ..., R_m$ die betreffenden Ein-Perioden-Renditen (zu Markt- oder Buchwerten) der betrachteten Asset-Klassen sowie $\alpha_1, ..., \alpha_m$ $(0 \leq \alpha_i \leq 1, \Sigma \alpha_i = 1)$ die entsprechenden prozentualen Anteile am Anfangsvermögen w_0, die in die betreffenden Asset-Klassen investiert werden, so gilt $R = \alpha_1 R_1 + ... + \alpha_m R_m$. Eine weitergehende VaR-Analyse[34] berücksichtigt gemeinsame Faktoren, die auf die Anlagerenditen wirken sowie die Sensitivitäten der Anlagerenditen in Bezug auf diese Faktoren. Da dies weitgehend analog zur traditionellen VaR-Analyse im Bankenfall ist, verzichten wir hier auf eine weitergehende Darstellung.

Die Koppelung zum versicherungstechnischen Bereich besteht nun darin, dass der Zinsträger w_0 für die Vermögensanlage weitgehend aus diesem stammt. Unter Vernachlässigung nicht-versicherungstechnischer Anlagekapitalien[35, 36] gilt

(16) $\qquad w_0 = SK + RP + l_0$,

somit gerade der Zinsträger bei Bestimmung des versicherungstechnischen Verlustes unter Berücksichtigung von induzierten Investmenterträgen[37]. Fasst man die in (11) unterstellte Verzinsung alternativ als Zielverzinsung[38] $r = r_T$ – etwa zur Finanzierung von Zinsverpflichtungen aus den Versicherungsprodukten oder aus der Diskon-

---

[34] Vgl. etwa Albrecht et al. (1996), S. 8 f. und Tanaka / Muromachi (1999), S. 211 ff. sowie ansatzweise für den Zinsbereich Bühlmann / List (1999), S. 29 ff.
[35] Etwa Pensionsrückstellungen.
[36] Zum Sicherheitskapital sind bilanziell nicht gebundene Teile des Eigenkapitals (Grundkapital, Rücklagen) sowie die Schwankungsrückstellung zu zählen.
[37] Es ist darauf zu achten, dass dieser Zinsträger wiederum alternativ zu Buch- oder Marktwerten angesetzt werden kann.
[38] Dabei gehen wir der Einfachheit halber von einer einheitlichen Zielrendite auf alle Bestandteile des Zinsträgers aus.

tierung von Reserven – so ist das Ergebnis aus Kapitalanlagen sinnvollerweise zu modifizieren und lautet nun

(17) $\quad V_{KA} = w_0\,(r_T - R)$

und damit gilt für die betreffende VaR-Größe:

(18) $\quad \mathrm{VaR}_\varepsilon = w_0\,[r_T + N_\varepsilon\,\sigma(R) - E(R)]$.

Diese VaR-Größe spiegelt wider, dass ein relevanter Verlust für das Versicherungsunternehmen nicht erst bei negativer Anlagerendite, sondern bereits dann eintritt, wenn die versicherungstechnischen Verzinsungserfordernisse nicht erwirtschaftet werden können.

Zur Analyse der Verbundwirkungen von versicherungstechnischem und Kapitalanlagebereich betrachten wir im Folgenden ein erstes einfaches integriertes Modell, das die Schadenreserven unberücksichtigt lässt und beide Teilbereiche nur global spezifiziert, d.h. keine Disaggregation in die einzelnen Sparten und Anlageklassen beinhaltet. Die korrespondierende Verlustgröße V_G ist dann gegeben durch

(19) $\quad V_G = S - RP - w_0\,R$.

Im Normalverteilungsfall resultiert hieraus ein Gesamt-VaR von

(20) $\quad \begin{aligned}\mathrm{VaR}_\varepsilon &= E(S) - RP - w_0\,E(R) \\ &\quad + N_\varepsilon\,\sqrt{\sigma^2(S) - 2w_0\,Cov(S,R) + w_0^2\,\sigma^2(R)}\,.\end{aligned}$

Durch den Vergleich mit den Beziehungen (3) und (15) gelangen wir zu den folgenden Schlüssen. Zunächst reduziert die Berücksichtigung des Kapitalanlagebereiches im Vergleich zum versicherungstechnischen Bereich den VaR in Höhe des erwarteten Anlageerfolgs, allerdings findet auch eine partielle VaR-Erhöhung statt, die auf den aus der Zusammenlegung beider Bereiche resultierenden Streuungszuwachs zurückzuführen ist. Insgesamt gilt – bis auf den Fall einer vollständigen Korrelation – $\mathrm{VaR}^G < \mathrm{VaR}^{VT} + \mathrm{VaR}^{KA}$, d.h. eine isolierte VaR-Ermittlung beider Bereiche und deren Zusammenführung zu einem Gesamt-VaR würde die risikomindernden Ausgleichseffekte (Diversifikationseffekte) zwischen den beiden Bereichen ignorieren.

Abschließend gehen wir noch kurz auf ein vollständiges Gesamtmodell des Versicherungsunternehmens ein. Unter Einbeziehung der gesamten Betriebskosten K und nun der Bruttoprämie BP, n Sparten und m Anlageklassen gilt für den potenziellen Periodengesamtverlust V_G:

$$V_G = K + \sum_{i=1}^{n}(S_i - BP_i) + \sum_{i=1}^{n}(L_i - l_{0i})$$
(21)
$$- w_0 \sum_{j=1}^{m} \alpha_j R_j .$$

Der zur Verfügung stehende Zinsträger ist hierbei nun[39] $w_0 = SK + \sum BP_i - K + \sum l_{0i}$. Auf eine entsprechende analytische Auswertung der Value-at-Risk-Größe auf der Grundlage von (1b) bzw. (1c) verzichten wir an dieser Stelle und verweisen hierzu auf die Literatur[40]. Im allgemeinen Fall wird die VaR-Größe aber nur unter Einsatz von Methoden der Monte-Carlo-Simulation gewonnen werden können[41]. Eine weitere Steigerung des Komplexitätsgrades, auf dessen Vornahme wir an dieser Stelle ebenfalls verzichten, besteht in der Betrachtung internationaler Versicherungsunternehmen und damit der Einbeziehung von Wechselkursrisiken in die Analyse[42].

Wir kommen nun zu Anwendungen der vorstehend entwickelten VaR-Konzeption, wobei wir diese Anwendungen aus Gründen der Beschränkung des Umfanges der vorliegenden Arbeit nur skizzieren und im Detail auf die Literatur verweisen werden.

---

[39] Es wurde unterstellt, dass die gesamten Betriebskosten am Periodenanfang fällig werden.
[40] Vgl. vor allem Albrecht (1990), Albrecht / Zimmermann (1992), Bühlmann / List (1999), Maurer (1999) sowie Schradin (1994, 1998).
[41] Vgl. Förster / König (1999).
[42] Vgl. hierzu vor allem Schradin (1998).

4. Risikobasierte Kapitalanforderungen

Hinsichtlich risikobasierter Kapitalanforderungen auf der Grundlage eines VaR-Ansatzes ist zunächst zu unterscheiden zwischen Systemen der unternehmensexternen, i.d.R. aufsichtsrechtlich vorgeschriebenen und aufsichtsbehördlich überwachten, Anforderungen an eine Mindest-Kapitalausstattung (externe *Solvabilitätsregulierung* und –kontrolle) auf der einen Seite und Systemen der unternehmensinternen Solvabilitätskontrolle auf der anderen. Im Bankenfall ist hier in Teilbereichen eine Konvergenz dieser beiden Welten zu beobachten. International tätige Banken haben gemäß den Regelungen des Basler Ausschusses für Bankenaufsicht die Möglichkeit, die notwendige Mindest-Eigenkapitalunterlegung für Marktrisiken der Bank auf der Basis (aufsichtsbehördlich kontrollierter) interner VaR-Risikomanagementmodelle zu bestimmen. In diesem Kontext weist die VaR-Konzeption somit eine Doppelnatur auf, zum einen als internes Risikokontroll- und Steuerungsinstrument, zum anderen als Ausgangspunkt für die exogene Regulierung der Eigenkapitalausstattung.

Die europäischen *Solvabilitätsrichtlinien* für Versicherungsunternehmen haben zumindest für den Bereich der Schadenversicherung ihre Wurzeln in einer VaR-Konzeption. Sie gehen zurück[43] auf die Studie von Campagne (1961), der ein explizites, wenn auch einfach strukturiertes, risikotheoretisches Modell für den versicherungstechnischen Erfolg zugrunde liegt, das auf der Basis einer vorgegebenen Ruinwahrscheinlichkeit ausgewertet wird. Man sieht an diesem Beispiel, dass die dem VaR-Ansatz zugrunde liegende quantilbasierte Analysetechnik historisch gesehen zuerst im Versicherungsbereich im Rahmen der versicherungsmathematischen Risikotheorie entwickelt worden ist[44]. Das Campagne-Modell und entsprechend die bestehende Solvabilitätsregulierung[45] ist primär an dem Gesamtrisikovolumen aus dem versicherungstechnischen Bereich ausgerichtet. Es fehlt die Berücksichtigung der Risikostruktur (etwa: Spartenmix) ebenso wie des Schadenreserverisikos und des Kapitalanlagerisikos, insbesondere der Risiken des Einsatzes von Derivaten[46]. Des Weiteren werden die Effekte einer Rückversicherungsnahme nur rudimentär und approximativ erfasst.

---

[43] Vgl. hierzu auch Kastelijn / Remmerswaal (1986), S. 32 ff.
[44] Dies betonen auch Albrecht et al. (1997), S. 87 f. sowie Panjer (1999).
[45] Vgl. hierzu etwa Schierenbeck / Hölscher (1998), S. 239 ff.
[46] In Deutschland wird die Kontrolle der Kapitalanlagetätigkeit und des Einsatzes von derivativen Instrumenten ebenfalls aufsichtsrechtlich und aufsichtsbehördlich kontrolliert, jedoch grundsätzlich unabhängig von der bestehenden Solvabilitätsregulierung.

Sehr viel differenzierter sind die in den Vereinigten Staaten mittlerweile eingeführten *Risk Based Capital (RBC)-Anforderungen*[47]. Die hier berücksichtigten Risikokategorien sind im Bereich der Schadenversicherung das Kapitalanlagerisiko (Asset Risk), das Forderungsrisiko (Credit Risk), das versicherungstechnische Risiko (Underwriting Risk), zerfallend in Tarifierungsrisiko und Reservierungsrisiko sowie schließlich das Risiko aus nicht bilanzwirksamen Geschäften (Off-Balance Sheet-Risk). Es ist jedoch festzuhalten, dass der RBC-Ansatz auf einem einheitlichen, standardisierten unternehmensexternen Pauschalmodell beruht und nicht auf unternehmensinternen Risikomodellen fußt.

Über die Beachtung unternehmensexterner Solvabilitätsanforderungen hinaus besteht für Versicherungsunternehmen in immer stärkerem Maße die Erfordernis[48] einer unternehmensinternen Bestimmung und Kontrolle des aufgrund der durchgeführten Geschäftstätigkeiten notwendigen Risikokapitals. Zur Formulierung dieses Ansatzes können wir direkt an den Überlegungen des dritten Abschnittes anknüpfen und formulieren als formale Bedingung für das betriebsnotwendige Risikokapital, das wir mit RAC (Risk Adjusted Capital; ebenfalls gebräuchlich sind die Bezeichnungen RBC = Risk Based Capital und CaR = Capital-at-Risk) bezeichnen[49] ($0 < \alpha \leq 1$):

(22) $\qquad \alpha \, \text{RAC}_\varepsilon \geq \text{VaR}_\varepsilon$.

Eine Wahl[50] von $\alpha < 1$ kann dabei dahingehend interpretiert werden, dass die Unternehmensleitung bereit ist, im Extremfall eines außerordentlich schlechten Geschäftsjahres ein Kapital in Höhe von $\alpha \, \text{RAC}$ auszuschöpfen und mit einem Kapital in Höhe von $(1-\alpha)\text{RAC}$ die Geschäfte unverändert weiterzuführen[51].

In Abhängigkeit vom Auswertungszweck kann entsprechend der Analysen in Abschnitt 3 die Bestimmung des RAC in unterschiedlich differenzierter Weise für das

---

[47] Vgl. hierzu etwa Schradin / Telschow (1995) sowie Schradin (1997).
[48] Vgl. hierzu auch Braun et al. (1999), Corell (1998) sowie Förster / König (1999).
[49] Zu dieser verallgemeinerten Definition von RAC (der Standardfall ist $\alpha = 1$) vgl. Schnieper (1997), S. 63.
[50] Eine aus der Versicherungspraxis bekannte Wahl besteht in $\alpha = 0,5$.
[51] Vgl. hierzu Braun et al. (1999), S. 256.

gesamte Versicherungsunternehmen bzw. für die beiden Hauptbereiche versicherungstechnischer Bereich und Kapitalanlagebereich getrennt erfolgen.

5. Steuerung der Kapitalanlage

Eine erste Anwendung des VaR-Ansatzes im Rahmen der Steuerung der Kapitalanlage von Versicherungsunternehmen besteht in der Kontrolle des Verlust-[52] bzw. Abschreibungspotenzials aus der Kapitalanlagetätigkeit. Der Value-at-Risk dient dabei als Maß für den maximalen Wertverlust zu einem vorgegebenen Konfidenzniveau. Bei der Kontrolle des VaR muss man dabei einen Marktwertverfall von einem Buchwertverfall unterscheiden. Die Kontrolle eines Marktwertverfalles setzt voraus, dass das Versicherungsunternehmen die Möglichkeit gegeben sieht, Kapitalanlagepositionen zu Marktwerten liquidieren zu müssen. Da dies kaum für den gesamten Kapitalanlagebestand der Fall sein wird, rücken damit neben dem Gesamt-Value-at-Risk die Value-at-Risk-Beträge der einzelnen Klassen oder anderer Kapitalanlagepositionen in den Vordergrund, d.h. die kollektiven Ausgleichseffekte, die sich in (15) widerspiegeln, verlieren an Bedeutung. Die Kontrolle eines Buchwertverfalls entspricht der Kontrolle des *Abschreibungspotenzials*. Auch hier steht eher der VaR (auf Buchwertbasis) einzelner Kapitalanlagepositionen im Vordergrund, denn zum einen existieren Asset-Klassen, die nicht abschreibungsbedürftig sind (Schuldscheindarlehen), zum anderen sind die Abschreibungsbedarfe pro Position i.d.R. getrennt zu bilanzieren (Ausnahme: Positionen in Investmentfonds).

Hinsichtlich der Kontrolle des Verlust- und des Abschreibungspotenzials empfiehlt es sich zudem, die Value-at-Risk-Überlegungen um Stress-Tests zu ergänzen, d.h. um die Konsequenzen von Worst-Case-Szenarien (z.B. Einbruch der Aktienkurse um 20%, Veränderung des langfristigen Kapitalmarktzinses um ± 2%, etc.) auf das Verlust- bzw. das Abschreibungspotenzial. Dies trägt der Erkenntnis Rechnung, dass die Value-at-Risk-Berechnung auf durchschnittlichen Wertveränderungen (auf statistischer Basis) beruht und damit die Konsequenzen von krisenhaften Entwicklungen auf den Kapitalmärkten nicht ausreichend erfasst.

Stress-Tests besitzen gerade hinsichtlich des Einsatzes derivativer Finanzinstrumente auch im Rahmen von Sensitivitätsanalysen für interne Berichtszwecke (z.B. Auf-

---

[52] Als Verlust kann dabei auch die Unterschreitung einer notwendigen Mindestrendite r_T aus dem Kapitalanlagebereich verstanden werden, vgl. die Beziehungen (17) bzw. (18).

sichtsrat) eine wichtige Bedeutung. Eine Erweiterung des *Stress-Testing* auf die simultane Risikokontrolle der Aktiv- sowie der Passivseite ist der so genannte Resilience-Test, ein spezieller Mismatching-Test, der in Großbritannien zum State-of-the-Art des Asset/Liability-Managements gehört.

Eine zweite zentrale Anwendung des VaR-Ansatzes im Bereich der Kapitalanlagesteuerung besteht in der Portfolio-Optimierung unter Berücksichtigung der Nebenbedingung eines maximalen VaR-Wertes. Wir verweisen hierzu auf die Literatur[53].

6. Steuerung des versicherungstechnischen Bereiches

Neben den bereits in den Abschnitten 3 und 4 angerissenen Anwendungen des VaR-Konzeptes zur Bestimmung eines ausreichenden Sicherheitskapitals und ausreichender Reserven[54] existieren eine Reihe weiterer wichtiger Anwendungen des VaR-Ansatzes auf versicherungstechnische Fragestellungen. So diskutiert etwa Savelli (1998) Fragen der Rückversicherungsoptimierung unter der Zielfunktion der Minimierung des Value-at-Risk für den Erstversicherer. Neben Fragen der reinen Risikoquantifizierung und -steuerung treten zudem Fragen der risikoadjustierten Performancemessung und -steuerung. Dies geschieht auf der Basis von Performancemaßen des *RORAC* (Return on Risk Adjusted Capital)-Typus, d.h. das Ergebnis aus einer Geschäftstätigkeit wird dadurch risikoadjustiert, indem man es zu einer Maßgröße für das risikoadjustierte Kapital – vergleiche hierzu unsere Ausführungen in Abschnitt 4 – in Bezug setzt, formal

$$(23) \qquad RORAC = \frac{Ergebnis}{RAC}.$$

Eine solchermaßen konstruierte Performancekennziffer ermöglicht insbesondere den konsistenten Vergleich von unterschiedlichen Geschäftsaktivitäten mit differierendem Risiko. Da das Risiko einer Geschäftsaktivität – hier etwa einer einzelnen Sparte – auf der Basis einer VaR-Konzeption stets nur im Verbund mit den übrigen Geschäftsaktivitäten beurteilt werden kann, führt dies zu der Problematik einer *risikobasierten Kapitalallokation*. Die Segment-RORAC-Größen auf der Basis des

---

[53] Vgl. hierzu vor allem Yamashita (1999).
[54] Zu einer Anwendung im Bereich der Kraftfahrzeugversicherung vgl. in diesem Zusammenhang Elizondo et al. (1998).

dem Segment allokierten Anteils des gesamten Risikokapitals bilden dann den Ausgangspunkt für eine segmentspezifische *risikoadjustierte Performance-Steuerung*. Neben einer RORAC-Optimierung kommt dabei auch eine RORAC-Satisfizierungsregel in Frage, d.h. man fordert eine (risikoadjustierte) Mindestrendite[55] für das Gesamtunternehmen bzw. einheitlich für die einzelnen Segmente[56]. Hinsichtlich einer detaillierten Diskussion der vorstehend angerissenen Problemkreise für den versicherungstechnischen Bereich, d.h. unter Ausblendung der Risiken und der Risikoverbundwirkung des Kapitalanlagebereiches, verweisen wir[57] an dieser Stelle auf Albrecht (1998).

7. Integrierte Unternehmenssteuerung

Eine integrierte Unternehmenssteuerung auf der Basis einer VaR-Konzeption ist dadurch gekennzeichnet, dass insbesondere die Risiken des versicherungstechnischen Bereiches und des Kapitalanlagebereiches sowie ggf. aus weiteren Bereichen, z.B. dem Währungsbereich oder dem Rückversicherungsbereich, jeweils simultan berücksichtigt werden. Die Fragestellungen und Ansätze bleiben dabei im Wesentlichen unverändert, der Unterschied zu den hierzu in den vorstehenden Abschnitten gemachten Ausführungen besteht primär im simultanen Ansatz. Auch an dieser Stelle verweisen wir für weitergehende Analysen auf die Literatur[58].

---

[55] Eine solche Vorgabe einer risikoadjustierten Mindestrendite ermöglicht insbesondere die Einbeziehung von Renditeerwartungen der Eigenkapitalgeber in die Performancesteuerung.

[56] Zu den Konsequenzen einer solchen Vorgehensweise für eine RORAC-basierte Prämienkalkulation von Versicherungsunternehmen vgl. Albrecht (1998), S. 240 ff.

[57] Auch Nealon / Yit (1999) diskutieren Fragen der Risikokapitalallokation im versicherungstechnischen Bereich.

[58] Eine Reihe der genannten Fragestellungen unter einem simultanen Asset/Liability-Ansatz behandeln insbesondere Bühlmann / List (1999). Sie zeigen z.B. die werterhöhenden Effekte (value proposition) einer Rückversicherungsnahme auf, indem sie eine Portfolio-Optimierung unter der Bedingung eines nach Rückversicherung nicht erhöhten Capital at Risk (Risikokapitalrestriktion) durchführen und eine Verbesserung der durch Rückversicherung erreichbaren Rendite/Risikopositionen nachweisen. Weitere von Bühlmann / List (1999) behandelte Fragestellungen betreffen die risikobasierte Kapitalallokation, die risikoadjustierte Performancesteuerung, die Risikoprämienkalkulation auf RAC-Basis sowie die Konstruktion neuer werterhöhender Rückversicherungsprodukte. Konzeptionelle Analysen einer RORAC-Optimierung auf der Basis eines integrierten Gesamtmodells behandeln für den Bereich der Lebensversicherung Tanaka / Muromachi (1999) sowie für den Bereich der Schadenversicherung Schradin (1998). Corell (1998) diskutiert entsprechende Fragestellungen aus der Sicht eines Value Based Management unter der Perspektive der Versicherungspraxis.

Literaturverzeichnis

Albrecht, P. (Albrecht, 1982): Gesetze der großen Zahlen und Ausgleich im Kollektiv – Bemerkungen zu Grundlagen der Versicherungsproduktion, in: Zeitschrift für die gesamte Versicherungswissenschaft, 71. Jg., 1982, S. 501 – 538.

Albrecht, P. (Albrecht, 1984): Welche Faktoren beeinflussen den Ausgleich im Kollektiv?, in: Zeitschrift für die gesamte Versicherungswissenschaft, 73. Jg., 1984, S. 181 – 201.

Albrecht, P. (Albrecht, 1987): Ausgleich im Kollektiv und Verlustwahrscheinlichkeit, in: Zeitschrift für die gesamte Versicherungswissenschaft, 76. Jg., 1987, S. 95 – 117.

Albrecht, P. (Albrecht, 1990): Combining Actuarial and Financial Risk: A Stochastic Corporate Model and its Consequences for Premium Calculation, in: Proceedings of the 1st AFIR International Colloquium, Vol. 4, Paris 1990, S. 127 – 141.

Albrecht, P. (Albrecht, 1992): Zur Risikotransformationstheorie der Versicherung: Grundlagen und ökonomische Konsequenzen, Karlsruhe 1992.

Albrecht, P. (Albrecht, 1995a): Ansätze eines finanzwirtschaftlichen Portefeuille-Managements und ihre Bedeutung für Kapitalanlage- und Risikopolitik von Versicherungsunternehmen, Karlsruhe 1995.

Albrecht, P. (Albrecht, 1995b): Asset/Liability-Management: Status Quo und zukünftige Herausforderungen, in: Zeitschrift für Versicherungswesen, 1995, Nr. 9, S. 226 – 231.

Albrecht, P. (Albrecht, 1998): Risikoadjustierte Performancesteuerung in der Schadenversicherung, in: Oehler, A. (Hrsg.), Credit Risk und Value-at-Risk-Alternativen, Stuttgart 1998, S. 229 - 257.

Albrecht, P. / Bährle, H. W.F. / König, A. (Albrecht et al., 1996): Value-at-Risk: A Risk Theoretical Perspective with Focus on Applications in Insurance, in: Albrecht, P. (Hrsg.), Actuarial Approach for Financial Risk, Vol. 1, Karlsruhe 1996, S. 3 – 24.

Albrecht, P. / Bährle, H. W F. / König, A. (Albrecht et al., 1997): Value-at-Risk: Eine risikotheoretische Analyse der konzeptionellen Grundlagen mit Folgerungen für die Risikokontrolle der Kapitalanlage von Versicherungsunternehmen, in: Zeitschrift für die gesamte Versicherungswissenschaft, 86. Jg., 1997, S. 81 – 101.

Albrecht, P. / Zimmermann, J. (Albrecht / Zimmermann, 1992): Risikotheoretische Analyse des Versicherungsgeschäfts auf der Grundlage eines Stochastischen

Gesamtmodells, in: Transactions of the 24th International Congress of Actuaries, Vol. 3, Montreal 1992, S. 27 – 41.

Artzner, P. / Delbaen, F. / Eber, J.-M. / Heath, D. (Artzner et al., 1998): Thinking Coherently, in: Risk, Vol. 10, 1998, No. 11, S. 68 – 71.

Bassi, F. / Embrechts, P. / Kafetzaki, M. (Bassi et al., 1998): Risk Management and Quantile Estimation, in: Adler, R. / Feldman, R. / Tagger, M.S. (Hrsg.), A Practical Guide to Heavy Tails: Statistical Techniques and Applications, Boston 1998, S. 111 – 130.

Beeck, H. / Johanning, L. / Rudolph, B. (Beeck et al., 1999): Value-at-Risk-Limitstrukturen zur Steuerung und Begrenzung von Marktrisiken im Aktienbereich, in: OR Spektrum, 21. Jg., 1999, S. 259 – 286.

Braun, F. / Gänger, M.-L. / Schmid, P. (Braun et al., 1999): Risikomanagement in Versicherungsgesellschaften, in: Saitz, B. / Braun, F. (Hrsg.), Das Kontroll- und Transparenzgesetz, Wiesbaden 1999, S. 231 – 261.

Brender, A. (Brender, 1999): Cash-Flow Valuation and Value at Risk, in: North American Actuarial Journal, Vol. 3, 1999, S. 26 – 29.

Bühlmann, N. / List, H.-F. (Bühlmann / List, 1999): Economic Rationale für Reinsurance Stochastic Models, in: Joint Day Proceedings of the 30th International ASTIN Colloquium and the 9th International AFIR Colloquium, Tokyo 1999, S. 1 – 77.

Campagne, C. (Campagne, 1961): Standard minimum de solvabilité, applicable aux entreprises d'assurances, in: Report of the OECE, 1961.

Corell, F. (Corell, 1998): Value Based Management, Teile I – III, in: Der Aktuar, 4. Jg., 1998, S. 27 – 34, S. 66 – 78 und S. 103 – 114.

Depner, E. (Depner, 1999): Value at Risk bei Versicherungen, in: Versicherungswirtschaft, 1999, Nr. 3, S. 165 – 169.

Dowd, K. (Dowd, 1999): A Value-at-Risk Approach to Risk-Return Analysis, in: Journal of Portfolio Management, Summer, 1999, S. 60 – 67.

Elizondo, A. / Rodriguez, L. E. / Budar, C. P. (Elizondo et al., 1998): Statistical Analysis of the Automobile Insurance Using Value-at-Risk Tech-niques, Transactions of the 26th International Congress of Actuaries, Vol. 4, Birmingham 1998, S. 335 – 360.

Embrechts, P. / Klüppelberg, C. / Mikosch, T. (Embrechts et al., 1997): Modelling Extremal Events for Insurance and Finance, Berlin 1997.

Embrechts, P. / Resnick, S.I. / Samorodnitsky, G. (Embrechts et al., 1999): Extreme Value Theory as a Risk Management Tool, North American Journal, Vol. 3, 1999, S.30-41.

Emmer, S. / Klüppelberg, C. / Trüstedt, M. (Emmer et al. ,1998): VaR – ein Maß für das extreme Risiko, in: Solutions, Vol. 2., Unterföhring 1998, No. 1, risklab germany, S. 53 – 63.

Förster, S. / König, A. (Förster / König, 1999): Ricasso: Risiko, Kapitalmanagement und Rückversicherung, in: Fachreihe der Bayerischen Rückversicherung, München 1999, Nr. 25.

Guthoff, A. / Pfingsten, A. / Wolf, J. (Guthoff et al., 1998): Der Einfluss einer Begrenzung des Value-at-Risk oder des Lower Partial Moment One auf die Risikoübernahme, in: Oehler, A. (Hrsg.), Credit Risk und Value-at-Risk Alternativen, Stuttgart 1998, S. 111 – 153.

Ho, T. S. Y. (Ho, 1999): A VaR Model of an Investment Cycle: Attributing Returns and Performance, in: North American Actuarial Journal, Vol. 3, 1999, S. 57 -65.

Johanning, L. (Johanning, 1998a): Value-at-Risk zur Marktrisikosteuerung und Eigenkapitalallokation, Bad Soden/Taunus. 1998.

Johanning, L. (Johanning, 1998b): Zur Eignung des Value-at-Risk als bankaufsichtliches Risikomaß, in: Finanzmarkt und Portfolio Management, 12. Jg., 1998, S. 283 – 303.

Jorion, P. (Jorion, 1996): Risk^2: Measuring the Risk in Value at Risk, in: Financial Analysts Journal, November / December 1996, S. 47 – 56.

Kastelijn, W. M. / Remmerswaal, J. C. M. (Kastelijn / Remmerswaal, 1986): Solvency, in: Survey of Actuarial Studies, Nationale Nederlanden, Rotterdam 1986, No.3

Maurer, R. (Maurer, 1999): Integrierte Erfolgssteuerung in der Schadenversicherung auf der Basis von Risiko-Wert-Modellen, Habilitationsschrift, Universität Mannheim.

McNeil, A. J. (McNeil, 1997): Estimating the Tails of the Loss Severity Distribution using Extreme Value Theory, in: ASTIN Bulletin, Vol. 27, 1997, S. 117 – 137.

Nealon, P. / Yit, B. (Nealon / Yit, 1999): A Financial Approach for Determining Capital Adequacy and Allocating Capital for Insurance Companies, in: Joint Day Proceedings of the 30th International ASTIN Colloquium and the 9th International AFIR Colloquium, Tokyo 1999, S. 167 – 181.

Panjer, H. H. (Panjer, 1999): Overview: An Actuary's Perspective on Developments in Risk Measurement, in: North American Actuarial Journal, Vol. 3, 1999, S. 9 – 10.

Panning, W. H. (Panning, 1999): The Strategic Uses of Value at Risk: Long-Term Capital Management for Property/Casualty Insurers, in: North American Actuarial Journal, Vol. 3, 1999, S. 84 – 105.

Resnick, S. I. (Resnick, 1997): Discussion of the Danish Data on Large Fire Insurance Losses, in: ASTIN Bulletin, Vol. 27, 1997, S. 139 – 151.

Savelli, N. (Savelli, 1998): A Capital at Risk Approach for Life Reassurance Strategies on a Risk-Premium Basis, Transactions of the 26th International Congress of Actuaries, Vol. 4, Birmingham 1998, S. 385 – 406.

Schierenbeck, H. / Hölscher, R. (Schierenbeck / Hölscher, 1998): Bankassurance, 4.Aufl, Stuttgart 1998.

Schnieper, R. (Schnieper, 1997): Capital Allocation and Solvency Testing, in: SCOR Notes, International Prize in Actuarial Science: Solvency and Capital Allocation, Paris 1997.

Schradin, H. R. (Schradin, 1994): Erfolgsorientiertes Versicherungsmanagement, Karlsruhe 1994.

Schradin, H. R. (Schradin, 1997): Solvenzaufsicht in den Vereinigten Staaten von Amerika. Zur Konzeption des Risk Based Capital, in: Zeitschrift für die gesamte Versicherungswissenschaft, 86. Jg., 1997, S. 269 – 294.

Schradin, H R. (Schradin, 1998): Finanzielle Steuerung der Rückversicherung, Karlsruhe 1998.

Schradin, H. R. / Telschow, I. (Schradin / Telschow, 1995): Solvabilitätskontrolle in der Schadenversicherung – eine betriebswirtschaftliche Analyse der Risk Based Capital (RBC)-Anforderungen in den Vereinigten Staaten, in: Zeitschrift für die gesamte Versicherungswissenschaft, 84. Jg., 1995, S. 363 – 406.

Skurnick, D. / Grandisson, M. (Skurnick / Grandisson, 1996): Multi-Line Risk Measurement, in: Proceedings of the 27th ASTIN Colloquium, Copenhagen 1998, S. 292 – 309.

Tanaka, S. / Muromachi Y. (Tanaka / Muromachi, 1999): A New Method for Evaluating and Managing the Complex Risks Embedded in the Life Insurer's Balance Sheet: Basic Ideas and Preliminary Results, in: Joint Day Proceedings of the 30th International ASTIN Colloquium and 9th International AFIR Colloquium, Tokyo 1999, S. 195 – 226.

Wirch, J. L. (Wirch, 1999): Raising Value at Risk, North American Actuarial Journal, Vol. 3, 1999, S. 106 – 115.

Yamashita, M. (Yamashita, 1999): VaR Control, as a Source of Profit, in: Proceedings of the 9th International AFIR Colloquium, Tokyo 1999, S. 419 – 431.

Risikomanagement und Unternehmenswert von Versicherungen: Die Wertrelevanz der Kapitalanlage

von Frank-Christian Corell

1. Einleitung
2. Risiko, Rendite, Unternehmenswert, ... : Begriffe und Ziele im wertorientierten Risikomanagement
3. Aktualität und zentrale Handlungsfelder des wertorientierten Risikomanagements
4. Prämissen und Prozesse auf Unternehmensebene: Praxisbeispiel der Value Vers.-AG
5. Prämissen und Prozesse im Asset Management: Praxisbeispiel der Value Vers.-AG
6. Prozessbaustein 'Asset Allocation'
7. Prozessbaustein 'Portfolio Management'
8. Prozessbaustein 'Reporting'
9. Prozessbaustein 'Performanceanalyse & Kontrolle'
10. Fazit und Ausblick

1. Einleitung[1]

Institutionelle Anleger, Mutter-/Holdinggesellschaften, Kunden, Vertriebspartner und andere Anspruchsteller fordern von Versicherungsgesellschaften zunehmend klare Wertschöpfungsstrategien und -prozesse. Manager von Versicherungen ihrerseits suchen konzeptionelle Unterstützung auf dem Weg zur wertmaximierenden Struktur und qualitätsgesicherten laufenden Steuerung ihrer risikobehafteten Geschäfte. Als risikobehaftete Geschäfte gelten – für den Rahmen dieses Beitrags –

- das Versicherungsgeschäft, strukturiert nach Versicherungsarten und -zweigen,
- das Management der bilanziell gebundenen Kapitalanlagen, strukturiert nach Assetklassen und
- die Finanzierungsstruktur, d.h. der Anteil Risiko-/Eigenkapital am Gesamtkapital.

Der Beitrag versucht am Praxisbeispiel der Value Vers.-AG[2], verantwortliche Manager auf diesem Weg konkret – Schritt für Schritt – ein Stück zu begleiten. Dies erfolgt für die Unternehmenssteuerung im Allgemeinen und für das Asset Management im Besonderen. Insbesondere am Beispiel des Asset Management wird zusätzlich die Wertrelevanz effizienter Prozesse in der operativen Führung veranschaulicht.

Je nach ‚Reifegrad' des betroffenen Unternehmens vor Einführung des wertorientierten Risikomanagement sind damit Steigerungen des Marktwertes, d.h. eines ‚Fair Value' bzw. einer angemessenen Börsenkapitalisierung im oberen einstelligen oder gar in zweistelligem Prozentumfang möglich. Die Attraktivität eines Paradigmenwechsels hin zu wertorientiertem Risikomanagement – im Interesse von Kunden, Mitarbeitern, Vertriebspartnern und Gesellschaftern – steht damit sicher außer Zweifel. Der Beitrag beschäftigt sich im Schwerpunkt mit dem systematischen, operativen und finanziellen Risikomanagement als wertorientiertem Führungs- und Steue-

---

[1] Schwerpunktmäßig befasst sich der Beitrag mit Unternehmen, die das Schaden- und Unfallgeschäft betreiben; Unternehmen also, die sowohl im Zeichnen von Versicherungsverträgen als auch in der Kapitalanlage erhebliche Risiken eingehen.

[2] Fallbeispiel einer Schaden- und Unfallversicherung i.d. Rechtsform einer AG (fiktives Beispiel mit realitätsnahen Daten, Stand: Mitte 2000). Die hier vorgestellte Entscheidungslogik gilt aber – einige Anpassungen vorausgesetzt – auch für Lebens- und Krankenversicherer, Pensionskassen, Stiftungen, geschlossene und offene Fonds, das ‚Depot A'-Management von Kreditinstituten und anderen Kapitalsammelstellen aller Rechtsformen.

rungsprozess. Der Begriff des Risikomanagement ist missverständlich. Gemeint ist hier ein „Chancenmanagement" in dem Sinne, dass bewusst alle möglichen Chancen wahrgenommen werden sollen, solange die mit ihnen verbundenen Gefahren in Ansehung der Verantwortung gegenüber allen Stakeholdern getragen werden können. Zur Vertiefung der fachlichen und mathematischen Analytik sei auf die Vielfalt spezieller Veröffentlichungen zum Bereich Asset Management[3], Portfolio Management[4] und Corporate Finance[5] verwiesen.

2. Risiko, Rendite, Unternehmenswert, ... : Begriffe des wertorientierten Risikomanagement

Die Versicherungswirtschaft steht am Beginn eines vielversprechenden Paradigmenwechsels bezüglich relevanter Managementziele: Die Globalisierung und die Wettbewerbsverschärfung auf den Kapital- und Versicherungsmärkten verlangen immer stärker eine Fokussierung auf die Erwirtschaftung risikogerechter Kapitalrenditen auf Marktwertbasis. Dieses Ziel gilt integriert über das gesamte Unternehmen bzw. über ganze Unternehmensgruppen. Dagegen werden z.B. früher dominierende Wachstums- und Volumensziele, insbesondere wenn sie buchwert- und nicht zahlungsstrombasiert waren, zu Nebenbedingungen des Handelns.

Für das Verständnis des wertorientierten Risikomanagement notwendige Begriffe sind v.a.

- Rendite [in % p.a.] oder [in Mio. p.a.]
- Risiko [in % p.a.]
- Risikobereitschaft/Ausfallrisiko [in % auf Sicht eines Jahres]
- Risikokapital/Risikofähigkeit (RC[6]) [in Mio.]
- Risikogerechtes Kapital (RAC[7]) [in Mio.]
- Rendite auf das risikogerechte Kapital (*RORAC*[8]) [in % p.a.]

---

[3] Vgl. z.B. die grundlegenden Einsichten der gesammelten Arbeiten von Martin Leibowitz in Fabozzi (ed.)(1992).
[4] Vgl. z.B. die fundierte prozessuale Vorgehensweise in Bruns / Meyer-Bullerdiek (2000) oder die vielfältigen Einzelbetrachtungen in Kleeberg / Rehkugler (Hrsg.) (1998)
[5] Vgl. z.B. die häufig mathematisch unterlegte Darstellung in Brealey / Myers (1998)
[6] RC = Risk Capital
[7] RAC = Risk Adjusted Capital
[8] RORAC = Return on Risk Adjusted Capital

- Kapitalkosten, d.h. die Renditeerwartung der Kapitalgeber ($RAROC^9$) [in % p.a.]
- Unternehmenswert(schöpfung) sowie Fair Value bzw. angemessene Marktkapitalisierung [in Mio.].

Die Rendite ist die Summe aus Vermögensänderung und angefallenen Zahlungsströmen innerhalb eines Jahres. Sie wird in absoluten Beträgen oder relativ zu einer Bezugsgröße wie z.B. Prämien, Kapitalanlagevolumen, Risikokapital, ... ausgedrückt.

Sie wird für alle Geschäfte einheitlich definiert als jährlich nachschüssig anfallende(r) Wertänderung/Zahlungsstrom auf eine Bezugsgröße/Investition vom Jahresanfang. Kapitalanlagegeschäfte beginnen üblicherweise mit einer Auszahlung bzw. Investition, der später Rückzahlungen folgen. Im Versicherungsgeschäft ist dies umgekehrt: Zuerst erhält das Unternehmen Prämieneinzahlungen, die – je nach Schaden- und Kostenverlauf – später zu Auszahlungsverpflichtungen führen.

Das Risiko misst die Gefahr, dass erwartete Ergebnisse aus riskanten Geschäften nicht (genau) eintreffen. Es wird ausgedrückt in Standardabweichung [in % p.a.] der Renditen und häufig auch als *Volatilität* bezeichnet. Für die Kapitalanlage gelte in diesem Beitrag auf Ebene der Assetklassen vereinfachend die Normalverteilungsannahme. Für das Versicherungsgeschäft bietet sich – insbesondere für die Berücksichtigung selten auftretender Großschäden – eine ‚linksschiefe' Verteilungsannahme wie z.B. die Poisson- oder die Gamma-Verteilung an[10]. Für die große Masse der Kleinschäden ist aber auch hier die Normalverteilungsannahme akzeptabel.

Die Risikobereitschaft wird ausgedrückt in der unternehmerisch vertretenen Ausfallwahrscheinlichkeit, also der Wahrscheinlichkeit, eine bestimmte Mindestrendite binnen einer bestimmten Periode zu verfehlen. Diese Restwahrscheinlichkeit ist nicht mehr mit (Risiko)Kapital gedeckt. Sie führt – bei ihrem Eintreten – zur Unfähigkeit, die Fremdkapitalverpflichtungen des Unternehmens zu bedienen, üblicherweise also zur Insolvenz. Risikobereitschaft kann daher auf Unternehmensebene auch in einem anzustrebenden oder zu erhaltenden Kreditrating, z.B. analog „AA" nach Standard & Poor's oder KMV[11], ausgedrückt werden. Schließlich basieren der-

---

[9] RAROC = Risk Adjusted Return on Capital.
[10] Vgl. dazu z.B. Reiss / Thomas (1997), S. 181-206.
[11] Vgl. J.P. Morgan (1997), S. 65-76.

artige Ratings unter anderem auf beobachteten bzw. erwarteten einjährigen Ausfall-/ Ruin-/Insolvenzwahrscheinlichkeiten. Je nach Risikobereitschaft gibt es folglich einen optimalen, risikoadjustierten Verschuldungsgrad'.

Das *Risikokapital* ist die Summe aller nicht für Kunden und (sonstige) Fremdkapitalgeber gebundener Vermögensteile. Es entspricht in etwa dem von Finanzanalysten genutzten Begriff des Net Asset Value, in einer Versicherung also z.B. der Summe aus Eigenkapital, Bewertungsreserven in den Kapitalanlagen, Ausmaß der Überdotierung der technischen Passiva ggü. künftigen Cash-Flow Verpflichtungen und beispielsweise den Schwankungsrückstellungen bzw. freier Rückstellung für Beitragsrückerstattung.

Das Risikokapital repräsentiert das von den Kapitalgebern bereitgestellte zzgl. dem im Umsatzprozess erwirtschafteten Nettovermögen, soweit es noch nicht ausgeschüttet wurde. Unabhängig davon, ob dieses Vermögen rechtlich oder faktisch ausschüttungsfähig ist, kann und muss es vom Management genutzt werden: Einerseits um Risiken zu übernehmen und andererseits um damit verbundene Renditepotenziale zu heben.

Risikofähigkeit ist die absolute Kapazität eines Unternehmens, Risiken einzugehen. Sie ist limitiert durch die Risikobereitschaft und durch das verfügbare Risikokapital. Das risikogerechte Kapital (RAC) ist das Volumen an Risikokapital, das ein Unternehmen benötigt, um ein bestimmtes Portfolio von Risikogeschäften (=Risikoexposure [in Mio.]) so zu unterlegen, dass die angestrebte Risikobereitschaft voll genutzt ist, also bspw. ein bestimmtes Kreditrating sichergestellt ist (vgl. Abb. 1).

Die Rendite auf das risikogerechte Kapital (*RORAC*) ergibt sich als Quotient aus der Rendite aus allen Risikogeschäften (in absoluten Beträgen) und dem risikogerechten Kapital (RAC). Unabhängig vom tatsächlich vorhandenen Risikokapital (RC) zeigt RORAC die potenzielle risikogerechte Kapitalproduktivität des Unternehmens vor Kapitalkosten.

Die risikogerechten Kapitalkosten (-) sind die Renditeanforderungen der Kapitalgeber, z.B. der Aktionäre. Letztere haben sich mit der Aktienanlage für eine bestimmte Risikobereitschaft/-klasse entschieden, für die sie angemessen entschädigt werden wollen. Die risikogerechten Kapitalkosten können über die Renditen von Aktienmarktindizes approximiert werden; darin spiegeln sich die Opportunitätsanlagemöglichkeiten der Kapitalgeber wider.

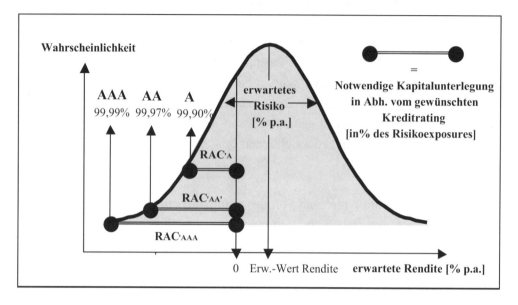

Abb. 1: Rendite, Risiko und Kapitalunterlegung im Zusammenhang

Unternehmenswertschöpfung ist die Differenz zwischen RORAC und RAROC (in %-Punkten.)[12] innerhalb einer Periode, multipliziert mit dem Risikokapital zu Periodenbeginn. Hier liegt eine Analogie mit dem in anderen Branchen bereits häufiger umgesetzten EVA-Konzept vor[13].

Ein fairer Unternehmenswert bzw. eine angemessene Marktkapitalisierung ergibt sich schließlich bspw. unter der Annahme der Nachhaltigkeit der Differenz zwischen RORAC (erwirtschaftete Rendite) und RAROC (Kapitalkosten)[14]. Voraussetzung ist, dass das vorhandene Risikokapital (RC), entsprechend der Risikobereitschaft, angemessen Risiken ausgesetzt ist (d.h. RC=RAC). Dann kann man einen ewigen Strom RORAC mit der RAROC diskontieren und gelangt zum Fair Value des Unternehmens. Mit der Maximierung der nachhaltigen RORAC maximiert das Management

---

[12] In der Praxis und in anderen Veröffentlichungen werden RORAC und RAROC teilweise synonym verwendet. Für diesen Aufsatz gilt ein wesentlicher Unterschied: RORAC als die im Unternehmen erwirtschaftete Rendite, RAROC hingegen als die von den Kapitalgebern für risikogerecht erachtete Rendite auf ihren Kapitaleinsatz, also der Kapitalkostensatz.

[13] Vgl. z.B. die didaktisch gut aufbereiteten Erläuterungen in Al Ehrbar (1999).

folglich zugleich den Unternehmenswert. Hierin liegt der Reiz des wertorientierten Risikomanagements.

Der Zusammenhang zwischen diesen Definitionen liegt darin, dass sie alle auf Marktwerten und Zahlungsströmen basieren. Damit haben alle einen ‚gemeinsamen Nenner', unabhängig davon, welche Risikogeschäfte betrachtet werden und wie sie ggf. buchhalterisch abgebildet werden.

Wertorientiertes Risikomanagement verlangt nun, alle Managemententscheidungen so zu priorisieren und zu koordinieren, dass ...

- das gebundene Risikokapital (RC) nachhaltig voll zur angemessenen Risikoübernahme eingesetzt wird. Ist dies der Fall, so sind gebundenes Risikokapital (RC) und risikogerechtes, d.h. betriebswirtschaftlich notwendiges Kapital (RAC), identisch. Anpassungen zwischen RAC und RC erfolgen z.B. durch die Risikopolitik im Kapitalanlage- und Versicherungsgeschäft, inkl. aktiver und passiver Rückversicherungsaktivitäten sowie derivativer Finanzinstrumente und/oder durch Kapitalmaßnahmen und Dividendenpolitik.
- auf das risikogerechte Kapital (RAC) höchstmögliche Renditen (RORAC) erwirtschaftet werden, möglichst natürlich oberhalb der Kapitalkosten (RAROC). Dabei ist nicht mehr nur „Best Practice" innerhalb der eigenen Branche die 'Benchmark', sondern zunehmend auch der globale und branchenübergreifende Wettbewerb um die Anleger-/Kapitalgebergunst.

Risiken sind also – typisch für die Aufgabe von Versicherungsunternehmen – nicht grundsätzlich zu meiden, sondern systematisch und integriert zu managen. Diese Logik ist rechtsformunabhängig.

Das Konzept verlangt zudem Nachhaltigkeit und ist damit immun gegen die häufig geäußerte Kritik, wertorientiertes Risikomanagement tendiere zur kurzfristigen/-sichtigen Unternehmensführung und/oder es bevorzuge einseitig die Kapitalgeber. Schließlich funktioniert nachhaltige Wertschöpfung nur mit ebenfalls nachhaltig

---

[14] Diese Annahme ist nicht zwingend, erleichtert aber – für didaktische Zwecke – die Abschätzung eines fairen Unternehmenswertes.

treuen Kundenverbindungen, hoher Mitarbeitermotivation, gutem Image der Unternehmung in der Öffentlichkeit, ... [15].

3. Aktualität und zentrale Handlungsfelder des wertorientierten Risikomanagements

Aktualität des Themas

Die Notwendigkeit zum wertorientierten Management ergibt sich aus der kompetitiven Marktlage, die sich – ohne geeignete Gegenmaßnahmen – als „Teufelskreis" erweisen kann: Im Vergleich zur Situation vor wenigen Jahren ist das Versicherungsgeschäft durch sinkende Prämien bei weitgehend gleicher Risiko- und Kostenlage, durch nahezu halbierte nominale Renditepotenziale bei gleicher, teilweise sogar steigender Volatilität auf den Anlagemärkten und durch erhöhten fiskalpolitischen Druck auf die Prämienmargen i.d. Schaden- und Unfallversicherung geprägt. Hinzu kommt der Druck auf die Wettbewerbsfähigkeiut ggenüber anderen Anlageformen, v.a. in der kapitalbildenden Lebens- bzw. Rentenversicherung. Diese Änderungen schaffen einen erheblichen „Asset-Liability-Mismatch". Er kann angesichts begrenzter Finanzierungskraft nur kurze Zeit durchgehalten werden.

Alle drei Elemente können, v.a. da sie weitgehend simultan auftreten, eine schleichende Auszehrung des Risikokapitals bewirken. Konsequenterweise sinkt dann die Risikofähigkeit des Versicherungsunternehmens, was wiederum (weiter) sinkende Renditepotenziale nach sich zieht. Der Handlungsdruck im Umgang mit der knappen Ressource Risikokapital (RC) steigt also dramatisch, auch wenn noch einige Zeit – dank der Reserven aus der Kapitalmarkthausse der 90er Jahre – in der Rechnungslegung (nominale) Gewinne ausgewiesen werden können.

Die klassische externe Rechnungslegung nach HGB / RechVersV ignoriert schließlich die Kapitalkosten und zeigt eine Auszehrung des Risikokapitals in der Regel nur zum Teil und auch nur bei einer tiefgreifenden Analyse auf. Sie ist daher als Basis für die Risikopolitik und die Entscheidungsfindung zur Wertschöpfung nicht geeignet. Auch international anerkannte Rechnungslegungsstandards wie IAS und US

---

[15] Konzeptionelle Vertiefung und Erwiderungen zu häufig geäußerten Missverständnissen finden sich branchenunabhängig z.B. in Rappaport (1995), Höfner / Pohl (Hrsg.) (1994) und Unzeitig / Köthner (1995).

GAAP schaffen diesbezüglich selbst für geübte Leser (noch) keine volle Transparenz.

Wertorientiertes Risikomanagement hingegen umfasst Parameter zur Messung der betriebswirtschaftlichen Wertschöpfung und zielt direkt darauf, den „Wendepunkt" im Lebenszyklus eines VU im Wettbewerb immer weiter hinauszuzögern. Dahinter steckt nichts anderes als die Motivation zur langfristigen Existenzsicherung durch angemessene/risikogerechte Verzinsung des Risikokapitals.

Wesentlich für die Wertsteigerung ist dabei nicht zuletzt auch die Kommunikation der Konzeption und der laufenden Umsetzung dieses Ansatzes als ganzheitliches finanzielles Risikomanagement gegenüber Analysten, Ratingagenturen, Kunden und Eigentümern. Das schafft Vertrauen, baut Informationsasymmetrien ab und steigert damit auch die Bereitschaft, Kapitalerhöhungen, z.B. zur Wachstumsfinanzierung, mitzutragen[16]. Erst dann ist "Wert" auch handelbar und nicht "nur Konzept".

Zentrale Handlungsfelder

Das Management einer Versicherung hat – auf oberster Ebene[17] – zwei zentrale Handlungsfelder für ein wertorientiertes Risikomanagement:

I. Den Geschäftsmix im Versicherungsgeschäft (Spartenmix) und die damit verbundene Erwartung an Prämienvolumen, -rendite, und –risiko. Sie ist stark geprägt von der Preis-, Vertriebs- und Zeichnungspolitik, der Verwaltungseffizienz und den Marktmöglichkeiten. Hier greifen vielfältige interne und marktbezogene Restriktionen.

II. Den Anlagemix nach Assetklassen (Asset Allocation) sowie die damit verbundenen erwarteten *Portfoliorenditen und –risiken*. Der Handlungsspielraum ist hier absolut und bzgl. der Umsetzungsgeschwindigkeit sehr hoch. Im Vergleich zu I. greifen gesetzliche und fähigkeitsbedingte Restriktionen nur in geringem Umfang in das Effizienz- bzw. Wertschöpfungspotenzial ein.

---

[16] Vgl. z.B. Walter (1999), S. 25.
[17] Wertorientiertes Risikomanagement prägt im Idealfall das Handeln aller Mitarbeiter in allen betrieblichen Funktionen; die Einschränkung auf ‚zwei' wesentliche Handlungsfelder ist hier rein exemplarisch.

4. Prämissen und Prozesse auf Unternehmensebene: Praxisbeispiel der Value Vers.-AG

Die Value Vers.-AG hat sich den Herausforderungen des wertorientierten Risikomanagement gestellt und in relativ kurzer Zeit eine auffällige und branchenuntypische Wertsteigerung erfahren (vgl. Abb. 2).

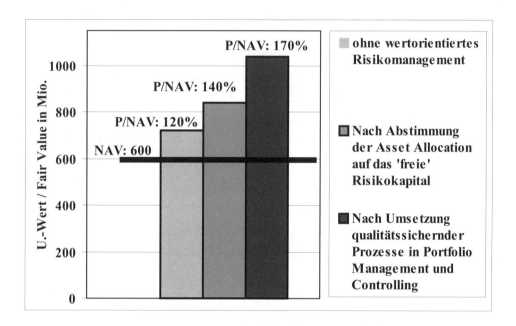

Abb. 2: Unternehmenswert und Price/NAV der Value Vers.-AG

Das Erfolgsrezept lag und liegt nach Ansicht des Managements im

- wachsenden Konsens aller Führungskräfte über den Sinn eines wertbasierten Risikomanagements
- Bekenntnis zu einer Rating-Position (hier: 'AA'-Rating in der Terminologie von Standard & Poor's), auf die die gesamte Risikoposition des Unternehmens laufend auszurichten ist und im
- operativen Anspruch, unter der o.g. Rating-Restriktion alle Risikoentscheidungen möglichst so zu steuern, dass die erwirtschaftete risikogerechte Rendite (RORAC) ihr Maximum erreicht und dabei möglichst immer oberhalb der Kapitalkosten (RAROC) liegt.

Der erste Aspekt ist unternehmenskultureller Art; er verlangt Top Management Committment und damit dessen Rolle als Fach-, zumindest aber als Machtpromotor. Im Weiteren werden hier nur die letzten beiden Aspekte vertieft, nämlich Prämissen und Prozesse.

Prämisse: Risikoposition des Unternehmens auf Level eines 'AA'-Rating[18]

An erster Stelle stand für das Management die Definition eines anzustrebenden *Ratings*, das seinen Geschäftsinteressen sowie denen der Kunden, Vertriebspartner, Aufsichtsbehörden und Aktionäre gerecht wird. Es entscheidet sich für das Ziel eines nachhaltigen 'AA'-Ratings. Dies hat kommunikative und analytische Hintergründe.
Der kommunikative Hintergrund dieser Entscheidung liegt darin, dass das Unternehmen sich nun einen Fixstern gesetzt hat, auf den das Bündel aller Risikoentscheidungen auszurichten ist. Dadurch wird/werden

- der Konsens im Managementgremium erleichtert,
- die Planungs-, Steuerungs- und Messkriterien auf einen Nenner gebracht („Risiko-Benchmarking')
- die Nachhaltigkeit in der internen Führung und in den Investor Relations gefördert.

Die Botschaft lautet: „Wir wollen auch nach einer sehr unwahrscheinlichen Krisensituation noch als Versicherer mit einem ‚A'-Rating anerkannt sein. Damit dies operational wird, hat das Management den Anspruch noch genauer definiert: "Wir führen unser Unternehmen so, dass innerhalb eines Jahres ein Einbruch des Wertes aller Kapitalanlagen und (!) ein Schadenereignis über den Gesamtbestand aller gezeichneten Versicherungsrisiken, deren jeweilige Eintrittswahrscheinlichkeit nur bei einmal in tausend Jahren[19] liegt, verkraftet werden können und danach immer noch ein ‚A'-Rating zu erwarten ist."

---

[18] Auf rechtliche Minimumstandards wird hier nicht eingegangen, da diese in der Versicherungswirtschaft zur Zeit noch sehr niedrig liegen; ein nachhaltiges Management entlang der rechtlichen Solvabilitäts-Minima ist gegenüber Kunden und Kapitalgebern im Wettbewerbsumfeld kaum vertretbar, zumindest nicht unternehmensweit.

[19] Unter der Annahme der Normalverteilung der Renditen entspricht der Jahrtausendfall in etwa einem Verlust von ca. 10-15% p.a. auf die gesamten (!) Kapitalanlagen eines gut diversifizierten Portfolios, zeitgleich mit einer Schaden-Kosten-Quote vor Schwankungsrückstellung von ca. 110% über die gesamten Versicherungsbestände; tatsächlich ist die Eintrittswahrscheinlichkeit derartiger Krisen höher, da – insbesondere im Versicherungsgeschäft – die Normalverteilung das Risiko hoher Schäden

Dieser Anspruch verlangt im Ergebnis heute, d.h. vor Eintritt dieser Krisensituation, ein 'AA'-Rating i.d. Terminologie von Standard & Poor's anzustreben. Im Idealfall ist also immer die Frage zu beantworten, ob und inwieweit bestimmte Managemententscheidungen – oder auch Bündel solcher Entscheidungen – risikostrategisch vertretbar bzw. gewünscht sind. Dies gilt unabhängig davon, ob die Frage bspw. intern von einer Führungskraft oder von einem externen Finanzanalysten gestellt wird.

Der analytische Hintergrund ist etwas komplexer. Die nachhaltige Existenz eines Versicherungsunternehmens setzt einerseits '*Kreditwürdigkeit*' voraus. Sie sei hier ausgedrückt als die Fähigkeit, alle vertraglich ggü. Kunden eingegangenen Verpflichtungen erfüllen zu können. In manchen Geschäftsarten der Value Vers.-AG ist sogar ein Kreditrating von 'AA' Grundlage für Abschlüsse (z.B. ggf. im Industrie-Haftpflichtgeschäft oder bei bestimmten Investmentprodukten mit Verzinsungsgarantien in der Nähe der jeweils aktuellen Kapitalmarktrenditen).

Andererseits ist die Existenz des Unternehmens auch von der Nutzung der Risikofähigkeit und der Erfüllung der Renditeerwartung der Aktionäre/Gesellschafter abhängig.

Der häufig zwischen diesen Ansprüchen vermutete Zielkonflikt hält einer Betrachtung für die Versicherungswirtschaft nicht stand. Dies begründet die Value Vers.-AG folgendermaßen:

1. Das einjährige *Ausfall-/Konkursrisiko* eines Unternehmens mit 'A'-Rating beträgt laut Standard & Poor's und KMV Corp. ca. 0,1%[20] (= 'Jahrtausendereignis'). Um dieses Risiko zu tragen, ist – unter der Normalverteilungsannahme – eine risikogerechte Kapitalbasis (RAC) i.H. des ca. 3-fachen Gesamtrisikos [% p.a.][21], multipliziert mit dem Exposure [Mio.], abzgl. der Renditeerwartung auf das Exposure [Mio.], nötig:
RAC_A [Mio.] ≈ Exposure [Mio.]*((-Rendite [% p.a.]/100) + (3,1*Risiko[% p.a.]/100))

---

unterschätzt. Für Zwecke der unternehmensweiten Risikosteuerung ist das Konzept dennoch tauglich. Vgl. dazu auch Abschnitt 2, insbes. Fußnote 10.

[20] Vgl .J.P. Morgan (1997), S. 69f.

[21] In der Normalverteilung liegt das 99,9%-Quantil etwa drei, das 99,97%-Quantil etwa sechs Standardabweichungen 'links' vom Erwartungswert (vgl. Abb. 1 oder 3)

2. Die Value Vers.-AG will nach einem Jahrtausendereignis noch ein 'A'-Rating haben; daher ist ihr RAC etwa doppelt so hoch und damit ausreichend für ein 'AA'-Rating; dies erfüllt voll die hohen Sicherheitsanforderungen der Kunden.
3. Die Value Vers.-AG hat ermittelt, dass das Risiko ihrer wertmaximierenden diversifizierten Portfolios im Kapitalanlage- und Versicherungsgeschäft, ausgedrückt in Schwankung der Investment- sowie der Prämienrenditen, bei je ca. 5% p.a. liegt[22]. Die Kapitalunterlegung muss dabei je ca. 25% des Exposures betragen, um gleichzeitig das 'AA'-Rating zu gewährleisten und über den Leverageeffekt das RAC etwa einem Risiko von 20% p.a. auszusetzen, da das Risiko auf das RAC umgekehrt proportional zum Unterlegungsverhältnis steigt.[23]
4. Versicherungsgesellschaften arbeiten auf ‚reifen' Märkten in einem Verdrängungswettbewerb. Ihre Aktien sind eher Substanz- als Wachstumswerte; daher reflektiert der Aktienkurs überwiegend den 'embedded value[24]', kaum den 'appraisal value[25]'. Die Rendite von Versicherungsaktien ist ähnlich volatil wie die des risikogerechten Kapitals (RAC) einer Versicherung, d.h. ihres Substanzwertes.
5. Die aktienmarktübliche Volatilität liegt bei ca. 20% p.a., gemessen über einen repräsentativen Aktienmarktindex wie z.B. dem DAX. Im Durchschnitt sind die Aktionäre also bereit, dieses Risiko zu tragen.
6. Wenn die Value Vers.-AG ihr risikogerechtes Kapital (RAC) einer Volatilität von ca. 20% p.a. (vgl. 3) aussetzt, erfüllt das Management folglich simultan die Sicherheitserwartungen ihrer Kunden (vgl. 2 und 3) und die Risikobereitschaft ihrer Kapitalgeber (vgl. 5).

Das Vorgehen wird anhand der Abb. 3 erläutert. Die Value Vers.-AG erwartet im Versicherungsgeschäft eine Prämienrendite i.H.v. 3,5% p.a. bei einem Risiko von 5% p.a.. Für ein 'AA'-Rating muss sie das Prämienvolumen (=Risikoexposure) zu einem Viertel mit Risikokapital unterlegen; das Risiko des RAC beträgt folglich 20%, die RORAC 4*3,5% p.a.=14% p.a. Es kann gezeigt werden, dass das Risiko-

---

[22] Diese Aussage wird später am Beispiel der wertmaximierenden Strukturierung im Asset Management verdeutlicht.

[23] Beispiel: Eine Unterlegung des Risikoexposures mit RAC im Verhältnis 4:1 bedeutet bei einem Exposurerisiko von 5% (z.B. auf das Prämien- oder Kapitalanlagevolumen) ein Risiko auf das RAC von 20% p.a.

[24] Der embedded value ist der risikogerecht ermittelte Barwert des bestehenden Geschäftsportfolios über Kapitalanlage- und versicherungsvertragliche Exposures.

[25] Der appraisal value ist der Wertanteil des erwarteten Wachstums, ggf. auch aus der Erschließung neuer Geschäftsfelder.

kapital nach dem 2. ‚Jahrtausendschaden' voll aufgezehrt ist: Die Höhe des ersten Jahrtausendschadens innerhalb eines Jahres bewirkt den Verzehr der Hälfte des Risikokapitals[26]:

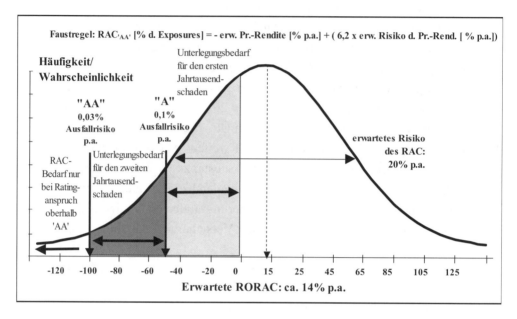

Abb. 3: RORAC und Risiko des RAC für das Vers.-Geschäft

(1)   14% Rendite p.a. - (3,1*20% p.a. Risiko) = ca. 50% Kapitalverlust.

Dadurch verdoppelt sich sofort der *Leverage*: Die Rendite steigt auf 28% p.a., das Risiko auf 40% p.a. Tritt genau dieser Fall im gleichen Jahr noch einmal ein, so ist das verbleibende Risikokapital verloren:

(2)   28% Rendite p.a. - (3,1*40% p.a. Risiko) = ca. 100% Kapitalverlust.

Diese Vorgehensweise entspricht im Grunde der von risikobasierten Kapitaladäquanzmodellen, wie sie seit Jahren intern bei Kreditinstituten für Handelsgeschäfte eingesetzt werden. Seit kurzer Zeit werden sie auch für die bilanzierten Geschäfte/Bestände gefordert[27].

---

[26] Vgl. auch Fußnote 21.
[27] Vgl. z.B. Pressemitteilung des BAKred (1999) sowie grundsätzlich zu dieser Thematik Johanning (1998).

Konzeptionell konzentriert sich die Value Vers.-AG zunächst auf die Marktrisiken. Sie hat ihre Erwartungen im Versicherungsgeschäft u.a. auf Basis eigener empirischer Cash-Flow Erfahrungen gebildet. Daher sind Kreditrisiken in ihren Portfolios (z.B. in Form nicht erhaltener Prämienzahlungen) oder operative Risiken (z.B. in Form organisatorischer Fehlleistungen oder Verstoß gegen Zeichnungsrichtlinien) bereits in den erwarteten Renditen und Risiken berücksichtigt oder aber durch sehr restriktive Kompetenzregelungen limitiert.

Prozesse: Maximierung des RORAC unter Restriktionen

Aufbauend auf dem angestrebten 'AA'-Rating durchläuft das Management periodisch folgende allgemeingültige Prozesskette des wertorientierten Risikomanagement:

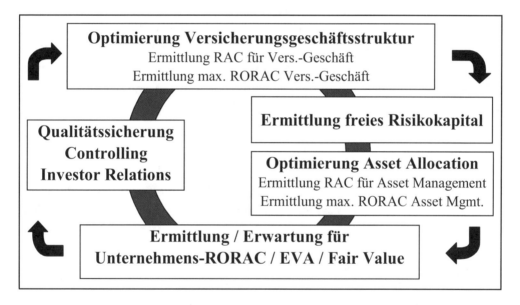

Abb. 4. Prozesskette im wertorientierten Risikomanagement (allg.)

Optimierung der Versicherungsgeschäftsstruktur (1. RORAC-Maximierung)

Für das Versicherungsgeschäft sind keine Marktinformationen mit zahlungsstrombasierten Rendite- und Risikodaten erhältlich. Hilfsweise analysiert deshalb die Value Vers.-AG ihre eigene Rendite- und Risikoerfahrung der vergangenen 10-15 Jahre auf Basis effektiver Zahlungsströme in jedem einzelnen Versicherungszweig, brutto und nach Rückversicherung. Damit erkennt sie ex post,

– welche Versicherungszweige/-arten
– nach allen damit verbundenen zahlungswirksamen Kosten
– adjustiert um die risikogerechten Kapitalkosten
– unter angemessener Rückverteilung der Diversifikationsgewinne, die alle Geschäfte gemeinsam im Portfolioverbund erzielt haben,

zu den Werttreibern gehört haben und welche Unternehmenswert vernichtet haben. Dies hilft ihr bei der Bildung von Rendite- und Risikoerwartungen für das künftige Geschäft. Das Prozedere wird hier nicht weiter vertieft[28]. Im Ergebnis nimmt das Management wenig Änderungen vor, da das bestehende Portfolio bereits sehr werthaltig ist. Einzelne wertvernichtende Geschäftsfelder werden von der Value Vers.-AG nur dann weiter betrieben, wenn sie nachweislich (!) erforderlich sind, um bestimmtes wertschöpfendes Geschäft erst zu akquirieren. Zudem muss dann der Verbund aus beiden, d.h. Wertschöpfern und damit gekoppelten Wertvernichtern, mindestens die Kapitalkosten verdienen. Marktübliche Verbundgeschäfte sind z.B. im Privatmarkt die Hausrat- mit der häufig weniger wertschöpfenden Wohngebäudeversicherung oder im Industriemarkt die industrielle Haftpflicht- mit der i.d.R. weniger wertschöpfenden Feuerversicherung.

Das Management rechnet mit einem angestrebten Prämienvolumen von ca. 1.000 Mio. bei einer Prämienrendite von 3,5%[29] p.a. und einem (Portfolio)Risiko von 5% p.a. Nach der o.g. Rechenlogik bedeutet dies ein RAC von ca. 265 Mio. und damit ein RORAC von 13% p.a. aus dem versicherungstechnischen Zeichnungsgeschäft vor Berücksichtigung der Kapitalanlage.

Optimierung der Asset Allocation (2. RORAC-Maximierung)

Von 600 Mio. Risikokapital sind – wie gerade ermittelt – 265 für Versicherungsrisiken gebunden. Der Rest i.H.v. 335 Mio. muss angemessen mit Kapitalanlagerisiken ausgefüllt werden. Dieses Prozedere wird später exemplarisch erläutert. Im Ergebnis erwartet das Management auf ein Anlagevolumen von 1.300 Mio. eine Rendite von

---

[28] Zur detaillierten Erarbeitung der zahlungsstrombasierten Renditen u. Risiken sowie der relevanten Wertgeneratoren s. z.B. die Fallstudie in Corell (1998b) und/oder die – etwas andere – methodische Konzeption in Oletzky (1998).

[29] Es muss daran erinnert werden, dass dieser Renditebegriff zahlungsstromorientiert ist und die dafür nötigen Informationen nur intern zugänglich sind; eine Approximation ist für externe Analysten kaum möglich, konsequenterweise kann auch das Risiko nicht von Externen ermittelt werden.

5,3% p.a. bei einem Risiko von 5,1% p.a. Das dafür angemessene Risikokapital (RAC) beläuft sich auf 335 Mio., der RORAC auf 21% p.a. [30]

Ermittlung der Unternehmens-RORAC

Beide (Risiko)Geschäftsfelder der Value Vers.-AG zusammen nutzen das verfügbare Risikokapital (RC) optimal aus und wurden nach der Prämisse des maximalen RORAC strukturiert, aufeinander abgestimmt und laufend gesteuert. Der gewichtete erwartete RORAC liegt bei 17% p.a. (vgl. Abb. 5).

In dieser Rechenlogik ist der erwartete Renditebeitrag (RORAC) aus der Kapitalanlage (21% p.a.) höher als der aus dem *versicherungstechnischen Risikogeschäft* (13% p.a.). Dies darf nicht zu dem Schluss verleiten, das versicherungstechnische Geschäft sei weniger attraktiv als die Kapitalanlage. Anders als z.B. bei Investmentfonds, bildet das versicherungstechnische Zeichnungsgeschäft einer Schaden- und Unfallversicherung über die Generierung regelmäßiger Prämieneinzahlungen erst die Voraussetzung zu Kapitalanlageaktivitäten.

Gegenüberstellung mit den Kapitalkosten RAROC

Angesichts erwarteter Kapitalkosten i.H.v. 10% p.a. (RAROC)[31] und einer erwarteten erwirtschafteten Rendite von 17,3% p.a. (RORAC), liegt die Unternehmenswertschöpfung bei ca. 7,3% p.a., bezogen auf das RAC von 600 Mio. sind das ca. 44 Mio. p.a. Dieser Betrag entspricht dem Economic Value Added (EVA),[32] d.h. in diesem Ausmaß erwartet das Unternehmen mehr zu erwirtschaften als zur Deckung der Kapitalkosten nötig.

Ermittlung des Fair Value / der angemessenen Marktkapitalisierung

Unter der Annahme der nachhaltigen Erwirtschaftung des EVA, erhöht sich der *Marktwert* des Unternehmens gegenüber dem Substanzwert (NAV bzw. RC) um den mit dem RAROC (=10% p.a.) diskontierten jährlichen Zahlungsstrom von 44 Mio.,

---

[30] Dieser Prozess ist Gegenstand von Punkt 5-9 dieses Beitrags.
[31] Dieser Kapitalkostensatz entspricht der Renditeerwartung an international gestreute Aktienanlagen; die Value Vers.-AG ist institutioneller Anleger und Emittent zugleich (vgl. Abb. 8).
[32] Zum EVA-Konzept vgl. den Beitrag von Weber / Koch in diesem Handbuch.

d.h. 44 Mio./0,1 = 440 Mio. Der angemessene Unternehmenswert beläuft sich folglich auf 1.040 Mio (= 600 Mio. zzgl. 440 Mio.).

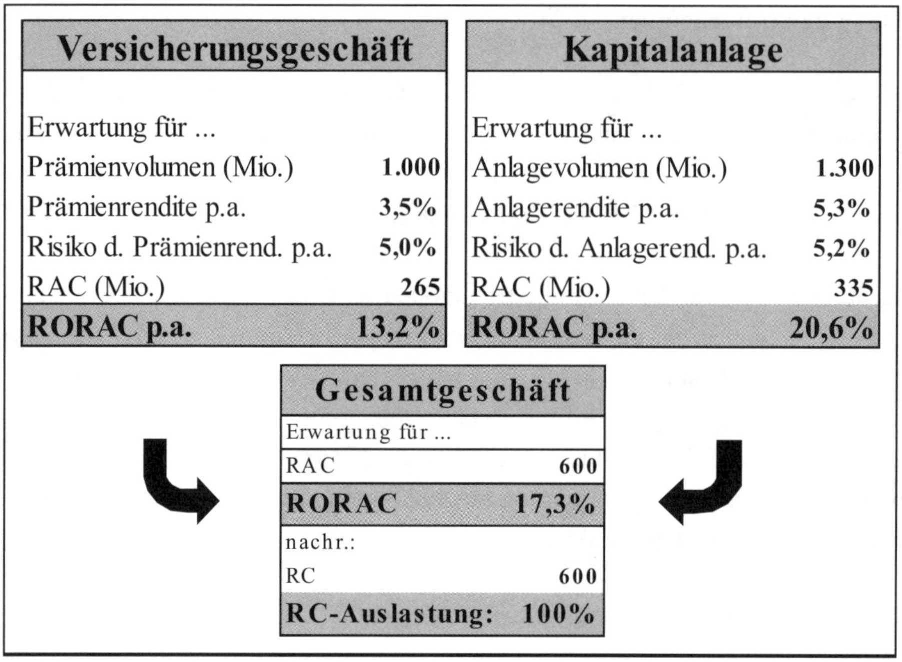

Versicherungsgeschäft		Kapitalanlage	
Erwartung für ...		Erwartung für ...	
Prämienvolumen (Mio.)	1.000	Anlagevolumen (Mio.)	1.300
Prämienrendite p.a.	3,5%	Anlagerendite p.a.	5,3%
Risiko d. Prämienrend. p.a.	5,0%	Risiko d. Anlagerend. p.a.	5,2%
RAC (Mio.)	265	RAC (Mio.)	335
RORAC p.a.	**13,2%**	**RORAC p.a.**	**20,6%**

Gesamtgeschäft	
Erwartung für ...	
RAC	600
RORAC	**17,3%**
nachr.:	
RC	600
RC-Auslastung:	**100%**

Abb. 5: RAC/RORAC der Value Vers.-AG nach Geschäftsarten

Investor Relations

Das Management der Value Vers.-AG hat den Wandel in der unternehmerischen Ausrichtung auf wertorientiertes Risikomanagement konsequent nach innen und außen kommuniziert. Analysten und Anleger haben dies schnell erkannt, für vertrauenswürdig befunden und entsprechend honoriert; die Value Vers.-AG notiert heute an der Börse mit einer Kapitalisierung von über 1.000 Mio., d.h. mit dem 1,7-fachen ihres Net Asset Value (= Risikokapital); noch vor kurzem war es nur das 1,2-fache (+ ca. 40%) (vgl. Abb. 2).

Bedeutender ist dabei, dass sich in diesem Zeitraum die Price/NAV-Ratios der Mitwettbewerber auf im Mittel viel bescheidenerem Niveau kaum verändert haben. Die Value Vers.-AG hat sich eine Stellung als ‚Branchenführer in Sachen Kapitaleffizienz[33]' erarbeitet (vgl. Abb. 6).

---

[33] Vgl. dazu auch o.V. (1999), S. 339.

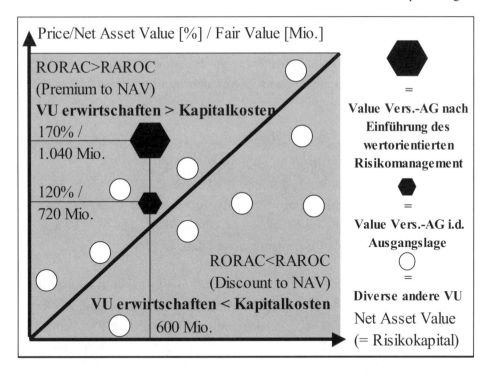

Abb. 6: Kapitaleffizienz (Price/NAV) der Value Vers.-AG im Marktvergleich

5. Prämissen und Prozesse im Asset Management: Praxisbeispiel der Value Vers.-AG

Der hohe Wertzuwachs der Value Vers.-AG ist vor allem auf eine effiziente Bewirtschaftung des Risikokapitals und ein darauf ausgerichtetes *Asset Management* zurückzuführen.

Ein Einstieg in das wertorientierte Risikomanagement über diese beiden Aspekte bietet sich besonders an, da der Leverageeffekt von Effizienzsteigerungen im Asset Management auf den Unternehmenswert sehr hoch ist und Veränderungen der Risikoposition schnell und ohne große organisatorische, personelle oder technische Maßnahmen wirksam vollzogen werden können.

Leverage

Die (risikokontrollierte) nachhaltige Steigerung der Investmentrendite hat erhebliche Konsequenzen für den Unternehmenswert: Zwei sich gegenseitig verstärkende Effekte sind die Hauptursache:

- Der Zinseszinseffekt: Die erhöhte Rendite steigert das Anlagevolumen und damit wiederum den Renditeträger für künftige Perioden.
- Der Leverageeffekt: Das zu verzinsende Risikokapital (RAC) ist viel geringer als das Volumen der Kapitalanlage. Renditesteigerungen im Asset Management schlagen daher verstärkt, i.d.R. sogar mit einem Multiplikatoreffekt auf die RORAC und damit auf den Unternehmenswert durch.

Betriebswirtschaftlich betrachtet wird über die Hälfte der knappen Ressource Risikokapital bzw. RAC von Schaden- und Unfallversicherern zur Bedeckung von Kapitalanlagerisiken benötigt. Bei Lebensversicherern mit hohem Anteil an kapitalbildenden Policen wird das RAC sogar fast ausschließlich für die Bedeckung von Kapitalanlagerisiken benötigt.

Im Ergebnis bedeuten je 0,1%-Pkte. p.a. nachhaltige Steigerung der Investmentrendite ca. 1,5%-Pkte. Steigerung des Unternehmenswertes der Value Vers.-AG, d.h. eine 15-fache Hebelwirkung.

Flexibilität

Anders als im Kerngeschäft einer Versicherung, ist die Risikoposition in der Kapitalanlage sehr kurzfristig und mit relativ geringem Aufwand – an ein sich änderndes Marktumfeld – anpassbar. Vor allem sehr liquide Futuresmärkte erleichtern stark die Reallokation von Risiken. Der Marktauftritt gegenüber Kunden und Vertriebspartnern wird davon nicht tangiert; zudem ist nur wenig Managementkapazität gebunden. Diese Flexibilität verlangt aber auch effiziente Entscheidungsgrundlagen und qualitätssichernde Prozesse.

Der Gesamtprozess des Asset Management besteht bei der Value Vers.-AG aus vier sehr diszipliniert ‚gelebten' Prozessschritten (vgl. Abb. 7), denen im Folgenden jeweils ein Kapitel gewidmet ist: Basierend auf der Ausgangssituation sind dies:
- Asset Allocation,
- Portfolio Management,

- Reporting und
- Performanceanalyse & Kontrolle.

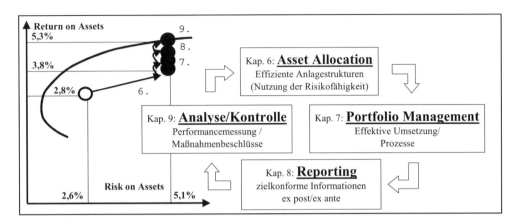

Abb. 7: Prozessbausteine und Effizienzgewinn im Asset Management

6. Prozessbaustein 'Asset Allocation'

Zielsetzung dieses Prozessbausteins ist zunächst ein Managementkonsens über die Anlagestruktur, also die Verteilung auf Aktien, Renten, Immobilien, Geldmarktanlagen etc. Dies muss einerseits statisch für die Ausgangsplanung, aber auch dynamisch über die Zeit sowie über verschiedene Szenarien hinweg erfolgen. Dabei gilt es für die Value Vers.-AG, alle möglichen Diversifikationspotenziale zu nutzen und vielerlei Restriktionen zu beachten:

- Prämisse des Erhalts eines 'AA'-Rating unter Nutzung des freien Risikokapitals von 335 Mio. für ein Anlagevolumen von 1.300 Mio.,
- Festlegung relevanter Anlageklassen, repräsentiert durch Markt-/ Referenzindizes, hier aus didaktischen Gründen auf fünf typische Klassen beschränkt: Aktien in/ex 'Euroland', Renten Euroland, Immobilien, Geldmarkt.
- Definition von Restriktionen bzw. Bandbreiten der prozentualen Anteile nach Fähigkeiten, normativem Rahmen und sonstigen Nebenbedingungen. Sie sind in diesem Beispiel durch Minimum- und Maximumbedingungen vereinfacht abgebildet.

- Bildung von Erwartungen/Prognosen mit den Parametern Rendite[34], Risiko[35] und Korrelation. Dabei helfen verschiedene Prognoseverfahren, Erfahrungswerte in Form von Zeitreihen und deren ggf. vorhandene Stabilität sowie Ergebnisse aus Sekundär- und Primärresearch (vgl. Tab. 8).
- Optimierung, z.B. gemäß Markowitz-Ansatz, zur Veranschaulichung der möglichen Rendite- und Risikokonstellationen unter den genannten Nebenbedingungen (s. Abb. 8). Wesentliches Bestimmungsmerkmal für die Risikoposition der Investments ist naturgemäß deren Aktienanteil. Schließlich zählen Aktienanlagen zu den riskantesten, i.d.R. aber auch – zumindest im mehrperiodigen Durchschnitt – zu den rentabelsten Anlagen.

Kapitalmarkterwartungen 2000-2003 der Value Vers.-AG										
Assetklasse	Referenzbenchmark	Restriktionen		Rendite	Risiko	Korrelationen				
		Min.	Max.			AE	AexE	RE	I	G
Aktien Euroland	ESTOXX 50	0%	25%	10,3%	20%	1				
Aktien ex Euroland	MSCI World ex Europe	0%	25%	9,8%	20%	1	1			
Aktien total		0%	35%							
Renten Euroland	GovTop Reuters	40%	90%	4,1%	4%	0	0,1	1		
Immobilien	DIX o.ä.	4%	10%	5,0%	5%	0	0,1	0	1	
Geldmarkt	3-Mt. Euribor	0%	30%	2,7%	1%	0,0	0,0	0,0	0,0	1

Tab. 1: Rendite, Risiko, Korrelation

---

[34] Anmerkung: Es ist erst wenige Jahre her, dass die Fokussierung der Branche auch im Portfolio Management noch von rein bilanziellen Zielvorstellungen geprägt war, vor allem von der Vorgabe einer „Nettoverzinsung"; dabei stand es lange Zeit im Hintergrund, dass eine bilanziell ausgewiesene Nettoverzinsung nur der buchhalterisch gesteuerte Ausfluss vorher erreichter und in Marktwerten nachweisbarer Erfolge ist. Für Letztere gibt es Benchmarks, was den Erfolgsmessungs- und -steuerungsprozess (s. dazu später) sehr erleichtert. Mit Hilfe von Benchmarks kann Leistung und Fehlleistung definiert und (an-) erkannt werden. Dadurch erst ist qualifizierte Führung, d.h. Delegation und Kontrolle, möglich.

[35] Unter Risiko wird auch hier das Markt- und Kreditrisiko, indirekt aber über die Prozesssystematik auch das Organisationsrisiko, verstanden. Die Summe aller Risiken soll durch Kapitalunterlegung i.H. eines Vielfachen des Marktrisikos bedeckt werden, flankiert durch transparente und effiziente Prozesse (s. dazu später mehr).

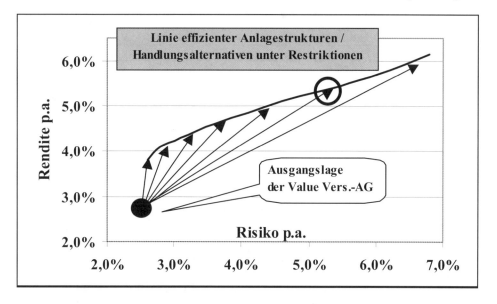

Abb. 8: Effiziente Anlageportfolios im 'Asset-only-Kontext'

Unter den vielen effizienten Portfolios das wertmaximierende herauszufinden, verlangt zusätzliche Informationen und Restriktionen. Als Ausgangsplanung entscheidet sich die Value Vers.-AG für das mit einer vollen Auslastung des vorhandenen Risikokapitals, d.h. für ca. 100% Risikokapitalauslastung. Letztere ist gegeben – wie bereits hergeleitet – bei einer Volatilität des Risikokapitals i.H.v. knapp 20% p.a.[36] Für eine Auswahl effizienter Portfolios ist der Zusammenhang zwischen Asset Allocation, Kapitalnutzung und Return on Risk Capital (RORC) bzw. Return on Risk Adjusted Capital (RORAC) in Tab. 2 dargestellt:

Damit ist die Lücke von der unternehmerisch gewollten und vertretbaren Risikoposition zum operativen Asset Management geschlossen. Das Management entscheidet sich für einen ‚AA'-konformen Aktienanteil von ca. 20%, davon je ca. die Hälfte innerhalb und außerhalb Europas. Dann – und nur dann – erreicht die Value Vers.-AG die maximale Rendite auf das Risikokapital bei Einhaltung der Anforderungen an ein Bonitätsrating von ca. 'AA'. Im Asset-only-Kontext entspricht das der mit 'O' gekennzeichneten Risikoposition in Abb. 8.

---

[36] Vgl. dazu Abschnitt 4.

	Referenzbenchmark	\multicolumn{6}{c}{Effiziente Portfolios}
		I	III	V	VII	IX	X
1.) Assetklassen							
Aktien Euroland [%-Ant.]	ESTOXX 50	0%	5%	8%	10%	15%	18%
Aktien ex Euroland [%-Ant.]	MSCI World ex EU	0%	5%	8%	10%	12%	13%
Renten Euroland [%-Ant.]	GovTop Reuters	60%	50%	54%	68%	63%	59%
Immobilien [%-Anteil]	DIX o.ä.	10%	10%	10%	10%	10%	10%
Geldmarkt [%-Anteil]	3-Mt. Euribor	30%	30%	20%	2%	0%	0%
2.) Alle Kapitalanlagen							
Rendite		3,8%	4,3%	4,9%	5,3%	5,8%	6,2%
Risiko		2,6%	3,1%	4,1%	5,1%	6,2%	6,8%
3.) Gesamt-VU							
RAC [Mio.]	'AA'-Rating (inkl. 265 f. Vers.-G.)	435	469	542	617	699	743
RORAC [Mio.]		18%	18%	18%	17%	17%	17%
RC [Mio.]		600	600	600	600	600	600
Kapitalnutzung (RAC/RC)		73%	78%	90%	103%	117%	124%
Rendite auf RC		14%	15%	16%	17%	18%	19%
Risiko auf RC		14%	15%	17%	19%	22%	23%
Zu geringer Leverage	Wertlücke durch Renditedefizit						
optimaler Leverage	'AA'-Rating						
Zu hoher Leverage	Wertlücke durch Risikoüberreizung						

Tab. 2: Effiziente Portfolioauswahl unter Rating-Restriktion

Was bedeutet das im Ergebnis für Rendite und Wertschöpfung? Allein durch diese Veränderung der Asset Allocation[37] steigt die nachhaltig erwartete Investmentrendite um ca. 1%-Pkt. und – über den Leverageeffekt – der Fair Value der Value Vers.-AG um ca. 15% von ca. 720 Mio. auf weit über 800 Mio. (vgl. Abb. 2 i.V.m. Abb. 6 und 7).

Zusätzlich ermittelt und beschließt das Management Vorgehensweisen, die zu einer Änderung der Asset Allocation führen, wenn sich – ceteris paribus – die Risikokapitalbasis ändert, z.B. Verminderung durch Kapitalmarktcrashs und/oder Großschäden im versicherungstechnischen Geschäft oder Erhöhung durch unerwartete Haussen auf den Kapitalmärkten bzw. durch Ausbleiben erwarteter Schäden.

---

[37] Hinweis: Aus falsch verstandener Vorsicht hatte die Value Vers.-AG zuvor temporär fast keine Aktien gehalten und damit das vorhandene Risikokapital bei weitem nicht ausgelastet.

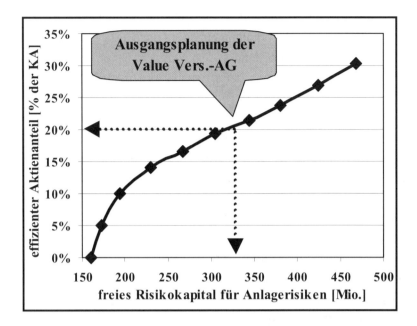

Abb. 9: Effizienter Aktienanteil bei sich änderndem Risikokapital

Der *Aktienanteil* ist hier variabel gesetzt, da mit ihm am schnellsten und kosteneffizientesten die Risikoposition des Gesamtunternehmens erhöht oder gesenkt werden kann. Dies bedeutet nicht automatisch den Zwang, laufend die Asset Allocation ändern zu müssen; alternativ könnte auch gezeigt werden, inwieweit sich bei unterlassener Änderung die Risikoposition der Gesellschaft und damit ggf. ihr Rating verändern würde. Der klare Trade-Off zwischen Renditechancen und Risikoposition wird damit dem Management veranschaulicht und regelmäßig zur Entscheidung gestellt.

Die Problematik dieser Vorgehensweise ist, dass bei einer unreflektierten mechanisierten Steuerung der Asset Allocation das Management Gefahr läuft, immer prozyklisch zu verfahren: Kauf von Aktien in steigende Märkte hinein, da dann auch das Risikokapital durch Wertmehrung der Bestände zunimmt et vice versa. Tendenziell und auf längere Sicht ist dieses Dilemma jedoch unvermeidbar bei einem Investor wie der Value Vers.-AG mit festen Verbindlichkeiten einerseits und volatilen Assets andererseits verbunden. Versicherungen auf wettbewerbsgeprägten Märkten sind typische „Portfolio Insurers", es sei denn, sie akzeptierten stark schwankende Ratings. Letzteres wiederum ist schädlich für die Entwicklung im Kerngeschäft.

Das Volumen des für Investments zu nutzenden Risikokapitals kann auch aktiv, z.B. durch Kapitalmaßnahmen, d.h. Kapitalerhöhungen oder -rückkäufe bzw. Dividendenzahlungen beeinflusst werden. Auch dann ändert sich schließlich der Financial Leverage und damit – bei gleichem Rating – der effiziente Aktienanteil.

Kapitalrückzahlung könnte für die Value Vers.-AG eine wertsteigernde Politik sein, denn mit wachsendem Risikokapital nimmt die Grenzleistungsfähigkeit des Kapitals ab. Im vorderen Bereich verläuft die Kurve von Abb. 9 steiler, da dort der Diversifikationseffekt aus Beimischung von Aktien noch sehr stark ist. Mit zunehmendem Aktienanteil nimmt er ab; das Versicherungsunternehmen würde immer stärker einem ‚geschlossenen' Investmentfonds ähneln. Das ist ein klares Anzeichen für mangelnde wertschöpfende Expansionsmöglichkeiten im Kerngeschäft eines Versicherers. Kapitalrückzahlung ist damit zudem eine Möglichkeit, die Wahrscheinlichkeit eines attraktiven Übernahmeangebots durch einen Kaufinteressenten zu reduzieren. Voraussetzung ist natürlich, dass die Kapitalgeber mit dem zurückgezahlten Kapital außerhalb der Value Vers.-AG höhere Renditen bzw. einen höheren RAROC erzielen können.

Wichtig ist zu bemerken, dass das Risikokapital für die Gesellschaft vor allem dann sehr werthaltig ist, wenn es im Bedarfsfall leicht liquidierbar ist. Insofern haben eine spontan liquidierbare Bewertungsreserve in Renten und Aktien sowie eine freie Rückstellung für Beitragsrückerstattung oder alternativ eine Überdotierung der Schadenrückstellung risikostrategisch eine hohe Attraktivität. Kritisch sind z.B. die Schwankungsrückstellung, die Bewertungsreserven in Immobilien oder das bilanzierte Eigenkapital unter dem Liquiditätsaspekt. Letztere sind ggf. genau dann nicht oder nicht in der gewünschten Höhe mobilisierbar, wenn sie am dringendsten benötigt werden. Dies steht in klarem Kontrast zu der rein emotionalen Wahrnehmung, *„stille" Reserven* z.B. in Immobilien seien besonders solide. Allzu leicht schwindet diese Solidität im Bedarfsfalle mangels Marktliquidität.

Schließlich kommuniziert das Management sein Prozedere auch Analysten und Ratingagenturen gegenüber, um das Vertrauen in die Funktionsweise der nachhaltigen Risikosteuerung zu steigern.[38]

---

[38] Auch die Arbeitsgemeinschaft der Aufsichtsbehörden diskutiert bereits „Asset Management Standards", wie sie die Value Vers.-AG umgesetzt hat; vgl. z.B. IAIS (1999).

7. Prozessbaustein 'Portfolio Management'

War die Entscheidung über die Asset Allocation ein analytischer Prozess, im kleinen professionellen Team schnell zu bewerkstelligen, so ist im Portfolio Management nachhaltig qualitätssichernde Führungsleistung gefordert.

Ziel des Portfolio Management ist die Gewährleistung dafür, dass

- die beschlossene Asset Allocation im Rahmen von definierten Bandbreiten für aktive Risiken (nach Laufzeitstrukturen, Kreditrisikoklassen, Branchen, Ländern, Währungen, Lagen und Nutzungen von Immobilien, ...) umgesetzt wird,
- die mit der beschlossenen Asset Allocation verbundenen Markt-/ Benchmarkrenditen mit hoher Prozesseffizienz auch erzielt werden und
- notwendige dynamische Veränderungen der Risikoposition effizient herbeigeführt werden können.

Hier ist ein hohes Maß an Konsistenz und Prozessdisziplin gefordert, darunter beispielsweise

- ein 'Fit' zwischen Weltbild vom Kapitalmarkt (Ausmaß der Effizienzannahme) und definiertem, dokumentiertem und praktiziertem Managementansatz,
- klar definierte Prozesse und Entscheidungsregeln sowie Kompetenzen (zeitlich, inhaltlich und funktional) und die
- Berücksichtigung der Stärken und Schwächen der eigenen Organisation bei der Entscheidung über Eigenmanagement und/oder Fremdvergabe (Make or Buy) von Managementaufträgen, z.B. Spezialfonds für Kapitalmarkt- oder Immobilienanlagen.

Managementansatz

Portfoliomanagementansätze werden klassisch nach ‚aktiv' und ‚passiv' unterschieden. ‚Aktive' Ansätze sind angemessen, wenn der Anleger an Markteffizienzen glaubt, die ihm – nach Kosten – dank seines (legal nutzbaren) Informationsvorteils eine Outperformance gegenüber ‚passiv' nachgebildeten Marktindizes erlauben.

Das Management der Value Vers.-AG hat sich bisher mit der Thematik nicht sehr systematisch auseinandergesetzt und einen nicht detailliert definierten aktiven Managementansatz gefahren. Dieser war mit hoher Intransparenz sowie hohen Transaktionsvolumina und –kosten in allen Anlageformen verbunden. Im Ergebnis hat die Value Vers.-AG in der Vergangenheit dadurch eine Underperformance erlitten, die dem Ergebnis vielerlei Studien und der Erfahrung einer wachsenden Zahl von Großanlegern entspricht. Im Durchschnitt waren dies Renditedefizite i.H.v. ca. 2,5%-Punkten p.a. bei internationalen Aktienanlagen sowie ca. 1,0%-Punkte p.a. bei internationalen Rentenanlagen, jeweils relativ zu repräsentativen Performanceindizes.[39]

Bezogen auf die beschlossene Asset Allocation bedeutet das für die Value Vers.-AG ein erwartetes Renditedefizit bzw. -potenzial von 1,2%-Punkten p.a. ggü. der Unternehmensbenchmark. Durch Umstellung des Managementansatzes auf hohe Benchmarknähe – im Rahmen enger und klar definierter Bandbreiten – gelingt der Value Vers.-AG heute die systematische Erreichung der Benchmarkrenditen.[40] Aufgrund der bereits beschriebenen Hebelwirkung steigt daher der *Unternehmenswert* nochmals um ca. 17% auf ca. 1.040 Mio. (vgl. Abb. 12 i.V.m. Abb. 2 u. 7).[41]

Ein weiterer Grund für die Umstellung auf weitgehend passives Management ist die verringerte Kapitalbelastung der Value Vers.-AG. Hintergrund: Ganz im Gegensatz zur weit verbreiteten Meinung, hat der für aktives Management typische hohe Tracking Error[42] nicht bedeutet, in Baisse-Phasen weniger zu verlieren als die Benchmarkrenditen; der Gedanke einer impliziten *Portfolio Insurance* konnte empirisch nicht bestätigt werden.

---

[39] Stellvertretend für die unüberschaubare Anzahl von Publikationen zu dieser Aussage, seien hier genannt: PWC/BGI (1999), o.V. (1999), S. 60-67; Seeger (1999), S. 158-66, Prandl (1999), S. 281-292. Ähnliche Aussagen finden sich mittlerweile auch vielfältig im Internet, z.B. unter www.micropal.de oder www.fondsanalyst.de.

[40] Genau genommen erreicht sie das Benchmarkniveau abzüglich unvermeidbarer Kosten. Von dieser Präzisierung sei hier abgesehen, zumal es – für steuerpflichtige Anleger – auch positive Komponenten gibt, die die Investmentrendite steigern, ohne dass dies in der Benchmarkrendite reflektiert würde, z.B. in Deutschland das Körperschaftssteuerguthaben auf inländischen Dividendenzahlungen.

[41] Anmerkung: Leichte Differenzen in den Werteffekten ergeben sich aus der Überlagerung von Struktureffekt (durch geänderte Asset Allocation) und Managementeffekt (durch Umstellung auf benchmarknahes Investment).

[42] Der Tracking Error ist die mittlere Abweichung der realisierten Investmentrenditen von den repräsentativen Benchmarkrenditen, ausgedrückt in Standardabweichung (% p.a.).

Die Wertrelevanz der Kapitalanlage 1159

		heute	früher	
		benchmarknahe Rendite	marktübliche 'Underperformance'	
	Anteil	Benchmark-performance	Abweichung ggü. Benchmark	Ergebnis
Aktien	20%	10%	-2,5%	7,5%
Renten	68%	4,1%	-1,0%	3,1%
Immobilien	10%	5%		5,0%
Geldmarkt	2%	2,7%		2,7%
Summe	100%	5,34%	-1,18%	4,16%
Unternehmenswert (Mio.)		1.044	+ 17%	891

Abb. 10: Wertsteigerung durch benchmarknahes Portfolio Management

Vielmehr gingen hoher Tracking Error und temporäre, häufig aber dauerhafte Underperformance, Hand in Hand. Dann aber erhöht der Tracking Error die Risikokapitalbelastung und somit den Anspruch an Outperformance.

Ein Information Ratio[43] von 0,5[44] ist bereits nötig, um die gestiegenen Kapitalkosten zu amortisieren. Erst bei einem nachhaltig noch höheren Information Ratio beginnt die Wertschöpfung ggü. passiven Ansätzen. Illustriert in Abb. 11 bedeutet dies das Aufspüren von aktiven Managern, die Leistungen links oberhalb der den großen grauen Kreis schneidenden Linie zu finden. Die offensichtlich geringe Chance auf einen nachhaltigen Erfolg war für die Value Vers.-AG das 'Zünglein an der Waage': Sie entschied sich – zumindest für über 90% ihrer Kapitalanlagen – für den benchmarknahen 'passiven' Managementansatz.

---

[43] Die Information Ratio ist der Quotient aus aktiver Rendite, d.h. Outperformance, und Tracking Error; sie ist dimensionslos. Nur sehr wenige Portfolio Manager erreichen nachhaltig – nach allen Kosten – positive Information Ratios, kaum einer erreicht nachhaltige Werte um oder über 0,5.

[44] Dies ist eine "Faustregel"; sie berücksichtigt bereits Diversifikationseffekte wie sie z.B. durch Mischung verschiedener aktiver Managementstile zustande kommen. Ohne Letztere müsste der aktive Managementstil noch höhere Information Ratios erwarten lassen. Dies liegt am hohen Sicherheitsanspruch eines 'AA'-Unternehmens.

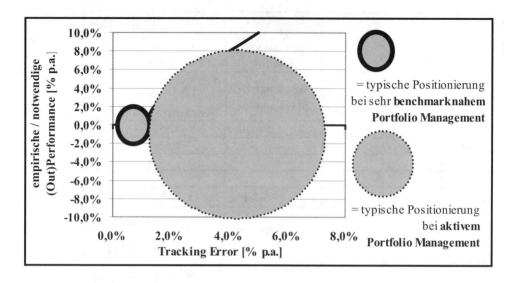

Abb. 11: Aktives Portfolio Management: (Fast) chancenlos zur Wertsteigerung!

Prozesse/Entscheidungsregeln/Kompetenzen

Nach der Entscheidung über den Investmentansatz stellte sich die Frage nach der kosten- und risikoeffizienten Umsetzung. Das Management der Value Vers.-AG definiert dafür genau die Routinen, nach denen

- die Benchmarkstrukturen (im wirtschaftlich vertretbaren Rahmen) nachgebildet und laufend überprüft bzw. angepasst werden,
- Transaktionen vorgenommen werden einschließlich der Auswahl zielkonformer Handelsverfahren (v.a. Portfolio Trades mit geringen Transaktionskosten i.w.S.[45]),
- am Prozess beteiligte Mitarbeiter und Geschäftspartner Entscheidungen treffen und umsetzen können, d.h. es entwickelt eine risikoorientierte Kompetenzmatrix, u.a. mit dem Parameter ‚Bandbreite für erlaubte Abweichungen vom Benchmarkexposure' nach Volumen, Kreditrisiko (Rating bei Bonds, Handelspartnerlimite, ...), Marktrisiko (Duration bei Bonds, Investitionsgrad bei Aktien, Währungen, ...) und Ausmaß der Vollmachten, gestaffelt vom operativ verantwortlichen Mitarbeiter bis zu Vorstand und Aufsichtsrat.

---

[45] Eine didaktisch gute Zusammenstellung der Einsatzmöglichkeiten enthält bereits Deutsche Morgan Grenfell (1996). Die Umsetzung ist aber bei weitem noch nicht bei jeder institutionellen Anlage selbstverständlich.

Diese Matrix wurde mit allen Beteiligten erarbeitet und eindeutig dokumentiert. Sie erleichtert den Führungsprozess und regelt klar die Verantwortlichkeiten, aber auch deren Grenzen in der Prozesskette 'Portfolio Management'.

Diese Prozesse haben zunehmend Analogie zur Industrieproduktion, d.h. es wird klar definiert, wer welche Tätigkeiten mit welcher technischen Unterstützung wann verantwortet und welche Reaktionen unter welchen Nebenbedingungen nötig sind. Das Gestalten und nachhaltige Umsetzen einer derartigen Systematik trifft heute noch häufig auf einen großen Führungsengpass. Dies gilt gleichermaßen in der Direktanlage wie auch im delegierten (Fonds-)Management von Wertpapieren, Immobilien oder Beteiligungen sowie im Bereich der *Alternative Investments* (Private Equity, Hedge Funds, komplexe Kreditderivate, ...). Die Branche ist von sehr professionellen Fachleuten/Spezialisten dominiert, weniger von Prozessgestaltern und Organisationsprofis mit Erfahrung in Qualitätssicherungsmechanismen. Dieser Mangel ist ein weiterer Grund für die Attraktivität passiver Ansätze im Portfolio Management; nur so lassen sich Prozessineffizienzen einfach erkennen und schnell wertsichernd ausmerzen (Reduzierung von Organisationsrisiken).

Make or Buy

Eine sehr sensible Entscheidung bei der Value Vers.-AG war auch die über ‚Make or Buy' in der Erbringung der 'Dienstleistung Portfolio Management'. Sie verlangte eine genaue Auflistung und Wertung einerseits der Stärken und Schwächen der eigenen Organisation im Hinblick auf Marktchancen und –erfordernisse sowie andererseits der Kosten und Nutzen des Outsourcing, u.a. auf Investmentgesellschaften.

Wichtig war auch, dass der Value Vers.-AG durch das Outsourcing kein strategisch relevantes Schlüsselwissen verloren geht.

Kernproblem nach Entscheid über Inhalt und Ausmaß der delegierten Mandate war die Sicherstellung der Zielidentität trotz völlig verschiedener Risikopositionen und disziplinarischer "Ferne" der Outsourcing-Partner: Service Level Agreements und den Prozess sicherstellende Zielvereinbarungen, teilweise sogar die Vorgabe einer Benchmark, waren noch nicht durchgängig die Regel bei der Value Vers.-AG. Dadurch entstanden – wie bei jedem Outsourcing sensibler Funktionen – erhebliche moralische, zumindest aber organisatorische Risiken, da die Ziele der beteiligten Partner nicht zwangsläufig homogen sind.

Die Herausforderung war, Kommunikation und Verträge so zu gestalten, dass externe Portfolio Manager und andere Service Provider, obwohl sie weitgehend ohne Risikokapitalunterlegung[46], d.h. de facto ohne nennenswerte Haftung für die Qualität ihrer Leistung arbeiten, zum Erreichen der Ziele der Value Vers.-AG motiviert sind[47]. Ein wesentliches Element dabei war die Gestaltung einer performanceabhängigen Vergütung, die benchmarknahe Renditen hoch, Tracking Errors hingegen als Zielverstoß und damit entgeltmindernd würdigt.

Als sehr hilfreich hat es sich für die Value Vers.-AG erwiesen, die am Portfolio Management i.w.S. beteiligten Teildienstleistungen zu entbündeln, dadurch transparent zu machen und bewusst – nach Best Practice Überlegungen – von verschiedenen Partnern 'einzukaufen' bzw. zum Teil selbst zu erbringen.

Beispielsweise wurde das klassisch zusammen erworbene Dienstleistungsbündel rund um den Spezialfonds nach dem deutschen Investmentrecht (KAGG), d.h. v.a. 'Rechnungslegung', 'Depotbankfunktion' und 'Investmentberatung' bewusst aufgeschnürt: Manager/Administrator, Investment Adviser und Global Custodian arbeiten nunmehr im Kundeninteresse mit jeweils klar fokussierten Aufträgen und gegenseitiger Kontrolle/Qualitätssicherung. Fachlich relativ einfach zu durchschauen, war der Weg dorthin führungstechnisch eine große Herausforderung, letztlich aber stark wertschöpfend.

8. Prozessbaustein 'Reporting'

Nicht nur die Risikoentscheidungen selbst, sondern auch deren systematische Vorbereitung ist relevant für die Wertschöpfung. Hilfreich dafür ist ein Set von Führungsinformationen/-instrumenten. Getreu dem Grundsatz „You can't manage what you can't measure", verschafft sich die Value Vers.-AG daher im nächsten Schritt laufende und schnelle Transparenz darüber, inwieweit die Effizienzziele der Planungs-

---

[46] ‚Asset Management für Dritte' zählt bei Banken/Investmenttöchtern zu den Bereichen mit der geringsten Kapitalunterlegung. Mit den rund um das Asset Management erbrachten margenstarken Dienstleistungen ist es z. Zt. das wertschöpfendste Geschäftsfeld von allen, vgl. z.B. Luber (1999), S. 18.

[47] Anmerkung: Die Relevanz dieser Aspekte beweist die aktuelle Diskussion über Haftungsaspekte im Asset Management angesichts eines Rechtsstreits zwischen Merrill Lynch Mercury und der Unilever Pensionskasse (NL), vgl. z.B. Martinson (1999), S. 24.

periode bereits realisiert wurden (ex post) und voraussichtlich noch werden (ex ante) sowie ‚Executive Information' und damit Antwort auf folgende Fragen:

- War die verabschiedete Unternehmensbenchmark für die Asset Allocation in Kenntnis aktueller Marktgegebenheiten angemessen? Ist ggf. eine Anpassung nötig? (= Prämissenprüfung)
- Ist die beschlossene Asset Allocation effektiv umgesetzt worden? Sind ggf. Auffälligkeiten festzustellen? (= Durchführungs-/Umsetzungsprüfung). Gibt es Abweichungen und Handlungsbedarf in der Struktur und im operativen Portfoliomanagement?

Kritisch waren bei der Value Vers.-AG in diesem Zusammenhang die Regelmäßigkeit und Schnelligkeit der Information sowie der notwendigerweise hohe Aggregationsgrad; schließlich geht es zunächst um das Management der gesamten Risiko- und Chancenposition. Dabei galt es, alle Anlagearten (Aktien, Renten/Baufinanzierungen, Immobilien, Policendarlehen, Beteiligungen, ...) zusammen zu betrachten und das Aggregat bezüglich seiner Kapitalnutzung unter Berücksichtigung der Finanzierung und des versicherungstechnischen Geschäfts abzubilden.

Mit Hilfe von drei Tabellen konnte eine Monatsinformation ermittelt werden, die alle o.g. Ansprüche erfüllt. Die ersten beiden enthalten Informationen und Handlungsoptionen zur Struktur, d.h. zur aktuellen Asset Allocation im Plan-/Ist-Vergleich sowie zu den Ergebnissen, d.h. Performanceentwicklungen im Plan-/Ist-/Benchmarkvergleich[48]. Abweichungen sind differenziert nach zwei Hauptursachen:

- Struktureffekte, begründet durch vom (fortgeschriebenen) Plan abweichende Asset Allocation.
- Managementeffekte, begründet durch Benchmarkabweichungen innerhalb der jeweiligen Assetklasse, v.a. durch Timing, Laufzeit, Titelselektion, ...

Wichtig ist dem Management die sofortige maßnahmen- und terminorientierte Kommentierung der Informationen (vgl. Tab. 3 und 4).

---

[48] Die Value Vers.-AG orientiert sich an der zeitgewichteten Rendite (in % p.a.); damit bewertet sie die Managementleistung über das jeweils verfügbare Kapitalanlagevolumen hinweg. Diese Renditen erfüllen hochgradig die Anforderung der DVFA Performance Presentation Standards; interne und externe Managementleistung sind damit vergleichbar und aggregierbar.

STRUKTUREN	Immobilien	Aktien		Renten	Geldm.	Gesamt
Asset Allocation per 30.6.YY		Euroland	ex Euroland	Euroland		
Planung	10%	10%	10%	68%	2%	
Planung (fortgeschrieben)	9%	11%	12%	67%	1%	
Ist-Struktur	8%	12%	14%	64%	2%	
Abweichung Planung (fortg.) vs. Ist	-1%	1%	2%	-3%	1%	
Ist in Mio.	112	168	196	896	28	1.400
Kommentar:	Anlagen sind planmäßig strukturiert; marg. Übergewichtung Aktien liegt im Rahmen definierter Freiheiten des Portfolio Management.					
Maßnahmen:	Wer? Was? Wann? Überprüfung durch ...? Wiedervorlage am ... ?					

Tab. 3: Asset Allocation; Strukturreporting ggü. Plan

ERGEBNISSE	Planung p.r.t.	Portfolio-Entwicklung gesamt p.r.t.	davon anteilige Beiträge aus ...				
Performance 31.12.XX - 30.6.XY (TWR)			Struktureffekt Über-/Untergew.	Portfolio Management			
				Immob.	Aktien	Renten	Geldm.
gesamte Kapitalanlage	2,6%	6,2%		5,2%	1,6%	9,4%	2,5%
Benchmark	2,6%	5,9%		2,7%	0,8%	8,9%	2,6%
rel. Performance Portfolio Mgmt.	0%			2,5%	0,8%	0,5%	-0,1%
rel. Performance gesamt	0%	-0,3%	-0,9%	0,2%	0,1%	0,3%	0,0%
Kommentar:	Das Port. Mgmt. hat im Betrachtungszeitraum sehr gut gearbeitet, schlechtes Timing bei Reallokationen zwischen Assetklassen hat positiven Effekt umgekehrt; die absolute Performance liegt knapp unter Benchmark und deutlich über Plan.						
Maßnahmen:	Wer? Was? Wann? Überprüfung durch ....? Wiedervorlage am .... ?						

Tab. 4: Portfolio Mgmt.; Ergebnisreporting ggü. Plan und Benchmark

Die dritte Tabelle verwendet die Informationen aus den ersten beiden Tabellen; sie aggregiert näherungsweise alle Risikopositionen des Unternehmens und fundiert Entscheidungen zum Halten oder Verändern der gesamten Risikoposition (vgl. Tab. 5).

Diese Managementinformation ist ein elementares Frühwarninstrument im wertorientierten Risikomanagement. Daher hat die Value Vers.-AG klare

– Datenflüsse sichergestellt, um korrekte Aggregationen auf Unternehmensebene zu gewährleisten und
– Verantwortlichkeiten und Frequenzen/Berichtstermine definiert, zu denen sie diese Informationen in Vorstand/Aufsichtsrat und anderen Managementgremien im Hinblick auf Entscheidungsbedarf benötigt.

KAPITALNUTZUNG	Planungs-annahmen	heutige Annahmen	Trend
aggregierte Risikoparameter per 30.06.YY			
Erwartungshorizont: 12 Monate, rollierend			
Kapitalanlagevolumen (Mio.)	1.300	1.400	⇧
Kapitalanlagerendite (p.a.)	5,2%	4,0%	⇩
Kapitalanlagerisiko (p.a.)	5,1%	5,0%	⇨
Prämienvolumen (Mio.)	1.000	950	⇩
Prämienrendite (p.a.)	3,5%	3,2%	⇩
Risiko der Pr.-Rendite. (p.a.)	5%	5%	⇨
RC total (Mio.)	600	630	⇧
RAC ('AA') ca. (Mio.)	618	642	⇧
Nutzungsgrad (RAC/RC) ca. (%)	**103%**	**102%**	⇨
Kommentar: Die Kapitalnutzung liegt weiter bei ca. 100%; verringerte Renditeerwartungen an die Kapitalanlagen bei erhöhtem Anlagevolumen kompensieren Entlastung durch reduzierte Prämienerwartungen im Versicherungsgeschäft; 'AA' wird gehalten. **Maßnahmen:** Wer? Was Wann?			

Abb. 5: Kapitalnutzung; Veränderungsreporting ggü. Zielposition

Für die Schnelligkeit und Solidität der Information hat sich auch in diesem Baustein der hochgradig passive Managementansatz bewährt: Durch die gewichtete Entwicklung der Bestandteile der ‚Company Benchmark', der anteiligen Marktindizes also, ist eine sehr zuverlässige erste Schätzung zur realisierten und/oder erwarteten Performance aller Kapitalanlagen möglich, einschließlich der daraus ableitbaren Risikoparameter.

9. Prozessbaustein 'Performanceanalyse & Kontrolle'

Wertorientiertes Risikomanagement findet nach und nach an allen Arbeitsplätzen in der Value Vers.-AG statt. Dies verlangt(e) ein Herunterbrechen wertrelevanter Parameter auf Größen, die die einzelnen Mitarbeiter in ihrem jeweiligen Verantwortungsbereich aktiv beeinflussen können. Es mussten also

- Ziele / Benchmarks vereinbart und
- Ziel(erreichungs)konforme Incentives gesetzt werden.

Ziel dieses letzten Prozessbausteins ist die Bereitstellung von Entscheidungsunterstützung zur Erklärung von Plan-, Benchmark- und 'Best Practice'-Abweichungen sowie Fundierung von gezielten Maßnahmen auf operativer Ebene, d.h. hier v.a. direkt für die Portfolio Manager aller Anlageklassen und die verantwortlichen Führungskräfte, intern wie extern.

Kritischer Erfolgsfaktor ist dabei ein klarer Ursachenbezug für diese Abweichungen. Daher hat die Value Vers.-AG für alle Anlageklassen die Werttreiber im Portfolio Management zusammengestellt und – soweit möglich – mit Kennzahlen unterlegt. Dies erwies sich als relativ einfach, denn über kaum einen Funktionsbereich innerhalb einer Versicherung gibt es so valide Benchmark- und 'Best Practice'-Informationen wie über das Asset Management. Die

- Liquidität und Effizienz der Kapitalmärkte,
- Homogenität der 'Dienstleistung Portfolio Management' sowie
- moderne Datenbanktechnologien und die
- Investmentmathematik

machen Stärken und Schwächen, gute und schlechte Entscheidungen, effektive und ineffektive Verfahren schnell transparent und helfen der Organisation als Ganzes, die Lernkurve 'hochzuklettern'.

Am wichtigsten in diesem Baustein ist aber, dass Führung, d.h. Delegation und Kontrolle, deutlich erleichtert wird, bis hin zur Untermauerung einer erfolgsabhängigen Vergütung auf allen Ebenen.

Je nach Anlageklasse und Prozessverantwortung der beteiligten Funktionen können die Kennzahlen verschiedenster Art sein, z.B. Bestands- und Stromgrößen, Ergebnis- und Risikogrößen, Mengen- und Zeitgrößen, Kosten- und Produktivitätsgrößen, Bilanzwerte und Marktwerte, ...

Für die Qualitätssicherung im Portfolio Management benchmarknaher Aktienfonds erhält der Leiter Portfolio Management z.B. monatlich eine Übersicht mit folgenden relevanten Informationen: Marktwert (MW), Buchwert (BW), Überdeckung

MW/BW, Cash-Flow, Investitionsgrad, Umsatzquote, Tracking Error, Rendite über verschiedene Zeiträume, Kommentierungen und Maßnahmenpläne der direkt verantwortlichen Portfolio Manager (Tab. 6). [49]

Monatsreport 31.3.2000	Fonds X				Fonds Y			
Marktwert (Mio. DM)	200				100			
Buchwert (Mio. DM)	170				85			
Überdeckung (%)	118%				118%			
Cash Flow (Mio. DM)	0				0			
Investitionsgrad Fonds	97%				96%			
Investitionsgrad Benchmark	100%				100%			
Umsatzquote p.a. (12 Mte. roll.)	75%				90%			
Tracking Error p.a. (12 Mte. roll.)	2,0%				4,0%			
Periode	akt. Monat	12 Mte.	ab 12/xx	ab 12xy	akt. Monat	12 Mte.	ab 12/xx	ab 12xy
Performance Fonds	5,5%	21,7%	11,2%	31,4%	5,3%	16,2%	10,8%	30,7%
Performance Bechmark	5,6%	23,0%	12,6%	32,3%	5,5%	20,4%	12,6%	30,3%
Kommentare Entscheidungen	Abgelaufener Monat: Auffälligkeiten? Ursachenbeschreibung Konsequenz?				Abgelaufener Monat: Auffälligkeiten? Ursachenbeschreibung Konsequenz?			
	Maßnahmen kommender Monat: Wer? Was? Wann?				Maßnahmen kommender Monat: Wer? Was? Wann?			

Tab. 6: Monatsreport Fonds; Benchmarkvergleich und 'Werttreiberanalyse'

Analog verfügen auch alle anderen am Investmentprozess beteiligten Mitarbeiter regelmäßig über für sie relevante und für die Wertschöpfung bedeutende Kennzahlen. Durch klar definierte Begriffe und deren einheitliche Handhabung sowie Festlegung von Standard-, Alarm- und Eingriffswerten, ist bei der Value Vers.-AG das wertorientierte finanzielle Risikomanagement Teil eines alltäglichen Führungsprozesses geworden.

10. Fazit und Ausblick

Das Konzept des wertorientierten Risikomanagement liefert für Versicherungen erhebliche Entscheidungsunterstützung zur

---

[49] Die in dieser Abbildung erkennbare Underperformance stammt noch aus Zeiten vor Einführung des stark passiv ausgerichteten Portfolio Managements; so können die verantwortlichen Mitarbeiter Monat für Monat die Verbesserung miterleben.

- Orientierung auf eine gewünschte oder marktnotwendige Risiko-/Ratingposition,
- Analyse von Abweichungen zwischen gewünschter und tatsächlicher Risikoposition auf Unternehmensebene,
- dynamischen Navigation hin zu einer effizienten Strukturierung von Risiken und Renditepotenzialen in Versicherungsgeschäft, Kapitalanlage und Finanzierung und zur
- Unternehmenswertsteigerung, aufbauend auf den relevanten Wertgeneratoren.

Mit seinem Einsatz erhöht sich die Transparenz und reduziert sich die Gefahr,

- mangels ganzheitlicher Systematik (zu geringe Risikoeffizienz, bspw. in der Asset Allocation) und
- durch unvollständige oder zu späte Information (mangelnde Produktivität, v.a. im Portfolio Management und den Controlling-Instrumentarien)

'die Dinge falsch zu tun'.

Das Konzept ist relativ einfach zugänglich und kommunizierbar; es eignet sich gut für eine stufenweise projektgetriebene Umsetzung, am besten „bottom up", beginnend im Asset Management. Nach Führungs- und Beratungserfahrung des Verfassers steckt in der Einführung der beschriebenen Systematik allein im Asset Management im Mittel ein risikobereinigtes zusätzliches Renditepotenzial von ca. 0,5%-Pkten. p.a., bezogen auf die Marktwerte aller Kapitalanlagen. Mit dem beschriebenen 15-fachen Hebeleffekt entspricht das bei nachhaltiger Umsetzung einer Unternehmenswertsteigerung von ca. 8%. Das ist eine mögliche Basis für ein Überleben im deregulierten Markt bzw. für die Finanzierung strategisch notwendiger Investitionen.

Dabei ist eine wertgetriebene Steuerung des Geschäftsmix im versicherungstechnischen Zeichnungsgeschäft noch nicht einmal berücksichtigt.

Die Umsetzung verlangt Top Management Committment und ist häufig mit langwierigen kulturellen Veränderungen für die Organisation verbunden. Der schnellen Veränderung steht teilweise auch ein Defizit an Know How im betroffenen Personal auf allen Ebenen entgegen. Viele Versicherer haben dies erkannt und investieren stark in die Mitarbeiterqualifikation und -entwicklung in den Bereichen Corporate Finance, wertorientiertes Controlling sowie Portfolio und Risk Management. Beschleunigend wirken zudem sicher die hohe Hebelwirkung für den Unternehmenswert, das geringe Investitionsvolumen und die Schnelligkeit der Erkennbarkeit von Erfolgen ("Quick Winners"), vor allem aber der Marktdruck.

Letztlich mag auch die wachsende Transparenz internationaler Rechnungslegungsstandards helfen, ein wertorientiertes Risikomanagement als Paradigma der Unternehmensführung voranzutreiben. Wer will schon notorischer Underperformer im Kapitalmarkt sein und dauerhaft als Übernahmekandidat – ohne Chance zum ‚Freischwimmen' – gelten? Kapitalanlageeffizienz und wertorientierte Bewirtschaftung des Risikokapitals sind ein wichtiger Hebel, um diese Situation zu vermeiden oder aus ihr auszubrechen. Kapital(anlage)effizienz ist sicher nicht alles, aber ohne sie ist alles nichts![50]

---

[50] Wertorientierung in der finanziellen Führung und ganzheitliche Konzepte wie das der Balanced Scorecard könnten zukünftig konvergieren; vgl. z.B. Pollanz (1999), S. 1277-81.

Literaturverzeichnis

Aeberli, U. (Aeberli, 1999): Indexfonds: Besser passiv als aktiv würfeln, in: Schweizer Versicherung, 1999, Nr. 8, S. 60-67.

Brealey, R. A. / Myers, S. C. (Brealey / Myers, 1998): Principles of Corporate Finance, New York 1998.

Bundesaufsichtsamt für das Kreditwesen (BAKred, 1999): Überarbeitung der Baseler Eigenkapitalübereinkunft, Pressemitteilung vom 3.6.99.

Bruns, C. / Meyer-Bullerdieck, F. (Bruns / Meyer-Bullerdiek, 2000): Professionelles Portfolio Management, Stuttgart 2000.

Corell, F. (Corell 1998 a-c): Value Based Management (VBM): Teil I: Zielsetzung und Einsatzmöglichkeit in der Versicherungswirtschaft, Teil II: Fallstudie Schaden- und Unfallversicherer, Teil III: Fallstudie Lebensversicherer, Schwerpunkt kapitalbildende Lebensversicherungen, in: Der Aktuar, Mitteilungsblatt der Deutschen Aktuarvereinigung e.V., März, 1998, Nr. 1, S. 27-34 (a), Juni, 1998, Nr. 2, S. 66-78 (b), September, 1998, Nr. 3, S. 103-114 (c).

Deutsche Morgan Grenfell (Deutsche Morgan Grenfell, 1996): Global Portfolio Trading, September, London 1996.

Ehrbar, A. (Ehrbar, 1999): Economic Value Added, Wiesbaden 1999.

Fabozzi, F. J. (Hrsg.) (Fabozzi 1992): Investing – The collected Works of Martin L. Leibowitz, Chicago 1992.

Höfner, K. / Pohl, A. (Hrsg.) (Höfner / Pohl, 1994): Wertsteigerungsmanagement, Ffm. / New York 1994.

International Association of Insurance Supervisors (IAIS, 1999): Draft Supervisory Standard on Asset Management by Insurance Companies, July, 1999.

J.P. Morgan (J.P. Morgan 1997): CreditMetrics – Technical Document, New York, 2.4.1997.

Johanning, L. (Johanning, 1998): Value-at-Risk zur Marktrisikosteuerung und Eigenkapitalallokation, Bad Soden 1998.

Kleeberg, J. M. / Rehkugler, H. (Hrsg.) (Kleeberg / Rehkugler, 1998): Handbuch Portfoliomanagement, Bad Soden 1998.

Luber, T. (Luber, 1999): Mit vollem Einsatz, in: Capital, 1999, No. 10, S. 18.

Martinson, J. (Martinson, 1999): Practise with unsafe sectors and dissatisfaction is guaranteed, in: Financial Times vom 20.4.99, S. 24.

Oletzky, T. (Oletzky, 1998): Wertorientierte Steuerung von Versicherungsunternehmen. Ein Steuerungskonzept auf der Grundlage des Shareholder-Value-Ansatzes, Karlsruhe 1998.

o.V. (Capital, 1999): Wann Versicherungsaktien laufen, in : Capital, 1999, No. 4, S. 339.

Pollanz, M. (Pollanz, 1999): Ganzheitliches Risikomanagement im Kontext einer wertorientierten Unternehmensführung (Risk Adjusted Balanced Scorecarding), in: Der Betrieb, 25.6.99, Nr. 25, S. 1277-81.

Prandl, P. (Prandl, 1999): Die Meisterklasse, in: Capital, 1999, No. 5, S. 280-92.

PriceWaterhouseCoopers / Barclays Global Investors (PWC / BGI, 1999): 25 years of indexing: an analysis of the costs and benefits, London 1999.

Reiss, R.-D. / Thomas, M. (Reiss / Thomas, 1997): Statistical Analysis of Extreme Values, Basel 1997.

Seeger, C. (Seeger, 1999): Masse und Klasse, in: Manager Magazin, Juni, 1999, S. 158-66.

Standard & Poor's (Standard & Poor's, 1999): FondsAnalyst für Windows, Download über http://www.fondsanalyst.de/download.htm .

Unzeitig, E. / Köthner, D. (Unzeitig / Köthner, 1995): Shareholder Value Analyse, Stuttgart 1995.

Walter, N. (Walter, 1999): Risiko-Management stützt den Aktienkurs, in: Handelsblatt vom 11.8.99, S. 25.

Teil VIII

Risikomanagement in Industrieunternehmen

Rollierende Absicherung langfristiger Lieferverpflichtungen – Hat die Metallgesellschaft ihre Positionen zu früh aufgelöst?

von Wolfgang Bühler / Olaf Korn

1. Einleitung
2. Bewertung von Terminkontrakten auf Öl und zugehörige Absicherungsstrategien
3. Aufbau der empirischen Studie
4. Ergebnisse der empirischen Studie
5. Schlussfolgerungen und Ausblick

1. Einleitung

Die Metallgesellschaft Refining & Marketing (MGRM), eine US-amerikanische Tochtergesellschaft der Metallgesellschaft AG, begann Ende 1991 ihren Kunden neuartige, langfristige Lieferverträge über Öl und Ölprodukte anzubieten.[1] Im Rahmen von drei Programmvarianten konnten sich die Abnehmer für Fristen bis zu zehn Jahren gegen Risiken aus Schwankungen des Ölpreises absichern. Die MGRM sicherte ihrerseits diese mit Festkonditionen ausgestatteten langfristigen Lieferverpflichtungen mit Hilfe kurzfristiger Öl-Futurekontrakte der New York Mercantile Exchange (NYMEX) und nicht börsengehandelten, ebenfalls kurzfristigen Öl-Termingeschäften und Öl-Swaps ab. Im Kern wurde somit eine langfristige, bis zu zehnjährige Lieferverpflichtung durch eine Folge kurzfristiger, z.B. monatlicher Lieferverpflichtungen gedeckt.

Als Alleinanbieter derartiger langfristiger Absicherungskontrakte verzeichnete die MGRM in kurzer Zeit ein außergewöhnliches Geschäftsvolumen. So wuchs der Bestand an Lieferverpflichtungen vom 30. September 1992 bis zum 17. Dezember 1993 von 20 Mio. Barrel auf 210 Mio. Barrel an. Von dem zuletzt genannten Bestand waren etwa 180 Mio. Barrel über Futures, Forwards und Swaps „gesichert", so dass die von der MGRM formulierte Strategie einer „Vollabsicherung" auch weitgehend umgesetzt war.

Es ist bekannt, dass eine volumenmäßig geschlossene Position aus langfristigen Lieferverpflichtungen und rollierenden kurzfristigen Kaufpositionen Liquiditätsrisiken besitzt. So führen *fallende Ölpreise* zu *nicht zahlungsbegleiteten Gewinnen* aus den langfristigen Lieferverpflichtungen und zu *zahlungswirksamen Verlusten* aus den kurzfristigen Kontrakten. Dieses Risiko realisierte sich im Jahr 1993. In den letzten neun Monaten fiel der Preis für West Texas Intermediate Crude Oil von 20,3 $ auf 14,4 $ pro Barrel. Verbunden mit dieser Ölpreisentwicklung waren Barverluste von etwa 1,3 Mrd. $, die direkt oder indirekt von der Metallgesellschaft AG über Darlehen gedeckt wurden. Die Konsequenzen dieses massiven Mittelabflusses sind bekannt: Am 6. Dezember 1993 berichtet die Frankfurter Allgemeine Zeitung über Liquiditätsprobleme der Metallgesellschaft AG, am 17. Dezember 1993 wird

---

[1] Zu den Einzelheiten der angebotenen Lieferwege und zu den krisenhaften Entwicklungen vgl. insbesondere C & L Treuarbeit Deutsche Revision / Wollert-Elmendorff Deutsche Industrie-Treuhand (1995), Kropp (1995), Metallgesellschaft (1995) und Kniese (1997). Die weitere Darstellung zum chronologischen Ablauf der Krise beruht auf diesen Quellen.

ein Teil des Vorstandes ausgetauscht, und am 5. Januar 1994 wird die Überschuldung der AG festgestellt. Parallel zu einer finanziellen Sanierung flossen der Metallgesellschaft AG Eigenmittel in Höhe von 2,7 Mrd. DM zu. Ferner erfolgte eine umfangreiche Restrukturierung des Konzerns, bei der Beteiligungen veräußert und die Zahl der Beschäftigten von 60.000 auf 25.000 reduziert wurde.

Die Verlustursachen im Fall der Metallgesellschaft unterscheiden sich in einem wesentlichen Punkt von denen bei anderen Institutionen, die ebenfalls durch den Handel in Derivaten hohe Defizite hinnehmen mussten: Die Lieferprogramme der MGRM beruhten auf einer explizit formulierten Absicherungsstrategie, während beispielsweise die Verluste bei Barings oder Orange County primär durch spekulativ ausgerichtete Positionen verursacht wurden. Dieser Unterschied führte zu einer umfangreichen Diskussion, bei der vor allem die beiden folgenden Punkte kontrovers diskutiert wurden:[2]

– Die von MGRM als Vollabsicherung deklarierte Strategie stellte in Wirklichkeit eine Spekulation dar, da bei einer „*korrekten*" Absicherung nur 30 % - 50 % der tatsächlich erworbenen kurzfristigen Kontrakte erforderlich gewesen wären. Die Spekulation zielt dabei auf eine primär am Ölmarkt bestehende, als *Backwardation* bezeichnete Situation. Diese ist dadurch charakterisiert, dass der Terminpreis *unter* dem Ölpreis liegt. Besteht nun Backwardation *und* sinkt zusätzlich der Ölpreis während der Laufzeit des kurzfristigen Terminkontraktes nicht unter den Terminpreis bei Öffnen des Kontraktes, dann entsteht bei dessen Schließen ein Gewinn.

– Die hohen Verluste der MGRM sind vor allem durch die Schließung der Positionen im Dezember 1993 und Januar 1994 eingetreten. Bei einer Fortführung der Geschäfte wären die eingetretenen Verluste aus den kurzfristigen Absicherungsmaßnahmen durch Gewinne aus zukünftigen kurzfristigen Geschäften oder aus den langfristigen Lieferverpflichtungen kompensiert worden. Die Verluste wurden deshalb, so die Kritik aus dem US-amerikanischen Bereich, vor allem verursacht durch die mangelnde Kompetenz von Vorstand sowie Aufsichtsrat der Metallgesellschaft AG und durch die Rückständigkeit der deutschen Rechnungslegung, die ein angemessenes Hedge-Accounting nicht erlaubte.

---

[2] Vgl. zu dieser Diskussion insbesondere die in Fußnote 1 genannten Arbeiten und Culp / Miller (1994, 1995), Edwards / Canter (1995), Mello / Parons (1995), Wahrenburg (1996), Mann (1997), Pirrong (1997), Spremann / Herbeck (1997), Ross (1997).

Das Ziel der vorliegenden Arbeit besteht darin, zu diesen beiden kontroversen Punkten auf der Basis einer umfangreichen *Simulationsstudie* Stellung zu beziehen. Hierzu werden die drei komplexen, durch monatliche Lieferungen und eine Vielzahl von Optionen der Abnehmer und der MGRM ausgestatteten Vertragstypen durch eine idealtypische, unkündbare Lieferverpflichtung von Öl in zehn Jahren ersetzt. Die Absicherung dieser Position erfolgt rollierend mit Hilfe kurzfristiger Futures. Das "korrekte" Absicherungsverhältnis wird auf der Grundlage von drei verschiedenen Bewertungsmodellen für Öl-Terminkontrakte ermittelt. Eines dieser Modelle führt auf die von der MGRM verfolgte Vollabsicherung, bei den anderen beiden wird dagegen keine Vollabsicherung durchgeführt. Aus einem Vergleich der Absicherungsergebnisse kann dann geschlossen werden, ob die in der Vollabsicherung vermutete spekulative Strategiekomponente für die Verluste der MGRM ursächlich war.

Das Absicherungsergebnis wird durch zwei Größen gemessen. Durch die erste, im Mittelpunkt der Untersuchung stehende, wird die Abweichung des tatsächlichen Wertes der abgesicherten Lieferverpflichtung am Liefertag verglichen mit dem unter idealen Umständen erreichbaren Absicherungsergebnis von null. Das zweite Maß erfasst die asymmetrischen Liquiditätsauswirkungen der Positionskomponenten und ist definiert als das Maximum des Liquiditätsbedarfs während des zehnjährigen Absicherungszeitraumes.

Die Arbeit ist wie folgt aufgebaut: In Abschnitt 2 werden die drei verwendeten Bewertungsmodelle und die zugehörigen Absicherungsstrategien dargestellt. In Abschnitt 3 erfolgt die Beschreibung des stochastischen Simulationsmodells und des Aufbaus der empirischen Studie. In Abschnitt 4 werden die Ergebnisse der Absicherungsstrategien präsentiert und diskutiert. Dies schließt eine Prüfung der Ergebnisse auf Stabilität unter modifizierten Rahmenbedingungen ein. Die Bedeutung der erzielten Ergebnisse für die beiden oben dargestellten Kontroversen wird in Abschnitt 5 zusammengefasst.

2. Bewertung von Terminkontrakten auf Öl und zugehörige Absicherungsstrategien

Bewertungsmodelle

Alle im Weiteren betrachteten Bewertungsmodelle beruhen auf den für die Bewertung von Derivaten typischen zwei Annahmen, dass keine *Marktfriktionen* bestehen und *Arbitragemöglichkeiten ausgeschlossen* sind. Darüber hinaus wird unterstellt, dass Zinsänderungsrisiken im Vergleich zu den durch Schwankungen des Ölpreises verursachten Risiken von untergeordneter Bedeutung sind. Aus dieser Annahme risikoloser Zinssätze folgt, dass die theoretischen Preise von Future- und Forwardkontrakten mit gleichen Ausstattungsmerkmalen übereinstimmen.

Es ist bekannt, dass sich der Terminpreis für ein Finanzinstrument (z.B. für eine Anleihe) aus drei Komponenten zusammensetzt, dem Kassapreis zuzüglich der Haltekosten und abzüglich möglicher Halteerträge (z.B. Stückzinsen) während der Laufzeit des Terminkontraktes. Diese Beziehung lässt sich grundsätzlich auch auf Terminpreise für Öl übertragen. Aufgrund kapazitativer Beschränkungen bei der Lagerung von Öl, mangelnder Leerverkaufsmöglichkeiten und der Möglichkeit, Öl für produktive Zwecke einzusetzen, ergeben sich aber erhebliche Abweichungen von einem einfachen Cost-of-Carry-Terminpreis. Während sich die *Haltekosten* aus den Lager- und Finanzierungskosten noch vergleichsweise gut bestimmen lassen, trifft dies für die *Halteerträge* nicht zu. Diese entstehen primär aus der Möglichkeit, dass gelagertes Öl während der Halteperiode eingesetzt werden kann und sich damit in Knappheitssituationen Verluste aus Produktionsunterbrechungen oder aus der Eindeckung zu relativ hohen Preisen vermeiden lassen. Die Halteerträge bzw. vermiedenen Verluste werden auch als *Convenience Yield* bezeichnet. Die *Netto-Convenience-Yield* (NCY) ergibt sich aus der Convenience Yield durch Subtraktion der Lagerkosten. Diese kann positiv oder negativ ausfallen.

In der nachstehenden Abbildung ist für den Zeitraum von Juli 1986 bis Dezember 1996 der Ölpreis für West Texas Intermediate Crude Oil und der zugehörige Preis des an der NYMEX gehandelten 6-Monats-Futures dargestellt. In der Mehrzahl der Fälle liegt der Ölpreis über dem Futurepreis (*Backwardation*), während insbesondere im Jahr 1993 die umgekehrte Situation (*Contango*) auftritt. Es lässt sich zeigen, dass Backwardation bei einer zum Ölpreis proportionalen NCY genau dann vorliegt, wenn diese größer als der für die Finanzierungskosten maßgebliche Zinssatz ist.

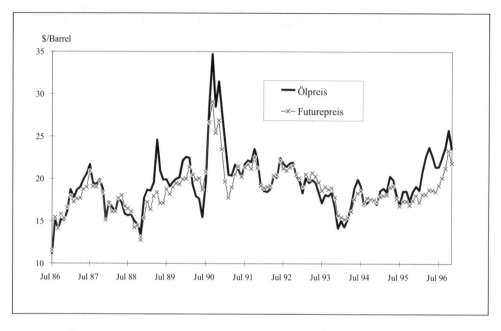

Abb. 1: Ölpreis und Preis des 6-Monats-Öl-Futures

Im Weiteren werden drei, in der Literatur vorgeschlagene *Ein-Faktor-Modelle* zur Bewertung von Öl-Futures betrachtet. Dies bedeutet, dass ausschließlich der Ölpreis als Risikoquelle bei der Absicherung der langfristigen Lieferverpflichtung berücksichtigt wird. Weitere Risiken, wie beispielsweise eine stochastische NCY, werden somit ausgeklammert. Die Einbeziehung dieser weiteren Risikoquelle führt zu Zwei-Faktor-Modellen, deren Analyse einer späteren Studie vorbehalten ist.

Die drei Bewertungsmodelle unterscheiden sich darin, ob die NCY *additiv, proportional* oder *additiv und proportional* zum Ölpreis modelliert wird. Bei allen drei Ansätzen wird unterstellt, dass Haltekosten und Halteerträge und damit auch die NCY unmittelbar mit Zahlungen verbunden sind.

In der nachstehenden Tabelle sind die theoretischen Futurepreise $F(t,T)$ für die drei betrachteten Bewertungsmodelle zusammengestellt. Dem ersten Modell liegt eine additive NCY, dem zweiten eine proportionale Rate $y \cdot S(t)$ zugrunde. Das dritte Modell kombiniert den additiven und proportionalen Ansatz und wird durch zwei Varianten repräsentiert.

Netto-Convenience-Yield	Futurepreis	Autor(en)
additiv: Y	$F(t,T) = S(t)e^{r(T-t)} - \frac{Y}{r}[e^{r(T-t)} - 1]$	Culp / Miller
proportional: $y \cdot S(t)$	$F(t,T) = S(t)e^{(r-y)(T-t)}$	Brennan / Schwartz
additiv und proportional:	$F(t,T) = S(t)e^{(r-y)(T-t)} - \frac{Y}{r-y}[e^{(r-y)(T-t)} - 1]$	
	$F(t,T) = S(t)e^{-\kappa(T-t)} - \gamma[e^{-\kappa(T-t)} - 1]$	Ross
Bezeichnungen:	$F(t,T)$: Futurepreis; $S(t)$: Ölpreis; r risikoloser Zinssatz; t aktueller Zeitpunkt; T Verfallstag des Futures; $\kappa, \gamma, \sigma > 0$ Parameter in dem Prozess der stochastischen Ölpreisänderungen $dS = \kappa(\gamma - S)dt + \sigma dW$ $W(t)$: Standard-Wienerprozess	

Tab. 1: Ein-Faktor-Modelle des Futurepreises

Die ersten drei Modelle in Tabelle 1 ergeben sich in üblicher Weise aus einer statischen Replikationsstrategie des Futures durch den Kauf bzw. Verkauf geeigneter Mengen von Öl und der Finanzierung von Defiziten bzw. der Anlage von Überschüssen zum risikolosen Zinssatz. Das erste Modell liegt implizit der Argumentation von Culp / Miller (1994, 1995) zugrunde, der Ansatz mit proportionaler NCY geht auf Brennan / Schwartz (1985) zurück. Eine Besonderheit stellt das vierte, von Ross (1997) diskutierte Modell dar. Es besitzt dieselbe Struktur wie das durch eine additive und proportionale NCY charakterisierte dritte Modell, in das es durch die Parametersubstitution $y = \kappa + r$, $Y = -\kappa \cdot \gamma$ überführt werden kann. Der Futurepreis ergibt sich aber in dem Modell von Ross *nicht* auf Grundlage des oben skizzierten Cost-of-Carry-Arguments, sondern aus einem nicht explizit spezifizierten Gleichgewichtsmodell mit Lager- und Leerverkaufsbeschränkungen.

Absicherungsziel und Absicherungsstrategie

Die drei von der MGRM angebotenen Lieferprogramme werden für die Ableitung von Absicherungsstrategien und für die empirische Untersuchung auf ihren Kern reduziert, indem von den monatlichen Lieferverpflichtungen, Optionsrechten der Abnehmer und der MGRM und von Gewinngarantien für die Abnehmer abgesehen wird.[3] Dieser Komplexitätsreduktion steht andererseits die Konzentration auf den unter Fristigkeitsaspekten am schwierigsten abzusichernden Kontraktbestandteil, die *zehnjährige bzw. 120monatige Lieferverpflichtung*, gegenüber. Diese entspricht einer Verkaufsposition in einem zehnjährigen Forward mit dem in $t = 0$ festgelegten Terminpreis $f(0,T)$ für eine im Zeitpunkt $T = 120$ Monate zu liefernde Ölmenge von *einem Barrel*.

Der Absicherungszeitraum wird in T Perioden mit einer Länge von einem Monat unterteilt. Als Absicherungsinstrumente stehen kurzfristige Futurekontrakte mit Laufzeiten von ein bis zwölf Monaten zur Verfügung. Wie weiter unten deutlich wird, reicht für die Absicherung ein Future-Kontrakt aus. Dieser Kontrakt wird im Rahmen eines monatlichen Gewinn- und Verlustausgleichs abgerechnet und löst dann positive oder negative Zahlungen aus. Von einem täglichen Marking-to-Market wird abgesehen, da von dem dann berücksichtigungsfähigen innermonatlichen Zinseffekt keine wesentlichen Auswirkungen auf das Ergebnis zu erwarten sind, die Einsichten in die Struktur der Absicherungsstrategien aber erschwert würden.

Es muss davon ausgegangen werden, dass die optimale Absicherungsstrategie zeit- und möglicherweise zustandsabhängig ist und deshalb eine laufende Anpassung erfordert. Weiter unten wird jedoch gezeigt, dass es sich für die in Tabelle 1 zusammengestellten Bewertungsmodelle als ausreichend erweist, monatlich das Volumen der Futurekontrakte anzupassen.

Das Ergebnis der abgesicherten Lieferverpflichtung im Zeitpunkt T setzt sich aus zwei Komponenten zusammen. Die erste ergibt sich aus der Verkaufsposition des zehnjährigen Terminkontraktes zu

(1) $\quad -(S(T) - f(0,T)) = -(f(T,T) - f(0,T)) = -\sum_{t=1}^{T} (f(t,T) - f(t-1,T))$

---

[3] Vgl. Metallgesellschaft (1995), S. 5 f.

und stimmt mit dem nicht abgesicherten Ergebnis überein. Die zweite Komponente besteht aus den auf T aufgezinsten Zahlungskonsequenzen des zur Absicherung eingesetzten Futurekontraktes. Da mit dem Ölpreis nur eine Risikoquelle besteht, liegt es nahe zu vermuten, dass ein Future zur Absicherung ausreicht. Wird der Einfachheit halber unterstellt, dass dieser Future sich wie die Lieferverpflichtung auf *ein Barrel* Öl bezieht und wird der Future mit einmonatiger Laufzeit mit einem Absicherungsverhältnis von x_t für die Periode von $t-1$ bis t Monaten gekauft, dann ergibt sich als Ergebnis der Absicherungskomponente für die T rollierend eingesetzten Futures mit den Preisen $F(t-1,t)$:

(2) $$\sum_{t=1}^{T}(S(t)-F(t-1,t))e^{r(T-t)} \cdot x_t = \sum_{t=1}^{T}(F(t,t)-F(t-1,t))e^{r(T-t)} \cdot x_t.$$

Das Absicherungsziel besteht in der Minimierung der Varianz des Gesamtergebnisses im Lieferzeitpunkt T durch geeignete Wahl der Absicherungsverhältnisse x_t:

(3) $$\min_{x_t} \text{Var}\left\{\sum_{t=1}^{T}(F(t,t)-F(t-1,t))e^{r(T-t)} \cdot x_t - (f(t,T)-f(t-1,T))\right\}.$$

Aus dieser Darstellung wird unmittelbar deutlich, dass, wie vermutet, die Absicherungsverhältnisse

(4) $$x_t^* = \frac{f(t,T)-f(t-1,T)}{[F(t,t)-F(t-1,t)]e^{r(T-t)}} \qquad (t=1,...,T)$$

zu einer risikolosen Gesamtposition (Varianz gleich null) führen und somit die eindeutige optimale Lösung des Absicherungsproblems darstellen. Setzt man die theoretischen Future- und Forwardpreise aus Tabelle 1 ein, ergeben sich die in Tabelle 2 zusammengestellten *optimalen Absicherungsverhältnisse*.

Netto-Convenience-Yield	Optimale Absicherungsverhältnisse	Autor(en)
additiv	$x_t^* \equiv 1$	Culp / Miller
proportional	$x_t^* = e^{-y(T-t)}$	Brennan / Schwartz
additiv und proportional	$x_t^* = e^{-y(T-t)}$	
	$x_t^* = e^{-(\kappa+r)\cdot(T-t)}$	Ross

Tab. 2: Optimale Absicherungsverhältnisse

Die optimalen Absicherungsverhältnisse besitzen die folgenden Eigenschaften:

- Für alle vier Bewertungsmodelle sind die Absicherungsstrategien unabhängig vom Öl- bzw. Futurepreis und damit zustandsunabhängig.
- Auch wenn die Futureposition nur im Monatsabstand angepasst wird, lässt sich das Risiko der abgesicherten Position auf null reduzieren.
- Die von Culp / Miller befürwortete und von der MGRM weitgehend realisierte Strategie der Vollabsicherung ($x_t^* \equiv 1$) ergibt sich für eine ausschließlich additiv auf den Futurepreis wirkende NCY.
- Die übrigen drei Modelle führen zu zeitabhängigen optimalen Absicherungsverhältnissen. Für eine positive NCY-Rate y liegt das Absicherungsverhältnis zunächst deutlich niedriger als eins und wächst monoton mit der Kalenderzeit t. So beträgt für den Untersuchungszeitraum die über das Brennan / Schwartz-Modell definierte NCY im Mittel 0,15. Hierzu gehört die Folge optimaler Absicherungsverhältnisse $x_1^* = 0,23$; $x_{61}^* = 0,48$; $x_{109}^* = 0,87$; $x_{120}^* = 1,00$.
- Bei negativer NCY liegt das Absicherungsverhältnis über eins.
- Das Modell von Ross führt zu Absicherungsverhältnissen unter eins, wenn der Mean-Reversion-Parameter κ und der Zinssatz r positiv sind. Bei dem für den Untersuchungszeitraum geschätzten Parameter κ von 2,49 liegt x_t^* für die ersten 108 Monate (neun Jahre) unter 0,08.

3. Aufbau der empirischen Studie

Die beiden in der Einleitung formulierten Kernfragen, ob die Absicherungsstrategie der MGRM spekulativen Charakter besaß und ob bei einem Durchhalten der Positionen die realisierten Verluste durch spätere realisierte Gewinne kompensiert worden wären, können durch die im Abschnitt 2 abgeleiteten optimalen Absicherungsverhältnisse nicht beantwortet werden. Die MGRM-Strategie erfährt durch das Modell mit additiver NCY eine Rechtfertigung, während die Modelle mit proportionaler NCY die Auffassung stützen, dass eine Übersicherung und damit eine Spekulation auf Gewinne aus Backwardation vorlag. Damit verbleibt nur die Möglichkeit, mittels einer empirischen Studie Antworten auf die beiden Fragen zu suchen. Hierbei ergibt sich allerdings die Schwierigkeit, dass Preise für Öl-Futures nur für einen Zeitraum von etwas mehr als zehn Jahren zur Verfügung stehen und deshalb eine historische Simulation von Sicherungsstrategien nicht zu unabhängigen Ergebnissen führt. Diese sind jedoch erforderlich, um das Risiko der verschiedenen Strategien zu beurteilen. Als Alternative wird deshalb unter Rückgriff auf die verfügbare Datenhistorie ein ökonometrisches Modell der Öl- und Futurepreise entwickelt und darauf ein Bootstrapping-Verfahren zur Beurteilung dreier verschiedener Absicherungsstrategien aufgesetzt.

Datenbeschreibung und vorbereitende Datenanalyse

Der Studie liegen OTC-Preise für West Texas Intermediate Crude Oil (WTI) mit Lieferung in Cushing, Oklahoma, zugrunde. Diese Preise wurden von Platt's, dem bedeutendsten Informationsdienst für Ölpreise, zur Verfügung gestellt. Als Futurepreise werden die täglichen Settlementpreise der an der NYMEX gehandelten Futures auf Rohöl verwendet. Die Notiz dieser Futures erfolgt in US-Dollar pro Barrel. Wie üblich erfolgt ein täglicher Gewinn- und Verlustausgleich. Falls eine Future-Position nicht vor Verfall glattgestellt wird, ist als Standardverfahren die physische Lieferung von WTI-Öl in Cushing vorgesehen, so dass die Öl- und Futurepreise sich auf dieselbe Ölsorte und denselben Lieferort beziehen.[4]

Der zur Verfügung stehende Datensatz enthält Öl- und Futurepreise vom 1. Juli 1986 bis zum 25. November 1996. Diese Zeitreihe bestimmt somit den Untersuchungszeitraum und den Zeitraum für die Spezifikation des Simulationsmodells. Da, wie

---

[4] Neben dem Standardverfahren können sich die Kontraktparteien auch auf andere Ölsorten und Lieferorte einigen. Die Börse ist dann über die abweichende Liefermodalität zu informieren.

oben gezeigt, eine *monatliche* Anpassung des Absicherungsverhältnisses ausreicht, werden auch die Öl- und Futurepreise nur in monatlichem Abstand benötigt. Als Preis des zur Absicherung eingesetzten Ein-Monats-Futures bei Verfall wird der Ölpreis an diesem Tag verwendet. Eine mögliche höhere Volatilität des Futurepreises vor Verfall und Überrollen der Position besitzt deshalb für diese Studie keine Bedeutung.

Neben den Preisen von Futures mit einmonatiger Restlaufzeit werden zur Abbildung der Preisstrategie der MGRM zusätzlich die Preise von Futures mit zwei- bis zwölfmonatiger Restlaufzeit benötigt. Diese Preise sind für Kontrakte von mehr als neun Monaten Restlaufzeit vereinzelt nicht verfügbar. Sie wurden dann durch Preise der Futures mit der nächst kürzeren Restlaufzeit ersetzt. Insgesamt liegt der Studie damit eine Zeitreihe aus 125 monatlichen Beobachtungen zugrunde, wobei jede Beobachtung aus einem Öl- und zwölf Futurepreisen besteht.

Die nachstehende Tabelle 3 gibt einige Kennzahlen der Spot- und Futurepreise wieder. Aus der zweiten Spalte dieser Tabelle wird deutlich, dass die durchschnittlichen Futurepreise mit steigender Restlaufzeit abnehmen, d.h. im Mittel liegt Backwardation vor. Backwardation impliziert eine negative NCY und lässt sich bei geeigneter Parameterkonstellation mit allen Bewertungsmodellen des Abschnitts 2 darstellen. In den nächsten Spalten von Tabelle 3 sind Mittelwerte und Standardabweichungen der logarithmierten monatlichen Preisänderungen angegeben. Die annualisierte Volatilität der Spotpreisrenditen beträgt 33,1 % ($\sqrt{12} \cdot 9{,}56\%$) und liegt damit höher als typische Volatilitäten von Aktien und Devisen für dieselbe Zeitperiode.

Die beiden letzten Spalten enthalten Mittelwerte und Standardabweichung der *relativen Basis*, definiert als Quotient aus Basis und Spotpreis, für verschiedene Restlaufzeiten. Die relative Basis ist ein wichtiges Element des im nächsten Abschnitt vorgestellten Simulationsmodells. Sowohl der Mittelwert als auch die Standardabweichung der relativen Basis nehmen mit steigender Restlaufzeit zu. Diese Eigenschaft wird von dem Bewertungsmodell mit proportionaler NCY nicht abgebildet. In diesem Modell ist die Volatilität der relativen Basis für sämtliche Restlaufzeiten der Futures gleich null.

Ein Modell zur Simulation von Preispfaden muss auch die Zeitreiheneigenschaften der zugrunde liegenden Daten abbilden können. Tabelle 4 gibt die Autokorrelationen der logarithmierten Spotpreise und der relativen Basen für verschiedene Restlaufzeiten wieder. Die Werte liegen bei einer Zeitverzögerung von einem Monat zunächst alle über 0,6, fallen jedoch relativ schnell ab. Ab einer Zeitverzögerung von fünf Monaten sind die Werte überwiegend nicht signifikant von null verschieden.

	Preise		Log-Preisänderung (nicht annualisiert)		Relative Basis	
Restlaufzeiten	Mittel	Standardabweichung	Mittel	Standardabweichung	Mittel	Standardabweichung
Spot	19,48	3,42	0,61%	9,56%	-	-
1 Monat	19,29	3,24	0,59%	8,73%	0,76%	3,27%
2 Monate	19,11	3,04	0,58%	8,30%	1,54%	4,76%
3 Monate	18,97	2,87	0,56%	7,90%	2,11%	5,82%
4 Monate	18,85	2,71	0,53%	7,52%	2,56%	6,61%
5 Monate	18,76	2,58	0,51%	7,23%	2,92%	7,23%
6 Monate	18,68	2,47	0,49%	7,00%	3,23%	7,75%
7 Monate	18,62	2,38	0,48%	6,81%	3,49%	8,17%
8 Monate	18,56	2,31	0,47%	6,66%	3,70%	8,54%
9 Monate	18,51	2,25	0,45%	6,55%	3,86%	8,86%
10 Monate	18,49	2,20	0,44%	6,39%	3,96%	9,16%
11 Monate	18,47	2,17	0,43%	6,28%	4,03%	9,41%
12 Monate	18,45	2,14	0,42%	6,22%	4,08%	9,62%

Tab. 3: **Mittelwerte und Standardabweichungen der Spot- und Futurepreise für West Texas Intermediate Crude Oil (WTI), der logarithmierten monatlichen Preisänderungen und der relativen Basen [(Spotpreis-Futurepreis)/Spotpreis], monatliche Beobachtungen, Zeitraum Juli 1986 bis November 1996**

Die beobachtete Autokorrelation soll durch die erklärenden Variablen des Simulationsmodells erfasst werden. Dabei stellt sich zunächst die Frage, ob ein solches Modell besser in Niveaus oder Änderungen zu formulieren ist. Sind die verwendeten Zeitreihen integriert vom Grade 1, besteht bei Verwendung von Niveaugrößen die Gefahr einer "Spurious Regression"[5], d.h. es werden zu häufig signifikante Beziehungen ausgewiesen. Bei einer Formulierung in Differenzen müssen eventuell Fehlerkorrekturterme in das Modell aufgenommen werden, um mögliche Kointegrati-

---

[5] Vgl. Granger / Newbold (1974) und Phillips (1986).

onsbeziehungen zu erfassen.[6] Informationen über die Integration der betrachteten Zeitreihen liefern Tests auf Nicht-Stationarität. Tabelle 5 gibt die Resultate von Augmented-Dickey-Fuller-Tests[7] für die Zeitreihen der logarithmierten Spotpreise und der relativen Basen für Restlaufzeiten von einem, drei, sechs und zwölf Monaten wieder.

Verzöge- rungen (in Monaten)	Autokorrelationen					
	Log Spot	Relative Basis (1 Monat)	Relative Basis (3 Monate)	Relative Basis (6 Monate)	Relative Basis (12 Monate)	Standard- abw.
1	0,80**	0,64**	0,80**	0,82**	0,82**	0,0898
2	0,60**	0,46**	0,59**	0,61**	0,61**	0,0902
3	0,43**	0,24**	0,36**	0,38**	0,41**	0,0905
4	0,27**	0,20*	0,22*	0,21*	0,23*	0,0909
5	0,15	0,12	0,11	0,08	0,11	0,0913
6	0,14	0,01	0,01	0,01	0,06	0,0917
7	0,19*	0,02	0,02	0,04	0,10	0,0921
8	0,22*	-0,01	-0,01	0,05	0,12	0,0925
9	0,21*	-0,12	-0,07	0,03	0,11	0,0928
10	0,21*	-0,19*	-0,11	0,01	0,11	0,0933
11	0,19*	-0,23*	-0,14	-0,02	0,07	0,0937
12	0,11	-0,19*	-0,13	-0,04	0,03	0,0941
Signifikant von null verschieden auf **1%-Niveau, *5%-Niveau						

Tab. 4: Autokorrelationen der logarithmierten Spotpreise und relativen Basen [(Spotpreis-Futurepreis)/Spotpreis], monatliche Beobachtungen, Zeitraum Juli 1986 bis November 1996

Den Ergebnissen in Tabelle 5 liegt die folgende Schätzgleichung für die Parameter μ, ρ und β_l zugrunde:

---

[6] Vgl. Engle / Granger (1987).
[7] Vgl. Dickey / Fuller (1979).

(5) $$\Delta z_t = \mu + (\rho - 1)z_{t-1} + \sum_{l=1}^{L} \beta_l \Delta z_{t-l} + u_t.$$

z_t bezeichnet eine der 13 Variablen der ersten Spalte von Tabelle 5, u_t die übliche Störgröße. Die Schätzgleichung enthält eine Konstante μ, jedoch keinen deterministischen Zeittrend, der sich für alle Zeitreihen als insignifikant erweist. Die notwendige Anzahl von verzögerten Änderungen (L) wurde mit dem Informationskriterium von Schwarz (1978) festgelegt.[8]

Zeitreihe	Anzahl verzögerter Änderungen (nach Schwarz-Kriterium)	$\hat{\rho}-1$	$\dfrac{(\hat{\rho}-1)}{SE(\hat{\rho})}$
Log Spot	1	-0,182	-3,59**
Relative Basis (1 Monat)	0	-0,373	-5,12**
Relative Basis (2 Monate)	0	-0,234	-3,89**
Relative Basis (3 Monate)	0	-0,200	-3,56**
Relative Basis (4 Monate)	0	-0,185	-3,41*
Relative Basis (5 Monate)	0	-0,178	-3,33*
Relative Basis (6 Monate)	1	-0,211	-3,88**
Relative Basis (7 Monate)	1	-0,209	-3,88**
Relative Basis (8 Monate)	1	-0,208	-3,88**
Relative Basis (9 Monate)	1	-0,206	-3,86**
Relative Basis (10 Monate)	1	-0.204	-3,84**
Relative Basis (11 Monate)	1	-0,202	-3,82**
Relative Basis (12 Monate)	1	-0,201	-3,78**
Signifikant auf **1%-Niveau, *5%-Niveau, Kritische Werte sind Dickey / Fuller (1979) entnommen.			

Tab. 5: Augmented-Dickey-Fuller-Tests auf Nicht-Stationarität der logarithmierten Spotpreise und der relativen Basen [(Spotpreis-Futurepreis)/Spotpreis], Monatliche Beobachtungen, Zeitraum Juli 1986 bis November 1996

Es zeigt sich, dass die Hypothese der Nicht-Stationarität ($\rho - 1 = 0$) generell auf dem 5%-Niveau und für die meisten Zeitreihen sogar auf dem 1%-Niveau verworfen

---

[8] Vgl. Schwarz (1978).

wird. Damit ist eine Formulierung des Simulationsmodells in den Niveaus der Variablen möglich, ohne dass die Gefahr einer "Spurious Regression" besteht.

Neben ihrer Bedeutung für die ökonometrisch korrekte Spezifikation von Regressionsmodellen hat die Stationarität der logarithmierten Spotpreise und relativen Basen erhebliche Auswirkungen auf das Risiko von gesicherten und ungesicherten Forwards. Speziell bei langen Laufzeiten hängt das Risiko einer ungesicherten Position entscheidend davon ab, ob und wie schnell die Spotpreise tendenziell zu einem langfristigen Mittelwert zurückkehren.

Aufbau des Simulationsmodells

Die nachstehende Abbildung 2 zeigt die Grundstruktur des verwendeten Simulationsmodells.

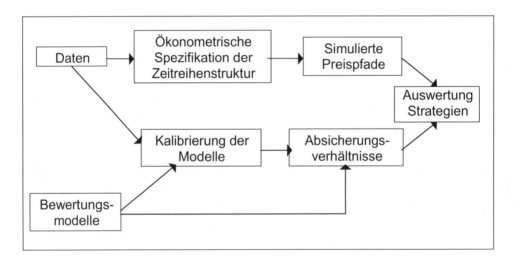

Abb. 2: Struktur des Simulationsmodells

Das Simulationsmodell besteht aus zwei Hauptteilen. Der erste umfasst die ökonometrische Spezifikation der Zeitreihenstruktur des aus 13 Komponenten bestehenden Vektors der Spot- und Futurepreise. Diese wird auf Grundlage der gesamten verfügbaren Spot- und Futuredaten vom Juli 1986 bis November 1996 durchgeführt. Der zweite Hauptteil betrifft die eigentliche Simulation der untersuchten Absicherungsstrategien für das Modell mit additiver, mit proportionaler und für das Ross-Modell mit additiver und proportionaler NCY. Die Zeitstruktur dieses Simulationsmodells ist in Abbildung 3 dargestellt.

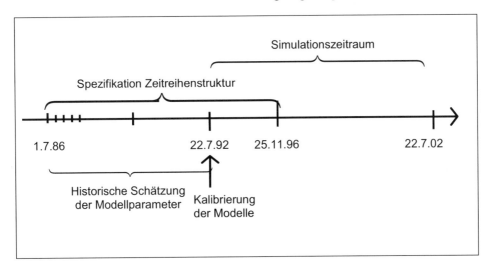

Abb. 3: Zeitstruktur des Simulationsmodells

Den Ausgangspunkt der Simulation bildet der 22. Juli 1992. Dieser Zeitpunkt wurde aus drei Gründen gewählt. Erstens war die MGRM im Juli 1992 mit ihren Öltermingeschäften bereits aktiv, ohne jedoch so erhebliche Volumen absichern zu müssen, dass hiervon ein Einfluss auf die Preisbildung zu erwarten ist. Zweitens verbleibt eine Zeitreihe ausreichender Länge für die historische Schätzung der in die Bewertungsmodelle und Absicherungsstrategien eingehenden Parameter. Drittens lag zu diesem Termin eine typische, mit der Verfallszeit der Futures abnehmende Zeitstruktur der Futurepreise (Backwardation) vor.

Die in Abbildung 4 dargestellten Preise der Futurekontrakte mit Laufzeiten bis zu zwölf Monaten definieren in dreifacher Hinsicht den Ausgangspunkt der einzelnen Simulationsläufe. Erstens ergibt sich aus den Futurepreisen gemäß der Preisstellungsstrategie der MGRM der Terminpreis für die zehnjährige Lieferverpflichtung als deren arithmetisches Mittel zuzüglich 2,10 $ pro Barrel. Zweitens müssen die freien Parameter der Bewertungsmodelle in der Weise angepasst werden, dass zumindest für den zur Absicherung eingesetzten einmonatigen Future und für die zehnjährige Lieferverpflichtung die Modellwerte mit den zugehörigen Marktpreisen übereinstimmen.[9] Durch diesen *Kalibrierungsschritt* werden die Modelle über die Marktpreise relativ zueinander adjustiert, und es wird sichergestellt, dass die Absicherungsergebnisse nicht aufgrund verschiedener modellendogener Futurepreise verzerrt sind. Drittens bilden die Spot- und Futurepreise am 22. Juli 1992 die Startsi-

---

[9] In analoger Weise wird bei den Inversionsmodellen zur Bewertung von Zinsderivaten vorgegangen.

tuation für die 20.000 Simulationsläufe. Ausgehend von diesen Preisen werden für den zehnjährigen Absicherungszeitraum im Monatsabstand Realisationen des 13komponentigen Preisvektors gezogen, soweit erforderlich neue optimale Absicherungsverhältnisse bestimmt und schließlich das Absicherungsergebnis ermittelt.

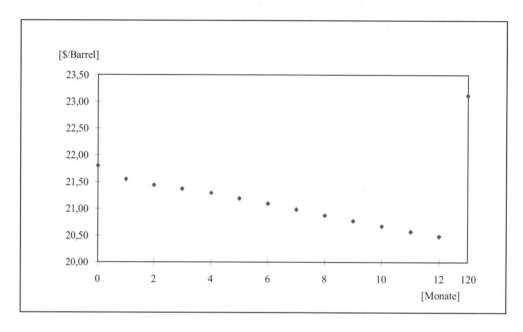

Abb. 4: Spot- und Futurepreise am 22. November 1992

Im Einzelnen werden damit bei der Simulationsstudie die folgenden Schritte durchgeführt:

(1) Einmaliger Schritt

— Ökonometrische Spezifikation der Zeitreihenstruktur der Spot- und Futurepreise.
— Kalibrierung der drei Bewertungsmodelle an die Zeitstruktur der Preise am 22. Juli 1992.
— Auswertung der 20.000 Absicherungsergebnisse für jedes Bewertungsmodell.

(2) 20.000 Simulationsschritte

— Ermittlung von 120 aufeinander folgenden Preisrealisationen aus je 13 Preisen im Monatsabstand.

- Berechnung der zugehörigen 120 Absicherungsverhältnisse für jedes der drei Bewertungsmodelle.
- Berechnung des Absicherungsergebnisses am Ende des zehnjährigen Absicherungszeitraumes.

In den folgenden drei Abschnitten wird noch genauer auf die ökonometrische Spezifikation, die Kalibrierung und die Berechnung der Absicherungsverhältnisse eingegangen.

Ökonometrische Spezifikation der Zeitreihenstruktur

Bei der Modellierung der Zeitreihenstruktur des Preisvektors wurden eine Reihe von Festlegungen vorab getroffen, damit die simulierten Preisfolgen sowohl im Querschnitt als auch im Längsschnitt ökonomisch sinnvolle Eigenschaften aufweisen.

(1) Zur Sicherstellung positiver Spotpreise wird das Zeitreihenmodell auf Basis *logarithmierter* Ölpreise formuliert.

(2) Die Futurepreise werden indirekt über die *relative Basis* mit dem Spotpreis verknüpft. Die relative Basis ist dabei definiert als die Differenz aus Spot- und Futurepreis bezogen auf den Spotpreis. Auf diese Weise werden die Futurepreise für alle Laufzeiten an den Ölpreis gekoppelt, und zugleich lässt sich der empirisch beobachtete positive Zusammenhang zwischen der Höhe des Ölpreises und der absoluten Höhe der Basis einfach erfassen.

(3) Grundsätzlich kommen als erklärende Variablen für den Ölpreis und die zwölf relativen Basen alle dreizehn Variablen mit einer beliebigen Lag-Struktur in Frage. Zur Vermeidung unrealistischer zeitlicher Entwicklungen der relativen Basis desselben Futurekontraktes sollte das Modell strukturelle Beziehungen zwischen der relativen Basis $B_k(t)$ des Futures mit einer k-monatigen Restlaufzeit im Zeitpunkt t und der relativen Basis $B_{k+1}(t-1)$ des $(k+1)$-monatigen Futures im Zeitpunkt $t-1$, der relativen Basis $B_{k+2}(t-2)$ des $(k+2)$-monatigen Futures im Zeitpunkt $t-2$ etc. erfassen.

Das geschätzte Regressionsmodell besitzt damit die folgende Struktur:

(6) $$\ln S(t) = a_0 + b_0 \ln S(t-1) + c_0 \ln S(t-2) + \ldots + u_0(t).$$

(7) $$B_k(t) = a_k + b_k B_{k+1}(t-1) + c_k B_{k+2}(t-2) + \ldots + u_k(t),$$
$$k = 1, \ldots, 12.$$

Die Indizes der relativen Basen $B_{k+i}(t-i)$ unterliegen dabei der Beschränkung $k+i \leq 12$. Die Anzahl der zeitverzögerten Werte wurde getrennt für jede Gleichung mit Hilfe des Informationskriteriums von Schwarz festgelegt.

Die Ergebnisse der für jede Gleichung getrennt durchgeführten OLS-Schätzung sind in der Tabelle des Anhangs zusammengestellt. Diese enthält die geschätzten Parameter, die Standardabweichungen der Schätzungen, das Bestimmtheitsmaß R^2 sowie die Ergebnisse zweier Tests zu den Eigenschaften der Residuen. Als wichtigste Resultate können festgehalten werden:

- In den Spotpreis und in die relative Basis der Futures mit einer Restlaufzeit von mindestens sechs Monaten gehen erklärende Variablen mit einer Zeitverzögerung von einem und zwei Monaten, in die relative Basis der Kontrakte mit kürzerer Laufzeit nur von einem Monat ein.
- Die im Querschnitt korrelierten Residuen $u_k(t)$ weisen auf Basis des Ljung-Box-Tests keine signifikante Autokorrelation auf. Eine analog durchgeführte Schätzung mit einem bei querschnittskorrelierten Residuen effizienteren SUR-Verfahren führt dagegen zu erheblichen Autokorrelationen der Residuen.
- ARCH-Effekte können auf dem 1-%-Niveau nicht bestätigt werden, während auf dem 5-% Niveau schwache Effekte für den Spotpreis und die relative Basis für Kontrakte mit Restlaufzeiten von acht bis zwölf Monate bestehen.

Das lineare Regressionsmodell mit der in der Tabelle des Anhangs dargestellten Struktur bildet den Kern der eigentlichen Simulationsstudie. Zur Erzeugung der Preispfade wird dann ausgehend von den Preisen vom 22. Juli 1992 ein *Residuenvektor* aus den 123 Beobachtungen des gesamten Untersuchungszeitraumes gezogen (aufgrund der Lag-Struktur reduziert sich die Anzahl der verwendbaren Beobachtungen von 125 auf 123), in die geschätzten Regressionsgleichungen eingesetzt und daraus der Ölpreis, die relative Basis und damit die Futurepreise für den nächsten Monat bestimmt. In dieser Weise wird in Monatsschritten bis zum Ende des zehnjährigen Simulationszeitraumes fortgefahren.

Kalibrierung der Bewertungsmodelle und optimale Absicherungsverhältnisse

Die drei in Tabelle 1 zusammengefassten Bewertungsmodelle liefern in der Regel aufgrund der konstanten NCY keine Übereinstimmung zwischen endogenen und beobachteten Futurepreisen. Werden diese Modelle jedoch verallgemeinert, indem eine von der Kalenderzeit τ abhängige NCY in der Form $Y(\tau)$ bzw. $y(\tau)$ zugelassen wird, dann kann eine vollständige Anpassung der endogenen Futurepreise an die Marktpreise am 22. Juli 1992 erfolgen. Diese Vorgehensweise entspricht der Anpassung der endogenen Zinsstrukturkurve an die beobachtete, wie sie in Inversionsmodellen der Zinsstrukturkurve durchgeführt wird.[10]

Mit den üblichen Arbitrageargumenten ergibt sich dann für die Modelle mit additiver und proportionaler NCY die folgende allgemeine Darstellung der theoretischen Futurepreise:

$$(8) \qquad F(t,T) = S(t)e^{r(T-t)} - \int_t^T Y(\tau)e^{r(T-\tau)}d\tau.$$

$$(9) \qquad F(t,T) = S(t)e^{r(T-t) - \int_t^T y(\tau)d\tau}.$$

Bei dem Modell mit additiver und proportionaler NCY kann die Kalibrierung grundsätzlich über jede der beiden Bestandteile y und Y erfolgen. In der Variante von Ross besteht jedoch aufgrund der Beziehung $y = \kappa + r$ und $Y = -\kappa\gamma$ ein Zusammenhang zwischen den Parametern des Ölpreises und der Art der Kalibrierung. Da der Zinssatz r als konstant vorausgesetzt ist, führt eine Anpassung über den proportionalen Teil y der NCY zu einer Beeinflussung des Mean Reversion Parameters κ. Dieser Parameter besitzt seinerseits einen erheblichen Einfluss auf die Volatilität des Ölpreises am Absicherungszeitpunkt und damit auf das Absicherungsergebnis. Da dieser Effekt unerwünscht ist, wird die Kalibrierung mit Hilfe des additiven Teils Y der NCY oder mit Hilfe einer zeitvariablen Formulierung des risikoadjustierten Mittelwertes $\gamma(\tau)$ vorgenommen.[11] Mit dieser Festlegung ergibt sich im Modell von Ross als theoretischer Futurepreis:

---

[10] Vgl. z.B. Hull / White (1990).
[11] Das analoge Vorgehen für Zinsmodelle findet sich bei Hull / White (1990).

(10) $$F(t,T) = S(t)e^{-\kappa(T-t)} + \int_t^T \kappa\gamma(\tau)e^{-\kappa(T-\tau)}d\tau .$$

Bei dem Modell mit additiver NCY und in dem Modell von Ross ändern sich die optimalen Absicherungsverhältnisse durch die *zeitvariable* NCY nicht. Dies folgt unmittelbar aus der Differenziation der Futurepreise nach dem Ölpreis. Bei proportionaler NCY ergibt sich für die optimalen Absicherungsverhältnisse:

(11) $$x_t^* = e^{-\int_t^T y(\tau)d\tau} \quad (t=1,...,T).$$

Die Absicherungsverhältnisse können auch mit Hilfe der Terminpreise ausgedrückt werden, wie sich durch Nachrechnen direkt überprüfen lässt:

(12) $$x_t^* = \frac{f(t-1,T)e^{-r(T-t)}}{F(t-1,t)} \quad (t=1, ..., T).$$

Damit muss auch im Modell mit proportionaler NCY die Kalibrierung der Modellparameter an die beobachteten Futurepreise *nicht* explizit durchgeführt werden, da die optimalen Absicherungsverhältnisse sich aus beobachtbaren Größen, den Terminpreisen und dem Zinssatz, ermitteln lassen. Dieses Ergebnis ist für die Durchführung der eigentlichen Simulationsstudie von großer Bedeutung.

4. Ergebnisse der empirischen Studie

Absicherungsergebnisse

In jedem der 20.000 Simulationsläufe wird für jedes der drei Modelle das Absicherungsergebnis pro Barrel Öl am Ende des 120 Monate umfassenden Absicherungszeitraums ermittelt. Würde eines der Modelle, wovon jedoch nicht ausgegangen werden kann, die beobachteten Preise von Öl-Futures und die zugehörigen optimalen Absicherungsverhältnisse korrekt erfassen, dann wäre für dieses Modell das Absicherungsergebnis in jedem einzelnen Simulationslauf gleich null.

Abbildung 5 enthält für die drei Bewertungsmodelle und für den Fall, dass auf eine Absicherung verzichtet wird, die Ergebnisverteilungen, charakterisiert durch das kleinste Ergebnis, die 25%-, 50%- und 75%-Fraktile sowie, falls darstellbar, das größte Ergebnis. Zusätzlich sind das durchschnittliche Ergebnis (MW), die Standardabweichung der Ergebnisse (SW) und die Verlustwahrscheinlichkeit (VW) angegeben.

Keine der drei Absicherungsstrategien führt zu einer risikolosen Position am Ende des Absicherungszeitraums. Dieses Ergebnis überrascht nicht, da schon die Rohdatenanalyse zeigte, dass die einfache Struktur dieser Modelle es nicht erlaubt, die Zeitstruktur der Futurepreise in realistischer Weise abzubilden. Obwohl vergleichbare Aussagen auch auf Bewertungsmodelle für Optionen – beispielsweise das Black / Scholes-Modell zutreffen – können diese dennoch mit guten Ergebnissen für Bewertungs- und Absicherungszwecke eingesetzt werden.

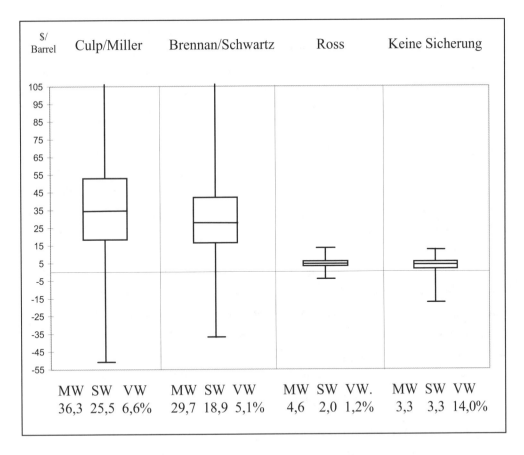

Abb. 5: Kennzahlen der Ergebnisverteilungen; Absicherungszeitraum 10 Jahre; die Ergebnisse beziehen sich auf ein Barrel

Überraschend ist das Ausmaß der Abweichungen von dem idealen Absicherungsergebnis, insbesondere wenn die Absicherungsergebnisse mit dem Fall der Nichtabsicherung verglichen werden. Bei einem durchschnittlichen Ölpreis in der Untersuchungsperiode von 19,48 $ pro Barrel liegen die Absicherungsergebnisse bei der 1:1 Absicherung zwischen –50,7 und +169,6 $ pro Barrel, bei dem Modell von Brennan / Schwartz zwischen –37,0 und +120,1 $ pro Barrel, die zugehörigen Standardabweichungen betragen 25,5 und 18,9 $. Wird dagegen auf eine Absicherung verzichtet, liegen die Ergebnisse zwischen –17,4 und +12,4 $ bei einer Standardabweichung von 3,3 $. Dagegen schneidet das Ross Modell mit Werten zwischen –4,0 und + 13,1$ bei einer Standardabweichung von 2,0 $ deutlich besser ab als die beiden anderen Absicherungsstrategien und etwas besser als der Verzicht auf eine Absicherung.

Zur Erklärung dieser überraschenden Resultate wird zunächst die von der MGRM verfolgte Strategie der Vollabsicherung näher untersucht. Deren Absicherungsergebnis setzt sich zusammen aus dem Wert der nicht abgesicherten Lieferverpflichtung und den aufgezinsten monatlichen Zahlungen aus der Abrechnung des Ein-Monats Futures. Die erste Komponente stimmt mit dem Ergebnis bei einem Verzicht auf Absicherung überein. Der Gewinnbeitrag dieser ersten Komponente zum durchschnittlichen Gesamtgewinn beträgt nur 3,3 $ oder weniger als 10%. Er ist positiv, da die Einnahmen aus der Lieferverpflichtung, der Durchschnitt der zwölf Futurepreise zuzüglich 2,1 $ pro Barrel, über dem durchschnittlichen Ölpreis liegt. Mehr als 90% des durchschnittlichen Gesamtgewinns in Höhe von 36,3 $ pro Barrel stammen aus dem rollierenden Einsatz der einmonatigen Futures. Derartige Gewinne sind dann zu erwarten, wenn der Markt sich vorwiegend in Backwardation befindet *und* die Spotpreise keine dominierende Abwärtsbewegung aufweisen. Dies ist im Untersuchungszeitraum der Fall, wie die in Tabelle 3 ausgewiesenen durchschnittlichen logarithmierten Preisänderungen zeigen. Aus derselben Tabelle ergibt sich ein mittlerer Kursgewinn des Ein-Monats Futures in Höhe von 19,48 - 19,29 = 0,19 $, der ohne Zinseffekt auf einen durchschnittlichen Gewinn in Höhe von $0,19 \cdot 120 = 22,8$ $ für den gesamten Absicherungszeitraum hochgerechnet werden kann.

Die 1:1 Absicherung führt aber auch zu den höchsten Risiken aller Strategien, unabhängig davon, ob das Risiko durch die Standardabweichung, durch das minimale Ergebnis oder durch die relative Anzahl der negativen Ergebnisse (Verlustwahrscheinlichkeit) gemessen wird. Nur bezüglich dieses letzten Risikomaßes, der Verlustwahrscheinlichkeit, führt der Verzicht auf eine Absicherung zu einem höheren Risiko. In der hohen Schwankung der Absicherungsergebnisse kommt das durch die Modelle nicht erfasste Basisrisiko bei Überrollen des Futurekontraktes zum Ausdruck. Wechselt beispielsweise der Markt von einer Backwardation in eine Contango-Konstellation, wie dies 1993 der Fall war, dann können mit einer Vollabsicherung hohe Verluste verbunden sein.

Als *erstes Zwischenergebnis* kann somit festgehalten werden, dass die Vollabsicherung, wie sie näherungsweise dem Hedgeprogramm der MGRM zugrunde lag, erst durch die Absicherungskomponente den Charakter einer Strategie mit hohen Gewinnchancen und hohen Verlustrisiken bei relativ hohen durchschnittlichen Gewinnen erhält. Ein Verzicht auf jede Absicherung hätte zu einem deutlich niedrigeren Risiko geführt. Dieses überraschende Ergebnis beruht auf der hohen Mean-Reversion des Ölpreises im Untersuchungszeitraum, der zu einer Ausmittlung zwischenzeitlicher Gewinne oder Verluste führt. Damit besitzt die Strategie der MGRM im Vergleich zu dem Absicherungsverzicht *spekulativen* Charakter. Ferner zeigen die Ergebnisse der Simulationsstudie, dass ein Durchhalten des Hedgeprogramms zwar im Mittel, aber nicht mit Sicherheit zu einem späteren Ausgleich der bis Dezember 1993 eingetretenen Verluste geführt hätte. Mit einer Wahrscheinlichkeit von 6,6% wäre ein Gesamtverlust aufgetreten, der im Mittel zwar nur 0,6 $, in der Spitze aber 50,7 $ pro Barrel beträgt.

In dem auf einer proportionalen NCY beruhenden Modell von Brennan / Schwartz beträgt das Absicherungsverhältnis x_1^* zu Beginn der Simulation 0,65 und liegt somit deutlich unter eins. Dieses Absicherungsverhältnis ergibt sich aus dem gemäß der Preisstellungsregel der MGRM ermittelten Terminpreis für die zehnjährige Lieferverpflichtung von 23,12, dem einmonatigen Futurepreis von 21,55 und dem zehnjährigen Abzinsungsfaktor von 0,607 bei einem unterstellten Zinssatz von 5%.[12] Das in der Regel, wenn auch nicht immer, im Absicherungszeitraum unter eins liegende Absicherungsverhältnis führt im Einklang mit der oben geführten Argumentation zu einem im Vergleich zur Vollabsicherung niedrigeren durchschnittlichen Gewinn und zu einem niedrigeren Risiko der Brennan / Schwartz Strategie.

---

[12] Vgl. hierzu die in Abbildung 4 für den 22. Juli 1992 dargestellten Futurepreise sowie die am Ende von Abschnitt 3 wiedergegebene Formel für das Absicherungsverhältnis bei proportionaler NCY.

Erst das Modell von Ross resultiert in einer deutlichen Verringerung des mittleren Gewinns und des Risikos. Die Ergebnisse dieser Absicherungsstrategie dominieren auch diejenigen einer Nichtabsicherung in dem Sinne, dass der mittlere Gewinn höher und das Risiko niedriger liegen. Zur Erläuterung dieses Ergebnisses sind in der folgenden Tabelle die Absicherungsverhältnisse $x_t^* = e^{-(\kappa+r)(T-t)}$ für das nicht kalibrierte Modell[13] für einige ausgewählte Zeitpunkte zusammengestellt. Diese beruhen auf dem für den Untersuchungszeitraum ermittelten Schätzwert für den Mean Reversion Parameter von $\hat{\kappa} = 2,49$ und dem gewählten Zinssatz $r = 0,05$.

t	1	60	90	108	112	115	117	118	119	120
x_t^*	$1 \cdot 10^{-11}$	$3 \cdot 10^{-5}$	0,002	0,08	0,18	0,35	0,53	0,65	0,81	1

Tab. 6: Optimales Absicherungsverhältnis im Ross Modell bei zunehmender Kalenderzeit in Monaten, $\kappa + r = 2,54$

Bis zum Zeitpunkt $t = 108$ werden weniger als 1% der Lieferverpflichtungen abgesichert, d.h. in den ersten neun Jahren entwickelt sich der Positionswert wie die ungesicherte Position. Erst im letzten Jahr steigt das Absicherungsverhältnis deutlich an. So wird erst im vorletzten Monat eine Höhe erreicht, wie sie im Brennan / Schwartz Modell bereits zu Beginn des Absicherungszeitraums besteht. Der Erfolg dieser Strategie beruht demzufolge darauf, dass weitestgehend die risikoreduzierende Wirkung der starken Mean Reversion im Ölpreis ausgenutzt und erst zum Schluss mit Hilfe des Futures eine Gegenposition aufgebaut wird.

Liquiditätsergebnisse

Die Asymmetrie in der Zahlungswirksamkeit der langfristigen Lieferverpflichtung und der rollierend eingesetzten Futurekontrakte führt zu der naheliegenden Frage, zu welchen Abflüssen die Absicherungsstrategien im ungünstigsten Fall führen. Hierzu wird für jeden Simulationslauf die zeitliche Entwicklung eines mit $r = 0,05$ verzinslichen Geldmarktkontos betrachtet, über das die zahlungswirksam werdenden Gewinne und Verluste $[S(t) - F(t-1,t)] \cdot x_t^*$ verrechnet werden. Wird der Saldo auf diesem Konto zu Beginn des Monats t mit L_{t-1} bezeichnet, dann ergibt sich sein Bestand am Ende dieses Monats bzw. dem Beginn des Folgemonats zu

---

[13] Vgl. Tabelle 2.

(13) $$L_t = L_{t-1}e^{r/12} + [S(t) - F(t-1,t)] \cdot x_t^*.$$

Das Minimum $L_{t^*} = \min\{L_t | t = 1,\ldots,120\}$ gibt, sofern es negativ ist, zugleich das maximale Kreditvolumen an, das zur Finanzierung einer Absicherungsstrategie für einen simulierten Preispfad erforderlich ist. Abbildung 6 zeigt in Analogie zu Abbildung 5 einige ausgewählte Quantile der Verteilung der Minima L_{t^*}.

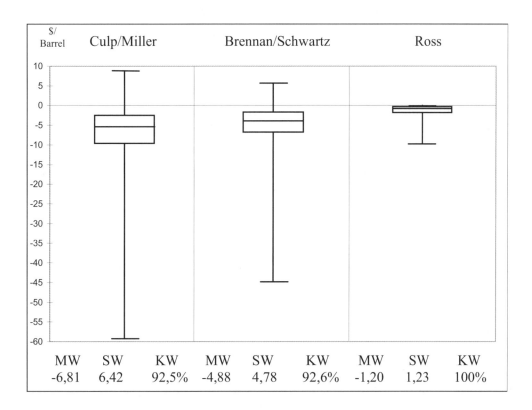

Abb. 6: Kennzahlen der Liquiditätsergebnisse, Absicherungszeitraum zehn Jahre, die Ergebnisse beziehen sich auf ein Barrel

Ähnlich wie in Abbildung 5 sind die höchsten und niedrigsten Beanspruchungen des Geldmarktkontos, die 25%-, 50%- und 75%- Quantile sowie die durchschnittliche Beanspruchung, die Standardabweichung der Beanspruchungen und die Wahrscheinlichkeit angegeben, dass während eines Simulationslaufs ein Kredit (KW) benötigt wird. Mit der in Abbildung 6 nicht enthaltenen Strategie des Absicherungsverzichts sind allenfalls im letzten Zeitpunkt Mittelanforderungen in Höhe des in Abbildung 5 dargestellten Absicherungsergebnisses verbunden.

Zunächst fällt auf, dass im Gegensatz zu den Absicherungsergebnissen die Verteilung der Größe L_{t^*} überwiegend im negativen Bereich liegt. So beträgt die Wahrscheinlichkeit dafür, dass ein Kredit aufgenommen werden muss, zwischen 92,5 % im Modell von Culp / Miller und 100% im Modell von Ross. Dieses Ergebnis war grundsätzlich zu erwarten, da durch L_{t^*} das Minimum der Kontoentwicklung auf einem Simulationspfad definiert wird. 1-KW gibt somit die relative Anzahl der Simulationsläufe an, bei denen die Kontoentwicklung ausschließlich im positiven Bereich verlief.

Bei einer Vollabsicherung betrug das maximale Kreditvolumen bei der ungünstigsten Preisentwicklung 59,22 $ pro Barrel, im günstigsten Simulationslauf sank das Guthaben nie unter 8,69 $ pro Barrel. Der Median beträgt bei dieser Strategie –5,47 $ pro Barrel. Multipliziert man diese Größe mit 180 Mio. Barrel, dem Volumen der zur Absicherung eingesetzten Kontrakte, ergibt sich ein mit 50% Wahrscheinlichkeit während des Absicherungszeitraumes zu erwartendes Kreditvolumen von 900 Mio. $.

Die im Vergleich zur Vollabsicherung niedrigeren optimalen Absicherungsverhältnisse in den Modellen von Brennan / Schwartz und Ross führen auch hinsichtlich der möglichen Kreditaufnahme zu günstigeren Ergebnissen. So erlaubt die auf dem Modell von Ross basierende Strategie eine geringere Kreditaufnahme als die Strategie gemäß Brennan / Schwartz und die Vollabsicherung, unabhängig davon, ob diese durch das höchste in allen 20.000 Simulationsläufen aufgetretene Kreditvolumen, das 25%-, oder das 50%- Quantil gemessen wird. So liegt beispielsweise im Modell von Ross das im Absicherungszeitraum erforderliche Kreditvolumen mit 75% Wahrscheinlichkeit nicht über 1,80 $ pro Barrel. Bei Brennan / Schwartz und Culp / Miller betragen die entsprechenden Größen 6,79 $ und 9,59 $.

Als *zweites Zwischenergebnis* lässt sich festhalten, dass die Liquiditätsproblematik der MGRM grundsätzlich erwartet werden konnte. Bei einem Kontraktvolumen von 180 Mio. Barrel beträgt der Mittelbedarf mit 50% Wahrscheinlichkeit mehr als 900 Mio. $ während des zehnjährigen Absicherungszeitraums und liegt damit in der Größenordnung der von der MGRM erzielten Verluste. Dagegen kann es als überraschend gewertet werden, dass Verluste dieser Größenordnung bereits nach einem Jahr eingetreten sind.

Stabilitätsanalysen

Die wenig überzeugenden Ergebnisse der drei untersuchten Absicherungsstrategien führen auf zwei naheliegende Fragen:

— Lassen sich auf der Grundlage komplexerer Bewertungsmodelle theoretisch fundierte Absicherungsstrategien entwickeln, die im Vergleich zur Strategie des Absicherungsverzichts ein deutlich niedrigeres Risiko besitzen und darüber hinaus mit geringeren Liquiditätsrisiken verbunden sind? Zur Beantwortung dieser Fragen müssen Bewertungsmodelle und Absicherungsstrategien eingesetzt werden, in denen zusätzlich zum Ölpreisrisiko weitere Risikoquellen, insbesondere das Basisrisiko, Berücksichtigung finden. Untersuchungen hierzu sind einer weiteren Studie vorbehalten, in der die NCY als weiterer Risikofaktor modelliert wird.

— Beruhen die schlechten Absicherungsergebnisse auf konzeptionellen Schwächen des Simulatiuonsmodells? So ist vorstellbar, dass die ökonometrische Spezifikation des Simulationsmodells nicht angemessen ist, die Konzentration auf die zehnjährige Lieferverpflichtung das Risiko der Absicherungsstrategien überzeichnet oder dass mögliche Strukturbrüche in den Zeitreihen der Spot- und Futurepreise die Ursache der unbefriedigenden Ergebnisse darstellen.

Während die Untersuchung der ersten Vermutung, die ökonometrische Fehlspezifikation des Modells, ebenfalls einer weiteren Studie vorbehalten bleibt, werden die letzten beiden Hypothesen durch eine Wiederholung der Simulationsstudie überprüft. Hierzu wird der Absicherungszeitraum von zehn auf fünf Jahre reduziert, ohne dabei die in Abschnitt 3 dargestellten ökonometrische Spezifikation der Zeitreihenstruktur zu ändern. Ferner werden Datensätze eliminiert, die Perioden mit "untypischer" Preisbildung zuzuordnen sind. Als "untypische" Perioden in denen Strukturbrüche in den Preisen vermutet werden können, kommt die Golfkrise von Juli 1990 bis Februar 1991 in Frage. Ferner könnten die hohen Absicherungsaktivitäten der MGRM von Januar 1993 bis Februar 1994 zu Preisverzerrungen bei den Futures geführt haben.

Ein wichtiges Indiz für eine vom Modell nur unzureichend erfasste Ausnahmesituation liegt vor, wenn zu den in Frage kommenden Zeitpunkten außergewöhnlich hohe bzw. niedrige Residuen auftreten. Tabelle 7 gibt an, um wie viel Residuen-Standardabweichungen (SW) die Residuen in einzelnen Monaten vom Mittelwert null abweichen. Ferner sind die Ränge aufgeführt, die einzelne Werte in einem nach der Größe geordneten Vektor aller Residuen einnehmen. Es wird deutlich, dass für den Zeitraum der Golfkrise eine Häufung extremer Residuen, insbesondere großer positiver Werte, vorliegt. Für den Zeitraum der verstärkten Hedgingaktivitäten der MGRM ist eine solche Häufung jedoch nicht festzustellen.

Monat	Residuum des logarithmierten Spotpreises		Residuum der relativen Basis (1 Monat)		Residuum der relativen Basis (3 Monate)		Residuum der relativen Basis (6 Monate)		Residuum der relativen Basis (12 Monate)	
	SW	Rang	SW	Rang	SW	Rang	SW	Rang	SW	Rang
7/1990	2,42	118	1,55	118	2,29	121	2,91	122	3,13	122
8/1990	4,04	123	0,71	104	2,17	119	2,13	121	2,62	121
9/1990	2,45	120	1,12	110	1,69	115	1,72	118	1,85	120
10/1990	-1,33	10	-4,13	1	-2,01	3	-0,82	23	-0,19	52
11/1990	2,22	118	1,29	116	0,98	106	1,12	105	1,10	107
12/1990	-0,55	35	0,29	88	0,63	97	0,55	95	0,02	65
1/1991	-0,67	26	2,59	121	1,72	116	1,23	108	0,75	99
2/1991	-1,31	11	-0,77	21	-0,38	42	-0,76	29	-1,28	9
1/1993	-0,80	23	-0,24	53	-0,61	29	-0,87	21	-0,90	17
2/1993	1,02	110	-0,02	66	0,19	82	0,28	85	0,28	81
3/1993	-0,38	40	-0,29	45	-0,30	50	-0,36	46	-0,27	47
4/1993	0,22	76	-0,67	24	-0,65	28	-0,77	27	-0,72	30
5/1993	-0,17	56	-0,08	61	-0,25	54	-0,19	55	-0,16	55
6/1993	-0,67	31	-0,47	31	-0,81	20	-1,04	15	-1,12	13
7/1993	-0,85	21	-0,95	15	-0,83	19	-0,94	20	-1,11	14
8/1993	0,46	93	0.64	101	0,48	95	0,39	91	0,38	90
9/1993	-0,33	45	0.39	93	0,02	72	-0,51	37	-0,75	29
10/1993	0,06	67	0,02	72	0,06	74	-0,02	61	-0,11	57
11/1993	-1,26	12	-0,79	20	-1,03	14	-1,30	8	-1,62	5
12/1993	-2,06	2	0,11	77	-0,75	22	-1,33	7	-1,99	4
1/1994	0,23	77	0,97	107	1,36	112	1,54	116	1,55	118
2/1994	-1,21	13	-0,28	47	-0,68	25	-1,62	3	-2,23	2

Tab. 7: Residuenanalyse für die Zeiträume der Golfkrise und der verstärkten Aktivitäten der MGRM

Die Ergebnisse der Residuenanalyse werden bestätigt durch eine Untersuchung der Auswirkungen einzelner Datenpunkte auf die Schätzwerte des linearen Regressionsmodells mit Hilfe des Cook-Maßes[14]. Es zeigt sich, dass jeder der acht Datenpunkte während der Golfkrise einen sehr starken Einfluss auf die Parameterschätzwerte besitzt, während dies für den zweiten "untypischen" Zeitraum nicht zutrifft.

Auf der Grundlage dieser Resultate wurden die acht Preisvektoren aus den 125 Preisbeobachtungen entfernt, die Zeitreihenstruktur der Spot- und Futurepreise erneut geschätzt und die eigentliche Simulationsstudie nochmals für die Absicherungsperiode von zehn Jahren durchgeführt. Die Ergebnisse sind in Abbildung 7 in einem Ergebnis-Risiko-Diagramm dargestellt. Hierbei charakterisiert der "Standardfall" die anhand Abbildung 5 diskutierten Ergebnisse, die beiden anderen Bezeichnungen sind selbsterklärend. Das auf der Ordinate abgetragene Risiko wird durch die Standardabweichung der Absicherungsergebnisse gemessen.

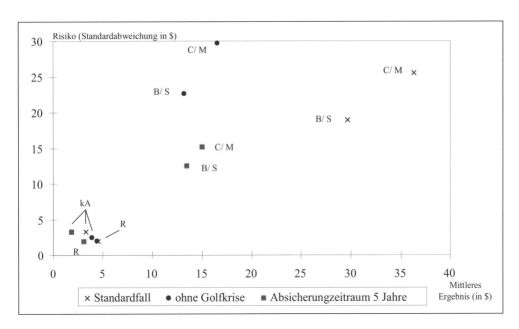

Abb. 7: Ergebnis-Risikostruktur der abgesicherten Position im Standardfall, bei fünfjährigem Absicherungszeitraum und ohne Daten während der Golfkrise

Abbildung 7 zeigt, dass die aus Abbildung 5 bekannten Ergebnisse auch bei den beiden Varianten der Simulationsstudie erhalten bleiben: Alle Strategien führen aufgrund der überwiegend vorliegenden Backwardation-Situation zu positiven durchschnittlichen Absicherungsergebnissen. Ferner liegen die durchschnittlichen Absi-

---

[14] Vgl. Cook (1977).

cherungsergebnisse und deren Risiko für das Ross Modell und bei einem Absicherungsverzicht deutlich unter denen der beiden anderen Strategien. Schließlich führt das Modell mit additiver NCY stets zu höheren mittleren Ergebnissen und zu einem höheren Risiko als das Modell mit proportionaler NCY, und die Ross-Strategie dominiert stets die Strategie mit Absicherungsverzicht.

Die weiteren Vergleiche beziehen sich ausschließlich auf die Modelle mit additiver oder proportionaler NCY. Stellt man die Ergebnisse für die beiden Absicherungszeiträume einander gegenüber, so liegen, wie erwartet, durchschnittliches Absicherungsergebnis und Risiko für den fünfjährigen Zeitraum niedriger als für den zehnjährigen, das Risiko ist aber für beide Modelle immer noch inakzeptabel hoch. Nicht zu erwarten war allerdings das Ergebnis, dass bei der Verdoppelung des Absicherungszeitraumes sich sowohl die Mittelwerte als auch die Varianzen mehr als verdoppeln. Dieses Ergebnis zeigt erneut, dass bei sehr langen Absicherungszeiträumen besondere Vorsicht geboten ist.

Vergleicht man den Standardfall mit den Ergebnissen bei Ausschluss der Daten während der Golfkrise, so überrascht, dass das Risiko zunimmt und zugleich das mittlere Absicherungsergebnis sinkt. Die zweite Beobachtung kann damit erklärt werden, dass während der Golfkrise eine besonders ausgeprägte Backwardation vorliegt. Ein Ausschluss dieser Daten führt naturgemäß zu niedrigeren mittleren Basen und damit zu einem niedrigeren mittleren Absicherungsergebnis. Schwieriger zu erklären ist die erste Beobachtung. Zunächst wäre zu erwarten, dass der Ausschluss des Zeitraums der Golfkrise mit seinen besonders volatilen Daten das Risiko der Absicherungsstrategien reduziert. Zugleich werden damit aber auch Daten ausgeschlossen, bei denen eine hohe Mean Reversion der relativen Basen vorliegt. Die geringere Mean Reversion führt jedoch zu einem höheren mit den Future Kontrakten verbundene Risiko, das den ersten risikoreduzierenden Effekt zu dominieren scheint.

Als *drittes Zwischenergebnis* kann festgehalten werden, dass die untersuchten Variationen der Simulationsstudie die strukturellen Ergebnisse des Standardfalls bestätigen.

5. Schlussfolgerungen und Ausblick

In den letzten Jahren erlitten mehrere Unternehmen hohe Verluste aus dem Geschäft mit Derivaten und strukturierten Produkten. Der Fall "Metallgesellschaft" verdient dabei aus zwei Gründen ein besonderes Interesse. Erstens beruhte der Handel der MGRM mit Derivaten auf einem explizit formulierten Konzept zur *Absicherung* von Risiken aus eingegangenen Lieferverpflichtungen in Öl. Damit unterscheiden sich, zumindest für Außenstehende, die dabei entstandenen Verluste von denen, wie sie bei Barings, Orange County oder Long Term Capital Management durch primär spekulativ aufgebaute, große Positionen verursacht wurden. Zweitens verbirgt sich hinter dem Debakel der MGRM die aus theoretischer Sicht interessante Frage, ob am Ölmarkt eine Absicherung langfristiger Verpflichtungen durch rollierend eingesetzte kurzfristige Terminkontrakte möglich ist. In diesem Zusammenhang wird in einer außerordentlich kontrovers geführten Auseinandersetzung insbesondere diskutiert, ob die MGRM eine als "Absicherung" deklarierte, letztlich aber doch als spekulativ einzustufende Strategie verfolgte und ob bei einer Umsetzung der Strategie, wie sie ursprünglich geplant war, die hohen Verluste vermeidbar gewesen wären.

Beide Fragen wurden in der vorliegenden Arbeit mit Hilfe eines umfangreichen Simulationsmodells untersucht, das auf Spot- und Futuredaten für den Zeitraum von Juli 1986 bis November 1996 beruht. Die Resultate beruhen demzufolge auf diesem ökonometrisch spezifizierten Simulationsmodell und auf dem verwendeten Untersuchungsdesign. Sie sind deshalb insbesondere gebunden an

- die Voraussetzung eines idealisierten, nur aus einer zehnjährigen Lieferverpflichtung bestehende Programms und
- die Annahme, dass die Preisentwicklung im Zeitraum von 1986 bis 1996 auch repräsentativ für die Zeitperiode von 1992 bis 2002 ist.

Unter diesen Einschränkungen wurden die folgenden Ergebnisse erzielt, die zugleich theoretisch und empirisch fundierte Antworten auf die beiden in der Einleitung gestellten Fragen erlauben:

- Die von der MGRM im Wesentlichen verfolgte Strategie der Vollabsicherung führt aufgrund der vorherrschenden Backwardation zu hohen mittleren Gewinnen, die mehr als 50% über dem durchschnittlichen Ölpreis in der Untersuchungsperiode liegen. Die Gewinne sind zugleich mit einem hohen Risiko der abgesicherten Position verbunden. Gewinne und Risiko liegen um einen Faktor von etwa zehn über den entsprechenden Größen für die nicht abgesicherten Positionen, deren vergleichsweise geringes Risiko auf die hohe Mean Reversion des Ölpreises zurückzuführen ist. Insgesamt besitzt somit die verfolgte Strategie der Vollabsicherung einen gewinn- und risikoerhöhenden Effekt und muss in diesem Sinne als spekulativ eingestuft werden.

– Eine ordnungsgemäße Erfüllung der eingegangenen Lieferverpflichtung bei gleichzeitiger Absicherung dieser Position durch kurzfristige Futures hätte *nicht* zu einer weitgehend risikolosen Position am Ende des Absicherungszeitraumes geführt. Im Vergleich zu den in dieser Studie dokumentierten Verlustrisiken wären die tatsächlichen Verlustrisiken aus einer Reihe von Gründen, die in der Literatur diskutiert werden, vermutlich noch höher ausgefallen.

– Das Programm der MGRM ist mit hohen Liquiditätsrisiken verbunden. Mit einer Wahrscheinlichkeit von 50% liegt das Volumen der zwischenzeitlich zu deckenden Fehlbeträge über 900 Mio. $ bei einem Kontraktvolumen von 180 Mio. Barrel. Die Größenordnung der zu verkraftenden Abflüsse war deshalb nicht unwahrscheinlich.

– Eine zweite Absicherungsstrategie, die zu geringeren Absicherungsverhältnissen führt, ist im Vergleich zur Strategie des Absicherungsverzichts ebenfalls mit hohen mittleren Gewinnen und hohen Risiken verbunden. Nur die dritte untersuchte Absicherungsstrategie erweist sich der Strategie des Absicherungsverzichts überlegen. Tatsächlich wurde bei dieser Strategie jedoch weitgehend auf den Einsatz von Futures zur Absicherung verzichtet. Erst in den letzten Monaten des zehnjährigen Absicherungszeitraums erfolgte ein nennenswerter Aufbau von Futurepositionen.

Auf eine zentrale Frage gibt die vorliegende Untersuchung keine Antwort. Gibt es andere, der Komplexität der Absicherungproblematik besser angepasste Strategien, die zu einer weitgehenden Reduktion des Risikos der Absicherungsergebnisse sowohl im Zeitablauf als auch am Ende der Absicherungsperiode führen? Für eine theoretisch fundierte Untersuchung dieser Problematik müssen die Ein-Faktoren Modelle dieser Arbeit zu Modellen erweitert werden, in denen neben dem Ölpreisrisiko weitere Risikoquellen berücksichtigt werden. Hier bietet es sich zunächst an, die NCY als zweiten Risikofaktor zu erfassen. Zwei-Faktoren Modelle dieses Typs wurden in der Literatur entwickelt und können unmittelbar als Grundlage für analytisch charakterisierbare Absicherungsstrategien verwendet werden. In einem weiteren Schritt kann dann versucht werden, die NCY als *modellendogenen* Risikofaktor zu modellieren. Beide Verallgemeinerungen der vorliegenden Studie sind weiteren Untersuchungen vorbehalten.

Anhang

Schätzgleichung	Parameter			R^2	Ljung-Box-Test (12 Lags)	ARCH-Test (12 Lags)
	$\hat{a}$ (Standardfehler)	$\hat{b}$ (Standardfehler)	$\hat{c}$ (Standardfehler)		Teststatistik (P-Wert)	Teststatistik (P-Wert)
Log-Spot	0,542 (0,150)	0,942 (0,088)	-0,124 (0,086)	0,71	16,93 (0,152)	23,86 (0,021)
k=1	0,001 (0,002)	0,464 (0,046)	-	0,46	17,43 (0,134)	9,38 (0,670)
k=2	0,002 (0,003)	0,636 (0,047)	-	0,61	18,49 (0,101)	10,52 (0,570)
k=3	0,003 (0,003)	0,709 (0,048)	-	0,65	17,31 (0,138)	11,98 (0,447)
k=4	0,004 (0,004)	0,745 (0,048)	-	0,66	16,20 (0,182)	13,94 (0,305)
k=5	0,005 (0,004)	0,768 (0,048)	-	0,67	16,57 (0,166)	16,71 (0,161)
k=6	0,007 (0,004)	0,944 (0,085)	-0,186 (0,081)	0,69	11,48 (0,488)	15,34 (0,223)
k=7	0,007 (0,004)	0,960 (0,086)	-0,194 (0,083)	0,70	10,98 (0,531)	17,33 (0,137)
k=8	0,008 (0,005)	0,974 (0,086)	-0,202 (0,084)	0,70	10,71 (0,554)	19,70 (0,073)
k=9	0,009 (0,005)	0,986 (0,086)	-0,211 (0,085)	0,71	10,41 (0,580)	22,35 (0,034)
k=10	0,009 (0,005)	0,993 (0,087)	-0,212 (0,085)	0,71	10,60 (0,564)	24,75 (0,016)
k=11	0,009 (0,005)	0,994 (0,087)	-0,212 (0,087)	0,71	10,85 (0,541)	24,28 (0,018)
k=12	0,009 (0,005)	1,014 (0,089)	-0,213 (0,090)	0,71	11,65 (0,474)	24,13 (0,020)

Tab. A1: **Ergebnisse OLS-Schätzungen des Zeitreihenmodells, Monatliche Beobachtungen, Zeitraum Juli 1986 bis November 1996**

Literaturverzeichnis

Brennan, M. J. / Schwartz, E. S. (Brennan / Schwartz, 1985): Evaluating Natural Resource Investments, in: Journal of Business, Vol. 58, 1985, S. 135-157.

Bühler, W. / Korn, O. (Bühler / Korn, 1998): Absicherung langfristiger Lieferverpflichtungen mit kurzfristigen Futures: Möglich oder unmöglich?, Arbeitsbericht 98-08, Lehrstuhl für Finanzierung, Universität Mannheim, Mannheim 1998.

C&L Treuarbeit Deutsche Revision (C&L) / Wollert-Elmendorff Deutsche Industrie-Treuhand (WEDIT) (C&L Treuarbeit Deutsche Revision / Wollert-Elmendorff Deutsche Industrie-Treuhand, 1995): Bericht über die Sonderprüfung nach § 142 Abs. 1 AktG bei der Metallgesellschaft AG, Frankfurt a. M., gemäß Beschluss der außerordentlichen Hauptversammlung am 24.2.1994.

Cook, R. D. (Cook, 1977): Detection of Influential Observations in Linear Regression, in: Technometrics, Vol. 19, 1977, S. 15-18.

Culp, C. L. / Miller, M. H. (Culp / Miller, 1994): Hedging a Flow of Commodity Derivatives with Futures: Lessons from Metallgesellschaft, in: Derivatives Quarterly, 1, 1994, S. 7-15.

Culp, C. L. / Miller, M. H. (Culp / Miller, 1995): Metallgesellschaft and the Economics of Synthetic Storage, in: Journal of Applied Corporate Finance, Vol. 7, 1995, No. 4, S. 6-21.

Dickey, D. A. / Fuller, W. A. (Dickey / Fuller, 1979): Distribution of Estimators for Autoregressive Time Series with a Unit Root, in: Journal of the American Statistical Association, Vol. 74, 1979, S. 427-431.

Edwards, F. R. / Canter, M. S. (Edwards / Canter, 1995): The Collapse of Metallgesellschaft: Unhedgeable Risks, Poor Hedging Strategy, or Just Bad Luck, in: The Journal of Futures Markets, Vol. 15, 1995, No. 3, S. 211-264.

Engle, R. F. / Granger, C. W. J. (Engle / Granger, 1987): Co-integration and Error Correction: Representation, Estimation and Testing, in: Econometrica, Vol. 55, 1987, S. 251-276.

Granger, C. W. J. / Newbold, P. (Granger / Newbold, 1974): Spurious Regressions in Econometrics, in: Journal of Econometrics, Vol. 2, 1974, S. 111-120.

Hull, J. / White, A. (Hull / White, 1990): Pricing Interest Rate Derivative Securities, in: The Review of Financial Studies, Vol. 3, 1990, No. 4, S. 573-92.

Kniese, G. (Kniese, 1997): Futureshedging auf Ölmärkten – Die Öl-Geschäftsstrategie der Metallgesellschaft, Wiesbaden 1997.

Kropp, M. (Kropp, 1995): Die Öltermingeschäfte der Metallgesellschaft – Anmerkungen zu einer Kontroverse, in: Zeitschrift für Bankrecht und Bankwirtschaft, 1995, 1, S. 14-32.

Mann, T. (Mann, 1997): Öltermingeschäfte und die Krise der Metallgesellschaft in den Jahren 1993-1995, in: Zeitschrift für Wirtschafts- und Sozialwissenschaften, Vol. 117, 1997, S. 23-54.

Mello, A. S. / Parsons, J. E. (Mello / Parsons, 1995): Maturity Structure of a Hedge Matters: Lessons from the Metallgesellschaft Debacle, in: Journal of Applied Corporate Finance, Vol. 8, 1995, No. 1, S. 106-120.

Metallgesellschaft (Metallgesellschaft, 1995): Die Bewältigung einer Krise – Der Weg der Metallgesellschaft aus dem Öl-Debakel in den USA, in: Vorstand der Metallgesellschaft AG (Hrsg.), Broschüre, Februar, 1995.

Phillips, P. C. B. (Phillips, 1986): Understanding Spurious Regressions in Econometrics, in: Journal of Econometrics, Vol. 33, 1986, S. 311-340.

Pirrong, S. C. (Pirrong, 1997): Metallgesellschaft: A Prudent Hedger Ruined, or a Wildcatter on NYMEX?, in: The Journal of Futures Markets, Vol. 17, 1997, No. 5, S. 543-578.

Ross, S. A. (Ross, 1997): Hedging Long Run Commitments: Exercises in Incomplete Market Pricing, Economic Notes by Banca Monte dei Paschi di Siena SpA, Vol. 26, 1997, No. 2, S. 385-420.

Schwarz, G. (Schwarz, 1978): Estimating the Dimension of a Model, in: Annals of Statistics, Vol. 6, 1978, S. 461-464.

Spremann, K. / Herbeck, T. (Spremann / Herbeck, 1997): Zur Metallgesellschaft AG und ihrer Risikomanagement-Strategie, in: Schmalenbachs Zeitschrift für betriebswirtschaftliche Forschung, 1997, Sonderheft Nr. 38, S. 155-89.

Wahrenburg, M. (Wahrenburg, 1996): Hedging Oil Price Risk: Lessons from Metallgesellschaft, Proceedings of the Ninth Annual CBOT European Futures Research Symposium, February, Tilburg 1996, S. 9-47.

Preisbildung auf liberalisierten Strommärkten

von Ralf Wagner / Michael Schroeder / Niels Ellwanger

1. Motivation
2. Ökonomische Modellierung des Strommarktes
3. Strompreisrisiken am Beispiel der Niederlande
4. Die Price Forward-Curve, zukünftige Spotpreise und Preisvorhersagen
5. Einordnung der Bewertungsmethoden
6. Ausblick

Für Hinweise und Kommentare danken wir Herrn Carl Friedrich Spilcke-Liss.

1. Motivation

Preisrisiken in Form von stark schwankenden Preisen bestanden für Elektrizitätsversorgungsunternehmen (EVUs) in der Vergangenheit in erster Linie bei der Beschaffung von Rohstoffen wie Kohle, Öl und Gas für den Kraftwerksbetrieb zur Stromerzeugung. Auf der Stromabsatzseite wurden die Preise aufgrund des monopolistischen Ausnahmebereichs der Stromversorgung reguliert und an den Kosten orientiert. Preissteigerungen und Preisrisiken auf der Beschaffungsseite konnten somit an die Verbraucher weitergegeben werden.

Mit der Liberalisierung der Strommärkte durch die Binnenmarktrichtlinie der Europäischen Union für Strom und deren Umsetzung mit dem novellierten Energiewirtschaftsgesetz (EnWG) vom 29. April 1998 wird die bisherige Wirtschaftsordnung der Branche grundlegend verändert. Da Zuwachsraten beim Stromverbrauch nur sehr moderat sind und erhebliche Überkapazitäten vorliegen, führt der Konkurrenzkampf auf dem gesättigten Strommarkt zu sinkenden Strompreisen und abnehmenden Margen für die Erzeuger. Den Unternehmen, die frühzeitig reagieren, eröffnen sich auf dem liberalisierten europäischen Strommarkt jedoch Chancen: Allein der deutsche Strommarkt weist ein Umsatzvolumen von mehr als 40 Milliarden Euro jährlich aus.

In den EVUs kommt der Absicherung von Strombezug und -verkauf gegen Marktrisiken eine zentrale Rolle zu. Mit Hilfe neuartiger Finanzinstrumente auf dem Energiemarkt können die EVUs Preis- und Mengenrisiken hedgen und darüber hinaus zusätzliche Verdienstchancen durch aktives position taking am Markt nutzen. Üblicherweise halten liberalisierte Strommärkte ausreichend finanzielle Instrumente wie Forwards, Futures und Optionen vor. Diese ähneln in ihren Charakteristika zwar stark denen der Finanz- und Bankenwelt, aufgrund der Beschaffenheit des „commodity Strom" ergeben sich jedoch einige bewertungsrelevante Unterschiede. Daher müssen die Bewertungsverfahren für die klassischen Finanzinstrumente auf den Prüfstand gestellt und geeignet modifiziert werden. Grundlage jeder Bewertung sind Marktbeobachtungen, aus denen die Bewertungen für Forwardkontrakte ebenso abgeleitet werden wie Entwicklungsmuster zukünftiger Spotpreise. Mit Hilfe von *Price Forward-Curves* und Preisprognosemodellen lassen sich Forwardkontrakte und Optionen bewerten.

Im nächsten Abschnitt wird die ökonomische Struktur des Strommarktes diskutiert. Der dritte Abschnitt widmet sich Strompreisrisiken am Beispiel der Niederlande. Im nächsten Abschnitt werden die Schwierigkeiten des Erstellens von Price Forward-Curves für den Strommarkt aufgezeigt. In den darauf folgenden Abschnitten werden Ansätze zu deren Modellierung erläutert. Ein Ausblick schließt das Kapitel ab.

2. Ökonomische Modellierung des Strommarkts

Das Optimierungsproblem der Angebotsseite eines regionalen EVUs besteht darin, den Kraftwerkseinsatz so zu planen, dass die erwartete Stromnachfrage im relevanten Versorgungsgebiet zu minimalen Kosten befriedigt werden kann.

Die Stromangebotsfunktion für einen bestimmten Zeitraum lässt sich generieren, indem die produzierbaren Strommengen den kurzfristigen Grenzkosten der Kraftwerke in aufsteigender Folge zugeordnet werden. Die Grenzkostenfunktion (GK) ergibt sich, indem die für die zusätzliche Produktion einer weiteren Kilowattstunde (kWh) Strom aufzuwenden Kosten pro Kraftwerk der Größe nach geordnet werden. Somit ist gewährleistet, dass die billigsten Stromproduzenten die Marktpreise determinieren. Die der Höhe der Grenzkosten entsprechende Ordnung der Kraftwerke wird als „merit order" oder „supply stack" bezeichnet.[1] Dieser ist in den Darstellungen des Strommarkts in Abb. 1 und Abb. 2 mit S bezeichnet.

Die Form der Angebotsfunktion hängt als aufsteigender Ast dieser kurzfristigen „Systemgrenzkostenfunktion", der der Angebotsfunktion entspricht, von mehreren Besonderheiten des Strommarkts ab:

Die Stromerzeugungskosten sind hoch korreliert mit den Inputpreisen für die Stromerzeugung in den Kraftwerken. So produzieren Wasserkraftwerke mit sehr geringen kurzfristigen Grenzkosten, gefolgt von Kern- und Kohlekraftwerken. Die Stromgewinnung aus älteren Öl- und Gaskraftwerken ist aufgrund der niedrigeren Wirkungsgrade meist mit relativ hohen kurzfristigen Grenzkosten verbunden. Die Höhe der kurzfristigen Grenzkosten ist für die einzelnen Kraftwerke nicht über die Zeit konstant, sondern hängt von den Preisen für Primärenergie und von der Kraftwerksauslastung ab. Die Rohstoffpreise selbst sind ebenfalls sehr volatil.

Zu Spitzenzeiten der Stromnachfrage muss die zur Stromerzeugung eingesetzte Technologie angepasst werden, womit die kurzfristigen Grenzkosten der Stromer-

---

[1] Johnson / Barz (1999), S. 12.

zeugung gemäß den Grenzkosten des zuletzt eingesetzten Kraftwerks, dem „marginal unit", steigen. Je höher die Stromnachfrage, umso grenzkostenintensivere Kraftwerkstypen werden eingesetzt. So wird die Grundlast mit Wasser-, Braunkohle- und Kernkraftwerken abgedeckt, während bei Mittellast auf Steinkohlenkraftwerke zurückgegriffen wird. Während der Spitzenlasten werden häufig leicht regulierbare Öl- und Gaskraftwerke eingesetzt. Einzelnen Abschnitten der Grenzkostenfunktion der Stromerzeugung können verschiedene Kraftwerkstypen zugeordnet werden, da sich die Rohstoffpreise unterscheiden. Wie bereits erläutert, sind Rohstoffe jedoch ebenfalls hochvolatil, so dass sich keine eindeutige Abfolge der Kraftwerkstypen etablieren lässt.

Die Grenzkosten der Stromerzeugung hängen jedoch nicht nur vom Typ, sondern auch vom technischen Stand, der Reparaturanfälligkeit und der Kapazität der einzelnen Kraftwerke ab. So werden in der Regel nicht alle Kraftwerke zu einem bestimmten Zeitpunkt zur Verfügung stehen, da sie in regelmäßigen Abständen gewartet werden müssen und bisweilen technisch bedingt ganz ausfallen. Umgekehrt werden bestimmte Kraftwerke – wie Kern- oder Kohlekraftwerke – aufgrund ihrer hohen An- und Abfahrtkosten fast ausschließlich im Rahmen der Revisionszyklen völlig ausgeschaltet. Die Produktionsniveaus, auf denen Kraftwerke maximal betrieben werden können, variieren des Weiteren mit dem Kraftwerkstyp, wobei dieses Niveau etwa zwischen 70 % und 100 % der tatsächlich verfügbaren Kapazitäten liegt.

Der untere Teil der Grenzkostenfunktion wird daher von Grundlastkraftwerken wie Kohle- und Kernkraftwerken dominiert, während dem oberen Bereich der Grenzkostenfunktion Spitzenlastkraftwerke – in der Regel Gaskraftwerke – zugeordnet werden können. Wegen der unterschiedlichen Grenzkosten der Energieerzeugung über verschiedene Kraftwerkstypen hinweg wird die Angebotsfunktion nach elastischen Abschnitten auch Sprünge aufweisen, die von Kraftwerksumstellungen rühren. Dies ist in den Angebotsfunktionen der Abbildungen 1 und 2 berücksichtigt. So steigt die Grenzkostenfunktion aufgrund der Kapazitätsbeschränkungen, die sich aus den Verfügbarkeiten einzelner Kraftwerkstypen ergeben, abschnittsweise exponentiell an; auf preiselastische Abschnitte des Angebots folgen unelastische. Aufgrund von Engpässen im überregionalen Transportnetz bzw. des begrenzten regionalen Kraftwerksparks kann das Stromangebot kurzfristig nicht beliebig ausgeweitet werden und ist nach oben durch eine Kapazitätsobergrenze K^{max} beschränkt.

Politische Determinanten des Strommarkts sind bei der Modellierung des Strommarkts nicht zu unterschätzen. Für die Einspeisung von Strom aus regenerativen Energieformen wie für Wind- und Solarenergie werden z. B. in Deutschland Preise staatlich festgesetzt. Preise für Strom aus regenerativen Energieträgern sind daher keine Gleichgewichtspreise. Weiter ist zu beachten, dass den zu geringen Grenzkosten produzierenden deutschen Kernkraftwerken mit einer Nettoleistung von 22 Gigawatt (GW) eine vorzeitige Stillegung droht, was andere Formen der Energieerzeugung begünstigen würde. Außerbörslich kommt bereits der auf der Klimakonferenz von Kyoto 1997 beschlossene weltweite Handel mit Verschmutzungslizenzen zur Minderung der Belastung der Erdatmosphäre mit Treibhausgasen vom Jahr 2008 an bis zum Jahr 2012 in Schwung.[2] Dieser Handel mit Umweltderivaten wird zunehmenden Druck auf die Betreiber von Kraftwerken, die mit fossilen Brennstoffen angetrieben werden, ausüben.

Die Nachfrageseite des Strommarkts ist meist die treibende Kraft der Strompreisschwankungen. Die Stromnachfrage ist äußerst preisunelastisch, da die Nutzung von Strom in bestimmtem Ausmaß ein Grundbedürfnis darstellt.

Aufgrund eines über den Tag stark schwankenden Strombedarfs weist die Stromnachfragefunktion so genannte „intraday variations", also auffällige, über den Tag verteilte systematische Schwankungen, auf. Beispielsweise ist zu beobachten, dass während eines Werktags vormittags die nachgefragte Strommenge weitaus höher ist als in den Abendstunden.

Entscheidend für die mittel- und langfristige Strompreisentwicklung sind die von der Nachfrageseite ausgelösten saisonalen Schwankungen des Strompreises. So sind wöchentliche Schwankungen zu beobachten, die auf die unterschiedliche wirtschaftliche Intensität zu verschiedenen Wochentagen zurückzuführen ist. Des Weiteren existieren Monatssaisonalitäten, da der Stromverbrauch jahreszeitlich bedingt ist. Ursächlich für die auftretenden Saisonalitäten ist in erster Linie der Einfluss des regionalen Klimas sowie des Wetters.

In Abb. 1 ist die Preisbildung auf dem Strommarkt nach dem Ausfall eines Grundlastkraftwerks dargestellt, der sich zu einem Zeitpunkt sehr hoher Stromnachfrage ereignet. Die Angebotsfunktion verschiebt sich nach links ($S_0 \to S_1$) und mit ihr die

---

[2] Vgl. Keefe (1999).

Kapazitätsobergrenze des regionalen Kraftwerksparks ($K_0^{max} \to K_1^{max}$). Aufgrund der relativ preisunelastischen Nachfrage D kommt es zu einem scharfen Preisanstieg ($p_0 \to p_1$), obwohl sich die produzierte Strommenge nur geringfügig ändert ($x_0 \to x_1$).

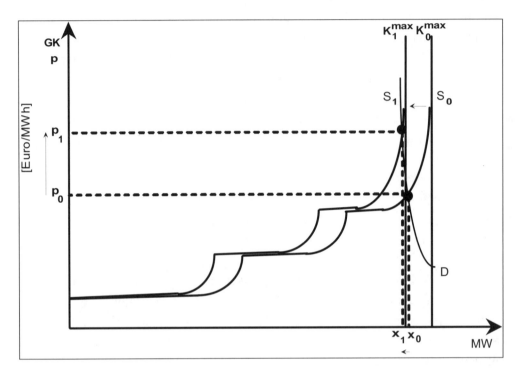

Abb. 1: Strompreisbildung bei Ausfall eines Grundlastkraftwerks

In Abb. 2 ist eine Strompreisspitze infolge eines exogenen Nachfrageschubs dargestellt, wodurch sich die Strommenge von x_0 auf x_1 erhöht. Die Nachfragefunktion verschiebt sich nach rechts ($D_0 \to D_1$), wodurch zur Deckung des zusätzlichen Bedarfs weitere Strommengen zu stark steigenden Grenzkosten mit für die Spitzenlast vorgesehenen Kraftwerkstypen erzeugt werden müssen. Auch in diesem Fall wird ein Preisschub ($p_0 \to p_1$) ausgelöst.

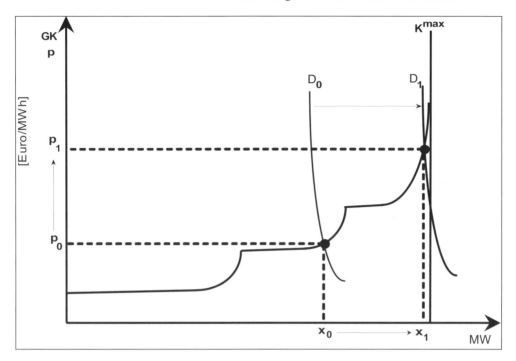

Abb. 2: Preisbildung bei einem exogenen Nachfrageschub

Bei der Modellierung des Nachfrageverhaltens ist zu berücksichtigen, dass in den Bezugs- und Lieferverträgen zum Teil komplexe Optionalitäten enthalten sind. So besitzen Haushaltskunden das Recht, ihren Stromverbrauch jederzeit ihren Bedürfnissen anzupassen, ohne dass diese Anpassungen Auswirkungen auf den Bezugspreis von Strom hätten. Dies bedeutet, dass in solchen Fällen Strombezieher bei Versorgungsengpässen keine Preissignale empfangen, die sie zur Änderung ihrer Stromnachfrage veranlassen würden, indem sie zum Beispiel im Sommer ihre Klimaanlagen abstellten. Die Stromnachfrage wird daher nicht durch Preisänderungen auf der Angebotsseite gesteuert. Die höheren Kosten der Stromerzeugung zu Spitzenzeiten werden von den EVUs in einem durchschnittlichen Tarif auf die Summe der Verbraucher abgewälzt.

Zusammenfassend sind folgenden Charakteristiken des Strommarktes Rechnung zu tragen:

Nichtspeicherbarkeit von Strom

Strom ist nur unzureichend speicherbar. Noch immer hat sich keine Technik zum Speichern relevanter Mengen von Strom in der Praxis bewährt. Strom muss in der Regel im Moment seiner Entstehung verbraucht werden. Diese Tatsache nimmt einen enormen Einfluss auf die Investitionsentscheidungen von Energiemanagern und beeinflusst wesentlich Entscheidungen über die Inbetriebnahme von Kraftwerken.

Die üblichen Arbitragebeziehungen zwischen Spot- und Forwardpreisen (s. hierzu die Ausführungen unten) brechen aufgrund des Mangels an Stromspeichern zusammen. Die Eigenschaft der Nichtspeicherbarkeit nimmt Einfluss auf die Kontraktspezifika von Stromforwards. Denn das Gut Strom kann nur zu dem Zeitpunkt produziert werden, zu dem es auf der Nachfrageseite benötigt wird. Dies unterstreicht, dass es sich bei zu unterschiedlichen Zeitpunkten produzierter Elektrizität um verschiedene Güter handelt, die untereinander nicht substituierbar sind.

Intraday-Variationen

Neben den Saisonalitäten hängt die Stromnachfrage auch von tageszeitlichen Bedingungen ab. Dabei ist wieder zu beachten, dass Strom quasi minütlich ein anderes Gut ist. Intraday-Variationen bei Strom ergeben sich vor allem aus verschiedenen wirtschaftlichen Aktivitätsniveaus zu unterschiedlichen Zeitpunkten. So ist zum Beispiel zu beobachten, dass Strom nachts weniger nachgefragt wird als tagsüber. Nachfrageschwankungen wiederum haben Einfluss auf die Gestalt der Price Forward-Curve für Strom. Um verlässliche Aussagen auf Basis einer Price Forward-Curve machen zu können, muss deren Struktur genau bekannt sein.

Regionalität

Price Forward-Curves für Strom differieren regional sehr stark. Diese Differenzen ergeben sich aus den Kraftwerkstypen und den Energieträgern, mit denen Strom erzeugt wird, gepaart mit technischen Übergangsrestriktionen, aus den zur Stromerzeugung benötigten Inputs, aus dem regionalen Klima sowie in Abhängigkeit von den demographischen und wirtschaftlichen Regionalstrukturen. Dies begünstigt die Bildung von lokalen Märkten für Strom. Daher wird Strom häufig als „regional commodity" bezeichnet – im Unterschied beispielsweise zu Öl, welches ein „global commodity" ist.

Begrenzte Übertragungskapazitäten

Sollte es aufgrund von Spitzennachfragen in bestimmten Perioden zu Engpässen bei den Übertragungskapazitäten kommen, können in die Engpassregionen keine Strommengen mehr transportiert werden. Diese technische Restriktion trennt den Gesamtmarkt in mehrere lokale Teilmärkte; so entstehen regional unterschiedliche Gleichgewichtspreise.

Illiquidität des Marktes

Aufgrund einer Differenz zwischen den Produktionskosten des letzten in Betrieb gegangenen Kraftwerks und den weitaus höheren Produktionskosten des nächst teureren Kraftwerks kann es auf der Angebotsseite dazu kommen, dass der Marktpreis sich sprunghaft entlang der unelastischen Angebotsfunktion nach oben anpasst (s. Abb. 1). Analog können, von einem hohen Preisniveau ausgehend, erst starke Preissenkungen zu einer erneuten Stromnachfrage führen. Der liquide Teil des Stromterminmarkts erstreckt sich lediglich über etwa einen Zeithorizont von einem Jahr. Für längerfristige Betrachtungen müssen demnach andere Methoden zur Bestimmung der Price Forward-Curve gefunden werden.

Aus diesen Eigenschaften des Strommarkts folgt, dass bei der Modellierung des Strommarktes folgenden Charakteristiken von Strompreisen Rechnung zu tragen ist:

– Floor und/oder Mean Reversion
 Strompreise tendieren zu einem Gleichgewichtsniveau, welches sich aus den Produktionskosten für Strom ergibt sowie aus dem zyklischen Nachfrageverhalten der Verbraucher. Auf manchen Märkten kann beobachtet werden, dass die Strompreise regelmäßig auf ein unteres Preisniveau zurückfallen (auf ein „floor level"), auf anderen Märkten schwanken die Preise um einen langfristigen Mittelwert oder Preistrend (man sagt, die Preise sind „mean reverting").
– Saisonale Effekte
 Der Strompreis ist täglichen Preisschwankungen ebenso ausgesetzt wie wöchentlichen und monatlichen Saisonalitäten aufgrund von Nachfrageschwankungen. Diese wiederum sind in erster Linie abhängig von der wirtschaftlichen Struktur und Entwicklung eines Marktes sowie von Wettereinflüssen.

- Preisabhängige Volatilitäten
  Tagesvolatilitäten auf Strommärkten, die annualisiert bis zu 1.000 % und mehr betragen können, sind stark korreliert mit dem absoluten Strompreisniveau und weisen Sprünge und Saisonalitätsstrukturen auf. Betrachtet man die Grenzkosten der Stromerzeugung in Abhängigkeit von den Kraftwerkstypen, wird deutlich, dass die Priesvolatilitäten mit dem absoluten Niveau der Strompreise steigen: Kostenintensive Formen der Stromerzeugung werden nur bei sehr hohen Marktpreisen eingesetzt. Muss eine hohe Nachfrage mit entsprechend kostenintensiven Kraftwerkstypen befriedigt werden, kann bereits der Ausfall eines Kraftwerks zu Versorgungsengpässen führen. Steigende Strompreise gehen einher mit höheren Grenzkosten der Stromerzeugung und wachsender Unsicherheit über die Möglichkeiten, die Nachfrage zu decken, so dass die Volatilität der Preise ansteigt.
- Preissprünge
  Strompreise weisen gelegentliche Sprünge auf, welche aus begrenzten Übertragungskapazitäten ebenso rühren, wie aus einem an der Kapazitätsgrenze produzierenden Kraftwerkspark. Bei Nachfragerückgängen fallen die Preise ebenso schnell wieder auf ihr ursprüngliches Niveau zurück. Bisweilen resultieren auch negative Preissprünge, wenn es bei ausgelastetem Kraftwerkspark aufgrund technischer Restriktionen nicht adäquat möglich ist, sich angebotsseitig auf eine schnell sinkende Stromnachfrage anzupassen.
- Regionale Preisstrukturen
  Strompreise können aufgrund unterschiedlicher wirtschaftlicher Strukturen und klimatischer Gegebenheiten auf verschiedenen Märkten extrem differieren.

3. Strompreisrisiken am Beispiel der Niederlande

Die Vielfalt der auf die Preisbildung am Strommarkt einwirkenden Einflussfaktoren lässt sich mittlerweile nicht nur an den regelmäßig in den Sommermonaten auftretenden Preiskapriolen auf amerikanischen Märkten illustrieren, wo die Strompreise z. B. am 24. Juni 1998 von einem durchschnittlichen Preis von 30 $/MWh auf bis zu 7.500 $/MWh stiegen. Auch die Amsterdamer Strombörse APX lieferte in den ersten Monaten des Jahres 2000 ein zuvor nie gesehenes Lehrbeispiel für den kontinentaleuropäischen Strommarkt.

Extreme Katerstimmung nach dem Jahrtausendwechsel dürfte die Wiederaufnahme des Stromhandels am 2. Januar 2000 bei vielen Teilnehmern am niederländischen Strommarkt verursacht haben, als der Durchschnittstrompreis an der APX um 1,54 €/MWh am letzten Handelstag des vorangegangenen Jahres auf 26,72 €/MWh anzog. Ursache hierfür waren Import-Mengenbeschränkungen des niederländischen Netzbetreibers TenneT aufgrund der Stürme in Frankreich, die dort starke Beschädigungen an den Übertragungskapazitäten verursacht hatten. Der Netzbetreiber wollte mit dieser Maßnahme möglichst flexibel auf Notfälle reagieren. Da nun die niederländischen Stromerzeuger und Weiterverteiler fast allein auf den Binnenmarkt beschränkt waren, ergab sich eine starke Überschussnachfrage, die die Preise bei verknapptem Angebot in die Höhe trieb. Die Angebotsseite konnte die Preise fast beliebig diktieren. Hier wird der Einfluss von mangelnden Übertragungskapazitäten (so genannten „bottlenecks of transmission"[3]), die zu abgeschotteten lokalen Märkten führen, auf die Strompreisbildung deutlich (s. Abb. 3).

Von da an wurde deutlich, dass einige Weiterverteiler ohne eigene Kraftwerkskapazitäten extrem short waren, also gezwungen waren, zur Deckung ihrer Lieferverpflichtungen Leistung auf dem Spotmarkt einzukaufen. Eine vorzeitige Absicherung des Verkaufs über den Kauf von Forwards mit holländischen Marktteilnehmern fand offensichtlich nicht statt. Die Weiterverteiler hatten die Importbeschränkungen des Netzbetreibers falsch eingeschätzt.

Die Situation verschärfte sich weiter an den darauffolgenden Tagen. Insbesondere an den grenzüberschreitenden Leitungen in Maasbracht an der Grenze zu Deutschland konnte das Netz die Produktionsüberschüsse in Spitzenlastzeiten nicht mehr verkraften. Es kam zu „Stauungen im Netz", denn der Stromfluss zwischen Deutschland und Frankreich blieb aufgrund der Sturmschäden weiter stark eingeschränkt. Wieder waren die niederländischen Weiterverteiler gezwungen, ihr Stromdefizit teuer an der APX zu decken. Der Strompreis stieg mittlerweile bis auf 570 €/MWh (vgl. Abb. 3). Die Situation verbesserte sich nicht, im Gegenteil! TenneT reduzierte die Importkapazitäten von ursprünglich 900 MW auf 600 MW und dann auf 300 MW für viele Spitzelaststunden. Mehrere Weiterverteiler mussten zu fast jedem Preis kaufen bzw. konnten ihre Short-Positionen erst gar nicht rechtzeitig glattstellen.

---

[3] Kaminski (1998), S. 156.

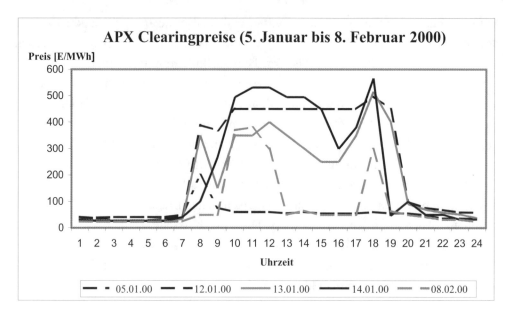

Abb. 3: Preisbewegungen an der APX Anfang des Jahres 2000

Erschwerend für die Händler kam hinzu, dass nachträgliche Erhöhungen des Liefervolumens von der Vereinigung niederländischer Stromerzeuger mit „Strafpreisen" in Höhe von 570 €/MWh belegt wurden. Die Preise an der APX sowie die Penelen aus schlagend gewordenen Mengenrisiken trieben mehrere Verteiler an den Rand des Ruins. Die Weiterverteiler hatten sich schlicht „verspekuliert". Ihnen blieb nichts anderes mehr übrig, als sich entweder an der APX teuer mit Strom einzudecken, oder aber die hohen „Strafpreise" für die Unterdeckung ihres Angebots an die Vereinigung niederländischer Energieunternehmer zu zahlen.

Aufgrund dieser Erfahrungen wächst in den Niederlanden die Einsicht, dass die Vernetzung mit benachbarten Ländern ausgebaut werden müsse, wenn die Niederlande einen offenen Strommarkt ermöglichen wolle. Erschwerend für den niederländischen Markt kommt weiter hinzu, dass die Strompreise an eine so genannte „Protokollvereinbarung" mit den nationalen Erzeugern gebunden sind, um die stranded costs auszugleichen. Dies alles zusammen macht den niederländischen Markt intransparent und schafft Markteintrittsbarrieren für ausländische Unternehmen. Insbesondere die mangelnde Vernetzung der Niederlande mit den Nachbarländern gefährdet bereits die Reputation der APX, die ihre Pläne für die Auflegung eines Future-Kontraktes wegen der hohen Volatilität der Spotpreise zunächst einmal verschob.

Ende Januar entspannte sich die Situation in den Niederlanden wieder, da warmes Wetter die Stromnachfrage drückte und einen Dumping-Effekt auf die Preise auslöste. Die längeren Tage trugen außerdem dazu bei, dass weniger Strom in den Abendstunden nachgefragt wurde. Auch die Protokollvereinbarung wurde mittlerweile entschärft. Demnach dürfen Weiterverteiler nun zusätzliche Strommengen von den einheimischen Erzeugern zu Protokollpreisen kaufen. Damit sind die Strafpreise für Spitzenlast de facto abgeschafft. Auch die Importbeschränkungen wurden vom Netzbetreiber TenneT weitgehend aufgehoben. Allerdings reagiert der Netzbetreiber nach wie vor auf die bestehenden Probleme mit dem französischen Netz, was wegen der Marktdynamik von Angebot und Nachfrage an der APX zu weiter sehr volatilen Preisen führt (vgl. wieder Abb. 3 zur Situation am 8. Februar).

Auf eindrucksvolle Weise wird in den Preisbewegungen an der APX deutlich, dass der europäische Strommarkt noch nicht so durchlässig und einheitlich ist, wie viele Marktteilnehmer sich das wünschen. Extreme Preis- und Mengenrisiken lauern. Die Amsterdamer Erfahrungen lehren, dass eine vorbeugende Identifizierung aller Risikofaktoren insbesondere für Stromverteiler und Stromhändler ohne eigene Kraftwerkskapazitäten überlebenswichtig ist. Diejenigen Marktteilnehmer, die noch kein funktionierendes System des Risikomanagements und des Risikocontrollings etabliert haben, sind den Risiken des Stromgeschäfts in besonderem Maße ausgesetzt.

4. Die Price Forward-Curve, zukünftige Spotpreise und Preisvorhersagen

Zur frühzeitigen Absicherung gegen Preisrisiken sind zahlreiche Hilfsmittel verfügbar. Eine *Price Forward-Curve* für Strom gibt diejenigen Preise an, zu denen Marktteilnehmer momentan bestimmte Mengen auf Termin kaufen und verkaufen können. Die Price Forward-Curve ist den Marktteilnehmern bekannt, da sie eingegangene Geschäfte repräsentiert; sie ist also direkt im Markt beobachtbar. Anders als erwartete zukünftige Preise ist die Terminpreiskurve kein spekulatives Objekt. Nicht jeder Händler sieht etwa eine andere Terminpreiskurve. Ebenso hat eine Price Forward-Curve für ein allgemeines Gut wenig mit den erwarteten Preisen zu tun. Dort spielen die unten erläuterten Arbitragestrategien eine große Rolle, nicht so jedoch im Strommarkt, wo Lagerfähigkeit nur unzureichend gegeben ist. Entsprechend treten die Erwartungsmomente in den Vordergrund. Einen interessanten Überblick liefert Leong (1997).

Im Idealfall lassen sich ausreichend viele Forwardpreise in einem liquiden Strommarkt börsentäglich beobachten. Eine Price Forward-Curve ist dann eine Abbildung der Marktrealität. Mit den aus der Price Forward-Curve abgeleiteten Preisen können tatsächlich Positionen am Markt eingegangen werden. Damit eignet sich eine Price Forward-Curve insbesondere zur mark-to-market Bewertung zukünftiger Lieferungen sowie zur Bewertung von Derivaten.[4]

Da sich im Allgemeinen täglich eine neue Price Forward-Curve ergibt, sind laufende Bewertungen möglich. Derzeit sind Terminpreise des Strommarkts in erster Linie aus direkten Kontakten mit den Stromanbietern und -nachfragern bzw. aus Faxdiensten (z. B. vwd Trade News) erhältlich. Die Liquidität am Strommarkt nimmt seit Inkrafttreten der Liberalisierungsnovelle stetig zu, so dass Preise transparenter werden.

Theoretisch lässt sich ein fairer Terminpreis mit Hilfe von Arbitrageargumenten sehr elementar aufstellen. Bei einer cash-and-carry-Arbitrage kann ein Händler einen risikolosen Profit, d. h. einen Arbitragegewinn, realisieren, wenn der Terminpreis F_T höher ist als der Spotpreis plus Finanzierungskosten. Damit ein Händler einen Gewinn realisiert, verkauft („shorted") er das commodity auf Termin und kauft gleichzeitig das commodity auf dem Spotmarkt zum aktuellen Preis S_0. Der Einkauf der Ware werde über einen Kredit finanziert. Des Weiteren entstehen dem Händler Kosten, die anfallen, wenn das commodity bis zur Fälligkeit des Forwards gehalten wird, die im Folgenden jedoch nicht berücksichtigt werden. Im Falle eines Termingeschäfts auf Getreide kämen hier beispielsweise Lagerkosten und Versicherungskosten ins Spiel.

Bei Fälligkeit des Kontrakts zum Zeitpunkt T liefert der Händler das commodity zum vereinbarten Terminpreispreis F_T. Man erinnere sich, dass er das Underlying ja bereits eingekauft hat und sich daher nicht mehr auf dem Spotmarkt eindecken muss. Von dem erhaltenen Betrag zahlt er den Kredit samt Zins r, nämlich den Betrag $S_0 (1 + r)^T$, zurück.[5] Die Differenz $F_T - S_0 (1 + r)^T$ ist positiv und stellt demnach den Arbitragegewinn des Händlers dar.

---

[4] Vgl. zur Vorgehensweise der Optionsbewertung auf Energiemärkten Amin et al. (1995), S. 57 ff.
[5] r sei der Zinssatz und T die Laufzeit bzw. der Fälligkeitszeitpunkt.

Das Auszahlungsprofil des zu bewertenden Instruments wird durch Finanzinstrumente reproduziert, deren Preise bekannt sind. Mit anderen Worten: Höhe und Zeitpunkte der Zahlungsströme werden durch einfachere Instrumente und Handelsstrategien nachgebildet.

In obigem Beispiel wurde der Preis des Forwards (der Terminpreis) festgestellt, indem der Kontrakt nachgebildet wurde; es wurde das commodity gekauft und ein Kredit aufgenommen. Die Positionen in Kredit und commodity sind identisch mit einem Terminkontrakt, wie wir oben gesehen haben. Daher müssen die beiden Positionen denselben Preis haben.

Die Ausführungen verdeutlichen, warum bei Energie, und insbesondere bei Strom, die üblichen Arbitragebeziehungen nicht ohne weiteres gelten: Es gibt wegen unvollständiger Märkte weder genügend liquide Instrumente, mit denen Kontrakte nachgebildet werden können, noch kann die Handelsstrategie, nämlich kaufen und halten („cash and carry"), umgesetzt werden, denn Strom ist nur sehr bedingt lagerfähig.

Aufgrund der selten fair ermittelten Terminpreise preist der Markt den so genannten „convenience yield" δ mit ein, der eine Art Dividende für die jederzeitige Verfügbarkeit der Ware darstellt.[6] Er spiegelt somit die Erwartungen der Marktteilnehmer über die sofortige Verfügbarkeit der gehandelten Ware wider. Terminpreise werden mit diesem Konzept zu $F_T = S_0 (1 + (r - \delta))^T$: Aus dem Besitz der Ware erzielt der Besitzer eine (virtuelle) Rendite, $S_0 \delta$. Je nach Marktlage, Wettersituation usw. wird die unmittelbare Verfügbarkeit der Ware unterschiedlich bewertet, so dass der convenience yield stochastischen Schwankungen unterworfen ist. Der convenience yield, oder besser, das häufig wechselnde Vorzeichen des convenience yield, bedingt auch die vielen verschiedenen Strukturen der Terminkurven am Markt.

Existiert keine untere Beschränkung für den Forwardpreis ($\delta > 0$), kann dieser auch unter dem gegenwärtigen Spotpreis liegen; die Price Forward-Curve ist abwärts geneigt. Solch eine Gestalt der Price Forward-Curve ist sehr häufig auf Energiemärkten zu beobachten. So befindet sich z. B. der Markt für Rohöl oft in „backwardation", das heißt, der Forwardpreis liegt unter dem Spotpreis. Allerdings gibt es auch Fälle, in denen der Markt für Rohöl sich in „contango" befindet, das heißt, der Forwardpreis liegt über dem Spotpreis; die Wechsel zwischen einem Markt in backwardation

---

[6] Vgl. Gabillon (1995).

und einem Markt in contango können sich dabei sehr rasch vollziehen. Damit kann sich die Gestalt der Price Forward-Curve rasch und fundamental ändern, was Hedgingstrategien für diese Güter erschwert.

Die Price Forward-Curve für Strom zeigt zusätzlich saisonale Strukturen. Dabei wird die saisonale Struktur der Strom-Terminpreise von der Markterwartung bezüglich der Nachfrageseite beeinflusst. Die Price Forward-Curve für Strom weist damit eine sehr komplexe Struktur auf, die in den oben erläuterten Charakteristiken des Strommarkts begründet liegen.[7]

5. Einordnung der Bewertungsmethoden

Alle Parameter wie Volatilität, mean level, Sprunghäufigkeit und Sprunghöhen sind anzupassen. Die Vorgehensweise dieser Kalibrierung ist eindeutig: Das ausgewählte Modell zur Beschreibung des Spotpreises (Diffusion, Mean Reversion (M. R.), Jump Diffusion (J. D.)) wird in einer Bewertungsmethode umgesetzt. Nun werden liquide, oder besser, die liquidesten Geschäfte bewertet. Weicht der berechnete Preis vom beobachteten Marktpreis ab, so sind die Parameter des Modells zu ändern. Dieser iterative Prozess (Bewerten – Vergleichen – Adjustieren – Bewerten) wird solange vorangetrieben, bis die Abweichung von den Marktpreisen (dies ist der Fehler) minimiert ist. Hierbei sind diese Kalibrierungen natürlich von der verwendeten Methode (Simulation, Bäume und analytische Verfahren) abhängig.

Abb. 4 fasst grafisch zusammen, welche Instrumente von welchen Methoden abgedeckt werden können, und aus Abb. 5 ergibt sich, welche Modelle mit welchen Methoden umgesetzt werden können.

---

[7] Vgl. Leong (1997), S. 141 ff.

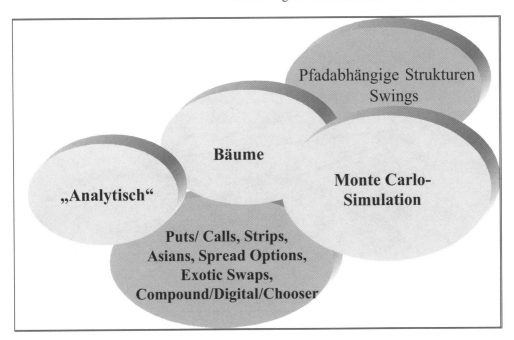

Abb. 4: Mögliche Methoden zur Bewertung der verschieden Optionstypen bzw. Kontrakte

Im oberen Teil von Abb. 5 wird deutlich, dass etwa die Bepreisung von Swingkontrakten, also Verträgen mit Volumenrisiken, von *Baummethoden* abgedeckt werden. Mit dieser Methode können verschiedenste Spotpreismodelle umgesetzt werden, wie etwa Modelle mit Standard Diffusion (S. D.) oder mit Mean Reversion (M. R.). Zudem erlaubt die Methode auch die Kalibrierung nach Preisen und deren Volatilitäten.

Ebenso wird deutlich, dass mit *Monte Carlo-Simulationen* nahezu alle Modelle umgesetzt werden können. Man muss hier beachten, dass zusätzlich zur Umsetzung eines Modells auch dessen Kalibrierung möglich sein muss. Abhängig von der Anzahl der Parameter einer Methode müssen in der Regel nicht nur Preise, sondern auch Volatilitäten reproduziert werden.

Bezüglich der Mächtigkeit und Anwendungsvielfalt sind daher Monte Carlo-Simulationen die Methode der Wahl. Hier ist insbesondere hervorzuheben, dass die Simulation die Formulierung fast beliebiger Auszahlungsprofile ermöglicht. Das heißt, es kann im voraus festgelegt werden, unter welchen Bedingungen Zahlungsströme zu welchen Zeitpunkten und in welcher Höhe erfolgen.

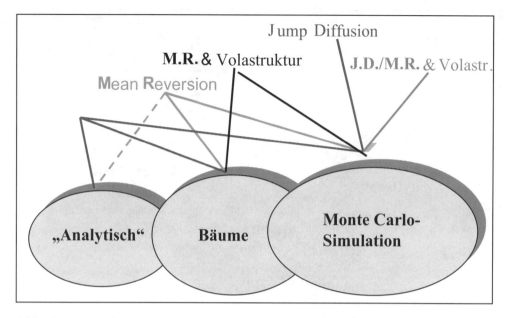

Abb. 5: Verschiedene Modelle der Spotpreisbewegung und Methoden, mit denen diese umgesetzt werden können.

Im jetzigen Stadium ist noch kein „Industriestandard"[8] für die Bewertung gefunden worden, wie etwa der Black-Scholes Formalismus zum Bewerten von Optionen auf dem Finanzmarkt. Obwohl ein solcher Standard dem Markt helfen würde, wird er auch in näherer Zukunft nicht gefunden werden. Fundamentale Voraussetzungen für einen solchen Standard, bzw. für das Berechnen eines fairen Preises, sind, wie oben erläutert, nicht gegeben: Leerverkäufe sind kaum möglich, (elektrische) Energie ist nur indirekt lagerfähig (über Primärenergie), Preise sind auffallend nicht lognormalverteilt, und der Markt ist noch sehr illiquide.[9]

Bei entsprechenden Überlegungen auf Unternehmensseite, Risk Management- und Bewertungssysteme anzuschaffen, sollte daher insbesondere auf die Transparenz der im System verwendeten Methoden und, ebenso wichtig, auch auf die Auskunftsbereitschaft des Anbieters selbst geachtet werden. Grundsätzlich sollte weiterhin eine große Bibliothek von einfachen Preismethoden einer speziellen – wenn auch genaueren – Methodik vorgezogen werden. Da der Markt sich bezüglich sowohl der Me-

---

[8] Bei Swingkontrakten und amerikanischen Derivaten gibt es noch prinzipielle Hindernisse, die die Anwendung der Simulation noch stark einschränken.

[9] Auch Zinsen sind nur in erster Näherung (Log-)normalverteilt. Allerdings sind die Abweichungen nicht so auffällig und fundamental, als dass der breite Markt sich daran gehindert sehen würde, eine „normalverteilte Finanzwelt" zu sehen.

thoden als auch Ansätze und vor allem hinsichtlich der Produkte weiterentwickeln wird, muss Flexibilität im System unbedingt gegeben sein.

Jede der angesprochenen Methoden ist prinzipiell sehr mächtig. Bevor allerdings das gesamte Bewertungspotenzial genutzt werden kann, muss ein entsprechendes System hierfür bereitgestellt werden. Offensichtlich wird dieser Punkt bei der Monte Carlo-Simulation:

- Formulierung des Auszahlungsprofils
  Zum Bewerten von pfadabhängigen Geschäften muss ein System die Eingabe des Pay Offs flexibel ermöglichen. Ideal ist hier eine einfache Texteingabe, die verschiedene Schlüsselworte akzeptiert, welche automatisch in den Programmkern übersetzt und in das System eingebunden werden.

- Eingabe beliebiger Preiskurven
  Die Bewertung muss in Übereinstimmung mit Marktpreisen stehen. So sollten etwa sowohl Zinssätze als auch Terminpreise für verschiedene Strom- oder Primärenergieprodukte berücksichtigt werden. Ferner müssen auch die Schwankungsstärken dieser Preise (Volatilitäten) Eingang finden.

- Sensitivitäten
  Bei Veränderung der Terminpreiskurven ändert sich natürlich auch der Preis eines Kontrakts. Aussage hierüber machen die Sensitivitäten. Grundsätzlich ist jede Sensitivität zu berechnen. Auch hierfür muss entsprechend eine Eingabemaske gegeben und eine entsprechende Rechnung möglich sein.

- Grafische Kontrolle der Eingabe
  Aufgrund der vielen Markt- und statischen Parameter ist es notwendig, auf einfache Weise die Eingabe zu kontrollieren. Sehr elementar aber auch effektiv geschieht dies durch eine grafische Ausgabe einiger Zufallspfade, der eingegebenen Terminkurven und der gemessenen Volatilitäten.

Den angeführten Kriterien kann in durchaus kompakter Form entsprochen werden, wie die folgenden Abbildungen zeigen.[10]

---

[10] Verwendet wurde zur Erstellung der Abbildungen die ConEnergy MonteCarlo Engine: CEME 1.02.

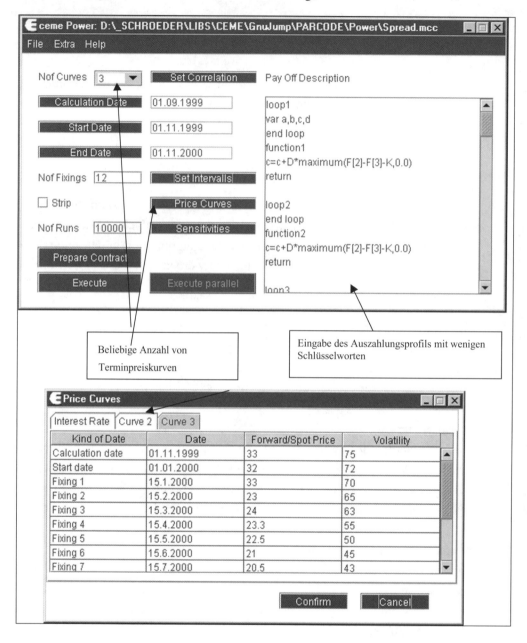

Abb. 6: **Oberfläche eines Monte Carlo-Simulationstools. Auszahlungsprofil, Terminpreise und Voaltilitäten können für eine beliebige Anzahl von Rohstoffen in der Bewertung berücksichtigt werden.**

Für den technisch interessierten Leser: Bei dem skizzierten Beispiel handelt es sich um eine einjährige Spreadoption mit zeitabhängigem Strike, wobei Gas- und Elektrizitätsterminpreise berücksichtigt werden, ebenso wie die entsprechenden Volatilitäten. Zehntausend Pfade werden der Bewertung zugrunde gelegt. Zinsstrukturen sind berücksichtigt.

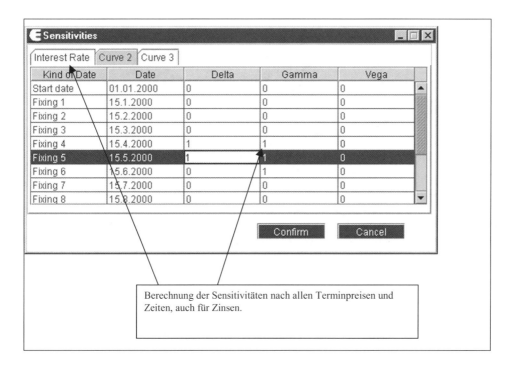

Abb. 7: Berechnung von Sensitivitäten.

Prinzipiell sind ähnliche Kriterien auch bei anderen Methoden anzusetzen. Allerdings ist die Umsetzung im Allgemeinen aufwendiger als bei der Simulation.

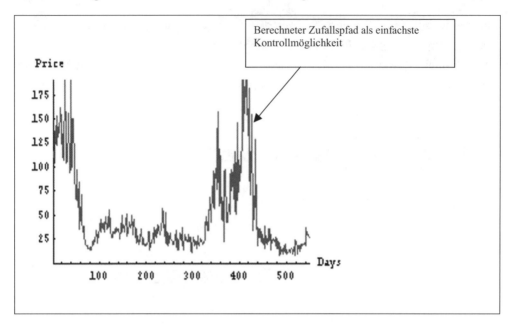

Abb. 8: Mit einer Monte Carlo-Simulation generierter Preispfad auf Basis der Terminpreise und deren Volatilitäten

6. Ausblick

Die finanzmathematische Modellierung von Strommärkten besitzt höchste Priorität auf der Agenda der Marktteilnehmer. Aufgrund der herausragenden praktischen Relevanz, die Preismodellen und Price Forward-Curves auf einem liberalisierten Strommarkt zukommt, ist zu erwarten, dass die wissenschaftlichen Arbeiten und vor allem die Anzahl von umgesetzten Modellen stark zunehmen werden. Ziel wird es sein, mehrere Methoden und Zugänge bereitzustellen, die im Markt auf breite Akzeptanz stoßen. Es muss sich ein Standard etablieren, und hierbei ist es von untergeordneter Bedeutung, ob die implizierten Annahmen und Näherungen theoretisch vollends zu rechtfertigen sind. Viel wichtiger für die Akzeptanz ist die Einfachheit und Plausibilität des Modells und der Methode, mit der der jeweilige Ansatz praktisch umgesetzt wird.

In diesem Beitrag konnten nur die wichtigsten Probleme und Sachlagen skizziert werden. Mit der weiteren Entwicklung der Strommärkte wird es darauf ankommen, geeignete Bewertungsmodelle für Finanzderivate und Swaps auf Strommärkten zu finden. So werden auf Strommärkten neben „plain vanilla-Optionen", d. h. einfachen

Put- und Call-Optionen, häufig auch so genannte „Exoten" gehandelt. Es überrascht nicht, dass in den USA lebhaft mit Absicherungsinstrumenten gegen Mengenschwankungen aufgrund von Wetteränderungen, so genannten „Wetterderivaten", gehandelt wird. Dem Handel mit Wetterderivaten wird eine große Zukunft vorausgesagt. Allerdings lassen sie sich bislang nur ungenau preisen.[11] Große Bedeutung wird voraussichtlich auch der Handel mit CO_2-Zertifikaten erlangen, nachdem der Handel mit SO_2-Zertifikaten in den USA bereits sehr erfolgreich praktiziert wird. Erst ein sicheres Beherrschen all dieser auf die Sicherheitsbedürfnisse der Marktteilnehmer des Strommarktes hin entwickelten Finanzinstrumente ermöglicht eine effiziente Verteilung der Marktrisiken.

---

[11] Vgl. hierzu Dischel (1999) und Stavros (1999).

Literaturverzeichnis

Amin, K. / Ng, V. / Pirrong, S. (Amin et al., 1995): Valuing Energy Derivatives, in: Managing Energy Price Risk, 1995, S. 57-70.

Clewlow, L. / Strickland, C. (Clewlow / Strickland, 1999): Power Pricing – Making it Perfect, in: Energy Power & Risk Management, February, 1999, S. 26-27.

Clewlow, L. / Strickland, C. (Clewlow / Strickland, 1999): Valuing Energy Options in a One Factor Model Fitted to Forward Pices, Discussion Paper, 1999.

Cortazar, G. / Schwartz, E. (Cortazar / Schwartz, 1994): The Valuation of Commodity Contingent Claims, in: The Journal of Derivatives, Vol. 1, 1994, No. 4, S. 27-39.

Dischel, B. (Dischel, 1999): At Last: A Model for Weather Risk, in: Energy Power & Risk Management, March, 1999, S. 20-21.

Duffie, D. / Gray, S. (Duffie / Gray, 1995): Volatility in Energy Prices, in: Managing Energy Price Risk, 1995, S. 39-55.

Energy Modelling and the Management of Uncertainty (Energy Modelling, 1999), Risk Books, Financial Engineering Ltd., 1999.

Gabillon, J. (Gabillon, 1995): Analysing the Forward Curve, in: Managing Energy Price Risk, 1995, S. 29-38.

Hull, J. (Hull, 1997): Options, Futures, and other Derivatives, 1997.

Johnson, B. / Barz, G. (Johnson / Barz, 1999): Selecting Stochastic Processes for Modelling Energy Pices, in: Energy Modelling and the Management of Uncertainty, 1999, S. 3-20.

Kaminski (Kaminski, 1997): The Challenge of Pricing and Risk Managing Electricity Derivatives, in: The US Power Market: Restructuring and Risk Management, 1997, S. 149-171.

Keefe, D. (Keefe, 1999): Slow Going for a Start-Up Date, in: Energy Power & Risk Management, June, 1999, S. 18-19.

Leong, K. (Leong, 1997): The Forward Curve in the Electricity Market, in: The US Power Market: Restructuring and Risk Management, 1997, S. 133-148.

Longstaff, F. / Schwartz, E. (Longstaff / Schwartz, 1992): Interest Rate Volatility and the Term Structure: A Two-Factor General Equilibrium Model, in: The Journal of Finance, Vol. 47, 1992, No. 4, S. 1259-1282.

Managing Energy Price Risk (Managing Energy Price Risk, 1995), Risk Publications, Enron: Capital & Trade Resources, 1995.

Pilipovic, D. (Pilipovic, 1998): Energy Risk: Valuing and Managing Energy Derivatives, New York 1998.

Stavros, R. (Stavros, 1999): Utilities Still Warming to the Weather, in: Energy Power & Risk Management, February, 1999, S. 11.

The US Power Market (The US Power Market, 1997): Restructuring and Risk Management, Risk Publications, Financial Engineering Ltd, 1997.

Value-at-Risk für Rohstoffpreisrisiken

von Matthias Kropp / Dirk Schubert

1. Vorbemerkung
2. Preisbildung und Preisrisiken bei Commodity-Kontrakten
3. VaR für Commodities unter direkter Verwendung beobachtbarer Futures- bzw. Forward-Preise
4. VaR-Ansätze für Commodities mit expliziter Modellierung der (Netto) Convenience Yield
5. Möglichkeiten zur Quantifizierung des physischen Prämienrisikos
6. Risikoschätzung auf mittlere/lange Sicht
7. Dynamisierung von Positionen im Zeitablauf
8. Zusammenfassung und Ausblick

1. Vorbemerkung

Unter "Value-at-Risk" (VaR) versteht man den Verlustbetrag, den ein Portefeuille von preisrisikobehafteten Positionen während eines Betrachtungshorizonts (Haltedauer) nur mit einer gegebenen Wahrscheinlichkeit p überschreitet. Der VaR repräsentiert damit ein dem gewählten einseitigen Konfidenzniveau 1-p entsprechendes Quantil der Verteilung der Wertänderungen eines Portefeuilles innerhalb der Halteperiode. Meist wird ein Konfidenzniveau zwischen 90 und 99,9 % gewählt und eine Halteperiode von 1-10 Tagen betrachtet.[1] Beide Parameter sind für die Beurteilung von VaR-Ziffern von maßgeblicher Bedeutung, da ihre Variationen c. p. zu erheblichen Änderungen der Kennzahl führen.

Die Steuerung von Risikopositionen mittels des Risikomaßes "Value-at-Risk" hat in den letzten Jahren zunächst bei Banken und Finanzdienstleistern im Handelsbereich erhebliche Bedeutung erlangt. Erst seit Einführung solcher Verfahren, die sich häufig auf die Methodik und das Datenmaterial von JP Morgans RiskMetrics stützen,[2] lassen sich die Risiken von immer komplexer werdenden Portefeuilles unterschiedlicher Finanzinstrumente miteinander vergleichen, risikomindernde Korrelationseffekte berücksichtigen und Wahrscheinlichkeitsaussagen über Verlustpotenziale treffen. Auf der höchstaggregierten Betrachtungsebene lässt sich so das Verlustpotenzial in einer einzigen Maßzahl zusammenfassen.[3] Ergänzt um Worst-Case- bzw. Stress-Szenarien, welche die Auswirkungen extremer Änderungen von Marktparametern verdeutlichen, lassen sich so wertvolle Steuerungshinweise für den Handel mit Finanzinstrumenten gewinnen. Die Maßzahl "VaR" dient jedoch nicht allein der Risikomessung und Risikosteuerung (VaR-Limite, Hedge Ratios) im Rahmen des Risikomanagements und -controllings, sondern auch der Eigenmittelallokation und der risikoadjustierten Performance-Messung (und Entlohnung) von Handelsbereichen und Händlern.[4] Die Entwicklung von Verfahren zur Bestimmung des VaR hat in jüngster Vergangenheit zudem durch die Anerkennung interner Modelle (d.h. VaR-Verfahren) zur Eigenmittelunterlegung von Marktpreisrisiken durch die Bankaufsichtsorgane zusätzlichen Auftrieb erhalten.[5]

---

[1] Vgl. Mahoney (1996), S. 2.
[2] Vgl. JP Morgan / Reuters (1996).
[3] Vgl. ähnlich Stulz (1996), S. 21: "The special appeal of VaR is its ability to compress the expected distribution of bad outcomes into a single number."
[4] Vgl. kritisch Johanning (1998), S. 7-126.
[5] Vgl. knapp Kropp (1999), S. 300-303 sowie kritisch Johanning (1998), S. 134-230.

Der Einsatz von VaR-Verfahren zur Risikomessung und -steuerung ist auch bei Industrie- und Handelsunternehmen auf erhebliches Interesse gestoßen und wird insbesondere im Bereich des Managements von Fremdwährungsrisiken angewendet. Commodity-Preisrisiken werden dagegen in Literatur und Praxis trotz ihrer für Industrieunternehmen großen Bedeutung eher nachrangig behandelt.[6] Dies überrascht, da sich gerade bei Commodities – pflanzliche und tierische Agrarprodukte, Metalle und Energie (Erdöl, Erdgas etc.) – im Vergleich zu Finanzinstrumenten spezifische Probleme des Risikocontrollings und des Risikomanagements ergeben. Auf diese spezifischen Probleme wird im Folgenden noch einzugehen sein.

Die einfache Übertragung von VaR-Verfahren von Banken und Wertpapierhandelshäusern ist jedoch nur für bestimmte Fragestellungen möglich. Für Industrie- und Handelsunternehmen dominiert üblicherweise nicht der kurzfristige Betrachtungshorizont, sondern eine eher mittel- bis längerfristige Perspektive, die Betrachtungshorizonte von zumindest mehreren Monaten erfordert. Vor diesem Hintergrund überrascht es nicht, dass etwa Hedging-Empfehlungen auf Basis langfristiger Hedging-Modelle und solche auf Basis von VaR-Verfahren mit kurzfristigem Horizont sich diametral voneinander unterscheiden.[7]

Mit der Ausweitung des Betrachtungshorizonts kann zudem regelmäßig die Annahme konstanter Positionen, wie sie in VaR-Verfahren verwendet wird, nicht mehr aufrecht erhalten werden. Als interessierende Größen kommen überdies weniger die in VaR-Verfahren geschätzten potenziellen Wertänderungen in Betracht, als vielmehr die dadurch induzierten Auswirkungen auf Cash-Flows bzw. Erfolgs- und Bestandsgrößen des Jahresabschlusses. JP Morgan hat daher jüngst mit CorporateMetrics und LongRun Methodiken zur Schätzung des Cash-Flow-at-Risk und des Earnings at Risk für längere Zeitperioden zur Verfügung gestellt.[8] Die diesbezügliche Vorgehensweise wird daher im Folgenden ebenfalls knapp behandelt.[9]

---

[6] Vgl. Pfennig / Schäfer (1999), S. 570.
[7] So kommen etwa Bühler / Korn (1999) in ihrem voranstehenden Beitrag auf Basis eines Hedging-Modells für die Totalperiode zur Empfehlung die Ölterminlieferverpflichtungen der Metallgesellschaft ungehedgt zu lassen, d.h. zu einem anfänglichen Hedge-Ratio von null, während Wahrenburg (1996) und Kropp (1999) auf Basis von VaR-Berechnungen mit kurzfristiger Haltedauer zu optimalen (varianzminimiernden) Hedge Ratios gelangen, die Werte von 0,6 z.T. deutlich übersteigen.
[8] Vgl. JP Morgan (1999a) und JP Morgan (1999b).
[9] Zum Cash-Flow-at-Risk vgl. den Beitrag von Bartram in diesem Handbuch.

2. Preisbildung und Preisrisiken bei Commodity-Kontrakten

Herrscht auf Commodity-Märkten Arbitrage-Freiheit, so ist der theoretische Preis eines Futures oder Forwards $F_{t,T}^*$ im Zeitpunkt t mit Fälligkeit im Zeitpunkt T nach der Theory of Storage[10] zunächst gerade um die Finanzierungs- und Lagerhaltungskosten höher als der Spot(Kassa-)-Preis S_t eines ertragslosen Gutes. Die Finanzierungs- und Lagerhaltungskosten werden als Cost of Carry bezeichnet. Der Futures- bzw. Forward-Preis ist demnach um die Cost of Carry höher als der Spot-Preis einer ertragslosen Commodity; dies impliziert eine Terminpreiskurve mit steigendem Verlauf. Die Differenz von Futures- und Spotpreis bezeichnet man als Basis. Bei einer positiven Basis $(F_{t,T}^* - S_t > 0)$[11] spricht man von einem Contango-Markt.

Auf Commodity-Märkten sind jedoch oft Futures-Preise $F_{t,T}$ zu beobachten, die von den durch die Cost of Carry beschriebenen Futures-Preisen $F_{t,T}^*$ um die so genannte *Convenience Yield* abweichen. Wird die Convenience Yield so hoch, dass der Futures-Preis unterhalb des Spot-Preises liegt $(F_{t,T} - S_t < 0)$, so bezeichnet man dies als Backwardation.[12] Eine negative Basis impliziert eine Terminpreiskurve mit fallendem Verlauf.

In beiden Marktsituationen nähern sich Futures- und Spot-Preis zum Verfallstermin des Futures an. Am Verfallstag des Futures stimmen - im Idealfall - der Settlement-Preis des Futures und der Spot-Preis überein.

Nach der Theory of Storage[13] ist die in dieser Form lediglich bei Commodities auftretende Convenience Yield eine Prämie, die einen Ausgleich für den produktiven Wert gewährt, den Kassa-Positionen (Lagerbestände) beinhalten: Viele Marktteilnehmer ziehen Vorteile aus Kassabeständen, die als Vorsorge für unerwartete Ab-

---

[10] Vgl. z. B. Brennan (1958), insb. S. 51-56 sowie Working (1949), S. 1254-1262.
[11] Für diese Definition der Basis vgl. Fama / French (1987), S. 56. Die Definition der Basis ist allerdings nicht einheitlich, so definieren Edwards / Ma (1992), S. 86 f., die Basis als St - Ft,T.
[12] Der Begriff der Backwardation ist nicht eindeutig definiert. Zum Teil wird unter Bezug auf die Theorie der "Normal Backwardation" bereits die bloße Abweichung vom theoretischen Cost of Carry Preis des Futures (Ft,T < Ft,T*) als Backwardation bezeichnet, ohne dass die Basis notwendigerweise negativ sein muss.
[13] Zum Teil wird daneben die Gültigkeit des CAPM zusammen mit der Theory of Storage als gleichzeitig zu erfüllende Anforderung an den Futures-Preis betrachtet (vgl. Scholes (1981)), z.T. als alternativ zur Theory of Storage geltende Theorie der Futures-Preisbildung (Vgl. Fama / French (1987)). Vgl. auch Kropp (1999), S. 56-58.

satzsteigerungen und Lieferengpässe gehalten werden.[14] Daraus ergibt sich, dass die (absolute) Convenience Yield gegen null tendiert, je einfacher das Gut auf dem Spot-Markt verfügbar bzw. je höher der Lagerbestand ist; auch die marginale Convenience Yield beträgt in diesem Fall nahezu null. Bei sehr geringen Lagerbeständen ist dagegen die absolute Convenience Yield sehr stark positiv, die marginale dagegen stark negativ.[15]

Ein Abbau von Kassapositionen der Marktteilnehmer ist die Voraussetzung dafür, dass durch Reverse-Cash-and-Carry-Arbitrage, d.h. durch Kauf des Futures und Verkauf des zugrunde liegenden Gutes zur Kasse, eine Preisangleichung an $F_{t,T}^*$ stattfindet.[16] Die Prämie verhindert die vollständige Angleichung an die Cost of Carry. Mögliche Veränderungen der Knappheitssituation am Markt und damit der Convenience Yield oder eine Veränderung der Cost of Carry begründen damit ein Basisrisiko: Verknappt sich beispielsweise auf einem Contango-Markt plötzlich das Angebot, so steigt der Spot-Preis schneller als der Futures-Preis und kann diesen sogar übersteigen, so dass der Markt in eine Backwardation dreht. Diese möglichen Änderungen der Convenience Yield, y, bzw. der Netto Convenience Yield, c, als Differenz zwischen Convenience Yield und Lagerhaltungskosten zu erfassen ist ein zentrales Problem für die Bestimmung theoretischer Forward- und Futures-Preise sowie die Risikomessung von Commodity-Positionen.

Hinsichtlich des Verhaltens von Spot- und Forward/Futures-Preisen sind einige "stylised facts" festzuhalten, die mit der Theory of Storage vereinbar sind. Erstens ist die Entwicklung von Spot-Preis und Basis bei Agrar-Kontrakten (Feldfrüchte, aber auch tierische Produkte) häufig deutlichen saisonalen, d.h. ernte- bzw. zuchtabhängigen Schwankungen unterworfen. Ähnliches lässt sich etwa - nachfragebedingt - für Rohölprodukte, in geringerem Maße für NE-Metalle, aber nicht für Edelmetalle beobachten. Derartige saisonale Abhängigkeiten führen bei Agrar-Kontrakten häufig zu einem nicht-monotonen Verlauf der Terminpreiskurve. Häufig beobachtet man Backwardation für Kontrakte, die vor der Ernte fällig werden, Contango dagegen für Kontrakte, die kurz nach der Ernte fällig sind.[17] An diesem Extremfall wird deutlich, dass die Convenience Yield von der Laufzeit der betrachteten Kontrakte abhängig ist. Zweitens folgt aus der Abhängigkeit der Convenience Yield von den Lagerbe-

---

[14] Vgl. z. B. Brennan (1958), insb. S. 53 f. sowie Working (1949), S. 1260.
[15] Vgl. Pfennig / Schäfer (1999), S. 574.
[16] Vgl. Edwards / Ma (1992), S. 88.
[17] Vgl. Fama / French (1987), S. 57 und S. 61 f.

ständen die grundsätzliche Gültigkeit der Samuelson-Hypothese, wonach Futures-Preise geringer variieren als Spot-Preise.[18] Diese Beobachtung ist allerdings im Hinblick auf die Lagerbestände und die Laufzeit von Futures- bzw. Forward-Kontrakten zu modifizieren. Sie gilt für kürzerfristige Kontrakte, sofern der Lagerbestand relativ gering ist, während sich bei hohen Lagerbeständen Spot- und Futures/Forward-Preise in gleichem Ausmaß ändern.[19] Sie gilt überdies tendenziell im Hinblick auf längerfristige Kontrakte,[20] da mit zunehmender Kontraktlaufzeit sich Anpassungen von Produktion und Nachfrage verstärkt auswirken können. Knappheitssituationen im Spot-Markt beinhalten für Produzenten den Anreiz, ihre Produktion auszuweiten, so dass sich das Marktangebot in künftigen Perioden erhöht. Umgekehrt werden Abnehmer veranlasst, ihre Nachfrage einzuschränken und auf Substitute auszuweichen. Damit reagieren Spot-Preise und kurzfristige Futures tendenziell stärker auf akute Angebots- oder Nachfrageschocks als längerfristige Futures- und Forwards.[21] Die verschiedenen Commodities unterscheiden sich allerdings in der Angebots- und Nachfragestruktur, den Produktionsverfahren, der Saisonalität und den Lagerhaltungsmöglichkeiten, so dass die Preisbildungsprozesse für unterschiedliche Commodities voneinander abweichen können.[22]

Aus den beschriebenen Preisbildungsprozessen resultieren zwei Arten von Preisrisiken. Das sog. Outright-Risiko resultiert aus potenziellen Marktwertänderungen aufgrund einer Parallelverschiebung der Terminpreiskurve und besteht immer dann, wenn die Summe der Exposures über alle Laufzeiten ungleich null ist. Das Spread-Risiko resultiert aus einer Änderung der Krümmung der Terminpreiskurve und kann auch bei betragsmäßig geschlossenen, jedoch laufzeitinkongruenten Positionen auftreten, bei denen kein Outright-Risiko besteht.

Die beiden zuvor genannten Risiken decken Preisrisiken aus börsengehandelten Kontrakten vollständig ab. Sind allerdings in einem Portefeuille neben Futures-Positionen auch physische Positionen oder OTC-Kontrakte enthalten, so mag sich die Spezifikation des zugrunde liegenden Commodity hinsichtlich Lieferort, Herkunft, Qualität oder Lieferform unterscheiden.[23] Auch diese Merkmale gehen in die Preisbildung ein. Will man nicht jede abweichende Spezifikation einer Commodity

---

[18] Vgl. Samuelson (1965).
[19] Vgl. Fama / French (1988), S. 1078 sowie Pfennig / Schäfer (1999), S. 574.
[20] Vgl. Fama / French (1988), S. 1077-1084.
[21] Zum Zusammenhang mit den Phasen des Konjunkturzyklus vgl. Fama / French (1988), S. 10.
[22] Vgl. Pfennig / Schäfer (1999), S. 572.
[23] Vgl. Pfennig / Schäfer (1998), S. 1 sowie dies. (1999), S. 570.

als eigenständige Commodity erfassen,[24] sondern orientiert sich an einem Referenzgut - typischerweise den Basisgütern börsengehandelter Kontrakte -, so ist den abweichenden Spezifikationsmerkmalen durch Zu- oder Abschläge (so genannten (Teil-)Prämien), auf den Preis des Referenzguts Rechnung zu tragen.[25] Da diese Prämien im Zeitablauf schwanken können, etwa aufgrund einer lokalen Verknappung, ist bei der Risikomessung ein zusätzliches physisches Prämienrisiko zu berücksichtigen.[26]

3. VaR für Commodities unter direkter Verwendung beobachtbarer Futures- bzw. Forward-Preise

Überblick

Die Problematik der Bestimmung theoretischer Forward- und Futures-Preise für Zwecke des Risikocontrollings wird dadurch entschärft, dass man sich auf vielen Commodity-Märkten auf beobachtbare Börsen- oder OTC-Preise stützen kann. Die Einbeziehung von Futures-Kontrakten unterschiedlicher Fälligkeiten erlaubt die implizite Berücksichtigung von Convenience Yield-Risiken. Dementsprechend liegt es nahe, auch bei VaR-Verfahren auf die beobachtbaren Preisänderungen solcher gehandelten Kontrakte zurückzugreifen, wie dies etwa im Rahmen von RiskMetrics geschieht. Die bekannten VaR-Verfahren sind: das Delta-Normal-Verfahren (Varianz-Kovarianz-Ansatz nach Markowitz), die Monte-Carlo-Simulation oder die historische Simulation. Im Folgenden sollen lediglich die ersten beiden Verfahren betrachtet werden, die auch den in JP Mogans RiskMetrics[27] verwendeten Methodiken zugrunde liegen.

Sowohl Delta-Normal- als auch Monte-Carlo-Verfahren benötigen eine Varianz-/Kovarianz-Matrix zur Schätzung des VaR des Porfolios. Notwendige Input-Parameter sind: Varianzen bzw. Standardabweichungen der (kontinuierlichen) Renditen der einzelnen Risikofaktoren sowie deren Renditekorrelationen. Diese Parameter können durch Verfahren der Zeitreihenanalyse (gleichgewichtete bzw. exponen-

---

[24] Die damit verbundene Erhöhung der Zahl der Risikofaktoren ist für VaR-Verfahren problematisch, da nur eine begrenzte Zahl von Risikofaktoren berücksichtigt werden können, damit die Varianz-/Kovarianz-Matrix handhabbar bleibt.
[25] Vgl. Pfennig / Schäfer (1999), S. 576 f.
[26] Vgl. Pfennig / Schäfer (1999), S. 579-581.
[27] Vgl. JP Morgan / Reuters (1996).

tiell gewichtete Durchschnitte im Rahmen der RiskMetrics Datasets, z.T. auch komplexere ökonometrische GARCH-Verfahren) ermittelt werden. Selten erfolgt der Rückgriff auf implizite Volatilitäten als Schätzer, weil die ebenfalls erforderlichen impliziten Korrelationen nur selten verfügbar sind.[28] Umgekehrt allerdings ist eine adäquate Erfassung von Saisonalitäten mit den gängigen Verfahren der Zeitreihenanalyse kaum möglich.

Mapping und Varianz-/Kovarianz-Ansatz

Die Vielzahl der zu erfassenden Instrumente macht jedoch auch eine Komplexitätsreduktion erforderlich, um die Matrix noch handhabbar zu gestalten. Die einzelnen Instrumente werden hierzu im Rahmen sog. Mapping-Verfahren zunächst in ihre „Grundbausteine" zerlegt („Stripping") und diese dann einzelnen „Standard-Assets" oder „Risikofaktoren" („*Vertices"*) in Form sog. „Risikofaktorpositionen" zugeordnet.

Die Zerlegung erfolgt unter Verwendung lediglich der ersten Ableitungen einer Taylor-Reihenentwicklung der Bewertungsfunktionen und beinhaltet damit eine Linearisierung. Diese Annahme - und die Normalverteilungsannahme - führt zur Bezeichnung dieses Ansatzes als „*Delta-Normal-Ansatz"*. Das Mapping von Commodity-Kontrakten lässt sich vergleichsweise einfach an einem Commodity-Forward-Kontrakt verdeutlichen.[29] Unter der Annahme nicht stochastischer Zinsen ergibt sich der Wert eines in Fremdwährung notierten Commodity-Forward-Kontraktes als:[30]

(1) $$f_t = w_t \cdot (F_{t,T} - F_{0,T}) \cdot \exp(-r_{t,T} \cdot (T-t)) = w_t \cdot (F_{t,T} - F_{0,T}) \cdot B_{t,T} ,$$

wobei $B_{t,T} = \exp(-r_{t,T} \cdot (T-t))$.

Der Euro-Gegenwert des Forward-Kontraktes (w_t=Einheit der Fremdwährung in Euro) entspricht folglich der zum aktuellen Spot-Wechselkurs umgerechneten Differenz aus aktuellem und ursprünglichen Kontraktpreis, der auf den Bewertungszeitpunkt abdiskontiert wird. Der Diskontfaktor kann als Barwert eines risikofreien Ze-

---

[28] Zu Verfahren der Schätzung von Volatilitäten und Korrelationen vgl. Alexander (1996) und Figlewski (1997).
[29] Zu Verfahren des Mapping vgl. Dowd (1998), S. 76-79.
[30] Vgl. Cox et al. (1981), S. 323-333 sowie Hull (1997), S. 55.

robonds mit einem Rückzahlungsbetrag von einer Einheit der heimischen Währung im Zeitpunkt T interpretiert werden.

Aus der Taylor-Reihenentwicklung enthält man für die Wertänderung des Commodity-Forward-Kontraktes

(2)
$$\begin{aligned} df_t = &\; w_t \cdot \left(F_{t,T} - F_{0,T}\right) \cdot B_{t,T} \cdot \frac{dw_t}{w_t} \\ &+ w_t \cdot F_{t,T} \cdot B_{t,T} \cdot \frac{dF_{t,T}}{F_{t,T}} \\ &+ w_t \cdot \left(F_{t,T} - F_{0,T}\right) \cdot r_{t,T} \cdot \frac{\delta B_{t,T}}{\delta r_{t,T}} \cdot \frac{dr_{t,T}}{r_{t,T}}. \end{aligned}$$

Für kleinere Wertänderungen stimmen die in Gleichung (2) bezeichneten relativen Wertänderungen mit den üblicherweise verwendeten kontinuierlichen Renditen annähernd überein; die so gewählte Näherung beinhaltet ebenfalls eine Linearisierung.[31] Ein in Fremdwährung notierter Commodity-Forward-Kontrakt ist daher nach Maßgabe der Barwerte in (2) einer Risikofaktorposition im Kassawechselkurs, einer Risikofaktorposition im laufzeitadäquaten Forward/Futures-Preis sowie einer Risikofaktorposition in einem risikofreien Zero-Bond[32] mit der Restlaufzeit des Forward-Kontraktes zuzuordnen.

Im Rahmen des Mapping steht allerdings nur eine begrenzte Zahl von Standard-Assets zur Verfügung. So stellt RiskMetrics zum Mapping von Commodity-Instrumenten Volatilitäten und Korrelationen von 11 Commodities/Edelmetallen mit bis zu sechs Laufzeitvertices (Laufzeit maximal 27 Monate) zur Verfügung,[33] die aus Futures-Preisreihen abgeleitet sind. Aufgrund der bis zu sechs Laufzeitvertices ist eine Erfassung der unterschiedlichen Volatilitäten von Futures-Kontrakten unterschiedlicher Laufzeit sowie der zwischen diesen bestehenden Interdependenzen möglich. Daher kann sowohl das Risiko einer Parallelverschiebung als auch das einer Drehung der Terminpreiskurve simultan erfasst werden.[34] Volatilität und Kor-

---

[31] Vgl. Eller / Deutsch (1998), S. 207 und 227 und Kropp (1999), S. 304.
[32] Die zugrundeliegende Bewertungsformel gilt lediglich für nicht stochastische Zinsen. Die Quantifizierung eines Zinsänderungsrisikos aus den Kontrakten ist insoweit inkonsistent und nur als Vereinfachung zu verstehen. Zur Erfassung stochastischer Zinsen vgl. Abschnitt 4.
[33] Vgl. JP Morgan / Reuters (1996), S. 205.
[34] So auch Pfennig / Schäfer (1999), S. 584.

relationen längerfristiger Kontrakte, die von langfristigen Vertex nicht mehr abgedeckt werden, werden durch den Rückgriff auf diese approximiert. Für die Edelmetalle Gold, Silber und Platin werden lediglich Spot-Preise bereitgestellt.[35] Da RiskMetrics als Basiswährung den US-Dollar verwendet, sind alle Volatilitäten und Korrelationen auf eine abweichende Basiswährung umzurechnen.[36]

Sollen Commodities und Commodity-Instrumente auf eine begrenzte Zahl von Basisinstrumenten abgebildet und dabei Futures- und nicht Forward-Preise zugrunde gelegt werden, so stellt die Restlaufzeitverkürzung von Futures-Kontrakten ein besonderes Problem dar, da im Rahmen des Mapping verfahrenstechnisch von einer Laufzeitkonstanz des Basisinstruments ausgegangen wird. So wird auch in der Mapping-Methodik von JP Morgans RiskMetrics von Vertices mit konstanter Laufzeit ausgegangen. Eine solche Laufzeitkonstanz ist bei Futures-Kontrakten aufgrund der Restlaufzeitverkürzung zwar generell nicht gegeben, aber aufgrund der spezifischen Eigenheiten der Terminmärkte für Commodities für Commodity-Kontrakte keinesfalls mehr vernachlässigbar.

Zeitreihen von Futures-Preisen werden i. d. R. nach dem „*rolling nearby*"-*Verfahren* konstruiert. Man erhält hier eine fortlaufende Zeitreihe eines Futures mit bestimmter Laufzeit. Die Vorgehensweise lässt sich anhand eines Beispiels, der Konstruktion der Preisreihe des 1-Monats-Futures, verdeutlichen.[37] Zu einem bestimmten Zeitpunkt lassen sich die Preise eines 1- und eines 2-Monats-Futures verfolgen. Damit lässt sich in der Folge bis zum Fälligkeitsdatum des 1-Monats-Futures eine Preiszeitreihe für den 1-Monats-Future darstellen. Bei Fälligkeit des ursprünglichen 1-Monats-Futures wird nun der ursprüngliche 2-Monats-Futures zum 1-Monats-Kontrakt und die Preiszeitreihe des 1-Monats-Futures wird mit dessen Preisen einfach fortgesetzt. M. a. W. wird ein Roll-over per Futures-Fälligkeit durchgeführt. Damit stellen sich aber zu Fälligkeitszeitpunkten auf Commodity-Märkten insbesondere in Zeiten einer stark fallenden Strukturkurve der Terminpreise ausgeprägte Dis-

---

[35] JP Morgan / Reuters stellen hierzu fest: "Volatility curves in the gold, silver and platinum markets are relatively flat (compared to energy curves) and spot prices are the main determinant of the future values of instruments: storage costs are negligible and convenience yields such as those associated with energy markets are not a consideration." (JP Morgan / Reuters (1996), S. 206). Die Aussage zu den Lagerhaltungskosten kann sich hierbei eigentlich nur auf die physischen Lagerhaltungskosten, nicht die Finanzierungskosten beziehen. Das Zinsänderungsrisiko sollte daher nicht vernachlässigt werden.

[36] Vgl. JP Morgan / Reuters (1996), S. 183 f. sowie Eller / Deutsch (1998), S. 277-283. JP Morgan stellt hierfür über Internet ein Excel Add-in zur Verfügung.

[37] Vgl. auch JP Morgan / Reuters (1996), S. 167-170.

kontinuitäten ein, die besonders kurzlaufende Futures betreffen.[38] Dies macht auf Commodity-Märkten eine Aufbereitung der Futures-Preiszeitreihe erforderlich.

Um den Laufzeiteffekt und die beschriebenen Diskontinuitäten zu eliminieren, wird im Rahmen von RiskMetrics z.T. die durch das „rolling nearby"-Verfahren sich ergebende Zeitreihe von Futures-Preisen durch lineare Interpolation angepasst.[39] Der Preis für Futures mit konstanter Laufzeit (*„constant maturity futures"*), deren Volatilität dann der entsprechenden Laufzeit-Vertex in RiskMetrics zugrundegelegt wird, ergibt sich als gewogenes Mittel der Preise der beiden laufzeitnächsten gehandelten Kontrakte, d. h. eines – im Vergleich zur Vertex-Laufzeit – kürzerlaufenden[40] und eines längerlaufenden Futures-Kontraktes.

Die hergestellte Laufzeitkonstanz der Futures-Vertices hat zur Folge, dass z.B. ein gehandelter 2-Monats-Futures nicht mehr auf die 2-Monats-Vertex abgebildet werden kann, wenn seine Restlaufzeit weniger als genau 2 Monate beträgt. Der Kontraktwert ist nach der Methodik von RiskMetrics vielmehr auf die 1- und die 2-Monatsvertex so aufzuteilen[41], dass Marktwert und Marktrisiko des originären Kontraktes erhalten bleiben und die beiden verteilten Marktwerte das gleiche Vorzeichen aufweisen wie der Marktwert des originären Kontraktes.

Steht für das zu mappende Commodity kein Standard-Asset zur Verfügung, so lässt sich das Commodity u.U. gleichwohl approximativ erfassen. Für die Zuordnung dieses Commodity auf die bestehenden Vertices sind dann die risikominimalen Hedge-Positionen maßgeblich, die in einer bzw. mehreren Vertices zum (Cross-)Hedging der einzubindenden Commodity aufgebaut werden müssten. Optionen auf Commodities bzw. auf Commodity-Kontrakte sind mit ihrem Delta-Äquivalent – d.h. linear approximiert – zu erfassen.

Wurden die einzubeziehenden Commodities und Commodity-Instrumente im Rahmen des Mapping entsprechend aufbereitet, so lässt sich der VaR des Portfolios mit dem Delta-Normal-Verfahren relativ einfach berechnen. Der VaR für eine eintägige Haltedauer unter Verwendung kontinuierlicher Renditen beträgt bei Verwendung des Delta-Normal-Verfahrens unter der in RiskMetrics verwendeten Annahme eines Erwartungswerts der einzelnen Renditen von jeweils null in Matrix-Schreibweise:

---

[38] Vgl. JP Morgan / Reuters (1996), S. 168.
[39] Vgl. JP Morgan / Reuters (1996), S. 169 f. und S. 205 f.
[40] Im Falle der 1-Monats-Vertex wäre dies der gehandelte 1-Monats-Kontrakt.
[41] Zum Mapping eines Commodity-Futures vgl. JP Morgan / Reuters (1996), S. 145.

(3) $$V\hat{a}R_{Portefeuille,t|t} \cong L_{1-\alpha} \cdot \sqrt{\omega_t^{Trans} \cdot \hat{\Sigma}_{t|t} \cdot \omega_t} ,$$

wobei $L_{1-\alpha}$ das $(1-\alpha)$-Quantil der Standardnormalverteilung, ω_t den Spaltenvektor der in t aktuellen Marktwerte der einzelnen Risikofaktorpositionen, $\omega_{i,t}$, und das große Sigma-Dach die geschätzte bedingte Varianz/Kovarianz-Matrix dieser Faktoren darstellen. Die einzelne (Netto-)Risikofaktorposition, $\omega_{i,t}$, ergibt sich dabei aus der Summe der mit ihren Sensitivitäten (Deltas) bezüglich dieses Risikofaktors gewichteten positiven oder negativen Marktwerte, $FV_{j,t}$, der einzelnen standardisierten Assets, j.[42] Der Vektor der Risikofaktorpositionen lässt sich unter Verwendung von $\delta_{j,t}$ als n-dimensionsalem Delta-Vektor für jedes Instrument j schreiben als:[43]

(4) $$\omega_t = \begin{pmatrix} \omega_{1,t} & \omega_{2,t} & \ldots & \omega_{n,t} \end{pmatrix} = \sum_{j=1}^{} \left(FV_{j,t} \cdot \delta_{j,t}^{Trans} \right).$$

Speziell im RiskMetrics-Ansatz wird – zusätzlich vereinfachend – überdies auf die Erfassung des Thetas des Portefeuilles verzichtet.[44]

Soll der VaR für mehr als eine eintägige Haltedauer auf Basis täglicher Renditen bestimmt werden, so kann dies im Rahmen von RiskMetrics näherungsweise durch Skalierung der täglichen Schätzung mit der Quadratwurzel der Halteperiode geschehen. Man beachte, dass bei RiskMetrics allerdings der Übergang von einer täglichen zu einer monatlichen Haltedauer die Verwendung einer anderen bedingten Varianz/Kovarianz-Matrix nach sich zieht, sofern nicht das Regulatory Dataset verwendet wird. Die Skalierung scheitert jedoch bereits formal, wenn auch der Erwartungswert der Renditen der Assets geschätzt und nicht gleich null gesetzt wurde[45] oder wenn GARCH-Schätzungen[46] oder implizite Volatilitäten zur Schätzung der Varianz/Kovarianz-Matrix verwendet wurden. Mit zunehmender Ausdehnung der Halteperiode führt die Skalierung mit der Quadratwurzel der Haltedauer zu immer ungenaueren Ergebnissen.[47]

---

[42] Vgl. z. B. Alexander / Leigh (1997), S. 51 f. Vgl. ähnlich JP Morgan / Reuters (1996), S. 125 f.
[43] Die einzelnen Delta-Vektoren haben stets die gleiche Dimension. In der Literatur wird z. T. auch der Vektor ωt als Delta-Vektor bezeichnet, vgl. etwa Fallon (1996), S. 6 f.
[44] Vgl. Fallon (1996), S. 8, Fn. 6.
[45] In diesem Fall lässt sich allerdings die Formel zur Berechnung des VaR modifizieren.
[46] Vgl. Diebold et al. (1997), S. 4-7.
[47] Vgl. Christofferson / Diebold (1997), S.4 und Diebold et al. (1997).

Monte-Carlo-Simulation

Die mit dem Delta/Normal-Verfahren einhergehende umfangreiche Linearisierung ist insb. für Portefeuilles, die in erheblichem Umfang Optionen enthalten unbefriedigend.[48] Daher werden für derartige Portfolien üblicherweise Simulationsverfahren, wie etwa „*Structured Monte Carlo*" verwendet, die vollständige Neubewertungen des Portefeuilles oder zumindest die Einbeziehung von Sensitivitäten höherer als erster Ordnung in die Risikoabschätzung ermöglichen.[49]

Das von RiskMetrics alternativ empfohlene Structured Monte Carlo-Verfahren basiert ebenfalls auf der Annahme der (bedingten) Normalverteilung der Risikofaktorrenditen. Das zugrunde liegende stochastische Modell für die Risikofaktoren ist eine geometrische Brownsche Bewegung (ohne Drift).[50] Der am Ende einer Haltedauer, H (in Tagen), realisierte Preis eines solchen Assets (etwa eines Wechselkurses)[51], f_H, mit einer Volatilität von σ_t berechnet sich bei Verwendung täglicher Renditen im Betrachtungszeitpunkt, t, daher als:[52]

$$(5) \qquad f_H = f_t \cdot \exp\left(\sigma_t \cdot \sqrt{H} \cdot Y_t\right),$$

wobei Y_i eine standardnormalverteilte Zufallsvariable darstellt. Die Monte-Carlo-Simulation beinhaltet die Ziehung standardnormalverteilter Zufallsvariablen unter Beachtung der Korrelationen der verschiedenen Assetrenditen entsprechend der Korrelationsschätzungen von RiskMetrics.[53]

Angenommen, es sollen n standardnormalverteilte Zufallsvariablen generiert werden, die eine Varianz von eins und Korrelationen aufweisen, die durch die $n \times n$ Korrelationsmatrix Λ aus RiskMetrics gegeben sind. Die Grundidee ist nun, n unabhängige standardnormalverteilte Zufallsvariablen zu generieren und diese dann so zu

---

[48] In welchem beträchtlichen Ausmaß das Delta-Normal-Verfahren von linearen Approximationen Gebrauch macht, wird deutlich, wenn man bedenkt, dass im Rahmen des Mapping Commodity-Positionen und -kontrakte über lineare Approximationen ihrer Bewertungsfunktionen zerlegt werden und dabei insbesondere die Nicht-Linearität von Optionspositionen unberücksichtigt bleibt.
[49] Ausführlich zur Monte-Carlo-Simulation vgl. etwa Dowd (1998), S. 108-120.
[50] Der Erwartungswert der Rendite wird in RiskMetrics gleich null gesetzt.
[51] Vgl. hierzu das Beispiel in JP Morgan / Reuters (1996), S. 153 f.
[52] Vgl. JP Morgan / Reuters (1996), S. 151. Man beachte, dass auch hier wieder die Skalierung mit der Quadratwurzel der Haltedauer Verwendung findet.

verknüpfen, dass man die gewünschte Korrelationsstruktur erhält. Hierzu ist die Dekomposition von Λ in Form von $\Lambda = AA^{Trans}$ erforderlich, die häufig mit einer Cholesky-Faktorisierung vorgenommen wird,[54] die weniger aufwendig ist als alternative Verfahren, da sie eine untere trianguläre Matrix A liefert. Überdies existieren rekursive Algorithmen für ihre Berechnung. Voraussetzung für eine Cholesky-Faktorisierung ist jedoch, dass die Matrix Λ positiv semi-definit ist. Die positive Semi-Definitheit von Λ ist bei der Korrelationsmatrix von RiskMetrics nicht gewährleistet.[55] Unterzieht man einen mit Hilfe eines Zufallsgenerators generierten $n \times 1$ Vektor Y von unabhängig standardnormalverteilten Zufallsvariablen einer Matrixmultiplikation $Z = AY$, so sind die Elemente Z_i des Vektors Z gemäß Λ korreliert.

Zur Berechnung des Werts eines Standard-Assets im Zeitpunkt H wird nun das Element Z_i anstelle von Y_i in die Bewertungsfunktion (5) eingesetzt.[56] Man erhält so die Ausprägungen der Preise der Standard-Assets am Ende der Haltedauer.[57] Stimmt die Restlaufzeit des betrachteten Instruments nicht mit einer Vertex (Standard-Asset) überein, so ist durch geeignete Verfahren der eigentlich interessierende Preis zu generieren (z.B. über eine Umkehrung des Mapping-Algorithmus). Die additive Aggregation der so ermittelten Werte der Instrumente eines Portefeuilles ergibt den Portefeuillewert[58] und die anschließende Subtraktion des Portefeuillewertes im Betrachtungszeitpunkt $t=0$ die Preisänderung des Portefeuilles für dieses Szenario.

Um die in Zeitpunkt H zu erwartende Verteilung der Änderungen des aktuellen Portefeuillewertes zu bestimmen, sind N Szenarien (Simulationsläufe) mit Änderungen des Portefeuillewertes durchzuführen.[59] Die Genauigkeit der Monte-Carlo-Simulation steigt mit der Zahl der Simulationen N. Es werden daher i. d. R. mehrere tausend Simulationsläufe durchgeführt, wobei z. T. zur Verringerung der Zahl der Simulationsläufe z.B. auf weiterentwickelte Verfahren zurückgegriffen wird.[60]

---

[53] Zur Vorgehensweise vgl. ausführlicher JP Morgan / Reuters (1996), S. 151-153. Vgl. auch Dowd (1998), S. 108-120; Eller / Deutsch (1998), S. 231-234; Jorion (1996), S. 241 f. und Huschens in diesem Handbuch.

[54] Für ein Beispiel einer Cholesky-Faktorisierung einer 2x2-Matrix vgl. Jorion (1996), S. 242 f. sowie Eller / Deutsch (1998), S. 231-233.

[55] Vgl. JP Morgan / Reuters (1996), S. 152. Vgl. auch Alexander / Leigh (1997), S. 52 und S. 60 (Fn. 5).

[56] Vgl. JP Morgan / Reuters (1996), S. 152 f.

[57] Interessiert nicht allein der Preis am Ende der Haltedauer, H, sondern sollen explizite Preispfade bis H generiert werden, so vgl. Jorion (1996), S. 232 f.

[58] Vgl. Jorion (1996), S. 244.

[59] Vgl. Jorion (1996), S. 239.

[60] Vgl. etwa Hull (1997), S. 361 f. und S. 365-368 sowie und Dowd (1998), S. 114 und S. 116-118.

Ordnet man die Simulationsergebnisse in absteigender Folge, so erhält man eine Verteilung der Wertänderungen des Portefeuilles. Die Bestimmung des VaR für das gewünschte einseitige Konfidenzniveau erfolgt über das Quantil der generierten Verteilung: Der VaR lässt sich durch einfaches Abzählen bestimmen; bei 10.000 Szenarien entspricht z.B. ein einseitiges Konfidenzniveau von 95 % dem 500-kleinsten Ergebnis (10.000 · (1-0,95) = 500). Da die Monte-Carlo-Simulation eine Verteilung möglicher Wertänderungen des Portefeuilles generiert, können über den VaR hinaus weitergehende Informationen zur Risikostruktur (z.B. LPM-Maße) bereitgestellt werden.[61]

Anstelle der Normalverteilungsannahme können mit der Monte-Carlo-Simulation auch andere stochastische Prozesse – etwa Poissonprozesse – abgebildet werden, welche die beobachtbaren Eigenschaften der Renditezeitreihen besser erfassen.[62] Dies ist einerseits ein Vorteil der Monte-Carlo-Methode, andererseits beinhaltet dies die Gefahr von Fehlspezifikationen und damit ein „model risk".[63] Eine gewisse Absicherung gegenüber Modellrisiken lässt sich dabei jedoch durch Simulationen mit verschiedenen Modellen erreichen.[64] Eine besondere Schwierigkeit ergibt sich, wenn neben Nicht-Linearitäten auch das für Optionen so wichtigen Volatilitätsrisiko erfasst werden soll, da dann auch das Verhalten der impliziten Volatilitäten zu modellieren ist.[65] RiskMetrics im Speziellen stellt diesbezügliche Informationen nicht zur Verfügung.

Probleme

Gegen die Verwendung von Modellen, die auf Normalverteilungsannahmen beruhen sprechen erstens eine fehlende intertemporale Stabilität der Standardabweichungen der Futures-Preisänderungen, da die Volatilität insb. im kurzfristigen Bereich eine positive Funktion der intertemporal instabilen Convenience Yield darstellt. Zweitens sind auch die Korrelationen zwischen Futures-Preisänderungen unterschiedlicher Fristigkeit theoretisch instabil, da die Korrelation der Preisänderungen bei einem Full Contango nahezu eins beträgt und mit steigender Convenience Yield sinkt.[66] Inwieweit solche – regelmäßig auf Normalverteilungsannahmen beruhende – Model-

---

[61] Vgl. JP Morgan / Reuters (1996), S. 158.
[62] Vgl. Jorion (1996), S. 235 f.
[63] Vgl. Jorion (1996), S. 200 f. und S. 234 f. sowie Wilson (1996), S. 224.
[64] Vgl. Jorion (1996), S. 231.
[65] Zur Erfassung optionsspezifischer Risiken vgl. den Beitrag von Johanning / Ernst.
[66] Vgl. Pfennig / Schäfer (1999), S. 584.

le Risiken aus Commodity-Positionen tatsächlich adäquat abbilden, lässt sich nur empirisch anhand eines Backtestings beurteilen.[67] Für niedrige Konfidenzniveaus und kurze Halteperioden dürfte die Normalverteilungsannahme eine hinreichend genaue Approximation darstellen. Mit zunehmendem Konfidenzniveau führt die bei Commodities häufig zu beobachtende Leptokurtosis („fat tails") zu zunehmend schlechteren Ergebnissen.[68] Die Backtesting-Ergebnisse dürften aber wesentlich von der Struktur des Commodity-Portefeuille sowie der betrachteten Marktphase abhängen.

Speziell für entgegengerichtete Positionen in laufzeitverschiedenen Kontrakten sind die beiden zuvor beschriebenen Verfahren in bestimmten Marktsituationen nur wenig geeignet, da sie die Variabilität der Preise und die Korrelationen der Preisänderungen nicht von der Höhe der Basis abhängig machen und bestehende Arbitragegrenzen aus Cash- und Carry-Arbitrage-Geschäften nicht beachten. Der VaR von Hedges von Lieferverpflichtungen durch kürzerfristige Futures-Kontrakte in Höhe des gleichen Kontraktvolumens wird dadurch in ausgeprägten Contango-Situationen signifikant überschätzt.[69] Arbitragegrenzen im Rahmen eines Monte-Carlo-Verfahrens zu berücksichtigen, wäre zum Beispiel dadurch möglich, indem man für jedes Szenario auf Basis des simulierten Spot-Preises, simulierter Zero-Rates sowie geschätzter Lagerhaltungskosten – jedoch ohne Einbeziehung einer Convenience Yield – eine Terminpreiskurve aufbaut, die Preisobergrenzen i.S. von Arbitragegrenzen für realisierte Terminpreise vorgibt. Aus der Monte-Carlo-Simulation generierte Terminpreise, welche oberhalb der so generierten Arbitragegrenze liegen, können dann „gekappt" werden.

4. VaR-Ansätze für Commodities mit expliziter Modellierung der (Netto) Convenience Yield

Statt Commodity-Risiken über Änderungen der beobachtbaren Spot- und Futures-Preise zu modellieren und Veränderungen der Convenience Yield implizit zu erfassen, kann die Convenience Yield auch direkt modelliert werden. Eine solche Vorgehensweise bietet sich insbesondere an, wenn der VaR von Kontrakten abgeschätzt werden soll, für die entsprechend langlaufende Futures- oder Forward-Kontrakte

---

[67] Zu Verfahren des Backtesting vgl. Overbeck / Stahl in diesem Handbuch.
[68] Für lineare Aluminium-Kontrakte vgl. Pfennig / Schäfer (1998), S. 8 f.
[69] Vgl. Kropp (1999), S. 439-446.

nicht existieren. Voraussetzung hierfür ist ein Preismodell, das den Futures- bzw. Forward-Preis in Abhängigkeit vom Spot-Preis, der Convenience Yield sowie dem Zins (und gegebenenfalls dem Wechselkurs) abbildet. Zur Beschreibung von Futures- und Forward-Preisen existieren verschiedene Preismodelle.

Betrachtet man die Preismodelle für Futures- bzw. Forward-Kontrakte, so wird die Convenience Yield unterschiedlich modelliert:[70]

- als im Zeitablauf konstant, wie bei der „cost-of-carry-Formel",
- als im Zeitablauf konstant, aber proportional zum Spot-Preis des Commodity. Eine solche Modellierung beinhaltet die Überlegung, dass hohe Spot-Preise mit hohen Lagerbeständen einhergehen und erlaubt somit die Erfassung einer linearen Abhängigkeit der Convenience Yield vom Umfang der Lagerbestände.
- als stochastische Größe in der Form einer stochastischen Differenzialgleichung, wobei die Convenience Yield die „mean-reverting" Eigenschaft besitzt (Mehrfaktorenmodelle).

Neben zusätzlichen Modellannahmen über Zinsen und Marktbedingungen führen diese Modellierungen der Convenience Yield zu unterschiedlichen Futures- bzw. Forward-Preisen. Ziel der Modellansätze ist die Abbildung von real beobachtbaren Futures-Strukturkurven („term structures").[71]

Ein Vergleich dieser theoretischen Ansätze zeigt, dass die gesonderte Berücksichtigung der Convenience Yield in Zwei- oder Drei-Faktoren-Modellen als stochastische Größe eine realistischere Abbildung von Futurestrukturkurven ermöglicht als bei der im Zeitablauf konstanten Convenience Yield.[72] Innerhalb dieser Modelle ist der Futures- bzw. Forwardpreis eine abhängige Variable vom Spot-Preis, dem Zins, der Restlaufzeit des Kontraktes und der Convenience Yield.

In einem Zwei-Faktorenmodell[73] wird Spot-Preis und Convenience Yield jeweils durch eine stochastische Differenzialgleichung modelliert, wobei die Zuwächse der Standard Brownschen Bewegung korreliert sind und die Convenience Yield einem Mean-Reverting-Prozess folgt. Die Annahme eines konstanten Zinses wird erst in

---

[70] Vgl. Brennan (1991), S. 40 und S. 63; vgl. Schwartz (1997), S. 926 bis S. 931.
[71] Vgl. Schwartz (1997), S. 924 und S. 925.
[72] Vgl. Schwartz (1997), S. 952 bis S. 957.
[73] Vgl. Brennan (1991), S. 63; Gibson / Schwartz (1990), S. 960 und S. 961 und Schwartz (1997), S. 92 bis S. 929; vgl. hierzu den Beitrag von Bühler / Korn (1999).

einem Drei-Faktoren-Modell aufgehoben, wobei dann der Zins analog des Vasicek-Modells ebenfalls als Mean-Reverting-Prozess modelliert wird.[74] Damit ergeben sich dann unterschiedliche Bewertungsgleichungen für Forward- und Futures-Kontrakte.[75]

Während Zwei- und Drei-Faktoren-Modelle eine Verbesserung gegenüber den Ein-Faktoren-Modellen bei der Beschreibung von Terminpreisen darstellen, führt ein Vergleich von Zwei- und Drei-Faktoren-Modellen zu keinem eindeutigen Ergebnis.[76] Es zeigt sich, dass die Prognosefähigkeit von dem betrachteten Rohstoffmarkt abhängig ist. Beide Mehrfaktorenmodelle benötigen eine große Anzahl von Inputvariablen, wobei die Futures- bzw. Forward-Preise eine ähnliche Struktur aufweisen. Bei beiden Modellen geht der Spot-Preis linear, die Convenience Yield und der Zins exponentiell in die Preisformel ein.

Durch die große Anzahl von benötigten Inputvariablen steigt das Modellrisiko infolge von Schätzfehlern, das die Anwendbarkeit auf die Abbildung des Risikos von Handelsaktivitäten im Rohstoffbereich stark einschränkt. Gemäß den Zielsetzungen von Future-Preis-Modellen, die Preisstruktur abzubilden, weisen diese bei Kontrakten mit geringer Restlaufzeit größere Abweichungen auf.[77]

Ausgangspunkt einer VaR-Schätzung können die beschriebenen Preismodelle bzw. vereinfachte Preisformeln, jedoch mit gleicher Stuktur sein, wobei ggfs. zusätzlich ein Wechselkursrisiko zu berücksichtigen ist. Außerdem sind Schätzungen bzw. Annahmen über die Verteilung der Risikofaktoren und deren Korrelationsstruktur zu treffen.[78] Anstelle einer in den beschriebenen Preismodellen über alle Laufzeiten einheitlichen Convenience Yield kann man auch im Rahmen vereinfachter Preisformeln restlaufzeitabhängige Convenience Yields eines Commodity sowie Zinssätze und deren Korrelationen untereinander berücksichtigen. Durch Simulation der Änderungen der Input-Parameter im Rahmen einer Monte-Carlo-Simulation lässt sich eine Verteilung der Werte eines Commodity-Portefeuilles und damit auch der Wertände-

---

[74] Vgl. Schwartz (1997), S. 929 und vgl. Vasicek (1977), S. 180 bis S. 182.
[75] Vgl. Cox et al. (1981), S. 323 bis S. 333 und vgl. Schwartz (1997), S. 930.
[76] Vgl. Schwartz (1997), S. 954 bis S. 957.
[77] Vgl. Brennan (1991), S. 54.
[78] Bei Optionskontrakten ist auf entsprechende Preisformeln für Commodity-Optionskontrakte abzustellen. Bei der Monte-Carlo-Simulation sind zusätzlich Schätzungen bzw. Annahmen hinsichtlich der Volatilität, der impliziten Volatilitäten, deren Korrelationen untereinander sowie zu anderen Risikofaktoren zu treffen.

rungen generieren und so wieder der VaR des Portefeuilles als Quantilsmaß berechnen.

Ob durch eine explizite Modellierung der Convenience Yield und speziell durch Zwei- oder Drei-Faktoren-Modelle eine Verbesserung der VaR-Schätzung erreicht werden kann, lässt sich nur empirisch durch Backtesting überprüfen.[79]

5. Möglichkeiten zur Quantifizierung des physischen Prämienrisikos

Die bisher behandelten VaR-Verfahren stützen sich die Preise mehr oder minder standardisierter Futures- bzw. Forward-Kontrakte, um auch das Preisrisiko von Kontrakten – etwa physische zu erfüllenden Lieferkontrakten – mit abweichenden Spezifikationen abzuschätzen. Bei Aluminium beispielsweise können Qualität, Lieferform, Lieferort und Verzollung unterschiedlich spezifiziert sein. Abweichungen in diesen Spezifikationen resultieren in einem *physischen Prämienrisiko*, wobei vereinfachend davon ausgegangen werden kann, dass die physische Prämie sich als Summe dieser vier Komponenten darstellen lässt.

Pfennig / Schäfer (1998) stellen ein Verfahren zur Einbindung des phyischen Prämienrisikos von Aluminium in eine VaR-Schätzung auf Basis einer Monte-Carlo-Simulation vor. Ausgangspunkt ist dabei nicht so sehr die Historie der betrachteten (Teil-)Prämie als vielmehr Erkenntnisse bzw. Vorstellungen hinsichtlich des Prämienverhaltens.[80]

Sie nehmen an, dass sich die Höhe der Prämienveränderung aus einem historischen Drift und einer historischen Schwankung um diesen Drift zusammensetzt. Der Drift-Term wird in Abhängigkeit von der gesamten Kurshistorie und insbesondere von der zuletzt gemessenen Prämienhöhe über einen Mean-Reverting-Prozess bestimmt. Durch diesen Prozess lässt sich der Beobachtung Rechnung tragen, dass sich physische Prämien innerhalb bestimmter Bänder bewegen. Eine am oberen Rand des Bandes befindliche Prämie wird sich tendenziell reduzieren, eine am unteren Rand befindliche sich tendenziell erhöhen. Mit dem Mean-Reverting-Prozess wird eine

---

[79] Vgl. Kupiec (1995), S. 73.
[80] Zum Verhalten der Ortsprämie bei Aluminium und deren Determinanten vgl. Pfennig / Schäfer (1999), S. 576-578.

Tendenz, zu einem Mittelwert zurückzukehren, modelliert. Die Schwankungskomponente beruht auf der geschätzten historischen Schwankung, die um Risikoüberlegungen ergänzt wird. Da physische Prämien die Eigenschaft aufweisen über längere Zeit nahezu unverändert zu bleiben und sich dann plötzlich stark zu verändern, wird die Wahrscheinlichkeit einer Prämienveränderung über eine poissonverteilte Zufallsvariable gesteuert. Das Verhalten der physischen Prämien wird folglich als Poissonprozess modelliert.[81] Mit einer solchen Modellierung lässt sich dann eine Monte-Carlo-Simulation durchführen, wobei zusätzliche Annahmen bzw. Schätzungen über die Korrelationen zwischen den Änderungen der einzelnen Teilprämien und zu den übrigen Risikofaktoren zu treffen sind. Zu beachten ist, dass sich bei der Monte-Carlo-Simulation für die einzelnen Teilprämien Ausprägungen ergeben können, die außerhalb der Bandreiten liegen und daher auf den Bandbegrenzungen abgeschnitten werden müssen, um nicht zu unrealistischen Schätzungen zu gelangen.

6. Risikoschätzung auf mittlere/lange Sicht

Die zuvor beschriebenen Ansätze haben das Ziel, die Auswirkungen kurzfristiger Wertänderungen der Risikofaktoren zu schätzen. Sie stützen sich auf tägliche Renditen der Risikofaktoren, unterstellen für die erwartete Rendite einen Wert von null und schätzen die Varianz/Kovarianz-Matrix der Risikofaktorrenditen. Die zugrunde liegende Haltedauer beträgt damit einen Tag. VaR-Werte für längere Haltedauern werden regelmäßig durch Skalierung des VaR-Wertes bzw. der Standardabweichungen und Korrelationen mit der Wurzel der interessierenden Haltedauer (in Tagen) vorgenommen.

Für eine langfristige Risikoabschätzung ist eine solche Vorgehensweise nicht sachgerecht. Weder kann der Erwartungswert der Rendite vernachlässigt werden, noch kann die Skalierung mit der Quadratwurzel der Haltedauer überzeugen.[82] Weder können langfristige Trends noch eine Mean-Reversion der Risikofaktoren erfasst werden.[83] Benötigt werden langfristige Prognoseverfahren, für die – neben benutzerdefinierten Szenarien – vor allem zwei Grundrichtungen existieren: die Nutzung von Marktinformationen und ökonometrische Ansätze der Zeitreihenanalyse. Erst langfristige Prognoseverfahren werden den typischerweise wesentlich längeren Pla-

---

[81] Vgl. Pfennig / Schäfer (1998), S. 14.
[82] Vgl. Diebold et al. (1997), S. 4-7.
[83] Letzteres gilt nur bedingt, da auch im Rahmen von Monte-Carlo-Simulationen eine Mean-Reversion berücksichtigt werden kann.

nungshorizonten von Industrie- und Handelsunternehmen gerecht.[84] Solche Verfahren liegen dem Risikomanagement-Ansatz für Industrie- und Handelsunternehmen zugrunde, den JP Morgan als CorporateMetrics[85] vermarktet und sind im Technical Document zur Prognose-Toolbox LongRun[86] dokumentiert.

CorporateMetrics verwendet zur Abschätzung der Auswirkungen von makroökonomischen Risiken das Instrumentarium der strukturierten Monte-Carlo-Simulation. Um strukturierte Szenarien generieren zu können, muss für den Planungshorizont eine Verteilung der Risikofaktoren geschätzt werden, um daraus unter Berücksichtigung der zwischen den Risikofaktoren bestehenden Korrelationen Entwicklungspfade der Risikofaktoren vom heutigen Ausgangswert zu den möglichen Endwerten am Ende des Planungshorizonts generieren zu können (sog. „market rate scenarios").

Langfristige Prognoseverfahren, die Marktinformationen nutzen, beruhen auf dem Grundgedanken, dass Märkte effizient sind: Die Vorstellungen der Marktteilnehmer schlagen sich in den Marktpreisen so nieder, dass die Marktpreise den Konsens über die Markteinschätzung widerspiegeln. Diese Verfahren greifen auf die aktuellen Kassapreise, Terminpreise sowie implizite Volatilitäten zurück, um hieraus den Erwartungswert, die Volatilität oder gar die gesamte Wahrscheinlichkeitsverteilung der Risikofaktoren abzuleiten.[87]

Ökonometrische Prognoseverfahren verwenden Zeitreihen von Finanzmarkt- und/oder anderen makroökonomischen Variablen. In LongRun werden insbesondere Vektor-Autoregressive Modelle (VARM) verwendet, in denen die Ausprägung einer Variablen durch die Werte, die sie selbst in ihrer Vergangenheit angenommen hatte, und denen die andere Variablen in der Vergangenheit angenommen hatten, bestimmt wird. Um die Nichtstationarität einzelner Zeitreihen zu erfassen, wird auf Kointegrationsmodelle zurückgegriffen, die auf der Grundidee beruhen, dass, obschon zwar Zeitreihen nicht stationär sein mögen, doch ein stabiler Zusammenhang bei den Veränderungen unterschiedlicher Zeitreihen bestehe. Eine Kointegrationsbeziehung stellt einen Fehlerkorrekturmechanismus dar und führt zu sog. *Fehlerkorrekturmodellen* (ECM). VARM und ECM werden in LongRun zu einem Vektor-

---

[84] Vgl. allerdings eher skeptisch Christofferson / Diebold (1997).
[85] Vgl. JP Morgan (1999a).
[86] Vgl. JP Morgan (1999b).
[87] Vgl. JP Morgan (1999a), S. 54-56 sowie ausführlich JP Morgan (1999b), Chapter 2.

Fehlerkorrekturmodell (VECM) zusammengeführt und für die langfristige Prognose von Risikofaktoren genutzt.[88]

Da es kein bestes Verfahren für eine langfristige Prognose gibt, sollten Prognosen mit verschiedenen Verfahren und Annahmen durchgeführt werden, um Vor- und Nachteile der verschiedenen Verfahren einzuschätzen und Vorstellungen über alternativ mögliche Wertänderungen des Portefeuilles zu gewinnen.[89]

7. Dynamisierung von Positionen im Zeitablauf

Eine Ausdehnung des Planungshorizonts hat jedoch nicht nur Auswirkungen auf die Schätzung von Verteilungsparametern bzw. möglicher Preisentwicklungen. Sie berührt unmittelbar auch die Positionsdaten (Exposures), die in eine Risikoschätzung eingehen.

Bereits bei Handelsportefeuilles ist die mit einer Ausdehnung der Haltedauer bei VaR-Verfahren übliche Beibehaltung der Annahme konstanter Positionen problematisch: Handelspositionen sind dann vielmehr endogen, d. h. abhängig von den Entscheidungen des Risikomanagements: Insbesondere Phasen höherer Volatilität werden zu Änderungen der Positionen führen.[90] Ein Beispiel hierfür sind dynamische Handelsstrategien, wie etwa das Delta-Hedging von Optionspositionen, die den Bestand im Underlying an vorangegangene Parameteränderungen knüpfen.[91] Ein VaR-Verfahren, das endogene Veränderungen der Positionen erfassen soll, muss sich der dynamischen Simulation bedienen und dabei nicht allein die Verteilung der Risikofaktoren am Ende der Planungsperiode, sondern auch die dorthin führenden Pfade abbilden, um so – exakter durch die Einführung von Reaktionsfunktionen auf Preisänderungen – die Endogenität der Positionen abzubilden.[92]

---

[88] Vgl. JP Morgan (1999a), S. 56 f. sowie ausführlich JP Morgan (1999b), Chapter 3.
[89] Vgl. hierzu auch die Backtesting-Ergebnisse in JP Morgan (1999b), Chapter 4.
[90] Vgl. Kupiec / O'Brien (1995), S. 45 f. sowie Diebold et al. (1997), S. 8-10.
[91] Ein anderes Beispiel sind VaR-Limite, die aufgrund höherer Volatilität nun bindend werden und zu einem Abbau der Positionen führen. Die Einbindung der Auswirkungen evtl. bindend werdender VaR-Limite auch in eine dynamische Simulation ist allerdings nur schwierig möglich, da innerhalb der Simulationsläufe jeweils VaR-Berechnungen für die zu betrachtenden Portefeuilles durchzuführen und mit Selektionsvorschriften für Art und Umfang der abzubauenden Positionen zu kombinieren sind.
[92] Ausführlicher zu diesem Gedankengang vgl. Kropp (1999), S. 379 f.

Betrachtet man das Kerngeschäft von Industrie- und Handelsunternehmen, so resultieren Risiken hier aus der Divergenz von Cash-Flows bzw. Erträgen und Aufwendungen aus Absatz- und Einkaufstransaktionen. Folgt man diesen Überlegungen, so verlässt man das Konzept des auf kurzfristige Barwertänderungen abstellenden Value-at-Risk zugunsten eines längerfristig orientierten Cash-Flow-at-Risk-Ansatzes (CFaR) bzw. Earnings-at-Risk-Ansatzes (EaR).[93] Diese Verfahren stützen sich idealerweise auf bestehende Unternehmensplanungsmodelle. Mit CorporateMetrics – zusammen mit LongRun als langfristigem Prognose-Tool – hat JP Morgan nunmehr Methodiken bereitgestellt, mit der zumindest einfache, nicht optionale Abhängigkeiten der Mengenkomponente von der Preiskomponente in einem dynamischen Simulationsmodell erfasst und ein CFaR bzw. EaR geschätzt werden können.[94]

Soweit künftige Transaktionen bereits fest kontrahiert wurden, können die sich ergebenden Cash-Flows bzw. – unter Beachtung der für die einzelnen Transaktionen anzuwendenden Rechnungslegungsnormen – die Earnings (oder besser die Aufwendungen und Erträge) vergleichsweise einfach erfasst werden. Ein verbleibendes Risiko besteht bei Fremdwährungsgeschäften lediglich in einem Umrechnungsrisiko aus Wechselkursänderungen. Neugeschäfte i.S. künftig lediglich erwarteter Geschäfte sind dagegen regelmäßig auch in ihrer Mengenkomponente, d.h. der Nachfragemengen, unsicher. CorporateMetrics zeigt daher im Rahmen des sog. Exposure Mappings auch Möglichkeiten auf, die Abhängigkeit der künftigen Nachfragemengen von den Ausprägungen der Risikofaktoren funktional zu erfassen.[95] Werden die Verteilungen von Nachfragemengen hinreichend disaggregiert (einzelne Produkte/Produkttypen) betrachtet, so können aus diesen so generierten Absatzmengen Rückschlüsse auf die jeweils notwendigen Input-Mengen an Rohwaren gewonnen werden. Die Erfassung ist bei gegebenem Output (Nachfragemenge) einfach, wenn limitationale Produktionsfunktionen zugrunde liegen, so dass auf konstante Input-Output-Relationen zurückgegriffen werden kann. Bei substitutionalen Produktionsfunktionen ist die Input-Menge über die Minimalkostenkombination dagegen unmittelbar von den Preisen der substitutional verwendbaren Inputs abhängig,[96] so dass die entsprechenden Input-Relationen mittels einer Optimierung ermittelt werden müs-

---

[93] Vgl. ausführlich Bartram in diesem Handbuch.
[94] Vgl. JP Morgan (1999a) und JP Morgan (1999b).
[95] Vgl. JP Morgan (1999a), Chapter 6.
[96] Ein Beispiel aus der Energiewirtschaft wären etwa Kraftwerke, die sowohl mit Erdgas als auch mit Heizöl befeuert werden können.

sen.[97] Kombiniert man die so generierten Absatz- und Beschaffungsmengen mit den jeweils simulierten Ausprägungen der Risikofaktoren und bezieht man überdies Sicherungsgeschäfte mit ein, so lässt sich eine Verteilung aller Cash-Flows bzw. Earnings für die entsprechende Betrachtungsperiode ermitteln. Aus dieser Verteilung kann dann eine Cash-Flow-at-Risk-Ziffer oder eine Earnings-at-Risk-Ziffer berechnet werden.[98] Die Cash-Flow-at-Risk und Earnings-at-Risk können dabei aufgrund des Einflusses von Rechnungslegungsnormen für betrachtete Teilperioden stark voneinander divergieren.[99]

8. Zusammenfassung und Ausblick

Die Preisbildung von Commodities bzw. Commodity-Kontrakten weist gegenüber Finanzinstrumenten einige Besonderheiten auf. Die Commodities-eigene Convenience Yield sowie physische Prämien beinhalten besondere Risiken, die im Rahmen einer VaR-Schätzung zu berücksichtigen sind. Während für die sehr kurzfristige Risikoabschätzung bei niedrigen Konfidenzniveaus die für Finanzinstrumente gängigen Verfahren der VaR-Schätzung – ergänzt um eine Quantifizierung von Prämienrisiken – noch hinreichend sein dürften, erfordert eine Ausweitung der Haltedauer die Verwendung langfristiger Prognosemodelle und die Berücksichtigung möglicher Veränderungen der zugrunde liegenden Exposures. Es stellt sich dann zugleich die Frage, ob das Konzept des VaR zugunsten einer Schätzung des Earnings-at-Risk (EaR) bzw. des Cash-Flow-at-Risk (CFaR) verlassen werden sollte.

---

[97] In beiden Fällen ergibt sich jedoch ggfs. eine mittelbare Wirkung der Rohwarenpreise auf die Nachfragemenge, da die Rohwarenpreise bei der Kalkulation des Absatzpreises zu berücksichtigen sind und sich damit in den nachgefragten Mengen widerspiegeln müssten.
Eine weitere Komplikation stellt sich hinsichtlich bereits verarbeiteter, von Dritten bezogener Vorprodukte. Je nach Vertragsgestaltung und Verhandlungsmacht zwischen dem betrachteten Unternehmen und seinen Lieferanten können sich Änderungen der Rohwarenpreise in einer Änderung der Preise solcher Güter niederschlagen. Es stellt sich dann die Frage, inwieweit Input-Output-Relationen über die Unternehmensgrenze hinweg bei der Risikosteuerung für das Gesamtunternehmen berücksichtigt werden sollten.

[98] Der CFaR und EaR können absolut oder bezogen auf eine Zielvorgabe gemessen werden. Vgl. JPMorgan (1999a), S. 31-35.

[99] Ein einfaches Beispiel: Eine Fluglinie entschließt sich am 1. November eines Jahres dazu, ihren CFaR auf Jahressicht durch den Erwerb von Flugbenzin im Rahmen eines antizipativen Hedges mit OTC-Termingeschäften, deren Laufzeit bis zu einem Jahr gestaffelt ist, zu senken. Bei isolierter Betrachtung steigert dies bei Bilanzierung nach deutschem Handelsrecht den Earnings-at-Risk zum Bilanzstichtag 31. Dezember: Nach deutscher Rechnungslegung dürfen antizipative Hedges nicht im Rahmen von Bewertungseinheiten berücksichtigt werden. Während lediglich erwartete Gewinne aus künftigem, noch nicht kontrahierten Geschäft unberücksichtigt bleiben, werden eventuelle Verluste aus den OTC-Hedge-Geschäften im Rahmen einer Rückstellungsbildung ergebniswirksam. Vgl. auch JP Morgan (1999a), S. 35.

Da es kein bestes Verfahren zur Schätzung des VaR (oder auch des EaR bzw. CFaR) gibt und sich die Güte der eingesetzten Verfahren hinsichtlich einzelner Commodities unterschiedlich darstellt, ist einerseits dem Backtesting besonderes Gewicht beizumessen. Andererseits sollten solche Schätzungen unbedingt durch Worst Case- bzw. Stress-Szenarien ergänzt werden, um das Ausmaß extremer, bei Commodities nicht ganz so seltener Marktbewegungen evaluieren zu können.

Literaturverzeichnis

Alexander, C. (Alexander, 1996): Volatility and Correlation Forecasting, in: Alexander, v. C. (Hrsg.), The Handbook of Risk Management and Analysis, Chichester, 1996, S. 233-260.

Alexander, C. / Leigh, C. T. (Alexander / Leigh, 1997): On the Covariance Matrices used in Value at Risk Models, in: Journal of Derivatives, Vol. 4, 1997, No. 3, S. 50 – 62.

Brennan, M. J. (Brennan 1958): The Supply of Storage, in: American Economic Review, Vol. 48, 1958, S. 50 – 72.

Brennan, M. J. (Brennan, 1991): The Price of Convenience and the Valuation of Commodity Contingent Claims, in: Lund, D. / Oksendal, B. (Hrsg.), Stochastic Models and Option Values, Amsterdam, 1991, S. 33-71.

Bühler, W. / Korn, O. (Bühler / Korn 1999): Hedging langfristiger Lieferverpflichtungen mit kurzfristigen Futures: Möglich oder Unmöglich, 1999, ZEW Discussion Paper 98-20.

Cristofferson, P. F. / Diebold, F. X. (Cristofferson / Diebold, 1997): How Relevant is Volatility Forecasting for Risk Management, Working Paper No. 97-45, The Wharton School, University of Pennsylvania, 1997.

Cox, J. C. / Ingersoll, J. E. / Ross, S. A. (Cox et al., 1981): The Relation between Forward Prices and Futures Prices, in: Journal of Financial Economics, Vol. 9, 1981, S. 321.346.

Diebold, F. X et al. (Diebold et al., 1997): Converting 1-Day Volatility to h-Day Volatility: Scaling by $\sqrt{h}$ Is Worse than You Think, Working Paper No. 97-34, The Wharton School, University of Pennsylvania.

Dowd, K. (Dowd, 1998): Beyond Value at Risk. The New Science of Risk Management, Chichester et al. 1998.

Edwards, F. R. / Ma, C. W (Edwards / Ma, 1992): Futures and Options, New York et al. 1992.

Eller, R. / Deutsch, H.-P. (Eller / Deutsch, 1998): Derivate und Interne Modelle. Modernes Risikomanagement, Stuttgart 1998.

Fallon, W. (Fallon, 1996): Calculating Value-at-Risk, Financial Institutions Center, The Wharton School, University of Pennsylvania, Working Paper No. 96-49, 22.1.1996,

Fama, E.F. / French, K.R. (Fama / French, 1987): Commodity Futures Prices: Some Evidence on Forecast Power, Premiums, and the Theory of Storage, in: Journal of Business, Vol. 60, No. 1, 1987, S. 55-73.

Fama, E.F. / French, K.R. (Fama / French, 1988): Business Cycles and the Behavior of Metal Prices, in: Journal of Finance, Vol. 43, 1988, S. 1075-1093.

Figlewski, S. (Figlewski, 1997): Forecasting Volatility, Financial Markets, Institutions & Instruments, Vol. 6., No. 1.

Gibson, R. / Schwartz, E.S. (Gibson / Schwartz, 1990): Stochastic Convenience Yield and the Pricing of Oil Contingent Claims, in: Journal of Finance, Vol. 45, 1990, S. 959-976.

Greene, W.H. (Greene, 1997): Econometric Analysis, Upper Saddle River, (NJ) 1997.

Hull, J.C. (Hull, 1997): Options, Futures and Other Derivative Securities, Englewood Cliffs (NJ) 1997.

Johanning, L. (Johanning, 1998): Value-at-Risk zur Marktrisikosteuerung und Eigenkapitalallokation, Bad Soden/Ts. 1998.

Jorion, P. (Jorion, 1996): Value at Risk: The New Benchmark for Controlling Derivatives Risk, Chicago/London/Singapore 1996.

JP Morgan / Reuters (JP Morgan / Reuters, 1996): RiskMetrics™-Technical Document, 4. Auflage, Dezember 1997.

JP Morgan (JP Morgan, 1999a): CorporateMetrics™-Technical Document, April 1999.

JP Morgan (JP Morgan, 1999b) LongRun Technical Document™-Technical Document, April 1999.

Kropp, M. (Kropp, 1999): Management und Controlling finanzwirtschaftlicher Risikopositionen – Einschließlich einer Fallstudie zu den Öltermingeschäften der Metallgesellschaft, Bad Soden/Ts. 1999.

Kupiec, P.H. (Kupiec, 1995): Techniques for Verifying the Accuracy of Risk Measurement Models, in: Journal of Derivatives, Vol. 2, Winter 1995, S.73-84.

Kupiec, P.H. / O'Brien, J. (Kupiec / O'Brien, 1995): Internal Affairs, in: Risk, Vol. 8, 1995, S. 43-47.

Mahoney, J.M. (Mahoney, 1996): Forecast Biases in Value-at-Risk Estimators: Evidence in Foreign Exchange and Global Equity Portfolios, Federal Reserve Bank of New York, Manuskript des gleichnamigen Vortrages auf der Tagung der Financial Market Group der London School of Economics über "Internal Risk Models and Financial Regulation" in London am Dienstag, den 15. Oktober 1996.

Pfennig, M. / Schäfer, K. (Pfennig / Schäfer, 1997): Verfahren zur Quantifizierung von (Preis-)risiken, in: Zeitschrift für das Kreditwesen 20. Jg, 1997, S. 1009-1014.

Pfennig, M. / Schäfer, K. (Pfennig / Schäfer, 1998): Quantifizierung von Aluminiumpreisrisiken: Fallstudie, Arbeitspapier, Fassung vom 5. Mai 1998.

Pfennig, M. / Schäfer, K. (Pfennig / Schäfer, 1999): Preisrisiken bei Commodities – Systematisierung und Implikationen für die Quantifizierung, in: Zeitschrift für Betriebswirtschaft, 69. Jg., 1999, S. 569-592.

Samuelson, P. (Samuelson, 1965): Proof that Properly Anticipated Prices Fluctuate Randomly, in: Industrial Managament Review, Vol. 6, 1965, S. 41-49.

Scholes, M. S. (Scholes, 1981): Economics of Hedging and Spreading in Futures Markets, in: The Journal of Futures Markets, Vol. 1, 1981, S. 265-286.

Schwartz, E.S. (Schwartz, 1997): The Stochastic Behavior of Commodity Prices: Implications for Valuation and Hedging, in: Journal of Finance, Vol. 52, No. 3, 1997, S. 923-973.

Stulz, R.M. (Stulz, 1996): Rethinking Risk Management, in: Journal of Applied Corporate Finance, Vol. 9, No. 3, 1996, S. 8-24.

Vasicek, O. (Vasicek, 1977): An Equilibrium Characterization of the Term Structure, in: Journal of Financial Economics, 1977, No. 5, S. 177-188.

Wahrenburg, M. (Wahrenburg, 1996): Hedging Oil Price Risk: Lessons from Metallgesellschaft, Arbeitspapier, Universität Köln, Fachbereich Wirtschaftswissenschaften 1996.

Wilson, T.C. (Wilson, 1996): Calculating Risk Capital, in: Alexander, C. (Hrsg.), The Handbook of Risk Management and Analysis, Chichester et al., 1996, S. 193-232.

Working, H. (Working, 1949): The Theory of Price of Storage, in: American Economic Review, Vol. 39, 1949, S. 1254-1262.

Verfahren zur Schätzung finanzwirtschaftlicher Exposures von Nichtbanken

von Söhnke M. Bartram

1. Finanzwirtschaftliches Risiko, Exposure und Risikomanagement
2. Exposureschätzungen mit Kapitalmarktdaten
3. Exposureschätzungen mit Cash-Flow-Daten
4. Die Übertragung von Value-at-Risk-Ansätzen auf Nichtbanken
5. Exposureschätzungen mit Cash-Flow-at-Risk-Simulationsmodellen
6. Zusammenfassung und Ausblick

1. Finanzwirtschaftliches Risiko, Exposure und Risikomanagement

Unter finanzwirtschaftlichen Risiken, denen Industrie- und Handelsunternehmen (Nichtbanken) im Rahmen ihrer Geschäftstätigkeit ausgesetzt sind, werden typischerweise die unerwarteten Änderungen von Wechselkursen und Zinsen verstanden. Darüber hinaus werden häufig auch die Schwankungen von Rohstoffpreisen hierunter subsumiert, da für viele Rohstoffpreisrisiken ebenfalls finanzwirtschaftliche Absicherungsinstrumente verfügbar sind. Für Nichtbanken und andere Wirtschaftseinheiten existieren diese Risiken generell deshalb, weil internationale Gleichgewichtsbedingungen wie Kaufkraftparität (KKP) und internationaler Fisher-Effekt (IFE) bestenfalls langfristig halten und somit bei makroökonomischen Störungen kein sofortiger Ausgleich zwischen Währungen, Zinsen und Güterpreisen erfolgt.[1]

Die Sensitivität von betrieblichen Erfolgsvariablen in Bezug auf Risikofaktoren wird als Exposure bezeichnet, das somit einen Maßstab dafür darstellt, wie stark ein Unternehmen durch die existierenden Risiken beeinflusst wird.[2] Während grundsätzlich zwischen verschiedenen Exposurearten unterschieden wird, ist aus wissenschaftlicher Sicht für Unternehmen primär das ökonomische Exposure relevant. Das *ökonomische Exposure* beschreibt den Einfluss von Risiken auf die (zukünftigen) betrieblichen Cash-Flows und damit den Unternehmenswert, während andere Exposurekonzepte einzelne Transaktionen (Transaktionsexposure) oder Jahresabschlusspositionen (Accounting Exposure) betrachten.[3]

Ökonomische Exposures entstehen aufgrund direkter und indirekter Wirkungszusammenhänge zwischen finanzwirtschaftlichen Risiken und dem Unternehmenswert als Barwert sämtlicher zukünftiger Zahlungsströme an die Anteilseigner (Abbildung 1). Wechselkursänderungen sind vor allem im Zusammenhang mit Export- und Importtransaktionen, Fremdwährungskrediten, Cash-Flows ausländischer Tochterunternehmen und Kapitalanlagen relevant. Zinsschwankungen haben zum einen über die Veränderungen des Wertes und der Zahlungsströme von Finanzgütern einen Einfluss auf den Unternehmenswert. Zum anderen stehen Zinsänderungen in engem

---

[1] Vgl. z.B. Levi (1996), S. 239-254 u. 303-310, Logue (1995).
[2] Vgl. Adler / Dumas (1984), S. 42. Eine frühe Auseinandersetzung mit dem Exposurekonzept findet sich bei Dufey (1972).
[3] Vgl. z.B. Bartram (2000).

Zusammenhang mit der konjunkturellen Entwicklung und beeinflussen über die Kapitalkosten das Investitionsverhalten von Unternehmen. Die Relevanz von Rohstoffpreisänderungen resultiert aus der Verwendung dieser Güter als Input- und Outputfaktoren in betrieblichen Produktionsprozessen. Für alle Risikoarten ergeben sich zudem über die Beeinflussung der Wettbewerbsposition von Unternehmen wichtige indirekte Effekte auf den Unternehmenswert (e.g. durch Importwettbewerb).[4]

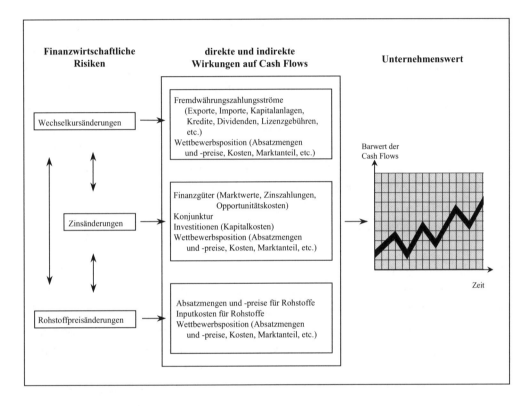

Abb. 1: Auswirkungen von Finanzrisiken auf den Unternehmenswert

Die zielgerichtete Steuerung der Auswirkungen finanzwirtschaftlichen Risiken ist Aufgabe des unternehmerischen Risikomanagement. Dieses umfasst die Gesamtheit aller Aktivitäten, die der Identifikation, Analyse und Quantifizierung von Risiken sowie der Gestaltung der Risikoposition des Unternehmens mittels risikopolitischer Instrumente dienen, um über die Wahrung der Existenz des Unternehmens hinaus dessen Wert zu steigern. Die betriebliche Risikomanagementfunktion wird typischerweise von der Treasuryabteilung wahrgenommen, da finanzwirtschaftliche

---

[4] Vgl. Hodder (1982).

Risiken kurzfristig mit Finanzkontrakten schneller und zu geringeren Kosten als mit operativen Anpassungen gehedged werden können. Dabei sollte das Exposure des gesamten Unternehmens und nicht nur der finanziellen Vermögensgegenstände und Verbindlichkeiten betrachtet werden, da diese nur einen Teil des Unternehmenswertes darstellen. Zugleich ist aufgrund der Korrelationen zwischen verschiedenen Risiken deren simultanes Management sinnvoll.

Die Geschäftstätigkeit von Unternehmen aller Wirtschaftszweige besteht letztlich in dem Eingehen und Management von Risiken. Dabei ist für Unternehmen prinzipiell die Übernahme solcher Risiken ökonomisch sinnvoll, die sie aufgrund ihrer Kernkompetenzen effizienter als andere Marktteilnehmer managen können. Industrie- und Handelsunternehmen besitzen tragfähige komparative Wettbewerbsvorteile typischerweise aufgrund von industriespezifischem Spezial-Knowhow und operativer Effizienz in der realwirtschaftlichen Dimension ihrer Wirtschaftsaktivität. Daher können sie den Unternehmenswert primär durch die Realisation von Investitionen mit positivem Barwert in ihren (operativen) Kerngeschäftsfeldern steigern, so dass das Ziel der Unternehmensaktivität in der Ausbeutung der Beherrschung bestimmter Geschäftsrisiken liegen sollte.

Zumindest unter der Annahme effizienter Märkte haben Nichtbanken im Vergleich zu Finanzdienstleistungsunternehmen hingegen keine relativen Stärken in der Prognose von Finanzkursen, so dass eine weitgehende Absicherung finanzwirtschaftlicher Risiken in den meisten Fällen sinnvoll erscheint.[5] Diese Sichtweise wird auch durch theoretische Argumente und entsprechende empirische Ergebnisse gestützt, dass angesichts in realiter existierender Kapitalmarktunvollkommenheiten wie Agencykosten, Transaktionskosten (vor allem direkte und indirekte Konkurskosten), Steuern und steigende Kosten der Außenfinanzierung eine Absicherung finanzwirtschaftlicher Risiken auf Unternehmensseite im Sinne der Anteilseigner ist.[6]

---

[5] Vgl. ähnlich Lee (1999), S. 5, Stulz (1996), Garner / Shapiro (1984), S. 8 f. Rohstoffpreisrisiken stellen aufgrund der engen Verbindung zum operativen Geschäft von Industrie- und Handelsunternehmen einen Grenzfall dar.

[6] Zu einem Überblick über positive Theorien zur ökonomischen Relevanz unternehmerischen Risikomanagements und deren empirischer Evidenz siehe Bartram (1996), Fite / Pfleiderer (1995).

2. Exposureschätzungen mit Kapitalmarktdaten

Notwendige Voraussetzung für ein effizientes und effektives Risikomanagement ist die genaue Kenntnis der Art und des Ausmaßes der Risikoposition. Aufgrund der vielfältigen, interdependenten, direkten und indirekten Wirkungseinflüsse von finanzwirtschaftlichen Risiken auf den Unternehmenswert ist jedoch bei Industrie- und Handelsunternehmen grundsätzlich lediglich eine Schätzung des ökonomischen Exposure, nicht jedoch dessen genaue Berechnung möglich. Die Komplexität dieses Exposurekonzeptes und die Schwierigkeit der Exposurebestimmung stellen die wesentlichen Gründe für die zu kritisierende immer noch zu geringe Beachtung ökonomischer Exposures in der Unternehmenspraxis dar.[7]

Das Exposure des Unternehmenswertes kann auf der Basis von Kapitalmarktdaten mit dem Verfahren der *Regressionsanalyse* bestimmt werden, indem auf die (um Dividenden bereinigte) Aktienrendite R_{jt} des betrachteten Unternehmens Variablen der Finanzrisiken, i.e. Wechselkurse R_{Wt}, Zinsen R_{It} und Rohstoffpreise R_{Pt}, regressiert werden:[8]

$$(1) \quad R_{jt} = \varpi_{j0} + \varpi_{j1} R_{Mt} + \beta_{jW} R_{Wt} + \beta_{jI} R_{It} + \beta_{jP} R_{Pt} + \varepsilon_{jt}.$$

Da neben den Finanzrisiken noch weitere Faktoren einen Einfluss auf den Aktienkurs haben, wird ein Kapitalmarktindex R_{Mt} (e.g. der CDAX oder der S&P500) als Kontrollvariable für allgemeine Marktbewegungen verwendet;[9] firmenspezifische Einflüsse werden über den Residuenterm ε_{jt} abgebildet. Aus Gründen der Stationarität der Zeitreihen werden typischerweise die Änderungsraten der Variablen und nicht deren Niveaus verwendet. Durch die simultane Schätzung der verschiedenen Finanzexposures wird dabei deren Interdependenzen Rechnung getragen. Da sich das Exposure im Zeitablauf verändern kann, ist grundsätzlich ein kurzer Zeitraum für die Schätzung zu bevorzugen. Bei der Verwendung von Wochen- oder Monatsdaten werden zwar längere Zeiträume als bei Tagesdaten benötigt, sie haben jedoch den Vorteil, dass sie in geringerem Ausmass durch Kapitalmarktunvollkommenheiten

---

[7] Vgl. Bartram (1999a).
[8] Vgl. Smithson et al. (1995), S. 142 f., Jorion (1990), Adler / Dumas (1984), S. 44.
[9] Anstelle des Aktienmarktindexes können alternativ auch makroökonomische Variablen wie die APT-Faktoren als Kontrollvariablen fungieren, vgl. e.g. Jorion (1991).

wie Transaktionskosten beeinflusst werden und daher besser zur Exposureschätzung geeignet sind.

Die Regressionskoeffizienten $\hat{\beta}_j$ stellen die gesuchten Schätzwerte für das Exposure dar. Dabei ist zu berücksichtigen, dass die auf diese Weise geschätzten Exposurewerte auf der Annahme eines effizienten Kapitalmarktes beruhen, in dem alle verfügbaren Informationen über ein Unternehmen, seine Wettbewerbsposition und zukünftige Entwicklung sofort und korrekt in Handelspreisen reflektiert werden. Informationsdefizite der Kapitalmarktteilnehmer oder Fehler in der Informationsverarbeitung wirken sich somit entscheidend auf die Qualität der Ergebnisse der Exposureschätzung aus. Außerdem wird die Aussagekraft der Ergebnisse durch signifikante Veränderungen von Unternehmen oder deren Wettbewerbsumfeld reduziert, da die Verwendung historischer Daten die Prämisse impliziert, dass das Exposure in der Zukunft ähnlich wie in der Vergangenheit ist.[10] Haben sich hingegen die Wirtschaftsaktivität und/oder die externen Rahmenbedingungen wesentlich gewandelt, erscheinen die sinnvollen Einsatzmöglichkeiten dieser Methode sehr limitiert.

Die Verwendung von Aktienrenditen als Unternehmensvariable reflektiert eine Orientierung von Unternehmen an ihrem Wert für die Anteilseigner (*Shareholder Value*). Sie beruht auf der Annahme, dass professionelle Marktteilnehmer aufgrund ihres Überblickes über den Kapitalmarkt und der Möglichkeit des Vergleiches von Unternehmen der gleichen Branche eine realistische Unternehmensbewertung vornehmen können. Der Einsatz von Aktienrenditen hat den Vorteil, dass diese Daten bei liquidem Handel in hoher Frequenz und relativ guter Qualität verfügbar sind. Allerdings ist eine Exposureschätzung mit Kapitalmarktdaten damit zugleich auf börsengehandelte Unternehmen beschränkt. Außerdem ist bei der Interpretation der Regressionsergebnisse, die die Grundlage für die weitere Gestaltung der Risikoposition darstellen, zu beachten, dass sämtliche Hedgingmaßnahmen auf Unternehmensseite in Form von finanzieller und/oder operativer Absicherung bereits in der Aktienrendite reflektiert sind und somit nur ein Restexposure ermittelt wird.

---

[10] Vgl. ebenso Stulz / Williamson (1997), S. 44, Oxelheim / Wihlborg (1995), S. 247.

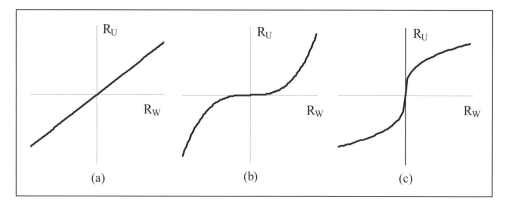

Abb. 2: Lineare und nichtlineare Exposureprofile

Die Exposureschätzung sollte nicht auf lineare Exposurekomponenten beschränkt bleiben, wie dies bislang in der überwiegenden Mehrzahl der wissenschaftlichen Untersuchungen der Fall war, sondern insbesondere auch die nichtlinearen Bestandteile des Exposure umfassen.[11] Nichtlineare Exposureformen können vor allem mit der Unsicherheit vieler betrieblicher Zahlungsströme begründet werden, die vielfältige Mengen- und Preisanpassungen reflektiert. Weiterhin kann die Existenz von Finanz- und Realoptionen bei Unternehmen aufgrund deren nichtlinearer Zahlungsstruktur eine Nichtlinearität im Exposure induzieren. Möglicherweise werden kleine Wechselkursschwankungen zudem von anderen kursrelevanten Informationen dominiert, so dass nur größere Wechselkursänderungen in den Aktienkursen reflektiert werden.

Da der Unternehmenswert in sehr komplexer Art und Weise von finanzwirtschaftlichen Risiken beeinflusst wird, erscheint eine nichtlineare, nicht notwendigerweise symmetrische Exposureform sogar wesentlich naheliegender als ein einfacher linearer Zusammenhang zwischen Änderungsraten des Unternehmenswertes R_U und Finanzvariablen wie e.g. einem Wechselkurs R_W (Abbildung 2). Unternehmen sind häufig bei ihrem Risikomanagement auf die Absicherung einzelner Zahlungsströme wie Fremdwährungsforderungen und -verbindlichkeiten fokussiert, die jedoch lediglich einen Teil des wesentlich umfassenderen ökonomischen Exposures ausmachen. Da viele Unternehmen das Transaktionsexposure zumindest teilweise absichern, kann die Schätzung mit linearen Regressoren zu dem Ergebnis eines nicht signifi-

---

[11] Vgl. Bartram (1999b), S. 180-186.

kanten linearen Exposures führen, das aber eben nur eine Komponente des Gesamteffektes darstellt.

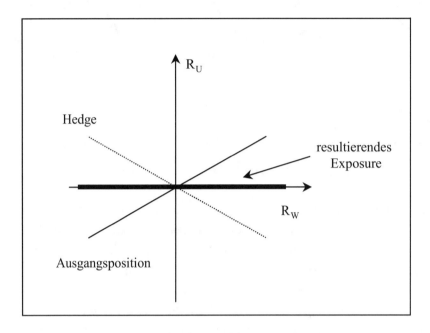

Abb. 3: Eliminierung eines linearen Exposures

Zur Bestimmung der nichtlinearen Exposurekomponenten sind zusätzlich zu oder anstelle von linearen Regressoren auch nichtlineare exogene Variablen zu verwenden. Weiterhin erscheint zur Gewinnung weiterer Erkenntnisse über die Struktur des Exposure auch das Verfahren der parametrischen Regressionsanalyse geeignet. In jedem Falle hat die Form des Zusammenhanges zwischen finanzwirtschaftlichen Risiken und Unternehmenswert entscheidende Bedeutung für die Wahl der Absicherungsinstrumente, da diese grundsätzlich eine dem Exposure entgegengesetzte Zahlungsstruktur aufweisen müssen, i.e. lineare Risiken können e.g. am besten mit linearen Instrumenten gehedged werden (Abbildung 3).

Abgesehen von der Verwendung von Delta-Hedging und dynamischer Hedgingstrategien folgt hieraus, dass bei signifikanten Regressionskoeffizienten linearer Regressoren Risikomanagementinstrumente mit linearen Zahlungsstrukturen wie Forwards, Futures oder Swaps eingesetzt werden sollten, während sich aus dem Ergebnis signifikanter nichtlinearer Exposures entsprechend der Einsatz nichtlinearer Instrumente wie e.g. Finanz- und Realoptionen ableitet.

Regressions-gleichung:	$R_{jt} = \varpi_{j0} + \varpi_{j1} \cdot R_{CDAXt} + \beta_{jUSD} \cdot R_{USDt} + \beta_{jJPY} \cdot R_{JPYt}$ $+ \beta_{jBLECH} \cdot R_{BLECHt} + \beta_{jZINS} \cdot R_{ZINSt} + \varepsilon_{jt}$					
	Konstante	CDAX	USD	JPY	Blech	Zins
Audi	0,1912	0,7569***	0,5923***	-0,4152	0,1418	-0,2721
BMW	1,4359***	1,1660***	0,9289***	-0,1320	0,2160**	-0,2507
Daimler	0,3852	1,4376***	0,7764***	-0,4043***	0,1439	-0,6505***
Porsche	-0,2083	0,8979***	1,0888***	-0,4362	0,4723***	-0,8353*
VW	0,6495	1,4551***	0,6179***	-0,2874	0,1593	-0,3144

Tab. 1: Lineare Finanzexposures deutscher Autoproduzenten[12]

Zur Illustration wurde das ökonomische Wechselkursexposure für die deutschen Automobilunternehmen Audi, BMW, Daimler Benz, Porsche und VW für den Zeitraum 1/1991 bis 12/1995 geschätzt. Dabei wurden Monatsdaten von Datastream International (Aktienkurse, Zinsen, Rohstoffpreise), der Deutschen Börse AG (Aktienindex) und der Deutschen Bundesbank (Wechselkurse) verwendet. Da die stärksten Wettbewerber dieser Unternehmen in den USA und Japan angesiedelt sind, wurden die Währungen dieser Länder zur Darstellung des Wechselkursrisikos ausgewählt. Weiterhin wurden der Preis des Rohmaterials Blech und die Rendite 10-jähriger Staatsanleihen für das Rohstoffpreis- bzw. Zinsrisiko verwendet. Der CDAX stellt den breitesten kapitalgewichteten Aktienindex für den deutschen Aktienmarkt dar und eignet sich daher als umfassende Kontrollvariable.[13]

Regressionen mit linearen Variablen dokumentieren große Ähnlichkeiten der Exposures im Unternehmensvergleich (Tabelle 1). Vermutlich aufgrund der großen Bedeutung der USA als Absatzmarkt profitieren alle fünf Autohersteller signifikant positiv von Abwertungen der D-Mark gegenüber dem US-Dollar. Obwohl man e.g. aufgrund von Exporten oder Importwettbewerb ein positives Vorzeichen des Yen vermuten könnte, weist diese Variable in den meisten Fällen einen negativen Koeffi-

---

[12] Dargestellt sind die Regressionskoeffizienten der jeweiligen Variablen. *, ** und *** bezeichnen das 10%-, 5%- bzw. 1%-Signifikanzniveau.

[13] Für die Regressionen wurde nur Teil der Marktbewegungen verwendet wurde, der unabhängig von den betrachteten Risikofaktoren ist. Die Standardfehler sind um Autokorrelation und Heteroskedastizität korrigiert (Newey-West-Verfahren).

zienten auf, der allerdings nur für Daimler-Benz signifikant ist.[14] Der Blechpreis steht in engerem Zusammenhang zu den Automobilpreisen als zu den Produktionskosten, da der entsprechende Koeffizient positiv ist (signifikant für BMW und Porsche). Änderungen der langfristigen Zinsen wirken sich erwartungsgemäß negativ auf alle Autoproduzenten aus.

Regressions-gleichung:	$R_{jt} = \varpi_{j0} + \varpi_{j1} \cdot R_{CDAXt} + \beta_{jUSD} \cdot R^3_{USDt} + \beta_{jJPY} \cdot R^3_{JPYt}$ $+ \beta_{jBLECH} \cdot R^3_{BLECHt} + \beta_{jZINS} \cdot R^3_{ZINSt} + \varepsilon_{jt}$					
	Konstante	CDAX	USD	JPY	Blech	Zins
Audi	0,1007	0,8339***	0,0029	0,0005	-0,0001	-0,0036
BMW	1,1577**	1,2943***	0,0150***	-0,0024	0,0004	-0,0037
Daimler	0,4403	1,4991***	0,0065	-0,0035	0,0001	-0,0168***
Porsche	0,0119	1,1746***	0,0149**	-0,0142	0,0032	-0,0214
VW	0,6437	1,4739***	0,0082**	-0,0079	0,0003	-0,0089**

Tab. 2: Nichtlineare Finanzexposures deutscher Autoproduzenten[15]

Die Schätzung von Regressionen mit Polynomen dritten Grades zeigt, dass alle Automobilunternehmen statistisch bedeutende nichtlineare Finanzexposures aufweisen (Tabelle 2). Die nichtlinearen Exposures haben dabei fast immer die gleichen Vorzeichen wie die linearen. Signifikante USD-Exposures treten bei den Unternehmen BMW, Porsche und VW auf. Nichtlineare Zinsänderungen haben hingegen einen signifikanten Einfluss auf Daimler Benz und Volkswagen.

3. Exposureschätzungen mit Cash-Flow-Daten

Ein alternatives Verfahren der Exposureschätzung besteht darin, im Rahmen einer Regressionsanalyse die relevanten Finanzrisiken und Kontrollfaktoren auf verschiedene Cash-Flows als Unternehmensvariablen zu regressieren. Dieser Regressionsansatz hat gegenüber der Verwendung von Aktienrenditen als Regressanden den Vor-

---

[14] Bei Regressionen nur mit den Variablen Marktindex und Yen ist das JPY-Exposure jedoch bei fast allen Unternehmen positiv und bei BMW signifikant positiv, so dass die negativen Vorzeichen aus der Interaktion des Yen mit anderen exogenen Variablen resultieren.

[15] Dargestellt sind die Regressionskoeffizienten der jeweiligen Variablen. *, ** und *** bezeichnen das 10%-, 5%- bzw. 1%-Signifikanzniveau.

teil, dass durch die Definition unterschiedlicher Cash-Flow-Variablen verschiedene Komponenten des Gesamtexposure analysiert werden können. Durch die Berücksichtigung nicht publizierter Informationen können beim unternehmensinternen Einsatz darüber hinaus möglicherweise realistischere Schätzwerte für das Exposure im Vergleich zur Verwendung von Kapitalmarktdaten berechnet werden. Allerdings stehen die relevanten Zahlungsstromdaten in der Regel nur in relativ großen Frequenzen zur Verfügung, da die meisten Unternehmen Zwischenabschlüsse auf Konzernebene lediglich auf Quartalsbasis und nur selten monatlich oder in noch kürzeren Intervallen erstellen.

Interessenten außerhalb von Unternehmen sind zudem hinsichtlich der Verfügbarkeit der Cash-Flow-Daten von den jeweiligen nationalen Publikationspflichten bzw. -praktiken abhängig. Zusätzlich zum gesetzlich vorgeschriebenen Jahresabschluss erstellen viele deutsche Großunternehmen Zwischenabschlüsse in vierteljährlicher oder auch in monatlicher Frequenz, die sie jedoch nur in Ausnahmefällen und dann auch nur in sehr aggregierter Form publizieren bzw. der Öffentlichkeit zur Verfügung stellen. In den USA sind hingegen aufgrund der bestehenden Publizitätspflichten Unternehmensexternen zumindest vierteljährliche Zahlungsstromdaten für eine Vielzahl von Unternehmen verfügbar. Da jedoch aus ökonometrischen Gründen eine größere Anzahl von Datenpunkten erforderlich ist, muss einer Exposureschätzung mit Quartalsdaten bereits ein relativ langer Zeitraum zugrunde gelegt werden, obwohl aufgrund möglicher Veränderungen des Exposure im Zeitablauf kürzere Analyseperioden zu bevorzugen sind.[16] Andererseits sind unterjährige Cash-Flows typischerweise durch saisonale Schwankungen charakterisiert, die bei der Exposureschätzung mit diesen Daten berücksichtigt werden müssen.

Zur Untersuchung des direkten Zusammenhanges zwischen Cash-Flows und finanzwirtschaftlichen Risiken können Wechselkurse R_{Wt}, Zinsen R_{It} und Rohstoffpreise R_{Pt} auf Cash-Flows R_{CFjt} des betrachteten Unternehmens regressiert werden:[17]

(2) $$R_{CFjt} = \varpi_{j0} + \beta_{jW} R_{Wt} + \beta_{jI} R_{It} + \beta_{jP} R_{Pt} + \varepsilon_{jt}.$$

---

[16] Oxelheim / Wihlborg (1995) und Garner / Shapiro (1984) schätzen das Exposure unter Verwendung von Quartalsdaten über einen Zeitraum von 9 Jahren; Oxelheim / Wihlborg (1987b), S. 133-140, verwenden Jahresdaten über 13 Jahre.

[17] Vgl. Stulz / Williamson (1997), S. 44-47, Oxelheim / Wihlborg (1997), S. 97 u. 113, Oxelheim / Wihlborg (1995), S. 245, O'Brien (1994), S. 24-26, Oxelheim / Wihlborg (1987b), S. 54 f. u. 108-117, Garner / Shapiro (1984), S. 11.

Auch in diesem Modell werden üblicherweise zur Schätzung der Regressionskoeffizienten $\hat{\beta}_j$, die als Exposure interpretiert werden, keine Niveauvariablen, sondern deren prozentuale Änderungen verwendet.[18]

Die Verwendung unterschiedlicher Cash-Flows ermöglicht die Analyse verschiedener *Exposurekomponenten*, wobei die Wahl bzw. Definition der zu verwendenden Variablen vom jeweiligen Untersuchungszweck abhängt. Beispielsweise kann es von Interesse sein, den Einfluss von Wechselkursschwankungen auf die Umsatzerlöse, den Operating Cash-Flow, den Financial Cash-Flow oder den Total Cash-Flow zu untersuchen.[19] Die Analyse von Cash-Flows für ein Produkt, ein Land, eine Tochtergesellschaft oder einen Geschäftsbereich hat zudem den Vorteil, dass strukturelle Veränderungen des Unternehmens weniger ins Gewicht fallen bzw. explizit berücksichtigt werden können.[20]

Da sich der Unternehmenswert als Barwert der zukünftigen betrieblichen Zahlungsströme ergibt, besteht ein Zusammenhang zwischen dem (Unternehmens-)*Wert-Exposure* und dem *Cash-Flow-Exposure*.[21] Beispielsweise kann der Unternehmenswert V auch als unendliche Rente des Operating Cash-Flow (bzw. Free Cash-Flow) O approximiert werden:[22]

$$(3) \qquad V = \frac{O}{k},$$

wobei k den gewichteten Kapitalkostensatz darstellt. Unter der Prämisse, dass k nicht von den betrachteten Risiken beeinflusst wird, kann mit Änderungsraten des Operating Cash-Flow (bzw. Free Cash-Flow) das Exposure des Unternehmenswertes geschätzt werden:[23]

---

[18] Vgl. z.B. Oxelheim / Wihlborg (1997), S. 116 f.
[19] Vgl. Oxelheim / Wihlborg (1995), O'Brien (1994), S. 3-40, Garner / Shapiro (1984), S. 13.
[20] Vgl. Oxelheim / Wihlborg (1987a), S. 97, Oxelheim / Wihlborg (1987b), S. 117-120.
[21] Vgl. Stulz / Williamson (1997), S. 40.
[22] Vgl. O'Brien (1994), S. 44. Der Operating Cash-Flow wird dabei als die Differenz zwischen Operating Revenue und Operating Cost berechnet, vgl. O'Brien (1994), S. 23, die ggf. um Investitionsauszahlungen und Veränderungen des Net Working Capital korrigiert werden muss. Zum Operating Exposure siehe auch Flood / Lessard (1986).
[23] Die Annahme der Unabhängigkeit der Kapitalkosten von den Finanzrisiken bedeutet, dass Änderungen des Unternehmenswertes ausschließlich durch Änderungen des Operating Cash-Flow verursacht werden und in gleicher Höhe auftreten. Da die Kapitalkosten in realiter jedoch nicht unabhängig von

(4) $$R_{Ojt} = \varpi_{j0} + \varpi_{j1} R_{Mt} + \beta_{jW} R_{Wt} + \beta_{jI} R_{It} + \beta_{jP} R_{Pt} + \varepsilon_{jt}.$$

Das auf diese Weise geschätzte Exposure bezieht sich auf den Wert des Gesamtunternehmens und nicht wie bei der Verwendung von Aktienrenditen auf den Unternehmenswert für die Anteilseigner, i.e. es wird ein Asset Exposure (Exposure der Vermögensposition) und kein Equity Exposure (Exposure der Eigenkapital- bzw. Reinvermögensposition) bestimmt. Das Asset Exposure ist möglicherweise industriespezifisch und nimmt bei Unternehmen der gleichen Branche ähnliche Werte an, sofern sich diese nicht durch die Art und den Umfang des operativen Hedgings oder durch nicht industriespezifische Vermögensgegenstände wesentlich unterscheiden.

Für Unternehmen sind Exposureschätzungen auf Cash-Flow-Basis insofern nützlich, als durch die getrennte Betrachtung der Cash-Flows der Aktiva und Passiva bzw. der finanziellen und nicht-finanziellen Positionen die Effekte finanziellen Hedgings (e.g. Derivate, Wahl der Laufzeit, Duration, Denominationswährung, etc. von Verbindlichkeiten) auf das Unternehmensexposure analysiert werden können.[24] Die Resultate bilden eine wichtige Grundlage für Entscheidungen über die Gestaltung der Risikoposition und die Implementierung einer Absicherungsstrategie. Da der Unternehmenswert den Barwert der zukünftigen betrieblichen Zahlungsströme bildet, können aus den Cash-Flow-Exposures zusätzliche Erkenntnisse über das Ausmaß, die Struktur sowie die zeitliche Veränderung des Unternehmenswertexposure und seiner Komponenten gewonnen werden. Hieraus resultieren Implikationen für die Wahl der Instrumente des Risikomanagement wie den Einsatz von operativen Absicherungsmaßnahmen oder Fremdwährungskrediten.[25]

---

finanzwirtschaftlichen Risiken – vor allem Zinsänderungen – sind, erscheint diese Prämisse relativ restriktiv. Daher können durch Exposureschätzungen mittels Operating Cash-Flow lediglich Näherungswerte für das Asset Exposure in Bezug auf Finanzrisiken ermittelt werden. Nach den Ausführungen von O'Brien (1994), S. 57-59, kann der Einfluss von Wechselkursänderungen auf die Kapitalkosten nicht genau spezifiziert werden.

[24] Vgl. z.B. Oxelheim / Wihlborg (1995), S. 250, Oxelheim / Wihlborg (1987b), S. 138, Garner / Shapiro (1984), S. 13.

[25] Vgl. Garner / Shapiro (1984), S. 12.

4. Die Übertragung von Value-at-Risk-Ansätzen auf Nichtbanken

Finanzwirtschaftliches Risikomanagement ist traditionell schon aufgrund der rechtlichen und regulatorischen Rahmenbedingungen bei Unternehmen des Finanzdienstleistungssektors, z.B. Banken, Versicherungen, Pensionskassen, Investmentfonds, Kapitalanlagegesellschaften, von besonderer Bedeutung. Zugleich wird die Schätzung der finanzwirtschaftlichen Exposures von Finanzunternehmen durch die Existenz vorwiegend finanzieller Vermögensgegenstände mit häufig relativ leicht bestimmbaren, sich jedoch ggf. schnell ändernden Werten im Vergleich zu Industrie- und Handelsunternehmen erleichtert. Zur Quantifizierung des Einflusses von Marktrisiken auf die Unternehmensposition sind in den letzten Jahren im Bankensektor Value-at-Risk (VaR)-Konzepte entstanden, bei denen der mit einer festgelegten Wahrscheinlichkeit maximal zu erwartende Verlust innerhalb einer definierten Zeitspanne berechnet wird.[26]

Die Berechnung des VaR kann für eine Gesamtposition im Wert von EUR 5.000.000 und eine Sicherheitswahrscheinlichkeit von 99% illustriert werden. Ergibt sich auf der Grundlage bestimmter Annahmen über die Volatilitäten und Korrelationen der betrachteten Einflussfaktoren wie Währungen, Zinsen, Rohstoffpreise, Aktienkurse etc. beispielsweise für eine betrachtete Periode von 10 Tagen (Glattstellungszeitraum) eine Volatilität (Standardabweichung) der Portfoliorendite von 4%, so errechnet sich der Value-at-Risk als:

$$\begin{aligned}\text{VaR} &= \text{Marktwert der Position} \cdot \text{Sicherheitsfaktor} \cdot \text{Standardabweichung der Rendite} \\ &= 5.000.000 \cdot 2{,}33 \cdot 4\% \\ &= 466.000,\end{aligned}$$

d.h. mit einer Wahrscheinlichkeit von 1% fällt der Verlust größer als EUR 466.000 aus.[27]

---

[26] Vgl. e.g. Linsmeier / Pearson (1999), Bartram (1999c), S. 34-37, Zangari / Longerstaey (1996). Inzwischen wird auch an entsprechenden Systemen für Kreditrisiken gearbeitet, deren Einfluss auf die Risikoposition nicht unabhängig von den Auswirkungen der Marktrisiken ist, vgl. z.B. Greg / Finger / Bhatia (1997).

[27] Der Berechnung liegt die Annahme zugrunde, dass die Renditen normalverteilt sind. Zu VaR-Konzepten siehe auch den Beitrag von Huschens in diesem Handbuch.

Bei Industrie- und Handelsunternehmen ist eine VaR-Berechnung in der Regel lediglich für die Treasury, nicht jedoch für das Gesamtunternehmen möglich, da in den Bilanzen von Nichtbanken Finanzgüter mit vertraglich fixierten Zahlungsströmen und meist leichter verfügbaren Tageswerten typischerweise einen geringeren Umfang einnehmen. Die aktuellen Werte von Realgütern wie Produktionsanlagen und Fabrikgebäuden sind jedoch schwer zu ermitteln, da zukünftige Zahlungsströme, die aus diesen Aktiva resultieren, nicht vertraglich festgelegt sind und daher nur ungenau bestimmt bzw. prognostiziert werden können. Diese Umstände bedingen eine andere Art der Risikoanalyse, die an der Zahlungsstromebene und nicht der Wertebene ansetzt. Zudem muss berücksichtigt werden, dass für Industrie- und Handelsunternehmen Zeiträume in der Dimension Monate, Quartale oder Jahre, die sich aus der betrieblichen Planungsrechnung oder Steuerperiode ergeben, und damit wesentlich größere Zeithorizonte relevant sind als für Finanzdienstleistungsunternehmen, bei denen ungünstige Marktentwicklungen bereits in wenigen Tagen zum Konkurs führen können.[28]

Während bei Finanzdienstleistungsunternehmen der Fokus generell auf Veränderungen des Marktwertes eines Portfolios von Finanzinstrumenten über einem Zeitraum von einem Tag und einem Monat liegt, bestehen relevante Planungs- und Steuerungsgrößen für Nichtbanken in dem Unternehmenswert sowie Kennzahlen wie Cash-Flow und Jahresüberschuss für Zeiträume zwischen 2 und 24 Monaten oder länger.[29] Schwankungen der betrieblichen Zahlungsströme können sich negativ auf Nichtbanken auswirken, da interne Cash-Flows eine wichtige Quelle zur Erfüllung von Zahlungsverpflichtungen und Dividendenzahlungen sowie zur Finanzierung von Investitionen darstellen.[30] Dabei sind geringe Cash-Flows in einem kurzen Zeitraum von einer Woche oder einem Monat üblicherweise unproblematisch, da Unternehmen aus der Vergangenheit bekannt ist, dass die Zahlungsströme saisonalen und/oder zufallsabhängigen Schwankungen unterliegen. Erst das Auftreten von geringen Cash-Flows über einen längeren Zeitraum von einem Jahr oder länger verursacht ernsthafte Probleme. Daher besteht ein wichtiges Risikomaß in der Wahrscheinlichkeit, mit der der Cash-Flow eines Unternehmens den erwarteten

---

[28] Vgl. Lee (1999), Linsmeier / Pearson (1999), S. 21, Shimko (1996), S. 28, Turner (1996), S. 38, Hayt / Song (1995), S. 94, MeVay / Turner (1995), S. 84.

[29] Diese Zeiträume charakterisieren auch die operative Reaktionsfähigkeit, die im Vergleich zu finanziellem Hedging nur langfristig zu geringeren Kosten gegeben ist.

[30] Vgl. z.B. Froot et al. (1994), Froot et al. (1993), Lewent / Kearney (1993), S. 25 f., Fazzari et al. (1988).

(prognostizierten) Wert um einen bestimmten Betrag, der als *Cash-Flow-at-Risk (CFaR)* bezeichnet wird, unterschreitet.[31]

Für ein Unternehmen können beispielsweise die kommenden 12 Monate einen relevanten Betrachtungszeitraum darstellen, da die Finanzierung des Investitionsprogrammes während dieses Zeitraumes gesichert ist, jedoch am Ende des Jahres Finanzmittel für weitere Investitionen benötigt werden. Wenn der Cash-Flow über diesen Zeitraum in der betrieblichen Planungsrechnung mit EUR 12.000.000 und dessen Standardabweichung mit EUR 6.000.000 geschätzt wird, so ergibt sich unter der Annahme der Normalverteilung der Zahlungsströme ein Cash-Flow-at-Risk von:

$$\begin{aligned} \text{CFaR} &= \text{Sicherheitsfaktor} \cdot \text{Standardabweichung des Cash Flow} \\ &= 1{,}65 \cdot 6.000.000 \\ &= 9.900.000, \end{aligned}$$

d.h. in 95 von 100 Fällen liegt der tatsächliche Cash-Flow um weniger als EUR 9.900.000 unter dem erwarteten Cash-Flow bzw. beträgt der tatsächliche Cash-Flow mindestens EUR 12.000.000 − EUR 9.900.000 = EUR 2.100.000. Wird zur Fortsetzung des Investitionsprogrammes am Jahresende mindestens ein Betrag von EUR 4.000.000 benötigt, so ist eine Änderung der aktuellen Geschäftspolitik notwendig, um dessen Durchführung zu gewährleisten. Finanzwirtschaftliche Risiken gehören zu den Determinanten der Cash-Flow Volatilität, so dass unternehmerisches Hedging ein Instrument zur Reduzierung eines zu hohen CFaR darstellt. Entsprechende Berechnungen können auch für andere Kennzahlen wie Earnings at Risk (EaR) oder Earnings Per Share at Risk (EPSaR) vorgenommen werden.

Die Qualität der Ergebnisse des soweit dargestellten CFaR-Verfahrens hängt entscheidend von der Cash-Flow-Volatilität ab. Dieser Wert ist jedoch im Vergleich zur VaR-Berechnung bei Finanzdienstleistungsunternehmen in der Regel schwer zu ermitteln, da er auf der Einschätzung unsicherer, zukünftiger Entwicklungen basiert, die von einer Vielzahl unbekannter Faktoren determiniert werden. Zugleich können die Cash-Flow-Volatilitäten im Gegensatz zu Volatilitäten der Renditen von Wertpapieren relativ schlecht aus historischen Daten errechnet werden, da Unternehmen und ihr Wettbewerbsumfeld im Zeitablauf wesentlichen Veränderungen unterliegen und ggf. (noch) keine ausreichend lange Datenreihe existiert. Außerdem werden in

---

[31] Vgl. Stulz (2000), Kapitel 4, Lee (1999), S. 34, Shimko (1996), S. 28 f.

der Volatilität des Cash-Flow die Auswirkungen vieler verschiedener Risiken reflektiert, so dass der isolierte Einfluss finanzwirtschaftlicher Risiken, der für eine entsprechende Risikomanagementstrategie von Interesse ist, nicht zu erkennen ist.

5. Exposureschätzungen mit Cash-Flow-at-Risk-Simulationsmodellen

Für die Exposureschätzung in der Unternehmenspraxis stellen Cash-Flow-at-Risk-Modelle, die die Auswirkungen finanzwirtschaftlicher Risiken auf Industrie- und Handelsunternehmen unter Verwendung von Simulationsverfahren analysieren, eine sinnvolle Alternative zu CFaR-Berechnungen auf der Basis geschätzter Cash-Flow-Volatilitäten dar. *CFaR-Simulationsmodelle* basieren auf der betrieblichen Planungsrechnung, die Prognosedaten der Bilanz, Gewinn- und Verlustrechnung, betrieblichen Cash-Flows etc. umfasst. Sie sind gekennzeichnet durch die aggregierte, zukunftsorientierte, simultane Analyse und Quantifizierung der Exposures des Gesamtunternehmens in Bezug auf mehrere, interdependente finanzwirtschaftliche Risiken.

Dabei wird das betriebliche Planungsmodell um relevante Risikofaktoren wie Wechselkurse, Zinsen und Rohstoffpreise erweitert (Abbildung 4). Im Gegensatz zu den Cash-Flows können die Wahrscheinlichkeitsverteilungen für diese Risiken relativ gut auf der Basis von historischen Daten und theoretischen Modellen bestimmt werden.[32] Die verschiedenen Risikoquellen werden mit den Positionen der Planungsrechnung verknüpft, deren Wert direkt oder auch indirekt durch Schwankungen finanzwirtschaftlicher Risiken verändert wird. Dieses sind vor allem die Umsatzerlöse, die Anschaffungs- und Herstellungskosten sowie die Zinszahlungen.[33]

Ein Zusammenhang zwischen diesen Planungswerten und den Risikofaktoren kann über einen formalen Funktionszusammenhang wie beispielsweise die Definition einer Absatzfunktion in Abhängigkeit verschiedener Wechselkurse hergestellt werden (Exposure Mapping). Häufig ist jedoch aufgrund der Komplexität der Realität keine exakte Formalisierung der ökonomischen Zusammenhänge möglich. Daher

---

[32] Vgl. Linsmeier / Pearson (1999), S. 13 f., Stulz / Williamson (1997), S. 49, Hayt / Song (1995), S. 97.

[33] Vgl. Turner (1996), S. 38 f.

muss in der Regel auf Schätzwerte der Elastizität von Cash-Flows in Bezug auf die Risiken zurückgegriffen werden. Diese Werte der Exposures einzelner Cash-Flows können bei Verfügbarkeit aussagefähiger historischer Daten mittels des Regressionsmodells (2) geschätzt werden.[34] Ein alternativer Ansatz besteht in der Bestimmung der Exposures auf der Basis von Managementeinschätzungen.[35]

Da typischerweise mehrere Risiken gleichzeitig betrachtet werden, muss für die Analyse sinnvoller Szenarien die logische Konsistenz der Werte verschiedener Wahrscheinlichkeitsverteilungen sichergestellt werden. Beispielsweise besteht ein ökonomischer Zusammenhang zwischen den Wechselkursen für verschiedene, aufeinanderfolgende Perioden, und die Werte für Zinsen und Wechselkurse sollten im Einklang mit dem Zinsparitätentheorem stehen.[36] Der Realitätsbezug des Simulationsmodells kann weiterhin durch die Berücksichtigung von kontextsensitiven Entscheidungsregeln erhöht werden. Diese bilden die Reaktionen von Unternehmen auf bestimmte Entwicklungen (e.g. den Aufbau von Produktionskapazitäten im Ausland bei einer nachhaltigen Aufwertung des Inlandswährung) oder Veränderungen des Wettbewerbsumfeldes (e.g. durch den Eintritt neuer Wettbewerber) ab.[37]

Die Implementierung eines solchen Modells kann in Tabellenkalkulationsprogrammen wie Excel oder Lotus mit entsprechenden Zusatzkomponenten/Add-Ins (e.g. @Risk) zur Definition der Wahrscheinlichkeitsverteilungen oder zur Bewertung von Derivaten vorgenommen werden.[38] Im Rahmen einer Monte Carlo-Simulation werden dann mehrere tausend verschiedene Realisationen der Risikofaktoren und deren Auswirkungen auf die betrachteten Steuerungsgrößen wie verschiedene Cash-Flows, Bilanzkennzahlen, den Jahresüberschuss, den Gewinn pro Aktie oder den Unternehmenswert (als Barwert der zukünftigen Cash-Flows) betrachtet. Für jede diese Outputvariablen kann ein Histogramm der Realisationen als Ergebnis der simulierten Szenarien erstellt werden, das Auskunft über die zu erwartende Häufigkeit der verschiedenen Werte gibt, die durch die finanzwirtschaftlichen Risiken induziert wird (Abbildung 5).[39]

---

[34] Vgl. Turner (1996), S. 38 f., Hayt / Song (1995), S. 96 f., O'Brien (1994).
[35] Vgl. Hayt / Song (1995), S. 95 f., Pringle (1991), S. 80 f.
[36] Vgl. Turner (1996), S. 40, Hayt / Song (1995), S. 97, MeVay / Turner (1995), S. 86.
[37] Vgl. Stulz / Williamson (1997), S. 47-50, Turner (1996), S. 38-40, MeVay / Turner (1995), S. 86.
[38] Vgl. Turner (1996), S. 39, Hayt / Song (1995), S. 96, MeVay / Turner (1995), S. 86.
[39] Vgl. Hayt / Song (1995), S. 97 f., MeVay / Turner (1995), S. 84.

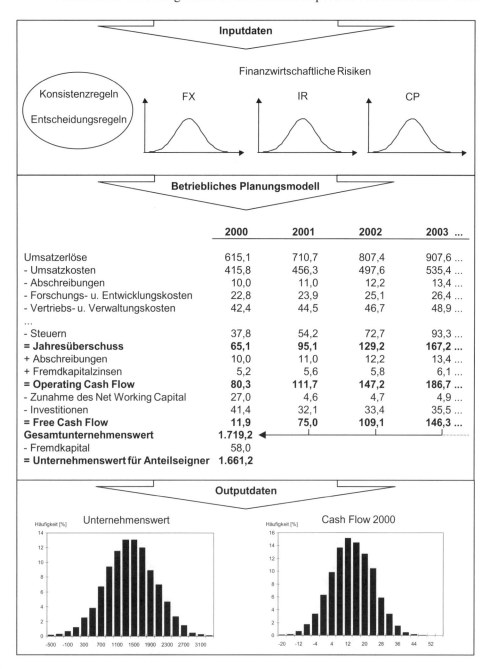

Abb. 4: Darstellung eines Cash-Flow-at-Risk-Simulationsmodells

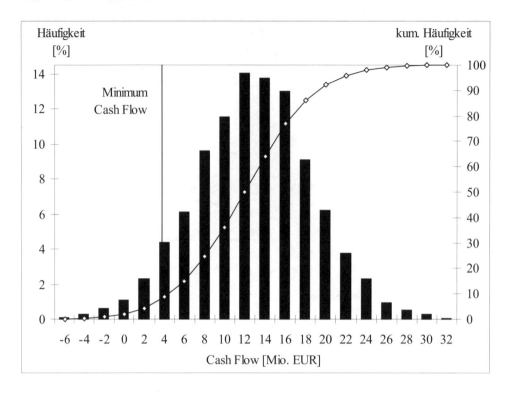

Abb. 5: Simulierte Häufigkeitsverteilung des Cash-Flow

Diese Ergebnisstatistiken haben den großen Vorteil, dass sie von der Unternehmensführung relativ einfach interpretiert werden können, da sie geläufige Konzepte wie Cash-Flow oder Gewinn pro Aktie verwenden und ihr Verständnis sehr intuitiv und anschaulich ist, wodurch die Integration des Risikomanagement in die strategische Unternehmensplanung erleichtert wird.[40] Die Simulationsergebnisse müssen dann mit den Minimumvorgaben des Managements für die verwendete(n) Performancekennzahl(en) verglichen werden. Das Histogramm in Abbildung 5 zeigt beispielsweise, dass der am Jahresende zur Investitionszwecken verfügbare Cash-Flow in 91,22% aller Fälle nicht geringer als EUR 4.000.000 ist.

Wird eine höhere Sicherheitswahrscheinlichkeit (e.g. von 95%) für die Durchführung des unveränderten Investitionsprogrammes verlangt, müssen im Rahmen des unternehmerischen Risikomanagement adäquate Hedgingmaßnahmen zur Reduzierung des Risikos implementiert werden.[41] Die entsprechenden Hedge Ratios können

---

[40] Vgl. Hayt / Song (1995), S. 94, MeVay / Turner (1995), S. 85.
[41] Vgl. Hayt / Song (1995), S. 98 f.

über Regressionen zwischen den zugehörigen Werten von Input- und Outputvariablen ermittelt werden.[42] Das Simulationsmodell gibt dabei auch Indizien dafür, welche Risikoquellen möglichst effektive Ansatzpunkte des Risikomanagement darstellen. Simulationen unter Berücksichtigung der Cash-Flows der Hedginginstrumente ermöglichen die Überprüfung der Wirksamkeit der Hedgingstrategie.[43] Nach der Implementierung der Absicherung wird der gewünschte Minimum Cash-Flow mit einer Wahrscheinlichkeit von 97,52% erreicht (Abbildung 6). Weiterhin können CFaR-Modelle zur regulatorischen Berichterstattung von Marktrisiken und zur Festlegung entsprechender Limite verwendet werden.[44]

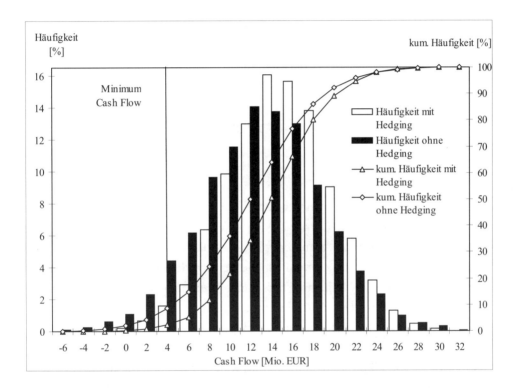

Abb. 6: Häufigkeitsverteilung des Cash-Flow mit und ohne Hedging

Mit CFaR-Simulationsmodellen kann der simultane Einfluss von interdependenten Finanzrisiken auf den Unternehmenswert betrachtet werden, indem der Unternehmenswert als Outputstatistik gewählt wird oder indem Risikovariablen auf die simu-

---

[42] Vgl. Stulz / Williamson (1997), S. 48.
[43] Vgl. Hayt / Song (1995), S. 99, MeVay / Turner (1995), S. 85.
[44] Vgl. Lee (1999), S. 19-24.

lierten Unternehmenswerte regressiert werden. Das Simulationsverfahren ist im Gegensatz zur historischen Regressionsanalyse aufwendiger in der Konstruktion, dafür handelt es sich jedoch um ein vollständig zukunftsorientiertes Verfahren, das auch zukünftige, bedingte Aktionen berücksichtigen kann. Außerdem sind zu seiner Durchführung keine Vergangenheitsdaten des Unternehmens oder Annahmen über deren historische Wahrscheinlichkeitsverteilung notwendig.

Zusätzlich zu Simulationen sollten *Stress-Tests* durchgeführt werden, die zur Analyse der Auswirkungen außergewöhnlicher Szenarien auf den Cash-Flow dienen, wie sie z.B. im Falle eines "Crash" der Finanz- und Rohstoffmärkte auftreten.[45] Eine Sicherheitswahrscheinlichkeit von 97,5% impliziert beispielsweise, dass theoretisch an 6 von 250 Handelstagen im Jahr eine Abweichung größer als zwei Standardabweichungen vom historischen Mittelwert auftritt. Ein Stress-Test führt zu einem besseren Verständnis der tatsächlichen Risiken, da extreme Marktbewegungen zwar weniger wahrscheinlich sind, jedoch trotzdem auftreten können. Beispielsweise führte die Invasion des Irak in Kuwait zu einer Ölpreis-Schock von über 10 Standardabweichungen.[46]

Während CFaR von der Methodik starke Analogien zum VaR aufweist, existieren bislang noch keine etablierten und standardisierten Verfahren zu dessen Einsatz in der Unternehmenspraxis. Mit CorporateMetrics der RiskMetrics Group (J.P. Morgan) ist inzwischen ein erstes kommerzielles Produkt zur Berechnung von CFaR-Simulationen entstanden.[47] Der Grund für die geringe Standardisierung besteht vor allem in der Tatsache, dass Industrie- und Handelsunternehmen viel stärkere Unterschiede hinsichtlich ihrer Geschäftsaktivitäten, Planungszeiträume und Zielgrößen aufweisen als Finanzdienstleistungsunternehmen.

Die Attraktivität von CFaR-Berechnungen im Rahmen des unternehmerischen Risikomanagement resultiert aus der Verwendung der bei Nichtbanken häufig benutzten Planungsgrößen wie Cash-Flow, Jahresüberschuss (Earnings) oder Gewinn pro Aktie (Earnings per Share), durch die ein unmittelbarer Zusammenhang zur betrieblichen Planungsrechnung besteht. CFaR ist dabei insbesondere ein sinnvolles Instrument für Unternehmen, die einen starken Fokus auf kurze Zeithorizonte haben, da interne Finanzmittel zur Sicherung des Unternehmensexistenz und zur Realisation des In-

---

[45] Vgl. Lee (1999), S. 11.
[46] Vgl. Chapey (1996), S. 26.
[47] Vgl. Lee (1999), Kim et al. (1999).

vestitionsprogrammes aufgrund von Beschränkungen der externen Finanzierung notwendig sind und da bei einer hohen Diskontierungsrate aufgrund hoher Kapitalkosten weit in der Zukunft liegende Cash-Flows für den Unternehmenswert als Barwert aller zukünftigen Zahlungsströme nur von geringer Bedeutung sind.[48] In diesem Fall stellt der Cash-Flow-at-Risk für einen Zeitraum wie die nächsten 12 Monate eine sinnvolle Risikokennzahl dar. Können ggf. auch (insbesondere finanzielle) Vermögensgegenstände des Unternehmens veräußert werden, um eine Finanzierungslücke zu schließen, so müssen diese Assets und mögliche Wertveränderungen bis zum Auftreten eines Finanzierungsbedarfes in den Berechnungen entsprechend berücksichtigt werden.

Besitzt ein Unternehmen freien Zugang zum Kapitalmarkt, so kann es sich über diesen jederzeit die benötigten Finanzmittel zu akzeptablen Konditionen besorgen, solange es eine gute Kreditwürdigkeit (Rating) aufweist. Die Verfügbarkeit von Sicherheiten und der Wert des Unternehmens insgesamt werden damit zu entscheidenden Determinanten der Möglichkeit, Investitionen im Falle unerwartet geringer Cash-Flows finanzieren zu können. Unternehmen ohne effektive externe Finanzierungsbeschränkungen sollten sich daher an ihrem Unternehmenswert orientieren, so dass VaR für sie das relevante Risikomaß ist und die dargestellten Verfahren zur Schätzung des Unternehmenswertexposure angewandt werden können. Da sich alle Unternehmensaktivitäten auf den VaR bzw. CFaR auswirken, sollte die Beurteilung der Profitabilität der Unternehmensaktivitäten ebenso wie die Entscheidung über neue Projekte im Rahmen von Investitionsrechnungen auch unter Berücksichtigung der Effekte auf dieses Risikomaß erfolgen.[49]

6. Zusammenfassung und Ausblick

Unerwartete Änderungen von Wechselkursen, Zinsen und Rohstoffpreisen stellen finanzwirtschaftliche Risiken dar, denen Industrie- und Handelsunternehmen im Rahmen ihrer Geschäftstätigkeit ausgesetzt sind. Da Nichtbanken in der Regel im Gegensatz zu Finanzdienstleistungsunternehmen keine komparativen Vorteile hinsichtlich des Management von Finanzrisiken haben, können viele Industrie- und

---

[48] Vgl. Stulz (2000), Kapitel 4, Oxelheim / Wihlborg (1997), S. 181, Oxelheim / Wihlborg (1987b), S. 129-131 u. 155-163.
[49] Vgl. Stulz (2000), Kapitel 4.

Handelsunternehmen angesichts existierender Kapitalmarktunvollkommenheiten ihren Shareholder Value durch das Hedging finanzwirtschaftlicher Risiken steigern. Notwendige Grundlage für eine entsprechende Absicherungsstrategie ist jedoch die genaue Quantifizierung des Ausmaßes und der Form der verschiedenen ökonomischen Exposures.

Unternehmen können den Einfluss von Finanzrisiken auf den Unternehmenswert unter Verwendung von Kapitalmarktdaten mittels Regressionsanalysen schätzen, bei denen Variablen unterschiedlicher Risikofaktoren neben Kontrollvariablen auf die Aktienrendite regressiert werden. Der Vorteil dieses Ansatzes ist insbesondere in der guten Verfügbarkeit von Daten hoher Frequenz zu sehen, die auch Analysten außerhalb des Unternehmens zur Verfügung stehen. Andererseits basiert dieses Verfahren auf der Annahme effizienter Märkte, es kann nur von/für Unternehmen mit Börsennotierung verwendet werden, und es führt lediglich zur Bestimmung historischer Exposures.

Alternativ können anstelle der Aktienrendite auch Änderungsraten eines Cash-Flow als Regressand in einer Regressionsanalyse zur Exposureschätzung verwendet werden. In Abhängigkeit von den nationalen Publikationspflichten und -praktiken kann dieses Verfahren von sowohl unternehmensinternen als auch -externen Analysten angewandt werden. Bei der Exposureschätzung auf Cash-Flow-Basis im Unternehmen besteht dabei nicht nur der Vorteil, dass ggf. auch nicht publizierte Informationen und Planungsdaten berücksichtigt werden können, wodurch eine realistischere bzw. zukunftsorientiertere Ermittlung des Exposure möglich ist. Außerdem besteht über die Wahl oder Definition unterschiedlicher Cash-Flows die Möglichkeit, verschiedene Komponenten des Unternehmensexposures zu ermitteln und die Auswirkungen (finanzieller) Hedgingmaßnahmen zu untersuchen.

Bei der Übertragung von Value-at-Risk (VaR)-Konzepten, die für die Exposureschätzung bei Finanzdienstleistungsunternehmen zu weiter Verbreitung und großer Popularität geführt haben, auf Industrie- und Handelsunternehmen muss den Unterschieden von Nichtbanken in Bezug auf die Charakteristika der Aktiva und den hieraus resultierenden Planungshorizonten und -größen Rechnung getragen werden. Mit dem resultierenden Cash-Flow-at-Risk (CFaR)-Ansatz können primär Unternehmen außerhalb des Finanzsektors den Betrag bestimmen, um den ein bestimmter Cash-Flow (e.g. Umsatz, Operating Cash-Flow, Free Cash-Flow) mit einer vorgegebenen Wahrscheinlichkeit unterhalb des erwarteten Cash-Flows realisiert wird.

Diese Methode ist insbesondere in der Implementierung als ein die Unternehmensplanung erweiterndes Simulationsmodell attraktiv, da es sich um ein vollständig zukunftsorientiertes Modell handelt, das die Interdependenzen der verschiedenen Risiken berücksichtigt. Darüber hinaus werden Kennzahlen wie Cash-Flow oder Gewinn pro Aktie verwendet, die ohnehin zum Instrumentarium der betrieblichen Planung gehören und daher leicht kommuniziert und in die bestehende Praxis integriert werden können. Mit Regressionsanalysen und CFaR-Simulationsmodellen existieren somit aussagefähige, aber zugleich auch praktikable und vielseitige Instrumente zur Schätzung ökonomischer Exposures im Rahmen des unternehmerischen Risikomanagements, die vermehrt in der Unternehmenspraxis genutzt werden sollten.

Literaturverzeichnis

Adler, M. / Dumas, B. (Adler / Dumas, 1984): Exposure to Currency Risk: Definition and Measurement, in: Financial Management, Vol. 13, 1984, No. 2, S. 41-50.

Bartram, S. M. (Bartram, 1996): Ökonomische Relevanz unternehmerischen Risikomanagements, Literaturübersicht zum unternehmerischen Risikomanagement, WHU Koblenz 1996, mimeo.

Bartram, S. M. (Bartram, 1999a): Die Praxis unternehmerischen Risikomanagements von Industrie- und Handelsunternehmen, in: FinanzBetrieb (FB), 1. Jg., 1999, Nr. 6, S. 71-77.

Bartram, S. M. (Bartram, 1999b): Corporate Risk Management, Bad Soden / Taunus 1999.

Bartram, S. M. (Bartram, 1999c): Treasury-Management in Banken, Aachen 1999.

Bartram, S. M. (Bartram, 2000): Finanzwirtschaftliches Risiko, Exposure und Risikomanagement von Industrie- und Handelsunternehmen, in: Wirtschaftswissenschaftliches Studium (WiSt), 2000.

Chapey, F. J. Jr. (Chapey, 1996): VAR: A New Tool for Corporate Treasury, in: TMA Journal, Vol. 16, 1996, No. 2, S. 22-28.

Dufey, G. (Dufey, 1972): Corporate Finance and Exchange Rate Variations, in: Financial Management, Vol. 1, 1972, No. 2, S. 51-57.

Fazzari, S. M. / Hubbard, R. G. / Petersen, B. C. (Fazzari et al., 1988): Financing Constraints and Corporate Investment, Brooking Papers on Economic Activity, 1988, No. 1, S. 141-195.

Fite, D. / Pfleiderer P. (Fite / Pfleiderer, 1995): Should Firms Use Derivates to Manage Risk?, in: Beaver, W. / Parker, G. (Hrsg.), Risk Management: Problems and Solutions, New York 1995, S. 139-169.

Flood, E. Jr. / Lessard, D. R. (Flood / Lessard, 1986): On the Measurement of Operating Exposure to Exchange Rates: A Conceptual Approach, in: Financial Management, Vol. 15, 1986, No. 1, S. 25-36.

Froot, K. A. / Scharfstein, D. S. / Stein, J. C. (Froot et al., 1994): A Framework for Risk Management, in: Harvard Business Review, Vol. 72, 1994, No. 6, S. 91-102.

Froot, K. A. / Scharfstein, D. S. / Stein, J. C. (Froot et al., 1993): Risk Management: Coordinating Corporate Investment and Financing Policies, in: Journal of Finance, Vol. 48, 1993, No.5, S. 1629-1658.

Garner, C. K. / Shapiro, A. C. (Garner / Shapiro, 1984): A Practical Method of Assessing Foreign Exchange Rate Risk, in: Midland Corporate Finance Journal, Fall, 1984, S. 6-17.

Gupton, G. M. / Finger, C. C. / Bhatia, M. (Gupton et al., 1997): CreditMetrics Technical Document, Morgan Guaranty Trust Co., New York 1997.

Hayt, G. / Song, S. (Hayt / Song 1995): Handle with Sensitivity, in: Risk, Vol. 8, 1995, No. 9, S. 94-99.

Hodder, J. E. (Hodder 1982): Exposure to Foreign Exchange-Rate Movements, in: Journal of International Economics, Vol. 13, 1982, No. 11, S. 375-386.

Jorion, P. (Jorion 1990): The Exchange-Rate Exposure of U.S. Multinationals, in: Journal of Business, Vol. 63, 1990, No. 3, S. 331-345.

JP Morgan / Arthur Anderson (JP Morgan / Arthur Anderson 1997): Corporate Risk Management, 1997.

Kim, J. / Malz, A. M. / Mina, J. (Kim et al., 1999): LongRun Technical Document, RiskMetrics Group, New York 1999.

Lee, A. (Lee, 1999): CorporateMetrics Technical Document, RiskMetrics Group, New York 1999.

Levi, M. D. (Levi, 1996): International Finance, 3. Aufl., New York 1996.

Lewent, J. C. / Kearney, A. J. (Lewent / Kearney, 1990): Identifying, Measuring, and Hedging Currency Risk at Merck, in: Journal of Applied Corporate Finance, Vol. 2, 1990, No. 4, S. 19-28.

Linsmeier, T. J. / Pearson, N. D. (Linsmeier / Pearson, 1999): Risk Measurement: An Introduction to Value at Risk, Working Paper, 1999, University of Illinois.

Logue, D. E. (Logue, 1995): When Theory Fails: Globalization as a Response to the (Hostile) Market for Foreign Exchange, in: Journal of Applied Corporate Finance, Vol. 8, 1995, No. 3, S. 39-48.

Logue, D. E. / Oldfield, G. S. (Logue / Oldfield, 1977): Managing Foreign Assets When Foreign Exchange Markets Are Efficient, in: Financial Management, Vol. 6, 1977, No. 2, S. 16-22.

MeVay, J. / Turner, C. (MeVay / Turner, 1995): Could Companies use Value-at-Risk?, in: Euromoney, 1995, No. 318, S. 84-86.

O'Brien, T. J. (O'Brien, 1994): Corporate Measurement of Economic Exposure to Foreign Exchange Risk, in: Financial Markets, Institutions & Instruments, Vol. 3, 1994, No. 4, S. 1-60.

Oxelheim, L. / Wihlborg, C. G. (Oxelheim / Wihlborg, 1987a): Exchange Rate-Related Exposures in a Macroeconomic Perspective, in: Khoury, S J. / Ghosh,

A. (Hrsg.), Recent Developments in International Banking and Finance, Lexington (MA) 1987, S. 87-102.

Oxelheim, L. / Wihlborg, C. G. (Oxelheim / Wihlborg, 1987b): Macroeconomic Uncertainty, Chichester 1987.

Oxelheim, L. / Wihlborg, C. G. (Oxelheim / Wihlborg, 1995): Measuring Macroeconomic Exposure: The Case of Volvo Cars, in: European Financial Management, Vol. 1, 1995, No. 3, S. 241-263.

Oxelheim, L. / Wihlborg, C. G. (Oxelheim / Wihlborg, 1997): Managing in the Turbulent World Economy, Chichester 1997.

Pringle, J. J. (Pringle, 1991): Managing Foreign Exchange Exposure, in: Journal of Applied Corporate Finance, Vol. 3, 1991, No. 4, S. 73-82.

Shimko, D. (Shimko, 1996): VAR for Corporates, Risk, Vol. 9, 1996, No. 6, S. 28-29.

Smithson, C. W. / Smith, C. W. / Wilford, D. S. (Smithson et al., 1995): Managing Financial Risk, Chicago 1995.

Stulz, R. M. (Stulz, 1996): Rethinking Risk Management, in: Journal of Applied Corporate Finance, Vol. 9, 1996, No.3, S. 8-24.

Stulz, R. M. (Stulz, 2000): Derivatives, Risk Management, and Financial Engineering, Cincinnati, forthcoming.

Stulz, R. M. / Williamson, R. (Stulz / Williamson, 1997): Identifying and Quantifying Exposures, in: Jameson, R. (Hrsg.), Financial Risk and the Corporate Treasury, Risk Publications, London 1997, S. 33-51.

Turner, C. (Turner, 1996): VAR as an Industrial Tool, in: Risk, Vol. 9, 1996, No. 3, S. 38-40.

Zangari, P. / Longerstaey, J. (Zangari / Longerstaey, 1996): RiskMetrics Technical Document, 4. Aufl., New York 1996.

Shareholder Value durch unternehmensweites Risikomanagement

von Michael Pfennig

1. Bedeutung von Risikomanagement in Industrieunternehmen
2. Ansätze und Grenzen eines rein finanziellen Risikomanagements
3. Anforderungen an ein integriertes Risikomanagement
4. Ansatzpunkte zur Erhöhung des Shareholder Value durch ein unternehmensweites Risikomanagement
5. Fazit

1. Bedeutung von Risikomanagement in Industrieunternehmen

Die Existenzberechtigung von Unternehmen kann finanzierungstheoretisch darin gesehen werden, dass sie im Rahmen ihrer Geschäftstätigkeit Risiken eingehen und für das Eingehen dieser Risiken eine höhere Rendite erzielen als Investoren oder andere Unternehmen bei gleichem Risiko realisieren können. Die Realisation dieser Überrendite resultiert insbesondere daraus, dass die Geschäftsaktivitäten entweder dem Unternehmen proprietär zur Verfügung stehen oder das Unternehmen die damit verbundenen Risiken besser handhaben kann. Dies generiert einen positiven Wertbeitrag und erhöht damit den Shareholder Value. Versteht man Unternehmen in diesem Sinne als ein Portfolio von Risiken, so besteht die Kernkompetenz von Unternehmen in dem Management der von ihnen übernommenen Risiken. Risikomanagement ist somit Kernbestandteil unternehmerischen Handelns und ein wesentlicher Erfolgsfaktor.

Unter Risikomanagement ist dabei die Identifikation, Quantifizierung und Steuerung sowie die Berichterstattung und das Controlling aller mit den Geschäftsaktivitäten verbundenen (wesentlichen) Risiken zu verstehen. Risiken können als jene unternehmensin- und externen Ereignisse sowie Folgen von Handlungen oder Unterlassungen definiert werden, die zu einer Abweichung von der Planung führen.

Trotz dieser – zunächst ziemlich theoretischen – Bedeutung beginnen Unternehmen erst in jüngerer Vergangenheit, sich systematisch mit dem unternehmensweiten Management von Risiken zu befassen. Einer der ersten Schritte in diese Richtung ging von Kreditinstituten aus, deren Geschäftstätigkeit zu einem großen Teil in der Übernahme und dem Handel finanzieller Risiken wie z. B. Zins-, Währungs- und Aktienkursrisiken besteht. Ausgehend von einem rein finanziellen Risikomanagement für die Handelsabteilungen verfolgen Banken in den letzten Jahren engagiert das Ziel, Kreditrisiken sowie operative und strategische Risiken mit einzubeziehen. Gleichzeitig wird Risikomanagement heute zunehmend nicht nur als Kontroll-, sondern auch als Steuerungsinstrument angesehen und organisatorisch entsprechend verankert.[1]

In Unternehmen des nicht-finanziellen Sektors, die im Folgenden zur Vereinfachung als Industrieunternehmen bezeichnet werden, stellt sich die Situation dagegen noch anders dar. So existieren zwar durchaus eine Vielzahl von Systemen, die - wenn

---

[1] Vgl. z. B. Shireff (1998), S. 56-61.

auch nicht explizit so benannt - sich mit dem Management spezifischer Risiken befassen. Beispielhaft seien ein Treasury-System, ein Qualitätsmanagement-System sowie ein Projektmanagement genannt. Diese stellen jedoch nur Insellösungen dar und zielen einseitig auf eine Risikovermeidung ab. Auch die Einführung eines unternehmensweiten Risikomanagements, wie es der Gesetzgeber seit Mai 1998 durch das KonTraG fordert[2], wird vielfach nur als Pflichtaufgabe angesehen, die Kosten sowohl für die Entwicklung als auch für die Aufrechterhaltung verursacht.

Wenngleich der Nutzen eines unternehmensweiten Risikomanagements nicht wie bei Banken aus einer verminderten gesetzlichen Eigenkapitalunterlegungspflicht unmittelbar abgeleitet werden kann und die Risikoquantifizierung aufgrund der größeren Bedeutung schwer zu bewertender operativer und strategischer Risiken problematischer ist, stellt Risikomanagement vor dem Hintergrund der einführenden Bemerkungen auch bei Industrieunternehmen eine Kernkompetenz dar. Dies gilt vor allem, wenn Risikomanagement wie heute bei Banken über eine Risikoreduktion hinaus geht und zur Wahrnehmung unternehmerischer Chancen sowie damit zur Steigerung des Shareholder Value eingesetzt wird. Erst dann entfaltet ein unternehmensweites Risikomanagement nicht nur Kosten, sondern auch seinen vollen Nutzen.

Gegenstand dieses Artikels ist es daher, Hinweise zum Aufbau und den Einsatzmöglichkeiten eines systematischen und unternehmensweiten Risikomanagements zu geben.[3] Dieses kann wie zur Zeit bei Banken auf finanzielle Preisrisiken[4] fokussiert, sollte aber angesichts der größeren Bedeutung operativer und strategischer Risiken in Industrieunternehmen integriert, d. h. risikoartenübergreifend ausgestaltet sein. In Abschnitt 2 werden hierfür zunächst mögliche Ansätze und Grenzen eines rein finanziellen Risikomanagements aufgezeigt. Nach dieser Argumentation für einen integrierten Risikomanagement-Ansatz werden in Abschnitt 3 die Anforderungen an ein solches System präzisiert sowie Instrumente und Methoden zur Implementierung vorgestellt. Abschnitt 4 unterscheidet schließlich zwischen einerseits einem finan-

---

[2] Vgl. zu den Anforderungen des KonTraG detailliert z. B. Vogler / Gundert (1998) und Lück (1998). Vergleichbare Regelungen auf internationaler Ebene existieren z. B. in Form des COSO-(Committee of Sponsoring Organizations to the Treadway Commission)-Reports in den USA sowie des Turnbull-Reports in England. Vgl. näher Bolger (1999), S. 1.

[3] Entsprechend ist es nicht Gegenstand dieses Beitrags, Hinweise zur Ausgestaltung und den Vorzügen einzelner Führungs- und Steuerungssysteme wie z. B. eines wertorientierten Steuerungssystems oder eines strategischen Analysesystems zu geben.

[4] Hierzu werden im Folgenden auch Warenpreisrisiken gezählt werden, für die finanzwirtschaftliche Absicherungsinstrumente verfügbar sind.

ziellen und einem integrierten sowie andererseits einem defensiv und einem proaktiv-strategisch ausgerichteten Risikomanagement und verdeutlicht, auf welche Weise die jeweiligen Strategien einen Wertbeitrag generieren können. Der Artikel schließt mit einem kurzen Fazit in Abschnitt 5.

2. Ansätze und Grenzen eines rein finanziellen Risikomanagements

Einsatzmöglichkeiten und Grenzen des Value-at-Risk

Die Bedeutung finanzieller Preisrisiken z. B. infolge einer unerwarteten Entwicklung von Wechselkursen, Zinssätzen oder auch Warenpreisrisiken für die Geschäftstätigkeit von Industrieunternehmen wurde in den letzten 10 Jahren durch eine Reihe negativer Schlagzeilen verdeutlicht. Zu den spektakulärsten Fällen zählen die Verluste der Metallgesellschaft 1993 infolge eines Ölpreisrisikos, von Procter& Gamble 1994 infolge eines Zinsrisikos sowie von Daimler Benz, BMW, Lufthansa und Opel 1995 infolge von Währungsrisiken.[5]

Um vor diesem Hintergrund ein finanzielles Risikomanagement aufzubauen, können Industrieunternehmen in einem ersten Schritt das bei Finanzinstitutionen gängige Value-at-Risk-Konzept übernehmen. Ziel der Value-at-Risk-Methodologie ist es, die maximale Marktwertänderung eines Portfolios über einen gewissen Zeitraum von in der Regel 1 bis 10 Tagen zu berechnen, die mit einer festzulegenden Wahrscheinlichkeit (Konfidenzniveau) nicht überschritten wird. Der Value-at-Risk-Ansatz ist damit durch die folgenden drei Kriterien determiniert:

– Portfolioorientierte Exposuredefinition;
– Definition des Marktwerts des Portfolios als Zielgröße; sowie
– Wahl eines kurzen Betrachtungszeitraums für die Risikomessung.

Das derart definierte Value-at-Risk-Konzept kann in Industrieunternehmen gut zur Quantifizierung der Risiken innerhalb der Treasury verwendet werden. Existiert eine zentrale Treasury, deren Aufgabe in der Übernahme und Absicherung der finanziellen Risiken der operativen Geschäftseinheiten besteht, so können die originären Währungs-, Zins- und Commodity-Positionen sowie die eingegangenen Absiche-

---

[5] Vgl. Pfennig (1998), S. 1 f. und die dort zitierte Literatur.

rungsgeschäfte als Portfolio betrachtet und täglich mark to market bewertet werden. Mit dem Value-at-Risk erhält man so eine Kennzahl, die z. B. zur Limitsteuerung[6] oder im Rahmen der Performance-Messung eingesetzt werden kann. Verfolgt man jedoch das Ziel, ein *unternehmensweites* Risikomanagement für finanzielle Risiken aufzubauen, so sind alle drei Kriterien des Value-at-Risk-Ansatzes problematisch:

Das Problem hinsichtlich der Exposuredefinition besteht darin, dass die meisten Positionen bei Industrieunternehmen noch nicht vertraglich fixiert sind. So können z. B. im Falle des Währungsrisikos die im nächsten Jahr erwarteten Fremdwährungspositionen aus zukünftigen Umsätzen und Bestellungen die heute bereits feststehenden Positionen aus Forderungen, Verbindlichkeiten und schwebenden Geschäften deutlich übersteigen. Je mehr zukünftige Transaktionen einbezogen werden, umso größer ist gleichzeitig die Unsicherheit des Exposures und damit das Mengenrisiko, das der traditionelle Value-at-Risk-Ansatz nicht erfasst.

Die Problematik der Marktwertorientierung ist darauf zurückzuführen, dass nur für einen geringen Teil der Assets und Liabilities von Industrieunternehmen Marktwerte existieren. Grund hierfür ist, dass die durch die Assets generierten Cash-Flows vielfach subjektiv, wesentlich von der spezifischen Marktposition abhängig und daher nicht oder nur schwer liquidierbar sind.[7] Darüber hinaus resultiert z. B. der Wert von Technologie- oder Pharmaunternehmen vor allem aus den Erwartungen hinsichtlich des Erfolgs der Forschungsaktivitäten, die durch bilanzielle Assets evtl. noch gar nicht hinterlegt sind.

Die stärkere Orientierung an Stromgrößen wie Cash-Flow, EBIT (Earnings Before Interest and Taxes) und EBT (Earnings Before Taxes) anstelle von Bestandsgrößen führt schließlich zur Problematik hinsichtlich des kurzen Betrachtungszeitraums für die Risikomessung. Die Bedeutung von Stromgrößen resultiert bei vielen Unternehmen aus einer Abhängigkeit des möglichen Investitionsvolumens von der Höhe des Cash-Flows bzw. Ergebnisses.[8] Da diese Stromgrößen in der Regel für Quartalsscheiben, häufig aber auch nur für Jahresscheiben prognostiziert werden, bietet es

---

[6] Vgl. zur Ausgestaltung von Limitstrukturen z. B. Beeck et al. (1999).
[7] Vgl. McNew (1996), S. 54.
[8] In der akademischen Literatur wird dies mit Informationsasymmetrien und Anreizkonflikten zwischen den Entscheidern im Unternehmen und externen Kapitalgebern erklärt, die die Verfügbarkeit von externem Kapital einschränken bzw. die Kapitalkosten erhöhen. Aus diesem Grund wird intern generierter Cash-Flow gegenüber externem Kapital und Fremdkapital gegenüber Eigenkapital vorgezogen. Vgl. Myers / Majluf (1984) und Froot et al. (1993).

sich an, die Risikokennzahl ebenfalls über einen Zeitraum von 3 bzw. 12 Monaten zu ermitteln und damit die Planung durch eine Szenario-Analyse zu komplementieren.

Wenngleich der traditionelle Value-at-Risk-Ansatz damit in der Treasury eine wichtige Bedeutung besitzen kann, ist er zur Quantifizierung des gesamten finanziellen Preisrisikos eines Unternehmens nur begrenzt geeignet. Als Ansatz zum Aufbau eines unternehmensweiten finanziellen Risikomanagements für Industrieunternehmen wird daher der Cash-Flow-at-Risk-Ansatz empfohlen, der alle drei Kritikpunkte an dem Value-at-Risk-Konzept löst.[9]

Cash-Flow-at-Risk als alternativer Ansatz zur Quantifizierung finanzieller Risiken

Der *Cash-Flow-at-Risk*-Ansatz ähnelt dem Value-at-Risk-Ansatz dahingehend, dass ebenfalls die maximale negative Abweichung der gewählten Zielgröße von ihrem Erwartungswert infolge einer Währungs-, Zins- oder Commodity-Preisänderung quantifiziert wird, die mit einem gewissen Konfidenzniveau nicht überschritten wird. Er unterscheidet sich jedoch hinsichtlich der Exposuredefinition, der Risikodefinition und dem zugrunde liegenden Zeithorizont der Risikobetrachtung wie folgt:

Erstens strebt das Cash-Flow-at-Risk-Konzept an, nicht nur an die Treasury übertragene finanzielle Risiken zu berücksichtigen, sondern auch finanzielle Risiken aus zukünftigen Umsätzen und Bestellungen als Exposure einzubeziehen. Dabei ist zu beachten, dass auch erwartete Cash-Flows in heimischer Währung durchaus einem (strategischen) Währungsrisiko ausgesetzt sein können, wenn das Währungsexposure der Wertschöpfungsstruktur von jenem der Wettbewerber abweicht.[10]

Zweitens wird Risiko als Stromgröße definiert. So wird im Rahmen des Cash-Flow-at-Risk-Ansatzes das Risiko einer Abweichung der kumulierten Cash-Flows von den geplanten bzw. erwarteten kumulierten Cash-Flows quantifiziert. Alternativ kann sich die Risikodefinition auch an zur Unternehmenssteuerung verwendeten Stromgrößen wie z. B. EBIT und EBT oder auch EPS (Earnings Per Share) orientieren.[11]

---

[9] Für eine ausführliche Beschreibung des Cash-Flow-at-Risk-Ansatzes vergleiche Bartram in diesem Handbuch. An dieser Stelle seien nur das Prinzip und die Auswertungsmöglichkeiten beschrieben.

[10] Vgl. zur Darstellung der einzelnen Komponenten des strategischen Währungsrisikos Pfennig (1998), Abschnitt 2.1.3.3.

[11] Im Folgenden wird zur Vereinfachung nur von Cash-Flow-at-Risk gesprochen. Die Ausführungen gelten jedoch entsprechend auch für die anderen aufgeführten Stromgrößen.

Drittens wird der Zeitraum der Risikobetrachtung an den im Unternehmen üblichen Planungshorizont angepasst. So kann bei einer Aufteilung der Planung in Quartals- bzw. Jahresscheiben ein quartals- bzw. jahresbezogener Cash-Flow-at-Risk berechnet werden. Der Cash-Flow-at-Risk gibt dann an, um wie viel der tatsächliche (kumulierte) Cash-Flow über den gewählten Betrachtungszeitraum von dem geplanten bzw. erwarteten (kumulierten) Cash-Flow abweichen kann.

Grundlage für die Ermittlung des Cash-Flow-at-Risk ist die Konstruktion eines Business Risk Models, das die ökonomischen Zusammenhänge zwischen den finanziellen Einflussgrößen und der gewählten Zielgröße (also z. B. dem Cash-Flow) abbildet. Als Ausgangsbasis für die Entwicklung eines *Business Risk Models* können die existierenden Planungsmodelle verwendet werden[12]; diese Modelle generieren Planbilanzen, Plan-Gewinn- und Verlustrechnungen sowie Plan-Kapitalflussrechnungen auf der Basis prognostizierter Umsätze und Umsatzkosten sowie der geplanten Struktur der Aktiva und Passiva, die vielfach mit der Umsatzentwicklung fortgeschrieben werden.[13] Da die Schätzungen auf Annahmen hinsichtlich der Währungs-, Zins- und Warenpreisentwicklung basieren, muss das vorhandene Planungsmodell noch um die Abhängigkeiten der prognostizierten Größen von den finanziellen Einflussfaktoren ergänzt werden. Die folgende Darstellung, die zur Vereinfachung nur den Cash-Flow als Zielgröße produziert, verdeutlicht die grundsätzliche Ausgestaltung eines Business Risk Models:[14]

Bei der Konstruktion eines Business Risk Models ist erstens zu beachten, dass der Einfluss der finanziellen Risikofaktoren über die gesamte Wertschöpfungskette betrachtet wird. So können z. B. Währungsrisiken in den Wertschöpfungsstufen Forschung und Entwicklung, Produktion und Fertigung sowie im Vertrieb auftreten und sich damit zumindest zum Teil aufheben.[15] Gleichfalls können je nach Wettbewerbssituation Preisschwankungen der Inputfaktoren ganz oder teilweise an die Kunden weitergegeben werden, so dass in diesem Fall kein oder ein zumindest geringeres Warenpreisrisiko existiert.[16]

---

[12] Vgl. z. B. MeVay / Turner (1995), S. 85 f.
[13] Vgl. Copeland et al. (1998), S. 232 und S. 239-246.
[14] In Anlehnung an Turner (1996), S. 39.
[15] Vgl. z. B. Copeland / Joshi (1996), S. 38.
[16] So geben z. B. Fluggesellschaften Kerosinpreisänderungen vielfach über die Ticketpreise an die Kunden weiter.

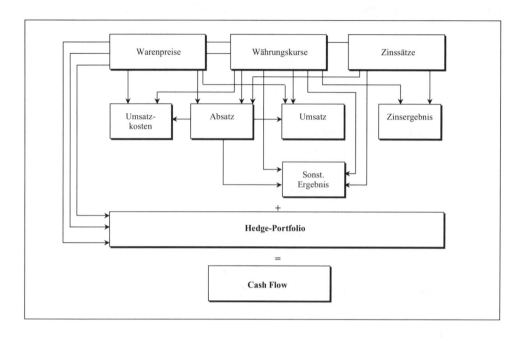

Abb. 1: Konstruktion eines Business Risk Models

Zweitens sollte möglichst versucht werden, auch nicht-lineare Zusammenhänge zwischen den Cash-Flows und ihren finanziellen Einflussgrößen zu berücksichtigen. Derartige Nicht-Linearitäten können z. B. sowohl auf der Beschaffungs- als auch auf der Absatzseite aus Wahlmöglichkeiten zwischen verschiedenen Fakturierungswährungen sowie auf der Absatzseite zusätzlich aus einer Abhängigkeit des Umsatzes von der absoluten Höhe der finanziellen Einflussgrößen resultieren.

Die möglichst umfassende Ableitung der Zusammenhänge zwischen den Cash-Flows als Zielgröße und den finanziellen Einflussgrößen stellt kein triviales Problem dar und kann nur approximativ gelöst werden. In einem ersten Schritt bietet es sich an, die vorliegenden Rechnungsweseninformationen soweit wie möglich zu nutzen. So kann die ex-post Abhängigkeit der Cash-Flow-Realisationen von den finanziellen Einflussgrößen mit Hilfe eines Regressionsmodells analysiert werden. Die Problematik bei dieser Vorgehensweise besteht vor allem in der Prognosegüte einer ex-post orientierten Betrachtung sowie einer in der Regel geringen Datenqualität und

-quantität von Rechnungsweseninformationen.[17] Die statistisch ermittelten Abhängigkeiten sollten daher in einem zweiten Schritt durch Szenario-Analysen, z. B. Drei-Punkt-Schätzungen, der Geschäftsverantwortlichen plausibilisiert und verbessert werden.[18]

Sind die Zusammenhänge zwischen den finanziellen Einflussfaktoren und der Zielgröße modelliert und in das Planungsmodell integriert, kann die Eindimensionalität der Planung auf Basis *eines* Preisszenarios zugunsten einer Stochastizierung der Einflussgrößen aufgegeben werden. Hierfür kann eine *Risk Engine* entwickelt werden, die das Business Risk Model, die Hedge-Positionen sowie Szenarien der künftigen Marktentwicklung beinhaltet. Diese Vorgehensweise verdeutlicht die folgende Abbildung:

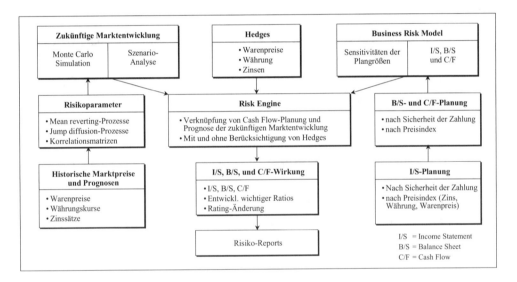

Abb. 2: Verwendung der Risk Engine zur Erstellung von Risikoreports

Marktszenarien können dabei sowohl auf Basis historischer Preisentwicklungen und qualifizierter Prognosen gewonnen und durch eine Monte-Carlo-Simulation umgesetzt als auch in Form individuell vorgegebener Einzelszenarien angesetzt werden.

---

[17] So liegen Cash-Flow- oder Ergebnisrealisationen häufig nur quartalsweise oder gar jährlich vor, was den Stichprobenumfang stark reduziert. Die Wahl eines längeren Betrachtungszeitraums birgt dagegen die Gefahr von Strukturbrüchen. Die Datenqualität kann durch „creative accounting" beeinträchtigt sein. Dies ist vor allem dann der Fall, wenn als Zielgröße keine Cash-Flow-, sondern eine buchhalterische Ergebnisgröße verwendet wird und das Geschäft durch Großprojekte geprägt ist.

[18] Vgl. Smithson (1995), S. 8f.

Während man im ersten Fall eine Wahrscheinlichkeitsverteilung der Zielgröße erhält, führt die Vorgabe von Einzelszenarien entsprechend zu einem einwertigen Ergebnis, das jedoch nicht minder aussagekräftig sein muss. Als Output der Risk Engine sind Gewinn- und Verlustrechnungen, Kapitalflussrechnungen und Bilanzen für wichtige Szenarien, Wahrscheinlichkeitsverteilungen von Finanzkennzahlen sowie auch Rating-Analysen denkbar. Der Cash-Flow-at-Risk-Ansatz eröffnet damit eine Vielzahl von Analysemöglichkeiten, die im Folgenden näher dargestellt werden:

Analysemöglichkeiten des Cash-Flow-at-Risk-Ansatzes

Übergeordnetes Ziel des Cash-Flow-at-Risk-Ansatzes ist die Analyse und geeignete Steuerung der Ergebnis- und Cash-Flow-Stabilität. Im Einzelnen kann die Cash-Flow-at-Risk-Analyse dabei eingesetzt werden, um

- die Abhängigkeit des Cash-Flows von einzelnen Risikoarten zu quantifizieren;
- die Vorteilhaftigkeit verschiedener Hedges zu analysieren;
- die Durchführung betriebsnotwendiger Investitionen zu sichern bzw. die Wahrscheinlichkeit von Geschäftsunterbrechungen oder gar einer Insolvenz zu quantifizieren;
- Aussagen über eine geeignete Kapitalstruktur zu gewinnen; sowie
- geeignete Limit- und Kontrollstrukturen zu entwickeln und implementieren.

Da die Analyse des Zusammenhangs zwischen den finanziellen Einflussfaktoren und dem Cash-Flow Voraussetzung für die Konstruktion der Risk Engine ist, erhält man die relative Bedeutung der einzelnen Risikoarten bereits mit der Entwicklung des Cash-Flow-at-Risk-Ansatzes. Mit Hilfe der Risk Engine wird außerdem verdeutlicht, wie stark der Cash-Flow zu verschiedenen Zeitpunkten in der Zukunft mit einer gewissen Sicherheitswahrscheinlichkeit maximal von seinem geplanten Wert abweichen kann. Außerdem kann die Wirkung verschiedener Absicherungsstrategien auf Erwartungswert und Volatilität der Cash-Flows analysiert und quantifiziert werden.

Die Verteilung der zukünftigen Cash-Flows sollte jedoch nicht isoliert, sondern vor dem Hintergrund des spezifischen Investitions- und Finanzierungsbedarf des Unternehmens untersucht werden. So kann das Hauptaugenmerk stark verschuldeter Unternehmen in der Vermeidung einer Insolvenz liegen, während technologiegetriebene Unternehmen eine Unterschreitung des geplanten Investitionsvolumens vermeiden müssen. Die Wahrscheinlichkeit für eine unplanmäßige Verringerung des Investitionsvolumens oder gar einer Insolvenz innerhalb eines bestimmten Zeitraums kann mit Hilfe der folgenden Darstellung graphisch analysiert werden:

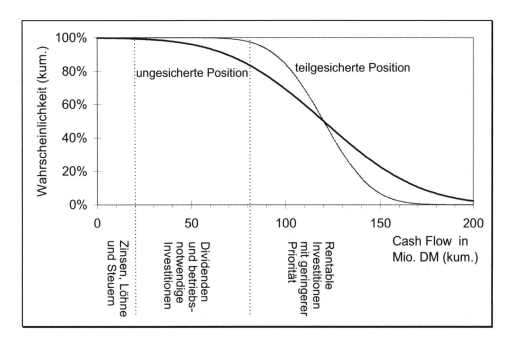

Abb. 3: Zeitpunktbezogene Analyse der Cash-Flow-Stabilität

Auf der x-Achse wird in dieser Darstellung der kumulierte Cash-Flow über einen Zeitraum von z. B. 1 Jahr und auf der y-Achse die kumulierte Wahrscheinlichkeit abgetragen, dass ein Cash-Flow mindestens in der jeweiligen Höhe realisiert wird. Zusätzlich können auf der x-Achse nach Priorität geordnet die verschiedenen Cash-Flow-Verwendungen abgetragen werden. Die Schnittpunkte dieses Cash-Flow-Bedarfs mit der durch die Risk Engine erzeugten Cash-Flow-Verteilung gibt nun Auskunft darüber, wie hoch die Insolvenzwahrscheinlichkeit ist (Ansprüche des Staates, der Arbeitnehmer oder der Fremdkapitalgeber können nicht mehr vollständig bedient werden) bzw. mit welcher Wahrscheinlichkeit nur ein Teil oder keine betriebsnotwendigen Investitionen durchgeführt oder Dividenden gezahlt werden können.

Diese Darstellung kann ebenfalls dazu verwendet werden, um die Vorteilhaftigkeit verschiedener Hedges zu analysieren und gleichzeitig Aussagen über die optimale Kapitalstruktur abzuleiten. So kann es in der beispielhaft dargestellten Situation sinnvoll sein, durch zusätzliche Absicherungspositionen die Wahrscheinlichkeit einer vollständigen Durchführung aller betriebsnotwendigen Investitionen zu Lasten der Wahrscheinlichkeit sehr hoher positiver Cash-Flows zu erhöhen. Gleichzeitig kann auch die Kapitalstruktur, d.h. der Anteil von Eigen- und Fremdkapital variiert werden, um die Auswirkungen auf Erwartungswert und Stabilität der Cash-Flows zu analysieren und mit den Auswirkungen einer Veränderung der Absicherungsposition zu vergleichen. Auf diese Weise wird die Wechselwirkung zwischen Absicherungs- und Finanzierungsstrategie verdeutlicht.

Die so gewonnenen Erkenntnisse können weiterhin z. B. zur Analyse der Cash-Flow-Wirkungen von Akquisitions- oder Desinvestitionsentscheidungen verwendet werden. Insbesondere bei hohem Fremdkapitaleinsatz im Zusammenhang mit Unternehmensübernahmen kann eine derartige Analyse wichtige Anhaltspunkte für die Beurteilung des Finanzierungskonzepts sowie etwaige strategische Implikationen eines zu hohen Fremdkapitalanteils geben.

Zusammengefasst generieren somit sowohl Input als auch Output der Cash-Flow-at-Risk-Analyse wichtige Informationen für das Unternehmen. Die Aufbereitung der ökonomischen Zusammenhänge als Input des Business Risk Models kann bereits interessante Aufschlüsse über Art und Ausmaß der finanziellen Preisrisiken liefern. Der Output ermöglicht insgesamt eine verbesserte Realisation der unternehmerischen Ziele durch eine bewusste Steuerung des Cash-Flow-Profils.

Notwendigkeit der Berücksichtigung nicht-finanzieller Risiken

Analysiert man Geschäftsberichte und Pressemitteilungen von Industrieunternehmen stellt man fest, dass finanzielle Preisrisiken den Erfolg der Unternehmenstätigkeit zwar durchaus wesentlich beeinflussen und in manchen Fällen auch zur Insolvenz des Unternehmens geführt bzw. eine Umstrukturierung erforderlich gemacht haben. Abgesehen von diesen spektakulären Fällen, die zumindest teilweise auf ein ungenügendes Wissen und ungenügende Kontrollsysteme in Verbindung mit einer großen Hebelwirkung derivativer Finanzinstrumente zurückzuführen sind, dominieren jedoch strategische und operative Risiken aus der originären Geschäftstätigkeit der Unternehmen.[19]

Die vielfach nur untergeordnete Bedeutung finanzieller Preisrisiken zeigt beispielhaft eine Analyse der Planabweichungen der Siemens AG im Geschäftsjahr 1997/98.

---

[19] Vgl. auch Copeland / Yoshi (1996), S. 35.

So wies Siemens anstelle eines ursprünglich geplanten Gewinnzuwachses von 15% einen Rückgang des Gewinns vor Finanzergebnis und Steuern von 2.421 auf 1.574 Mio. DM aus; der Jahresüberschuss nach Steuern und außerordentlichem Ergebnis fiel sogar von 2.608 auf 917 Mio. DM. Die Planabweichungen sind dabei vor allem auf einen Preisverfall bei Speicherchips (Halbleiter), eine Risikovorsorge für Projektrisiken (Verkehrstechnik), technische Anlaufprobleme bei der Einführung einer neuen Turbinengeneration (KWU), strukturelle Veränderungen im Mobilfunkmarkt (PN) sowie eine Aufstockung der Länderrisikovorsorge zurückzuführen.[20]

Die Dominanz strategischer und operativer Risikoursachen lässt gleichfalls vermuten, dass der Cash-Flow-at-Risk-Ansatz zwar für die Quantifizierung und Steuerung finanzieller Preisrisiken über die gesamte Wertschöpfungskette nützlich ist, ein integriertes Risikomanagement jedoch bei einer Dominanz nicht-finanzieller Risiken nicht ersetzen kann. Die Entwicklung eines derartigen Ansatzes wurde bislang vor allem durch die schlechte Quantifizierbarkeit nicht-finanzieller Risiken behindert. Auf welche Weise ein integriertes unternehmensweites Risikomanagement dennoch aufgebaut und durch welche Methoden und Instrumente es unterstützt werden kann, wird im nächsten Abschnitt beschrieben.

3. Anforderungen an ein integriertes Risikomanagement

Elemente eines integrierten Risikomanagement-Systems

Da ein unternehmensweites integriertes Risikomanagement das Ziel verfolgt, alle für das Unternehmen wesentlichen Risiken zu adressieren, muss die konkrete Ausgestaltung auf die individuellen Gegebenheiten des Unternehmens zugeschnitten sein. Nichtsdestotrotz existieren bestimmte Grundelemente, die allen gängigen Risikomanagement-Systemen gemeinsam sind. Dies sind als Rahmenbedingungen für ein effizientes und wirksames Risikomanagement risikopolitische Ziele und Grundsätze sowie eine Risikokultur, die einen offenen Umgang mit Risiken und damit ein proaktives Verhalten erst ermöglicht.[21] Kernbestandteile eines jeden Risikomanagement-Systems sind die Risikomanagement-Organisation sowie der Risikomanagement-

---

[20] Vgl. Siemens (1998), S. 61, und o.V. (1998).
[21] Vgl. zur Bedeutung risikopolitischer Grundsätze und einer Risikokultur näher z. B. Wittmann (1999), S. 131 f. und 142 f., sowie Vogler / Gundert (1998), S. 2379.

Prozess. Zusätzlich existieren Methoden und Instrumente, die ein integriertes Risikomanagement unterstützen.

Die *Risikomanagement-Prozesse* können in operative Risikomanagement-Prozesse sowie einen übergeordneten Risikomanagement-Prozess unterschieden werden. Operative Risikomanagement-Prozesse existieren bereits heute für fast alle Risikoarten und sind fester Bestandteil des unternehmerischen Überwachungssystems, auch wenn sie nicht immer unter Risikomanagement gefasst werden. So befassen sich Rechts-, Einkaufs- und Personalabteilung sowie Qualitätsmanagement grundsätzlich mit dem Management von Rechts-, Einkaufs-, Personal- und operativen Risiken (wenngleich die Risikoorientierung vielfach ausgeprägter sein könnte). Die operativen Risikomanagement-Prozesse bestehen aus den Prozessschritten Identifikation, Bewertung, Steuerung und Kontrolle/Reporting.

Das neue und wertsteigernde Element in einem integrierten Risikomanagement-System stellt dagegen der übergeordnete Risikomanagement-Prozess dar. Ziel dieses übergeordneten Prozesses ist es, die in den verschiedenen operativen Risikomanagement-Systemen identifizierten Risiken zu erfassen, sie durch eine einheitliche Bewertung vergleichbar zu machen und im Rahmen eines Risiko-Reporting laufend relevante Risiko-Informationen an die Geschäftsverantwortlichen zu liefern. Da die Steuerung der Risiken wieder durch die operativen Subsysteme erfolgt, besteht der übergeordnete Risikomanagement-Prozess nur aus den Prozessschritten Identifikation, Bewertung und Kontrolle/Reporting. Das Zusammenspiel zwischen den operativen Risikomanagement-Prozessen und dem übergeordneten Risikomanagement-Prozess wird durch die folgende Graphik verdeutlicht:

Voraussetzung für die Funktionsfähigkeit eines derartigen unternehmensweiten Risikomanagements ist die Etablierung klarer Organisationsstrukturen und Verantwortungen zwischen der Geschäftsführung bzw. den operativen Einheiten, den existierenden Stabs- und Fachabteilungen sowie einer evtl. zusätzlichen Risikomanagement-Abteilung.[22] Grundsätzlich gilt, dass die Verantwortung für das Risikomanagement mit der Verantwortung für die zugrunde liegenden Geschäfte zusammenfallen muss, so dass die Gesamtverantwortung für die Eignung des Risikomanagements bei der Geschäftsführung liegt. Zur Unterstützung der Geschäftsführung dienen die operativen Risikomanagement-Prozesse, die von den hierfür bereits

---

[22] Vielfach wird als weitere Ebene die Interne Revision als unabhängige Kontrollinstanz angeführt. Vgl. hierzu sowie zu den Aufgaben der einzelnen Beteiligten Wittmann (1999a), S. 6-13.

existierenden Abteilungen (also z. B. der Treasury-Abteilung für finanzielle Risiken sowie der Rechtsabteilung für Rechtsrisiken) verantwortet werden.

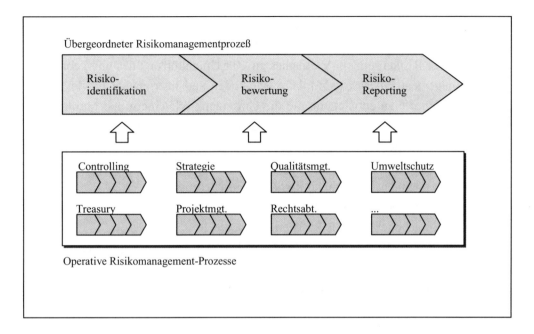

Abb. 4: Zusammenspiel zwischen operativen Risikomanagement-Prozessen und übergeordnetem Risikomanagement-Prozess

Um keinen unnötigen administrativen Aufwand zu generieren, sollte der übergeordnete Risikomanagement-Prozess in den bereits bestehenden Planungs- und Controlling-Prozess integriert werden. So beschäftigt sich die Planung - zumindest implizit - auch bisher mit der Analyse von Chancen und Risiken, wenngleich diese letztendlich saldiert in das Budget eingehen. Das Controlling ist innerhalb dieses Prozesses für die Plausibilisierung der Planung und die Analyse von Planabweichungen zuständig. Damit verfügt es auch über das notwendige Know how zur Beurteilung von Risikoinformationen und bietet sich als Prozess-Owner des übergeordneten Risikomanagement-Prozesses an.

Eine zusätzliche Abteilung für unternehmensweites Risikomanagement wird entsprechend dieser Argumentation in der Regel weder für das operative Management einzelner Risiken noch für den übergeordneten Risikomanagement-Prozess zuständig sein, auch wenn es diesen vielfach entworfen hat. Die Aufgabe einer solchen Abteilung besteht vielmehr in der Weiterentwicklung des Risikomanagement-Prozesses, der Koordination der verschiedenen Risikobereiche sowie der Grundlagenforschung und dem Wissenstransfer. Gleichzeitig kann sie Ansprechpartner im Rahmen der Prüfung des Risikomanagement-Systems sein.

Ist die unternehmensweite Erfassung und Bewertung bereits im Falle finanzieller Risiken nicht trivial, so steigt die Komplexität mit der Einbeziehung strategischer und operativer Risiken um ein Vielfaches an. Zur Unterstützung des übergeordneten Risikomanagement-Prozesses sind daher Methoden und Instrumente für die einzelnen Prozessschritte zu entwickeln, die die Umsetzung erleichtern und greifbare Ergebnisse zur Einleitung geeigneter Risikomanagement-Maßnahmen produzieren. Zu diesen Methoden und Instrumenten zählen insbesondere:

- eine unternehmenseinheitliche Risikokategorisierung;
- geeignete Bewertungsansätze;
- Risiko-Fragebögen und Risiko-Workshops; sowie
- Inhalte, Prozess und Auswertungsmöglichkeiten des Risiko-Reporting.

Risikokategorisierung als Ansatz zur einheitlichen Risikoidentifikation

Ausgangspunkt des übergeordneten Risikomanagement-Prozesses ist die Risikoidentifikation. Ziel ist die umfassende und systematische Erfassung aller für das Unternehmen relevanten internen und externen Risiken, die innerhalb der einzelnen Wertschöpfungsstufen existieren. Die Problematik einer geschäftseinheitenübergreifenden Risikoidentifikation besteht darin, dass Risiken auf unterschiedliche Weise definiert werden können. So sind insbesondere ursachen-, ereignis- und wirkungsbezogene sowie auch an den Steuerungsinstrumenten orientierte Abgrenzungen denkbar.

Vor diesem Hintergrund kann die unternehmenseinheitliche Risikoidentifikation durch die top-down Vorgabe einer geschäfts- und risikoartenübergreifenden Risikosystematik wesentlich unterstützt werden. Dadurch wird zudem der anschließende Vergleich der Risiken verschiedener Geschäftseinheiten sowie die Analyse von Kumulationseffekten erleichtert. Zusätzlich wird die Etablierung eines einheitlichen Risikoverständnisses erreicht. Dies schließt natürlich keineswegs aus, dass die vorgegebene Risikosystematik um geschäftsspezifische Besonderheiten ergänzt und dadurch weiter vervollständigt wird.

Als übergeordnetes Prinzip bei der Entwicklung einer unternehmenseinheitlichen Risikosystematik gilt, dass diese einen Hinweis auf Möglichkeiten zur Risikosteuerung bieten und die Zuordnung von Verantwortung für das operative Management der Risikoarten unterstützen soll. Dies spricht sowohl gegen eine Orientierung an solchen Ursachen, deren Auswirkungen durch das Management nicht beeinflusst werden können (wie ein unzulänglicher Brandschutz beim Lieferanten) als auch gegen eine Orientierung an Auswirkungen (wie Reputation oder EBIT). Dieses grundlegende Prinzip liegt z. B. der folgenden Risikosystematik zugrunde:

Strategische Risiken	Operative Risiken	Finanzielle Risiken	Personal- risiken	Projekt- risiken	Versicher- bare Risiken
z. B.: • Regulatorische Rahmenbed. • Konjunktur • Neue Distri- butionskanäle • Abhängigkeit Großkunden • Single Sourcing	z. B.: • Time to market • Ausschußrate • M&A-Prozeß • Lieferanten- selektion • Kosten- management	z. B.: • Währungsrisiko • Zinsrisiko • Kreditrisiko • Energiepreis- risiko • Warenpreis- risiko	z. B.: • Krankheits- quote • Anteil neuer Mitarbeiter • Verfügbarkeit am Arbeits- markt • Schlüssel- mitarbeiter	z. B.: • Umweltschutz- auflagen • Wetter- bedingungen • Ungenügendes Projektmgt • Ungenügendes Kostenmgt	z. B.: • Feuerrisiken • Naturkata- strophen • Umwelt- und Personen- schäden

Abb. 5: Beispielhafte Risikosystematik

Zunächst kann eine Unterscheidung in strategische, operative und finanzielle Risiken vorgenommen werden. Strategische Risiken beinhalten einerseits maßgebliche Veränderungen des unternehmerischen Umfelds sowie andererseits Risiken aus der eigenen strategischen Positionierung. Zu Letzteren zählt z. B. die Abhängigkeit von wenigen Großkunden oder einem Distributionskanal, der z. B. durch e-commerce substituiert wird. Operative Risiken beziehen sich auf die Wertschöpfungsprozesse und können weiter nach den einzelnen Wertschöpfungsstufen untergliedert werden. Die finanziellen Risiken beinhalten z. B. Währungs-, Zins- und Kreditrisiken.

Zusätzlich zu diesen drei Risikokategorien können in Abhängigkeit von dem betrachteten Geschäft besonders wichtige Risiken in eigene Kategorien ausgegliedert werden, wie z. B. Personalrisiken oder Projektrisiken. Auch Schadenrisiken bzw. „versicherbare" Risiken können grundsätzlich in einer eigenen Kategorie erfasst werden, wenngleich diese Risikokategorie eher an den Steuerungsmaßnahmen ansetzt und mit zunehmender Handelbarkeit und Verbriefung von Risiken immer mehr verschwimmt.[23]

Ansätze zur Risikobewertung

Im Rahmen der Risikobewertung wird die Bedeutung der identifizierten Risiken für das Erreichen der Geschäftsziele eingeschätzt. Die Risikobewertung setzt somit eine klare Definition der Unternehmensziele voraus. Ziel der Bewertung ist insbesondere der Vergleich und die Priorisierung der Risiken verschiedener Risikokategorien und Geschäftseinheiten, um so die knappen Ressourcen des Risikomanagements auf die wesentlichen Risiken konzentrieren sowie Kumulations- und Diversifikationseffekte über die Grenzen verschiedener Geschäftseinheiten hinweg analysieren zu können.

Die Problematik einer einheitlichen Risikobewertung im Rahmen des übergeordneten Risikomanagement-Prozesses besteht darin, dass sich Datenverfügbarkeit und -qualität bereits für die verschiedenen Arten finanzieller Risiken, insbesondere aber bei Einbeziehung auch nicht-finanzieller Risiken deutlich unterscheiden. Infolgedessen haben sich für die verschiedenen Risikoarten unterschiedliche Bewertungsansätze herausgebildet, die von mathematisch-statistischen Ansätzen wie z. B. dem Cash-Flow-at-Risk-Konzept für finanzielle Risiken bis hin zu rein qualitativen Scoring-Ansätze für Projektrisiken reichen.

Da die Bewertung im Rahmen des übergeordneten Risikomanagement-Prozesses einen Vergleich der verschiedenen Risiken ermöglichen soll, muss eine einheitliche Bewertung erreicht werden.[24] Als Mittelweg zwischen einer möglichst genauen und einer eher anwenderfreundlichen Risikoquantifizierung hat sich in der Praxis eine Bewertung der Risiken hinsichtlich Eintrittswahrscheinlichkeit und Auswirkung bei Risikoeintritt herausgebildet.[25] Die Auswirkung ist dabei definiert als Abweichung vom Plan, die mit der angegebenen Wahrscheinlichkeit eintreten oder überschritten

---

[23] Vgl. zur zunehmenden Versicherbarkeit von Risiken Wetzel / de Perregaux (1998) und Dresig (1999).

[24] Dies impliziert natürlich nicht, dass auf die vorhandenen Risikomaße in den einzelnen Subsystemen verzichtet wird. Diese dienen vielmehr als Grundlage, um die einheitliche Bewertung der Risiken im Rahmen des übergeordneten Prozesses abzuleiten. Dabei können neuere Ansätze wie z. B. Balanced Scorecards verwendet werden, um die schwer quantifizierbaren nicht-finanziellen Risikoarten einer objektiveren Bewertung zugänglich zu machen.

[25] Vgl. z. B. Buderath (1998), Wittmann (1999a), S. 17-19, und Hornung et al. (1999), S. 321.

werden kann[26], und sollte sich analog zu den Ausführungen in Abschnitt 2 an der primären Steuerungsgröße, also z. B. Cash-Flow oder EBIT, orientieren.[27]

Beide Dimensionen, d. h. Eintrittswahrscheinlichkeit und Auswirkung, sollten möglichst quantitativ, d. h. mit %- bzw. €-Angaben bewertet werden, um eine Vergleichbarkeit zwischen Geschäftseinheiten unterschiedlicher Größe zu ermöglichen. Ansonsten besteht die Gefahr, dass eine gemessen am Umsatz kleine Geschäftseinheit ein Risiko von z. B. 1 Mio. € als hoch und eine große Geschäftseinheit dieses als gering einstuft.

Die Risiken können in einer Matrix als Risikoportfolio graphisch dargestellt werden:

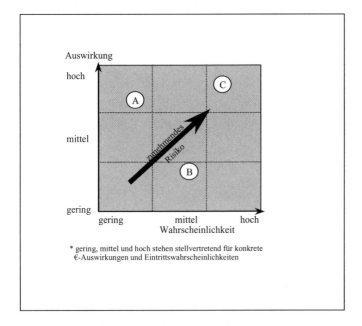

Abb. 6: Darstellung der Risiken als Risikoportfolio

---

[26] Eine Bewertung nach Auswirkung und Eintrittswahrscheinlichkeit genau dieser Auswirkung ist problematisch, da die meisten Risiken nicht binomial, sondern stetig verteilt sind. Diese Problematik umgeht der dargestellte Ansatz, der gleichzeitig der Cash-Flow-at-Risk-Definition ähnelt, nur dass das Konfidenzniveau je nach Risikoart individuell gewählt werden kann.

[27] Des Weiteren sind zur Konkretisierung des Bewertungsansatzes noch verschiedene Details zu klären, um die Qualität und Vergleichbarkeit der Risikoinformationen aus verschiedenen Geschäftseinheiten sicherzustellen. Dies sind insbesondere der Zeitraum, über den die (kumulierten) Auswirkungen und die Wahrscheinlichkeit geschätzt werden soll; sowie Art und Umfang, in dem Risikomanagement-Maßnahmen und bilanzielle Vorsorgen in die Risikobewertung einfließen.

Der Vorteil dieses Bewertungsansatzes besteht darin, dass die Quantifizierung zwar eine intensive Beschäftigung mit den Risikoarten erfordert, der Ansatz aber doch für alle Risiken praktikabel ist. Die graphische Darstellung in Form von Risikoportfolios ermöglicht zudem eine schnelle Identifikation der größten Risiken sowie einen Vergleich der Risiken über verschiedene Geschäftseinheiten und Risikokategorien hinweg.

Der wesentliche Nachteil des Ansatzes besteht darin, dass er sich ausschließlich auf negative Abweichungen beschränkt. Während dies für operative, rechtliche und IT-Risiken sowie Schadenrisiken und sogar finanzielle Risiken, die entweder eine allenfalls geringe Chancenkomponente besitzen oder als eher unerwünschte Unsicherheit empfunden werden, nachvollziehbar ist, kann es im Falle strategischer Risiken Akzeptanz- und Aggregationsprobleme bereiten. So werden die Geschäftsverantwortlichen nur widerwillig über im Rahmen ihrer Geschäftstätigkeit bewusst eingegangene strategische Risiken berichten, ohne auch die Chancen darzustellen zu können, die bei vorsichtiger Planung mindestens genauso groß sind. Außerdem erschwert eine ausschließliche Bewertung des negativen Abweichungspotenzials eine Aggregation, da Diversifikations- und Hedgeeffekte zwischen verschiedenen Risiken ohne Kenntnis des jeweiligen upside-Potenzials nur schwer quantifiziert werden können. Auch können Entscheidungen über die Vorteilhaftigkeit von Risiken ohne die Kenntnis des Chancenpotenzials kaum getroffen werden.

Alternativ zu dem – in der Unternehmenspraxis allerdings dominierenden – eben vorgestellten Ansatz wird daher auch vorgeschlagen[28], die Risiken durch Schätzung eines best- und eines worst-case zu bewerten. Für jede Risikoart ist bei diesem Bewertungsansatz anzugeben, in welcher Situation best- und worst-case jeweils eintreten, welche negativen bzw. positiven Abweichungen von der geplanten Zielgröße resultieren und evtl. wie wahrscheinlich es ist, dass diese Abweichungen noch überschritten werden.

Graphisch können die derart bewerteten Risiken in einer auch als Tornado-Diagramm bezeichneten Darstellung wie folgt abgetragen werden:

---

[28] Vgl. Spetzler (1999), S. 1.

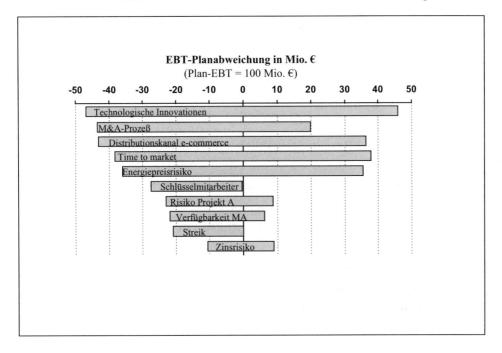

Abb. 7: Tornado-Diagramm zur Darstellung der Risiken

Welcher der beiden Bewertungsansätze letztendlich verwendet wird, hängt vor allem davon ab, wie hoch die Anzahl der Geschäftseinheiten ist, wie gut das strategische Planungssystem bereits ausgeprägt ist und wie stark das Risikomanagement-System auf die reine Pflichterfüllung des KonTraG abzielt. Je größer die Organisation, je besser das strategische Planungssystem und je stärker KonTraG im Mittelpunkt des Interesses steht, umso eher wird die Wahl zugunsten der weniger aufwendigen zweidimensionalen Risikobewertung hinsichtlich Auswirkung und Wahrscheinlichkeit ausfallen, da die zusätzlichen Informationen der worst- und best-case-Analyse zumindest für strategische Risiken auch aus der strategischen Planung gewonnen bzw. zur Erfüllung des KonTraG nicht benötigt werden.

Risiko-Fragebögen und Risiko-Workshops als Instrumente zur Risikoerfassung und -quantifizierung

Die einheitliche Risikoidentifikation und -bewertung wird durch die Vorgabe eines *Risiko-Fragebogens* unterstützt, der inhaltlich analog zu der entwickelten Risikosystematik aufgebaut ist. In diesem sind die wesentlichen Risiken zu definieren und je nach gewähltem Bewertungsansatz entweder hinsichtlich Auswirkung und Wahrscheinlichkeit oder worst- und best-case zu bewerten. Zusätzlich kann vorgesehen sein, dass auch die umgesetzten oder geplanten Maßnahmen beschrieben und mit ihrem Umsetzungsgrad bewertet werden. Der Risiko-Fragebögen kann pro Geschäftseinheit ausgefüllt werden und stellt damit einen leichten und unbürokratischen Weg dar, um die wesentlichen Risiken der Geschäftseinheiten auf einheitliche und vergleichbare Weise zu ermitteln.

Bei der Identifikation und Bewertung sämtlicher Risiken besteht jedoch vielfach das Problem, dass sich Risiken durch die gesamte Wertschöpfungskette einer Organisationseinheit ziehen und sich erst durch eine Gesamtbetrachtung in ihrem ganzen Ausmaß zeigen. Während dies grundsätzlich den Geschäftsverantwortlichen für die Beantwortung des Risiko-Fragebögens prädestiniert, steigt die Komplexität dieser Aufgabe mit zunehmender Wertschöpfungstiefe und Größe des Geschäfts. Damit können wichtige Aspekte übersehen und Risiken gar nicht oder falsch dargestellt werden. Gleichzeitig verzichtet man auf die Risiko-Informationen, die durch eine Einbeziehung von Verantwortlichen der einzelnen Wertschöpfungsprozesse sowie der Fach- und Stabsabteilungen generiert werden.

Vor diesem Hintergrund kann alternativ jährlich ein *Risiko-Workshop* durchgeführt werden, an dem Teilnehmer aus unterschiedlichen Funktionen der betrachteten Organisationseinheit beteiligt sind, die zusammen über eine umfassende Kenntnis der Geschäftssituation und der Wertschöpfungsprozesse verfügen. Der Vorteil dieser Vorgehensweise besteht vor allem darin, dass durch den bottom-up-Ansatz eher eine Vollständigkeit der Risikoinformationen sowie eine gemeinsame und damit u. U. präzisere Risikobewertung gewährleistet wird. Darüber hinaus trägt die gemeinsame Diskussion der Risiken zu einer Erhöhung des Risikobewusstseins, der Risikotransparenz sowie einem einheitlichen Risikoverständnis bei.

Als Ergebnis des Risiko-Workshops – wie auch als Output der Risiko-Fragebögen – erhält man eine geschäftsspezifische Definition und Bewertung der wesentlichen Risiken sowie ggf. eine Beschreibung der eingeleiteten/geplanten Maßnahmen und des Umsetzungsgrads. Diese Informationen sind die Grundlage des Risiko-Reporting, dem letzten Schritt des übergeordneten Risikomanagement-Prozesses.

Mögliche Ausgestaltung und Auswertungsmöglichkeiten eines Risiko-Reporting

Zentrales Ziel des Risiko-Reporting ist die laufende Bereitstellung von Informationen über die Risikosituation des Geschäfts. Dies soll den jeweiligen Geschäftsverantwortlichen sowie der Unternehmensleitung einen Eindruck darüber vermitteln, welchen Risiken die Planung ausgesetzt ist und ob die wesentlichen Risiken in angemessener Weise gehandhabt werden bzw. welche zusätzliche Maßnahmen eingeleitet werden müssen. Gleichzeitig ermöglicht das Risiko-Reporting - außer bei seltenen Risiken mit hoher Auswirkung - einen Abgleich der eingetretenen mit den berichteten Risiken und erzeugt damit einen inhärenten Anreiz zur korrekten Berichterstattung. Aus diesem Grund sollte das Risiko-Reporting auch nicht als separater Prozess installiert, sondern in das traditionelle Berichtswesen integriert werden.[29]

Inhalte des Risiko-Reporting sind im Wesentlichen die Ergebnisse des Risiko-Workshops bzw. der Risiko-Fragebögen, also eine geschäftsspezifische Definition und Bewertung der Risiken sowie ggf. eine Beschreibung und Bewertung der existierenden / geplanten Maßnahmen. Um einerseits keinen unnötigen administrativen Aufwand oder ein „information overload" zu erzeugen, andererseits aber ein Mindestmaß an Risikoinformationen sicherzustellen, bietet es sich an, Wesentlichkeitsgrenzen sowie eine Mindestanzahl der zu berichtenden Risiken vorzugeben. Die Wesentlichkeitsgrenzen können sich z. B. an Geschäftsvolumen, Ergebnis und Eigenkapital oder anderen traditionell verwendeten Steuerungsgrößen orientieren. Eine vorgegebene Mindestanzahl von z. B. 3 oder 5 zu berichtenden Risiken garantiert, dass auch kleine Geschäftseinheiten eine sorgfältige Risikoidentifikation und -bewertung ihres Geschäfts durchführen müssen.

Während die wesentlichen Unsicherheitsfaktoren sowie der Anspannungsgrad der Planung auch durch eine einmal jährliche Risikoberichterstattung ermittelt werden, ist für eine möglichst frühzeitige Reaktion und ein eher proaktives Verhalten die jederzeitige Aktualität der Risikoinformationen wichtig. Um dies zu gewährleisten, sollte zusätzlich ein unterjähriges, z. B. halb- oder vierteljährliches Update sowie eine Sofort-Berichterstattung großer Änderungen vorgesehen werden.[30]

Als Ergebnis des Risiko-Reporting erhält die Unternehmensleitung somit die wesentlichen Risiken pro Geschäftseinheit als zusätzliche Information im Rahmen der Planung. Diese Informationen können hinsichtlich verschiedener Aspekte analysiert werden, um einen möglichst guten Eindruck von der derzeitigen und vor allem der zukünftigen Situation des Geschäfts zu erhalten. Hierfür bieten sich im Einzelnen die folgenden Ansätze an:

---

[29] Vgl. auch Vogler / Gundert (1998), S. 2382.
[30] Vgl. auch Vogler / Gundert (1998), S. 2382.

Erstens kann eine Darstellung der Top-10 Risiken über alle Risikokategorien und Geschäftseinheiten erfolgen. Berichten verschiedene Geschäftseinheiten ähnliche Risikoarten, die hoch korreliert sind, so können diese bereits in der Top-10 Darstellung zusammengefasst ausgewiesen werden.

In einem zweiten Schritt wird untersucht, ob einzelne Geschäftseinheiten relativ hohe Risiken aufweisen und sich für diese Geschäftseinheiten gewisse Muster, wie z. B. eine gleiche Branchenzugehörigkeit erkennen lassen. Wurde die Risikobewertung mit der Schätzung eines worst- und eines best-case vorgenommen, kann auch der Versuch einer Aggregation der verschiedenen Risiken pro Geschäftseinheit unternommen werden.[31] In einer weiteren Auswertung können die Risiko-Informationen auch den in der Planung abgebildeten Ergebnisverbesserungen gegenübergestellt werden, um Aussagen über den Zusammenhang zwischen der geplanten Ergebnisentwicklung und dem damit verbundenen Risikogehalt abzuleiten. Zu erwarten ist ein positiver Zusammenhang, d. h. ein Anstieg des Risikos mit einem Anstieg der geplanten Ergebnisverbesserung. Abweichungen von dieser Regel bzw. Ausreißer sind zu analysieren und können Anregungen zu einer Umgestaltung des Geschäftsportfolios geben.[32]

Eine dritte Analysemöglichkeit stellt der Vergleich der berichteten Risikoarten dar. In diesem Fall ist es von Interesse, ob verstärkt einzelne Risikoarten auftreten. Existieren derartige Muster, muss näher untersucht werden, ob sich gleiche Risikoarten in verschiedenen Geschäftseinheiten kumulieren, also eine hohe Korrelation vorliegt, oder die Risikoart zwar gleich, das Auftreten der Risiken jedoch unabhängig voneinander ist. Hohe Korrelationen können vor allem für finanzielle Risiken existieren, wohingegen z. B. das Risiko aus Pönalen in verschiedenen Geschäftseinheiten zwar gleichartig ist, die Ursachen jedoch in der Regel voneinander unabhängig sind und folglich keine Akkumulation auftritt.

Abschließend können auf der Basis dieser Analysen Schlüsselthemen identifiziert und Ansatzmöglichkeiten für unternehmensweite, geschäftseinheitenübergreifende Projekte gewonnen werden.

---

[31] Um zumindest approximativ ein Gesamtrisiko pro Geschäftseinheit zu erhalten, können ähnlichen Risikoarten hohe Korrelationen von annähernd 1, sich ausgleichenden Risikoarten Korrelationen von annähernd -1 und voneinander unabhängigen Risikoarten Korrelationen von null fiktiv zugeordnet werden. Die Wahrscheinlichkeitsverteilung der Zielgröße kann dann z. B. mit Hilfe einer Monte-Carlo-Simulation ermittelt werden.

[32] Vgl. ausführlich die Ausführungen zum strategischen integrierten Risikomanagement in Abschnitt 4.

4. Ansatzpunkte zur Erhöhung des Shareholder Value durch ein unternehmensweites Risikomanagement

Wenngleich der Nutzen eines Risikomanagements nicht wie bei Banken unmittelbar aus einer verminderten gesetzlichen Eigenkapitalunterlegungspflicht und infolgedessen reduzierten Kapitalkosten abgeleitet werden kann, existieren vielfältige Ansatzpunkte zur Senkung von Transaktions- und Kapitalkosten. Wichtiger jedoch ist der Ansatz, durch Risikomanagement nicht nur die eingegangenen Risiken zu reduzieren, sondern die unternehmerischen Chancen zu erhöhen und dadurch zur Shareholder Value-Steigerung beizutragen. Um die verschiedenen Ansatzpunkte systematisch darzustellen, werden nachfolgend zur Analyse der Werthebel vier Risikomanagement-Strategien unterschieden, nämlich

– ein defensiv-finanzielles Risikomanagement,
– ein strategisch-finanzielles Risikomanagement,
– ein defensiv-integriertes Risikomanagement sowie
– ein strategisch-integriertes Risikomanagement.

Die Unterscheidung zwischen einem finanziellen und einem strategischen Risikomanagement stellt auf das einbezogene Risikouniversum ab. So konzentriert sich Ersteres auf finanzielle Preisrisiken einschließlich Warenpreisrisiken, wohingegen ein integriertes Risikomanagement explizit alle für das Geschäft relevanten Risikoarten berücksichtigt. Das Begriffspaar defensiv und strategisch stellt zwar strenggenommen keinen Gegensatz dar, soll jedoch trotzdem zur Charakterisierung der verschiedenen Zielsetzungen von Risikomanagement-Strategien verwendet werden. So dominiert bei einem defensiven Risikomanagement das Ziel der Risikoreduktion, wohingegen ein strategisches Risikomanagement das aktuelle und zukünftige Wettbewerbsumfeld bei der Generierung von Handlungsempfehlungen einbezieht. Damit kann ein strategisches Risikomanagement auch in dem bewussten Eingehen bzw. der Erhöhung von Risiken bestehen, so dass als Zielsetzung eher die Verbesserung der Eigenkapitalrentabilität als die Risikoreduktion im Vordergrund steht.

Defensiv-finanzielles Risikomanagement

Ein defensiv-finanzielles Risikomanagement kann z. B. mit Hilfe des in Abschnitt 2 dargestellten Cash-Flow-at-Risk-Ansatzes umgesetzt werden. Einen Wertbeitrag kann diese Strategie bei gegebenen Absicherungskosten vor allem durch

- eine Verringerung der durchschnittlichen Steuerlast,
- eine Verringerung der erwarteten Insolvenzkosten sowie
- eine Verringerung der Kapitalkosten

erzielen. Da diese Argumente in der Literatur bereits sehr gut dokumentiert sind, seien sie an dieser Stelle nur kurz erläutert.[33]

Eine Reduktion der Cash-Flow-/ Ergebnisvolatilität führt dann zu Steuervorteilen, wenn entweder der Steuersatz progressiv verläuft bzw. die Steuerlast eine konvexe Funktion des Cash-Flows / Ergebnisses ist oder Verlustvorträge nur betragsmäßig oder zeitlich beschränkt angesetzt werden können.

Indirekte und direkte Insolvenzkosten fallen bei positiver Insolvenzwahrscheinlichkeit bzw. eingetretener Insolvenz an und bestehen im Falle direkter Insolvenzkosten z. B. aus geringeren erzielbaren Absatzpreisen oder höheren Lohnforderungen und im Falle direkter Insolvenzkosten z. B. aus Gerichtskosten und Kosten des Insolvenzverwalters. Reduziert nun eine Absicherung finanzieller Risiken die Insolvenzwahrscheinlichkeit, so verringert dies folgerichtig auch die direkten und indirekten Insolvenzkosten und erhöht somit den Wert des Unternehmens.

Ein drittes Argument der unternehmerischen Relevanz besteht in einer Reduktion der Kapitalkosten und resultiert aus Informationsasymmetrien und Interessenkonflikten zwischen Eigen- und Fremdkapitalgebern einerseits sowie bisherigen und neuen Eigenkapitalgebern andererseits. Diese Problematik führt dazu, dass ein Rückgang der intern generierten Cash-Flows entweder zur Unterlassung geplanter wertsteigernder Investitionen oder zu einem Anstieg der Kapitalkosten führen kann, wenn externes Kapital in dieser Situation nicht oder nur zu höheren Kapitalkosten verfügbar ist. Der Wert des Unternehmens für bestehende Aktionäre wird als Folge davon in jedem Fall vermindert.

Eine Verringerung der Cash-Flow- / Ergebnisvolatilität verbessert die Koordination des Investitions- und Finanzierungsbedarfs und bewirkt damit, dass im Durchschnitt weniger externes Kapital zur Finanzierung der geplanten Investitionen aufgenommen werden muss und der Zeitpunkt der Kapitalaufnahmen flexibler ist. Dies wiederum erhöht den Wert des Unternehmens für die derzeitigen Eigenkapitalgeber, da

---

[33] Vgl. ausführlich Pfennig (1998), Abschnitt 3 und Bartram (1999), S. 28-54 sowie die dort jeweils zitierte Literatur.

die Durchführbarkeit der geplanten Investitionsprojekte gewährleistet und eine Erhöhung der Kapitalkosten vermieden wird.

Während die vorangegangenen Argumente bei gegebenen Sicherungskosten zu einer Erhöhung des erwarteten Cash-Flows / Ergebnisses führen, kann der Unternehmenswert auch durch die Wahl einer möglichst kostengünstigen Strategie bei gegebenem Absicherungsgrad gesteigert werden. So verdeutlicht der Cash-Flow-at-Risk-Ansatz durch die Portfoliobetrachtung von Risiken, dass Netting- bzw. Hedging-Effekte nicht nur innerhalb einer Risikoart, sondern infolge unvollkommener Korrelationen auch über verschiedene Risikoarten hinweg realisiert werden können. Dies verringert den Umfang der notwendigen Hedge-Positionen und führt damit zu einer Transaktionskostenreduktion. Gleichfalls können integrierte Absicherungsprodukte eingesetzt werden, die sich z. B. auf die gemeinsame Währungs-, Zins- und Warenpreisentwicklung beziehen.

Die Portfoliobetrachtung unterstreicht ebenfalls, dass die gleiche Absicherungswirkung durch verschiedene Strategien erzielt werden kann. So bieten sich, wenn keine maximale Absicherung angestrebt wird, zuerst jene Risikoarten an, die die größte Markttiefe besitzen und damit beim Hedging in der Regel die geringsten Transaktionskosten verursachen. Außerdem verdeutlicht der Cash-Flow-at-Risk-Ansatz, dass Hedging-Maßnahmen und Veränderungen der Kapitalstruktur als Substitute anzusehen sind, die jeweils die Cash-Flow-/ Ergebnisvolatilität (nach Zinsen) beeinflussen. Eine vorteilhafte Strategie kann daher z. B. sein, Währungs- und Warenpreisrisiken möglichst weitgehend abzusichern und gleichzeitig den Fremdkapitalanteil zur Ausnutzung der Steuervorteile zu erhöhen.

Strategisch-finanzielles Risikomanagement

Auch wenn ein defensiv ausgerichtetes finanzielles Risikomanagement somit einen Wertbeitrag leisten kann, berücksichtigt es verstärkt die Interessen der Fremdkapitalgeber sowie der sonstigen Stakeholder. Zu einer Verbesserung des Shareholder Value trägt es vor allem dann bei, wenn Fremdkapitalgeber und sonstige Stakeholder ihre Forderungen infolge der Risikomanagement-Aktivitäten des Unternehmens reduzieren. Richtig eingesetzt kann ein finanzielles Risikomanagement über eine Verbesserung der Wettbewerbsfähigkeit jedoch auch direkt zur Steigerung des Shareholder Value beitragen.

Um dieses Ziel erreichen zu können, muss Risikomanagement in die Unternehmensstrategie eingebettet und vor dem Hintergrund des aktuellen und zukünftigen Wettbewerbsumfelds sowie der eigenen Fähigkeit, auf Veränderungen des Wettbewerbsumfelds reagieren zu können, abgeleitet sein. Wesentlich ist insbesondere, den Zusammenhang zwischen der Veränderung des Wettbewerbsumfelds und den Veränderungen wichtiger finanzieller Einflussgrößen herauszuarbeiten und bei der Formulierung der Risikomanagement-Strategie zu berücksichtigen. Dieser Ansatz eines strategisch-finanziellen Risikomanagemets kann am Beispiel eines Commodity-Produzenten verdeutlicht werden:[34]

Mit sinkenden Marktpreisen des Commodities sinkt zunächst der Umsatz des Unternehmens; gleichzeitig gehen die Kosten in der Regel nur unterproportional zurück, da Zins- und Lohnzahlungen sowie ein gewisser Teil der Produktionskosten in der Regel fix und nicht umsatzabhängig anfallen. Fallen die Marktpreise weiter, steigt die Wahrscheinlichkeit, dass z. B. Assets von in Zahlungsschwierigkeiten befindlichen Wettbewerbern oder gar geschwächte Wettbewerber günstig aufgekauft werden können. Die Existenz dieser strategischen Optionen erhöht den Cash-Flow-Bedarf in negativen Preisszenarien über das Maß hinaus, das rein finanziell ausgerichtete Analysen ergeben würden.

Steigende Preise führen dagegen zu steigenden Umsätzen sowie zu – unterproportional – erhöhten Kosten. Die Schlussfolgerung, wie sie z. B. aus einer rein finanziellen Betrachtung resultieren würde, dass die zusätzlichen Erträge durch den Einsatz von Absicherungsinstrumenten vollständig in Perioden mit negativer Preisentwicklung transferiert werden sollten, würde jedoch auch hier zu kurz greifen. So besteht bei sehr positiver Preisentwicklung ein strategischer Cash-Flow-Bedarf, um einerseits für einen zunehmenden Wettbewerb um profitable Neuinvestitionen gerüstet zu sein sowie andererseits Akquisitionsgefahren zu begegnen, die seitens jener Wettbewerber drohen, die sich nicht abgesichert haben. Diese partizipieren nämlich voll an Preissteigerungen, weisen daher eine bessere Ergebnisentwicklung auf und werden angesichts der gleichzeitig besseren Investitionsmöglichkeiten vermutlich auch zu einem höheren Price-Earnings-Multiple am Markt gehandelt als Unternehmen, die sich vollständig abgesichert haben.

---

[34] Vgl. zu diesem Beispiel Strongin / Petsch (1998), S. 6, sowie Spencer (1999), S. 51. Weitere Beispiele für ähnliche Absicherungsstrategien finden sich in Strongin / Petsch (1998), S. 4 f., Spencer (1999), S. 51, sowie Humphreys (1999), S. 47.

Ziel eines strategischen finanziellen Risikomanagements ist es somit, durch geeignete Absicherungsstrategien mit Forwards, Optionen und Swaps

- zusätzliche Cash-Flow-/ Ergebnisquellen bei stark negativer Preisentwicklung zu generieren, die es erlauben, die finanzielle Schwäche von Wettbewerbern zur Stärkung der eigenen Wettbewerbsposition auszunutzen, sowie
- durch eine nur begrenzte Aufgabe des Cash-Flow-/ Ergebnissteigerungspotenzials auch bei sehr günstiger Preisentwicklung wettbewerbsfähig zu bleiben und feindlichen Übernahmen vorzubeugen.

Damit berücksichtigt ein strategisch-finanzielles Risikomanagement im Vergleich zu einem rein defensiv ausgerichteten finanziellen Risikomanagement auch den strategischen Cash-Flow-Bedarf in Abhängigkeit von Veränderungen finanzieller Einflussfaktoren. Es trägt auf diese Weise dazu bei, das Unternehmen flexibler und wettbewerbsfähiger zu gestalten und neue unternehmerische Chancen zu generieren.

Gleichzeitig wird jedoch deutlich, dass der Wertbeitrag, den ein finanzielles Risikomanagement leisten kann, mit der Bedeutung finanzieller Einflussfaktoren für die Wettbewerbssituation des Unternehmens steigt. Im Umkehrschluss müssen die Investitionen in den Aufbau eines Cash-Flow-at-Risk-Ansatzes bei einer geringen Bedeutung finanzieller Preisrisiken kritisch hinterfragt werden. In diesen Fällen kann es angemessen sein, ein eher pragmatisches finanzielles Risikomanagement einzurichten und mehr Gewicht auf den Aufbau eines integrierten Risikomanagements zu legen, das auch nicht-finanzielle Risiken einbezieht.

Defensiv-integriertes Risikomanagement

Ein defensiv-integriertes Risikomanagement verfolgt als Zielsetzung die Reduktion der Risiken zu möglichst günstigen Kosten und besteht wie in Abschnitt 3 vorgestellt aus verschiedenen Subsystemen für das Management spezifischer Risikoarten sowie einem übergeordneten Risikomanagement-Prozess. Da die Analyse einzelner Subsysteme nicht im Mittelpunkt dieses Beitrags steht, beschränkt sich die Analyse auf die Wertsteigerungshebel des übergeordneten Risikomanagement-Prozesses. Im Einzelnen bieten sich die folgenden Ansatzpunkte:

Erstens führt der übergeordnete Risikomanagement-Prozess zur Identifikation der wesentlichen Risiken aus den verschiedenen Risikokategorien, denen das Geschäft ausgesetzt ist. Dies ermöglicht es, die knappen Kapital- und Management-Ressourcen frühzeitig auf wenige Schwerpunktthemen zu konzentrieren. Auf diese Weise kann vor Risikoeintritt veranlasst werden, dass ein Qualitäts- oder Kreditrisikomanagement-System eingeführt, eine Second Source aufgebaut oder eine Umstrukturierung in Angriff genommen wird.

Zweitens kann ein zentrales Risikomanagement eine risikoartenübergreifende Koordination der verschiedenen Fachabteilungen vornehmen, so dass das Gesamtrisiko des Unternehmens kostenminimal abgesichert wird. Insbesondere verdeutlicht die Portfoliobetrachtung, dass nicht nur wie im Falle des finanziellen Risikomanagements derivative Absicherungsinstrumente und Kapitalstrukturmaßnahmen, sondern nun zusätzlich auch Versicherungen Substitute zur Realisierung des gewünschten Risikoprofils darstellen. Gleichzeitig wachsen Finanzierungs- und Versicherungsprodukte zunehmend zusammen: So bieten Versicherungen Absicherungen für Zins- und Währungsrisiken an und erstrecken ihre Produktpalette auch auf traditionell nicht versicherbare strategische Risiken; Investment Banken strukturieren und verbriefen ihrerseits auch versicherbare Risiken für Industrieunternehmen.[35] Eine Steuerung des Risikoportfolios anstelle einzelner Risiken kann zu einem deutlichen Rückgang der Absicherungskosten führen.[36]

Drittens kann die Existenz eines übergeordneten Risikomanagement-Prozesses die Qualität der Planungs- und Controlling-Informationen und damit die Grundlage für unternehmerische Entscheidungen verbessern. So besteht heute vielfach die Problematik, dass Planzahlen aus Gründen des internen Wettkampfs um Ressourcen zu optimistisch oder schlichtweg unzutreffend sind. Ohne ein gleichzeitiges Risiko-Reporting können Planabweichungen ex-post noch relativ leicht mit externen „Hagelschlägen" oder Veränderungen der Marktsituation gerechtfertigt werden. Der Erklärungsspielraum verringert sich jedoch, wenn zusätzlich auch die wesentlichen Risiken berichtet werden müssen, denen die Planung ausgesetzt ist. In diesem Fall fällt es bereits schwerer, eine (negative wie positive) Planabweichung zu rechtfertigen, wenn die Ursachen hierfür nicht einmal im Risiko-Report aufgeführt sind. Eine als Folge daraus übermäßige Berichterstattung wird dadurch verhindert, dass die

---

[35] Vgl. z. B. zu Ansätzen und Einsatzmöglichkeiten einer Versicherung strategischer Risiken Wetzel / de Perregaux (1998). Die Annäherung der Geschäftsinhalte von Versicherungen und Investment Banken wird ausführlich von Dresig (1999), Abschnitt 5, analysiert. Siehe auch Jenkins (1999), S. III.

[36] Vgl. auch Shimko (1996), S. 57, und Hanley (1999), S. 23 f.

gemeldeten Risiken nicht nur ex-post betrachtet, sondern auch ex-ante zum Bestandteil der Plandurchsprachen gemacht werden. Insgesamt verbessert die zusätzliche Kontrollmöglichkeit somit den Anreiz zur sorgfältigen und korrekten Planung sowie die Qualität der Planinformationen.

Auch im Falle des integrierten Risikomanagements nutzt man jedoch die Möglichkeiten zur Steigerung des Shareholder Value nicht voll aus, solange man bei der Zielsetzung der Risikoreduktion stehen bleibt und die gewonnenen Informationen nicht im Rahmen der Unternehmensstrategie verwendet. Dies sieht das Konzept des strategisch-integrierten Risikomanagements vor.

Strategisch-integriertes Risikomanagement

Zentraler Ansatzpunkt dieser Risikomanagement-Strategie ist, dass das Unternehmen als ein Portfolio von Risiken gesehen wird, die im Rahmen der Geschäftsaktivitäten eingegangen werden, um unternehmerische Chancen zu generieren und bei gegebenem Risiko ein maximales Ergebnis zu erwirtschaften. Zentrales Ziel ist es somit, „hochwertige" Risiken, also jene Risiken mit großem Chancenpotenzial, zu identifizieren und zu Lasten geringwertiger Risiken zu erhöhen.[37] Damit steht wie im strategischen finanziellen Risikomanagements nicht die Risikoreduktion, sondern die Verbesserung von Profitabilität und Wachstumsaussichten im Vordergrund.[38]

Umgesetzt werden kann ein strategisch-integriertes Risikomanagement wieder mit Hilfe übergeordneten Risikomanagement-Prozesses. Dieser Prozess führt zu einer umfassenden Bestandsaufnahme des aktuellen Risikoportfolios, das durch geeignete Auswertungen eine Klassifizierung hoch- und geringwertiger Risiken zulässt und damit eine Verbesserung der Kapitalallokation ermöglichen kann. Die Ansatzmöglichkeiten für eine Verbesserung des Shareholder Value können anhand der folgenden Beispiele verdeutlicht werden:

---

[37] So betrachtet bestehen starke Ähnlichkeiten zwischen dem Konzept der Kernkompetenz von Unternehmen und einem strategisch-integrierten Risikomanagement. Die Kernkompetenzen von Unternehmen sollten mit jenen Geschäftsaktivitäten übereinstimmen, die im Zuge der Risikoanalyse als hochwertig eingestuft wurden. Vgl. Konstantinides (1998), S. 49.

[38] Vgl. auch Strongin / Petsch (1998), S. 1. In ähnlicher Weise argumentierten bereits Mulligan et al. (1996), dass Unternehmen des Gesundheitssektors die Übernahme von Risiken als Kerngeschäftsaktivität ansehen sollten, um durch geeignete Steuerung die Performance zu optimieren.

Betrachtet man erneut die Situation eines Commodity-Produzenten, z. B. eines Ölunternehmens, so besteht das Geschäftsrisiko vor allem in den Risiken aus der Bohrung, der Förderung und der Weiterverarbeitung sowie aus Ölpreisschwankungen.[39] Unterstellt man, dass grundsätzlich proprietäre Geschäftsaktivitäten die höchsten Erträge erwirtschaften werden, ist zu erwarten, dass vor allem Risiken aus Bohrung und Förderung hohe Renditen, Ölpreisschwankungen dagegen eher geringe Ergebnisbeiträge erwarten lassen.[40] In diesem Fall bietet es sich an, das mit den Geschäftsaktivitäten verbundene kurzfristige Ölpreisrisiko durch eine geeignete Absicherungsstrategie zu reduzieren und das (gedanklich) freigesetzte Eigenkapital zur Stärkung der Aktivitäten in den eigentlichen Kernkompetenzen Erdölbohrung und -förderung zu verwenden.

Als weiteres Beispiel für ein strategisches Risikomanagements kann die Umstrukturierung der Marriott Corporation angeführt werden.[41] So hat eine (Risiko-) Analyse des Unternehmens gezeigt, dass ein wesentlicher Teil der Ergebnisunsicherheit aus der Entwicklung der Immobilienmärkte resultiert, die eigentlichen Ergebnisbeiträge jedoch aus dem im Vergleich zu anderen Hotels überlegenen Service bzw. der effizienten Führung des Hotelpersonals stammen. Entsprechend entschloss man sich, die Immobilien zu verkaufen und sich auf die Führung der Marriott-Hotels zu konzentrieren. Dadurch konnte durch geringwertige Risiken gebundenes Kapital freigesetzt und die Eigenkapitalrentabilität verbessert werden.

Gleichfalls ist zu überlegen, ob z. B. Technologie-Unternehmen oder Unternehmen der Konsumgüterbranche, deren Stärken in existierenden Patenten, in Forschung und Entwicklung oder auch in Marketing und Vertrieb liegen, eine Strategie des „be global by being local" verfolgen und weltweit Fertigungsstätten aufbauen sollten. Eine solche Strategie verspricht nämlich zwar geringe Produktionskosten und einen guten Marktzugang, ist gleichzeitig jedoch kapitalintensiv sowie mit beträchtlichen politischen und operativen Risiken verbunden. So hat sich die Bedeutung politischer Risiken erst kürzlich durch die Asien-, Russland- und Balkan-Krise bestätigt, von „normalen" Unstetigkeiten in Zweit- und Dritte-Welt-Ländern wie wechselnden regulatorischen Rahmenbedingungen insbesondere für ausländische Unternehmen

---

[39] Vgl. Strongin / Petsch (1998), S. 4.

[40] Dies legt bereits die Tatsache nahe, dass Ölpreisrisiken marktlich gehandelt und somit von Investoren auch – kostengünstiger und transparenter – durch ein Engagement an den Futures-Märkten eingegangen werden können. Vgl. auch Strongin / Petsch (1998), S. 4.

[41] Vgl. Konstantinides (1998), S. 49.

ganz abzusehen. Operative Risiken resultieren insbesondere aus kulturellen Unterschieden, die zu Problemen in der Personalführung oder in dem Verhältnis zu Lieferanten führen können.

Verfügen Unternehmen daher nicht auch über proprietäre Fertigungstechnologien, ist unter Risikogesichtspunkten zu erwägen, die risiko- und kapitalintensive Fertigung durch ortsansässige Unternehmen durchführen zu lassen, an denen zur Sicherung des Know hows und der Produktqualität Minderheitenanteile gehalten werden können.[42] Auf diese Weise wird ein Teil des Risikos sowie die Verantwortung für das operative Risikomanagement an Unternehmen transferiert, die hierfür über bessere Voraussetzungen verfügen.

Der Nutzen eines strategischen integrierten Risikomanagements besteht jedoch nicht nur in der Verbesserung der Eigenkapitalrentabilität des Unternehmens, sondern auch in der Generierung zusätzlicher unternehmerischer Chancen, die sich in einer Krise bieten. So ist ähnlich wie im Falle des strategischen finanziellen Risikomanagements zu erwarten, dass jene Unternehmen aus einer Krise als Gewinner hervorgehen werden, die sich durch ein strategisches Risikomanagement auf die Krise vorbereitet und in der Krise dadurch ihre Handlungsfreiheit behalten haben.

Zusätzlich kann die Existenz eines strategischen integrierten Risikomanagements an Investoren und Analysten – zumindest in Grundzügen – kommuniziert werden. Dadurch wird die konsequente Ausrichtung des Unternehmens auf seine Kernkompetenzen, der bewusste und offene Umgang mit Risiken sowie auch Art und Umfang der von den Investoren letztendlich zu tragenden Risiken verdeutlicht. Es ist zu erwarten, dass die verbesserte Transparenz eine Reduktion des Kapitalkostenaufschlags bewirkt, wie er üblicherweise für eine intransparente Unternehmensstrategie veranschlagt wird.[43]

Zusammengefasst trägt ein strategisch-integriertes Risikomanagement somit dazu bei, durch die Bestandsaufnahme und laufende Aktualisierung des aktuellen Risikoportfolios die wesentlichen Geschäftsrisiken zu identifizieren und geeignet zu steuern. Durch die Reduktion geringwertiger Risiken kann teures Eigenkapital freige-

---

[42] Vgl. mit weiteren Beispielen auch Konstantinides (1998), S. 49.
[43] Dies kann vor allem für kleinere Unternehmen gelten, über die nicht zuletzt aufgrund einer geringeren Abdeckung durch Analysten weniger Informationen öffentlich verfügbar sind; vgl. Kelly (1999), S. 7. Siehe zur Bedeutung einer Corporate Clarity auch Löwe (1997).

setzt werden, das entweder zum Ausbau hochwertiger Risiken verwendet oder an die Investoren zurückgeführt werden kann. Auf diese Weise wird sowohl die aktuelle Eigenkapitalrentabilität verbessert als auch die Krisenfestigkeit des Unternehmens erhöht, was zusätzliche unternehmerische Chancen im Falle einer Krise eröffnet. Auch kann das klarere Risikoprofil an Investoren und Analysten kommuniziert werden, um auf diese Weise die Kapitalkosten (zusätzlich) zu senken.

5. Fazit

Als Ergebnis des Beitrags kann festgehalten werden, dass bereits ein finanzielles, insbesondere aber ein integriertes Risikomanagement wichtige Informationen generiert und Ansatzpunkte aufzeigen kann, um den Shareholder Value zu steigern. Ein finanzielles Risikomanagement kann in Form des Cash-Flow-at-Risk-Ansatzes eingeführt werden, der auf dem in Banken gängigen Value-at-Risk-Ansatz aufbaut. Ein integriertes Risikomanagement, wie es seit Mai 1998 auch durch das KonTraG gefordert wird, bezieht dagegen auch nicht-finanzielle Risiken mit ein und besteht aus einer Reihe von Subsystemen für einzelne Risikoarten sowie einem übergeordneten Risikomanagement-Prozess, der eine Bestandsaufnahme und laufende Aktualisierung des Gesamtrisikoprofils des Unternehmens generiert.

Ein Wertbeitrag kann durch ein finanzielles und insbesondere ein integriertes Risikomanagement bereits dann geschaffen werden, wenn es rein defensiv zur Reduktion der Ergebnis- und Cash-Flow-Volatilität eingesetzt wird. Proaktiv genutzt können diese Ansätze sogar zur Verbesserung der Kapitalallokation sowie zur Wahrnehmung unternehmerischer Chancen in Krisensituationen beitragen. Im Mittelpunkt eines strategischen Risikomanagements steht daher nicht die Risikoreduktion, sondern die Verbesserung von Eigenkapitalrentabilität und Wachstumsaussichten des Unternehmens.

Grundsätzlich – und fast tautologisch – gilt somit, dass Risikomanagement vor allem dann zur Steigerung des Shareholder Value beiträgt, wenn es hilft, die Geschäfte besser zu führen. Hierfür bietet vor allem ein strategisches Risikomanagement vielfältige Ansatzpunkte. Insofern ist zu hoffen, dass der zur Zeit noch vorherrschende defensive Einsatz von Risikomanagement-Systemen bei Industrieunternehmen zugunsten eines proaktiven Ansatzes aufgegeben wird, wie er bei Banken bereits verfolgt wird. Erst dann können die unternehmensweiten Risikomanagement-Systeme, die aufgrund KonTraG eingerichtet werden müssen, ihr Wertsteigerungspotenzial voll entfalten.

Literaturverzeichnis

Bartram, S. M. (Bartram, 1999): Corporate Risk Management, Bad Soden/Taunus, zugl. Diss. WHU Koblenz 1998.

Beeck, H. / Johanning, L./ Rudolph, B. (Beeck et al., 1999): Value-at-Risk-Limitstrukturen zur Steuerung und Begrenzung von Marktrisiken im Aktienbereich, in: OR Spektrum, 21. Jg., 1999, S. 259-286.

Bolger, A. (Bolger, 1999): Risk control becomes good business, in: FT-Director, Beilage zur Financial Times vom 25.6.99, S. 1.

Buderath, H. (Buderath, 1998): Interne Revision und Risiko-Management am Beispiel der Daimler Benz AG, Vortrag Handelsblatt Jahrestagung am 8.10.98, Köln.

Copeland, T. / Joshi, Y. (Copeland / Joshi, 1996): Why derivatives do not reduce FX risk, in: Corporate Finance, May, 1996, No. 138, S. 35-41.

Copeland, T. / Koller, T. / Murrin, J. (Copeland et al., 1998): Unternehmenswert, 2. Aufl., Frankfurt / New York 1998.

Dresig, T. (Dresig, 1999): Erfolgsfaktoren der Handelbarkeit von Risiken, Dissertation, European Business School, Schloss Reichhartshausen.

Froot, K. A. / Scharfstein, D. S. / Stein, J. C. (Froot et al.,1993): Risk Management: Coordinating Corporate Investment and Financing Policies, in: Journal of Finance, Vol. 48, 1993, No. 5, S. 1629-1658.

Hanley, M. (Hanley, 1999): Chain Reactions, in: International Risk Management, December 1998 / January 1999, S. 23f.

Hornung, K. / Reichmann, T. / Diederichs, M. (Hornung et al., 1999): Risikomanagement – Teil I: Konzeptionelle Ansätze zur pragmatischen Realisierung gesetzlicher Anforderungen, in: Controlling, 11. Jg., 1999, Nr. 7, S. 317-325.

Humphreys, H. B. (Humphreys, 1999): Golden Rules, in: Risk, Vol. 12, 1999, No. 7, S. 47.

Jenkins, P. (Jenkins, 1999): Insured seize capital idea to rejuvenate market, in: FT-Director, Beilage zur Financial Times vom 25.6.99, S. 3.

Kelly, J. (Kelly, 1999): The risky business of „hocus pocus" accounting, in: Financial Times vom 31.7. / 1.8.1999, S. 7.

Konstantinides, P. (Konstantinides, 1998): Clarity from competence, in: Risk, Vol. 11, 1998, No. 3, S. 49.

Leciejewski, K. (Leciejewski, 1999): Risiken früh erkennen – den Wert des Unternehmens steigern, in: Harvard Business Manager, 1999, No. 4, S. 63-72.

Löwe, C. (Löwe, 1997): Shareholder Value durch Corporate Clarity, in: Aktienkultur + BVH-News, 4. Jg., 1997, Nr. 4, S. 5-8.

Lück, W. (Lück, 1998): Der Umgang mit unternehmerischen Risiken durch ein Risikomanagementsystem und ein Überwachungssystem, in: Der Betrieb, 51. Jg, 1997,Nr. 39, S. 1925-1930.

McNew, L. (McNew, 1996): So near, so var, in: Risk, Vol. 9, 1996, No. 10, S. 54-56.

MeVay, J. / Turner, C. (MeVay / Turner, 1995): Could companies use value-at-risk?, in: Euromoney, October, 1995, S. 84-86.

Myers, S. C. / Majluf, N. S. (Myers / Majluf, 1984): Corporate Financing and Investment Decisions When Firms have Information that Investors Do Not Have, in: Journal of Financial Economics, Vol. 13, 1984, S. 187-221.

Mulligan, D. / Shapiro, M. / Walrod, D. (Mulligan et al., 1996): Managing Risk in Healthcare, in: McKinsey Quarterly, 1998, No. 3, S. 94-105.

O. V. (1998): Von den Prognosen nicht viel übrig geblieben, in: Börsen-Zeitung vom 17.7.98, S. 1f.

Pfennig, M. (Pfennig, 1998): Optimale Steuerung des Währungsrisikos, Wiesbaden, zugl. Diss. Univ. München 1997.

Shimko, D. (Shimko, 1996): Capital Structure and Risk, in: Risk, Vol. 9, 1996, No. 9, S. 57.

Shireff, D. (Shireff, 1998): The rise and rise of the risk manager, in: Euromoney, February, 1998, No. 346, S. 56-61.

Siemens (Siemens, 1998): Geschäftsbericht 1998.

Smithson, C. (Smithson, 1995): A financial risk-management framework for nonfinancial corporations, in: Financial Derivatives&Risk Management, 1995, No. 4, S. 8-16.

Spencer, L. (Spencer, 1999): Oil's well that ends well, in: Risk, Vol. 12, 1999, No. 6, S. 51.

Spetzler, C. (Spetzler, 1999): VFERM – A Shareholder Value Focus on Enterprise Risk Management, in: Strategy Decision Group (Hrsg.), Competitive Bulletin, Spring, 1999.

Strongin, S. / Petsch, M. (Strongin / Petsch, 1998): Creating Shareholder Value – Turning Risk-Management into a Competitive Advantage, Research Report, Goldman Sachs Risk Management Series, September, 1998.

Turner, C. (Turner, 1996): VaR as an industrial tool, in: Risk, Vol. 9, 1998, No. 3, S. 38-40.

Vogler, M. / Gundert, M. (Vogler / Gundert, 1998): Einführung von Risikomanagement-Systemen, in: Der Betrieb, 51. Jg., 1998, Nr.51, S. 2377-2383.

Wetzel, P. / de Perregaux, O. (Wetzel / de Perregaux, 1998): Must it always be risky business, in: McKinsey Quarterly, 1998, No. 1, S. 95-103.

Wittmann, E. (Wittmann, 1999): Organisatorische Einbindung des Risikomanagements, in: Saitz, B. / Braun, F. (Hrsg.), Das Kontroll- und Transparenzgesetz, Wiesbaden 1999, S. 129-143.

Wittmann, E. (Wittmann, 1999a): Unternehmensweites Risikomanagement und Risiko-Controlling, Arbeitspapier, München 1999.

What is Value?

Stern Stewart ist die führende internationale Unternehmensberatung im Bereich Shareholder Value Management/Corporate Finance mit Hauptsitz in New York. Im Mittelpunkt unserer Tätigkeit steht das geschützte EVA®-Konzept (Economic Value Added), das wir bereits bei weltweit über 300 namhaften Unternehmen eingeführt haben. Das EVA Management- und Incentivesystem ermöglicht Unternehmen, alle strategischen und operativen Entscheidungen an ihrem Beitrag zur Steigerung des Unternehmenswertes auszurichten.

Zur weiteren Verstärkung unseres Teams suchen wir

Top Management Consultants.

Sie haben ein abgeschlossenes Universitätsstudium der Wirtschaftswissenschaften und/oder einen MBA mit sehr guten Kenntnissen im Bereich Corporate Finance/Controlling. Sie denken analytisch, sind begeisterungsfähig, zielorientiert und können Ihre Gedanken überzeugend und klar auf deutsch und englisch kommunizieren.

Unser starkes Wachstum in Europa ermöglicht exzellente Karrierechancen bei sehr attraktiven Konditionen. Aufgrund der Dynamik unseres Unternehmens bekommen Sie frühzeitig Verantwortung übertragen und arbeiten in einem stark unternehmerisch geprägten Umfeld im Team eng mit unseren Kunden zusammen. Vor Ort entwickeln Sie anspruchsvolle Konzepte, erstellen umfangreiche Analysen und helfen dem Kunden, EVA-Konzepte erfolgreich zu implementieren.

Bitte senden Sie Ihre vollständigen Unterlagen z. Hd. Herrn Gerhard Nenning an folgende Adresse:

Stern Stewart

Stern Stewart GmbH • Salvatorplatz 4 • 80333 München • www.sternstewart.com
New York • Chicago • Los Angeles • London • Mailand • München • Paris • Johannesburg • Singapur • Sydney • Tokio

Berücksichtigung von Risikoaspekten im EVA® Management- und Vergütungssystem

von Matthias-Wilbur Weber / Maximilian Koch

1. Einleitender Überblick
2. Unternehmensführung und Risiken
3. Unternehmensführung und Agency-Problematik
4. Berücksichtigung von Risiken im EVA® Managementsystem
5. EVA® Vergütungssystem und Agency-Problematik
6. Schlussfolgerung und Ausblick

1. Einleitender Überblick

Aus Aktionärssicht ist die Beteiligung am Eigenkapital von Unternehmen mit einer Vielzahl von Chancen aber auch mit verschiedenen Risiken verbunden. Unter den Risikogesichtspunkt fällt auch das klassische Problem der Corporate Governance, dass Manager nicht im Sinne der Eigentümer handeln („Principal/ Agent"-Problem). Weitere Risiken bestehen in der allgemeinen Branchen- und Konjunkturentwicklung oder in der Veränderung des politischen und sozialen Umfeldes eines Unternehmens. Ziel eines Führungssystems muss es sein, diese Risiken, unter Berücksichtigung der damit verbundenen Kosten, bewusst zu steuern bzw. sie auf ein gewünschtes Maß zu reduzieren. Weiterhin muss ein Managementsystem das Unternehmen konsequent auf das Ziel der Wertsteigerung ausrichten.

Traditionelle Kennzahlen eignen sich nur bedingt zur wertorientierten Unternehmensführung und -steuerung, da sie sich selbst dann verbessern können, wenn kein Wert geschaffen oder sogar Aktionärsvermögen vernichtet wurde. Im Gegensatz dazu stellt der „*Economic Value Added*" (EVA®)[1] ein Managementinstrument dar, das einen eindeutigen Bezug zur Wertsteigerung aufweist und sich sowohl als Messgröße zur Planung, Steuerung und Entscheidung, als auch zur Anbindung an ein wertorientiertes Vergütungssystem eignet. EVA ist damit mehr als nur eine Kennzahl und kann als Führungsinstrument auf allen Ebenen und in allen Bereichen des Unternehmens gleichermaßen eingesetzt werden. Im Gegensatz zum Aktienkurs kann der EVA nicht nur für einzelne Perioden, sondern auch für Teilbereiche des Unternehmens errechnet werden. Dabei werden jeweils die Kosten des gesamten investierten Kapitals berücksichtigt und damit sichergestellt, dass nur solche Projekte verfolgt werden, von denen langfristig Erträge oberhalb der risikoadäquaten Kapitalkosten erwartet werden können.

Das EVA Management- und Vergütungssystem ist darauf ausgerichtet, langfristige und kontinuierliche Wertsteigerung zu fördern und wurde bereits bei über 300 Unternehmen weltweit erfolgreich eingesetzt. Es berücksichtigt die einleitend genannten Risiken und hilft, die Interessenkonflikte aufgrund der Agency-Problematik zwischen Management und Eigentümern mit Hilfe eines entsprechenden Vergütungssystems zu verringern. Das EVA Vergütungssystem motiviert Führungskräfte, wie Eigentümer zu denken und zu handeln. Damit trägt es auch dazu bei, systemimmanente Risiken bei der Unternehmenssteuerung zu begrenzen. Unterneh-

---

[1] EVA® ist ein registriertes Trademark von Stern Stewart.

mensspezifische Risiken sowie konjunkturelle oder Branchenrisiken werden im EVA System im Rahmen der Berechnung der Kapitalkosten berücksichtigt. Die Kapitalkosten stellen die Mindestverzinsung dar, die Manager auf das operative Vermögen verdienen müssen, und dienen als Messlatte des gesamten unternehmerischen Handelns.

Im vorliegenden Beitrag werden neben ausgewählten Agency-unabhängigen Risiken auch Aspekte der Corporate Governance (Agency-abhängige Risiken) diskutiert und analysiert. Darauf aufbauend wird das EVA Management- und Vergütungssystem vorgestellt und gezeigt, wie hierdurch die dargestellten Risiken reduziert und die konsequente Ausrichtung des Unternehmens auf Wertsteigerung erreicht werden kann.

2. Unternehmensführung und Risiken

Im Zusammenhang mit der Überwachung und Steuerung der Unternehmensführung ergeben sich aus Aktionärssicht verschiedene Risiken, wobei unter Risiko nachfolgend eine negative Abweichung von den durchschnittlich erwarteten Ergebnissen verstanden wird. Im Folgenden werden zwischen allgemeinen Konjunktur-, Branchen- und Unternehmensrisiken sowie der so genannten Agency-Problematik unterschieden.

Viele Risiken, denen der Aktionär ausgesetzt ist, spiegeln sich in den Kapitalkosten wider. Dazu gehören z.B. das Markt- und Inflationsrisiko, das politische Risiko sowie Branchen-, Kapitalstruktur-, Projekt- und Bonitätsrisiken. Diese Risiken werden nachfolgend näher beschrieben, und es wird gezeigt, wie sie in der Kapitalkostenberechnung Berücksichtigung finden.

Grundsätzlich birgt die Investition in Aktien ein im Vergleich zu Anleihen erhöhtes Risiko, das als Marktrisiko bezeichnet wird. Dieses ist auf die Tatsache zurückzuführen, dass Unternehmen konjunkturellen Schwankungen unterliegen und Eigenkapitalgeber grundsätzlich nur einen Residualanspruch an das Unternehmen haben. Die Ansprüche der Aktionäre werden erst dann beglichen, wenn alle anderen Ansprüche an das Unternehmen abgegolten wurden. Dieses Risiko kann der Aktionär nicht diversifizieren, da er gerade in Aktien und nicht in Anleihen investiert.

Inflation bedeutet für alle Anleger eine konstante Geldentwertung, die sich nur in der absoluten Höhe zwischen verschiedenen Ländern unterscheidet. Unterschiede in den Zinssätzen und Wechselkursverhältnissen zwischen verschiedenen Ländern lassen sich auch aus der Erwartung unterschiedlicher Inflationsraten erklären.

Das politische Risiko manifestiert sich ebenso wie das Inflationsrisiko in der, aus Sicht einer Volkswirtschaft, risikolosen Verzinsung für Staatspapiere und kann über das Rating verschiedener Länder quantifiziert werden.

Das Branchenrisiko umfasst das spezifische Risiko einer Branche im Vergleich zur Entwicklung des Gesamtmarktes. Hierbei bestand traditionell für regulierte Branchen, wie z.B. Elektrizitätswirtschaft, ein deutlich geringeres Risiko im Vergleich zu stark wachsenden Unternehmen der „new economy", wie z.B. Internet- oder Biotech-Unternehmen. Da in den vergangenen Jahren in vielen Branchen Monopole aufgebrochen wurden und Marktzugangsbeschränkungen gefallen sind, hat sich auch hier das Risiko aus Investorensicht, z.B. in der Telekommunikationsbranche, erhöht. Allerdings besteht für die Kapitalgeber die Möglichkeit, diese Risiken durch eine Portfoliobildung im Markt zu diversifizieren.

Das Kapitalstrukturrisiko besteht aufgrund der unterschiedlichen Ausstattung der Unternehmen mit Eigen- und Fremdkapital. Fremdkapital wird in der Regel durch Sicherheiten unterlegt, die im Unternehmen vorhanden sind. Hierbei kann es sich um Grundstücke, Gebäude, Maschinen oder ähnliches handeln. Je mehr Fremdkapital ein Unternehmen in Relation zum Eigenkapital aufnimmt, desto höher wird im Falle einer Zahlungsunfähigkeit des Unternehmens das Risiko für die Eigenkapitalgeber, ihre Investition abschreiben zu müssen.

Das Risiko, dass ein einzelnes Projekt die prognostizierten Zahlungsströme aufgrund von konjunkturellen Entwicklungen, von Marktänderungen oder aufgrund einer falschen Einschätzung der Nachfrage nicht erbringt, kann durch Investitionen in Projekte mit unterschiedlichen Risikostrukturen innerhalb eines Unternehmens verringert werden. Aus Kapitalmarktsicht kann dieses Projektrisiko durch Investitionen in verschiedene Unternehmen diversifiziert und damit reduziert werden.
Das Bonitätsrisiko eines Unternehmens wird in der Regel aus Sicht der Fremdkapitalgeber betrachtet. Es umfasst vor allem das Risiko, dass ein Unternehmen seine aufgenommenen Verbindlichkeiten nicht zurückzahlen kann und die gestellten Si-

cherheiten nicht voll am Markt verwertbar sind. Das Bonitätsrisiko aus Sicht der Eigenkapitalgeber ist einer von mehreren Faktoren, die sich in der relativen Volatilität des Aktienkurses gegenüber dem Gesamtmarkt widerspiegeln.

Die hier dargestellten Risiken werden bei der Berechnung der Kapitalkosten berücksichtigt. Die Kapitalkosten errechnen sich aus den Kosten für das gesamte investierte Eigen- und Fremdkapital (passivseitige Betrachtung) bzw. den Kosten für das investierte Anlage- und Netto-Umlaufvermögen (aktivseitige Betrachtung). Der daraus abgeleitete Kapitalkostensatz bestimmt sich aus den gewichteten Gesamtkapitalkosten („Weighted Average Cost of Capital"), wobei die Gewichtung mit den Marktwerten des Eigen- und Fremdkapitals erfolgt.

$$(1) \quad WACC = Eigenkapitalkostensatz \times \frac{EK}{GK} + Fremdkapitalkostensatz\ n.St. \times \frac{FK}{GK},$$

mit Gesamtkapital (GK) = Eigenkapital (EK) + Fremdkapital (FK). Der Eigenkapitalkostensatz errechnet sich nach dem „Capital Asset Pricing Model" (CAPM).[2] Das CAPM bestimmt die Eigenkapitalkosten aus der risikofreien Verzinsung zuzüglich dem Produkt aus Betafaktor des Unternehmens und der Markt-Risikoprämie:

$$(2) \quad Eigenkapitalkostensatz = R_f + (MRP \times \beta),$$

mit R_f = Risikofreie Verzinsung; MRP = Risikoprämie des Aktienmarktes und β = Beta Faktor. Als risikofreie Verzinsung wird üblicherweise die Umlaufrendite langfristiger Bundesanleihen verwendet. Der Betafaktor drückt das unternehmensspezifische Risiko im Vergleich zum Gesamtmarkt aus und die Marktrisikoprämie stellt den Risikozuschlag für die Investition in Aktien dar.

Der Fremdkapitalkostensatz errechnet sich aus der risikofreien Verzinsung zuzüglich eines firmenspezifischen Risikozuschlages, der aus dem Rating des Unternehmens abgeleitet wird. Hierbei entspricht ein AAA-Rating je nach Laufzeit und Struktur einem Zuschlag von rund 40-60 Basispunkten und ein B-Rating führt zu einer Erhö-

---

[2] Vgl. u.a. Sharpe (1964), S. 425 - 442; Lintner (1965), S. 13 - 37.

hung der Finanzierungskosten von rund 400 Basispunkten über der risikofreien Verzinsung.

Der risikofreie Zinssatz berücksichtigt das Inflationsrisiko sowie das politische Risiko. Die „Market Risk Premium" (*MRP*) drückt den Risikozuschlag für die Investition in Aktien aus (*systematisches Risiko*). Der Beta-Faktor bringt das unternehmensspezifische Risiko und damit auch das Kapitalstrukturrisiko und einen Teil des Branchenrisikos zum Ausdruck (*unsystematisches Risiko*). Der Risikozuschlag aufgrund des Unternehmensratings deckt das Bonitätsrisiko aus Sicht der Fremdkapitalgeber ab.

3. Unternehmensführung und Agency-Problematik

Neben den dargestellten Risiken der Konjunktur- bzw. Branchen- und Unternehmensentwicklung bestehen auch Risiken im Zusammenhang mit der Kontrolle des Vorstandes durch die Aktionäre („Principal/ Agent"-Problem) sowie bei der Überwachung und Steuerung der Mitarbeiter durch den Vorstand.

Der theoretische Bezugsrahmen für die Agency-Theorie basiert auf den Erkenntnissen von Berle / Means. Berle / Means haben 1932 mit der Trennungsthese auf die Tatsache hingewiesen, dass sich das Management großer Unternehmen mit gestreutem Aktienbesitz einer direkten Überwachung durch die Kapitalgeber tendenziell entzieht.[3] Fehlen wirksame Kontrollen oder rechtliche und anderweitige Sanktionsmechanismen, besteht für das Management die Möglichkeit, durch Verfolgung eigener Ziele das Unternehmen auf Kosten der Wertsteigerung – und damit zulasten der Anteilseigner – zu führen.

Untersuchungsgegenstand der Agency-Theorie ist die vertragliche Gestaltung der Beziehungen zwischen Prinzipal (Kapitalgeber) und Agent (Unternehmensführung) „unter den Bedingungen ungleicher Informationsverteilung und Unsicherheit sowie unter Berücksichtigung der Risikoverteilung"[4]. Ziel ist es, die Agenturkosten zu minimieren, um eine maximale Wertorientierung sicherzustellen.

---

[3] Vgl. Berle / Means (1932).
[4] Ebers / Gotsch (1993), S. 203.

Zur Lösung dieser Probleme und zur Verringerung des Risikos schlägt die Agency-Theorie drei Ansätze zur Disziplinierung des Agenten vor:

- *Effiziente Anreizgestaltung* in Form von vertraglichen Ergebnisbeteiligungen (dies führt zu einer Verteilung des Risikos).
- *Direkte Verhaltenssteuerung* durch Sanktionen und Leistungsanreize. Bei komplexen und unstrukturierten Aufgaben wie der Führung von Unternehmen erscheinen Sanktionen allerdings aufgrund des Informationsproblems als Steuerungsinstrument ungeeignet. Die Beteiligung an der Wertsteigerung bietet sich hingegen als positiver Leistungsanreiz an, das Verhalten des Managers (Agenten) im Sinne des Aktionärs (Prinzipals) zu steuern.
- *Verbesserung des Informationssystems*; hierbei stellt sich das Problem, dass der Agent ggf. kein Interesse hat, die Transparenz zu erhöhen und die Informationsbeschaffung dann mit hohen Kosten verbunden sein kann.

Zusammenfassend kann damit unter zu Hilfenahme der Agency-Theorie die Frage untersucht werden, „auf welche Weise Anreiz- und Kontrollsysteme Führungskräfte dazu veranlassen können, trotz eigener Zielvorstellungen, eigenständiger Risikoneigungen und problemspezifischer Informationsvorsprünge im Interesse der Anteilseigner zu handeln"[5]. Gefordert wird von einem solchen System, dass die damit verbundenen Informations- und Überwachungskosten der Anteilseigner so gering wie möglich gehalten werden.

4. Berücksichtigung von Risiken im EVA® Managementsystem

In den beiden vorherigen Abschnitten wurden verschiedene Risiken aufgezeigt und diskutiert. Für die wertorientierte Unternehmensführung und -steuerung ist es entscheidend, mit diesen Risiken angemessen umzugehen bzw. sie gezielt zu kontrollieren. Nachfolgend wird zunächst das Konzept des EVA Managementsystems dargestellt. Anschließend wird erörtert, wie im EVA System diese Risiken berücksichtigt werden und eine konsequente Wertorientierung sichergestellt wird.

Obwohl sich viele Unternehmen zur Wertsteigerung bekennen, sucht man in den Geschäftsberichten meist vergeblich nach Messgrößen, die darüber Auskunft geben, ob Wert geschaffen oder vernichtet wurde. Aus Sicht der Anteilseigner wird zusätz-

---

[5] Elschen (1991), S. 209.

licher Wert nur dann geschaffen, wenn der Marktwert höher ist als die Summe des investierten Kapitals (Geschäftsvermögen). Dieser Mehrwert wird als „*Market Value Added*" (MVA) bezeichnet und ist in Abbildung 1 dargestellt.

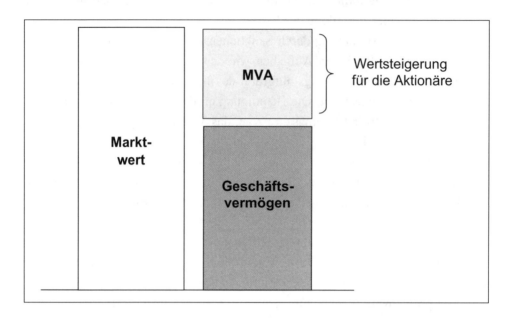

Abb. 1: Market Value Added als extern messbare Wertgröße

Die Maximierung des MVA stellt damit das zentrale Ziel wertorientierter Unternehmensführung dar. Allerdings ist der MVA zur internen Unternehmenssteuerung weniger geeignet, da er auf externen Marktdaten beruht und kurzfristigen Schwankungen unterliegt. Auch kann der MVA nicht direkt für einzelne Geschäftsbereiche oder nicht-börsennotierte Unternehmen ermittelt werden. Und schließlich lässt sich kein direkter Bezug zwischen dem MVA und den Werttreibern des Unternehmens ableiten.

Der „*Economic Value Added*" (EVA) bildet die Brücke zwischen dem extern abgeleiteten MVA und der internen, operativen Steuerung. EVA ist eine operative Kennzahl, die sich – aufbauend auf dem externen Rechnungswesen – aus der Managementerfolgsrechnung für jede Berichtsperiode ableiten lässt. Analog zur Berechnung des MVA (Marktwert abzüglich des Wertes des gesamten investierten Kapitals) werden bei der Berechnung des EVA vom operativen Ergebnis die Kapitalkosten abgezogen:

(3)   EVA = *Geschäftsergebnis – (Geschäftsvermögen x Kapitalkostensatz)*

EVA geht auf eine kaufmännische Grundregel zurück, wonach zusätzlicher Wert erst dann geschaffen wird, wenn ein Geschäft langfristig mindestens die Kosten des eingesetzten Kapitals verdient. Abbildung 2 zeigt EVA als Residualgröße, die sich aus dem Geschäftsergebnis abzüglich der Kosten für das eingesetzte Geschäftsvermögen errechnet.

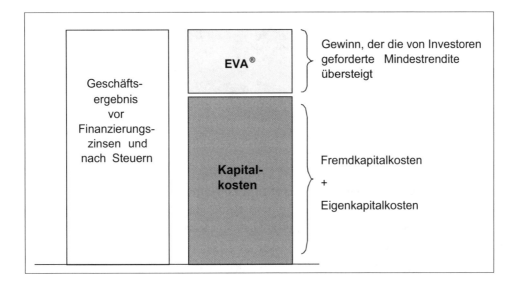

Abb. 2: EVA als operative Kennzahl

Als interne Kennzahl misst EVA die operative Leistungskraft pro Periode und steht in einem eindeutigen Zusammenhang mit der extern messbaren Wertentwicklung des Unternehmens; denn der MVA entspricht dem Barwert aller zukünftig von den Investoren erwarteten EVAs.

Das EVA Managementsystem integriert alle betrieblichen Aktivitäten – von der strategischen Planung und Investitionsrechnung über operative Entscheidungen bis hin zur Performancemessung – durch Verwendung eines einheitlichen Maßstabes. Durch die Verknüpfung mit dem Vergütungssystem wird eine durchgängige Gesamtunternehmenssteuerung motiviert, die alle strategischen und operativen Entscheidungen an ihrem Beitrag zur Steigerung des Marktwertes bemisst. Abbildung 3 zeigt diese prozessübergreifende Steuerungssystematik von EVA und verdeutlicht, dass EVA im Unternehmen durchgängig und in sich konsistent eingesetzt werden kann.

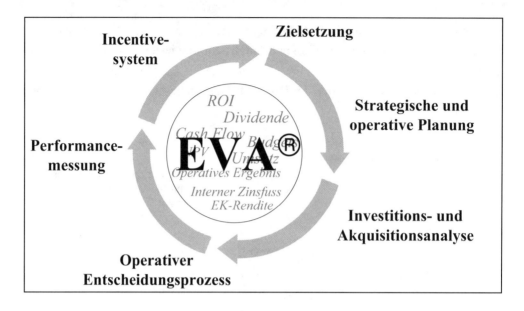

Abb. 3: EVA Management- und Vergütungssystem

In welcher Form EVA die Entscheidungsfindung unterstützt, lässt sich anhand der *Werttreibersystematik* darstellen. Grundsätzlich existieren auf Gesamtunternehmensebene folgende Möglichkeiten zur Steigerung des EVA:

1. Verbesserung der Renditen der bestehenden Geschäfte durch Steigerung des Geschäftsergebnisses auf das eingesetzte Kapital.
2. Wachstum durch Investitionen in Projekte mit positiver EVA Marge, d.h. Investitionen in Projekte oder Produkte, die mehr als die Kapitalkosten verdienen.
3. Abbau bzw. Desinvestition von unproduktivem Geschäftsvermögen bzw. von Bereichen oder Tochtergesellschaften, die weniger als ihre Kapitalkosten erwirtschaften.
4. Verringerung der Kapitalkosten durch Optimierung der Kapitalstruktur und des Ratings.

Abbildung 4 stellt die zentralen Ansätze zur Wertsteigerung im EVA Systems dar.

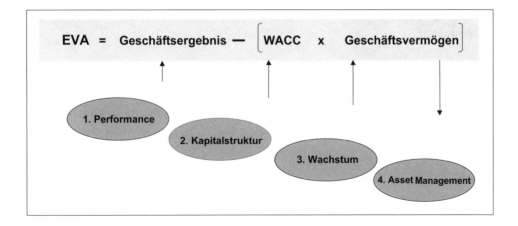

Abb. 4: Werthebel im EVA System

Die Performance des Unternehmens kann verbessert werden, indem bei gleichem Geschäftsvermögen die Erträge erhöht oder die Kosten gesenkt werden. In beiden Fällen steigt der „Spread"[6] und erhöht den EVA. Viele Unternehmen haben in den 80er Jahren ihre Kräfte auf Kostensenkungsmaßnahmen konzentriert. Gestärktes Kostenbewusstsein sowie diverse Maßnahmen zur Eindämmung von variablen und fixen Kosten waren typischer Ausdruck dieser Managementphilosophie.

Mehr und mehr wird jedoch deutlich, dass die Möglichkeiten der Effizienzsteigerung beschränkt sind und oft nur noch geringe Verbesserungen zulassen. Darüber hinaus kann der „Spread" auch durch Reduktion der Kapitalkosten verbessert werden. Auch hier verfolgen die meisten größeren Unternehmen bereits eine bewusste Finanzierungspolitik, die eine für das Unternehmen optimale Kombination aus Eigen- und Fremdmitteln anstrebt.

Der Werttreiber mit dem größten Wertpotenzial ist profitables Wachstum, da Wachstum praktisch unlimitierte Möglichkeiten zur Wertsteigerung eröffnet. Solange das Geschäftsergebnis höher ist als die Kosten des zusätzlich investierten Kapitals, schafft Wachstum zusätzlichen Wert. Messlatte für alle Investitionen ist dabei die Summe der Barwerte aller zukünftigen EVAs. Die zukünftig erwarteten EVAs werden mit dem Kapitalkostensatz diskontiert, der gleichzeitig die Mindestverzinsung für alle Investitionen darstellt. Dabei gilt als Grundsatz, dass alle Projekte mit einem

---

[6] $\text{Spread} = \dfrac{\text{Geschäftsergebnis}}{\text{Geschäftsvermögen}} - \text{WACC}$

positiven Barwert Wert schaffen, Projekte mit einem negativen Barwert dagegen Wert vernichten.

Während die Möglichkeiten von Effizienzsteigerungen, Kapitalkostenoptimierung und Desinvestitionen naturgemäß beschränkt sind, bestehen diese Grenzen für profitables Wachstum nicht. Nur so lässt sich auch erklären, warum viele Unternehmen an der Börse zu Preisen bewertet werden, die aus der momentanen Ertragskraft nicht abgeleitet werden können. Anleger erwarten in diesen Fällen eine deutliche Verbesserung der Performance durch Wachstum. Unternehmen, die bereits jetzt eine hohe Marge aufweisen, können diese Erwartungen nur durch zusätzliche Investitionen in Projekte realisieren, deren Erträge die Kosten des investierten Kapitals übersteigen, aber nicht unbedingt die bestehende Marge weiter erhöhen.

Die oben dargestellten Agency-unabhängigen Risiken gehen im EVA System in die Berechnung des Kapitalkostensatzes ein. Für das Management werden sie dadurch entscheidungsrelevant, dass für das gesamte eingesetzte Geschäftsvermögen Kapitalkosten berechnet werden. Nachhaltig wird nur Wert geschaffen, wenn das Geschäftsergebnis langfristig über den Kosten für das gesamte eingesetzte Eigen- und Fremdkapital liegt.

5. EVA® Vergütungssystem und Agency-Problematik

Ein zentrales Problem der Corporate Governance besteht darin, dass die nachhaltige Steigerung des Unternehmenswertes von Führungskräften häufig zugunsten anderer, individueller Ziele vernachlässigt wird. Die Berücksichtigung der Kapitalkosten in der Führungs- und Steuerungsgröße EVA ist ein erster Schritt zur Reduktion dieses Problems. Zur Wahrung der Aktionärsinteressen und zur Verringerung des Agency-Risikos bietet sich ferner der Einsatz eines aktionärsorientierten Anreizsystems für das Management an. Dadurch wird der Interessenkonflikt zwischen Managern und Eignern wesentlich reduziert und ein weiterer entscheidender Schritt zur Überwindung der Agency-Problematik getan. Dabei soll unternehmerisches Handeln zum gemeinsamen Ziel aller Mitarbeiter werden.

Unternehmerisches Handeln lässt sich aber nur erreichen, wenn den Beteiligten damit auch unternehmerische Chancen und Risiken eingeräumt werden. Daraus ergeben sich vier Anforderungen an ein *Vergütungssystem*:

- Signifikanz der variablen Gehaltsbestandteile,
- Koppelung des variablen Gehaltsbestandteils an die Wertentwicklung des Unternehmens,
- Keine Begrenzung des Bonus nach oben oder unten,
- Motivation nachhaltiger Wertsteigerung, d.h. ein Teil des Bonus wird nicht sofort ausgezahlt, sondern bleibt im Risiko stehen.

Traditionelle Vergütungssysteme erfüllen diese Anforderungen nur ungenügend. Die Bonusgerade der traditionellen Vergütungssysteme weist in der Regel zwei kritische Stellen als Bonusober- und Bonusuntergrenze auf (vgl. Abbildung 5). Diese kritischen Stellen fördern unerwünschtes Verhalten der Entscheidungsträger. Wird die obere kritische Stelle erreicht, führt eine weitere Verbesserung der Leistung nicht zu einer zusätzlichen Bonuswirkung. Ist das Ergebnis schon so schlecht, dass praktisch keine Möglichkeit mehr besteht, die untere kritische Stelle zu erreichen, ist es fast irrelevant, um wie viel das Mindestziel verfehlt wird. In diesem Fall lohnt es sich aus Sicht des Managements sogar, noch möglichst viele Aufwendungen in das laufende Jahr zu verlagern und Erträge in das folgende Jahr zu verschieben. Denn durch das schwache Ergebnis des laufenden Jahres wird die Messlatte für das kommende Jahr niedriger gelegt. Traditionelle Vergütungssysteme motivieren daher nur in begrenztem Maße zu nachhaltiger Wertschaffung, da gezielte Wertvernichtung keine Konsequenzen nach sich zieht und tatsächliche Wertsteigerung nicht belohnt wird.

Das EVA Vergütungssystem beseitigt die systematischen Schwächen traditioneller Vergütungssysteme und verbindet den variablen Gehaltsbestandteil der Mitarbeiter konsequent mit der Wertsteigerung des Unternehmens. Das EVA Vergütungssystem basiert auf einem IST/ IST-Vergleich des EVA. Betrachtet wird die Veränderung des EVA zum Vorjahr (Δ EVA). Änderungen der Leistung führen somit grundsätzlich zu Änderungen des Bonus. Der Ziel-Bonus wird genau dann gewährt, wenn eine vom Kapitalmarkt abgeleitete, erwartete EVA Verbesserung erreicht wird.

Die Berechnung des Bonus im EVA Vergütungssystem ist unabhängig von den getroffenen Budgetvereinbarungen. Im Vergleich zu traditionellen Vergütungssystemen ist das EVA Vergütungssystem weder nach unten noch nach oben begrenzt. Führungskräften erwachsen somit neue Einkommenschancen bei unternehmerischem Erfolg. Die Funktionsweise des EVA Vergütungssystems im Vergleich zu traditionellen Vergütungssystemen ist in Abbildung 5 dargestellt.

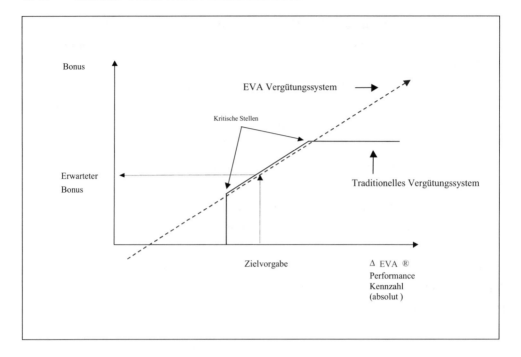

Abb. 5: EVA Vergütungssystem vs. traditionelles Vergütungssystem

Um die Nachteile eines einperiodischen Vergütungssystems zu vermeiden und nachhaltige Wertschaffung im Unternehmen zu motivieren, wird das EVA Vergütungssystem üblicherweise mit einer *Bonusbank* verknüpft. Dies ermöglicht eine mittelfristige Ausrichtung des EVA Systems. Bei einer Bonusbank wird der errechnete Bonus eines Jahres nicht sofort ausbezahlt. Der Bonus wird zunächst der persönlichen Bonusbank gutgeschrieben. Von diesem Guthaben kann dann jedes Jahr ein vorher festgelegter Prozentsatz ausbezahlt werden, der Restbetrag wird ins nächste Jahr vorgetragen.

Um die langfristigen Anreize von Aktien- und Aktienoptionsplänen zu nutzen und Führungskräfte mit einer erfolgsabhängigen Kapitaleinlage am Unternehmen zu beteiligen, kann das EVA Vergütungssystem mit „Stock Option" Programmen verbunden werden. Abbildung 6 veranschaulicht graphisch die gesamte Anwendungsbreite des EVA Vergütungssystems und damit die Möglichkeit, das Risiko aufgrund der dargestellten Agency-Problematik zu verringern.

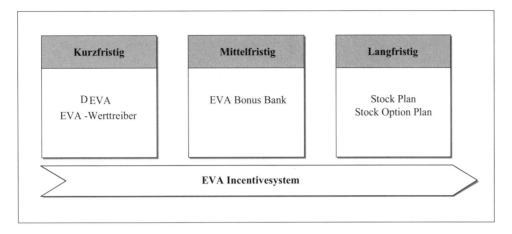

Abb. 6: Anwendungsbreite des EVA Vergütungssystems

6. Schlussfolgerung und Ausblick

Im Rahmen des vorliegenden Artikels wurde gezeigt, dass das EVA Management- und Vergütungssystem die Risiken verringern kann, die mit unternehmerischem Handeln verbunden sind, indem diese Risiken für das Management transparent und entscheidungsrelevant werden. Durch EVA werden Führungskräfte motiviert, wie Eigentümer zu denken und zu handeln. Damit trägt das EVA Management- und Vergütungssystem zur Reduzierung des „Principal/ Agent" Problems bei. Wenn Führungskräfte an der Wertsteigerung unmittelbar beteiligt werden, haben sie auch ein Interesse, sich bei ihren operativen und strategischen Entscheidungen an der Wertsteigerung auszurichten und Risiken adäquat zu berücksichtigen.

Die Ableitung der Performanceziele aus dem MVA garantiert darüber hinaus, dass die Erwartungen der Aktionäre bei der Performancebeurteilung des Managements berücksichtigt werden. Denn nur, wenn die Ergebnisse die Erwartungen der Eigentümer übertreffen, wird zusätzlicher Wert geschaffen. Weiterhin verringert eine konstante EVA Entwicklung die Volatilität des Aktienkurses, da die Unternehmensentwicklung verstetigt wird.

Entscheidend zur Risikoverringerung trägt das EVA System weiterhin dadurch bei, dass Entscheidungsbefugnis, Verantwortung und Vergütung klar zugeordnet und Prozesse transparent gemacht werden. EVA ermöglicht, alle Entscheidungen im Unternehmen anhand einer einheitlichen und verbindlich definierten Steuerungsgröße zu bewerten und vergleichbar zu machen. Dies vermeidet die Verwirrung, die ansonsten aufgrund der Verwendung unterschiedlichster Kennzahlen, Steuerungsgrößen und Beurteilungskriterien entsteht. Schließlich wird durch die konsequente Berücksichtigung der Kapitalkosten Verantwortung beim Management für das eingesetzte Kapital geschaffen.

Das EVA System ist aber nicht nur ein theoretisches Konzept, sondern wird auch bei mehr als 300 Unternehmen weltweit praktisch angewandt. Siemens war im deutschsprachigen Raum das erste Unternehmen, das EVA konsequent einführte. So dürfte EVA zumindest mitverantwortlich sein für die beeindruckende Entwicklung der Siemensaktie seit Beginn des Geschäftsjahres 1998/99 (vgl. Abbildung 7).

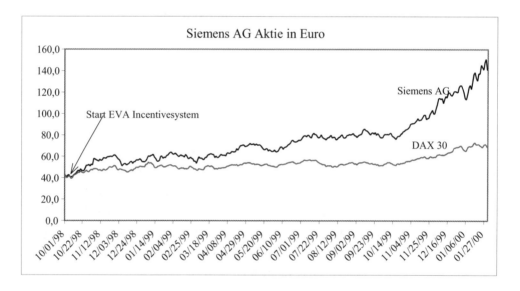

Abb. 7: Entwicklung der Siemens Aktie im Vergleich zum Gesamtmarkt

Literaturverzeichnis

Berle, A. A. / Means, C. G. (Berle / Means, 1932): The Modern Corporation and Private Property, New York 1932.

Ebers, W. / Gotsch, W. (Ebers / Gotsch, 1993): Institutionenökonomische Theorien der Organisation, in: Kieser (Hrsg.), Organisationstheorien, Stuttgart et al. 1993, S. 193-242.

Ehrbar, A. (Ehrbar, 1999): Economic Value Added – Der Schlüssel zur wertorientierten Unternehmensführung, Wiesbaden 1999.

Elschen, R. (Elschen, 1991): Shareholder Value and Agency Theorie – Anreiz- und Kontrollsysteme für Zielsetzungen der Anteilseigner, in: Betriebswirtschaftliche Forschung und Praxis, 1991.

Hostettler, S. (Hostettler, 1997): Economic Value Added (EVA), Bern 1997.

Lintner, J. (Lintner, 1965): The Valuation of Risk Assets and the selection of Risky Investments in Stock Portfolios and Capital Budgets, in: Review of Economics and Statistics, 1965, S. 13 - 37.

Macey, J. R.(Macey, 1998): Measuring the effectiveness of different corporate governance systems: Toward a more scientific approach, in: Journal of Applied Corporate Finance, Vol. 10, Winter, 1998, No. 4.

Pertl, M. / Weber, M.-W. / Koch, M. (Pertl et al., 2000): Das EVA Management- und Incentivesystem als wertorientiertes Führungs- und Steuerungsinstrument in: Siegwart, H. / Mahari, J. (Hrsg.), Milestones in Management VIII: Management Consulting, Zürich et al. 2000.

Sharpe, W. F. (Sharpe, 1964): Capital Asset Prices: A theory of Market Equilibrium under Condition of Risk, in: Journal of Finance, 1964, S. 425 – 442.

Stewart, G. B. (Stewart, 1991): The Quest for Value, 1991.

UHLENBRUCH Verlag
FINANCE FOR PROFESSIONALS

Schriftenreihe Portfoliomanagement

- Neue Anlagekonzepte, Handlungsempfehlungen und Ideen für Ihr Wertpapiermanagement
- Innovative Problemlösungen praxisrelevanter Fragestellungen
- Intensiver Wissenstransfer zwischen Forschung und Praxis
- Referenz- und Nachschlagewerke für Professionals

Aktuell erschienen und lieferbar:

Band 1: DER ANLAGEERFOLG DES MINIMUM-VARIANZ-PORTFOLIOS
von Jochen M. Kleeberg, 333 Seiten, 1995 *(2. Auflage)*

Band 2: MESSUNG UND ANALYSE DER PERFORMANCE VON WERTPAPIERPORTFOLIOS
von Carsten Wittrock, 624 Seiten, *2000 (3. Auflage)*

Band 5: LEISTUNGSORIENTIERTE ENTLOHNUNG VON PORTFOLIOMANAGERN
von Gitta Raulin, *428 Seiten, 1996*

Band 6: STYLE-INVESTING AUF EUROPÄISCHEN AKTIENMÄRKTEN
von Helmut Paulus, *224 Seiten, 1997*

Band 7: SCHÄTZUNG UND PROGNOSE VON BETAWERTEN
von Peter Zimmermann, *462 Seiten, 1997*

Band 8: PROGNOSE VON AKTIENRENDITEN UND -RISIKEN MIT MEHRFAKTORENMODELLEN
von Martin Wallmeier, *411 Seiten, 1997*

Band 9: AKTIVES MANAGEMENT VON AKTIENPORTFOLIOS
von Christian Schlenger, *630 Seiten, 1998*

Band 10: BONITÄTSRISIKO UND CREDIT RATING FESTVERZINSLICHER WERTPAPIERE
von Volker G. Heinke, *580 Seiten, 1998*

Band 11: BEHAVIORAL FINANCE AM AKTIENMARKT
von Matthias Unser, *510 Seiten, 1999*

Band 12: ASSET ALLOCATION UND ZEITHORIZONT
von Thomas Albrecht, *270 Seiten, 1999*

Band 13: ZYKLISCHE UND ANTIZYKLISCHE INVESTMENTSTRATEGIEN
von J. Maximilian Dressendörfer, *383 Seiten, 1999*

Bitte richten Sie Ihre Bestellung zum Preis von DM 248.- pro Band direkt an:

Uhlenbruch Verlag GmbH, Finance for Professionals,
Sulzbacher Straße 15-21, D-65812 Bad Soden/Ts.
Tel.: +49 (0) 61 96 / 6 51 53 30, FAX: +49 (0) 61 96 / 6 51 53 55

www.uhlenbruch.com

Autorenverzeichnis

Prof. Dr. Peter Albrecht, Aktuar DAV, ist seit 1989 Inhaber des Lehrstuhls für Allgemeine Betriebswirtschaftslehre, Risikotheorie, Portfolio Management und Versicherungswirtschaft sowie Direktor der Abteilung Versicherungsbetriebslehre des Instituts für Versicherungswissenschaft an der Universität Mannheim. Darüber hinaus übt Prof. Dr. Peter Albrecht weitere Funktionen aus, so als Mitglied des Vorstandes der Deutschen Gesellschaft für Versicherungsmathematik (DGVM), als Wissenschaftlicher Leiter der Deutschen AFIR (Actuarial Approach for Financial Risks)-Gruppe und als Aufsichtsratsmitglied von Versicherungsunternehmen.

Dr. Ulrich Anders arbeitet im Risikomanagement der Deutschen Bank und leitet dort die Abteilung Risk Assessment. Er ist Wirtschaftsingenieur und hält einen MBA.

Dr. Alfred Baldes studierte Mathematik und Informatik an der Universität Bonn und der Université, de Nice, Frankreich. Nach seiner Promotion im Jahre 1984 war er Hochschulassistent an der Universität Bonn mit längerfristigen Gastaufenthalten in den USA (University of Pennsylvania, University of California, University of Massachusetts). Von 1989 bis 1991 war Dr. Baldes bei der Citibank AG, Frankfurt/Main tätig, danach in verschieden Funktionen bei der Allianz AG in München. Seit 1998 leitet er dort die Abteilung Globales Risikocontrolling innerhalb des Fachbereichs Corporate Finance und Controlling.

Dr. Söhnke M. Bartram studierte Betriebswirtschaftslehre (Universität Saarbrücken/University of Michigan Business School) mit den Studienschwerpunkten Industriebetriebslehre/Rechnungswesen, Wirtschaftsinformatik und Unternehmensforschung. Anschließend promovierte er zum Dr. rer. pol. bei Prof. Dr. Günter Dufey am Lehrstuhl für Internationale Unternehmensfinanzierung (WHU Koblenz) und ist nun Visiting Scholar bei Prof. Dr. René Stulz am Dice Center for Research in Financial Economics (Ohio State University). Seine Forschungsschwerpunkte liegen in den Bereichen Risikomanagement, Derivate, Kapitalmärkte und Finanzinnovationen.

Jürgen Baum, Diplom-Volkswirt, ist seit März 1996 bei der Deutschen Bundesbank im Bereich Bankenaufsicht beschäftigt, zuletzt als Gruppenleiter mit Schwerpunkt Prüfungen von internen Risikosteuerungsmodellen. Davor war er vier Jahre lang für eine internationale Wirtschaftsprüfungsgesellschaft tätig. Seit November 1999 arbeitet er als Sachverständiger für die Generaldirektion „Binnenmarkt und Finanzdienstleistungen" der EU-Kommission.

Dr. Helmut Beeck studierte Mathematik und Physik an der Technischen Universität München und promovierte dort über ein Thema zum Operations Research. Nach einer Assistententätigkeit am Institut für Statistik und angewandte Mathematik begann er 1979 seine Laufbahn bei der Bayerischen Hypotheken- und Wechselbank mit einem Traineeprogramm und war dann acht Jahre mit dem Aufbau der Aktiv-Passivsteuerung betraut. Danach war er sechs Jahre verantwortlich für EDV und Organisation der SKW-Bank in Österreich und leitete dann das Risikomanagement Handel der Hypo-Bank in München. Anschließend war er im Konzernrisikocontrolling zuständig für Marktpreis- und Counterpartrisiken. Seit 1998 ist er Leiter der Abteilung Operational Risk der HypoVereinsbank.

Matthias Bode ist seit 1999 tätig im Risikokontrolling des Bankhauses Sal. Oppenheim jr. Cie. KGaA in Frankfurt am Main. Zuvor war er im selben Hause verantwortlich für die Entwicklung von IT-Produkten zur Marktbewertung und Risikoermittlung von Finanztitelportefeuilles. Von 1979 bis 1988 war er im Treasury der Urangesellschaft mbH, Frankfurt am Main, tätig und entwickelte fundamentale Rechenverfahren zur Bewertung und Portefeuillesteuerung nebst Simulationsmodellen für Großinvestitionsprojekte.

Dr. Milan Borkovec studierte an der Eidgenössischen Technischen Hochschule Zürich Mathematik mit Schwerpunkt Stochastik. Für seine Diplomarbeit wurde er mit dem Walter-Saxer Versicherungs-Hochschulpreis ausgezeichnet. Von 1995–1997 hatte Milan Borkovec eine Assistentenstelle an der Johannes-Gutenberg Universität Mainz inne, seit SS 1997 ist er als wissenschaftlicher Angestellter an der Technischen Universität München tätig. Im SS 99 promovierte Milan Borkovec in Mathematik mit der Arbeit „Large Fluctuations in Financial Models".

Dr. Hans-Jürgen Brasch war nach abgeschlossenem Mathematik- und Physikstudium wissenschaftlicher Angestellter der Deutschen Forschungsgemeinschaft und promovierte 1994 an der Universität Erlangen. Nach einer Trainee-Ausbildung bei der Deutschen Bank Stuttgart und New York war er anschließend Berater bei der Unternehmensberatung McKinsey & Company Deutschland. Seit 1998 ist er in der Dresdner Bank im Konzernstab Risikocontrolling Leiter der Abteilung Risk Methodology Trading / Counterparty Risk.

XVIII   Autorenverzeichnis

Carsten Breitmeyer studierte an der Universität Bielefeld Betriebswirtschaftslehre mit dem Wahlpflichtfach Finanzwirtschaft. Anschließend war er dort als Assistent des Dekans der Fakultät für Wirtschaftswissenschaften beschäftigt. Seit April 1997 ist er am Institut für Kreditwesen. Seine Forschungsgebiete sind Risikomanagement sowie Wettbewerbs- und Kundenverhalten in der Bankwirtschaft.

Michael Brockmann ist im Group Market Risk Management der Deutschen Bank tätig und leitet dort den Bereich Methoden und Verfahren – Markt- und Modell-Risiko. Nach Abschluss seines Mathematik-Studiums an der TU Darmstadt und anschliessender Promotion in Heidelberg, arbeitete er im Bereich FX Optionen zuerst bei der Citibank in Frankfurt und London, dann bei der Deutschen Bank in Frankfurt. Seit 1996 ist er in der Entwicklung von Methoden zur Risiko-Quantifizierung tätig.

Frank Bröker ist Senior Manager bei der Unternehmensberatung zeb/rolfes.schierenbeck.associates in Münster. Den Schwerpunkt seiner fünfjährigen Beratungstätigkeit bilden Projekte zum Themenbereich Kreditrisikomanagement in diversen Banken und Sparkassen. Herr Bröker hat in Duisburg, Münster und Hagen Betriebswirtschaft, Physik, Geophysik und Elektrotechnik studiert und am Lehrstuhl für Banken und Betriebliche Finanzwirtschaft der Universität Duisburg eine Dissertation zum Thema Quantifizierung von Kreditportfoliorisiken verfaßt sowie verschiedene Artikel zu diesem Thema veröffentlicht.

Autorenverzeichnis XIX

Prof. Dr. Wolfgang Bühler ist derzeit Inhaber des Lehrstuhls für Finanzierung der Universität Mannheim. Seine Forschungsinteressen liegen in den Bereichen Risikomanagement, Fixed Income Analysis und Bewertung von Derivaten. Er ist Mitherausgeber von internationalen Zeitschriften aus dem Bereich Finance und Derivate.

Dr. Hans-Peter Burghof, ist Mitarbeiter am Seminar für Kapitalmarktforschung und Finanzierung der Universität München. Nach Banklehre und Berufstätigkeit studierte er Volkswirtschaftslehre an der Universität Bonn. Er promovierte 1998 zum Thema „Eigenkapitalnormen in der Theorie der Finanzintermediation".

Frank-Christian Corell ist selbständiger Unternehmensberater mit Schwerpunkt im Financial Risk Consulting. Er berät primär Versicherungen und Pensionskassen bei Aufbau und Qualitätssicherung in den Bereichen Kapitalanlagemanagement/-Controlling, Asset Liability Management und wertorientiertem (finanziellen) Risikomanagement. Von 1992–1998 verantwortete er das Asset Management, das Rechnungswesen und das zentrale Controlling der Basler Versicherungs-Gesellschaften, Direktion für Deutschland, zuletzt als Chief Financial Officer und Mitglied der Geschäftsleitung. Seinen Berufsweg begann Herr Corell als Portfolio Manager und Finanzanalyst bei Banken und Investmentgesellschaften.

XX Autorenverzeichnis

Rainer Danschke, Dipl. Mathematiker, ist seit 1989 bei der Deutschen Bank AG. Er leitet seit September 1998 die Abteilung Risikocontrolling. Zuvor hatte er die Methodengruppe innerhalb des Risikocontrollings der Deutschen Bank aufgebaut. Nach seinem Mathematik-Studium an der Universität Hannover mit dem Schwerpunkt Statistik arbeitete er am Aufbau vom Handels- und Abwicklungssystem für derivative Produkte – insbesondere an der Einführung der Deutschen Terminbörse – mit.

Dr. Volker Deville studierte Mathematik in Göttingen und München. Er promovierte in Wirtschaftswissenschaften am Europäischen Hochschulinstitut in Florenz und war von 1986 bis 1988 Assistent an der Professur für Geld und Währung, Universität Frankfurt. Seit 1989 ist Dr. Deville in verschiedenen leitenden Positionen im Finanzbereich der Allianz Gruppe tätig. Zur Zeit verantwortet er als Executive Vice President und Leiter des Fachbereichs Corporate Finance und Controlling die weltweiten M&A Aktivitäten der Allianz und das Controlling ihrer Kapitalanlagen. Seit 1998 nimmt er einen Lehrauftrag für Finanzmathematik an der Technischen Universität München wahr.

Thomas M. Dewner ist leitender Angestellter der Deutschen Bank AG und nebenberuflich Lehrbeauftragter der Hochschule für Bankwirtschaft. Vor seinem Eintritt in die Deutsche Bank 1993 studierte er Wirtschaftswissenschaften u.a. an der Westfälischen Wilhelms-Universität Münster, der Ecole Supérieur des Sciences Economiques et Commerciales (ESSEC), Paris, und der Brandeis University in Waltham, Massachusetts, an der er sein Studium mit einem M. A. in International Economics and Finance abschloß.

Autorenverzeichnis XXI

Thomas Dittmar studierte an der Universität Augsburg Betriebswirtschaftslehre mit den Schwerpunkten Finanz- und Bankwirtschaft, Wirtschaftsinformatik sowie den mathematischen Verfahren der Wirtschafts- und Sozialwissenschaften. Seit 1997 ist er als wissenschaftlicher Mitarbeiter am Lehrstuhl für Finanz- und Bankwirtschaft der Universität Augsburg beschäftigt. Seine Forschungsinteressen liegen auf den Bereichen Finanzmärkte, Marktmikrostruktur, Bankcontrolling und Risikomanagement.

Tanja Dresel ist Mitarbeiterin des Seminars für Kapitalmarktforschung und Finanzierung an der Universität München. Nach einer Ausbildung zur Bankkauffrau studierte sie Betriebswirtschaftslehre an der Ludwig-Maximilians-Universität in München. Ihr Forschungsschwerpunkt liegt im Bereich der Risikosteuerung.

Frank Eggers hat nach seiner Ausbildung zum Bankkaufmann Betriebswirtschaftslehre mit den Schwerpunkten Finanzierung, Steuern und Wirschaftsinformatik an der Universität-GH-Siegen studiert. Seit Dezember 1995 ist er als wissenschaftlicher Mitarbeiter am Institut für Kreditwesen der Universität Münster beschäftigt. Seine Hauptarbeitsgebiete sind Banksteuerung (insb. Risikomanagement), Risk-Value-Modelle und Kapitalmarkttheorie.

XXII   Autorenverzeichnis

Dr. Niels Ellwanger ist Vorstand der ConEnergy AG, einer Beratungsgesellschaft mit den Schwerpunkten Energiehandel und Risikomanagement. Nach dem Studium der Betriebswirtschaft an der Uni-GH Essen promovierte er am Lehrstuhl für Energiewirtschaft der Uni-GH Essen zum Thema Least-Cost Planning in der Gaswirtschaft.

Franziska Ernst studierte von 1994 bis 1998 Betriebswirtschaftslehre an der Ludwig-Maximilians-Universität München mit den Schwerpunkten Kapitalmarktforschung und Finanzierung und Marketing. Seit 1999 ist sie bei der KPMG im Bereich Banking and Finance, Financial Risk Management, tätig.

Prof. Dr. Günter Franke studierte von 1963 bis 1967 Betriebswirtschaftslehre an den Universitäten Hamburg und Saarbrücken. 1970 promovierte er an der Universität des Saarlandes; 1971 ging er als Visiting Associate Professor an die Pennsylvania State University, bevor er sich 1975 an der Universität des Saarlandes habilitierte. Von 1975 bis 1983 war er Ordinarius für Finanzwirtschaft an der Universität Gießen und seit 1983 Ordinarius für Internationales Finanzmanagement an der Universität Konstanz. Prof. Franke war 1978 Präsident der European Finance Association. Er leitet das Forschungszentrum „Finanzen und Ökonometrie" an der Universität Konstanz.

Autorenverzeichnis XXIII

Martin Gonzenbach erwarb einen Magister in Physik der Eidgenössischen Technischen Hochschule, Lausanne, und einen Postgraduiertenabschluß in Finanzmathematik von der Ecole Polytechnique, Paris. Heute ist er bei der Time-steps GmbH tätig, ein schweizer Beratungsunternehmen mit etablierter Sachkenntnis im Bereich Risikomanagement und Software.

Prof. Dr. Thomas Günther war nach dem Studium der Betriebswirtschaftslehre an der Universität Augsburg sieben Jahre wissenschaftlicher Mitarbeiter und Assistent am Lehrstuhl für Wirtschaftsprüfung / Controlling der Universität Augsburg. Seit 1994 vertrat er den Lehrstuhl für betriebliches Rechnungswesen / Controlling an der TU Dresden, den er nach Abschluß seiner Habilitation im Jahre 1996 als Ordinarius übernahm. Seine Arbeits- und Forschungsgebiete sind die unternehmenswertorientierte Steuerung, das Controlling öffentlicher Unternehmen und Organisationen sowie das Kosten- und Zeitmanagement.

Hendrik Hakenes studierte Mathematik an der Friedrich-Wilhelms-Universität Bonn. Er ist seit Februar 1998 am Institut für Kreditwesen der Universität Münster beschäftigt. Seine Forschungsgebiete sind Entscheidungstheorie mit den Schwerpunkten Risikotheorie, Banktheorie und Banksteuerung.

Prof. Dr. Alfred Hamerle, Diplom-Mathematiker, ist Universitätsprofessor und Inhaber des Lehrstuhls für Statistik an der Wirtschaftswissenschaftlichen Fakultät der Universität Regensburg. Außerdem ist er Leiter des Bereichs Risk Management am Institut für Bankinformatik und Bankstrategie. Seine Hauptarbeitsgebiete sind Quantitative Methoden des Risikomanagements und insbesondere die Entwicklung und Implementierung von Kreditrisiko-Modellen. Besondere Schwerpunkte bilden dabei die statistische Modellierung des Kreditportfolios sowie dessen Steuerung und Optimierung.

Albrecht Hartmann ist seit September 1999 Mitarbeiter der DG BANK und für die Ressourcensteuerung verantwortlich. Zu seinem Arbeitsbereich gehört die Betreuung der Servicebereiche und die Methodenkompetenz für die Kosten- und Leistungsrechnung. Vorher war er seit 1983 in verschiedenen Positionen im privaten und genossenschaftlichen Bankensektor zuständig für das Filialcontrolling, die Steuerung des zinsabhängigen Kundengeschäftes und für das Risikocontrolling.

Sabine Henke studierte Betriebswirtschaftslehre an der Universität München. Sie ist seit 1997 Mitarbeiterin am Seminar für Kapitalmarktforschung und Finanzierung der Universität München und arbeitet über Instrumente des Kreditrisikomanagements von Unternehmen.

Maximilian Hogger leitet derzeit die Gruppe Financial Engineering im Bereich Risikocontrolling der Hypovereinsbank. Nach Abschluß des Studiums der Mathematik an der Technischen Universität München war er von 1994 bis 1996 als Mitarbeiter im Risikocontrolling der Dresdner Bank und von 1996–1998 als Senior Consultant bei der Unternehmensberatung Value & Risk GmbH vor allem in den Bereichen Bewertung von Handelsprodukten und Methodik der Marktrisikomessung tätig.

Gert-Jan Huisman erwarb einen Magister in Volkswirtschaft an der Erasmus Universität in Rotterdam und einen Ph.D. an der Handelshochschule Leipzig. Er war vier Jahre, davon mehr als zwei Jahre als Geschäftsstellenleiter, bei der Commerzbank in Frankfurt, Düsseldorf und Hong-Kong tätig. Zur Zeit arbeitet er als Manager bei McKinsey&Company im Bereich Kreditrisikomanagement.

Prof. Dr. Stefan Huschens, Dipl.-Volkswirt, Dr. rer. pol., Habilitation in Statistik und Volkswirtschaftslehre (Univ. Heidelberg), ist Inhaber des Lehrstuhls für Statistik an der Fakultät für Wirtschaftswissenschaften der TU Dresden. Seine aktuellen Forschungen liegen in den Bereichen Value-at-Risk und statistische Probleme der Markt- und Kreditrisikoanalyse.

XXVI   Autorenverzeichnis

Dr. Lutz Johanning ist wissenschaftlicher Assistent am Seminar für Kapitalmarktforschung und Finanzierung der Ludwig-Maximilians-Universität München. Nach einer Banklehre studierte er Betriebswirtschaftslehre an der Johann Wolfgang Goethe-Universität, Frankfurt am Main. Er promovierte 1998 zum Thema „Value-at-Risk zur Marktrisikosteuerung und Eigenkapitalallokation" und ist Autor verschiedener Aufsätze im Bereich Risikomanagement.

Dr. Thomas Kaiser studierte Betriebswirtschaftslehre an der Universität des Saarlandes in Saarbrücken und promovierte 1997 am Lehrstuhl für Statistik, Ökonometrie und Empirische Wirtschaftsforschung der Eberhard-Karls-Universität Tübingen über Volatilitätsprognosen mit Faktor-GARCH-Modellen. Von 1997-98 war er Risk Analyst bei der WestLB Düsseldorf und beschäftigte sich dort mit Methoden der Marktpreis- und Kreditrisikomessung. Seit 1999 ist er als Controller bei der HypoVereinsbank München zuständig für die Quantifizierung von Operational Risk für den HypoVereinsbank-Konzern.

Christoph Kesy war nach Abschluß des Studiums der Betriebswirtschaftslehre an der Ludwig-Maximilians-Universität München von 1997–1999 im Bereich Risikocontrolling der Hypovereinsbank in München tätig. Seit 1999 ist er wissenschaftlicher Mitarbeiter am Seminar für Kapitalmarktforschung und Finanzierung der Ludwig-Maximilians-Universität München mit dem Forschungsschwerpunkt Marktmikrostruktur des Wertpapierhandels.

Autorenverzeichnis XXVII

Dr. Jochen M. Kleeberg ist geschäftsführender Gesellschafter der alpha portfolio advisors GmbH in Bad Soden/Ts. Dort berät er institutionelle Anleger und Banken zu konzeptionellen Fragestellungen des Portfoliomanagements. Bis Ende 1996 leitete er die deutsche Niederlassung des US-Beratungsunternehmens BARRA International, wo er seit 1991 beschäftigt war. Herr Dr. Kleeberg ist Mitherausgeber des Handbuches Portfoliomanagement sowie Autor zweier Bücher und zahlreicher Aufsätze im Bereich Asset Management.

Prof. Dr. Claudia Klüppelberg ist Inhaberin des Lehrstuhls für Mathematische Statistik am Zentrum Mathematik der Technischen Universität München. Nach ihrem Studium zur Diplom-Mathematikerin und der Promotion zum Dr. sc. math. an der Universität Mannheim hatte sie fünf Jahre lang eine Oberassistentenstelle an der ETH-Zürich inne, wo sie sich habilitierte. Von 1995–1997 war sie Professorin für Angewandte Statistik am Fachbereich Mathematik der Universität Mainz. Zum SS 1997 folgte Prof. Claudia Klüppelberg einem Ruf an die TU München. Ihre Forschungsinteressen liegen innerhalb der Finanzmathematik in der Analyse von Finanzdaten, insbesondere im Hinblick auf das Risikomanagement.

Dr. Maximilian Koch, Associate, Stern Stewart (München), hat bei EVA® Projekten in Deutschland, in der Schweiz und in der Tschechischen Republik in den Bereichen Automobil, Dienstleistung und Pharma mitgearbeitet bzw. diese geleitet. Bevor er zu Stern Stewart kam, arbeitete Dr. Koch für die Credit Suisse im Bereich Investment Banking und schrieb gleichzeitig seine Dissertation über Management Buyouts in der Schweiz an der Hochschule St. Gallen. Anschließend war er in den Bereichen Business Development sowie Financial Planning & Analysis für GE Capital Europe in Brüssel tätig.

XXVIII   Autorenverzeichnis

Dr. Olaf Korn ist seit Oktober 1999 wissenschaftlicher Assistent am Lehrstuhl für Finanzierung der Universität Mannheim. Zuvor war er am Zentrum für Europäische Wirtschaftsforschung (ZEW), tätig. Seine Forschungsinteressen gelten dem Risikomanagement und der empirischen Kapitalmarktforschung.

Sven Koryciorz ist seit Oktober 1998 als Assistent von Prof. Albrecht am Lehrstuhl für Allgemeine Betriebswirtschaftslehre, Risikotheorie, Portfolio Management und Versicherungswirtschaft (Universität Mannheim) tätig. Dort beschäftigt er sich insbesondere mit versicherungswissenschaftlichen Fragestellungen.

Volker Kraß ist als Partner der Ernst & Young Consulting GmbH verantwortlich für die Beratung von Banken in Deutschland. Zuvor war er als Prokurist im Bereich Financial Services der KPMG Unternehmensberatung GmbH in Frankfurt in zahlreichen Projekten für die fachliche und technische Umsetzung von komplexen Fragestellungen im Bereich Risikomanagement und -controlling von Unternehmen des Industrie- und Bankensektors verantwortlich.

Dr. Matthias Kropp studierte nach einer Berufsausbildung zum Bankkaufmann an der Johann Wolfgang Goethe-Universität in Frankfurt am Main Betriebswirtschaftslehre. Nach dem Abschluß als Diplom-Kaufmann Ende 1991 war er als wissenschaftlicher Mitarbeiter am Lehrstuhl für Betriebswirtschaftslehre, insb. Bankbetriebslehre von Prof. Dr. Wolfram Engels tätig. Seit Mitte 1997 ist er als fachlicher Mitarbeiter im Bereich Financial Services der KPMG Deutsche Treuhand-Gesellschaft Aktiengesellschaft Wirtschaftsprüfungsgesellschaft beschäftigt.

Dr. Jürgen Krumnow ist Mitglied des Beraterkreises der Deutschen Bank AG und Berater von Arthur Andersen. Schwerpunkte seiner wissenschaftlichen Tätigkeit sind Instrumente der Gesamtbanksteuerung, Controlling, Risikomanagement in Banken, Bankenaufsicht sowie internationale Harmonisierung der Rechnungslegung. Dr. Krumnow ist Vorsitzender des Vorstandes des Deutschen Rechnungslegungs Standard Committees und Member of the Advisory Council des International Standards Committee.

Reinhard Kutscher ist seit November 1998 als Leiter der Unternehmenssteuerung bei der DG Bank Deutsche Genosenschaftsbank AG in Frankfurt am Main tätig. Zuvor war er Leiter der Abteilung Beratung Produktbereiche, die in einem umfassenden Ansatz das Risikocontrolling beinhaltet. Von 1993 bis 1997 leitete er die Zentraldisposition und davor fünf Jahre den Aktienderivatehandel. Weiterhin sammelte Reinhard Kutscher Erfahrungen als Zinsderivatehändler und als Mitarbeiter im zentralen Controlling.

XXX Autorenverzeichnis

Dr. Frank B. Lehrbass ist Prokurist bei der Westdeutschen Landesbank Girozentrale. Er beendete 1992 sein VWL-Studium und 1995 seine Promotion. Seit 1994 veröffentlichte er diverse Publikationen. Von 1994 bis 1995 war er DAX-Derivate Händler bei der WestLB und von 1995 bis 1998 Financial Engineer bei der WestLB. Dort war er zuständig für die Entwicklung von Intraday-Handelssystemen für den DAX- und Bund-Future (Projektleitung), die Bewertung von Derivaten und C++ Programmierung. Seit 1998 ist er Leiter der Analytics/Systems im Zentralen Kreditmanagement und befasst sich mit dem Aufbau einer Portfoliosteuerung von Ausfallrisiken.

Prof. Dr. Hermann Locarek-Junge studierte in Augsburg Betriebswirtschaftslehre mit dem Schwerpunkt Bank- und Finanzwirtschaft. Nach einem Traineeprogramm bei der Bayerischen Hypotheken- und Wechselbank, München, war er Assistent am Lehrstuhl für Statistik der Universität Augsburg. Nach der Promotion 1987 folgte er 1990 einem Ruf an die Universität GH Essen auf eine Professur für Wirtschaftsinformatik, insbes. Betriebliche Kommunikationssysteme. Seit 1995 ist er Inhaber des Lehrstuhls für Finanzwirtschaft an der TU Dresden. Seine Interessengebiete sind Electronic Banking und Internet-Nutzung, Derivate und Marktrisiko-Management sowie Anwendungen der Statistik im Finanzbereich.

Edgar Meister hat 1969 das zweite juristische Staatsexamen abgelegt. Seit 1993 ist er Mitglied des Direktoriums der Deutschen Bundesbank und in dieser Eigenschaft verantwortlicher Dezernent für die Bankenaufsicht. Parallel hierzu ist Herr Meister seit 1998 Vorsitzender des Ausschusses für Bankenaufsicht des Europäischen Systems der Zentralbanken (ESZB). Des weiteren war er in den Jahren 1991 bis 1993 Minister der Finanzen in Rheinland-Pfalz.

Dr. Michael Mohr ist seit 1995 Referent im Risikocontrolling Handel der Landesbank Hessen-Thüringen Girozentrale in Frankfurt am Main. Zuvor war Herr Dr. Mohr als Handlungsbevollmächtigter im Quantitativen Research der Bank in Liechtenstein Asset Management GmbH (jetzt INVESCO) und in der Abteilung Produktentwicklung des Bankhauses Sal. Oppenheim jr. & Cie KGaA beschäftigt. Seit 1994 publiziert er regelmäßig zu finanzmathematischen Fragestellungen in der Zeitschrift „Die Bank".

Dr. Andreas Müller ist seit 1998 als Underwriter im Geschäftsbereich Financial Reinsurance/ART der Münchener Rückversicherungs-Gesellschaft tätig und für verschiedene asiatische Märkte zuständig. Nach dem Abschluß zum Diplom-Kaufmann an der Ludwig-Maximilians-Universität München 1995 war er drei Jahre wissenschaftlicher Assistent am Institut für Betriebswirtschaftliche Risikoforschung und Versicherungswirtschaft der LMU München und promovierte dort 1998 über den Bereich Lebensversicherung.

Axel Müller-Groeling ist Ph.D. in Physik und Privatdozent an der Universität Heidelberg. Er hat zahlreiche wissenschaftliche Artikel in internationalen Zeitschriften veröffentlicht. Als Berater von McKinsey im Bereich Risikomanagement hat er insbesondere Kreditrisikomessverfahren entwickelt und implementiert.

XXXII Autorenverzeichnis

Dr. Thomas K. Naumann studierte nach der Ausbildung zum Bankkaufmann Betriebswirtschaftslehre mit den Schwerpunkten Treuhandwesen, Bankbetriebslehre und Controlling an der Universität Frankfurt am Main. Seit der Promotion ist er im Bereich Financial Services der KPMG Deutsche Treuhand-Gesellschaft Aktiengesellschaft Wirtschaftsprüfungsgesellschaft tätig. Er betreut international tätige Kreditinstitute und ist auf Fragen der Bankbilanzierung, des Risikomanagements und der internationalen Rechnungslegung spezialisiert. Er ist Verfasser zahlreicher Fachaufsätze sowie Mitglied diverser Fachgremien, darunter des Arbeitskreises „Banken" der DVFA und des Arbeitskreises „Financial Instruments" des DRSC.

Susanne Niethen ist seit September 1995 Beraterin bei McKinsey & Company, Inc. mit dem Schwerpunkt Risikomanagement. Seit März 1998 promoviert sie an der Universität Witten/Herdecke mit dem Thema „Messung von Kreditrisiken". Zuvor war sie 6 Monate als Assistentin an der Rheinischen Friedrich Wilhelms Universität in Bonn tätig, wo sie von 1988 – 1995 Mathematik studierte.

Dr. habil. Dirk Jens Nonnenmacher ist als Head of Risk Methodology Trading, Dresdner Bank, zuständig für methodische Fragen des Markt- und Kreditrisikos aus Handelsgeschäften. Insbesondere verantwortet er das interne Modell zur Eigenkapitalunterlegung von Marktrisiken. Daneben lehrt er an den Universitäten Ulm, wo er sich 1993 habilitierte, sowie San Diego, USA. Er war maßgeblich an der Konzeption und Einführung der aktienindexgebundenen Lebensversicherung in Deutschland beteiligt.

Dr. Ludger Overbeck arbeitet im Risikomanagement der Deutschen Bank. Sein Arbeitsgebiet sind quantitative Fragestellungen in der Kreditrisikomodellierung, insbesondere Portfoliomodelle. Zuvor war er als Bundesbankangestellter der Landeszentralbank in Düsseldorf in der Bankenaufsicht für die Prüfung bankinterner Marktrisikomodelle zuständig. Zudem ist er Privatdozent an der mathematischen Fakultät der Universität Bonn.

Morten Bjerregaard Pedersen ist seit 1994 bei der SimCorp A/S in Kopenhagen tätig. Er studierte Mathematik und Wirtschaftswissenschaften an der Odense Universität (Dänemark) und erwarb 1994 dort seinen Master of Science in Mathematics and Economics. Seit 1994 beschäftigt er sich bei SimCorps Financial Research Department mit Risk-Management-Systemen und Problemen bei der Bewertung von Wertpapieren. Seine Forschungsinteressen liegen im Bereich der Zinsstrukturmodelle, insbesondere des Pricings exotischer Derivate.

Dr. Andreas Peter ist als Manager im Bereich Financial Services Industry der Ernst & Young Consulting GmbH in München tätig. Sein Aufgabenschwerpunkt umfasst die Bereiche Risikomanagement und -controlling mit Fokus auf die Steuerung operationeller Risiken. Zuvor war er als Gruppenleiter im Stabsbereich Controlling der Zentrale der Deutsche Bank AG in Frankfurt tätig, wo er sich schwerpunktmäßig mit der Konzeption, Weiterentwicklung und Betreuung von bankinternen Management Reports befasste.

XXXIV   Autorenverzeichnis

Dr. Michael Pfennig ist Senior Associate im Frankfurter Büro der European Corporate Finance & Strategy Practice von McKinsey&Company. Nach seiner Promotion als wiss. Mitarbeiter am Seminar für Kapitalmarktforschung und Finanzierung von Prof. Rudolph in München war Hr. Dr. Pfennig zuvor in der Abteilung Corporate Risk Management der Siemens AG schwerpunktmäßig mit dem Aufbau eines unternehmensweiten Risikomanagements beschäftigt.

Prof. Dr. Andreas Pfingsten ist seit 1994 Direktor des Instituts für Kreditwesen der Universität Münster. Zu seinen Hauptarbeitsgebieten zählen derzeit Risikomessung und -management, Bankkalkulation und -steuerung sowie aufsichtsrechtliche Fragen des Bankgeschäfts. Gemeinsam mit den Kollegen Hartmann-Wendels (Köln) und Weber (Mannheim) hat er 1998 ein Lehrbuch zur Bankbetriebslehre publiziert. Herr Pfingsten ist Mitglied der Nordrhein-Westfälischen Akademie der Wissenschaften und des Oliver Wyman Institute.

Dr. Carsten Prussog studierte Wirtschaftsingenieurwesen/ Maschinenbau an der Technischen Universität Darmstadt. 1995 trat er bei The Boston Consulting Group ein, wo er nach verschiedenen Projekten in der Industrie heute als Projektleiter, spezialisiert auf den Finanzdienstleistungsbereich, beratend tätig ist. Er ist Mitglied der Praxisgruppen Corporate Development und Financial Services. 1997 promovierte er am Institut für Controlling bei Prof. Thomas Günther zum Thema wertorientierte Risikoabbildung und -steuerung in Banken.

Autorenverzeichnis   XXXV

Christoph Rechtien ist nach der Ausbildung zum Mathematisch-technischen Assistenten an der RWTH Aachen und dem Studium der Wirtschaftsinformatik an der Universität Münster als externer Doktorand am Institut für Kreditwesen der Universität Münster tätig. Seit Beginn seines Studiums arbeitet er zudem als freier Mitarbeiter in der Software-Entwicklung bei der Gesellschaft für automatische Datenverarbeitung (GAD) in Münster.

Dr. Thomas Ridder ist seit 1994 Mitarbeiter der SGZ-Bank AG, zunächst in der Researchabteilung verantwortlich für die Entwicklung quantitativer Methoden. Seit 1998 leitet er die Arbeitsgruppe Bilanzstruktur-/ Risikomanagementberatung, die Finanzinstitute in konzeptionellen, methodischen und operativen Fragen der Banksteuerung und des Risikomanagements unterstützt.

Sven Rieso hat nach seiner Ausbildung zum Bankkaufmann Betriebswirtschaftslehre mit den Schwerpunkten Betriebswirtschaftslehre der Banken und Betriebliche Finanzwirtschaft an der Westfälischen Wilhelms-Universität Münster studiert. Seit Mai 1998 ist er als wissenschaftlicher Mitarbeiter am Institut für Kreditwesen der Universität Münster tätig. Seine Hauptarbeitsgebiete umfassen die nationale und internationale Rechnungslegung und das Risikomanagement.

XXXVI   Autorenverzeichnis

Dr. Herold C. Rohweder ist Geschäftsführer der Allianz Kapitalanlagegesellschaft mbH sowie der Allianz Asset Advisory and Management GmbH in München und verantwortet den Bereich Allianz Quantitative Asset Management. Zuvor war er als Leiter des Portfoliomanagements im Bereich Finanzen/Wertpapiere für die Allianz Versicherungs-AG tätig. Von 1989 bis 1995 war er als Portfoliomanager bei der Allianz Kapitalanlagegesellschaft mbH beschäftigt. Er hat nach einer Ausbildung zum Bankkaufmann an den Universitäten von Nürnberg, Detroit, Tucson und Kiel ein Studium der Volkswirtschaftslehre absolviert.

Prof. Dr. Bernd Rolfes ist Leiter des Fachgebietes Banken und Betriebliche Finanzwirtschaft sowie Direktor des Europäischen Instituts für Finanzdienstleistungen an der Gerhard-Mercator-Universität – GH Duisburg. Außerdem fungiert er als Sprecher der Professoren für Betriebswirtschaftslehre und als Vorstandsvorsitzender der Gesellschaft zur Förderung der Kredit- und Geldwirtschaftlichen Forschungsstellen. Des weiteren ist er Gesellschafter der Unternehmensberatung zeb/rolfes.schierenbeck. associates in Münster.

Prof. Dr. Bernd Rudolph promovierte nach dem Studium der Volks- und Betriebswirtschaftslehre zum Dr. rer. pol. und habilitierte sich 1978 an der Universität Bonn. Von 1979 bis 1993 war er Professor an der Universität Frankfurt: Lehrstuhl für Betriebswirtschaftslehre, insbes. Kreditwirtschaft und Finanzierung, seit 1991 Direktor des Instituts für Kapitalmarktforschung. Seit 1993 ist er Leiter des Seminars für Kapitalmarktforschung und Finanzierung an der Ludwig-Maximilians-Universität München. Die zahlreichen Veröffentlichungen von Professor Rudolph beziehen sich u.a. auf die Gebiete Risikomanagement für Markt- und Kreditrisiken, Bankenregulierung, Derivative Finanzinstrumente, Wertpapier- und Portfolioanalyse sowie Corporate Finance.

Autorenverzeichnis XXXVII

Dr. Gerhard Scheuenstuhl studierte Wirtschaftsmathematik mit Schwerpunkt Finanzierung an der Universität Ulm und angewandte Mathematik an der University of Southern California (USC), Los Angeles. Von 1992 bis 1999 war Dr. Scheuenstuhl als Projektleiter am Schweizerischen Institut für Banken und Finanzen (s/bf) der Universität St. Gallen tätig. Im April 1999 wechselte er als Abteilungsdirektor in die Risklab GmbH – Private Research Institute for Financial Studies. Der Schwerpunkt seiner Forschungsinteressen liegt auf dem Gebiet des finanzwirtschaftlichen Risikomanagements mit Optionen.

Dr. Christian Schlenger ist geschäftsführender Gesellschafter der alpha portfolio advisors GmbH in Bad Soden/Ts. Dort berät er institutionelle Anleger und Banken zu konzeptionellen Fragestellungen des Portfoliomanagements und des Risikomanagements. Zuvor war er seit 1994 im Spezialfondsgeschäft der Oppenheim Kapitalanlagegesellschaft mbH in Köln tätig. Herr Dr. Schlenger ist Autor des Buches „Aktives Management von Aktienportfolios" und zahlreicher weiterer Veröffentlichungen in Fachzeitschriften und Büchern. Außerdem ist er Mitglied der Association für Investment Management and Research (AIMR).

Dr. Michael Schroeder ist theoretischer Physiker. Nach seiner Promotion in der statistischen Physik arbeitete er bei der Dresdner Bank in Frankfurt im Rentenhandel (Strukturierte Produkte/Zinsderivate). Bei der ConEnergy AG ist er für die quantitativ orientierten Fragestellungen im Riskmanagement/Pricing verantwortlich.

Dirk A. Schubert studierte nach dem Abitur Betriebswirtschaft und Mathematik an der Johann-Wolfgang von Goethe Universität in Frankfurt am Main. Zur Zeit arbeitet er als fachlicher Mitarbeiter im Bereich Financial Services bei der KPMG Deutsche Treuhand-Gesellschaft Aktiengesellschaft Wirtschaftsprüfungsgesellschaft und ist Doktorand am Fachbereich Wirtschaftswissenschaften der Johann Wolfgang von Goethe-Universität in Frankfurt am Main.

Alexandra Schumacher, Jahrgang 1972, studierte Mathematik und Informatik an der CvO-Universität Oldenburg, am University College Dublin und der Humboldt-Universität zu Berlin, an der sie 1997 ihr Diplom im Bereich der Stochastischen Analysis erwarb. Seit 1997 ist sie in der SimCorp GmbH in Bad Homburg tätig und dort Mitglied der Financial Tools Group, die sich mit der praktischen Anwendung von finanzmathemtischen Methoden beschäftigt und als Schnittstelle des Financial Research Departments zum deutschen Markt fungiert.

Gerhard Stahl, Oberregierungsrat ist seit 1995 im BAKred für die Durchführung von Vor-Ort-Prüfungen interner Modelle sowie Grundsatzfragen zur Stochastik interner Risikomodelle verantwortlich. Davor war er Assistent am Institut für International vergleichende Wirtschafts- und Sozialstatistik, Heidelberg. Seine aktuellen Forschungsschwerpunkte sind Stochastische Methoden des Risikomanagements, Regulatorische Statistik, Stochastik von Finanzzeitreihen. Herr Stahl ist korrespondierendes Mitglied des Sonderforschungsbereiches 373 „Quantification and Simulation of Economic Processes" der Humboldt-Universität zu Berlin, und Lehrbeauftragter an der Humboldt-Universität.

Autorenverzeichnis XXXIX

Prof. Dr. Manfred Steiner studierte nach mehrjähriger Tätigkeit im Bankwesen Betriebswirtschaftslehre an der Universität München. Er promovierte und habilitierte an der Universität Augsburg. Nach zahlreichen Berufungen an Universitäten im In- und Ausland und einer langjährigen Tätigkeit an der Universität Münster wurde er 1994 an die Universität Augsburg auf den Lehrstuhl für Finanz- und Bankwirtschaft berufen. Prof. Steiner ist Verfasser von Lehrbüchern aus dem Bereich der Finanzierung und des Wertpapierwesens sowie zahlreicher Aufsätze aus den Gebieten des Finanz- und Rechnungswesens.

Neal Stoughton erwarb seinen PhD an der Stanford University. Er war anschließend an der University of British Columbia und ist heute an der University of California at Irvine tätig. Sein Forschungsschwerpunkt liegt in den Bereichen Unternehmensfinanzierung und Kapitalstruktur, Unternehmensfusionen, Vergütungssystemen und Risikomanagement.

Mario Straßberger studierte ab 1991 in Dresden und Wolverhampton Betriebswirtschaftslehre mit den Schwerpunkten Finanzwirtschaft, Geld/Kredit und Währung sowie Controlling. Seit 1998 ist er Promotionsstipendiat der Studienstiftung des deutschen Volkes und wissenschaftliche Hilfskraft am Lehrstuhl für Finanzwirtschaft der TU Dresden. Seine Interessengebiete sind Global Trading bei Finanzinstituten, Derivate und Marktrisiko-Management.

Uwe Traber studierte Volkswirtschaftlehre an der Freien Universität Berlin und war anschließend bei Kreditinstituten und Wirtschaftsprüfungsgesellschaften tätig. Im Bundesaufsichtsamt für das Kreditwesen war er für die Neufassung des Grundsatzes I verantwortlich; seit 1996 leitet er die Modellprüfungsgruppe.

Hans-Jürgen Vogt ist als Senior Manager im Bereich Financial Services Industry der Ernst & Young Consulting GmbH in München tätig. Dort leitet er derzeit mehrere Projekte mit Schwerpunkt in den Bereichen Treasury, Risikomanagement und -controlling sowie Bankenaufsichtsrecht. Weiterhin ist er verantwortlich für die Entwicklung des bereichsinternen Fachthemas Risikomanagement. Zuvor war Herr Vogt bei der KPMG Unternehmensberatung GmbH sowie der Dresdner Bank AG tätig.

Henning Vollbehr studierte ab 1991 in Kiel Mathematik. Dort war er ab 1995 am Lehrstuhl für praktische Mathematik von Prof. Kosmol als Übungsleiter tätig. Seit 1999 ist er wissenschaftlicher Mitarbeiter am Lehrstuhl für Finanzwirtschaft der TU Dresden. Seine Interessengebiete sind quantitative Verfahren im Risikomanagement und Anwendungen der Statistik im Finanzbereich.

Autorenverzeichnis XLI

Reinhold Vollbracht kam nach dem Studium der Betriebswirtschaftslehre zur Deutschen Bundesbank, wo er in verschiedenen Positionen in der Hauptabteilung Banken tätig war. Seit Herbst 1998 ist er dort zuständig für Grundsatzfragen internationaler Eigenkapitalregelungen. Reinhold Vollbracht befaßt sich dabei schwerpunktmäßig mit der Überarbeitung des Baseler Kapitalakkords und den korrespondierenden Regelungen auf EU-Ebene.

Dr. Ralf Wagner ist im Riskmanagement bei der ConEnergy AG tätig. Nach dem Studium der Volkswirtschaftslehre an der Universität Heidelberg arbeitete er am Lehrstuhl Volkswirtschaftslehre, insbesondere Umweltökonomie, der TU Cottbus, wo er zum Thema „Monetäre Umweltbewertung mit der Contingent Valuation-Methode" promovierte.

Prof. Dr. Mark Wahrenburg studierte von 1982 bis 1988 an den Universitäten Göttingen, Pennsylvania State und Köln. 1992 war er für McKinsey im Bereich Risikomanagement für Banken tätig. Seit 1993 ist er Mitarbeiter von American Management Systems im Bereich Markt- und Kreditrisikomanagement. Von 1995 bis 1997 war Prof. Wahrenburg Lehrbeauftragter und von 1997 bis 1999 Inhaber des Lehrstuhls für Finanzierung und Kapitalmarkttheorie an der Universität Witten/Herdecke. Seit 1999 ist er Inhaber des Lehrstuhls für BWL, insbesondere Bankbetriebslehre an der Universität Frankfurt.

XLII   Autorenverzeichnis

Wolfgang F. Walther ist als Market Risk Manager zuständig für das Controlling der Marktpreisrisiken aus dem Eigenhandel der Citibank in Deutschland. Herr Walther ist seit 1968 im Citicorp Konzern in verschiedenen Positionen in den Bereichen Kredit, Firmenkundenbetreung, Ergebniscontrolling, Kreditkartengeschäft sowie Finanz- und Rechnungswesen tätig – seit 1990 im Risikomanagement.

Matthias-Wilbur Weber, Vice President, Stern Stewart (München), verantwortet die Bereiche Financial Institutions und Telecommunications. In früheren Tätigkeiten arbeitete er u.a. für die strategische Konzernplanung der Deutschen Bank und war Projektmanager bei Coopers & Lybrand. Bei der Deutschen Bank war er für die strategische Planung der Versicherungsbeteiligungen, des Treasury/ Corporate Center und des Industrieportfolios verantwortlich. Bei Coopers & Lybrand leitete er Projekte in Deutschland, Frankreich, Großbritannien und Spanien.

Thomas C. Wilson ist Divisional Chief Risk Officer bei Swiss Re New Markets. Zuvor war Tom Wilson als Partner bei McKinsey & Company in New York, London und Zürich für den Bereich Firm's Global Risk Management Practice verantwortlich. Herr Wilson ist Autor einer Reihe von Artikeln im Bereich Risikomanagement von Markt-, Kredit- und Versicherungsrisiken. Er erwarb seinen PhD in Volkswirtschaft an der Stanford University und seinen Bachelors in Business Administration an der U.C. Berkeley.

Autorenverzeichnis XLIII

Dr. Rudi Zagst studierte Wirtschaftsmathematik an der Universität Ulm. Nach seiner Dissertation im Bereich der stochastischen dynamischen Optimierung ging er zur Bayerischen Hypotheken- und Wechsel-Bank AG. Hier war er als Leiter der Abteilung Produktentwicklung im Institutional Investment Management tätig, bevor er als Leiter Consulting zu Allfonds International Asset Management GmbH wechselte. Heute ist er Geschäftsführer der Risklab GmbH – Private Research Institute for Financial Studies. Seit 1992 nahm er verschiedene Lehraufträge der Universitäten Ulm und St. Gallen wahr.

Josef Zechner war von 1985 bis 1990 Assistant Professor an der University of British Columbia (UBC), Kanada, und von 1990 bis 1993 Associate Professor (Tenured) an der UBC. Seit 1993 ist er Ordinarius an der Universität Wien, Lehrstuhl für Finanzwirtschaft und Banken, und seit 1996 Research Fellow des Center for Economic Policy Research (CEPR). Von 1997 bis 1998 war er Präsident der European Finance Association. Er ist Mitherausgeber des European Finance Review, Financial Management und des German Economic Review.

Dr. Franz-Christoph Zeitler studierte Rechtswissenschaften in München, Lausanne und Oxford (Stipendiat der Stiftung Maximilianeum und des Cusanuswerkes). Er war anschließend wissenschaftlicher Mitarbeiter an der Universität Augsburg bei Prof. Blumenwitz und promovierte im Verfassungs- und Völkerrecht. Ab 1975 war er in der Steuerabteilung des Bayerischen Staatsministeriums der Finanzen, zuletzt als Leiter tätig. Von 1991 bis 1995 war er Staatssekretär im Bundesministerium der Finanzen mit Schwerpunkt Steuern und Abgaben. Seit 1995 ist Dr. Zeitler Präsident der Landeszentralbank im Freistaat Bayern und Mitglied des Zentralbankrates des Deutschen Bundesbank.

Stichwortverzeichnis

A

Abschreibungspotenzial 1123
Abschreibungsrisiko 1021
Absicherungsverhältnis
- optimales 1183
Abzinsungsfaktor 117
Adressenausfallrisiko 409, 924
Aktienanleihe 146
Aktienanteil 1155
Aktienbasket 124
Aktienfondsanteile 124
Aktienindex 124
Aktienindex-Zertifikate 124
Aktienquote 995 f.
Alpha 998
Alternative Investments 1161
Anleihe 127
- Anleihe mit Annuitätenzahlung 128
- Bewertung von ausfallgefährdeten Anleihen 613
- festverzinsliche 127
- variabel verzinsliche 128
Anreizgestaltung
- effiziente 1341
Approximationstechnik
- höherdimensionale 804
AR(1) 232
Arbitragefreiheit 118
ARCH (1) 232
ARCH (p) 232
Asienkrise 592
Asset Allocation
- dynamische 1031
- strategische 976, 988
- taktische 976, 997
Asset Backed Securities Struktur 379
Asset Management 1149
Asset Value Modelle 499
Asset/Liability-Management 993, 1087, 1109
Ausfall-/Konkursrisiko 1142
Ausfallkorrelation 461, 477 ff., 487, 494
Ausfallquote 571
Ausfallrate 499
- erwartete 526
Ausfallrisiko 493
- optionspreistheoretische Modelle zur Bewertung von Ausfallrisiken 477
Ausfallrisikoprozess 409
Ausfallswahrscheinlichkeit 695
- für einen Einzelkredit 474

B

Backtesting 783, 927
- clean 292
Backwardation 1177, 1179
Barwert 117
Baseler Ausschuss für Bankenaufsicht 7
Basisinstrumente 113
Basisrisiko 55
Baummethoden 1229
Benchmark 997
Berufsständische Versorgungswerke 975

Bewertungseinheit 330
Bezugsrechte 125
BGM-Modell 153
Binomialtest 298
Black / Scholes-Modell
    im Kreditrisikomanagement 547
Bond Future 129
Bond Option 130
Bonitätsprüfung 435
Bonitätsrisiko 687
Bonusbank 1348
Bootstrap 317
Bund-Futurekontrakt 129
Business Risk Model 1301

- langfristiger Marktrisiken 1059
Convenience Yield 1179, 1227, 1242
Corporate-Bond-Märkte 388
Crash-Szenario 713
Credit Default Swap 364
Credit Fee Kalkulation 414
Credit Linked Notes 367, 385
Credit Risk Management & Trading
    Einheit 412
Credit Risk$^+$ 401
Credit Spread Option 365
CreditMetrics 401
Credit-Value-at-Risk 417, 428 ff.
Cross Currency Swap 138

C

Callable Bond 145
Cap 138
Caplets 138
Cash and Carry-Arbitrage 119
Cash-Flow-at-Risk 1282, 1300
Cash-Flow-at-Risk-
    Simulationsmodelle 1283
Cash-Flow-Exposure 1278, 1288
Chief Risk Officer 1099
Clean Price 129
Cluster
- in den Extrema 230
Collar 139
Collateralized Loan Obligations 385
Commercial-Paper 381
Commercial-Paper-Märkte 388
Contango 1179
Contributory Capital 932
Controlling 689

D

DAX-Option 732
Default-Mode-Modelle 462 f.
Dekompositionsaxiom 104
Delta-Approximation 182
Delta-Gamma-Approximation 182
Delta-Normal Ansatz 297, 306, 1246
Derivate 113
- Pricing von Derivaten 153
Dirty Price 129
Diskontfaktor 117
Diskontpapiere 135
Diskriminanzanalyse
- multivariate 440, 442
- univariate 440 ff.
Diskriminanzkriterium 443, 943
Downside-Risiko 88 ff.
Downside-Risikomaß 98
Duration-Mapping 273

E

Economic Profit 922
Economic Value Added 883, 1336, 1342
Eigenkapital 686
- nach IAS 691
Eigenkapitalkosten 894
Einzelrisiko 922
Erfüllungsrisiko 410
Eurobond-Märkte 612
Exposure 462, 465, 474, 484, 487
- ökonomisches 1268
Exposure Management 927
Exposurekomponenten 1278
Exposurequantifizierung 411
Exposureschätzung
- mit Cash-Flow-Daten 1276
- mit Kapitalmarktdaten 1271
Exposure-Zeitprofil 410
Extremwerttheorie 219
Extremwertverteilungen 224
Exzessfunktion 229

F

Fehlerkorrekturmodelle 1259
Financial Instrument
- dualistischer Ansatz zur Abbildung von Financial Instruments 339
- monistischer Ansatz zur Abbildung von Financial Instruments 338
Finanzintermediär 685
Finanzprodukte
- strukturierte 145
Finite-Risk Rückversicherung 1085
Floor 138

Floorlets 138
Fokusaxiom 98
Forderungen
- Verbriefung von Forderungen 764
Forward 140
Forward Rate Agreements 135
Future 142
- constant maturity 1249
Future Style Optionen 142

G

GARCH (p,q) 232
Geld- und Währungspolitik 9
Geldforderung
- Abbildung im Jahresabschluss 326
Geldmarktinstrumente 134
Gini-Koeffizient 91
Goodness-of-Fit Test 303
Grenzrisikokapital 40
Grenzwertsatz (für Martingale) 310
Grundsatz I 56, 776

H

Haltedauer 183
Handelslimit 841, 843
Hedge Ratio 67
Historische Simulation 183, 731
Homogenitätsaxiom 101
Hyperfläche 817

I

Immobilienpreise 562, 571

Information Ratio 998, 1005
Informationssystem
- Verbesserung des Informationssystems 1341
Insolvenz des Kreditnehmers 554 f.
Instrumente
- derivative und traditionelle 705
Invarianz 101
Irrtumsrisiko 1107
Isobarwertflächen 818

K

Kalibrationskriterium
– einfaches 296, 309
Kalibrationskurve 309
- empirische 309
Kapital
- ökonomisches 692, 930, 933
Kapital-Akkord 757
Kapitalallokation
- risikobasierte 1124
Kapitalmarktspread 582, 585, 587 ff., 593
Kassegeschäft 113
Kennzahlenanalyse 436
Komplexitätsrisiko
- bei neuen Anlageformen 1065
KonTraG (Gesetz zur Kontrolle und Transparenz im Unternehmensbereich) 11, 17, 684
Korrelation 117
- von Recovery Rates 494
- Forward-LIBOR-Korrelationen 154
Kostenvorteile 1076, 1080
Kovarianzmethode 182

Kredit
- C&I-Kredit 380
- syndizierter 354, 379, 381
Kreditäquivalent 526, 695
Kreditderivate 8, 363, 384, 409
Kreditkostenkalkulation 412
Kreditportfolio 6, 554
Kreditportfoliosteuerung 409
Kreditrisiko 409, 492
- Analyse, Optimierung und Steuerung des Kreditrisikos 486
- in Versicherungsunternehmen 1062
- Portfoliosteuerung von Kreditrisiken 621
Kreditrisikofaktoren 418
Kreditrisikomarge 409
Kreditrisikomessung 418
Kreditrisikomodell 767
- auf Portfolioebene 417
- Validierung von Kreditrisikomodellen 314
Kreditsicherheiten 554
Kreditverbriefung 368
Kreditverkäufe 357
Kreditvolumen 693
Kreditwürdigkeit 1142
Kronecker-Produkt 798, 809 ff., 815
Künstliche Neuronale Netze 448
KWG
- sechste Novellierung des KWG 323

L

Länderrisiko 580 ff., 612
Leverage 1144
LIBOR-Marktmodell 153

Limit 838, 841
Limitsteuerung 838 ff., 842
Limitsystem 783, 790
Lipschitz-Stetigkeit 101
Liquiditätsrisiko 924
Long Arbitrage 119
Long-Call 739
Long-Put 745
Long-Short-Portfolio 992
Loss Reserve Risk 1107
Lower Partial Moment 945, 948
- Null 98
LTCM 220

M

Makro Hedging 928
Mapping 788
- durch Hauptkomponenten 283
- eindimensionales 276
- mehrdimensionales 281
Mappingrisiko 278
Mappingverfahren 270, 292
Market Value Added 1342
Marktbewertung
- modifizierte 332
Marktdaten 154
Marktdisziplin 771
Mark-to-Market 292, 707
Mark-to-Market-Modell 462 f.
Mark-to-Model 292
Marktrisiko 687, 924
- spezifisches 768
Marktwert 1147
Marktwertorientierter Verlustbegriff 329

Merit order 1215
Mindestkapitalkoeffizient 756
Minimum-VaR-Portfolio 986
Mittelwerte
- bedingte 295
Modellalternative 776 ff.
Modellrisiko 731, 735, 751, 1253
Modellzulassungsverfahren 783
Monotonieaxiom 102
Monotoniesensitivitätsaxiom 103
Monte-Carlo-Simulation 154, 182, 624, 731, 1229
- Structured Monte Carlo 1251
Mortgage Backed Securities 393
Multi-Faktor-Modell von Heath, Jarrow und Morton 152
Multiple Trigger Konzepte 1086
Mustererkennung 445

N

Nicht-Negativitätsaxiom 98
No-Arbitrage 614
Normierungsaxiom 98
Nullkupon-Anleihe 128
Nutzenfunktion
- konkave 944

O

Operational Risk 657, 634, 687, 924
- Bottom up-Zugänge zum Management von Operational Risk 661
- Datenbeschaffung 647
- Definition und Abgrenzung von Operational Risk 636

- Kategorisierung von Verlusten aus Operational Risk 646
- Management von Operational Risk 651
- Management-Entscheidungsmatrix 639, 651
- Methoden zur Messung von Operational Risk 640
- Quantifizierung der Operational Risk 670
- Top down-Zugänge zum Management von Operational Risk 659
- Ursachen für Verluste aus Operational Risk 639

Operationelles Risiko
→ siehe Operational Risk

Operatives Risiko
→ siehe Operational Risk

Option 114
Optionsschein 125
Organisation
- Aufbau- und Ablauforganisation 782

Over-the-Counter-Geschäft 708

P

Panelstruktur 312
Parameterschätzung 183
Paretoverteilung
- verallgemeinerte 226
Partial use 780 f., 784
Pensionskasse 975
Performanceindex 124
Performancemessung 1004
Periodisierbarkeit wirtschaftlicher

Renditebestandteile 335
Phasenraumdiagramm 820 f.
Planungstechniken bei Unsicherheit 56
Poissonprozess 226
Portfolio
- uniformes 316
Portfolio Insurance 839, 1158
Portfolio Modell 315
Portfolioabsicherung 956
Portfolio-Ansatz 333
Portfoliomanagement 975
- aktives 997
Portfoliooptimierung 965
Portfoliooptimierungsproblem 952
Portfoliorendite 1139
Portfoliorisiko 922, 1139
Portfolio-Sequenzen 314
POT-Methode 225
Prämienrisiko
- physisches 1257
Präquential-Prinzip
- schwaches 309
Präquentieller Ansatz 308
Preisindex 124
Prequential 309
Pre-Settlement Exposure 721
Price Forward-Curves 1214, 1225
Profilanalyse 442
Prognoseintervall 295
Prognoseverteilung
- bedingte 291
Prozesskalkulation
- analytische 914
Prozesskostenrechnung
- dispositionsbezogene 910
Prüfungsfelder 785, 787

Putable Bond 145

Q

Q-Q-Plots 307
Quadratwurzel-T-Formel 837
Quantilschätzer 221

R

RAROC 694, 922, 1005, 1134 f.
Rating 1141
- externes 759
- internes 765
Ratingänderung 554 f.
Ratingänderungsrisiko 493
Ratingklasse 926
Rating-Lücke 762
Recovery Rate 419, 463, 465, 470 f., 474, 478, 487
Regressionsanalyse 437, 1271
Regulatory Capital Arbitrage 764
Regulierungskapital 692, 883 f.
Reporting- und Frühwarnsystem 669
Residualrisiko 1001
Resolution 296
Reverse Cash and Carry-Arbitrage 119
Risiko 88
- Aggregierbarkeit verschiedener Risiken 864
- der Betriebsbereiche 854
- der Wertebereiche 854
– ökonomisches 884
- systematisches 1340
– unsystematisches 1340

Risikoadjustierte Performance-Steuerung 1125
Risikoanalyse 26
Risikobericht 715
Risikocontrolling 17, 725
- Phasen des Risikocontrollings 1058
Risikodiversifikation 920
Risikofähigkeit 1135
Risikofaktor 115
- Erfassung der Risikofaktoren 782
Risikofaktormapping 273
Risikofinanzierung 1079, 1099
Risiko-Fragebogen 1315
Risikointermediär 685
Risikokapital 1135
- ausgenutztes 40
Risikokapitalallokation 882 f.
Risikokennzahl 588, 593, 596, 605
Risikokosten 930, 1078, 1080, 1087
Risikolimit-Struktur 689
Risikomanagement 6
- Instrumente eines integrierten Risikomanagements 1083
- integriertes 1075
- kurzsichtiges 53
Risikomanagement-Prozess 1308
Risikomaß
- kohärentes 291
Risikomessung und –analyse 922
Risikomodell
- adäquates 297
- Anforderungen an interne Risikomodelle 778
Risikooptimierung 685
Risikoprämie 1017
Risikoquantifizierung 946
Risikosteuerung 951, 960

Risikostreuung
– intertemporale 75
Risikotransfer 1093
Risiko-Workshop 1316
Risk Based Capital-Anforderungen 1122
Risk Engine 1303
RiskMetrics-Projektion 276
Roll Over Strategie 71
Rolling nearby-Verfahren 1248
RORAC 873, 1124, 1133, 1135
Rückversicherung 1090
Rückzahlungsquote
- erwartete 526

S

Safety-First-Prinzip 987
Schadensverteilung
- bedingte 483 ff., 487
Schätzrisiko 480
Schulden
- Bewertung im Jahresabschluss 328
Schuldscheindarlehen 133
Scoring Regeln 310
Scoringfunktion 311
Selbstliquidationsperiode 79
Sen-Index 92
Sensitivität 102
Sensitivitätsanalyse 28, 709
Sensitivitätskennzahlen 689
Settlement Risk 721
Shareholder-Value 853, 1272
Shareholder-Value-Risiko 853, 864, 868, 871 f., 874 f.
Sharpe-Ratio 1005

Short Arbitrage 119
Short-Call 742
Shortfall 621 ff.
Short-Put 747
Sicherheitsniveau 183
Sicherungs- und Steuerungstechniken 767
Simulation 948
Simulationsansatz 671
Simulationsmodell 947
Skaleninvarianzaxiom 102
Solvabilitätsregulierung 1121
Solvabilitätsrichtlinien 1121
Spezialfonds 974
Spezifikationstest 302
Spreadrisiko 493
Stand-alone Capital 931
Standardmodell 299
Standardverfahren 776
Stetigkeit 100
Stille Reserven 1156
Stochastischer Prozess 119
Stressszenario 427
Stresstest 690, 1124, 1288
Stückzinsen 129
Supervisory Review Process 770
Supply stack 1215
Surplus 993
Surplus-Value-at-Risk (SVaR) 994
Swap
- amortisierender 137
- Basisswap 137
- Step-Down-Swap 137
- Step-Up-Swap 137
- Total Return Swap 366
- Zins-/Währungsswap 136, 138
Swap-Leg 136

- Swap Fixed Leg 136
- Swap Float Leg 136
- Zero Swap Leg 137
Swaption 138
- Bermuda Swaptions 154
Systemrisiko 9
Szenario 950

T

Tail-Value-at-Risk 295
Termingeld 134
Termingeschäft 113
- bedingtes 113
- unbedingtes 113
Tracking Error 998
Tracking-Error-Value-at-Risk 1000, 1002
Translationsinvarianzaxiom 102

U

Underlying 113
Untergruppenkonsistenz 104
Unternehmensklassifikation 435
Unternehmenswert 1158

V

Value-Added-at-Risk 1000, 1002 ff.
Value-at-Risk-Limit 837
Value-at-Risk 54, 98, 182, 221, 588, 595, 603, 606, 613, 621 ff., 625, 712, 835, 884 f., 892, 899, 948 f.,
- absoluter 999

- Benchmark-Value-at-Risk 999
- für Operational Risk 670
- Integration des Value-at-Risk in das Portfoliomanagement 976
- relativer 999
Vergütungssystem 1347
Verhaltenssteuerung
- direkte 1341
Verlust
- erwarteter 526, 694, 930
- unerwarteter 696
Verlustfunktion 310
Verlustkonzeption
- zinsüberschussorientierte 331
Verlustpotenzial 54, 689, 710
Verlustquote 410, 695
Verlustrisiko 944
Verlustverteilung
- für nicht gehandelte Kreditrisiken 487
Vermögensgegenstände
- Bewertung im Jahresabschluss 328
Versicherungen 1007
Versicherungsmathematischer Ansatz 671
Versicherungstechnisches Risiko 1107
Versicherungstechnisches Risikogeschäft 1147
Verteilung
- asymmetrische 951
Verwertungsquote 570, 573
Volatilität 116, 1134
- implizite 733
Wertänderung
- dirty 292
Wertberichtigung 693

Wert-Exposure 1278
Wertpapiererwerb
- Abbildung im Jahresabschluss 326
Werttreibersystematik 1344
Wiedereindeckungskosten 410
Wiedereindeckungsrisiko 410
Worst-Case-Szenario 713
Write down 614

Z

Zeithorizont 54
Zeitkonsistenz 58
Zero Bonds 128
Zielrendite 895
Zinsderivate 134
Zinsfuture 135
Zinsoptionen 138
Zinsstruktur 710
- Modellierung der Zinsstruktur 152
Zufallsrisiko 1107

HANDBUCH Spezialfonds

Jochen M. Kleeberg / Christian Schlenger (Hrsg.)
Juli 2000, 980 Seiten, DM 298.- (Sfr 268.-, ÖS 2.198.-)

Ihr Schlüssel zur erfolgreichen Kapitalanlage mit Spezialfonds

„Das vorliegende Handbuch ist dem Medium Spezialfonds als bedeutendster Form der institutionellen Kapitalanlage in Deutschland gewidmet. Die Motivation dieses Handbuches besteht darin, erstmals eine umfassende, praxisnahe und theoretisch fundierte Gesamtschau der zahlreichen Facetten des Spezialfonds aus der Sicht von Praktikern des Marktes sowie von Wissenschaftlern zu bieten.

Wir wenden uns damit an alle, die sich beruflich – sei es bei Kapitalanlagegesellschaften, auf Seiten der institutionellen Anleger oder als Berater – mit Spezialfonds auseinandersetzen oder die sich aus akademischem Interesse für das Portfolio- und Fondsmanagement interessieren."

Die Herausgeber: Dr. Jochen M. Kleeberg / Dr. Christian Schlenger

**Uhlenbruch Verlag GmbH, Finance for Professionals,
Sulzbacher Straße 15-21, D-65812 Bad Soden/Ts.**
Tel.: +49 (0) 61 96 / 6 51 53 30, FAX: +49 (0) 61 96 / 6 51 53 55

www.uhlenbruch.com